周易讲辞

万献初————著

中华书局

图书在版编目(CIP)数据

周易讲辞/万献初著. —北京:中华书局,2023.11(2024.6重印)
(万献初解字讲经)
ISBN 978-7-101-16362-9

Ⅰ.周…　Ⅱ.万…　Ⅲ.《周易》-研究　Ⅳ.B221.5

中国国家版本馆 CIP 数据核字(2023)第 193758 号

书　　　名	周易讲辞	
著　　　者	万献初	
丛 书 名	万献初解字讲经	
责任编辑	张　可	
责任印制	管　斌	
出版发行	中华书局	
	(北京市丰台区太平桥西里 38 号　100073)	
	http://www.zhbc.com.cn	
	E-mail:zhbc@zhbc.com.cn	
印　　　刷	三河市宏盛印务有限公司	
版　　　次	2023 年 11 月第 1 版	
	2024 年 6 月第 2 次印刷	
规　　　格	开本/880×1230 毫米　1/32	
	印张 22¾　插页 2　字数 610 千字	
印　　　数	8001-14000 册	
国际书号	ISBN 978-7-101-16362-9	
定　　　价	78.00 元	

目　录

导　言

　　《周易》是传承至今年代最早的一部完整典籍。在《论语》《庄子》《左传》等先秦典籍中，都只称其为《易》；汉初立五经博士，《易》被尊为儒家五经之一，以卦形与卦爻辞为经文称《易经》，以解释经文的十种注释为《易传》；后又将《易经》与《易传》合称为《周易》。所以，《周易》《易经》都是汉朝的称谓，传统易学统称《易》。

　　《周易》是华夏数千年累积而成的学问，是对宇宙自然和人类社会运行规律的系统阐发，显示着华夏先民对天地万物变化和社会人事关系的体认与思考，汇聚了先贤圣哲的才思与智慧，蕴含着俯仰宇宙天地的高妙境界、经略社会人生的宏大格局和悲天悯人的忧患情怀。《周易》经文大致成书于三千多年前的西周初年，构思巧妙，立意深远，文句简古奇奥。"易学"被认为是历代最高深、最富有智慧的一门学问，因此《周易》被尊为"五经之首，大道之源"。

　　《周易》的宗旨：敬天保民，崇德广业；持中顺时，趋吉避凶。今天人们学习《周易》，是要认知其象数，通晓其义理，掌握天地自然与社会人事的运动规律，凭借其德义修身养性以锤炼人格，运用其智慧观察社会并指导人生，力求"天人合德"，从而避凶趋吉、崇德广业。

一、《周易》释名

　　《周易》的意思其实很简单，就是指"周代的《易》"。

　　"易"是一个象形字。《说文》："易，蜥易，蝘蜓，守宫也，象形。《祕书》说：日月为易，象阴阳也。"金文作易，象爬行动物蜥蜴之形。蜥蜴俗称"变色龙"，据所处环境变易皮肤颜色以保护自己，故"易"表示变易。

日月运行、阴阳变化也称为"易",故谓上日下月组成"易"字。又据甲骨文、金文,谓两器皿互相倒易其水为"易"。蜥蜴变色、日月易明、两器易水都含变易意,构字意图可通。

但用作《易》之书名的"易",又不止"变易"一层意思。《易纬·乾凿度》谓"孔子曰:易者,易也,变易也,不易也";孔颖达《周易正义序》谓"夫易者,变化之总名,改换之殊称";郑玄依此义作《易赞》及《易论》云:"易一名而含三义,易简一也,变易二也,不易三也。"这句话是说,"易"有"易简、变易、不易"三层意思:

变易,是指一阴一阳的变化,世间万事万物,变易是常态;

不易,指变易中含不变之理,变化的是现象,不变的是规律;

易简,指易道简单平易,易学易知易用,即《系辞上》所谓"乾以易知,坤以简能,易则易知,简则易从",故"百姓日用而不知"。

总之,万事万物虽变动不拘,但总体不变其根本,故变易即不易,"变易"与"不易"是相辅相成的辩证关系;天地万物发展变易的规律,被高度抽象为卦爻符号及其组合,再反过来成为百姓日常生活中易知易从的指南,这,就是《易》——基于客观世界的大道至简。

《周易·系辞上》:"《易》有太极,是生两仪,两仪生四象,四象生八卦,八卦定吉凶,吉凶生大业。"这段话高度概括了《易》的核心——卦爻符号系统是如何对宇宙生成运行规律进行理性思考的:

"无极"是宇宙混沌未分之前"无"的状态,是一切的起点。

"太极"是先贤设定天地形成前的一种机制,太极图为阴阳鱼交互的旋转结构,表现的是从混沌中逐渐分出阴阳的过程。

"两仪"是太极的阴--阳—二分,天地之间的相反因素相互依存而达到平衡,如日月、天地、奇偶、玄黄、春秋、乾坤等。

"四象"是阴阳的组合,即"太(老)阴☵、太(老)阳☰、少阴☳、少阳☶",阴气最浓称老阴,阳气最旺称老阳,阴气由淡渐浓称少阴,阳气由弱渐强称少阳。四象对应四方之象:少阳东方青龙、少阴西方白虎、太阳南方朱雀、太阴北方玄武;又对应农时节候:太阳是夏至,太阴是冬至,少阳和少阴是春分和秋分。

"八卦"即"乾☰、坤☷、震☳、巽☴、坎☵、离☲、艮☶、兑☱"八个三爻卦。八卦是对阴阳的二维分析,用初、中、上序位来排定各卦阴阳的动量,排列顺序有着严密的内在逻辑关系。

八卦两两叠合,即成"六十四卦",这六十四卦每卦六爻,表示天地人三才的"时、位"变化与相互关系。"时"指时间流向,"位"指空间定位,空间的三维性与时间的一向性在六爻卦中组合成为"时空场";共时空间的定位是相对而短时的,历时关系的变易是绝对而永恒的,包含"变易"与"不易",故统称"易"。

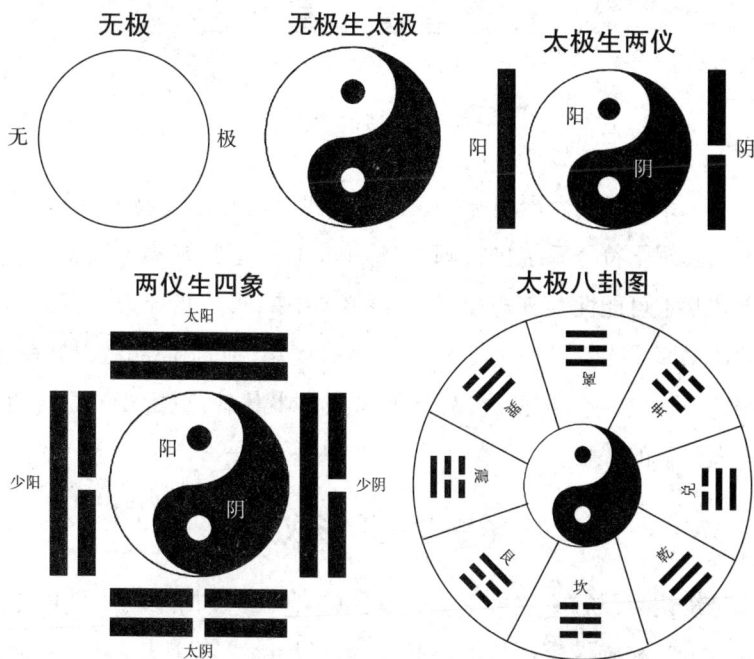

无极

无极生太极

太极生两仪

两仪生四象

太极八卦图

六十四卦图

通过系统排列六十四卦中三百八十四爻的时位，《易》对前人传下的一整套阴阳符号系统进行阐释，将宇宙自然运行规律与人类社会生活中的基本可能性及其规律概括并抽绎出来，形成指导人事行为的大智慧数据库。人们可据此修养德行、审时度势、判断利弊、敬天知命、趋吉避凶、建立功业。因此，《易》不只教人占卜休咎，更重要的是传授后代为人处事的智慧。

二、《周易》的形成过程

传统认为《易》有三古三圣。《汉书·艺文志》谓《易》"人更三圣，世历三古"，颜师古注："伏羲为上古，文王为中古，孔子为下古。"上古伏羲画卦，形成卦形符号；周初文王系辞，形成卦爻辞完备的《易经》；春秋孔子及其弟子传注，作"十翼"，为《易传》。至此，《周易》的主要内容便已齐备。

（一）伏羲画卦

《周易·系辞下》："古者包牺氏之王天下也，仰则观象于天，俯则观法于地，观鸟兽之文与地之宜，近取诸身，远取诸物，于是始作八卦，以通神明之德，以类万物之情。"伏羲氏"观物取象"，用八卦符号表现天地万物的运行法则，比类万物万事的性情和道理，其目的是沟通神明的德力。今甘肃天水古称"成纪"，境内渭水上游"三阳川"有一卦台山，相传为伏羲画卦处。

然而，一种划时代的知识或技术，不太可能在一个人的手中从无到有地产生；正如我们常说的"仓颉造字、蔡伦造纸"一样，"伏羲画卦"中的伏羲也不太可能凭空变出一套复杂的卦爻符号系统，而更有可能是以远古氏族首领的身份，对上古先民长期观察自然规律所形成的抽象思考进行了整合与概括。

1. 卦爻符号的产生

"易"应起源于新石器时代晚期以渔猎为主的时代，巫术文化是当时社会运作的主体因素。原始渔猎生活会遇到多方面困难，人们希望天气适于捕猎，希望水草丰茂利于鱼兽生长，希望猛兽逃避不伤人，希望鸟兽便于网罟。将这些愿望用咒语、图形、舞蹈形式表现出来，就出现"图腾"式的氏族标记符号。民族学认为，图腾是原始民族所迷信并崇拜的物体，人们相信自身与这些物体维持着极亲密的特殊关系。图腾崇拜是人类对自身能力的首次外化，从客体中分出部分对人群自身有利的物体，并认同其与自身的共生关系，认定此类物体对人群有神奇的保护功能。

"爻"或为原始先民"生殖崇拜"的符号记录，━表示雄性生殖器，▬▬表示雌性生殖器。原始先民认为"天人合一"，即人自身与自然界混而为一，因而将世间事物也分两大类，相连不断不缺者为阳━，有断有缺者为阴▬▬。如天穹不断而大地有峡谷河流之断，太阳不缺而月亮有缺,各类占卜纹路有连有断等。宇宙万物的起源与发展变化,都由阴阳二元因素或力量造成。

阴阳二爻生成八卦(经卦),是古人观察自然物象,抽绎出的喻示各种物情与事理的象征符号。八卦起源说法较多,有起源于初期文字说,如☵表"〰(水)",☱表"凵(兑)";还有"结绳记事说、初期历象说、天启神学说"等多种。谢祥荣《周易见龙》从"天、地、雷、风、水、火、山、泽"八种自然力(物)着眼,认为八卦只可能产生于以渔猎为主、畜牧为辅的原始氏族时代,即古史传说的"伏羲时代"。

伏羲氏是远古部落联盟的首领,距今已六千多年。伏羲氏处远古渔猎畜牧时代,原于泰岱雷泽(菏泽),成于秦陇成纪(渭水),居地均宜于渔猎及畜牧生产,具备将山与地分开、泽与水分开的条件,形成八种自然物力对人类生产生活具有同等重要作用的观念,为八卦的产生提供了社会文化学前提。

面对严酷的生存环境,以伏羲氏为代表的上古初民积极探寻适应自然环境的生存方式;结合巫术与神灵崇拜,将"天、地、雷、风、水、火、山、泽"这八种对渔猎及畜牧时代初民生产方式有决定作用的基本力量描绘为原始图形并施以巫术,对之呼号舞蹈以期望满足需求,就是其中一种重要的方式。

八卦之象:乾为天☰,天似穹庐在上〰;坤为地☷,地有江河断缺〰;震为雷☳,雷由天断劈至山顶〰;巽为风☴,风在地面上连续吹拂〰;坎为江河水☵,水外柔而内刚〰;离为火☲,火焰外明动而内柔暗〰;艮为山☶,山峰不断而高出地面〰;兑为泽☱,湖泽在山表之上〰。先民认为,巫术咒祝作用于图像,等同作用于该物体本身。先民图画八种自然力之象,希望它们协调地发生作用,利于人们的生产和生活。

2. 六爻重卦的出现

有人认为六十四卦为文王所作,但王弼、孔颖达等认为乃伏羲所作。从出土实物来看,殷商以前陶器、龟甲、铜器上已出现六爻数字卦,如卜甲"七七六七六六"为渐卦☶☴等；陕西扶风、河南殷墟、湖北江陵等地也出土过一些这样的筮数，说明殷商时六画卦已经形成，并非周文王所为。

与八卦之象的产生类似，六十四重卦同样是先民巫术信仰的反映。描绘八种自然力的八卦符号出现后，人们发现这些自然物力之间的关系往往很复杂，有时会出现严重不协调的状况，导致节候不调、洪水干旱、地裂山崩、高温苦寒等妨害初民生产生活的情况。因此，就有必要绘制出相应的图像并进行巫术操作，以对八种自然力中势力过强的进行克制，对较弱的给予加强，这就使得"重卦"的出现有了必要与可能。如水火既济☵☲，意味着以雨水☵的力量来制止山火或消减酷暑☲；雷地豫☳☷，意味着欢呼春天的到来，春雷☳初发震大地☷；山风蛊☶☴，意味着制止☶风灾☴等。

如果说八卦旨在调节人与天（自然力）的关系，趋吉避凶，借以提高生产生活的信心与品质，即《尚书·洪范》所谓"厚生"；那么之后的重卦之作，就是八卦功能转向对社会生活进行调控的产物。在社会初步发展时，古圣贤忧人心与人事之危，重卦以调控社会行为与社会关系，从而形成中华文化内核"天人合一"，体现以人为主体的人与自然和谐统一的思想。

可以想见上古初民行巫术的景象：篝火晚会上画卦形高高悬挂，呼号舞蹈，巫师首领当众解释，借以提升战胜灾害、扩大生产的信心。人们的心理愿望得以满足，部族联盟的凝聚力就得以增强。这类图形的制作者及巫术施行者，必然是伏羲这样杰出的首领，必受其时族众的崇拜。他们具有后来传说中远古"圣王"的优秀品质，为华夏氏族产生以功德为内核的祖先崇拜奠定文化学意义上的基础，进而形成中华文化"天人合德"的内核。

（二）文王系辞

《周易》得名，正在于周文王对长期流传的八卦符号系统进行组合、排列与解析,形成卦爻辞完备的《易经》。但这项工作其实并不始于周文王。

上文说到,远在殷商时期,六爻重卦符号就已经形成。这一时期,爻卦符号在"事鬼神"方面的运用多有加强,象数占卜的神秘性也相应增大,巫术占筮得以长足发展;随着此类占筮活动的开展,简单的筮辞逐渐形成,至少先在口头上流传,后来记入《连山》《归藏》二《易》中。公元前 11 世纪,殷亡而周兴,周文王等人对旧有占筮进行革故鼎新的改造,使卦形符号规范化,六十四卦之卦序合理化,卦爻辞文句充实合时并形象化,又经多时多人的增删润色,至周成王时,终于形成体系完善、卦爻辞完备的《周易》经文。

1.《连山》《归藏》二《易》

典籍记载,夏代有《连山易》,殷商有《归藏易》。《北堂书钞·艺文部》引桓谭《新论》谓"《历山(连山)》藏于兰台,《归藏》藏于太卜",又谓"《连山》八万言,《归藏》四千三百言",可见夏、商二《易》已成规模,字数较多且流传甚广。

与《周易》一样,《连山》《归藏》中的卦形符号也是以八经卦重成六十四别卦。《周礼·春官》:"太卜掌三《易》之法,一曰《连山》,二曰《归藏》,三曰《周易》。其经卦皆八,其别卦皆六十有四。"郑玄注:"三《易》卦别之数亦同,其名占异也。"贾公彦疏:"经卦皆八者,谓以卦为经,即《周易》上经、下经是也。皆八者,《连山》《归藏》《周易》皆以八卦'乾坤震巽坎离艮兑'为本,其别六十四。"又:"占异者,谓《连山》《归藏》占七八,《周易》占六九,是占异也。"这说明,三种《易》都是八经卦六十四别卦,只是《连山》《归藏》以七为阳爻、八为阴爻,《周易》以九为阳爻、六为阴爻。

也有人认为,三《易》系统区别主要在八经卦卦序不同:《连山》以山艮☶为首卦,《归藏》以地坤☷为首卦,《周易》以天乾☰为首卦。《周易正义序》引郑玄《易赞》《易论》:"《连山》者,象山之出云,连连不绝。

《归藏》者,万物莫不归藏于其中。《周易》者,言易道周普,无所不备。"八经卦"六子"之序,《连山》目前不明,《归藏》按少、中、长排列,而《周易》按长、中、少排列。

《连山》《归藏》二《易》的首卦,与当时的自然和社会环境是密切相关的。

夏代洪水包围高山大陵,农耕难作,民以捕猎鸟、兽、鱼充饥,对山的依赖和崇拜最重,神射手后羿、逢蒙均出此时期。贾公彦疏《周礼·太卜》:"其卦以纯艮为首,艮为山,山上山下,是名《连山》。"《说卦传》:"帝出乎震……成言乎艮。"《连山》以四时天气为旺衰指引,以干支六甲符号为吉凶判辨坐标,以三五九运为时空转换,不同于五行生克的辩证论。

商受洪水之灾比夏要小,畜牧业、农业得以广行,都以土地为最重要。《周礼·太卜》郑玄注:《归藏》者,万物莫不归而藏于其中。"贾公彦疏:《归藏易》以纯坤为首,坤为地,故万物莫不归而藏于中,故名为《归藏》也。"《说卦传》"雷以动之……坤以藏之",以"藏"为坤卦之象。

商族首领、巫师改以纯坤(地)为卦首,故又名《坤乾》,《礼记·礼运》引孔子曰:"我欲观殷道,是故之宋,而不足征也。吾得《坤乾》焉。"郑玄注:"得殷阴阳之书也,其书存者有《归藏》。"孔颖达疏:"殷《易》以坤为首,故先坤后乾。"说明孔子见过《坤乾》,即《归藏》,以坤卦☷为首。《汉书·艺文志》不载《归藏》,知此书汉代已亡佚。据干宝《周礼注》、朱震《易丛说》及李过《西溪易说》所存《归藏》佚文,知《归藏》八经卦序为"坤、乾、艮、兑、坎、离、震、巽"。1993年湖北江陵王家台汉墓出土战国末手抄楚简四千余字,部分内容与传世《归藏》残文相合,只是卦名有不同,卦辞有增字或误字,说明《归藏》曾经存在过。《归藏》的特点,一是直接以史为鉴,如卦辞指出节卦为周武王伐殷之前占得之卦,明夷卦是夏启占得之卦,卦辞是历史事件的积聚;二是以枚为占,不问事项,只关注卦的吉凶,不问各爻的祸福。由此可知,《归藏》应是《周易》成书的前代基础文本。

2.《周易》经文的形成

殷商末，纣王残暴专制，将大行德政的西伯姬昌（周文王）因于羑里（今淇县南）。文王在六年多囚禁期间，以深重的忧患意识，静心细致地反复思考，在天人关系、人神关系、德治观念、时位观念等方面体会良多。文王要把这些理性思考成果作为政治教化的内容，传达给他的臣民并留给后世子孙，作为指导治国安民及为人处事的经验教训与智慧范本，《周易》卦爻辞就是他选择的载体。

《周易》经文大致撰著于周文王（前1152—前1056）后期，经数代多人增益完善，于周成王（前1042—前1021）前期成书。《史记·太史公自序》："昔西伯拘羑里，演《周易》。"《易纬》谓"文王系辞"，孔颖达《周易正义序》："明文王本有此意，周公述而成之。故系之文王。然则《易》之爻辞，盖亦是文王本意，故《易纬》但言文王也。"应该说《周易》卦爻辞本于文王对前人遗作的整理与变革，周公承父意带领辅臣写定，因而"不书周公者，以父统子业故也"。

文王因于羑里是软禁形式，并未断绝与"文王四友"散宜生、南宫括等臣子的联系，由此得到推演易学的资料和条件。后来参与撰写《周易》经文的主要助手可能有周公姬旦和南宫括等，工作是按照文王六年多演《易》的构想，对夏殷二《易》进行全面改造，按文王理性化与政教化的理念新撰及改写卦爻辞，在依筮得数和依数立卦两个主体方面都更加数理化和有序化，相对减轻其中的神灵意识，然后按系辞政教化的思路编排六十四卦，形成内在逻辑关系严密的卦爻符号与言辞合一的完善体系。据爻辞所载史实推断，《周易》成书当在成王之世，至于文王究竟亲自动手撰写多少，难以确知。但文王亲自拟定大纲，把握思想主旨，确定卦爻辞内容，参与研讨和审定主要部分，是可能的。胡朴安《周易古史观》分析六十四卦的政教系统性：乾坤两卦是绪论，既济、未济是余论；自屯卦至离卦为草昧时代至殷末之史，自咸卦至小过卦为周初文、武、成王时代之史。由此可知,《周易》一书实为多人多时累积而成,故言"文王及其团队所作"较为合适。

《系辞下》:"《易》之兴也,其当殷之末世,周之盛德耶,当文王与纣之事耶! 是故其辞危。危者使平,易者使倾。"文王思考殷商由盛转衰的历史教训,对"生于忧患,死于安乐"有真切的感受,选择"易"的卦爻符号来附著教诫之辞以警示后人,殷鉴不远,警钟长鸣。因此,《周易》是借传统卦爻占筮框架为政治教化手段的著作。撰写卦爻辞的基本法则,是"据史事以明天道",再"据天道以论人事",实际上就是"据史事以明事理"。"忧患意识"是《周易》撰写的动力,"崇德广业"是《周易》思想的主旨。

道,金文作<ruby>道</ruby>,《说文》:"<ruby>道</ruby>,所行道也,从辵从首,一达谓之道。"本指人必行的道路。"辵(辶)chuò"是脚(止)在路上(彳)走;"首"甲骨文作<ruby>首</ruby>,金文作<ruby>首</ruby>,有毛发之头形。"道"是人头必须朝往的行进方向,去北方必须头朝北,否则南辕北辙。故"道"是必由之路的天道,是不以人意志为转移的自然法则。

德,甲骨文作<ruby>德</ruby>,金文作<ruby>德</ruby>。《说文》:"德,升也,从彳惪声。"本义为升、登上。品德之"德"本字作"惪",《说文》:"惪,外得于人,内得于己也,从直从心。""直"甲骨文作<ruby>直</ruby>,金文作<ruby>直</ruby>,两点确定一条直线,目上加直线表直视。惪加彳作"德"表示直线上行,人心(心)直(直)通(彳)天道。"道"是天地自然规律,"德"是人心走直路指向天道,心走弯路不合天道为缺德。

业,繁体作"業",金文作<ruby>業</ruby>,《说文》:"業,大版也,所以饰悬钟鼓。捷業如锯齿,以白画之,象其鉏铻相承也。<ruby>業</ruby>,古文業。"本指古时乐器架横木上的大版,刻为锯齿状,用以悬挂钟、鼓、磬等,<ruby>業</ruby>象二人托举大版,简化字"业"只取"業"上锯齿部分。"业"由挂乐器大版转指书册夹板,又转指学业,再指职业、职务、财产、产业,进而指基业、功业,《系辞上》:"盛德大业至矣哉!"

人都希望建功立业,《周易》强调人德合乎天道,崇德才能广业。于是取卦爻之象表述天道自然秩序,用以指导社会人事行为,使之合乎道德规范。卦爻辞始终在讲社会人事的位置、时机、条件、环境,述说何时观望等待、何时行动及何时终止,适宜行事才能成就事业。《周易》利用占筮框架为设教手段,据天道以论人事,成为"敬德保民"的政治教科书。

(三)孔子传注

文王演《易》之后,习《易》者不断增多。孔子治"六经",以《周易》为授课教材,陆续出现从多角度阐释《周易》的作品,就形成汉儒称为"十翼"的《易传》。《汉书·艺文志》:"孔氏为之《彖》《象》《系辞》《文言》《序卦》之属十篇,故曰《易》道深矣。"

经,繁体作"經",《说文》:"經,织也,从糸巠声。"金文作 、 ,本指织布机上的纵线,加糸旁作"經"。纵线为经横线为纬,故"经"有主线、经营、经常等词义。经典记载常理,为中华文化主线,汉代儒家"五经"以《周易》为首。

传,繁体作"傳",金文作 ,《说文》"傳,遽也,从人專声",本指驿路传车。《说文》:"專,六寸簿也,从寸叀声。一曰專,纺專。"甲骨文"叀"作 ,象绕线团(纺砖),加手(又)作 ,以手(又)转动线团(叀)纺织为"專",有转动、专业义,加车旁作"轉"表转动,加人旁作"傳"读 chuán 有传递义。注释是将经文中的前人思想传递给后人,"傳"作名词读 zhuàn,表示传注。

《易传》是阐释《易经》的著作,解释经文大义,如同"经"之羽翼,故称"十翼"。《庄子·天运》载孔子对老子言:"丘治《诗》《书》《礼》《乐》《易》《春秋》六经,自以为久矣,孰知其故矣。"《史记·孔子世家》:"孔子晚而喜《易》,序《彖》《象》《说卦》《文言》。读《易》,韦编三绝,曰:假我数年,若是,我于《易》则彬彬矣。"《论语·述而》:"子曰:加我数年,五十以学《易》，可以无大过矣。"可见孔子研究《周易》并有著述，当无问题。今传"十翼"多引"子曰"，应为其弟子相继完善师说，累积而成定本。故谓"孔子及其弟子作十翼"，问题不大。《易传》称"十翼"，寓意将占卜著作升华为人文哲学著作，使其通俗易用而飞（翼）传天下。《易传》分七种十篇（十翼）：

1. 彖传

彖 tuàn，《说文》："彖，豕走也，从彑从豕省。"战国文字作彖，本为野猪（豕）挣脱人手（彐－彑）逃脱，转指果断、判断、断定。

《彖传》取卦爻象征以说明各卦的卦名、卦辞与卦义，总论一卦主旨及整体含义。王弼注："夫彖者何也？统论一卦之体，明其所由之主者也。"孔颖达疏："夫子所作《彖辞》，统论一卦之义，或说其卦之德，或说其卦之义，或说其卦之名。……案褚氏、庄氏并云：彖，断也，断定一卦之义，所以名为彖也。"一般认为先有"象"而后有"彖"，也有人认为"彖"是最早的《易传》。

《周易》每卦一彖，64 条分上下篇：[1]《彖传上》30 条、[2]《彖传下》34 条。《彖传》阐发《周易》卦爻辞中教化人修身养性的内容，阐述为人处事的经验和智慧，其中以安邦治国的内容最多。

2. 象传

象，甲骨文作，金文作，象形字。《说文》："象，长鼻牙，南越大兽。"上古中原本有大象，河南称"豫"即大象之意，安阳殷墟墓葬中有整条陪葬大象骨架；《孟子·滕文公下》谓周武王"灭国者五十，驱虎、豹、犀、象而远之"，把大象赶往南方，中原后人就只有凭"印象"来"想象"了。《韩非子·解老》："人希见生象也，而得死象之骨，案其图以想其生也。故诸人之所以意想者，皆谓之象也。"于是用"象"来表示不可直见的想象，有印象、肖像、相貌、图像、像似等词义，转指物象、事象，即脑中想象其特征，简称"象征"，《系辞上》"在天成象，在地成形"即是。

《象传》主要根据卦形、卦名、卦爻辞来分析各卦各爻的象征意义。

卦爻之形是符号暗示型义理象征,卦爻之辞则是文字描述型义理象征,两者以"象"贯通,相辅相成,触类旁通,共喻义理。《系辞下》"是故《易》者,象也,象也者,像也",孔颖达疏:"谓卦为万物象者,法像万物,犹若乾卦之象法像于天也。"王弼《周易略例·明象》谓"触类可为其象,合义可为其征","象征"就是用卦爻之象来喻示事物的义理特征,《象传》就是把卦爻辞的象征意义揭示出来。

《象传》共450条,又分为:[3]《象传上》,述卦辞的象征64条,称"大象";[4]《象传下》,述爻辞的象征386条,称"小象"。《大象》先阐释各卦上下象相重之旨,从中推演出切近人事的象征意义;《小象》据各爻时位关系和性质特点,分析爻义吉凶利害之所以然。

《象传》强调效法天道自然并切近人事,注重崇德广业的实践,最能体现儒家君子仁政思想,64个《大象传》中就出现53次"君子"。

3. 系辞传

系辞,繁体作"繫辭"。"繫 xì"从糸毄声,"毄"是车轴头(軎)相碰击(殳),加糸作"繫"指系接、关联;"辭"从𤔲从辛,"𤔲-𤔔"以手(𠂢-𠬪)治乱丝表示治理,加辛(刑刀)表示刑法、狱讼。"辭"作动词指辨析、辞退,作名词指讼词、言词。

"系辞"本指文王将解释言辞系属于卦爻符号之上,形成卦辞、爻辞。张守节《史记正义》:"系辞者,圣人系属此辞于爻卦之下……取网系之义也。"不管是"系属"还是"网系",都取联系、系统之意。

《系辞传》解释卦爻辞的要旨,贯通其中的义理关系,对《周易》经文作全面系统的辨析与阐释,抒发易理之精微,展示读《易》之要例,相当于《周易》的通论。《系辞传》分[5]《系辞上》与[6]《系辞下》,上篇多讲原理,下篇多举例分析。内容涉及多个方面,如推测作者与年代,分析观物取象、八卦象征、阴阳义理、乾坤要旨等问题,辨析爻辞象征意旨,探讨"易"的起源,讲解占筮方法,揭示易学原理等。

《系辞传》在通说义理时表述作者的哲学观点,体现先秦儒家的认识论和方法论。

4. 文言传

[7]《文言传》为文饰乾坤二卦之言,分别说解两卦的象征意旨,也称《乾文言》《坤文言》,主要是在《彖》和《象》基础上对两卦作进一步阐发与拓展。李鼎祚《周易集解》引姚信曰:"乾坤为门户,《文》说乾坤,六十二卦皆放(仿)焉。"

5. 序卦传

[8]《序卦传》述说六十四卦编排次序,揭示其含义上的逻辑顺序和各卦间相承相受的关系。前半自乾卦至离卦为上经三十卦序,主说天道自然关系;后半自咸卦至未济卦为下经三十四卦序,主说社会人伦关系,体现对天理自然和社会人事阴阳秩序的探索与理解。各卦相承关系以相综(覆)相错为主线,包含事物向正面发展或向反面转化的辩证思维,其推演的系统完整性显示相当的哲理深度。

今传本卦序与帛书本《周易》大不相同,卦名也多异,应为汉代人为便于占筮而改编,已失去原有哲学含义。

6. 说卦传

[9]《说卦传》专论八经卦取象大例,是解说和推演卦爻象征意义的重要依据。先述说作《易》者用蓍求卦的历程,继而述说"先天八卦"和"后天八卦"的两种方位,再以八卦取象法对天地事物分类述说,指明八卦所象征的事物、特性及含义。《说卦传》广列八卦象例,是理解六十四卦德及象喻的基本条例,也是探讨易象产生和发展的珍贵资料。

7. 杂卦传

[10]《杂卦传》说明各卦之间的错综关系。晋韩康伯注:"杂卦者,杂揉众卦,错综其义,或以同相类,或以异相明也。"《杂卦传》以相反相成观点,用一两个字简要概括卦义要旨及其相互关系,表述对卦形结构的系统性认识,表现阴阳相互消长的变化规律。将六十四卦分为三十二对错综卦,两卦各爻阴阳相反为"错"(旁通),两卦六爻翻覆倒置为

"综"(反对),如"比乐,师忧""震,起也;艮,止也"。"错综"是六十四卦符号形式的重要关联,由此认识事物发展在正反相对因素中所体现的变化规律。

《易传》七种(十翼),论述角度及重点虽多有不同,但基本宗旨都围绕《周易》经文展开,都出现于经文之后,是解读《周易》经文的津梁。《易传》自身的哲学思想内涵深邃而丰富,值得深入探讨。研读《周易》必须经传并参,《易传》为解经的首要依据,马其昶《重定周易费氏学》引秦澍澧言"以经解画,以传解经,合则是,而离则非",所论诚是。

《易传》七种原本单行,后人将《彖》《象》《文言》参入经文中,《三国志·魏书·高贵乡公传》认为是郑玄所为,晁公武《郡斋读书记》认为是西汉费直所为,尚无定论。本书将《彖》《象》《文言》置于相应卦爻之后讲解;《系辞传》作专章讲解;《说卦传》《序卦传》《杂卦传》正文列于书末,三传内容散在导言及卦爻相应位置作讲解。

三、《周易》的爻卦体系

爻,甲骨文作𝕏,金文作𝕏,《说文》:"爻,交也,象《易》六爻头交也。"《系辞上》:"爻者,言乎变者也。"《系辞下》:"道有变动,故曰爻。""爻"本指灼龟、蓍草的交叉线条或纹路,是用于交变成卦的占卜基本符号。

卦,《说文》:"卦,筮也,从卜圭声。"叠积(圭)爻(卜)成卦,形成一套占筮符号。《易纬》"卦者挂也,言悬挂物象以示于人",物形不见则悬挂其象而得见。

《周易》的核心符号体系是六十四个重卦,六十四重卦又是由八个三爻卦组合而来。前文已述,这八个基本的三爻卦最初所代表的是自然界的八种伟力;但当这些八卦符号成为先民占筮的工具后,其意蕴就必然随着自然环境的改变和社会人事的发展而不断深化。与此相似,重卦的产生也许是源于对自然物象的操控意愿,但经过周文王的全面改造、孔子等后人的解说演绎,其命名规则、组合规则和排序规则也会不断严密化。

(一)八经卦及其象征

1.八经卦的卦名和卦序

《周易》基本卦是八个三爻卦,《周礼》称为"经卦",也称"单卦"。朱熹《周易本义》"八卦取象歌"形象地描述了八经卦的构成,可以帮助我们初步记忆这八个基本卦:

☰乾三连,☷坤六断,☳震仰盂,☶艮覆盌,

☲离中虚,☵坎中满,☱兑上缺,☴巽下断。

《周易》八经卦最初成于伏羲时代,八个基本卦原始象征取于先民对自然界的认知,以自然物象"天地雷风水火山泽"对应八卦"乾坤震巽坎离艮兑",并且通过对八种自然物象的排序,描述宇宙自然的本初秩序,这就是"先天八卦"。

《说卦传》明确表述先天八卦序为"天地定位(乾坤),山泽通气(艮兑),雷风相薄(震巽),水火不相射(坎离)"。按此关系画卦图,八卦序为:乾一、兑二、离三、震四、巽五、坎六、艮七、坤八。八卦方位:乾在南,坤在北,艮西北,兑东南,震东北,巽西南,离在东,坎在西。乾为天南向阳热,坤为地北冲阴冷,离为火东方日出,坎为水西方水源;震为东北雷,巽为西南风,艮为西北山,兑为东南泽,反映居住在中原地区的先民对天地自然环境的基本理解。对应农时节候,以春雷震为起点,从震至乾左旋为震东北立春、离正东春分、兑东南立夏、乾正南夏至;从巽至坤右旋为巽西南立秋、坎正西秋分、艮西北立冬、坤正北冬至。帛书本《周易》卦序也大略如此。

山西平阳(临汾)陶寺遗址出土五千年前尧舜都城的观象台,就已将日影方位与农耕节气对应起来。这样的八卦排列,反映的是天地自然的本初形态,是上古先民的生产生活经验,地平天成,生生不息,四时

和顺,欣欣向荣。

与"先天八卦"相对应的是"后天八卦",《周易》卦爻辞多用后天八卦作义理说解。一般认为,后天八卦是周文王据夏代《连山》卦序演化而来的,《说卦传》:"帝出乎震,齐乎巽,相见乎离,致役乎坤,说言乎兑,战乎乾,劳乎坎,成言乎艮。"后天八卦运行之道(帝),从东震开始,南离居高顶为日为明为君,向日朝阳是农耕文化主导象征,至东北寒山艮止。后天八卦与方位:震正东,巽东南,离正南,坤西南,兑正西,乾西北,坎正北,艮东北。

后天八卦与农耕生产节候关系紧密,按《说卦传》所述之后人配附:艮一月至二月中,垦植播种及繁衍牲畜;震二月中至三月中,作物发芽开花;巽四月至五月,作物丰茂齐整;离五月中至六月,作物果实呈现;坤七月至八月中,劳作收获;兑八月中至九月末,祝言享祭而人神悦怿;乾十月至十一月中,渔猎征战以防寇略;坎十一月中至十二月,劳修水利宫室并预备春耕。

后天八卦体现夏《连山易》的生产生活背景:下卦位为坎水,一片汪洋;右乾天左艮山,即《尚书·益稷》"洪水滔天,浩浩怀山襄陵"。左上东南巽"风助雷震动",右上西南坤"泽地交困",这些都需要治理。于是巫师画卦图祝祷,离☲表日火,中轴线顶上对应下坎水☵,以火胜水、以日胜寒。离对乾☰表"天气晴好";离对艮☶表"日照山林";离对兑☱表"日照大泽"而利于渔猎;离对震☳"上明下动",利于日中为市商品交易;离对坤☷表示"火明于地",利于刀耕火种的耕作;离对巽☴为"鼎食丰足"的理想景象。

上古之人受制于自然而无独立性,人附属于天,天先于人,故此时之天为"先天";当人能认识自然,顺天行事,就有一定的独立性,人紧随天后而用之,故称"后天"。先天之理,五行万物相生相制,以生发为主。后天之理,五行万物相生相克,以消变为主。八卦之理,先天为体,后天为用。

先天八卦:敬天厚生趋吉避凶

后天八卦:五行相配相生相克

2. 八经卦的象征

占卜的"卜"是找出纹路(卜),"占"是用口解说纹路(卜)的象征含义(兆),即"说卦"。《周易》通过说解卦爻的象征来阐述自然与社会人事的道理,社会生活无比广阔,八卦的象征就需要尽量广泛地覆盖。孔子《说卦传》:"昔者圣人之作《易》也,将以顺性命之理,是以立天之道曰阴与阳,立地之道曰柔与刚,立人之道曰仁与义。"这就是说,《周易》的卦画符号顺天命而应事理,象征天地人"三才"在阴阳、刚柔、仁义等众多方面的物形事理及其性质。《说卦传》多方列举八卦象征,主要有五个方面:基本性质、自然界、家庭成员、身体器官、周遭动物。由此推及延伸,力求涵盖社会生活的方方面面。

八卦象征用得最多的是其"卦德",即卦象特征表述。"天德"指自然规律的合理内核,"人德"指真善美及仁义礼智信等良好精神,故"卦德"是指卦所蕴含的天道人德的基本精神或基本性质。《说卦传》:"乾,健也。坤,顺也。震,动也。巽,入也。坎,陷也。离,丽也。艮,止也。兑,说也。"这就是揭示八卦基本性质的"卦德",从"天地雷风水火山泽"八种基本事物的特性中归纳出来,由此推演,便可与其他多种象征联系起来。

下面依次介绍八经卦的主要象征:

乾卦☰卦德为刚健。为天、为父、为马、为首;为圆、为君、为王、为金、为寒、为冰、为大赤、为良马、为老马、为瘠马、为驳马、为木果。

乾卦三阳爻代表变易的主动力,在自然界指天。乾卦基本性质是"健",象征刚健不已的生命创造力,万物因此而得以产生。乾卦在家庭中指父,是一家八口的家长。身体上指头部。动物中指多种马,马最刚猛健行。乾卦代表圆,天圆地方。代表君,为领袖。代表金与玉,最为贵重。转指如玉一般的刚硬寒冰。乾代表大赤,红色表示正宗。

坤卦☷之德为柔顺。为地、为母、为牛、为腹;为布、为釜、为吝啬、为均、为子母牛、为大舆、为文、为众、为柄、于地为黑。

坤卦三阴爻为受动力,对应乾卦主动力,在自然界指地。坤卦大地柔顺容纳,使万物生存发展。家庭中坤为母,负责养育子女。身体上指腹,可容纳亦可孕育。动物中指牛,温顺勤劳,负重致远。坤卦延伸代表广大民众,为车舆可无限装载。为布帛为釜(锅)为柄是主持穿衣吃饭。为吝啬是节俭持家。为黑色是夜无日光地转暗。

震卦☳之德为震动。为雷、为长子、为龙、为足;为玄黄、为敷、为大途、为决躁;为的颡马、善鸣马、馵足马、作足马;为健(究竟)、为反生(庄稼);为萑苇、苍莨竹、蕃鲜。

一卦三爻以少者为主，震卦一阳在下为主爻，故在家为长男。自然界震为雷，震动唤醒万物而充满动力，性质为动而急躁。身体上为行动之足，为行走之大路，在动物为多种鸣动之马。震为龙，龙腾飞震动，潜渊飞天，充满各种行动能量，且"青龙"为青黄色。震卦反向往下探究而先生根再长枝干，生长出禾稼、竹子、芦苇、鲜果等。

巽卦☴性质为入。为风、为长女、为鸡、为股；为木、为绳直、为工；为白、为长、为高；为进退、为不果；为臭（气味）、为寡发、为广颡、为多白眼、为近利市三倍。

巽卦一阴在下为主爻，故为长女。二阳爻如风不断吹至地面，风为空气流动无所不入，故巽德为"入"。身体上指股即大腿，联系上体与下肢如风快速行动。动物中巽指鸡，鸡鸣唱风行天下，古代风神皆为鸟形。延伸指木、工、绳直、长、高，木工墨线治理大柱如风延展绵长而高远。行动上进退无定如风向，不定则不果断。风本无色，故巽表白色，进而表多白眼嫌弃别人。经商若无孔不入就收获多，故巽为近利市三倍。

坎卦☵性质为陷。为水、为中男、为猪、为耳；为沟渎、为隐伏、为矫輮、为弓轮；为加忧、为心病、为耳痛、为血卦、为赤；为美脊马、为亟心、为下首、为薄蹄、为曳、为多眚、为通、为月、为盗、为坚多心木。

坎卦象"水-⺡"之字形，大江大河之象。古洪水时期，大水是最难越过的大坎陷，卦德由洪水阻限转为土之坎陷。坎卦一阳爻居中，为中男。身体上指耳，聚声音于耳坎洞。动物指豕，水神化猪愚顽难御，且喜处潮湿坑地。由坎陷延伸指沟渠、弯月、弯弓、圆轮、拉车弓背的美脊马。于动作为拽曳、孔通、隐伏、隐藏之盗贼。于人为多忧愁、心病、眼病、流血，如血水之赤色，于木为坚硬多刺之树等。坎卦象征多涉困境，六十四卦中"屯、习坎、蹇、困"四大难卦皆含坎☵，乾坤后"屯、蒙、需、讼、师、比"六个初行卦也都含坎☵，万事开头难。但坎陷危机也含转机，人在忧患中才会加倍努力并转危为安。

离卦☲性质为艳丽与附丽,具有温暖附着性。为火、为日、为电;为中女、为雉;为甲胄、为戈兵。于人为大腹、为鳖、为蟹、为蠃、为蚌、为龟;为干燥、为科上槁(外坚内空)。

离卦一阴爻在中,外刚内柔,故为外明亮而中暗的火焰,为中女,为雉羽华丽多彩。火发明之前,离本指日光,附丽于本体而散发明丽光华。火焰也是依附于木柴燃烧,故指干燥及枯槁之木。身体上离卦指有光之目。由日光延伸指闪电,转指锋利或闪亮的兵器、盔甲。离☲卦形象龟有外甲,并指鳖、蟹、蠃、蚌等甲壳类动物。离卦象征色彩华丽的光明与文明,但用离火不慎,也会造成大灾害。

艮卦☶性质为止。为山、为少男、为手、为指;为径路、为小石、为门阙、为阍寺(看门人)、为狗、为鼠、为黔喙之属(豺狼)、为果蓏、为坚多节(木)。

艮卦下虚上实,山峰曲线隆起于大地之上。一阳爻在三位,代表少男(第三男)。山静止不动,故卦德为"止",遇山则止而无法跨越。身体上为手为指,伸手阻止他人。动物为狗,忠诚守一。为黑硬嘴豺狼及老鼠类禽兽,狼、鼠当止则止。由狗守门转指门阙与守门人,延伸指门前山路与路上小石子,还有山间坚果与坚硬多节树木。

兑卦☱性质为悦(说)。为泽、为少女、为巫、为口舌;为毁折、为附决(决堤)、为刚卤(硬碱土)、为妾、为羊。

兑卦一阴爻在三位,代表少女(第三女)。坎卦为河流大洪水,为阳性之动;兑卦为湖泽清静水,为阴性之静,都在初民生活中占重要地位。湖泽一般在山间或高地之上,其水平静安全,是人与物赖以生存的日常用水。"说"为喜悦后作"悦",古人在山上狩猎,见到湖泽或居其旁自然欣喜悦目。"兑-𮥣",人(儿)心喜张口(口)笑言气出(八)之象,为喜悦本字,兑用于卦名,加言旁作"说"表喜悦。山间清湖如少女美丽,妾为年轻女子,巫有女子善舞之美,动物为羊而润泽吉祥,都使人欣悦。身体上兑指口舌言说欢悦,转指口舌是非。兑☱上缺,因指毁折、脱落、决堤、裂缺的硬碱土。兑卦象征口有言出,既指喜悦又指毁折,成败皆在于言说,故孔子劝人敏于事而慎于言。

八经卦的象征中,最常用的有:

卦名	卦画	自然	家庭	性质	动物	人体	方位
乾	☰	天	父	健	马	首	西北
坤	☷	地	母	顺	牛	腹	西南
震	☳	雷	长男	动	龙	足	东
巽	☴	风(木)	长女	入	鸡	股	东南
坎	☵	水	中男	陷	猪	耳	北
离	☲	火	中女	丽	雉	目	南
艮	☶	山	少男	止	狗	手	东北
兑	☱	泽	少女	说	羊	口	西

需要指出的是,这些象征由后人逐渐添补形成,有些一目了然,有些须多加思索。古今在时空上的差异极大,运用八卦象征时,既要发挥联想力,又要联系解卦实际,力求合理而准确。每卦的象征有好有坏,甚至有时相互矛盾,喻示人生许多事情换个角度就面貌迥异。《说卦传》所列各卦有十个以上象征,解卦时可由此展开多种关联,才能用八个三爻卦所构成的六十四个六爻时空场来解析社会人事的无数际遇与情境。

汉代以后,易学家又赋予八卦更多内容,如八卦与五行:乾兑为金,震巽为木,坤艮为土,离为火,坎为水。八卦相生相克(纳甲):乾纳甲壬、坤纳乙癸、震纳庚、巽纳辛、坎纳戊、离纳己、艮纳丙、兑纳丁。五行八卦相生:乾兑(金)生坎(水),坎(水)生震巽(木),震巽(木)生离(火),离(火)生坤艮(土),坤艮(土)生乾兑(金)。五行八卦相克:乾兑(金)克震巽(木),震巽(木)克坤艮(土),坤艮(土)克坎(水),坎(水)克离(火),离(火)克乾兑(金)。

(二)解读六十四卦

1.读卦:卦名的来由

《周易》中的六爻卦,《周礼》称"别卦",也称"重卦"或"复卦"。每一卦均由六条阴--阳—奇偶爻画组合,形成六十四卦三百八十四爻的卦画符号系统。

这六十四复卦的卦名,有单字的如"乾、坤、泰、否"等,也有两个字的如"小畜、大有、中孚"等。其中单字的"乾、坤"二卦与八经卦的"乾、坤"卦重名,但所指不同。

关于卦名的来由,主要有四说法:

一、取象说,卦名源于观物取象,如"乾"象征天,乾与天古字通用;

二、取义说,由卦象喻示的义理来命名,如乾卦喻示强健不息,"乾"取义于健;

三、占事说,卦名与占问之事相关,乾卦占问节候变化,四象之东方苍龙即乾卦"潜龙、飞龙",北斗七星之斗柄旋转定四季为"斡",闻一多据此认为"乾"本作"斡";

四、筮辞说,高亨认为卦名从卦爻辞中截取字得来,"乾"由乾卦九三"君子终日乾乾"截出。

以上四说都有一定道理,卦名与占问、取象、义理都有联系。考虑到古人著书多不题篇名,篇名多为后人采选添加,《诗经》《论语》多如此,故《周易》卦名选自卦爻辞之说,相对较为合理。

直观地看,每一个六爻卦都是由两个三爻经卦叠加而成的,在读卦的时候也习惯读其上下组合,如屯卦☵上坎☵下震☳读为"水雷屯",讼卦☰上乾☰下坎☵读为"天水讼"。这里的"上卦、下卦"也称"外卦、内卦",如上举"水雷屯"是上坎下震,也即外坎内震。但我们不能因此而认为《周易》中六爻卦就是三爻卦的简单加和。实际上,经过周文王、孔子及其弟子等先贤的改造,《周易》中六十四重卦的结构和体系已经与原始社会偶然出现的六爻卦完全不同了。

2. 解卦:六爻的"时位"

我们首先要认识到,《周易》中的六爻卦虽然也可以读为两个三爻卦的组合,但在理解时,则应一爻一爻地拆分理解。《系辞下》谓"八卦成列,象在其中矣;因而重之,爻在其中矣",说明了每一"爻"在重卦解读中的重要性。

六爻卦中,每一爻在卦中的名称叫作"爻题",反映该爻在卦中的具体位置及其奇偶性质。爻题由爻位加阴阳组合而成。六爻卦自下向上数,爻位分别为初(一)、二、三、四、五、上(六)。阳爻━都称"九"(九为最大奇数),阴爻╍都称"六"(六为十内居中偶数)。例如,乾卦六爻的爻题为"初九、九二、九三、九四、九五、上九",其中的"九"代表阳爻,"初、二、三、四、五、上"代表位置。

《周易》中,阳爻为主动力,阴爻为受动力;阳爻刚健向上,阴爻柔顺中和。《周易》的象数体例就是根据阴阳相济的义理内涵来精心安排的,一卦六爻,既强调刚柔之分,又重视阴阳之合,是辩证统一体。刚居阳位尊位为主导,柔居阴位卑位为从属。阳统阴以发挥主导作用,阴承阳起配合作用。这种主从关系,不能无阴也不能无阳,阳须阴的辅助,阴须阳的主导,必须阴阳协调,刚柔相济,配合融洽,才能达到整体的和谐。阴爻与阳爻并无高低轻重之分,阳爻失位时力量还不及阴爻。

《周易》卦爻辞阐发天地人"三才"整体和谐的哲学义理,六爻卦与三爻卦一样,也分为天地人"三才":从下往上数,初、二爻代表地,奇画为刚为地之阳,偶画为柔为地之阴;三、四爻代表人,奇画为义为人之阳,偶画为仁为人之阴;五、上爻代表天,奇画为天之阳,偶画为天之阴。初、二爻处下地,当以静居守成为主;三、四爻体现人事走向,多从关系变化上考虑;五、上爻偏重天道主导,多考虑时机和趋向。

由此,六爻以不同的奇画偶画搭配,形成八八六十四种不同的组合,构成天地自然与社会人事秩序的基本模型,表现多种多样的冲突与和谐,大体上都阴阳协调,刚柔相济,互联互动而紧密配合。

但要进一步理解六爻之间的关系,除了阴阳相济的义理外,我们还需要引入一个重要概念:"时位"。

客观事物都有一个从始至终的发展过程,《周易》每一卦象征其卦义喻示的一类事物的发展进程:初爻为始,上爻为终,中四爻是发展的不同阶段。初始变数大而前景难料,上终能反观事物全局,而中间发展步骤则决定吉凶祸福。这种爻位体例安排,实际就是人对事物发展进程的认识模式,既有分析也有综合。《周易》概括自然万物的变化规律,对发展趋势作基本推断,主要用爻的时位来象征吉凶走向。

"时、位"是《周易》的重要范畴。时,表时机和时间,如"初"就指时间(时);位,表地位和空间,如"上"就指空间(位)。天象本无吉凶,但万事万物处在不断变化的时序之中,准确把握时机和序位,是成功之关键与吉凶之枢机。相对而言,乾卦偏重于位,坤卦偏重于时。就卦德来看,德不配位,行不适时,行止不当,必有祸殃。有是德方应是占,人德合于天时地序,自天佑之则吉无不利。

时,繁体作"時",本作"旹",甲骨文作旹,石鼓作旹,"旹"为太阳(日)在天上运行(之之),加寸为"時"。《说文》:"旹,四时也。从日寺声。旹,古文时从之。""寺"为手(寸)有力伸出(之)表侍卫和守法度,太阳(日)运行确定有度(寺),故"時"从日寺声。"时"本指四季、季节,扩展指天时、农时、时间、时机、时势等。"时"所表时间是线性变化的,体现"变易"特性。应用《周易》,要特别注意随顺时势,与时俱进,与日同明,随事而新,见机而止,顺势而成。《周易》之道重变易,自然、社会、人事、万物、环境、关系随时都在变化之中,但变中有不变,变的是事物,不变的是道理,以不变应万变就是变通,变通则人事可成。

《周易》一卦六爻,按承、乘、比、应各种复杂关系结为一体,形成一个中心主旨,就是卦义。"卦义"又称"时义、时用",简称为"时"。故"时"是《周易》极为重要的概念,它总揽全局,从整体上表明一卦的中心主旨，显示时态、时机、时运，也就是显示受时间、地点、条件制约的具体情境或客观形势，象征天道自然和社会人事各种不同状况及其势力此消彼长的动态过程。如乾卦讲健行不息，恒卦讲持久有常，家人卦讲安居和美，谦卦讲谦逊自省等。卦义之"时"表示动态过程的特定发展阶段，有相对稳定性，对卦中六爻起支配作用，除非本卦变为他卦，"时"的支配作用一直存在于此卦中。

位，小篆"立"作 立，正面人（大）立地上（一）形。立加人旁为"位"，小篆作 位，指各人站立的位置、职位。《周易》六爻卦之位：初、二爻为地位，三、四爻为人位，五、上爻为天位。就爵阶分：初爻地之下为士位，二爻地之上为大夫位；三爻人之下为公卿位，四爻人之上为诸侯位；五爻天之下为天子位，上爻天之外为宗庙（太上皇、天子师）位。按人事分：初爻庶人百姓，二爻士，三爻大夫，四爻卿，五爻君王天子，上爻圣人太上皇。

六爻位的特点，《系辞下》谓"其初难知，其上易知……二多誉四多惧……三多凶五多功"。初爻单纯而有无限可能性，前程难以断定；上爻至极过气，非悔则吝，易于定性。二爻居下卦中，走出初生之难，为下卦中心，前景可称誉；五爻居上卦中君主尊位，主导建功立业。三爻、四爻在"人位"，都不居中，可上可下而不上不下，关系复杂而多变，有一定主动性又受多方制约，须参看上下天地四爻的影响定吉凶。由三、四爻组合关系复杂性生出"互卦"概念，上互卦、下互卦都含三爻四爻，可变换多个角度来看关系和发展趋势。

合观六爻的时位，蕴含高贵与卑微、成功与失败、失去与获得等多重相对性内容。独观则各爻代表事物不同的发展阶段，合观则众爻相反相成而相互转化。

《周易》强调"天人合德"，探讨人德如何合于天道，后来孔子据此多论人道，孟子据此多论人性。周初圣贤思考天地、日月、四时、尊卑、贵贱等关系，在《周易》卦爻时位上显示成败、得失、祸福、吉凶等。判断一爻的吉凶悔吝,须考虑诸多因素与关系。

汉唐以来,易学家运用固定术语来表述这些要素的概念及其关系,主要有:

当位,又称"得位"或"正位"。六爻所居之位为"六位",阳爻在奇数初(一)、三、五的阳位上,阴爻在偶数二、四、上(六)的阴位上,就是当位,否则不当位。

比、承、乘、应,表示卦内爻的四种阴阳互济关系。"比"甲骨文作𠤎,二人亲密相依形,卦内二爻亲密相邻称"比",初与二、二与三、四与五、五与上相比。阴阳二爻相比为好称"得比",同类二爻相比则不一定好。

阴阳相比分两种:下对上为"承",即下爻承接上爻。柔承刚☳为顺,刚承柔为逆,二阴上一阳☶也称"二阴承一阳"。上对下为"乘",即上爻乘凌下爻,刚乘柔☳为顺,柔顺随从刚健;柔乘刚☶为逆,称"乘刚",阴柔爻登乘于阳刚爻之上,如小人乘凌君子,自然不吉。几个阴爻在一阳爻之上,为"众阴乘刚",如谦卦䷎上三阴爻之下有九三阳爻,《周易集解》引荀爽曰"自四以上乘阳(刚)"。

卦内之爻互相配合为"应",指呼应和对应。六爻卦有五柔应一刚或五刚应一柔,但主要指同位相应。六爻卦初与四、二与五、三与上在三爻卦中本为同位,叠加在六爻卦中就形成三组对应。《易纬·乾凿度》以上卦为天下卦为地,谓"动于地之下则应于天之下,动于地之中则应于天之中,动于地之上则应于天之上"。一刚一柔隔两爻上下呼应为"正应",阴阳相济同于异性相吸,如既济卦䷾三组正应:初九阳应六四阴、六二阴应九五阳、九三阳应上六阴。若三组皆为刚对刚或柔对柔如习坎卦䷜,初与四、二与五、三与上都是同性相斥,称"敌应"或"无应"。一般说来,正应为吉而敌应不吉,特殊卦位则另当别论。

居中,"中"为表现阴阳结合的最佳点,《周易》六爻卦分上下卦,爻居于下卦二位、上卦五位为"中"。居中的时位对卦内六爻起主体作用,

《周易集解》引虞翻谓"得中多誉"。

"中"也是行为美德的象征,阳爻居中为"刚中",象征刚健中正之德;阴爻居中为"柔中",象征柔美中和之德。五为君位,二为臣位,二、五居中,六二柔中与九五刚中相应,象征君臣同心配合,阴阳谐和,状态最佳,是为"中和"。居中为吉,如大壮卦九二"贞吉";巽卦九五"贞吉,悔亡,无不利";恒卦九二"悔亡";未济卦六五"贞吉,无悔"等。若阴爻居二、阳爻居五,六二、九五就是"既中且正",合为"中正",于行为品德而言,就是尽善尽美,故不易多见。

一般说"中胜于正",是因为一卦六爻刚柔相应的关键在于二、五两爻柔中与刚中的应和,有时虽然因客观情况而柔居阳位、刚居阴位,形成九二与六五相应的"中而不正"配置,但上下应和而君臣一体,仍然可以保持和谐统一。中胜于正,"中"体现《周易》的核心思想,易道贵中,中和的最高境界是"太和",即儒家的"中和、中庸",是中华文化核心的哲学范畴。

往来,六爻卦之爻象可看成动态系统,可以上下往来。下卦为内上卦为外,故爻象由上至下为"来",由下至上为"往"。若把鼎卦☰☴看成爻象往来系统,卦内初六、六五就有往来关系,柔爻初六逐步向上发展变成六五就是"往",而六五向下逐步回归成为初六就是"来"。卦与卦之间的关联,也可用爻象往来为沟通媒介,如损卦☶☱可看作由泰卦☷☰变化而来,泰卦九三与上六阴阳换位就变损卦,意谓泰极必有损。这种变化可表述为,泰卦九三升至六位为损卦上九称"往",泰卦上六降至三位为损卦六三称"来"。

互卦,六爻中间有四爻,用其三爻交互构成新的三爻卦,称"互卦"。"二、三、四"构成一个互卦为下互卦,"三、四、五"构成第二个互卦为上互卦。上下互卦又可组成一个六爻互卦。如水雷屯☵☳,上卦坎水☵下卦震雷☳,为本卦;二三四爻为下互坤☷,三四五爻为上互艮☶,互坤与互艮又构成六爻卦互剥☶☷。因此屯卦含四个三爻卦:上坎☵、下震☳、互坤☷、互艮☶,含一个六爻卦互剥䷖(上艮☶下坤☷)。互卦可用来辅助本卦取象解释卦义。

爻变,本爻由阴变阳或由阳变阴。一卦六爻,天、人、地各二爻,事物有多个方面,人生有多种变化,不会总是吉或凶,可换个角度看问题。此一爻不通,变一爻就通了;这一爻过不去,再等几爻就过坎了。如初九凶,多则过四年(月日),到九五或六五就相对安祥了。本爻在本卦不吉,变一下就成为另一卦对应位置的相反之爻,或可喻示事情的发展趋势。

卦变,也称"之卦",本卦由何卦变来,或变为何卦。清钱大昕《答问一》:"问:'卦变'之说,汉儒谓之'之卦',诸家所说各殊,愿闻其审。曰:虞仲翔说《易》,专取'旁通'与'之卦'。旁通者,乾与坤、坎与离、艮与兑、震与巽交相变也。'之卦'则以两爻交易而得一卦。"六爻卦有一爻变,就走向(之)另一卦。如屯卦䷂,阳爻初九变阴爻初六,卦之比䷇,由屯卦初生之难转为比卦相辅渡难关。每一卦对于其前后卦来说,就是一个过渡,每一爻变化都会产生一个新卦,爻变推动卦变,六十四卦轮转回环、生生之谓易。

错卦(反卦)、综卦(覆卦),"错卦"指阴阳交错,两卦六爻都阴阳相反,如乾卦☰与坤卦☷、坎卦☵与离卦☲,每一爻都阴阳相反交错,又称"反卦"。错卦通过交错对比而通观卦义变化,三国吴虞翻归之为"旁通"。

"综卦"是将卦体颠倒翻覆,以综合观其卦义的发展演变,又称"覆卦"。如屯卦䷂卦体翻覆为蒙卦䷃,人出生之后就需要文化启蒙以成长;需卦䷄翻覆为讼卦䷅,供需贸易产生纠纷就提起诉讼。《序卦传》把近三十对覆卦都排在相邻位置,体现其内在系统性。

3.六十四卦的卦序

除了从每一卦内部阴、阳爻的位置来理解六十四卦的象征外,我们还能从六十四卦的排列顺序体悟其内在的阴阳交互逻辑联系,如屯卦后接蒙卦是先产生后发展的顺承关系,泰卦后接否卦是泰极否来的逆承关系。孔子等又将《周易》六十四卦分上、下两篇,《易纬·乾凿度》:"《易》卦六十四,分而为上下,象阴阳也。夫阳道纯而奇,故上篇三十,所以象阳也。阴道不纯而偶,故下篇三十四,所以法阴也。"

　　具体来说,上经三十卦讲天地之道:乾坤开天辟地,而后屯生万物,剥极而复,克服坎险而坎极离来,困境中坚忍不拔,终于赢得文化光明,以离明结束上经三十卦。下经三十四卦述人事变化,起自咸、恒二卦,咸卦为少男少女自然感应,恒卦为婚姻长久夫妻偕老。《礼记·中庸》谓"君子之道,造端乎夫妇,及其至也,察乎天地",男女相感结为夫妇,然后父子、君臣、兄弟、朋友之人伦得以产生,尊卑、上下的礼仪得以有序形成。然后历尽人事沧桑、悲欢离合,至既济、未济终了。总而言之,六十四卦的卦序体现了先贤对自然规律和社会秩序的系统性认识。

　　朱熹《上下经卦名次序歌》可以帮助我们记忆卦序:

　　　　乾坤屯(zhūn)蒙需讼师,比(bì)小畜兮履泰否(pǐ);同人大有谦豫随,蛊临观兮噬嗑(shìhé)贲(bì);剥复无妄大畜颐,大过坎离三十备。咸恒遁兮及大壮,晋与明夷家人睽(kuí);蹇(jiǎn)解损益夬(guài)姤(gòu)萃,升困井革鼎震继;艮(gèn)渐归妹丰旅巽(xùn),兑涣节兮中孚至;小过既济兼未济,是为下经三十四。

　　这里再顺带说一下"消息卦":"消"以水变小(肖)表消减,"息"以心气通鼻(自)表生长。阴阳爻不夹杂的同性卦由下往上行,六爻中阴长则阳消,阳长则阴消。六十四卦中有十二个消息卦,用于表示十二个月。《尚书·尧典》谓尧帝命羲和订历,之后三代历法月建不同:夏历建寅,以泰卦为正月;商历建丑,以临卦为正月;周历建子,以复卦为正月。至汉武帝恢复用夏历至今。

十二消息卦

十二消息卦		复卦	临卦	泰卦	大壮卦	夬卦	乾卦	姤卦	遁卦	否卦	观卦	剥卦	坤卦
斗建		子	丑	寅	卯	辰	巳	午	未	申	酉	戌	亥
节气		冬至	大寒	雨水	春分	谷雨	小满	夏至	大暑	处暑	秋分	霜降	小雪
月历	夏历	11	12	正	2	3	4	5	6	7	8	9	10
	商历	12	正	2	3	4	5	6	7	8	9	10	11
	周历	正	2	3	4	5	6	7	8	9	10	11	12

四、《周易》的言辞系统

　　《周易》表述形式有符号和言辞两个系统：符号系统指六十四卦的卦爻符号，为伏羲所画；言辞系统指卦爻辞，简称"易辞"，是周文王及其团队所作。周文王等为六十四卦和三百八十四爻"系辞"，即在卦画爻形之后系上相应辞句，阐发其象旨，使"象"由隐晦符号暗示转化为文字描述的可感形象。

　　卦爻辞的主旨，是探原事物的发端，阐释其变化与结局。其中，系于卦名后的言辞为"卦辞"，每卦一条共六十四条，如"乾：元亨，利贞""豫：利建侯行师"等。卦辞总括一卦之要旨，对六爻卦作综合性含义解说，是卦义的整体论断，表述事情发展的大环境和总趋势。卦中单条爻后述说爻象的言辞为"爻辞"，每卦有六条爻辞，如乾卦"初九：潜龙勿用”。爻辞对一卦特定事物运动变化作时空顺序上的展开,初爻进入,上爻结局,中间各爻是发展变化过程的描述,六爻在事理上具有内在联系。一卦内六条爻辞相对独立又相互关联而起作用,表示事物在不同时段及情境中的发展态势,六爻辞构成事情发生发展的全过程,体现卦辞的整体内容,故爻辞含义须结合爻位和卦辞来理解。《周易》共有三百八十四条爻辞,乾坤二卦“用九、用六”是对卦辞的补充说明,不计入爻辞。

《周易》卦爻辞“藏往知来”,来源广泛:有《连山》《归藏》传承下来的前人占筮之辞,有殷末周初大量的典型事件、实践经验与占筮验证之辞,还有部分民歌、谚语及演《易》者的个人创作。相较于篇幅较长、多用神话传说及史事述说道理的残存《连山》《归藏》卦爻辞,《周易》卦爻辞言简意赅、义理深邃。

卦爻辞对卦象和爻象所包含事物的属性、状态、趋向、结局作序列陈述,通过象辞、叙辞、占辞、验辞等来描述事物发生发展的逻辑进程及其结果验证,与殷商甲骨卜辞解读的操作顺序大致相同。

象辞,以比喻、象征的修辞手法描述卦象或爻象的时空特征,其所含物理、事理关系为占断的逻辑起点,一般列在前面。如乾卦九四“或跃在渊”是象辞,“无咎”是占辞。有时卦名就是象辞,如“既济、未济”就是卦名兼象辞。象辞取象记述各类事物的事前征兆,预示自然现象、人物事件的进展和人事行为的得失,涉及社会生活的方方面面。

叙辞,记叙行筮时间、地点、缘由等,一般在象辞后占辞前,有时空定点与事理定性的作用。如乾卦“元亨”为命筮类叙辞,表示“大享祀之时”。

占辞,就是占断结论。对卦爻象及其蕴涵的物理事理逻辑关系进行推导,为所占人事行为的价值取向作吉凶悔吝判断。占辞是《周易》主旨所在,是其价值观念与教化意识的集中体现。卦象占断有吉象、凶象、吉凶相生及转化之象,体现在卦爻象及上下卦的爻位组合关系中。

《系辞上》:"吉凶者,言乎其失得也;悔吝者,言乎其小疵也;无咎者,善补过也。"谓占辞吉为得到、凶为失去,悔、吝是不完美的小毛病,无咎是善补过失而不受咎责。《周易》占辞由吉至凶,可排成十二级次序列:

1. 元吉,甲骨文"元"作，象人头,表起始及德义盛大,元吉是大吉利、最吉祥。

2. 吉,甲骨文作，兵器牢插基座(口)保吉祥,表好运、吉利、吉祥,有二百多见。

3. 利,甲骨文作，犁刀起土或刀割禾畅利、有利,表克服、顺利、适宜、有益。

4. 无不利,没有不适宜,没有不顺利,不一定好也没有不好。

5. 无攸利,"攸"金文作，人持工具疏通水流,使悠长而得其所,无攸利即"无所利"。

6. 无咎,"咎"金文作，人有过失(处)受责备(口),善补过则无咎害而不受责备。

7. 悔亡,本犯错当后悔,知错改过则悔憾消失而趋吉利。

8. 有悔,金文"每"作，母头插花草表繁盛与遮暗,"悔"表心情忧暗、遗憾、后悔,所忧之事每每在心。

9. 吝,又作"悋、悐",心憾惜而口(口)有辞(文),表受阻难通、吝惜、羞吝。

10. 不利,没有利、不适宜。

11. 厉,繁体作"厲",崖下(厂)多蝎子(萬-),表危险、严峻、暴烈、灾难。

12. 凶,小篆作，人交陷地坑(凵),表失去、不吉、邪恶、凶险、祸害、灾殃。

叙辞与占辞用得最多,还有兼跨两类者,如"亨"表示祭享求亨通,在叙辞中为享祀,在占辞中为亨通;"贞"表示卜问而坚定,在正道上坚持不变,经文中"贞"多用为叙辞表贞问义,也用为占辞有本原、守正、正

固、专一义;"孚"用于占辞表示诚信,用于叙辞表示俘虏义;"誉"用于占辞表示美誉,用于叙辞表示称赞。其他辞例还有:

释辞,对象辞含义作特异性解释,或对占辞作限制性说明。如"观:盥而不荐,有孚颙若","观"为象辞,后两句是对"观"的解释。"屯:元亨,利贞。勿用有攸往,利建侯"。占辞"利贞"之后是限制性说明,这种释辞不必取象,也可表示占断。

验辞,记录占断的验证情况,《周礼》谓占在岁终验证,即一年以上才有最终结局的记录。如坤卦"元亨,利牝马之贞。君子有攸往,先迷后得主。利西南得朋,东北丧朋,安贞吉"。"元亨"是叙辞,在大祭享之时遇此亨通之卦。"利牝马之贞"是占辞,谓牝马于承载及生养之事必有利。后面是验辞,古公亶父由东北豳地迁西南岐山,果然安居吉利。再如"临:元亨,利贞。至于八月有凶",占辞"利贞"推断不应有凶咎,"八月有凶"是验辞,因事情发展与推断有不同而记。验辞较少,全验或全不验的也未必都记。

诫辞,在占辞、验辞之后,有时还附上限制性的教诫之辞。如"无妄:元亨,利贞。其匪正,有眚,不利有攸往"。"利贞"是占辞,后两句为教诫之辞,谓不行正道就会有灾眚而不利。验辞、诫辞也可用以代替占辞而不必另行取象。

喻辞,上述各类辞前后,或加上民歌、谣谚、故事等语辞,用作生动比喻或象征,以利加深理解。如明夷卦初九"明夷于飞,垂其翼。君子于行,三日不食",以民谣喻君子遇到艰难;大过卦九五"枯杨生华",以民谚喻老妇(妻)得少夫(夫)。

各类"辞"的搭配使用是灵活多变的,以"叙辞(象辞)+占辞+验辞"的格式为最多用。其中占辞最为重要,占辞表示的吉凶悔吝是占卦目的所在。

构辞表象,指卦爻辞用特定词语来表示物象或事象,如坤卦六三"含章"表农作物繁茂,六四"括囊"表农作物收储;屯卦九五"屯膏"表蓄积肉食;蒙卦初六"发蒙"表启发蒙昧如开垦荒地,九二"包蒙"表宽容蒙昧及包容性启蒙;师卦六三、六五"舆尸"表子弟战死以车运载尸体;泰卦九三、大畜卦九三"艰贞"表艰难其事;颐卦初九"朵颐"表农耕为养,六二"颠颐"以作物上实下根为养,六三"拂颐"表掠取为养;归妹卦"归妹"表示嫁女之事。

五、《周易》取象明义的阐释方法

《周易》包含"象、数、理、占"四大内容,"象"是符号系统的象征意义,"数"是卦爻数字的排列指向,"理"是象数喻示的规律和道理,"占"是用象数之理占测吉凶趋向。

历代解说《周易》卦爻的方法很多:《左传》《国语》所载《易》说,重在本卦与之卦的交变;汉儒解《易》,用互体、卦变、卦气、纳甲、爻辰、升降、消息、之正等多种方法;王弼《周易注》,以老庄哲理解释《周易》;程颐《易传》,贯注儒家理学思想;李光与杨万里,着力于援史证《易》等,不同理解就会用不同方法。

这些研究与阐释方法分象数、义理两大派。象数派正宗为汉儒以易象(八卦象征)、易数(阴阳奇偶之数)为解《易》途径,适宜占筮之用及易理显示,至宋邵雍等蔚为大观。义理派主要阐发《周易》大义与道理,王弼开启风气,至宋程颐蔚为大观。其实言象数者未废义理,言义理者也未废象数,至南宋已出现互补合流趋势。从本质上看,无论是象数派还是义理派,实际上都在假借象数阐发义理,即"假象以寓意"或"假象以明理",只不过各自所借的"象数"和阐发的"义理"有所不同而已。两派均有可取处,吴承仕《周易解注传义辩正·提要》谓"名物为象数所依,象数为义理而设",象数与义理互为表里,相互参用,才能透彻理解《周易》意旨。

(一)义理之阐发

义,繁体作"義",甲骨文作𦍌,金文作𦍌,为仪仗队员戴羊头饰物

(羊)执兵器(我)形，表示威仪，后加亻作"儀"，简化字音借乂、作"义"。仁义之义本作"誼"，言行合意适宜，指正确的道理、行为及原则。合宜首先体现在言语上，故"誼"从言宜声。又指言词表达心意，《说文解字叙》："会意者，比类合谊，以见指撝，武信是也。"后言语之"谊"也通用"义"。

理，《说文》："理，治玉也，从玉里声。"本指治玉。"里"从田土，指人居住留止的地方，表示内里。治玉是顺玉(玉)内里纹路(里)加工，故"理"从玉里声。由治玉顺其纹理转指纹理、理路、秩序、道理，《周易·系辞上》："易简而天下之理得矣。"

义理，本指合于伦理道德的行事准则，也指《周易》的哲学思想。"义"即谊，指卦名和卦爻辞的含义；"理"指《周易》的原理、道理，"理"是对"义"的展示和发挥。

义理派用抽象、概括的意义解释《周易》，反映其时政治、经济和道德伦理思想以及社会进化历史观。孔子作《易传》，从义理角度对《易经》进行解释和阐发，完成《易》从卜筮之书向哲理之书的过渡。《系辞上》提出"一阴一阳之谓道"命题，把世间根本规律概括为阴阳对立的交互作用，用以制约万事万物的发展变化。认为"易"是天地万物的本原和运行规则，宇宙万物的变化发展生生不息，进而宣扬"天尊地卑"的等级观念以及"自天佑之，吉无不利"的天人合一思想。《周易》重视德性修养，提倡敬天保民、崇德广业，阐明事物发展到极至就会走向反面，须有居安思危的忧患意识，顺应时势而知行止，才能趋吉避凶而成就功业。魏王弼《周易注》扫象存义，黜象数而申义理，以《易传》和老庄解释《易经》，开启《周易》义理学派，形成玄学易。宋程颐、朱熹以理学解说易理，张载以气学解说易理，杨简以心学解说易理，在解释经义中阐述各自的哲学思想体系，发展壮大义理学派。宋以后把讲求儒家经义、探究《周易》名理的学问称为"义理之学"，张载谓"义理之学，亦须深沉方有造，非浅易轻浮之可得也"。明清至现代，《周易》义理研究不断发展,在经传的哲学思想研究方面取得不少成果,使《周易》义理之学蔚为大观。

（二）象数之取象

易学中"象"为卦爻之象,指卦爻所象征的事物及其时位关系;"数"指阴阳爻之数,占筮时依蓍草之数定阴阳爻而成卦。"象数"连用初见于《左传·僖公十五年》"龟,象也;筮,数也。物生而后有象,象而后有滋,滋而后有数",杜预注:"言龟以象示,筮以数告,象数相因而生,然后有占,占所以知吉凶。"《系辞上》谓"圣人设卦观象,系辞焉而明吉凶""极数知来之谓占",取象喻理,据数定占,"象数"成为占测人事祸福的方法。

汉代孟喜、京房等以象数解《周易》,创卦气、纳甲等学说,形成"象数派"。至宋代,象数发展成为探究宇宙生成秩序的自然哲学,范围大为扩展。象数"图书",指北宋陈抟、邵雍等对"先天八卦图、后天八卦图"及"河图、洛书"等多种图说的阐释与应用,称"图书象数学"或"图书派",是《周易》象数之学衍生的主要分支。

象数之学重在"取象"方法。易之象,是一种表示象征意义的符号系统,用思维将卦爻符号与具体实物的感观印象联系起来,以相似物象来表述卦爻内含的特征,即"象似其特征",简称"象征"。如坎卦☵两阴夹一阳而外柔内刚,与"水-〰"特征相似,于是坎卦象征河流及其中的水。八卦原本象征八种基本物质,不断扩展象征多类多种事物,发展成六十四卦,就可以象征世间万事万物了。

1.《周易》取象的特点

象数喻示规律和道理,主要体现在八经卦的象征上。八经卦表现天地自然与社会人生的多种元素及其相互关系,是从无数种事物形象中抽象出来的八种阴阳组合符号。由八经卦符号重叠构成六十四卦,衍生巨量的象数排列指向,喻示各种规律和道理,六十四个时空场就可用于预测和解释社会人生万事万物的千姿百态了。

　　《周易》主要有四种象：卦象、爻象、具象、喻象。卦象，是全卦形成的象，如乾卦象天行刚健、屯卦象初生艰难。爻象，卦中各爻形成的象，描述一爻的状态、情况、环境、阶段及爻间关系，如乾卦初九潜龙在下之象、上九亢龙穷极之象。具象，是卦爻辞描述的具体形象，如鼎卦取铜鼎之象、井卦取水井之象。喻象，是卦爻辞喻指之象征，如谦卦象征山居地下般的谦逊、其九三"劳谦"象征为民劳苦的谦敬品德。

　　《周易》取象途径，据黄宗羲《易学象数论》计八种：一取"八卦之象"，即《说卦传》列八经卦各有十多种基本象征；二取"六画之象"，每卦六爻各有事物不同发展阶段的象征，三百六十四爻都有其象征；三取"方位之象"，先天八卦、后天八卦四面八方的方位象征各不相同，各有含义；四取"象形之象"，卦爻取象于某些实物的形状，如鼎卦象铜鼎足、身、耳、铉之形；五取"爻位之象"，六爻三分为"天地人"三才之象，六位由初至上为元士、大夫、公卿、诸侯、天子、宗庙之象；六取"互体之象"，六爻卦中含两个互体卦，如屯卦二三四爻☷为下互坤地之象、三四五爻☶为上互艮山之象；七取"反对之象"，即取综卦（覆卦）之象，如损卦☶翻覆成益卦☳之象；八取"变化之象"，爻变则卦变，一爻变至六爻变而得不同卦象，如乾卦☰初爻变得姤卦☴之象、六爻全变得坤卦☷之象。

　　《周易》取象喻理，运用理性思维概括天地自然及社会人事的规律和道理，再构建感性直观的形象把这些规律道理喻示出来，所取之象是外在自然事物的概括形态投射于卦爻的映像中，既有直观感觉的概括，又有逻辑思维的推理。卦爻符号与物象义理之间总会有特征相似性，可以将同类特征的事物粘附在相关的符号上，如六爻卦的初爻总是取位置在下事物之象，以象征初级发展阶段。《周易》之象以简明形式包容天地万物的运行规律和道理，将深奥道理具象化，把复杂问题简单化，便于百姓易知易从，故谓"易简"。《系辞上》谓"神无方而易无体"，神明的奥秘是没有固定指向的，《周易》卦爻的取象喻理也是没有固定体式的。卦爻取象随时位关系而变化，由此象推及彼象，由象征显现义理,有其内在的由原因到结果、由现象到本质的发展变化过程。把握其变化过程,融会贯通,由取象的内涵拓展其外延,用起易象来,才会心领神会而得心应手。《周易》的义理象征,是理性思维与神性思维的完美结合。

2.《周易》的取象方式

《周易》的初制意图与作用为"据史事(人事)以明天道",即"据史事而明事理"。《周易》的本质内涵为哲理,表现哲理的方式为"象征",取象喻理,即《系辞上》"圣人立象以尽意"。《周易》用一套象征符号概括表述事物发展规律和道理,形成六十四卦三百八十四爻的象征体系。《周易》取象喻理,是周初圣贤对自然和社会的一种解释方式,主要取材于殷末周初社会人事的实践经验,有其内在合理性与连贯性,是能够自圆其说的。各时代各类人群的社会生活有其大体相似的共通性和倾向性,因而《周易》的取象喻理体系能够普遍通用而经久不衰。《周易》取象方式主要有:依物理、事理、审美和数理取象。

依物理取象:据外在事物的形态特征来概括喻示义理,如乾象天、坤象地,八卦象乾坤六子、马牛八畜等。《系辞上》"象也者,像此者也",王弼注:"象之所生,生于义也。有斯义,然后明之以其物,故以龙叙乾,以马明坤,随其事义而取象焉。"《系辞上》谓"近取诸身,远取诸物",是两种依物理取象的具体方式。由人自身取象即"近取诸身",如颐卦取象人口食、需卦取象人淋雨;由自然与动植物取象即"远取诸物",如坎卦取象河流之水、大过卦取象栋梁弯曲等。

依事理取象:文王作《周易》的根本目的,是用殷周兴衰成败的历史教训,为子孙提供国家管理的最佳模式与行为准则。文王深入思考,总结历史经验教训,周公、南宫括等据以撰写完善成卦爻辞。基本原则是:以真实的历史事件与天道的契合来展现事理的当然与必然,天道与人道互相发明,确立"天人合德"的最高行为准则。故《周易》卦爻辞必然多从殷末周初历史事件中取象喻理,读《周易》者当回归其时语境,还原殷末周初大变革的历史事件与场景,紧扣文、武、周公等圣贤治国保民的仁政思想与施为,参照事理取象的史事依据,求得《周易》卦爻辞的落实解释。

事理取象的操作方法:首先确定经文应阐明的主旨,如乾坤明天地之道,泰否明治国目标,需旅为商旅之道,师讼为息争之道等。其二按各卦主旨选择适当的卦爻辞,材料来自物象、史实和占卜记录等。其三为每卦定位,六爻卦分上下二体,上卦为上、外、前、先、彼、客、往、悔等,下卦为下、内、后、继、我、主、来、贞等,基本上是对夏、殷二《易》的继承。其四对六爻定时定位:初、上爻为始终之位,二、五爻为上下卦中位且对应,三、四爻为上下交接与升降交际之位,分别寓意事物的初始、中间、升降、转折、成功及亢盛各个阶段,在人则为下、中、升降之位、当权之位与盛极而衰之位。在确定卦爻象的时位后,各卦都成为一个表征时位的符号序列,与事物发展由弱到强、由盛到衰、由常到变、由始到终的逻辑顺序完相契合,形成卦象与事象的同构。再选出足以阐明事理的占筮记录和社会事件,按史实、事理顺序系于各爻之下,成为象辞与占断辞,达到事理与数理逻辑的一致,既可对相应事物进行动态描述,也可对其发展变化进行预测和占断,这就是"依事理取象定占"。占辞对各爻位赋予不同的凶吉观念,如《系辞下》谓"二多誉四多惧""三多凶五多功"。"二、五"是八卦文化"重中正"的表现与强化,是"中和、中庸"在象数上的具体表现。

事物从初始阶段至结束阶段,并无必然的吉凶可言,皆由主观抉择的当否与努力程度大小而定,爻辞是从实践经验中抽绎出的事理,具有逻辑实证性和可信度。这就是《周易》占断能有较大准确性的奥秘所在,说明依事理取象的原则来源于理性。所以说,《周易》本于占筮而不纯为占筮,本质上是传授周初圣王治国平天下经验的政治教材,只是利用占筮框架"神道设教"而已。《周易》采取"据史事以明天道"与"据天道以明人事"并重并行的取向,在据象定占上沿用"依事理逻辑为主"的原则。

古巫史出于职业习惯，偏重于"据天道以论人事"，有意简于史实，以事理从属于物理，汉儒易学尤其如此。至魏王弼"扫象"，以老庄解易，有意使《周易》游离于史实和大义之外，其解说陷于神秘主义与繁琐哲学迷雾之中，其"玄学易"落入"习易千年不见龙"的困境。明了《周易》"依事理取象为主"的定占倾向，就不必每卦每爻一定要找出"物象"，导致随意附会而过度解卦的谬误。

依审美取象：依卦爻组合符号的直观形态审美，取其相应器物之象，即《系辞上》"以制器者尚其象"。如坎卦☵取"水-𣱱"有水流动之美，离卦☲取"火焰-🔥"内暗外明的亮丽之美，鼎卦☴取"鼎-鼎"之足、身、耳、铉的重器之美等。

依数理取象：数，繁体作"數"，《说文》："數，计也，从攴婁声。"甲骨文"婁"作🐚，为"摟"本字，女子（女）被摟起则身体腾空（毌），故"婁"有空义。二层以上木构房为"樓"，高而空明且有连属意。计频为"數"而频计为"屢"，以手持棍（攴）连续点物（婁）为"數"。动词点数、计算读shǔ，名词数字、数目读shù。"理"由玉内自然纹路转指秩序与规律，"数理"是指筮数所含的规律和道理。

《周易》两仪、三才、四象、八卦、六十四卦、三百八十四爻等，用抽象的数学思维来立卦定爻，附着阴阳刚柔象征，表现天道自然规律与人事德义取向，就是依数取象喻理。

《周易》之前，殷商龟甲卜骨上已有不少数字卦，如殷墟出土卜骨刻有"七五七六六六"，奇数为阳偶数为阴，由下（后）至上（前）折合为否卦☷；小屯南卜甲有"七七六七六六"，折合为渐卦☴。陕西淳化县石桥镇出土殷商时代陶罐，有数字卦画十一组，如"六一一五一一"当为夬卦☱，"一九八一一一"当为小畜卦☴，还有"乾、大有、否、睽、困、解、益、两小畜"九卦。西周铜器铭文中也记有一些数字卦，如中方鼎"七八六六六六"为剥卦☶，召卣"六一八六一一"为节卦☵等。李学勤《周易探源》(巴蜀书社 2006)列举多处出土文物有筮数卦记载,其中多以"六"象征阴而"一"象征阳。但《周易》占筮只用"六、七、八、九"四数,"六、八"为阴而"七、九"为阳。

《周易》涉及众多数字,蕴含古人对天地万物秩序的思考。如一为道生,二为阴阳,三为天地人三才,四为四象四时,五为五行五色,六为六爻六合,七为七星七日,八为八卦八方,九为九宫九阳,十为成数。消息卦表示十二月份,后天八卦有二十四节气,大衍之数五十有五,六爻卦为六十四卦,周天数分三百六十度,故总为三百八十四爻。阴阳变化组合,可视为二进制计算;六爻位"承、乘、比、应",也是数的排列组合关系;变卦变爻的推定,主要是爻数的变动计算。河图、洛书以及《周易》诸多图谱算法,主要是数字排列组合、奇数偶数集合等算法的直观展现。

在筮数方法上,《周易》对夏、殷二《易》进行改进,如对天的崇拜高于对地和山的崇拜,从尚静转到尚变,从以"八"为大数的基数转变为以"四"为大数的基数等。"八"为古历法四时八节四十八刻度的基数,一年八个节候;周代历法变为十二个月,"八"失去历法基权作用,而以一年四季的"四"为季节转换的基数,于是筮法上改以"揲之以四"代替"揲之以八"。这些改进,反映周人在象数上的时代观念变化。

六、《周易》卦爻辞的思想体系及其价值

《系辞上》"形而上者谓之道,形而下者谓之器",提出《周易》思想的"道器"之辨。形,《说文》"形,象形也,从彡幵声",指物的形体,《系辞上》谓"在天成象,在地成形"。幵 jiān,《说文》"幵,平也,象二干对构上平也",二"干"相并而顶平齐,幵头山即平顶山,高平则明显;"彡"为须毛或饰纹,画物形(幵)使显明(彡),故"形"从彡幵声。"形"是具体可见的实物形体,有实形可见的都是"形而下";超越具体物形的思想、道理及抽象规律均无实形可见,是"形而上"。

"道"是规定头(首)朝向的必由之路(辵),是天道自然规律。"器"金文作🐾,《说文》"🐾,皿也,象器之口,犬所以守之",犬(犬)守护的饮食祭祀器皿(皿)。

有形可见的形而下是"器",器可盛物,是事物及道理的载体;超越形体不可直见的形而上是"道",道本无形,是思维抽象出来的宇宙本源和规律道理。形而上的"道"与形而下的"器",是大道本源与器物现象的关系,器以载道。"象"在《周易》为"象征",借卦爻符号(器)来象征天地自然和社会人事的规律与道理(道)。

《周易》卦爻辞建立周初圣贤的哲学思想体系,用卦形符号为容载天地万物变化内容的"器",器有多形而变动不居;用言辞象征来喻示宇宙本源不变的"道",道本无形而恒定守常。学习《周易》要"人德合于天道",把握天道永恒不变的运行规律,体会其蕴含的无限变量,以不变应万变,从而正确应对各种复杂情况。用《周易》哲理智慧指导人事行为,当如曾子所言"君子思不出其位",顺时定位,趋吉避凶,才能成就大业。

(一)《周易》卦爻辞的哲理性思考

《周易》卦爻辞为周文王及其团队编修累积而成。西伯姬昌(文王)被商纣王囚于羑里六年多时间,初兴的周邦处于生死存亡关头,需要君臣民众都具有忧危意识和奋发向上的精神。《系辞传》谓:"作《易》者,其有忧患乎?""夫《易》,圣人所以崇德而广业也!"忧患意识,是周文王推演《周易》的动力;崇德广业,是《周易》思想的主导方向。

被囚禁期间,周文王这位具有圣贤品质的政治领袖对殷末周初的政治形式作细致冷静的分析,对自己的政治经历进行深刻反思和经验总结,决定借助《易》卦爻占卜系统,把理性思考成果转化为政治教科书,留给后人,以指导复杂多变的社会人生。

殷商中后期,鬼神迷信过于严重,《礼记·表记》谓"殷人尊神,率民以事神,先鬼而后礼"。而周初圣贤则更注重人事,强调天人合德,敬天

尊祖,尚贤保民,建功立业。《周易》卦爻辞体现周人理性智慧的大幅提升,主要存在以下几方面的理性思考:

1.**时位观念**:西伯姬昌当年兴兵报父仇击殷失败,是不得时宜,被囚六年只能忍耐待时。获释后诸侯迎归,建议立即发兵伐纣,但西伯认为要各守臣位,励精图治,待时而动。若当时伐纣,是以伯伐王的"以下犯上",而商汤伐桀则是"顺天应人",因此须正位待时。文王获释五年后,受命灭崇作酆,决定接受诸侯之请而自行受命称王,如此继位周王才能以"受命之君"名义去行讨伐失天命的暴君纣王。

2.**忧患意识**:今存《逸周书》七十篇,第十二篇《程典》之后多论及忧患意识,如《程典》有"于安思危,于始思终,于迩思备,于远思近",意同《系辞下》"安而不忘危,存而不忘亡,治而不忘乱"之语。西伯以深沉睿思回溯史事,吸取夏、殷衰亡教训,总结周人兴起经验:周族从不窋失官奔戎狄到姬昌被囚,千年发展极为艰苦,须不断战胜各种挫折才有新的进展;夏代、殷商历史亦无不如此,呈现艰难奋进的前行曲线,合乎"阴阳相待而立,否泰相倚而变"的自然之道。明君自觉保持忧患意识,"朝乾夕惕"而谨慎行事,方能有所成就。西伯姬昌试图通过卦爻义理推衍,对天地自然和社会人事秩序作系统的阐释,强调社会人事兴亡合乎天地自然运行之道。《周易》总结王朝盛衰兴亡的普遍规律,指导后代居安思危、趋吉避凶,所以《逸周书》和《周易》卦爻辞中普遍透现深重的忧患意识。

3.**德治观念**:这是周人长达千年的农耕传统所凝结的治国思想,包括天人相参的人本主体意识,敬天保民的治国理念,中正适度的中庸精神,自强不息的刚健品格,厚德载物的博大情怀等。周人自觉继承并丰富八卦文化,积极付诸实践,文王时期达到空前的高度。《逸周书·文传》记文王提出"兵强胜人,人强胜天,能制其有者则能制人之有,不能制其有者则人制之";人君治国根本在于"畋渔以时,童不夭胎,马不驰骛,土不失宜";强调"凡土地之闲者,圣人裁之,为民利";仁君要做到

"山以遂其材,工匠以为其器,百物以平其利,商贾以通其货。工不失其务,农不失其时,是谓和德"。

4.**天人关系:**"天"金文作𡗜,指人(大)头顶上的空间(一)。"天"指大自然,被尊为人格神。《系辞下》"天地之大德曰生",天地有序运行使万物各有产生发展的条件,故谓"上天有好生之德"。好生为最大的善,天道至诚至善。"人"金文作𠂉,侧身垂臂前倾有礼貌的人形,人本敬天。文王从"天人相参""敬天爱民"观念出发,把民事提高到治国的主体地位,以"得民、保民、民生"为仁德政治的基础。《逸周书·小开》谓"何监非时,何务非德,何兴非因,何用非极,维周于民人",人君理政的最高标准就是保全其人民。《尚书·泰誓》周武王谓"天视自我民视,天听自我民听",正是后世《孟子》阐述"民本思想"的主要来源。

5.**人神关系:**周文王明确反对媚神宠巫,《逸周书·酆保》把"神巫灵宠以惑之"列为四乱政(四蠹)之一,强调把敬天、祭神、卜筮之用放到适当位置,不可淫祀鬼神而肆虐民人,形成后世"圣王先成民而后致力于神"的思想。乾坤两卦"自强不息、厚德载物"的积极进取与博厚情怀,体现周初圣贤在突出人的主体地位方面持有坚定立场。

(二)《周易》卦爻辞的思想体系及其教化作用

周文王演《周易》,系辞取象而载道喻理,建立周初圣贤的政治思想体系,用以教化后来人。圣君文王在被囚期间,以其超凡的见识和精审的思辨,将生产生活和政治军事经验向天道人生规律方面进行哲理提升,取得高远深厚的思想成就。文王具备《周易》思想建设工程所有的主客观条件,在时间、资料、经验、学识、才智、理想、品格、历史使命及时代责任感等方面,都合乎要求。他多年潜心思考,对时位和德治观念、天人及人神关系等,作出高明精准的归纳与阐释,并上升到中正适宜的哲理高度。像同时代的释迦牟尼、耶稣一样,文王的思想成果已形成自己的体系,借助《周易》媒介得以永久流传。

周文王的思考,在《周易》卦爻辞中凝结为:天人相参的人学主体思想,敬天保民的治国之道,崇德广业的行政纲领,中正适度的处事原则,自强不息的刚健品格,厚德载物的博大情怀,与民同患的忧患意识,勇担使命的进取精神,以及神道设教的教化方式等,无不闪烁着华夏智慧的熠熠光辉。其思想体系可从如下几个主导方面阐述。

1.崇德广业思想

德-悳,指人的品德,人心(心)选择正路(彳)直通(直)天道。人都希望建功立业,对社会作出大贡献。然而人德合天道自然才能有益于社会,无德有才往往有害于社会。《系辞上》谓"夫《易》,圣人所以崇德而广业也",《周易》以"崇德广业"为主导思想,强调必先崇尚道德才能建功立业,利他的功利取向与主导的德治思想完美融合。《周易》所崇之德乃"为人"之德,平等博爱,具有普遍性价值。上天造就部分聪明能干之人,是要他们运用天赋智慧和能力,尽可能多创造社会财富,用于资助弱小者,使上天子民都享有相应的生存条件和资源。故贤能者崇德,需要自觉担负天赋使命,无私地为社会及他人作贡献。

周初圣贤强调"天人合德"的德治思想,已超出"天人合一"的初期形态。自然资源的利用,农业生产力的拥有和保持,在农耕文化形成中具有决定性意义。周初圣贤深切体会到全民定居农耕的重要性,形成"敬天保民"意识,构成其"德治"思想的基础。历代周人所传之"德",包括"敬天、明道、尊祖、护宗、贵老、保民、尚贤、无逸、教化、慎罚"等方面,"天人合德"是指德合自然(天道)才能建功立业。《尚书·蔡仲之命》:"皇天无亲,惟德是辅;民心无常,惟惠之怀。"人德合乎天道,大到宇宙天道自然,小到个人修身行事,都有其秩序与精神存在。

《周易》六爻三分为天地人三才,天有日月星辰运行的规律,地有山川地土延展的形势,合为天地运行大道,通称"天道",即自然法则。人生天地间,天地对人事具有制约关系,社会人事的前行轨迹和发展态势与天地运行规则相契合,人伦秩序就是自然法则在社会上的具体表现。

因此在《周易》卦爻辞的吉凶祸福占断中，人们行事顺合天道自然秩序的就是吉利，不合秩序的就是凶祸。孔颖达疏"《易》之于人，正则获吉，邪则获凶"，谓"天人合德"是正是吉，否则是邪是凶。因此《周易》"崇德广业"思想，于上晓喻天道自然运行的秩序和规律，于中教喻君臣修德性而行仁义，于下指导百姓占卜而预知行为取向。《周易》德治思想彰显人文理性光辉，相对此前蒙昧社会，是很大的文明进步。

《周易》德治思想的要义在"保民"，《尚书·泰誓》周武王谓"民之所欲，天必从之"；《尚书·五子之歌》"民惟邦本，本固邦宁"；《逸周书·小开武》"顺天得时，顺地得助，顺民得和"。天命由民心聚合而显，民心是政权存亡之根本，良好的君师承受天命以治国平天下。天意、民心、君师三者合德，才能兴国安邦而富民。古圣贤用《易》智慧解决当时面临的问题，易学"明体达用"的精神代代传承，人们可用《易》智慧来为自己的时代服务。周人崇尚仁德，注重民生，执中保和，是其国祚绵长八百年的思想根本。实际上，《周易》应天象以教人事，是传递天人合德、敬德保民、崇德广业思想的教科书。《周易》德治思想为帝王之学，也是政治、军事及商家的必修之技，还是百姓安身立命、为人处事的智慧之源。

2. 中正适度思想

《周易》爻辞取象最重"居中"，次重"守正（贞）"，"中正适度"是八卦文化的最佳取象，也是儒家思想的精髓。尧舜以来，"中正适度"多用于观测天象及指导农事，《周易》卦爻辞将它扩展为社会人生的行为准则，实现由自然法则向社会准则的转换，完成从自然规律向一般性哲理范畴的升华。

周文王对周的兴起挫折与商的由盛转衰，对周邦此后的历史际遇和长治久安，进行反复而细致的思考，得出很多明智的论断。如顺时处位的行为准则与灭殷兴周的目标如何适度把握，仁德政治与神人关系如何正确处理，忧患意识与进取精神如何协调等，都有一个把握"适度"

问题。一切事物及行为都存在正反两面的双向制衡作用，人君该有所偏向还是任其自然？偏一方不成"中"，恪守"中"又不成"正"。"中"与"正"涉及一切物理、事理的价值取向，这两难命题被周文王融摄到一种动态制衡而中正适度的哲理思考中，成为其政治哲学思想的特定基础。在用人与为政的具体事务中，将人、事、物置于适宜位置发挥良好作用，使中正适度的行为准则得以确立，体现于《周易》卦爻辞中，就成为行事为人的指导思想。

《周易》居中守正思想，发展为儒家哲学范畴"中庸"。"中"是适中，"庸"金文作𤰜，从庚用声，日常赓续（庚）使用（用）为"庸"。"中庸"即"用中"，任何时候任何情况下都把事情处理到适中合宜的状态就是"中庸"。《论语·尧曰》："咨尔舜！天之历数在尔躬，允执厥中，四海困穷，天禄永终。舜亦以命禹。"《尚书·大禹谟》："人心惟危，道心惟微，惟精惟一，允执厥中。"这就是尧、舜、禹"三圣传心"的"允执厥中"，也就是儒家哲学思想"中庸"。清华简《保训》篇是周文王留给武王的遗嘱，也有"顺测阴阳之物，咸顺不逆，舜即得中"之语。《中庸》强调"智、仁、勇"三达德，指智慧、道德和能力。道德是自律自足的，是人心借助祖宗神灵赏罚意识来自我约束，儒家圣贤的"慎独"和"絜矩"便是其具体表现。人格神的"天"，就是道德约束力的来源与载体。周文王演《周易》，思考"居中适宜"的哲理取向，首先从农耕必须准确把握节候适中入手，不误农时且不违物性，才能获取耕作的最佳效果。进而观测天象须准确适中，历数计算必须精准，时节把握力求适度。从《诗·大雅·公刘》"度其夕阳"观测天象农耕至周文王耕于岐山，在数百年历象农耕实践中，周人出色地继承尧舜"治历明时"且"允执厥中"的优秀传统。文王提升为普适于自然与社会事务的"中正适度"思想准则，再取象成卦爻的"居中、正应"，抽绎出"中胜于正"的准则，成为《周易》"中正、太和"哲学思想的背景来源。

《周易》"天人合德"就是"中和、中庸"之德，就是"太和"。乾卦

《彖传》："乾道变化,各正性命,保合大(太)和,乃利贞。"保合太和,是通过人们的主观努力,加以自然的保合之功,不断调控以保长久适度,形成人与自然、人与人之间最好的和谐局面。依天道以推明人事,认识并顺应自然界的和谐规律,借以谋划自由、舒畅、和谐的人类社会发展前景,使人际关系像自然万物一样条畅适宜而各得其所,就是《周易》追求的理想目标"太和"。其主要思想内涵为:阴阳协和而刚柔相济,对立互补而相辅相成,从而形成动态平衡,体现万事万物持续平衡发展的内在生机与活力。实际上,儒家执中的"和为贵"与道家守中的"冲气以为和",都出自《周易》"太和"思想,是中华文化的共同思想特征与根本精神。

周文王将"中正适度"的思想融入《周易》卦爻辞说解中,使以卦爻编排为表征的"时位"符号序列,与事物发展由强到弱、由常到变、由盛到衰的逻辑顺序完美结合,实现卦象与事理的同构。再选出足以阐明事理的占筮记录或历史事件,按事理顺序分系于各卦爻之下,成为象辞与占辞,保持社会事理逻辑与卦爻数理逻辑的和谐一致,使深邃的哲理思想与象数形式融合无间,用真实历史过程与天道运行规律的契合来展示事物的当然与必然。这样,既可对相应事物进行动态描述,又可对事物的发展变化进行预测和占断,即"依事理取象定占",形成理性思维与神性思维结合的中正合度。

3. 神道设教思想

观卦《彖传》:"观天之神道,而四时不忒。圣人以神道设教,而天下服矣。"此"神道"即天道,本指自然运行规律,在《周易》中指阴阳变化莫测之道,转指鬼神祸福之说,以"神道"与"人道"相对应。《周易》借卦爻占筮广行政治思想教化,如同儒家借助祭祀鬼神之道设立教化,强调祖宗祭祀的社会教育功能。《周易》卦爻辞言及"亨、贞、筮、龟、鼎、篮、匕、鬯、禴、盟、牲、祭、祀、礼、祖、宗、庙、鬼、神、帝、福、祉、祥、佑"等鬼神祭祀类词语有数百次,用祖宗祭祀来强化敬天尊祖、不忘根本的传统思想,从而淳厚民风,稳固社会伦理秩序。

《周易》思想体系形成于华夏文明由神灵崇拜向人文化成转化的历史阶段,孔颖达疏谓圣人要"明于天之道,而察于民之故,是兴神物,以前民用。圣人以此斋戒,以神明其德夫"。神明其德,是借助祭祀祖宗亡灵来设立德行教化的方式。《论语·学而》"曾子曰:慎终追远,民德归厚矣",慎重操办长辈丧事并追祭远代祖先,是引导民众道德淳厚的教化方式。"神"金文作祼,《说文》"祇,天神,引出万物者也,从示、申","示"是祭祀牌位,"申"是闪电(电)延展,"神"是冥想中将天意申达于地上人心的造物主宰。"鬼"甲骨文作鬼,人(儿)上装恐怖假面(甶),《说文》"鬼,人所归为鬼,从人,象鬼头",指人死后离开身体的灵魂归天。《礼记·祭法》"庶士庶人无庙,死为鬼",何晏注《论语》"人神为鬼",主要指庶民死去祖宗的精灵。合为"鬼神",指冥冥中主宰人命运的精神力量,具体指可用祭祀联系的祖宗亡灵。

自周文王至孔子,儒家圣贤都不真信神道,周文王曾将淫媚鬼神列为四害政之一,孔子"不语怪力乱神"。但他们都注重借神道设立教化,祭祀是人为设立的通鬼神仪式,因为普通民众相信鬼神,祭祀仪式可沟通后人与祖宗亡灵的联系,用于寄托情思,以祖宗精神约束后人的思想行为,使之尊祖知本,服从社会秩序。故"禮-豐-禮"以高脚碗(豆)盛玉祭祀(示),"祭-祭"以手(又)持肉(月)献享(示),《周易》卦爻辞涉及祭祀百数次。孔子"克己复礼",致力恢复以祭享祖宗为仪节的周礼,特别强调"祭神如神在",神虽不在,要认为它在,因为民众相信它。"神道设教"的要义,前人多有论述。《礼记·礼论》引孔子曰:"圣人明知之……其在君子以为人道也,其在百姓以为鬼事也。"明谓祭祀礼仪是借助"神道"以教百姓"人道"。《礼记·祭义》谓"合鬼与神,教之至也",具体方法是"明命鬼神以为黔首则,百众以畏,万民以服。圣人以是为未足也,筑为宫室,设为宗祧,以别亲疏远迩,教民反古复始,不忘其所由生也,众之服自此,故听且速也"。把鬼神祭祀的政治意义和教育作用说得十分明白,"神道设教"就是稳定社会秩序的重要政治手段。

由《周易》发端的"神道设教"思想,对千年华夏政治思想影响巨大,形成士人淡于宗教又不反对宗教的思想传统,以至历代政权在尊崇儒术治国的同时,对来源不同的民间宗教采取宽容态度,但决不使之形成神权政治。数千年中华文明发展进程,没有形成真正意义上的本土宗教,这与《周易》思想体系在"轴心时代"已完全形成,有重大关系。《周易》"人谋鬼谋"的智慧,以理性思维与神性思维相融合的方式付诸实用,用神道设教的方法教化大众去恶从善,约束其行为合乎社会规范,早已起到宗教的根本作用,故无必要也无可能再产生本土宗教。不但如此,后世相继传入我国的几种主要宗教,无一不受《周易》思想的同化与影响。《周易》衍生儒家、道家、兵家等学派,发展到唐宋以后,流传最广的佛教也必然走上"儒释道合流"的道路而形成"禅宗",足见《周易》思想的影响广大而深远。

4.《周易》的思想价值及其影响

《周易》被誉为"群经之首,大道之源",是中国传统文化中自然哲学与伦理实践的理论源头,是中华智慧与文明的结晶,对后世影响至巨。五经学习,学《周易》要明其象而知道理,学《诗经》要感其情而知比兴,学《尚书》要通其史而知德政,学《仪礼》要明秩序而知规范,学《春秋》要晓微言而知大义。唐代五经列《周易》为首,因其思想内容涵盖天道、地道和人道,指导人们在天地间安身立命。《周易》将原始卜筮之术变革成为道德哲理思想,不仅在中国思想史上影响深远,也渗透到哲学、宗教、医学、天文、算术、文学、音乐、艺术、武术、军事、堪舆、管理、预测等各个领域,融入中华民族心理素质之中,构成华夏传统文化的基本格调,启迪和推动中国古代科技文明发展,成为中国学术思想的活水源头。《周易》的思想内涵丰富而深刻,具有重大的理论与实用价值。《周易》思想体系包含天地人事及前生后世无穷无尽的事理,把天道自然规律与人性根本精神结合起来,并放到社会秩序运行之中去审视,从而找准个人的时位,就知道如何行事做人。学习《周易》,任何人都能从中汲取智慧的力量,指导自己正确前行。

一本阐述形而上之天理人道的哲学著作,首先要澄清概念,其次要设定判断标准,然后建构理论系统,必须具有明确的世界观、人生观和价值观。《周易》卦爻辞完全具备这些条件,只是论述较为零散、简略而隐晦,但经《系辞传》全面阐发、总结并建构其理论系统,就显示出《周易》是一部合格的哲学著作。《周易》经文包含广大悉备的阴阳论、三才观与太和理想,蕴含"继善成性"的人性论和"物极必反"的辩证法思想,铸就华夏文明生生不息的人文精神。其根本作用是指导社会人事行为趋吉避凶而臻于合理化,《系辞上》谓其"明于天之道,而察于民之故,是兴神物以前民用"。《周易》之"神"非神秘主宰之鬼神,而是人文理性的道德力量升华,道德是神灵护佑的准则,神灵只护佑有德者,大有卦上九谓"自天佑之,吉无不利",故"《易》为君子谋不为小人谋"。《周易》"神道设教"是借助神灵施行道德教化,指引民众敬天尊祖、远恶向善、改过自新、趋吉避凶、创建功业,从而建立最佳的国家管理模式与人事行为准则。故《周易》并非单纯占卜之书,而是经邦济世宝典,是周初圣贤为后来者准备的政治教科书,是民众为人处事的指导手册。汉代易学家谓"凡《易》八卦之气,验应各如其法度,则阴阳和,六律调,风雨时,五谷成熟,人民取昌,此圣帝明王所以至太平法"。

《周易》卦爻辞为周初圣贤所定,其卦爻取象所喻示的事理,自然反映周人意识形态各领域的思想认识,包括政治、伦理、经济、制度、法律思想以及行为规范等。《周易》的哲学思想通过卦义的阐释表现出来,如以乾坤为本的宇宙生成观,以阴阳对立转化为变易动力的辩证观,以社会行为规范为用的义理取向,都显示出不朽的思想光辉。实践证明,学《周易》可以修身自律,一念起处是非分明,但有祸患苗头就及早调整心念与行为,使之消弭于无形中。五千年文明史,华夏民族之所以历经沧桑而不覆,数逢劫难而不倾,颠仆又再起,衰败又复振,历久弥新,不断壮大,龙脉不断传至今,与易道精神生生不息是紧密相关的。

《周易》"物极必反"的辩证法思想是易道的精髓,宋杨万里《诚斋易传》称为"通变",指人主观上的应变之方,是从管理角度探究现实符合理想的通变之道。世间无绝对不变之事,朱熹《易纲领》谓"盈乎天地之间无非一阴一阳之理",天地万物相互矛盾对立又相辅相成,处在不断变化之中,深含无限奥秘与内在规律,充满无限活力与生机。面对变化无穷的社会人事,人有主动抉择的能力和随机应变的责任,《周易》指导人们从卦象中悟得易理,卦爻系统表现哲理的核心内容,反映事物对立运动与变化的基本规律,王弼《周易略例·明象》谓"触类可为其象,合意可为其征",把握卦形及卦爻辞解释的象征喻义,可领悟其内在的哲理,进而顺应变化规律作出合理的预测与判断,就能正确行动而无悔吝咎害。程颐《易序》谓"六十四卦、三百八十四爻,皆所以顺性命之理,尽变化之道也。散之在理,则有万殊;统之在道,则无二致"。《周易》用于预测,是按照经过检验的自然变化规律,对事物的发展趋向进行预测推估,具有一定的可验证性。其顺势应变的辩证思想,对后世诸子百家都有相当程度的影响。

《周易》"敬天保民"的为政思想,是吸收历史经验而确立的。天道公平正义,有普施大众之善及好生之德,总是代表绝大多数人的权益,民心所向即天心所向。人间天子代上天管理大众,必须维护大众的利益,好生向善与天同德,才是"天人合德"。周文王推演《周易》,鉴殷商之盛衰,忧泰否之倚伏,探天理人道之幽微,建立治国行政之准则。《帛书周易论集·衷》谓"《易》之用也,殷之无道,周之盛德也。恐以守功,敬以承事,知以辟患"。《周易》反复告诫后人殷衰周兴的原因,强调敬畏天命、保护人民才可能创业守成而避免祸患。《尚书·洪范》"天子作民父母,以为天下王";《高宗肜日》"天佑下民,作之君,作之师,惟其克相上帝,宠绥四方"。君王乃天之子,有尊崇天命而造福于民的使命,当启示尊严,惩恶扬善,革除桀纣暴政,护佑万民,所谓"汤武革命,顺乎天而应乎人"，这才是君王的"天人合德"。周文王吸取商、周两代兴衰成败的历史教训，依托《周易》为后世子孙提供国家管理的最佳模式与行为准则，引导社会生活向文明进步有序发展。《周易》以"敬天保民"为核心的为政思想，充分体现周初圣贤的德治理念、人格理想、价值取向和行为准则，以周初圣贤群体强烈的使命感和责任心激励子孙并导化后世，以其特殊的思维方式和理论构架启迪人类心灵。《周易》为政思想，具有凝重的历史使命感与社会责任感，具有深邃的哲理性，奠定中华民族政治思想的主体构架，其天人合德的民本思想深深根植入儒家学说总体价值取向之中，社会政治作用是巨大的。

　　当然，《周易》的哲学思想体系是在卜筮基础上建立起来的，主要用于指导人们行事时预测与决策，趋吉避凶而成就功业，具有很强的实践性功能，不同于只以理性认识为目标的纯哲学思辨。《系辞上》谓"夫《易》开物成务"，开物即开达物理，成务即成就事务，合指通晓万物的道理并据以行事而得到成功。《系辞上》又谓"夫《易》，圣人之所以极深而研几也"，"几"指阴阳变化所示吉凶祸福的苗头或先兆，"极深研几"指研究探讨事物的深奥隐微之理，从而掌握变化规律以便随机应变。《周易》把认识天地人事的客观规律与利用规律来正确决策结合起来，"极深研几"与"开物成务"是体用互见的，《周易》思想可用于各类人事的决策与管理，具有浓厚的实用哲学成分。

　　后人阅读经典，实际上是在与历史上数以亿计的人沟通，你读一句，无数人也读这一句。这是一种高层次的默契，已摆脱现实中人的利害考量，进入较高的文化通感层面。祭神如神在，读经则圣贤在。儒家讲读《周易》，不以变治风水及化解灾咎为主，那是外在器用之术，若用克人之法消灾，人就有相克之法来应对，不解决根本问题。只有依《周易》思想修德行善，等待逆境过去，在艰难中历练提升自己，才能及时修正过失而避凶趋吉。所以说，《周易》是思想水平很高的智慧，是华夏子孙必不可少的精神食粮。

七、本书解读《周易》卦象与卦爻辞的方式

时至现代,离《周易》成书几近三千年,我们讲读《周易》,首先必须读懂《周易》经文的文意,通晓卦爻辞文句含义及其与卦爻象的内在联系。《周易》是群经之首的经书,须先用经学方法解读其文辞。

近十年来,笔者在不同书院、班级讲授《周易》,一般为一至二年期课程,已通讲十多轮了。在网络上讲授过部分卦的直播,也录制音频、视频课程放在"喜马拉雅"等多个网站 APP 上。每讲一轮,都收集反馈意见,修订增改讲义,不断努力在实证性、通俗性和实用性上下功夫。主旨是从经学的角度,逐字逐句讲通《周易》卦爻辞及象象辞等"十翼"内容的含义,力争最大限度地接近经注原文的本意及当时的历史语境,同时考虑今人的趣味性和现实应用性。

本书所录《周易》经、传原文,以《宋本周易注疏》为底本,文意未安处参校各本;本书所用方法,主要是以字解经、依传解经、据史解经及用现实解经,义理与象数相互阐发,数理取象尽量得到史事印证,既不虚弄象数,也不空谈玄理。

以字解经:从文字构形分析入手讲解《周易》卦名和卦爻辞,溯本求源,帮助读者准确理解经文字句含义,从根本上读懂经典文句。《周易》的卦名、卦辞、爻辞都是用文字来书写的,文王演《易》距造字时代较近,文字构形意图与卦爻符号象征之间的关系紧密。顾炎武《答李子德书》:"愚以为读九经自考文始,考文自知音始。"戴震《与是仲明论学书》:"则知一字之义,当贯群经,本六书,然后为定。"《周易》文辞古奥简约,形成自己的话语体系,故须"解字讲经",讲清经文用字的构形、词语的音义、句式的特点,把字的形音义放到殷末周初语言环境,也就是甲骨文、金文语境中去理解,避免以今释古,才能准确解读卦名与卦爻辞的真正含义。

依传解经：《周易》经文涉及当时史事、占筮记录、义理蕴含及行文体例，随后孔子等作《易传》，从不同角度阐释《周易》经文含义，虽难免夹杂传注者观点，但主体内容是传承下来可以取信的。因此据《易传》解《易经》是不可轻废的重要方法，其中包含经文卦爻辞相互阐发与照应的"以经解经"方法。《易传》之后，魏王弼《周易注》、唐孔颖达《周易正义》和李鼎祚《周易集解》，至清李道平《周易集解纂疏》，前人注疏多有精心力作。充分吸收前贤传注的精华用于解经，才是"我注六经"而非"六经注我"。

《易传》七种，本书将《彖传》和《象传》纳入相应卦爻辞后讲解，《文言传》列入乾坤二卦后讲解。《序卦传》和《杂卦传》散于各卦中讲解，《说卦传》在导言"八经卦的象征"部分讲解。只对《系辞传》作专题讲解，后列《说卦传》《序卦传》和《杂卦传》原文备查考。

据史解经：《周易》经文成于周初圣贤之手，必然以殷末周初历史事实为卦爻辞撰写的主要取材依据，即"据史事以明天道"。南宋有李光、杨万里考证《周易》本事，今有谢祥荣《周易见龙》作系统全面的史事考据，提供了据史事解《周易》的丰富素材和线索。今人离周文王时代久远，对当时的历史政治与生产生活知之甚少，若不简述历史事件和背景，讲《周易》卦爻辞含义，就很容易陷入神秘主义和随意发挥的迷雾之中而故弄玄虚。书后附录从远古至周成王时期的历史简述，以便各卦爻下引述史事取材之用；附录《周易》传承的历时发展概况，以便读者索源理流，系统观照并付诸实用。

用现实解经：《周易》是"大道之源"，是教人智慧之书。《周易》先据史事以明天道，然后据天道而明人事，用大智慧指导社会人事的正确运行。今人理解《周易》经文，应当联系现实生活的实践经验，让经典文句与现代人的生命亲近，让今人深切感受《周易》"大道至简"及"百姓日用而不知"的魅力。我们在相应卦爻辞下设立"社会人事"等解读项，有的选列商周前后的社会事件，有的联系历代和现代的事理与经验。

这种联系现实解经文的方式,有利于当今读者直捷而确切地理解《周易》简古深奥的卦爻辞。

义理与象数结合:汉代以后的易学分象数与义理两大派别,到南宋朱熹以后逐渐合流。其实《周易》的象数与义理、占筮与学术,是一体二用的,既具二重性又有同一性。如吴承仕所言"名物为象数所依,象数为义理而设",卦爻辞"人谋鬼谋"的神性思维与理性智慧完美结合,使《周易》文化永久焕发智慧光辉。我们讲解《周易》,采取义理与象数并行互参的方式,每爻下设立"义理取象"解读项,解析爻位关系及取象喻理的爻义内涵。每卦后有"小结",以象数解析通述义理,以六爻义的贯通来体现整体卦义。

简言之,本书解读《周易》经文,用贯通文字、象数和义理的方法,从字形分析入手逐一解释文句,逐条分析象数,从而帮助读者体认易道易理,系统掌握《周易》智慧并付诸实用。

上经三十卦

1. 乾 卦 ䷀

乾为天　乾上☰乾下☰

【解字释义】 三爻卦乾☰，取象为天，天似穹庐在上不断〜〜〜，三重表示多重（九重天）。或象众星在天上，oᴏo（晶、曐、星）→┄┄┄→☰→☰。重三爻卦为六爻卦，也象观测日影的刻度。三爻经卦乾下☰、乾上☰叠合成六爻复卦乾䷀。

乾 qián，又读 gān，表示日晒干，简化作"干"。《说文》："乾，上出也。从乙。乙，物之达也，倝声。"段玉裁注："自有文字以后，乃用为卦名，而孔子释之曰'健也'。健之义生于上出，上出为乾（gān），下注则为湿，故乾与湿相对。"徐灏注笺："乾之本义，谓艸木出土乾乾然强健也。""乾"的声符"倝 gàn"，金文作倝，《说文》："倝，日始出，光倝倝也。从旦㫃声。"㫃 yán，甲骨文作㫃，旗杆上有旗游飘动形。"㫃-倝"表示日出旗升；"乾-乾"从乙倝声，如日出升旗及艸木生长般强健有力，故《说卦传》云"乾，健也"。

乾卦六阳爻，纯阳至健象征天。天高悬无断、日月交替、四季循环、健行不息。生生不息之义体现天道，天道就是自然之道，是大自然及万物运行变化不已的自然规律。乾卦又以龙为意象，龙在乾卦时空场内"潜、现、乾、跃、飞、亢"动态升腾，构成六个时位，用六个阳爻来表示，谓之"六位时成"。

乾卦刚健纯粹,注重"位"的尊卑中正,龙在六位各尽其能,就相当于六龙并出,形象地展示龙阳之气萌生、进长、壮盛、飞腾直至衰退的发展变化全过程。乾道用于把握人事进取的变化规律,有很好的人事指导意义。

卦 辞

☰乾:元亨,利贞。

【译文】 乾卦象征天,元始,亨通,和谐吉利,坚贞守正。

【解字释义】 此为乾卦卦辞,用简练的文辞断言乾卦的卦义。乾,象辞;元亨利贞,叙辞。在大享祀、大亨通时筮遇此卦,贞问诸事均有利。孔颖达《周易正义》引:"《子夏传》云:元,始也;亨,通也;利,和也;贞,正也。"乾卦有纯阳刚健之德,元为开始为原创力,突破阻碍即亨通,交流通达而和生利益,正诚固守所得以待继续进取。

元,《说文》:"元,始也,从一从兀。"金文作 𝐑,《尔雅·释诂下》:"元,首也。"以人(儿)之上(二)指人头,转有初始、第一、本原等词义。

亨,本作"亯",宗庙高厚建筑之形。甲骨文作 𣎼,《说文》:"亯,献也,从高省,曰象进孰物形。𣎼,篆文亯。"宗庙为烹物献祭鬼神处,故"亯"与"飨"混用。"亯"分化为"亨、享、烹"三字形,又多混用。"烹"为烹食物献祭,字形从火(灬),鼎鬲烹调而政通人和,今读 pēng;"享"为人献祭而神享用祭品,有享受义,《广韵》许两切,今读 xiǎng;"亨"有通达、顺利、畅扬义,《广韵》许庚切,今读 hēng。段玉裁注:"据玄应书,则亯者籀文也。小篆作亯,故隶书作亨。作享,小篆之变也。"《周易》用"亨"一形表示"烹、享、亨"三义,须就语境来定义。《老子》谓"治大国若烹小鲜",商朝伊尹善烹而天下大治。王阳明释"亨"为"气彻而成熟,情达而交合"。

利,甲骨文作 𥝢,以持刀割禾表示收益。《说文》:"𥝢,铦也,从刀;

和然后利,从和省。"或认为"利"是"犁"的初文,犁刀起土和畅顺利,小点为犁出之土块形,因有锋利、和畅、顺利、吉祥、利益等词义。《广韵》:"利,吉也。"

贞 zhēn,《广韵》陟盈切,旧读 zhēng。金文作**鼎**,《说文》:"贞,卜问也。从卜,贝以为贽。一曰鼎省声。"鼎 dǐng,甲骨文作**鼎**,宗庙祭祀礼器;卜,灼龟裂纹以占卜。"贞"是在宗庙煮鼎灼龟问卜。郑玄注《周礼》引郑司农:"贞,问也,国有大疑,问于蓍龟。"本为占卜、贞问义。鼎三足稳立,厚重端正而稳定,故"贞"引申有坚定不移、端正、固守、坚贞等义。《广雅·释诂一》:"贞,正也。"《系辞传下》韩康伯注:"贞,正也,一也。"

卦辞"元亨利贞",表明烹鼎灼龟问卜占筮,必须明时位而求正道,一旦求得就当固守奉行而坚贞不移。《周易》六十四卦中,涉及"元亨利贞"四德的,有"乾、坤、屯、随、临、无妄、革"七卦,唯乾卦四德之后无附加条件。因为乾卦中正刚健纯粹,为众卦之首,总论四德原本,无须附加分论。

乾德强健而进取不息,就四季农耕生产而言:元是春天万物初发,亨是夏天万物生长,利是秋天万物成熟,贞是冬天收藏固守,四时(季)都须顺守时节行事。

【社会人事】 乾道用于人事,可配"仁义礼智"四德。《左传·襄公九年》:"元,休之长也;亨,嘉之会也;利,义之和也;贞,事之干也。"品德仁善休美才能为众人之长,行事合乎礼制才得众人会赞嘉许,利益分配合道义才能和合众心,忠贞守一才能干成大事。元是本原、尊长,亨是享祭而天人亨通,利是通达、顺利,贞是占问而坚守正道。

就具体行事而言,达到完善佳境是"元",获得大家赞赏是"亨",无往不胜而有得是"利",坚持操守与原则是"贞"。乾卦大道至正,纯阳刚健,自强不息。若男性筮得此卦,当如天行刚健,有名利双收之象,宜把握时机,力争大成。但须谨防太强,过刚易损。

《象》曰：大哉乾元，万物资始，乃统天。云行雨施，品物流形。大明终始，六位时成，时乘六龙以御天。乾道变化，各正性命，保合大和，乃利贞。首出庶物，万国咸宁。

【译文】《象传》说：伟大啊，乾元阳气！（元春）万物依靠它来开创发生，它统领整个大自然。（亨夏）云雾飘行、雨露施降，各类事物流布成形。（利秋）辉光明亮的太阳起落运转，乾卦六爻按不同时位组合而成，就像阳气按季节驾驭六条巨龙行进在天地之间。大自然不断运行变化，（贞冬）万物静守本真又相辅成就，保全太和元气，以利持守正道。来年又开始新一轮萌生万物，天下万邦都得以富足安宁。

【彖辞释义】　乾卦象征宇宙元气，具有强健不息的性质。万物凭借阳元之气开始生成，元气主导日月星辰等天体的运行，统领万物生存发展规律。元气使云雾流动而雨露施布，诸品类之物在流动中各成其形体，畅达亨通。乾卦之德如太阳之光，始终明照万物生发成长的全过程，卦中六个爻位按时序进展而形成，指导人生当位正命、顺时应变。六爻可视为六龙并出，为六种原动性生命力。

【社会人事】　帝王驾御乾道六龙行于天地六合之间，敬天顺时成就不同的功业。变，繁体作"變-彎"，手（又）动丝织物，逐渐改移，是量变；"化-化"是人体倒立，改弦更张，是质变。"性-性"是天赋本性，"命-命"是天授使命。乾卦的原理是促进事物发展变化，六爻是变化的动态阶段，不同阶段不同事物应各得其正，使万物各具特质的差异性统一于发展总趋势的规律性之中。这样，天地万物相辅相成而各得其宜，形成高度的中庸和合，并能长久保持纯正有利的态势。圣人效法乾元之道，引领万事万物和谐发展，天下万国就会繁荣安宁。程颐《易传》谓："乾道首出庶物而万汇亨，君道尊临天位而四海从，王者体天之道，则万国咸宁也。"

《象》曰：天行健，君子以自强不息。

【译文】《象传》说：天体运行刚强劲健，君子由此体悟当自我奋发图强进取不息。

【象辞释义】 "天行健"讲天道,天体运行刚健不已,四时交替,昼夜更迭,永不松懈。"君子以自强不息"讲人事,君子由天道强健之象领悟到人要发愤图强,自觉进取,永不止息。君子要与天道共一乾德,学如逆水行舟,不进则退,心如脱缰野马,易放难收。故君子须不懈奋进,德行方有提高,人生才有价值。

爻 辞

初九:潜龙勿用。

【译文】 初九:巨龙潜伏于水中,暂不施展其才用。

【解字释义】 "初九"为爻题,"初"始位,"九"阳爻,合指处初位的阳爻,《周易》在春秋之后才标此序数爻题。"潜龙勿用"为爻辞,"潜龙"是象辞言其象征,"勿用"是占辞言其占断。

潜-潛,没水、潜藏水中。龙,繁体作"龍",方-零-龖,象龙形。用,甲骨文作 $\sqcup$,金文作 $\sqcup$,《说文》"用,可施行也,从卜从中",占卜时龟甲烧灼出纹路并刻下文字,表示用过了,转指一切使用。

乾卦以龙为象征,龙阳之德刚健进取,充满动态能量和原始生命力,有"潜、现、健、跃、飞、亢"的动态功能,龙在初位为潜伏期,积蓄潜能,暂不施用张扬。

【义理取象】 《周易》卦中六爻位分三才,初、二为地位,三、四为人位,五、上为天位,初爻位在地之下。就时序而言,初九在冬季,阳气潜于地下将萌未萌,虫蛇蛰伏待春,如巨龙潜伏在深渊,养精蓄锐以待时机,不宜有作为。

【社会人事】 就古圣贤而言,舜初渔于雷泽,不施才用,行孝为善,后才被尧所用。周古公亶父迁岐山之初,开垦阡陌,不露不显,后才有西伯行仁政。

就今职场而言,初入职的年轻人,即便有些本事,也不可张扬显摆,当潜心进德修业,细心观察,谨言慎行,积累实力以待时而用。

九二:见(xiàn)龙在田,利见(jiàn)大人。

【译文】 九二:巨龙出现田间,利于见到大人。

【解字释义】 见,繁体作"見","見-見"是人(儿)顶上大眼睛(目)表示看清楚。看清楚对方读 jiàn 用"见",展示给对方看读 xiàn 后用"现"。"见龙在田"是象辞,二位在地之上,即在田。

初春雷震动,为雨水、惊蛰节气,四象二十八星宿中属于东方苍龙的角、亢、氐宿渐次升起,即二月"龙抬头"。此时阳气升到地面,君王藉田导民春耕,即现龙在田。

【义理取象】 "利见大人"是占辞。《周易》占辞十二个层级,"利"居第三,学《周易》重在趋利避害。"大人"或可指九五君王尧舜之象。《周易》经文"大人"凡十二见,指有德有位的君王、贤臣;"君子"则指有德无位者。九二居下卦之中,虽阳爻居阴位(二位),也是有德无位的君子,王弼注"虽非君位,君之德也"。九二以刚履柔,领导下卦行动,有"见龙在田"之象。九二上与九五对应,下为内卦三爻中心,爻变成同人卦☲,往下利于仁德普施,往上利于应见大人。

【社会人事】 龙升现到地之上(田),头角已露,可展示德行才华,受到普遍注意。这时见到大人是有利的,可获得进一步磨炼与栽培的机会。

就古圣贤而言,舜耕历山,德行才华显现流传,受到天子尧的赏识,就是"利见大人"。又如古公亶父自豳迁岐稳定之后,德能开始展现,分官设职,协和部族,抗戎狄而拱卫王庭,得到殷王武乙褒奖。

就今职场而言,年轻职员站稳脚跟之后,当崭露头角,表现实力,展现才华,创造机会获得上层的关注与赏用。

九三:君子终日乾乾,夕惕若,厉,无咎。

【译文】 九三:君子整天强健行事,夜间还当警惕自省。虽然面临危险,也可免遭咎害。

【解字释义】 乾乾,健行复健行。惕若,戒慎敬惧貌,"惕"指多用(易)心思考(心),有警惧义。"若"同"然",形容词词尾。厉,繁体作"厲",《说文》"厲,旱石也。从厂,蠆省声","蠆-🦂"是所居崖穴(厂)下有毒蝎子(萬),有危厉义。咎,《说文》"🈳,灾也。从人从各,各者,相违也",由违背义转指灾咎、过失。《周易》以"无咎"为要,善改过则无咎,《论语·述而》:"子曰:加我数年,五十以学《易》,可以无大过矣。"人知过能改,善莫大焉。

【义理取象】 "厉,无咎"为占辞,谓九三位多凶危,谨慎努力才可保无灾咎。九三居上下二乾▦之间,二三四爻、三四五爻均为互乾▦,四乾相接,有终日乾乾之象。王弼注:"处下体之极,居上体之下,在不中之位,履重刚之险……故终日乾乾,至于夕惕犹若厉也。"九三重刚而不居中,在人位下,是忙于处理事务之人。二、五爻居中最好,初、上爻居始终而无争,三、四爻夹在上下卦中间,三多凶而四多惧,必须谨慎努力,补过免灾。

【社会人事】 就史事而言,位至公卿的邦国之君(如周),上必勤王事(殷),下治国民安,敦睦各族,求无灾咎。周处在强悍戎狄与强势殷王朝之间,若有懈怠差失,就可能灭国亡族。祸福无常,必须诚慎而朝乾夕惕,有忧患意识。九三爻辞当是周文王对父亲季历被杀与自己被囚之事的深刻反思,《文言传》有所说明。

就今职场而言,九三进入中层成为主要处事者,下易嫉妒,上易挑错。故要因时而惕,与时偕行。既要不懈地勤奋努力,还须时时谨慎小心。白天拼命干各处要求自己做的工作,晚上反思是否引起同伴嫉妒并设法修补。朝乾夕惕,既不自满也不盲目,才能在艰难危厉的位置上奋斗进取,力保无咎。

九四:或跃在渊,无咎。

【译文】 九四：或腾跃上升，或退落于渊，（选择适当）则无咎害。

【解字释义】 渊，繁体作"淵"，金文作，洄水深潭。"或跃在渊"是象辞，四爻时值仲夏，东方苍龙之亢宿于初昏时上升于天，前角后心均次第可见，而尾、箕仍在潜未出，有"龙跃于渊"之象。"或"是选择连词，或跃或在渊，可能跃升至天，也可能落沉入渊，进退依时势而选择决定。

【义理取象】 九四超出下卦升居上卦之下爻，剧烈转型。以阳爻居阴位（四）而上承九五之君，阳刚之爻有柔顺之质，刚正无邪，故占无咎。伴君如伴虎，近君之位高危而无常，随时可能上跃而至天，也可能下落而沉渊。战战兢兢，如履薄冰，故曰"四多惧"。九四处人之诸侯位，为人臣之极，其位上不在天（五、上），下不在田（初、二），与三位同在中间夹缝位置，承上启下而压力巨大，须诚慎努力方可上升，所谓"乾道乃革"。九四爻变为小畜卦☲，有以小事大之象。

【社会人事】 就史事而言，居近上君九五，若是近尧舜，则同心同德以辅佐圣君；若是近桀纣，当革故鼎新以应天命。无论是辅佐或鼎革，都要承担使命，进德修业，秉德操而应时运。周西伯姬昌，内怀大志、外率诸侯以事纣王，临深履薄，进退适度，是九四保无咎的典范。

就今职场而言，进入高层下位，责任、权力、利益都增大。在最高领导近旁工作，机遇更多，风险也就更大。当顺势应时，或腾跃上升，或退处低位，正确抉择，方保无咎。就年龄而言，九四乃人到中年，上有老下有小，责任如山，辛苦备尝，当敬惧诚慎，努力奋斗。

九五：飞龙在天，利见(jiàn)大人。

【译文】 九五：巨龙高飞上天，利于见到可用的大人。

【爻辞释义】 "飞龙在天"是象辞，五爻时在季夏秋初，初昏时苍龙七宿全现，横陈东南天际，龙首上扬，有飞龙在天之象。此时心宿最为耀眼，如龙德之人居君位，光照天下。《论语·为政》谓"为政以德，譬如北辰,居其所而众星拱之"。乾卦纯阳,九五阳刚居上卦中,既有君德又有君位,位以德兴而德以位显,刚健中正,龙德在天,阳气盛于天下。

【义理取象】 "利见大人"是占辞,外卦九五圣君对应内卦九二贤臣。程颐《易传》:"圣人既得天位,则利见在下大德之人,与共成天下之事。天下固利见夫大德之君也。"九五为君位,当自现大人之德。但君王治天下,最重要的是选贤任能,《荀子•成相》谓"人主无贤,如瞽无相",刘邦《大风歌》咏"安得猛士"。九五龙德之人居君位,当以中正之德、谦和之道凝聚德才兼备之"大人",和衷共济以成大事。九五爻变为大有卦▤▤,如此见用大人君子,方大有所为。利见大人,在九二是"待见、仰见",在九五是"发现、会见"。

【社会人事】 就史事而言,九五之君利见九二大人,如周文王有周公旦、姜太公及"文王四友",汉高祖刘邦有汉初三杰,唐太宗李世民有魏征及凌烟阁诸功臣。《韩非子•外储说左下》:"上君之所与居,皆其所畏也;中君之所与居,皆其所爱也;下君之所与居,皆其所侮也。"上等君主用他所敬畏的人(大人)来主事,最高权力得到有效监督才不至腐败,君主有过失才有人规劝而得以改正,魏征就是唐太宗利见的"大人"。

就今职场而言,"一把手"只有一件事最重要,就是"善用人"。居尊位的当权者用人应有一定的评判标准,应当任人唯贤而非任人唯亲,利见"大人"而非"小人"。若如"武大郎开店",只用比自己矮的人,这样的单位或企业,不可能有大成就。

上九:亢(kàng)龙有悔。

【译文】 上九:巨龙引亢高唱,终会有所悔憾。

【解字释义】 亢,《说文》"𠅃,人颈。从大省,象颈脉形",本指喉咙、脖子,读 gāng。《广雅•释诂一》"亢,极也,高也",由伸长喉脖转指升到极处、高亢、超过,读 kàng。悔,心生后悔,何休《公羊传》注"悔,咎"。"悔"有后悔之心可改过而至无悔,"咎"有过失无可改而受责咎。乾卦上爻时在秋,龙星升至最高位,穷极而返,龙首开始下旋。"亢龙有悔"以象代占,上九刚居柔位,处天位而亢极,阳极生阴,物极必反。唐李鼎祚《周易集解》引王肃曰"知进忘退,故悔也",程颐《易传》谓"亢龙有悔,盈不可久也,穷之灾也,与时偕极"。超过自身德能而久居尊位,容易好大喜功,求进无已,自陷高危之境,终招致灾咎而生悔吝。

【义理取象】 上九阳居阴(六位)为虚位,如退位之太上皇、宗庙受祭之祖宗、退休之高官、过气之名人等,有位而无职权,官位高而无人事可管,即"高而无民"。上九时位在九五之上,上九之人很容易高估自己,本无职权,却爱伸长脖子(亢)去管不该他管的事。《文言》谓"知进而不知退,知存而不知亡,知得而不知丧",因行事过度,终有悔憾。

【社会人事】 历史上,齐桓公在管仲死后,奢华不已,用易牙、竖刁等小人,最后孤家寡人以至饿死。隋炀帝好大喜功,建洛阳新城,开运河,筑长城,二巡北漠,三度东征,数幸江南,竭泽而渔,耗尽民力,激起天下反叛,使隋朝二世而亡,最后自己死于非命,成为千古暴君。这些都是亢龙有悔的典型。文王拘羑里,深刻反思,一象一断,富于哲理与智慧。居高位者如登顶峰,高处不胜寒,故不可贪功冒进,骄纵自恣。殷商亡国教训自当引以为戒,保持长久的忧患意识,知进退存亡而不失其正。此爻教诫后人:乾阳之极,高亢难谐,骄盈自满,必不可久。

就今职场而言,退休大德,尤其是高层领导退休,绝不可继续留恋权力,干预继位者决策。那样做,无济于事而众人不喜,如果一意孤行,必生悔咎。再如家庭中的祖父祖母,孙辈有他们的父母负责,你只能建议和辅助,不可强行干预孙辈的成长及教育,否则会生后悔。

用九,见群龙无首,吉。

【译文】 综合运用六爻之"九",显现一群巨龙,但都不以首领自居,吉祥。

【用九释义】 阳爻为"九","用九"是乾卦六阳爻的综合运用,述"六龙并出"的总体关系。乾坤为《易》之门,《周易》每卦六爻辞,唯乾卦有"用九",坤卦有"用六"。"用九"为《周易》成书时标示以变爻定占的示辞,别于《连山》《归藏》以静八定占。乾卦用动九定占,强调乾元之气动布各爻之中。"用九"表示乾卦六爻整体之用,乾卦☰六阳爻变动为六阴爻就成坤卦☷,朱熹说"六阳皆变,刚而能柔",就是乾坤互体,刚柔兼用。

【义理取象】 "见群龙无首"是象辞,"吉"是占辞。吉—🔯,《说文》"吉,善也",祭器上加盖,表示整体佳美的感受。整体看乾卦为一条龙,六爻为此龙"潜、现、健、跃、飞、亢"六种动态变化;若从相对静止阶段看,六爻各是一龙,即"六龙并出"。乾卦龙德合天道,天道本一统,六龙合而为一,都不自以为首领。乾道本刚健,变阴爻则柔顺和合而便用。用乾卦动九定占,显现群龙并出,无本末、上下之分,各龙顺时而变,随位而成。万物的变化如日月经天,始与终在同一链条上循环,一往而平等,结果才会吉祥。乾卦六爻皆阳刚,变动六爻皆阴柔,无首无尾,如何更动都一样,象征天下所有生命都有一样的生存机会,故占吉。

【社会人事】 就史事而言,尧舜时期,群圣在位而互尊互荣,君道而臣用之,群贤共治,无首尾之分。用九而不拘于九,龙德不自以为首,正是"天下为公"的体现。群龙无首的局面其实很难见到,君王还政于民,天下方可太平。天道众生平等,万物化运无始终,人众各正性命,综合则成太和。

就今职场而言,纵向看上去,公司有员工、班组、基层领导、分公司领导、公司领导、总部董事会领导等,六龙并出。但在运作过程(用)中,上层领导不必直接来管理下层各级的具体事务,董事长不必管部门具体文案的制作,总经理不必管文印室今天用纸张多少。统一制度下的部门各负其责是非常必要的,《孙子·谋攻》谓"将能而君不御者胜",即"将在外君命有所不受"。统一体系中各行其是、各尽所能,集中之下有民主,就是六龙并出的"群龙无首,吉"。

《象》曰:潜龙勿用,阳在下也。见龙在田,德普施也。终日乾乾,反复道也。或跃在渊,进无咎也。飞龙在天,大人造也。亢龙有悔,盈不可久也。用九,天德不可为首也。

【象辞释义】 乾卦六爻《小象》,依汉代费直集中放在文后。观孔子所述,爻象之龙跃动可视为阳气的降升变化,喻人事的进退得失。初九潜龙伏水下而不施展才用,阳气初生居全卦最底下。九二龙出地面阳气散发,使圣人美德普遍施展于天下。九三龙行强健如阳气日夜腾升,喻反复修炼才能成就君子之道。九四之龙或腾跃高升或退处于渊,贤才当顺时进退才可无咎害。九五巨龙高飞行天,喻君王善用雄才大贤方可造就天下。上九之龙高飞穷极会带来悔憾,喻亢盛过度终究必趋衰败。用九之数,自然规则总是阴阳转化,人德也是刚去柔来而不可自为他人之首。

【社会人事】 就人事来看来六爻之象,初九要沉静修德,九二要施展德才,九三要谨慎健行,九四要随势进退,九五要重用贤才,上九注意满盈则衰。乾卦整体运用,循环往复,无可居先。

《乾》文言

《文言》为《周易》"十翼"之一,只有乾坤二卦有《文言》。因乾坤二卦为众卦之祖,是读卦门径。一般认为,"文言"即"言文",是对《周易》经文卦爻辞(文)的申发性解释(言)。《文言》中多有设问"何谓也"及回答,有些像孔子答弟子问,近似《论语》。孔子多角度详细解读乾坤二卦的卦爻辞,阐发其深含的义理及其作用,为后学读懂《周易》卦爻辞建立一个深入解读的范本,可依此方式去解读其余六十二卦。

《文言》曰:元者,善之长也;亨者,嘉之会也;利者,义之和也;贞者,事之干也。君子体仁,足以长人;嘉会,足以合礼;利物,足以和义;贞固,足以干事。君子行此四德者,故曰:"乾,元亨利贞。"

【讲解】 元,元始、创造,是一切善行的开端,上天有好生之德,存在本身即是善。嘉,美好。义,适宜、语义、道义。干,主干、主体。干事,成就事业。体,求本体、实践。长,为长、领导。礼,礼仪、礼制。贞固,持正并坚守。亨,通达、变通,如孟子会通孔子就能通达孔子的学问,时更位移,变易才可通达。

首节引用《左传·襄公九年》穆姜的话,对卦辞"元亨利贞"作定义性的阐释。元,是一切事物的开始,万物始发于四季之初的春天,春生为众善之尊长。亨,是事物发展的通达,夏天万物生长繁盛,是嘉美的荟萃。利,是收成得利,万物在秋天成熟收获,按道义分配而和谐不乱。贞,是守固持正,冬天生机完固万物收藏,是干成大事的主要积蓄与储备。

人事上,以"仁义礼智"四德应合"元和利贞":君子以仁心作为行事本体,就足以为人尊长;寻求嘉美的人际会合方式,自然会符合礼制;广施利益于他人他物,就会符合道义;持守纯正的节操,就可办好事务,君子就是施行这四种美德之人。所以说:《乾》卦象征天,有元始、亨通、和利、守正之道。

初九曰"潜龙勿用",何谓也?子曰:"龙德而隐者也。不易乎世,不成乎名,遁世无闷,不见是而无闷。乐则行之,忧则违之,确乎其不可拔,潜龙也。"

【讲解】 孔子答问初九爻辞如何用于道德修养:譬如有一个具有龙德而隐遁的人,不因世俗而改变,不为虚名而作为,不被认可离开社会时内心不苦闷。称心的时世就推行自己的主张,不称心的时世绝不参与作为。具有这样坚定而不可动摇的守道意志,就是潜伏之龙。

九二曰"见龙在田,利见大人",何谓也?子曰:"龙德而正中者也。庸言之信,庸行之谨,闲邪存其诚,善世而不伐,德博而化。《易》曰'见龙在田,利见大人',君德也。"

【讲解】 庸,平常、庸常。闲,防娴。孔子答问九二爻辞如何用于处中之道:有龙德而立身中正的人,平常言论要说到做到,日常行为要谨慎有节。防止邪恶言行而保持诚挚,行美好善事而不自夸,道德广博能感化天下。乾卦九二虽无君位而有君德,定能见到具备君主品德的圣贤。

九三曰"君子终日乾乾,夕惕若,厉,无咎",何谓也?子曰:"君子进德修业。忠信,所以进德也;修辞立其诚,所以居业也。知至至之,可与[言]几也。知终终之,可与存义也。是故居上位而不骄,在下位而不忧。故乾乾因其时而惕,虽危无咎矣。"

【讲解】 孔子答问九三爻辞如何用于忠诚敬业且警惕自省:君子向内增进德行而向外建立功业。忠诚信实可增进德行,修饰言辞可确立诚意。如孔门弟子有"德行、言语、政事、文学"等分类,进而积累功业。预知时势目标并使之实现者,才可以跟他商讨事物发展的征兆;知道终止时机并能及时终止者,才可以跟他讲坚守正义。这样就能居上位而不骄奢,处下位而不忧愁。因此,能恒久强健振作且随时警惕自省的人,即使面临危险,也能免遭咎害。

九四曰"或跃在渊,无咎",何谓也?子曰:"上下无常,非为邪也。进退无恒,非离群也。君子进德修业,欲及时也。故无咎。"

【讲解】 孔子答问九四爻辞如何用于顺时势而进退:贤能者上升下降没有一定,但并非出于邪念。其进取与引退也没有一定,但并非脱离大众。君子增进道德、修建功业,是顺应时势而进退,所以无咎害。

九五曰"飞龙在天,利见大人",何谓也?子曰:"同声相应,同气相求。水流湿,火就燥。云从龙,风从虎。圣人作而万物睹。本乎天者亲上,本乎地者亲下,则各从其类也。"

【讲解】 孔子答问九五爻辞如何用于理解物类相从:声音相同会互相应和,气息相通会彼此吸引。水向湿处流,火向干处烧。浓云随着龙吟而出,山风随着虎啸而生。圣人奋起治世而引得万物瞩目并景仰。同类之物自然相互感应,依存于天的亲近于上,如动物总是抬头往上长;依存于地的亲近于下,如植物总是根须往下长。万物各以类属相从而发挥作用。

上九曰"亢龙有悔",何谓也？子曰："贵而无位,高而无民,贤人在下位而无辅,是以动而有悔也。"

【讲解】 孔子答问上九爻辞如何教育居虚高之位者谨言慎行:居上位看似尊贵而没有实位实权,高高在上而无民众可管理,贤人居下位而无法上来辅佐。因此一旦轻举妄动,就会生悔吝。

潜龙勿用,下也。见龙在田,时舍也。终日乾乾,行事也。或跃在渊,自试也。飞龙在天,上治也。亢龙有悔,穷之灾也。乾元用九,天下治也。

【讲解】 《周易》卦爻辞涵义简古深奥,可从多种角度来理解,下面孔子以不同方式解析乾卦爻辞,给学《周易》者树立多方玩索的榜样。

时舍,顺时而居或行。自试,检验自己的能力。上治,在上位而可治国。穷之灾,行至穷困而遇灾祸。

初九"潜龙勿用",是指地位低下;九二"见龙在田",是指时势开始舒展;九三"终日乾乾",是指努力行事;九四"或跃在渊",是指顺势试行抉择;九五"飞龙在天",是指在上营建良好政治局面;上九"亢龙有悔",是指穷极必有灾难。用九"群龙无首",是用元始乾德导致天下大治的必然趋势。

潜龙勿用,阳气潜藏。见龙在田,天下文明。终日乾乾,与时偕行。或跃在渊,乾道乃革。飞龙在天,乃位乎天德。亢龙有悔,与时偕极。乾元用九,乃见天则。

【讲解】 天下文明,天下万物众多而有序,"文"为交错纷繁,"明"为光明有序。乾道乃革,乾卦的变革时机已经到来。位乎天德,上达天位而展现天的德行。与时偕极,随时势走到穷极地步。天则,天的规律,即大自然的规律。

初九"潜龙勿用",指阳气潜藏未现;九二"见龙在田",指天下万物众多有序而文采灿烂;九三"终日乾乾",指顺随时势向前发展。九四"或跃在渊",指天道转化而出现变革。九五"飞龙在天",指阳气旺升天位,具备天的美德。上九"亢龙有悔",是指随时势推移至穷极处而转衰落。用九"群龙无首",用乾元之道体现大自然的基本法则。

乾元者,始而亨者也,利贞者,性情也。乾始能以美利利天下,不言所利,大矣哉! 大哉乾乎! 刚健中正,纯粹精也。六爻发挥,旁通情也。时乘六龙,以御天也。云行雨施,天下平也。

【讲解】 性情,本性与实情。以美利利天下,以美妙与便利来造福天下。不言所利,不指明对什么有利。纯粹精,纯粹不杂。发挥、旁通,六爻按时位运作、向外贯通万物的情理。时乘六龙以御天,依时序乘六龙、驾驭天体而运行。

前面主要论乾卦六爻辞在人事上的运用,此节结合"元亨利贞"论六爻辞在天道运行上的表现,讲大自然规律的实际运用:乾卦象征天之元始,天道在于首创万物并使之亨通,成熟有利并持守正道,是天道蕴含的本性和真情。乾道自然健行,一开始就能用美好的利益来施利于天下,不言利而无所不利,这正是伟大的利惠! 伟大的乾道,刚劲强健而居中守正,六爻纯阳精粹而不杂乱。乾卦六爻运转变化,九五主导发挥乾德而旁尽万物发展情理。如同驾驭六条巨龙按四时运行,依自然运转法则驰骋天空。这样就导致云行天空而雨施大地,化生万物带来天下太平。

君子以成德为行,日可见之行也。潜之为言也,隐而未见,行而未成,是以君子弗用也。君子学以聚之,问以辩之,宽以居之,仁以行之。《易》曰:"见龙在田,利见大人。"君德也。九三,重刚而不中,上不在天,下不在田,故乾乾,因其时而惕,虽危无咎矣。九四,重刚而不中,上不在天,下不在田,中不在人,故或之。或之者,疑之也,故无咎。夫大人者,与天地合其德,与日月合其明,与四时合其序,与鬼神合其吉凶;先天而天弗违,后天而奉天时。天且弗违,而况于人乎? 况于鬼神乎? 亢之为言也,知进而不知退,知存而不知亡,知得而不知丧。其唯圣人乎? 知进退存亡,而不失其正者,其唯圣人乎?

【讲解】 以成德为行,以成就道德为行动目标。弗用,不作为。宽以居之,宽容处世。因其时而惕,按所处时势来警惕行事。中不在人,九四在上卦接近天位,不是人合适的地位。或,即惑,疑惑不决。大人者,指九五。合其明,智慧明如日月而不受蒙蔽。与鬼神合其吉凶,其赏善罚恶与鬼神的吉凶报应相合。先天而天弗违,其行动先于天之法则而天道不违逆他;后天而奉天时,后于天的法则他就顺应天道时势而行事。丧,丧失。亡,衰亡。不失其正,不偏离正途。

君子以成就道德为行动指向,内成之德每天都可体现于外在行为之中。初九所说的"潜",是龙德隐藏而未显现,外在行动尚未显著,因此君子暂时不施展其德才为用。

君子用学习来积聚德能,用发问请教来辨决是非疑难,用宽阔胸怀居其适当之位,将仁爱之心施行于一切事物。九二"见龙在田,利见大人",就是这种具备君主品德的"大人"。

九三多重阳刚叠成而位不居中,上不在九五之天位,下不在九二地面之位,处境不好,故须强健振作且随时保持警惕,这样即使面临危险也可免遭咎害。

九四多重阳刚叠成而位不居中,上不在九五之天位,下不在九二地面之位,也不居于适宜人的地位,因此强调"或"。"或"即"惑",处事多有疑惑,须顺时势决断,才能不遭咎害。

九五所说的"大人",是既有君德又有君位的大人,其品德像天地一样颐养覆载万物,其圣明像日月一样普照大地,其施政像四季一样秩序井然,其智慧像鬼神一样奥妙地示人吉凶。他先于天象行动而天道不违背他,后于天象处事就会遵奉自然规律去行动。天尚且不违背他,何况人呢? 何况鬼神呢?

上九所说的"亢",是亢奋过度之意。过犹不及,过度的人只知进取而不知及时收缩,只知生存而不知终将衰亡,只知得利而不知多得必失。恐怕只有圣人才是明智的吧! 深知进取与引退、生存与灭亡相互转化的道理,其行为不偏离中正适度的正确途径,人在亢奋时容易得意忘形、进而不返,只有圣人才能进退合度吧!

案:这段结尾,可供某些现实人生借鉴参考:上不在天,道德信仰缺失;下不在田,科技发达而与大自然脱离日远;中不在人,人与人之间隔膜日重;内不在己,人与内里本我脱节而异化日隆。权力面前,知进不知退;资财面前,知得不知失;人际关系,知利不知义;生命关系,知存不知亡。

《周易》应天象以教人事,学易者当以"仁、义、礼、智"和合乾道"元、亨、利、贞"四德,崇德才能广业。行事为人中正合度,进退自如,才可能趋吉避凶,成就功业。

乾卦小结

《系辞传》谓"乾坤其《易》之门""乾坤其《易》之蕴",六十四卦中,乾坤二卦象征天地,天地生万物,乾坤生六十二卦,故乾坤是"阴阳之根本,万物之祖宗",也是六十四卦本原与主导。周初圣贤为伏羲卦爻系辞,才形成《周易》,乾卦排在六十四卦之首。而此前殷《易》称《归藏》也称《坤乾》,坤卦排在第一。"殷人亲亲",强调母统的血缘关系,氏族制度的社会地位还很高。"周人尊尊",《系辞传》开篇"天尊地卑,乾坤定矣;卑高以陈,贵贱位矣",周人的君位继承重视父统,阶级社会得以确立,尊卑等级秩序形成重要的政治制度,即礼制,这一重大变革就体现在首乾次坤的《周易》六十四卦次序排列上。

乾卦象征天,☰是卦形(卦画),"乾"是卦名,"健"是卦德,"健行不息"是乾卦的性质和意义所在。乾卦主旨:乾为易道主体,六爻皆阳,为"阳之纯而健之至",光明盛大,健行有序,中正适度,崇德广业,与民同患,充分体现"天人合德"的内圣外王之道。

乾为天,《礼记·郊特牲》谓"大报天而主日",天以太阳(日)为主导,日出日落,健行不止,寒暑易节,四季更替,故卦辞以"元、亨、利、贞"论断全卦义理。季节时序上,"元"为春天万物元发始生,"亨"为夏天万物成长通达，"利"为秋天万物成熟收获，"贞"为冬天万物收藏守正。人事德行上，配以"仁、义、礼、智"，本于仁善为"元"得民心，依礼制行事为"亨"得通达，利益分配为"利"主道义，忠贞守一为"贞"可行大事。孔子作《彖传》述卦辞义理，应天道而明人事。又作《象传》，明君子当取象乾德强健而自强不息。

乾卦六阳爻的爻辞取象于巨龙，在乾卦时空场内"潜、现、健、跃、飞、亢"动态升腾，形象地展示龙阳之气萌生、展现、壮盛、进长、飞腾直至衰退的发展全过程。六个爻位也可视为"六龙并出"，六龙各守其正，各尽其能，不自为首，相辅相成。指导人们修德敬业，正位凝命，既强健进取，又顺势应变，中和适宜，进退合度，才能趋吉避凶，成就功业。

综言之，《周易》乾卦的卦爻辞及其《彖》《象》《文言》，以卦象言天道，又以天道指导人事。以乾道为原始能量创生万物，以龙德强健为动力而奋发进取，用六爻时位交变显示万物处于生灭始终的发展变化过程中，从而展现宇宙万物对立统一、变化不止、生机无限的自然规律。这些规律，适用于天道自然，也适用于社会人生。

2. 坤　卦 ䷁

坤为地　坤上☷坤下☷

【解字释义】　坤卦象征大地，三爻经卦坤下☷、坤上☷合成六爻复卦坤䷁。乾坤二卦象征天地，为《周易》本原。《序卦传》"有天地然后有万物"，《系辞传上》"夫《易》，圣人所以崇德而广业也。知崇礼卑，崇效天，卑法地。天地设位，而《易》行乎其中矣"，故乾坤列于《周易》之首。天阳地阴，天尊地卑，天健行而地随顺，故坤卦次于乾卦之后。

坤 kūn，《说文》："坤，地也，《易》之卦也。从土从申。"朱骏声通训定声："字亦作巛，即卦画竖立作。"申，甲骨文作𓏲，闪电形，作动词表示伸展、有序展开。"地"从土也声;"也"与虫、它同,金文作🐍,象眼镜蛇形,蛇蜿蜒前行,故从"也"构形的字有展开义,如"迤、拖、施"等,"地"就是"土-∆"平面展开(也)的面积。周人"地"主要指耕地,有"国土"义,还有"民众"义。坤地的主要功能是"生养",即掌握天时以耕种生产,勤政爱民以养育众人。《说卦传》"坤,顺也",《释文》"☷,本又作坤",☷象六断之☷☷,连则为"川"字。"坤、地"都是土的展开。坤卦☷☷容断空间最多最大,坤德柔顺包容,顺天道以成物,明臣德以守成,厚德载物以弘道。大地坤德柔顺,无限承接上天施予的阳光云雾雷电风雨,依天道四时节候取土地生、长、收、藏之用,化生万物而惠泽民生,充分体现易道以阴柔守成的基本性质。坤卦与乾卦一体二面,形成阴阳、刚柔、动静、健顺相互对应之象;乾为动力而坤为受动力,形成阴阳施受相反相成的对立统一体。

《系辞传上》谓乾坤天地"在天成象,在地成形,变化见矣"。"象"是抽取出来的"抽象、象征"。乾卦象征天,天高悬无本体可落实,其卦爻辞虚拟巨龙之象在不同时位形成动态变化,用以阐发天道运行规则以指导人事行为。形-形,用笔描画(彡)显现(开)物体,指可见的实体形状。故乾象天谓"天象",坤为地谓"地形"。天象只能虚说其象其道,地形可以实言其形其事。因此,乾卦的卦爻辞虚说龙德玄理,坤卦的卦爻辞实说史事经历并上升为通用原理。

【周初史事】 人最容易用自己熟悉的经历和感悟来说明道理。坤为大地,厚德载物,周人建立定居的农耕社会,周文王等自然会用本族农耕文化的成长历程来诠释坤卦大义。因此,对《周易》卦爻辞进行解释及应用,首先应当还原其话语背景,循辞意而求史事,然后再超越具体史事,上升为普遍性意象,依贞问者的不同情况作相应解释。《周易》卦爻辞明显体现对历史经验的尊重,以殷末周初衰亡与兴起的诸多史事为例证,对邦国利害、民众得失、德行修为、行事方式等作出理性的评判,从而总结经验教训以指导后人,这种务实求道的理性精神应该受到相当的重视。如坤卦䷁"西南、东北"之占,应当结合古公亶父由豳地迁岐山的史实来取象解释,否则就会沦为虚空而不知所云。

周族从后稷稼穑至武王建国,有一千二百多年艰难历程。《诗·大雅·生民》载炎帝部落女子姜嫄嫁姬姓男子,在邰地(陕西武功)渭水边践神迹怀孕生子,以不祥而数次丢弃,取名为"弃"。姬弃长成后偏爱种植,在渭水平原教民稼穑,收成丰厚。名声传到黄河对岸帝都平阳(山西临汾),为尧帝辅政的舜就举弃为农师,主管粮食生产,因功承封颛顼以来的农官"后稷",其后人又历代相承。至夏朝后期孔甲乱政不务农业,其时的"后稷"不窋失其农官,且在邰地难以容身,只好率周族"奔戎狄之间"(甘肃庆阳),今庆城县有"周祖陵"。因周围有猃狁等游牧部族,发展农业艰难,不窋之孙公刘率族人返迁董志原豳地(宁县、旬邑、彬州)。"豳-䜌"字从山从二豕,为野猪出没山地,说明宜于广种粮食。之后"豳地八公"相继发展,经营约五百年,农业发达,实力强大,且与猃狁等部族修好,殷人称其为"周"。甲骨文"周"作圕、甫,象田中庄稼稠密,谓周人以农耕为特色。公刘九传至古公亶父,约当殷王武乙时期(前1147—前1113),猃狁等族遇到持久冰雪期,牛羊多冻死,就南下就食,对周族发起劫掠战争。古公深思熟虑,放弃豳地向西南迁徙,回归渭水平原。周族四万多人的大规模迁徙,要翻过六盘山余脉的麟游山区,要渡过泾水、漆水等众多大小河流,最终到达岐山之南的渭北周原,其中的艰难困苦,自不待言。幸好有姬姓族人接纳,后来武王封之于古芮国(陕西韩城)为芮桓侯。古公亶父定居开发岐山周原,在岐山以南,渭水以北,西至汧水东岸,东至漆水河边,南北约25公里,东西150公里,共有3700多平方公里的渭北台塬。实际上"周原"包括今天宝鸡及咸阳地区,为后来著名的"关中西府"。这里气候温和,土肥水美,适宜黍、稷、菽、麦及桑、麻、葛等种植生长。周人迁入周原后,迅速定居、发展并强盛起来。古公营岐山,季历战戎狄,文王行仁政,武王伐纣建立周国于镐京(前1046)。先周历史备尝艰辛而壮丽辉煌。

卦　辞

☷坤：元亨，利牝马之贞。君子有攸往，先迷后得主。利西南得朋，东北丧朋。安贞吉。

【译文】　坤卦象征地：元始，亨通，利于雌性阴类的发展与坚守。君子向所选目标前行，先迷失方向，后确定方向。往西南方向发展有利于得到友朋，东北方则将丧失友朋。安居顺守获得吉祥。

【卦辞释义】　卦辞中，"元亨"是叙辞，"利牝马之贞"是占辞，"君子有攸往……东北丧朋"是验辞。《周礼·春官·占人》："凡卜筮，既事，则系币以比其命，岁终则计其占之中否。"先占卜后验证，到岁末回验所占，言中则记录于卜甲，《周易》系辞多取之。"安贞吉"是所占结果得以验证。

"元亨"，乾坤合体象征天地合德创始万物，一体二面各得通达，故同言"元亨"。大亨之时筮遇此卦，事物得开始且通达。"利牝马之贞"，禽分"雌雄"，字形从隹（鸟）；兽分"牝牡"，字形从牛。雄牡阳刚，雌牝阴柔。坤为地，为万物之母。牝马即母马，有负载、生育之功，有顺行、善养之德。坤卦☷柔顺，以"利牝马之贞"为占辞，寓意牝畜在配种、繁殖、生产、购买、使用等方面更有利。《老子》"谷神不死，是谓玄牝；玄牝之门,是谓天地根"即由此生发,《说文》"胎,女之初也",胎儿(台)在母体(女)中,是生命初始状态。母体孕育是一切生命之初始,是万物之根本。然而,牝畜阴柔母体必得承受牡畜阳刚精气才能孕育生命,大地必得接受上天阳光雨露才能创生万物。故坤德为"顺",柔顺乾之刚健,以乾为主为先,自己为辅随后,如同牝马跟随牡马之后。坤德柔顺持守乾之正道才有利,自己强健争先则不利。

【周初人事】 周族人在尧、舜、夏、殷都居臣位,与戎狄交往也处退守地位。数百年以臣事君、以柔弱事刚强的残酷生存经验,使周人深知取牝马坤德柔顺才是部族生存发展之道。故当戎狄游牧部族进攻经营五百年之豳地时,古公亶父最终选择退回渭水岐山发展定居农耕文化,保存周族力量,为日后一统天下打下扎实基础。

"君子有攸往,先迷后得主,利西南得朋,东北丧朋,安贞吉",是占筮并行动之后的验证之辞。《说文》:"攸,行水也,从攴,从人,水省。"甲骨文"攸"作𣲝,金文作𣲝,人手持器具将水流疏通而可安居,故"攸"转指处所。有攸往,有往之所,谓行有目标。古公亶父决定由豳地往西南迁,是有所往。先不知迁何地为宜而"迷",于是派三个儿子中的太伯、虞仲考察东南荆蛮,派三子季历返故地考察西南岐山。大约占筮与考察结果相合,最后确定从季历主张而"得主"。《说文》"主,灯中火主也",灯台上的火苗为全家人之主,转指"主人、主体、主旨"等。"朋",金文作𣹙,上古贝为饰物也作货币,五贝为系二系为朋,转指"朋比、同伴、朋友"。周人决定从东北方向的豳地迁往西南方向的岐山周原,大迁徙必然有得有失,失去东北五百年建立的基业,得到西南岐山土地、文化和农耕邻族更好的资源。比较而言,西南的得比东北的失更为有利。女子居家(宀)为"安",实践得以验证,最终得以安居守正,正是吉祥的结果。

参照周人由东北豳地迁往西南岐山的史事,可对坤卦卦辞作普遍原理上的阐释。坤德为"顺",利于牝马阴柔的持守随顺之道。君子都想有所作为，但坤德主顺随，如果自己为主争先就会迷失，随顺乾健之后就有主心骨依靠，直到今日女子出门上路还是如此。从方位上看，程颐说"西南阴方，东北阳方"，后天八卦配方位，西南为坤为母为阴，东北为艮为少男为阳。由东北往西南，失去震、坎、乾阳性同类，获得兑、离、巽阴性同类。从世事人情上看，一味争强是自取灭亡，顺时进退反能控制局面。强健猛进，容易迷失，警觉而回归天道，方是正途。从地域人文特点来看，东北干旱寒冷，西南温暖湿润。古代东北一直都是戎狄等游牧部族居住区域，以畜牧、劫掠为生，强悍而富有攻击性，文化相对落后。西南为华夏、蜀、髳、濮等农耕为主的部族居住区，安居而稳定，离中原先进文化更近。从生产、生活和文化上看，从东北迁往西南也是得大于失，升卦也说"南征吉"。更为重要的是人定居农耕后，心理上获得文化归属感，特别踏实。孔颖达谓"如妇适夫"，女生外向，女子嫁男为"归"，女居男家为"安"，安宁守正就吉祥，这些都是坤德柔顺的延伸。

《象》曰：至哉坤元，万物资生，乃顺承天。坤厚载物，德合无疆。含弘光大，品物咸亨。牝马地类，行地无疆，柔顺利贞。君子攸行，先迷失道，后顺得常。西南得朋，乃与类行；东北丧朋，乃终有庆。安贞之吉，应地无疆。

【译文】《象传》说：配合上天开创万物的大地，美德至极啊！万物依靠它生长，它顺承天的志向。大地深厚而能承载万物，德性广合而久远无疆。它含育一切并使之发扬光大，万物亨通畅达遍受滋养。牝马与大地同为阴类，行进在无边的大地上，柔和温顺而利于守正行事。君子选择前行目标，先迷失道路，后顺应时势而得福久长。往西南发展将得到友朋，与同类一起前进；东北方面虽丧失友朋，但最终仍有喜庆福祥。安居守正的吉祥，正应合大地美德而永保无疆。

【解字释义】 至-𦤓，鸟或矢飞落地面(一)，有到达、顶点义。资-𧴤，积聚(次)财物(贝)，有资产、取用、凭借义。弘-𢎟，弓拉到最大，有广大、宏阔义。光大，如光扩散般广大。畺-彊-疆，"畺"在田间划线表示边界,畺加弓为"彊",彊加土为"疆"。疆在空间上表示边界,在时间上表示尽头,无疆就是无边界无尽头。

"大哉乾元"是天道广大无边,"至哉坤元"是地道顺随乾元而无所不至。万物凭借大地成就生命形体,是因大地承顺上天精气所致,犹如母体承受父精才能孕育胎儿一样。大地坤元积顺成厚能承载上天赋予的万事万物,坤德与乾德配合无穷无尽,坤德包容力如此宏阔而广大,各类物品都凭借她亨通发达。母马与大地同属于柔顺的阴类,效法乾德强健,驰行大地而无所不至,其柔顺利于成就正事。君子效法坤顺之德行事,不可强争而当顺势而为,先于乾道就会迷失方向,居后顺势则通常有得。往西南方向行进得到同道,是因为坤德与阴类同行;不与东北强手硬拼而失去对手和资源,最终值得庆贺。坤德安静守正,能得主、得朋、得常、有庆,是应合大地柔顺载物之德,发展前景无边无尽。

《象》曰:地势坤。君子以厚德载物。

【译文】 《象传》说:大地的形势厚实柔顺,君子因此当增厚美德而容载万物。

【解字释义】 势,繁体作"勢",从力从執,"執－𤔔"为人双手用力栽树于土上,故"势"有力量、走向、姿态、势力、形势等义。坤德柔顺,地形方直不顺而其势柔顺,孔颖达疏"其势承天,是其顺也"。大地势态顺承上天,积顺至厚可容载万物。君子由坤䷁象领悟,柔顺方可宽厚,宽厚才可包容。故须修己德至厚,才能承载万事万物,成就功业。

爻　辞

初六:履霜,坚冰至。

【译文】 初六:踏上微霜启程,大河凝结坚冰就能到达。

《象》曰:履霜坚冰,阴始凝也。驯致其道,至坚冰也。

【译文】 《象传》说:踏上微霜将迎来坚冰,说明阴气已开始凝积。顺其规律前行,坚冰必将来到。

【解字释义】 消息卦中坤卦为十月，即立冬、小雪节气，夜露结霜。《说文》"履，足所依也"，人（尸）脚板（夊）穿鞋（𠂤）在路上行走（彳），有踩踏、行走、履行义。初六为坤卦最下位，如人之足，故取"履"象。地气运行于周历子丑之月，即夏历冬腊两月，有一阴始凝而渐入隆冬之象，故用"霜、冰"为辞。由初履霜渐至坚冰封河、冻土保墒，人们顺时序节令做好冬季谷物收藏、祭赏、迁转和备耕等工作，冬天到来春天就不会太远。初六爻变为复卦☷，接着就是"一阳复起，万象更新"的春耕。

【义理取象】 坤卦☷初六阴爻居阳位，阴气重而霜现冰至。初爻端微势盛，应当见微知著，慎终于始。霜是阴气开始凝结的象征，脚下踩着霜，顺此规律发展，就知道坚冰必将到来。

【社会人事】 就周初史事而言，坤卦当是古公亶父自豳迁岐山的一次占断记录，从履霜日起程，到冰冻时迁徙完成。从豳地至岐山直线有两百多公里，周族数万人整体迁徙，男女老幼，牛羊鸡犬，各类器用，走起来很慢很难。中间要翻越麟游山区的几座山，更严重的是要渡过泾水、漆水等大小河流。当时无船无桥，"涉大川"就是《周易》最艰难的壮举。迁徙前计算着，从霜重的日子出发，走到大河边，等待河水结成坚冰，才有可能全体越过河流，到达目的地。

就社会发展而言，周公封于鲁，以尊尊亲亲为国策，可推知鲁国必弱，但仁德传世会长久，后来鲁国传了三十二世。太公封于齐，以尚能尚功为国策，可推知齐国必强，但武功传世难久远，后来齐国多生强夺，只传二十四世。正是初六"履霜坚冰至，一叶可知秋"的象征。

六二：直、方、大；不习，无不利。

【译文】 六二：正直、端方、宏大，（开始）不大习惯，也没有不利。

《象》曰：六二之动，直以方也。不习无不利，地道光也。

【译文】 《象传》说：六二应顺乾德而行动，趋向正直、端方。不大习惯也没有不利，是因为大地柔顺之道得以发扬光大。

【解字释义】 习,繁体作"習",《说文》"習,数飞也",小鸟展开羽毛(羽)在太阳(日)下反复练习飞行,有学飞、练习、熟习、习惯等词义。光,如光般扩展广大。六二在坤卦二位,时在周寅卯之月,夏历正月二月,正是备耕的农田基本建设时间。

【义理取象】 乾主九五,坤主六二。六二居下坤䷁之中,阴爻居柔位,既中且正,有正大方直之象。六二主爻代表坤卦,好比淑女有品格端直、行为方正、心怀博大之态。六二爻变为师卦䷆,"师"有众意,谓"君子以容民畜众"。孔颖达疏谓六二有地之三德:"生物不邪,谓之直也;地体安静,是其方也;无物不载,是其大也。"六二有三德之美,不假修习,物皆自成而无不利,故地道宏远广大。

【社会人事】 周人迁到岐山周原定居,开辟广阔的耕地。《诗·大雅·绵》:"乃慰乃止,乃左乃右,乃疆乃理,乃宣乃亩,自西徂东,周爰执事。"周人在岐山广阔的田原上安居(慰止)下来,分左右划出田亩疆界,挖沟泄水(宣)修整阡陌,从西到东从南到北,人人都(周)忙个不停。据测算,周人在岐山周原开辟耕地,范围在岐山以南,渭水以北,东至漆水两岸,西至汧(千)水东岸,南北宽约25公里,东西长150公里,是一片长条形的广阔大地。这样"直、方、大"的地块,就是后来周人完善"井田制"的基础。新垦田地,还不大熟悉其习性,但耕种起来也没有多大的不利。且君主正直,地广民众,故占行事无不利。

就今人创业而言,选定项目,发心要正直,行事要端方,格局要宏大。设计事业蓝图直、方、大,基础开阔牢固,将来才有大的发展空间。可能开始掌控宏大局面有些不习惯,但对于后期拓展和成功是非常有利的。

六三:含章可贞。或从王事,无成有终。

【译文】 六三:蕴含有序之美可望有好收成。当辅助君王的事业,自己暂无大成功,但终有好结果。

《象》曰:含章可贞,以时发也。或从王事,知光大也。

【译文】《象传》说：蕴含有序之美可望有好收成，说明六三顺应时势发挥了作用；当辅助君王的事业，说明六三智慧恢宏光大。

【解字释义】　六三在坤卦三位，时在周辰巳之月，夏历三到四月，麦类庄稼抽穗结实，由青转黄，田野处处含章现彩，收成在望，所贞有利。含章，农作物稠密、繁茂、成长出彩。《说文》"章，乐竟为一章。从音从十，十，数之终也"，音乐的一个完整段落为一章，有乐章、法规、条目、花纹、章法等词义。完整的乐章展现华彩，《玉篇》"章，彩也"，后加彡表纹彩作"彰"。又加玉作"璋"，指方正而色泽明丽的美玉，也表示明丽，《玉篇》"璋，明也"。终，甲骨文作 ，用绳两头作结表示终止，后用作四季年末之"冬"，本义加系作"终"，表示结尾、结束。有终，有好的结果。

【义理取象】　六三处下卦之上，以阴爻居阳位，阴中含有阳气，处半静半动态势。六三既有含章之德，又怀可用之才，勤于王事，臣道佳美。如此稳重有为，顺应时势，守本分而敬长上，智虑周全而目光远大，其前途必然"有终"。坤卦六爻皆为臣道顺德，或从王事之"王"当指乾，六三居阳位而不妄动，顺时发力，有功不居而归于君王，含美守正，不自为主而顺命求终，可谓智慧深远而胸怀宽广。

【社会人事】　周迁岐山，定居所，务农耕，行仁政，捍戎狄，勤王事，声名渐佳。因此，殷王武乙将周所开新田全部赐给周族。周人上升到坤卦六三之位，各方面都治理得有条有理，前景看好。大田成片的庄稼黄绿相间出彩，有初步的好收成，将成就一定的功业，但还未成大器。因此必须谨慎地顺时势行事，敬从王事而服事殷帝王，所收粮食要多贡赋给王室，才能名正言顺地在岐山建立基业。如此，虽暂时无大的成就，但有了稳定的基础，预计会有最终的好成果。古人强调知终始，《诗·大雅·荡》"靡不有初，鲜克有终"，强调"有终"的重要性及其难度。

　　就创业进程而言，事业初成，获取第一桶金，不能独自享用，要按规定缴纳税收，要花资金与周围相关人员交好，为进一步发展疏通各种渠道。这样做,自己人暂时没能享受收成,但有利于长远的发展和最终的利益。"无成有终",是创业前期应谋求的最佳状态。

六四:括囊,无咎无誉。

【译文】　六四:装满囊袋,不遭咎责也不求赞誉。

《象》曰:括囊无咎,慎不害也。

【译文】　《象传》说:装满囊袋,不遭咎责,说明六四谨慎小心而不惹祸害。

【解字释义】　括,又作"捂",《说文》"捂,絜也。从手昏声",昏训"塞口",有堵塞义;囊—囊,两头扎紧的袋子。括囊,结扎装满粮食的囊袋,指农业收成多。誉,繁体作"譽",从言與声,训"称也",众人称赞之辞。坤卦四位,时在周午未之月,夏历五到六月,正是麦收时节。唐白居易《观刈麦》"田家少闲月,五月人倍忙,夜来南风起,小麦覆陇黄",正是写关中麦收景象。

【义理取象】　六四当位,爻变为雷地豫䷏,雷出地奋,积力日久才能大有作为。豫卦上二爻下三爻皆阴而虚空,九四为阳爻不断,有括扎囊袋之象。六四居上坤☷之下,以阴居阴而无承无应,近六五君位而多危忧。又六四居下坤☷上坤☷两阴卦之间,有天地闭塞之象,"天地闭,贤人隐",贤者会束才不露,静默周严而谨言慎行,才可保无咎。孔颖达疏:"闭其知而不用,故曰括囊。功不显物,故曰无誉。不与物忤,故曰无咎。"

【社会人事】　仲夏时节,岐山周原收割谷物,禾谷廪于黄堆(岐山黄堆镇),谷粒藏于陈仓(宝鸡),有括囊之象。这可能是周迁岐山的一次筮占,新开土地的作物收获还不是很好,收成不好也不坏,既无灾咎也无可称誉,让子孙记住新垦土地经营之艰难。周人逐渐发展壮大,已经受到殷王的关注,德与财都不可张扬外露,保无咎而少称誉。时当殷之末世,"慎"是六四的根本,《小象》"慎不害"是说谨慎小心才能免于受害。

就创业而言,公司稳定发展并取得较大成绩,此时不可张扬显摆,不可大肆宣传而沽名钓誉。要沉稳地创造和收获自己的利益,无声地壮大自己,免受被围攻的咎害。

六五:黄裳,元吉。

【译文】 六五:黄色裙裳,至为吉祥。

《象》曰:黄裳元吉,文在中也。

【译文】 《象传》说:黄色裙裳,至为吉祥,六五以温文之德居中守正。

【解字释义】 黄,《说文》"黄,地之色也,从田从芡,芡亦声"。芡即"光",古文作灷,下部是火焰,上部"廿"本是火焰上腾的黄色光亮。黄色所呈现出的色泽辉煌耀目,与"芡(光)"明亮之义相合,中原土地的颜色正像黄白色火光。五色土组成社坛:中央黄土、东方青土、南方赤土、西方白土、北方黑土。黄为中央田地似火光的颜色,故"黄"从田光声。裳,《说文》"裳"从衣尚声,训"下裙",《诗》毛传"上为衣,下为裳"。衣与裳相对,衣在上象乾☰,裳在下象坤☷。元吉,最吉祥,上上大吉,《周易》"元吉"共十四见,其中五次都出现在上卦五位。六五居坤卦君位,时序当周申酉之月,夏历七到八月,谷物收秋完毕,君王主持丰收庆祀,族众均着与麦子同色的黄裳参与祭祀大典。《礼记·郊特牲》:"蜡之祭……黄衣黄冠而祭,息田夫也。野夫黄冠。黄冠,草服也。"

【义理取象】 六五处坤卦君主之位,既有黄光华彩,又居上卦之中,有坤顺中正之德。于秋黄丰收之时,典祀飨神,敬天养民,当然大善大吉。《周易》六十四卦九五、六五各半,比较而言,六五"柔居刚位"外柔内刚式管理的绩效更佳,如临卦、鼎卦"六五"君位的管理,就是刚柔适度,效果很好。《小象》"文在中",坤德顺乾,内刚外柔,待时而发,文德含章于中,黄裳光彩于外。坤卦六五爻变为比卦☷,利于比合团结众人。坤以柔顺为德,下四爻待时、隐忍、敬慎,上至五爻君位,该出手时就出手，黄裳大庆，中正华美，尽显王者天下风骨，所占上上大吉。

【社会人事】 周初迁岐山，顺天应时，辛勤劳作，有序管理，终于得遇大丰收。南风和暖，百里周原遍地麦黄。收割过的大田黄茬一望无边，堆垛麦穗的“黄堆”布满村落。《系辞传下》：“黄帝、尧、舜垂衣裳而天下治，盖取诸‘乾坤’。”周邦君主（六五）此时不再低调，依循礼仪，着黄裳以庆典，行社祭以筮占。《尚书·洪范》五行：东方木为青色，南方火为赤色，西方金为白色，北方水为黑色；而中央为土，尚黄色，故黄为尊色。周人主农耕，自后稷以来千余年，引导、管理民众稼穑于黄土原及黄河两岸，黄色亦为其本色。黄裳为下衣，含君王遍赏下民之意。黄色非极寒极暖，为中色，正合周人中和之道。

就创业而言，有了行业龙头的实力，该出手时就应出手。这时当在舆论媒体上大肆宣传自己的实力和品牌特色，有利于占领更大的市场份额，在社会和行业竞争中占主导地位，有利于更高更大的发展。“黄裳”华丽，得获“元吉”。

上六：龙战于野，其血玄黄。

【译文】 上六：龙在原野上交战，流出青黄相杂的鲜血。

《象》曰：龙战于野，其道穷也。

【译文】 《象传》说：龙在原野上交战，上六纯阴之道已发展穷尽。

【解字释义】 野，本作“埜、壄”，金文作，《说文》“野，郊外也。从里予声。壄，古文野，从里省从林”，指远离集居区的林木丛生之地。《尔雅·释地》“邑外谓之郊，郊外谓之牧，牧外谓之野”。坤卦假龙（上六）与等在外的乾卦真龙战于野外（上），《左传·昭公十九年》“龙斗于时门之外洧渊”，即取此象。《说文》“玄，幽远也，黑而有赤色者为玄”，“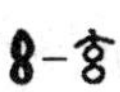”是一节小丝（幺）本看不清，加上遮蔽（亼），就更看不清了，故有模糊、玄远、幽深、黑色、玄妙等词义。上六在坤卦六位，时序当周戌亥之月，为季秋孟冬之时。

【义理取象】 上六到了坤卦☷尽头,道穷则变,顺极转逆,阴气盛极欲转阳而抗衡乾刚。于是乾龙主动出击,与上六假龙战于坤卦之外,致使天地玄黄混色,阴阳莫辨。或谓上六自主拟刚为假龙,有君临众阴之象,成上下卦相争之势,混战于卦外之野。暗喻殷纣王居上位而暴虐不堪之时,周武王效法汤革桀命,柔而能刚,率盟军与纣王师战于牧野而灭殷商。上六爻变为剥卦☶,阴爻一路剥战上去,有刀兵浑血玄黄之象。看似坤☷与乾☰搏战,实则阴阳交合,阴阳交战而孕育新生命,生育也有"血玄黄"之象。

【社会人事】 冬季农事已毕,战争继起是常见事件。周迁岐山,定居后勤于耕作,获得大丰收,黄裳大庆。戎狄得悉,跟踪而至,来抢掠成果。周人黄裳庆典之时,必有充分防备。戎狄掠寇,周人坚决反击。季历力抗戎狄,大战就有七战六胜,战事惨烈,流血必多。文王系辞于坤卦之末以警诫后世子孙,当居安思危,随时保卫国土与族人生命财产安全,吉凶非所宜计,故上六不系吉凶类占辞。戎狄等游牧部族以劫掠他族为常事,恩格斯曾说:"他们是野蛮人,进行掠夺在他们看来,是比进行创造性的劳动更容易甚至更荣誉的事情。"《周易》六十四卦中,农耕为主的周人对抗戎狄游牧部族的劫掠,是卦爻辞中常见的话题,周人从中获得很多磨砺、教训与智慧。

就行业竞争而言,一旦成为行业老大,就是他人竞争搏战的主要对手。此时必须具备忧患意识和防范措施,商战的残酷程度不亚于真正的战争,要有在不同场合搏战的勇气和准备,即便战到"其血玄黄",也要有必胜的信念和实力,才能立于不败之地。

用六:利永贞。

【译文】 用"六"数,利于永久持中守正。

《象》曰:用六永贞,以大终也。

【译文】 《象传》说:用"六"数永久持中守正,以阴柔顺应阳刚为好的归宿。

【解字释义】 永，《说文》"永，长也，象水巠理之长"。永—派，是"辰—辰"的反形，辰加水旁作"派"，是水的分支。江河分支越多其主流越长，《诗·周南·汉广》"江之永矣"，永有长义。坤德顺从就永久吉利。六居阴数"二四六八十"正中，主中和而利于持久，固守正义而行善事，就能吉祥如意而有善终大成。

"用六"是坤卦六爻的综合运用，为坤六爻阴数之用的总结。阴爻柔顺之德能吸收乾阳资源化为己用，故终成其至善。乾元称"大哉"，坤元称"至哉"，阴阳相合而刚柔相济，"大、至"合一，浑融无别，得中和永久。《老子》谓"万物归焉而不为主，可名为大。以其终不自为大，故能成其大"，意谓上善若水，不自大者最大，仁者无敌。

"用六"述用柔之道。坤用柔而不拘于柔，阴柔守成而不废进取。老阴变阳，阴至极则皆变为阳，"女子本柔，为母则刚"，自我完善又自我超越，始小而终大，为易道之主旨。商汤师友于伊尹，文王师友于姜尚，君道臣用则得吉。商汤革夏桀命，武王革殷纣命，周公摄成王政，臣道君用亦得吉。凡道义之所在，不计个人名位，但关国家安危。坤道博厚高明，其用永贞大终。

【社会人事】 坤卦六爻柔顺之德用于人事，可类比于一家公司发展的各个阶段：初六起步须见微知著以顺应行业发展趋势，六二持中守正大力打好基础，六三初成不自居而理顺上下关系以求长远利益，六四居行业前列时专一积聚实力而不可张扬，六五成行业老大就须彰显实力当好领袖，上六木秀于林就必须迎接各种挑战。

总之，从刚用柔，顺时应势，行止合度，才能成就大事业，永葆中正吉祥。

《坤》文言

孔子作《坤文言》七节，进一步阐发坤卦䷁爻辞深含的道理，指导学易者抓住要领而深入理解,并应用于人事行为之中。首节阐释卦辞,后六节阐释六爻辞。

《文言》曰:坤至柔而动也刚,至静而德方,后得主而有常,含万物而化光。坤道其顺乎,承天而时行。

【讲解】 卦辞:德方,德能遍及四方。有常,有恒常法则。含万物而化光,包容万物并化育广大民众。时行,按时序运行。坤道极为柔顺,但承顺天道生万物时的变动也显示出刚强;天圆动而地方静,安静柔美的品德流布四方。坤居乾后,不为物先而得主位,是柔能制刚的常理;地道以厚德包容普载万物,以至焕发无限辉光。坤卦体现的规律何其柔顺,顺承上天意志而依时势运行得当。

积善之家必有余庆,积不善之家必余殃。臣弑其君,子弑其父,非一朝一夕之故,其所由来者渐矣。由辩之不早辩也。《易》曰"履霜,坚冰至",盖言顺也。

【讲解】 初六:余庆、余殃,余下吉庆或灾祸留给后代。渐,逐渐积累。不早辩,没有及早明辨发展趋势之端倪。积德行善的家族,必然留下许多庆祥给后代;累积恶行的家族,必然留下许多祸殃给后代。臣子弑杀君王,儿子弑杀父亲,并非一朝一夕的缘故,作恶的由来是渐渐萌生滋长的,只是君父没能早早辨清发展端倪而已。"履霜,坚冰至",大体譬喻事物是顺沿一定趋向发展的。儒家礼制重视家庭关系的传递,家作为不断延续的社会单位其来有自,慎终追远,承宗继嗣,强调以孝治国,先齐家而后治国平天下。

直其正也,方其义也。君子敬以直内,义以方外,敬义立而德不孤。"直、方、大,不习,无不利",则不疑其所行也。

【讲解】 六二:"直"指品性专一纯正,"方"指行为方式适宜。君子恭敬不苟才能促使内心正直,行为适宜才能做到外形端方。只有恭敬不苟、行为适宜,才能使美德广布而不孤立。"直、方、大,不习,无不利",是说自然施行美德善事而无须疑虑。强调君子以恭敬态度持守内心的正直,以适宜的方式规范外在言行。

阴虽有美,含之,以从王事,弗敢成也。地道也,妻道也,臣道也。地道无成,而代有终也。

【讲解】　六三:阴柔者自身有美德,却含藏不露,而用来辅助君王的事业,不敢把功劳归为己有。这就是地顺天、妻顺夫、臣忠君的道理。地顺天而有功不自居,代天成事而奉行至终。"乾知大始,坤作成物",坤德主顺,自己不显声名,只是代天成就功业。

天地变化,草木蕃。天地闭,贤人隐。《易》曰"括囊,无咎无誉",盖言谨也。

【讲解】　六四:天地运转化生,草木衍生繁盛,贤人建功立业;天地闭塞昏暗,万物凋敝难成,贤人隐退匿迹。"括囊,无咎无誉",大概是譬喻谨慎处事的道理吧。《周易》卦爻辞应天道而言人事,自然现象与社会人事联系在一起述说,或譬喻或隐喻。

君子黄中通理,正位居体。美在其中,而畅于四支,发于事业,美之至也。

【讲解】　六五:君子具有谦顺美德,就像黄色中和温润而文理通达,当正位而甘居人下。柔顺美德蕴含内心,畅流于四肢,发挥于政事功业。"黄裳元吉",就是最美的品质啊!

阴疑于阳,必战,为其嫌于无阳也,故称龙焉。犹未离其类也,故称血焉。夫玄黄者,天地之杂也,天玄而地黄。

【讲解】　上六:疑,混杂难辨。玄,青黑色。阴发展到极盛将转阳,必然阴阳交合混杂难辨。阴盛犯阳而阳来搏战,作爻辞者怕人疑惑坤卦无阳爻,故称"龙"以代表阳。但上六尚未真正离开阴类,阴与阳苦战实际上是交合,故称"血"表示阴阳密切交合。血色玄黄,是指天地阴阳之血交互混合的颜色,天为青色,地为黄色。

坤卦小结

《周易》列乾坤二卦于首,又首乾次坤,乾为主坤为辅,实则相辅相成。《易纬·乾凿度》谓"乾坤相并俱生",乾坤一体二面,对立统一。乾德阳刚进取,坤德阴柔守成。刚而能柔,取而能守,二卦既相互成就又相互制约,能自我完善且自我超越,以至"中正适度",成易道总体规律。乾坤象征天地,天地交合化生万物,乾坤合体生诸卦,为诸卦之祖。

对比来看,《周易》注重时位变化,乾卦偏重于"位",六龙并出,各守其位,群龙无首,各行其是,道并行而不悖。坤卦偏重于"时",顺时随势,与时俱进,时义在德,时用在业,时虽异而各有其成。坤卦纯阴至顺,象征大地,地顺承天,积顺成厚,德厚方可生养载物。坤德如母马随顺、安静、繁生、任劳任怨、载重行远。坤道贵顺,持守敬慎,辅成乾道而不自为功。孔子谓坤道即地道、妻道、臣道,本质是柔顺之道。

取象喻理的方法上,乾卦偏于玄象,虚构龙的潜现跃飞来设定不同位的特点和变化。坤卦重于史事,文王用周人自豳迁岐及前期开发岐山的实事来阐述坤卦取象,以六爻分述周族不同时段的发展进程:履霜迁岐、广开阡陌、含章勤王、括囊收成、庆丰大吉、御敌保民。然人事须应天道,六爻抽绎取象,应合坤卦柔顺之德:见微知著、方大内德、含才事君、隐敛守正、中和现吉、阴盛合阳。坤德至顺至厚,与时行变,广远无疆。

总体看来,乾坤二卦互为表里,根据数理、物理、事理取象,占断由象数而及取象,合理推论,以人事应天道,但以理性思维为主导特征。所言事理基于历史事实,传述史事过程,体现文王作卦爻辞的意图,有明显的政教性质。乾坤二卦之辞为全书撰写卦爻辞提供了范式,是《周易》卦爻辞的典型代表。

3. 屯 卦 ䷂

水雷屯 坎上☵震下☳

【解字释义】 水雷屯,雷(震)☳在下,水(坎)☵在上为积雨云又为阻限,雷欲动而受阻。雷电多在云层内或云树相接处屯聚发生。若雷电屯聚于积雨云中,受阻而蓄势,便难以发生,所谓"屯然而难"。《序卦传》:"有天地,然后万物生焉。盈天地之间者唯万物,故受之以'屯'。屯者,盈也。屯者,物之始生也。"屯卦象征万物初生之难,乾坤天地阴阳交合始生万物,故屯卦紧接乾坤二卦之后。

屯 zhūn,甲骨文作�,金文作�,《说文》:"屯,难也。象草木之初生,屯然而难。从屮贯一,一,地也,尾曲。《易》曰:屯,刚柔始交而难生。"《广韵》陟纶切,今读 zhūn,为卦名。"屯"《广韵》又徒浑切,今读 tún,为屯聚义。唐陆德明《经典释文》"屯,张伦反,难也,盈也";又"屯,聚也"。甲骨卜辞"屯"多用于人名、地名,邨(屯-邨、村)、旾(春),都从"屯"构形。春天草木发芽,芽头(屮)破土(一)往外长,为艰难屯生之象,有屯生、屯难、屯聚义。

屮穿地而长,胎儿出母腹而生,万事开头难。屯之难是事业开端之难,终将被克服而走向通达。新生力量的发生成长总是困难重重,但终究会长出且生机勃勃。屯卦䷂毅然拒斥野蛮,屯生全新的社会力量,正是周族初期的社会特征。

卦　辞

䷂屯:元亨,利贞。勿用有攸往,利建侯。

【译文】　屯卦象征初生,至为亨通,利于持守正道。不宜前行,利于建立诸侯。

【解字释义】　元亨,大通达。利贞,利建侯。有攸往,有利于前行。建,《说文》"建,立朝律也",手执笔(聿-�)写下当行之道路(廴),意谓建立法度。

【义理取象】　下震☳为雷为威而有君象,二三四爻互坤☷为国为众,初至五爻交互为小颐卦䷚,合为立君以养民之象,故占曰"利建侯"。建立诸侯国,即建立行政机制妥善管理民众事务,守护初生力量渡过难关而正向成长。屯卦"元亨利贞"不同于乾卦讲天道自然规律,而偏重社会人事规律。屯卦象征"初生之难",困难过后必然大亨通,只是在开端艰难时不可轻举妄动,要持守正道且加强自身建设,才利于不断发展壮大。

【周初人事】 筮遇此卦在大亨祀之时,周族迁岐山新建邦国,下震☳行动而遇上坎☵阻限,事业开端会遇到种种困难,但坚信一定能走向通达。周初圣贤下定决心,不再伴随居无定所的游牧部族,而是坚决建立屯聚定居的稳固邦国。于是周定居岐山后,分建族类,封于各地为诸侯邦邑,各自治理封邑而定期汇报,形成纵横交织的分层管理机构,后来周邦由殷王朝封为"西伯"。

《周易》"利建侯"凡三见:屯卦卦辞和初爻"利建侯"二见,是指周初迁岐山建立邦国,分封部族诸侯之事。豫卦"利建侯行师",指文王继封为西伯而主征伐戎狄之事。

《彖》曰:屯,刚柔始交而难生。动乎险中,大亨贞。雷雨之动满盈,天造草昧(mèi),宜建侯而不宁。

【译文】 《彖传》说:初生,阳刚阴柔开始相交而万物艰难萌生。在危险中变动发展,前景大为亨通而须持守正道。雷雨将作则乌云雷电充盈天宇,在此冥塞未通之际,天地自然草创万物,适宜建立诸侯国治理天下而不可闲居无事。

【义理取象】 坎☵为水为坎陷,震☳为足为行动,行动受阻于坎陷,回旋难进。此时阳刚阴柔二气开始交流,行动(☳)于困难(☵)之中,经艰苦历练才能成就大事,就是"大亨贞"。浓云雷雨翻动布满天地,在此蒙昧草创时期,利于建功立业,当勤勉戒慎,不可安闲处安乐。

《象》曰:云雷屯,君子以经纶。

【译文】 《象传》说:乌云雷声交动象征初生之难,君子在此草创之际当努力经略天下大事。

【解字释义】 经,"坙-坙,经-經",用织布机上的经线表示组织、经营;纶,"侖-龠,綸-繻",用编竹简与织丝纹理表示筹划、治理。上坎水为天上积雨云,下震为雷之动,云雷交动形成初生而难的屯卦。君子由此领悟,要未雨绸缪积极谋划,化解困难而成就大事。《中庸》谓"唯天下至诚,为能经纶天下之大经,立天下之大本,知天地之化育"。

【卦变象征】 从卦变之象对比来看,将屯卦䷂颠倒过来,其覆卦(综卦)为蒙䷃,人生出长大要受启蒙教育,是人区别于其他动物的分水岭。将屯䷂的六爻都变易,阴爻变阳爻、阳爻变阴爻,其错卦(交错)为鼎䷱,屯生新生命建立新秩序,如同社会革故鼎新。将屯䷂的二三四爻互坤☷,与三四五爻互艮☶,组合为六爻大互卦剥䷖,屯生之难处理不好,可能陷入众阴剥一阳的困难境地。故屯䷂一定要努力克服困难,走向新征程。

爻 辞

初九:磐桓,利居贞,利建侯。

【译文】 初九:垒大石,立华表,利于安居守正,利于建立诸侯。

《象》曰:虽磐桓,志行正也。以贵下贱,大得民也。

【译文】 《象传》说:虽然垒大石立华表艰难,但志向行为是合正道的。初九以君主尊贵身份谦居下位,因此大得民心。

【解字释义】 磐 pán,《玉篇》"大石也"。桓 huán,《说文》"𣏴,亭邮表也。从木亘声"。"亘-𣊫"是限定回旋区间,"桓"就是立在四角标志区间的大木柱,《礼记·檀弓》"四植谓之桓"。后又指邮亭,也指宫门前观测日影以正方位的木柱,称"和表"或"华表"。"居-凥"即"凥",人(尸)处几(几)上,有居处、居住义。王弼注谓"磐桓"为盘桓不进貌,表示居静守正,与立巨石、桓表营建宫室定居,取义大致相同。

【义理取象】 初九在屯卦䷂初生之难中为主爻,为内震之主动力。震☳为动,总要有所作为,初九正是发力向前的动力源,也是"志行正"之所在。初九阳刚主爻甘居下位,其上三阴爻互坤☷为民众,有"以贵下贱"之象。一阳爻居众阴爻之下,所行当合民众志向。即君子守正行健,又大得民心,自然利于安居守正,利于建立诸侯邦国。

【周初人事】 古公亶父自豳迁岐,《史记·周本纪》谓"乃贬戎狄之俗,而营筑城郭室屋而邑别居之,作五官有司,民皆歌乐之"。周族初定居于岐山,首先是垒大石立华表营建宫室,☷下一阳爻象地平,上互坤☷象两桓表矗立于门阙,正为立桓表于岐山之象。古公筑城郭安居,志大行正,深得民心,为此后设官职封诸侯打下初步的坚实基础。

六二:屯如,邅如,乘马班如,匪寇,婚媾。女子贞不字,十年乃字。

【译文】 六二:初创之时多么艰难,反复彷徨难进。驾乘车马的人轮番前来,他们不是强寇而是求婚者。女子守正道不急于出嫁,要等待时机(十年)才许嫁。

《象》曰:六二之难,乘刚也。十年乃字,反常也。

【译文】 《象传》说:六二难于前进,阴柔乘凌阳刚。要等待时机(十年)才许嫁,是等艰难消除而恢复正常。

【解字释义】 邅 zhān,《集韵》"邅,屯邅,难行不进貌","亶-亶"以仓廪多谷表笃厚义,加辵为"邅"表笃行反复难进。如,然。匪,非。"乘-乘"以人登上树顶表示登乘、乘势义。"班-班"以刀分二玉表班分,有整齐相连义,《子夏易传》"班如者,谓相牵不进也"。"寇-寇"手持器(攴)入室(宀)抢劫杀人(元)。十,整数,表一定时段。"字-字"是房中(宀)产子(子),有嫁女生子、抚养、教育等义,《礼记·曲礼》"女子许嫁,笄而字"。

【义理取象】 "屯如"至"婚媾"为象辞,"女子贞不字,十年乃字"为占辞。六二上应九五,有婚媾之象。但六二乘刚初九,中隔二阴,受屯难牵制而盘桓难进,只能守正待时得嫁九五。上坎☵为水阻,三四五爻互艮☶为山阻,六二受大山大水阻隔,车马团团转而走不动。震☳为动而艮☶为止,有欲动而止之象。下震为长男,六二爻变为下兑☱为少女,有求婚媾之象。少女拒绝初九求婚,表明女方已有自主选择权利。"匪寇,婚媾",不是掠夺婚而是求取婚,野蛮的掠夺婚正向文明求取婚过渡,过渡初期自然艰难。少女六二乘刚初九受其纠缠,本该正常上嫁九五生子,但坎陷中守贞等待时机才可如愿,故《小象》谓等待十年才嫁是"反(返)常"。孔颖达疏谓六二"犹如有人逼近于强,虽远有外应,未敢苟进,被近者所陵,经夕之后,乃得与应相合"。六二阴爻正位居中且正应九五,代表文明进步,尽管前行艰难,也要持中守正,必能渡过艰难最终取得成功。

【周初人事】 周初在岐山营建宫室定居建侯,初创建立新的社会秩序,过程困难重重。屯卦初生而难,首当其冲的人事创新,是下层民众婚姻生育习俗的改变之难。由殷商以来掠夺婚为主向求取婚过渡,是文明婚俗向落后婚俗宣战的"反(返)常"行动,进程虽艰难,必须坚持取胜。

六三:即鹿无虞,惟入于林中。君子几(jī),不如舍(shě)。往吝。

【译文】 六三:追猎山鹿而没有虞人引导,会入深林而迷路。君子当见机行事,不如舍弃不追,前往必有憾惜。

《象》曰:即鹿无虞,以从禽也。君子舍之,往吝,穷也。

【译文】 《象传》说:追猎山鹿而没有虞人引导,是贪于追捕禽兽的缘故。君子应舍弃不追,前往必有憾惜,追逐不止将致穷困境地。

【解字释义】 "即-𭅺",人到食盒旁吃饭,有就席、靠近、即将等词义,此处作动词指追逐。鹿,谐音禄,暗喻官位。虞 yú,《说文》"䖑,驺虞也,白虎黑文,尾长于身……从虍吴声",一种猛兽。字形象戴虎头张口大喊之形,有猜料、备戒、候望等义。"虞"为西周管山泽之官名,即管林官,《尚书·尧典》孔传"虞,掌山泽之官"。几,繁体作"幾-𢆶",细丝般幽微的迹象。吝，憾惜，《系辞传上》"悔吝者，言乎其小疵也"，"吝"作占断辞，一般是对较小损失或德行失误的价值评判。

【义理取象】　"即鹿无虞，惟入于林中"为象辞，"君子几，不如舍，往吝"为教诫之辞。下震☳为雷为惊走为鹿，三四五爻互艮☶为山林，有狩猎逐鹿于山林之象。古时山广林深，狩猎者如无林官（虞）引导，贪追逃鹿深入丛林，会迷陷屯难穷极境地。君子当见几微而舍止贪猎，若贪婪深入必遭灾吝。六三阴爻居阳位，不中不正与上六无应，处屯难之卦多凶险之位，本应守静待时，但它又处下震☳之极，好动贪求而易遇险。

【社会人事】　周初以农业为主，以狩猎为辅助，文王狩猎苑囿七十里，专设虞官来管理。六三强调狩猎的专门管理意识，教诫人们不可贪欲冒进，初创屯难时期，君子当知几而退处，不可贪欲无度而陷入困境。

六四：乘马班如，求婚媾，往吉，无不利。

【译文】　六四：乘车马接连前去，求婚配。此往必获吉祥，没有不利。

《象》曰：求而往，明也。

【译文】　《象传》说：可求而前往，六四是明智的。

【义理取象】　六四当位，以柔顺之才承刚辅助九五，下与初九正应。六四爻变上卦为兑☱为少女，三四五爻互艮☶为少男，二体交互为咸卦䷞互感。少男少女互相感悦，有真诚相爱而求婚之象，阴阳正合，无不利。六二乘刚初九，有下震☳长男来求婚遭少女谢绝；六四正应初九，有互艮☶少男来求婚则得少女允许，时位得当来求婚，且"乘马班如"多次真诚相求，是很明智的，故占吉利。六四虽处屯难卦中，也小有盘桓，但当位承刚正应，诸象适宜，必无吝害。六四爻变为随卦䷐，看清明朗趋势而随顺时机，前行辅助九五阳刚中正之君，自然会有吉祥结果。

【社会人事】　周初圣贤不赞成老夫强娶少妻，提倡配偶年龄相当，以保证所生子女的质量,增强民力国力,正是婚姻观进步的表现。

九五:屯(tún)其膏。小贞吉,大贞凶。

【译文】 九五:屯积膏泽祭肉不下施众人。小祭吉利,大祭不分祭肉会导致凶险。

《象》曰:屯其膏,施未光也。

【译文】 《象传》说:屯积祭肉,九五有德泽尚未发扬光大。

【解字释义】 膏-𠌷,《说文》"𠌷,肥也,从肉高声",有油脂、肥美、恩泽义。屯其膏,屯积肉食。小贞,普通祭祀占卜。大贞,宗庙祭祀、会盟、用兵等大事占卜。

【义理取象】 九五当位,居中持正,本应尊贵而吉祥。但处屯难之时位,陷在上坎䷜里面,很难行动有大成。九五虽正应六二,也只是小吉;下乘三阴爻䷁而无得力人才可用,若应对大事,可能有凶险。上坎䷜为水,有油膏之象。九五一阳处众阴之中,为屯卦君主。"尔俸尔禄,民脂民膏",限于事业初始的坎陷中,九五积聚资源,用来做小事尚可,做大事则难行。恩泽下应六二尚可顾及,遍及全卦阴爻则施之难广。九五爻变为复卦䷗,当培元固本,稳健渐行,以图一阳复起,博施济众。克服屯难,小者顺利,大事当守正防凶。

【社会人事】 九五为创业艰难时期的君主或族长,平常小祭把肥美肉食屯聚起来作储备而不分施众人,是可以的。举行大型祭祀,王公贵族分享祭品是权势地位的象征,如果君主屯积膏泽而不遍施,会引起公愤,招致凶危。周人处于创业之初,强调"屯"与"施"的关系要处理适当,特殊时段恩泽不普施济众,会带来大麻烦。

今若有一公司处在创业困难阶段,平时大家共同刻苦节约,没有问题;到年关大节日,各人都指望多拿些奖金回家抚幼孝亲,总领导却一毛不拔,一定会人心涣散,情势凶险。

上六:乘马班如,泣血涟如。

【译文】 上六:乘车马者纷拥而来抢婚,被抢者伤心泣血泪涟涟。

《象》曰:泣血涟如,何可长也?

【译文】 《象传》说:伤心泣血泪涟涟,这种局面怎会长久呢?

【爻辞释义】 《广韵》"涟,涟漪,风动水貌","涟如"为水波接连涌动的样子。上坎为加忧为水为血,坎卦即是血卦;下震为雷为波动,水动如同血流,哭得血泪涟涟,怎么能够长久呢。

【义理取象】 阴爻本无动力,靠底下乘马之人来帮忙。但上六与六三无应,遇难只能独自悲伤。上六爻变上卦为巽☴为长女,下震☳为车马,有被抢婚女子居车上之象。六二、六四"乘马班如"都是有所期待和希望的,上六碰上"乘马班如"则无望而徒自悲伤。上六处屯难之极,本身阴爻无动力,又乘刚九五而与六三无应,下无援助而上无所适,碰上劫难,无力无助,徒自悲伤,不可长久。

【社会人事】 周初建侯立国,去蒙昧趋文明是主要奋斗目标,进程会遭受多种挫折。虽然大力提倡男女互愿的求取婚,但蒙昧习俗的掠夺婚仍然时有发生,致使弱者血泪涟涟。面对这样的屯难局面,必须调整心态,擦干眼泪继续前行,决不容许蒙昧习俗长久存在,努力进入文明启蒙时期,才有光明和希望。

屯卦小结

屯卦象征初生之难。创业之难后面必然是大亨通,宜于持守正道以待时机,终能成就大业。卦辞描述周迁岐始作之难,拒绝野蛮而趋向文明,前进的脚步艰难而坚定。周初由豳迁岐后,氏族血缘聚居的共同体正在向个体家庭社会艰难过渡。史载"太王迁岐,民束脩奔而从之者三千乘"。周定居耕种于岐山周原,有"他旁国闻古公仁,亦多归之"。于是按四井为邑的井田制"邑别居之",是为"利建侯"。

屯卦六爻各有其难,爻辞选取几件典型事件作为"始作之难"的例证。利居贞,建立酋邦制;婚媾方式变革,由掠夺婚过渡到求娶婚,虽有反复,仍在继续实行,且主张配偶年龄对等以保证后代质量;狩猎安全,强调管林的合理性;屯聚财富备荒与众人分配的适当掌握,注意凝聚民心;指出蒙昧的掠夺婚制度不可长久。这些都在拒斥野蛮而趋向文明,虽艰难却大有可为。《诗·豳风·七月》所描述的周族社会,还只是一种父系制的血缘关系的共同体;到岐山定居建侯的屯卦时期,于大变革中探寻营建定居与新建制度的规范,社会逐渐向文明的方向发展。屯卦䷂的错卦是鼎䷱,覆卦是蒙䷃,革故鼎新基于社会启蒙。

《周易》有四大难卦,都含艰难的坎卦䷜。一水雷屯䷂,雷电在水下难以发生,有屯生而难之象。二泽水困䷮,山泽之水干涸不流,有受困无助之象。三习坎䷜,坎上重坎,有身陷重围之象。四水山蹇䷦,山重水复无方向,有举步维艰之象。屯卦初创虽然艰难,但生机勃发而充满希望,是君子有为之时。屯难时期,当持中守正,渐进勿急。一旦时机成熟,当奋发图强,开拓进取,力求达到"元亨"大目标。

4. 蒙 卦 ䷃

山水蒙 艮上☶坎下☵

【解字释义】 山水蒙,艮☶为山,坎☵为水为云雾,山间云雾弥漫则蒙然不明,有蒙昧而险阻难进之象。蒙卦象征蒙昧,蕴含启蒙。

蒙 méng,《广韵》莫红切,《说文》"𤓰,王女也,从艸冡声",钱大昕谓"女萝之大者谓之王女",谓"蒙"即"王女",就是菟丝,药用寄生草本植物。因缠络于其他植物上生长,"蒙"义转为覆盖,《方言》十二"蒙,覆也",故有迷蒙、蒙昧、蒙稚等词义,李鼎祚《周易集解》引郑玄:"蒙,幼小之貌,齐人谓萌为蒙也。""蒙"又作"冡 méng",《说文》"𡫳,覆也,从冂豕","冂、冃、冒、帽"本一字,用人头上的帽子表示覆盖,段玉裁注:"凡蒙覆、童蒙之字,今字皆作蒙,依古当作冡。蒙行而冡废矣。""冡"

与"冢"构字意图相同。冢 zhǒng,《广韵》知陇切,金文作 ,《说文》
" ,高坟也,从宀豕声",古代贵人坟冢有猪陪葬,故有高大坟墓、山顶、
大、高位等词义,也有覆盖义。"蒙－冢－冢"在覆盖义上通用,卦名用
"蒙"。

《序卦传》:"屯者,物之始生也。物生必蒙,故受之以'蒙'。蒙者,
蒙也,物之稚也。"屯☷与蒙☶为一对覆卦。初生之物稚嫩幼小,需要精
心呵护及启蒙培育,故蒙卦列屯卦之后。山☶水☵成蒙☶,山下有险难
以前行,泉出山石未知所往,正像人、物初生幼稚,蒙昧无知,需要启发。
蒙卦讲处蒙和启蒙之道,在屯卦定居建侯之后,须进行社会意识启蒙,
决然告别蒙昧时代。首先是解放奴隶,从奴隶制过渡到封建制;其次是
废除掠夺婚,鼓励娶寡妇而养其子;三是大力打击野蛮的贼寇掠劫,保
卫民众的生命财产安全。

卦　辞

☶蒙:亨。匪我求童蒙,童蒙求我。初筮告,再三渎,渎
则不告。利贞。

【译文】 《蒙》卦象征蒙昧及启蒙,启蒙则亨通。不是我要求童蒙
来受教育,也不是童蒙求我来启发他们,是时势的必然。初次祈问当施
以教诲,接二连三滥问就是渎乱神灵和学识,不予施教。启蒙利于守持
正道。

【解字释义】 童,《说文》" ,男有辠(罪)曰奴,奴曰童,女曰妾。
从辛,重省声",金文作 ,象头戴刑具(辛)的男性奴隶形,后转指儿童。
童与仆连用,即奴隶与蒙昧连用,指无知孩童。渎,繁体作"瀆",同
"嬻",有亵渎、轻慢义。启蒙就是教育,教育开启蒙昧使智慧亨通。教
育是教学相长,发(启)蒙者是教育者,童蒙(蒙者)是受教育者。蒙卦
九二阳爻是发蒙者,初六、六三、六四、六五阴爻是童蒙受教育者,教学

双方都要有至诚守正之心,积极主动施教与求学。从教育者九二的角度看,既不是我要求童蒙学习,也不是童蒙来求我教学,是时势之必然。求学问须诚心如"程门立雪",尊师重道,开发自性,方能求得真知识。教者用心,一语中的,孔颖达疏谓"以初始一理剖决告之";学者至诚,一告得悟,一发得亨。用占卜来比喻教学,《礼记·曲礼上》"卜筮不过三"。初筮,一发亨通而化民成俗;再二再三,失诚意而亵渎神灵,神灵必不再告。师者教授童蒙,不能举一反三则不再重复教之。疑而求筮,真诚求教,一语得启示,自然有利于持守正道。

【义理取象】 初六阴爻承九二之刚,依师求教,九二授之,为"初筮告";六三不当位而乘九二之刚,非真心求教,九二不应,为"再三渎则不告"。蒙师教学有方,求学者当循序渐进,不可滥问再三,应当举一反三。

【社会人事】 周初释放奴隶为自耕农,是启蒙的头等大事,时机已到,势在必行。

就认清时势而言,蒙昧之人求我筮占,所占吉凶当如实告知,以便决疑而正其行。若想神明来肯定自我,不合则再三求筮,就是不敬神明,实为蒙昧。蒙昧就须启蒙教育,渐进启蒙,蒙以正求,蒙以养正。

《彖》曰:蒙,山下有险,险而止,蒙。蒙亨,以亨行时中也。匪我求童蒙,童蒙求我,志应也。初筮告,以刚中也。再三渎,渎则不告,渎蒙也。蒙以养正,圣功也。

【译文】 《彖传》说:蒙昧,犹如高山下有险阻,遇险止步而彷徨不前,处于蒙昧状态。由蒙昧到亨通,可顺沿亨通之道施行启蒙,把握适中的时机。不是我要求童蒙来受教育,也不是童蒙求我来启发他们,是双方启蒙志向顺应时势的结果。初次祈问施以教诲,蒙师有阳刚中正之气;接连滥问渎乱神灵和学识,就不予施教,是因为滥问就渎乱了启蒙的正常程序。蒙稚之时正好培养纯正品质,是造就圣人的成功之路。

【彖辞释义】 《彖传》用卦象解释卦名,蒙卦上艮☶下坎☵,山下有险阻,有止塞之象。蒙昧经下卦居中的九二开启教化,适时通达前行,这是"时中"。启蒙者与童蒙相成教化,是启蒙的志向顺应时势。诚心受教一发而亨,不必再三亵渎神灵与智慧。启蒙的主要目标是培养正气走正路,孩童蒙昧之时易于培养正道。正-🦶,脚板(止)正向目标(一)直行而去,一心奋进走正路,才可能成功。圣功,内圣外王,自觉觉人,蒙昧之时最好培养正道,"启蒙"就是造就圣人的伟大功业。

《象》曰:山下出泉,蒙。君子以果行育德。

【译文】 《象传》说:山石下流出泉水,象征渐进启蒙。君子由此领悟,应以果决行动来培育美德。

【象辞释义】 上艮☶为山,下坎☵为水为泉,有山下出泉之象。泉水初出,细微迟缓,不知所流方向,正像童稚蒙昧,迟缓不知所进。君子之行,如水必就下,正念正向,果决不疑;君子修德,如泉水有本原,正脉正理,根底深厚。

【卦变象征】 蒙☶☵的覆卦为屯☵☳,以启蒙教育成就新生孩童。蒙☶☵之错卦为革☱☲,启蒙教育就是变革新人思想。蒙☶☵之互卦为复☷☳,启蒙得新知,一元复起,万象更新。

爻 辞

初六:发蒙,利用刑人。用说(tuō)桎梏,以往,吝。

【译文】 初六:启发蒙昧,利于解放及教育奴隶与罪囚。如果只是脱去镣铐,急于强使他们服劳役,必有憾惜。

《象》曰:利用刑人,以正法也。

【译文】 《象传》说:利于解放及教育奴隶与罪囚,是要用正确法则来启蒙。

【解字释义】 发,繁体作"發",《说文》"發,射發也,从弓癹声",手癹弓射箭,有发矢、发出、启发、开发等词义;癹bá,《说文》"癹,以足蹋夷艸,从癶从殳",手持工具(殳)拨开(癶)。发蒙,指开垦蒙荒田地。

"刑"指治狱,从刀开声。"开–开"为二干对构而上平,高而上得平。"刑"是齐之以刀,用刑罚来规范人的行为使不犯更大过失。说,同"脱"。桎梏 zhìgù,木制枷锁,械足为桎,械手为梏。人无知而受欲望蒙蔽,就像戴刑具的罪犯。囚犯戴枷前行走不远,脱其蒙梏方得自由。正法,正式确定的方法。

【义理取象】 三四五爻互坤䷁为地,上覆艮山䷳,象蒙荒之地;下坎䷜为陷险,又为桎梏为弓矢为盗寇;初六在下卦坎陷之底,象受刑罚戴镣铐的奴隶或罪囚;二三四爻互震䷲为动,有动用刑人垦荒之象。又下坎䷜为桎梏,初六爻变下卦兑䷹为缺失开脱,有脱桎梏之象。又下互震䷲为足为动,上互坤䷁为地,有动往田地之象。所以,"发蒙"指脱开奴隶镣铐使之开发荒地。上艮䷳为止,止其所急往,有"以往吝"之象,启蒙不可急进。

【周初人事】 周自豳迁岐之初,千数平方公里的荒地需要开垦,应调动全族民众的积极性,同心协力,大干快上。殷商是奴隶制盛行的时代,周初农耕劳力紧缺,急需解放奴隶及囚徒成为自耕农。故像以前那样只是脱掉奴隶的镣铐,让他们去垦荒服劳役,是有问题的。需要对奴隶、罪囚进行教育,使他们自觉地积极耕种,转化为自耕农,才是正确的启蒙方法。

九二:包蒙,吉。纳妇吉,子克家。

【译文】 九二:包容性的启蒙,吉祥。鼓励娶丧夫之妇为妻室,吉祥,使丧父孤儿可长大成家。

《象》曰:子克家,刚柔接也。

【译文】 《象传》说:使丧父孤儿可长大成家,九二阳刚与六五阴柔得以应接。

【解字释义】 妇,繁体作"婦",《说文》"婦,服也,从女持帚洒扫也",金文作帚,已婚在家持扫帚做家务的主妇。子,二三四爻互震䷲为长男,为寡妇所带前夫之子。克,金文作 🔥、🔥,罗振玉谓"象人戴冑形",戴头盔武士无坚不克,有胜任、能、成等词义。

【义理取象】 九二是主爻,包容初六。九二与上九共包三个阴爻 ☷,阳刚包容闇昧阴柔,有包蒙之象。反观之,一阳九二被包于四阴之中,亦有包蒙之象。"入-内-纳"一字,此处"纳妇"为收纳已婚丧夫之妇人室为妻。娶女、得妻、纳妇,三者有别。三四五爻互坤☷为母,二三四爻互震☳为长子,有"带子妇"之象。九二、上九交互为小颐卦☶,有颐养之象,失父幼子得养育而长大,才能成家立业,有"子克家"之象。处下坎☵艰难现实之中的九二,与上卦君位的六五,刚柔正应相接,包容大度,能解决难题。

【周初人事】 古今普通观念,不喜"过婚妇"及"前夫子",如能包容,便是"包蒙"。周初长期受戎狄侵扰,战事频仍,男子大多死于战场,留下众多孤儿寡妇。开启蒙昧,周初君主鼓励娶寡妇为妻,使其孤儿有衣食保障,能长大成人并成家立业。这是周初社会急需解决的问题,体现周人在文明进化的启蒙过程中,重视经济实效、解决现实问题的明智观念。

六三:勿用取女,见金夫,不有躬,无攸利。

【译文】 六三:不能强娶良家女子,遇上她家持兵器的男人,自身性命难保,强娶她不会有利。

《象》曰:勿用取女,行不顺也。

【译文】 《象传》说:不能强娶良家女子,强娶行为不顺合时势。

【解字释义】 取,《说文》"🔥,捕取也,从又从耳",金文作🔥,《周礼·夏官·大司马》"获者,取左耳",打仗割取敌人左耳以报功,有强取之义。掠夺婚时代是强取女子的,后来进化为议婚,加女为"娶"。此处"取女"还是指强占他人妻女。金夫,持金属兵器的男子。躬,身体、自身。

【义理取象】 六三爻变下巽☴为长女,上艮☶为手,有"取女"之象。六三爻变二三四爻互兑☱为缺失,有"勿用"之象。又互兑为金,艮为少男,有"金夫"之象。又艮止象躬,互兑为缺损,有"不有躬"之象。下巽又为不果,有"无攸利"之象。六三不当位而乘九二之刚,上应上九而下惑九二,为情欲蒙蔽理智的蒙昧者。六三爻变为蛊卦䷑,"风落山,女惑男",九二虽受其诱惑也不当取,否则会惹祸杀身。

【周初人事】 周人已推进掠夺婚向求取婚的过渡。此处强调,不要掠取他族妇女,或强占他人妻女,一旦碰上她家带兵器的男子,就会被杀身亡,不顺合时势,国家法规不保护你。蒙卦反对蒙昧的掠夺婚,指出强占妻女易引起冲突伤亡的现实,再次申述从蒙昧抢婚走向文明求娶的启蒙意义。实际上,六三可看作起教诫作用的"诫蒙"。

六四:困蒙,吝。

【译文】 六四:困陷于蒙昧,憾惜。

《象》曰:困蒙之吝,独远实也。

【译文】 《象传》说:困陷于蒙昧,憾惜,六四独自远离刚健笃实的蒙师。

【解字释义】 困,甲骨文作𣏓,同"捆",束(囗)柴(木)燎祭,由束木转指围困、困难、困惑。困惑于蒙昧不能解脱,为羞鄙憾惜之事,当努力摆脱困蒙而步入文明。

【义理取象】 阳爻为实,阴爻为虚,蒙卦九二为阳刚实在的启蒙师,程颐《易传》谓蒙卦"二阳为治蒙者,四阴皆处蒙者也"。六四虽当位,但不中无应,困居六三、六五两蒙昧阴爻之间,最为蒙暗,故称"困蒙"。初六上承九二,六三下近九二,六五近上九而应九二,独有六四离九二、上九都远,远离蒙师,困于蒙昧而未得教化,有"独远实"之象。六四虽居上卦,然孤陋寡闻,器识短小,实难成功。六四爻变为未济卦䷿,有未成功之象。六四爻变,出现三四五爻互坎☵,上有山☶阻,下居坎陷☵,困境重重无法摆脱,既羞吝又憾惜。

【社会人事】 蒙卦讲启蒙教育,卦中九二阳爻为主动教育启蒙者,四阴爻为被教育蒙昧者。就童蒙少年当受教育而言,远离蒙师而无缘学习,独居蒙昧困境,必然脱离实际,行事当然不利。

六五:童蒙,吉。

【译文】 六五:童稚蒙者顺受教,吉祥。

《象》曰:童蒙之吉,顺以巽也。

【译文】 《象传》说:童稚蒙者顺受教吉祥,六五对蒙师九二恭顺受教。

【爻辞释义】 童蒙,童心真诚的蒙者。顺,随顺;巽,《说文》"具也",吸取他人长处为己所有。儿童幼稚无知虽属蒙昧,但自然纯真招人爱,故占吉。《老子》五十五章:"含德之厚,比于赤子,毒虫不螫,猛兽不据,攫鸟不搏。"动物爱及人类幼儿,幼儿也真爱动物,互不妨害,称为"赤子之心"。童心不自以是,最易接受教正,真诚恭顺而谦逊吉祥。

【义理取象】 六五居上卦君位,上承上九下应九二,以童蒙之态谦虚受教于蒙师,和顺低调。六五居上艮☶中,艮为少男,近于童蒙。儿童处于自然蒙昧阶段,不争先不做作,无伤于他人他物。六五爻变上巽☴为风为谦逊,以真诚谦逊来顺从时势,自然吉祥。

【社会人事】 周人初居岐山,如人之童蒙,易于养正,仁德治邦,逊顺吉祥。

性情真纯的领导人保有童心,在其位能发挥自如,顺应时势,听从善言,不知不觉中逢凶化吉。六五爻变成涣卦☴,风行水上,德政广布天下。

上九:击蒙。不利为寇,利御寇。

【译文】 上九:猛力打击以启发蒙昧。不利于寇掠他人,利于抵御寇掠等蒙昧行为。

《象》曰:利用御寇,上下顺也。

【译文】 《象传》说:利于抵御寇掠等蒙昧行为,这就使上下意志顺合和谐。

【解字释义】 击,繁体作"擊",《说文》"擊,攴也。从手毄声",手持杖击车毂(物)。寇,《说文》"暴也,从攴、完",金文作𡩜,容庚谓"从人从攴在宀下会意",持器(攴)入室(宀)砍人头(元)抢掠,有暴乱、劫掠、进犯、盗贼、仇敌等义。击蒙,用暴力打击手段治理蒙昧。

【义理取象】 上九处艮☶上,艮为手,有手击蒙昧之象。三四五爻互坤☷为众,上艮☶为止为御,上九为艮止之主,不利于蒙昧为寇之人,利于率众抵抗外来的盗寇。蒙卦阳爻九二、九五为治蒙者,九二阳刚居中呼应众阴爻,教化治理范围宽广而包容,称"包蒙";上九刚极不当位,所治对象只是六三这类昏蒙过度者,只好用严厉申斥、当头棒喝之类暴烈手段,故称"击蒙"。但这种强硬态度不可用于挑衅,只能用于防卫。下坎☵为寇,上艮☶为手,有击蒙之象。击蒙手段过于猛烈,不能用于主动寇略,适宜于防御外来侵略,孔颖达疏谓"物从外来,为之扞御"。三四五爻互坤☷为众,服从于上九,共同抵御外敌入寇,上下心意相顺。

【周初人事】 周人启蒙,对内行仁政,用包蒙教化方式。对外不主张用暴力寇掠他人,但君民同力抵御戎狄寇掠等蒙昧行为是积极的,反击勇猛有力。季历抗击戎狄,七战而六胜。

蒙卦小结

蒙卦讲开启蒙昧走向文明,"处蒙之道"要善于处理蒙昧之事,治理蒙昧之人,加速摆脱社会的蒙昧状态而步入文明。启蒙就是教育,通过教育提高人文素质,是走向文明的必然方式。蒙卦有二阳爻代表教育者,四阴爻代表受教育者,卦辞用占筮比喻启蒙教育,特别强调真诚专一是启蒙教育的要义。蔡清《易经蒙引》谓"在蒙者便当求明者,在明者便当发蒙者,而各有其道"。启蒙与脱蒙互为因果,顺应时势,培养正气,共同前进。

启蒙的艰难进程与施受关系,在六爻中得以具体描述。九二为刚正中和的启蒙者,上九为刚极暴烈的击蒙者,余四阴爻为蒙昧受教者。周人定居岐山,力行仁政,否定寇掠类蒙昧行为,教化民众定居农耕、提高婚配养育质量,促进社会文明。初六"发蒙",解放奴隶并启发他们积极耕种;九二"包蒙",以包容心态对待蒙昧婚俗以解决实际困难;六三"诚蒙",以法制态度告诫顽固的蒙昧者不要自寻死路;六四"困蒙",警醒并激励身处艰难险阻的蒙者走出困境;六五"童蒙",指出处高位者以童心谦虚受教是大智慧;上九"击蒙",仁和的启蒙是正道,猛烈的击蒙只能用于抵御外寇。

蒙昧者内险而外阻,须智慧突围,以求步入文明。治蒙者处众蒙之中之上,当以教化启蒙,诲人不倦,多方开启智慧。蒙卦的卦爻辞强调摆脱蒙昧趋向文明,体现周人文明进步的积极态度。商纣王实行掠夺经济,导致严重政治危机。周人代殷之后,吸取教训,没有走向庄园奴隶制,而选择定居型农业耕作的方式以及内部关系相对缓和的政治体制,这对我国古代一直未形成单一的奴隶制经济,是有一定影响的。周人有着较高的农业生产力,打牢井田制村社经济的坚实基础,重视族姓内部的亲和团结,防止严重的对立情绪,探索新型的婚姻、生育及抚养制度,起到推进社会进步的有效作用。周初圣贤以教育为手段进行启蒙,蒙以养正,化民成俗,自觉觉人,在文明进化征途上迈出了坚实的步伐,开启"蒙以养正"的儒家教化、教育理念先河,影响极为深远。

综合看屯、蒙这对排列于乾坤之后的生命初始之卦,两者相依相成。屯卦讲"初始之难",蒙卦讲"处蒙之道"。屯生是启蒙的前提基础,启蒙是屯生的必然发展。对新出生者必须进行知识启蒙,是人类超越动物至关重要的第一步。

5.需　卦　䷄

水天需　坎上☵乾下☰

【解字释义】 水天需,水☵在天☰上,水气升空形成积雨云,时机不成熟而未成雨,还须等待。孔颖达疏:"需者,待也……云上于天,是天之欲雨,待时而落。"需卦象征需求与等待。需 xū,《广韵》相俞切,《说文》"需,頯也,遇雨不进,止頯也。从雨,而声。《易》曰:云上于天,需。"甲骨文作,金文作、,象人淋雨形,表示干旱求雨或遇雨不进而等待雨停。由"求雨"的等待转指等待、索取、给用、需求、供需等词义。

需卦象征等待,田苗待雨而成长,贸易待供需而成交。《序卦传》:"蒙者,蒙也,物之稚也。物稚不可不养也,故受之以'需'。需者,饮食之道也。"天地乾坤阴阳交合生万物(屯䷂),初生蒙童需要启蒙教育(蒙䷃),人接受教育提高知识就能发展生产,生产的产品多了就需要交易,交易形成供需关系和市场,这就是需卦䷄。需卦讲饮食养育之道,是通过商业交易来满足人们不断提高的物资需求水平。可以说,需卦主要是讲供需关系和商业交易的,《系辞传下》谓需卦"日中为市,致天下之民,聚天下之货,交易而退,各得其所",即"互给有无,各得所需"。需卦讲述不同场合的商品交易行为,评述初期商业贸易的得失与经验,倡导正当贸易,力图建立适当的供需关系。

扩展到人事上,主张持正守时,待机而进,即"居易以俟命"。需卦䷄,下乾☰三阳爻上进,上有坎☵阻止,环境不好,冒进有风险,若保持敬慎态度,终有所得而无大碍。

卦　辞

☰☵需：有孚，光亨，贞吉，利涉大川。

【译文】　需卦象征供需与等待。要有诚信，才光明亨通，持守正道可获吉祥，利于涉越大河巨流干大事。

【解字释义】　孚，《说文》"𤓽，卵孚也，从爪从子。一曰信也"，甲骨文作𤓽，金文作𤓽，"孚"字手（爪）下有子（子），一是抓获，后加人旁作"俘"；二是保护，《说文》古文"保"作"𤓽-𤓽"，从人从孚（采）；三是母鸡爪下孵小鸡，孵期必有化，二十一天必出小鸡，故有诚信义。有孚，此处为诚心保护，指邦国蓄养民众，父母养育子女。李镜池《周易通义》认为，需卦"有孚"为有俘虏，指商人抓获并贩卖奴隶得利，也指狩猎获兽得利，可备参考。光亨，光明而通达。涉大川，上古洪水泛滥，渡涉大江大河是最难的事，《周易》占辞用"涉大川"比喻干大事、成就大事业。

【义理取象】　二五爻都为阳爻居中，实在而诚信于中就是"有孚"。三四五爻互离☲，为光明与希望。九五中正居君位掌邦国，真诚充实地满足民众饮食养育的需求，国运亨通而前途光明。筮遇需卦，光明通达，得其所需，利于成就大事业。

【社会人事】　周初立国兴邦，农、工、虞、商四业并重，各用其利。商业贸易上，吸取殷商失败的教训，交易应阳光操作而正当进行，以诚信为本，顺时待价，图利合义，方为吉。

《彖》曰：需，须也。险在前也，刚健而不陷，其义不困穷矣。需有孚，光亨，贞吉，位乎天位，以正中也。利涉大川，往有功也。

【译文】　《彖传》说：需，就是有所期待。艰难险阻在前方，应刚强健实而不陷入危境，才不致穷途末路。需待当有诚信，才可光明亨通，持守正道可获吉祥，是因九五居于天子之位，居中守正以待时。利于干成大事，所以前往必获成功。

【义理取象】　需卦重在等待，上坎☵为险陷，下乾☰为刚健，三阳爻在需卦内蓄力待时而不妄动,才不会陷入困境而无路可走。需卦诚信而光明通达,是因主爻九五既中且正。这样持中守正待时而行,必能越过坎陷艰难,成就大功。前如周文王被囚羑里六年,演《易》待时,终得出行仁政,创建周朝基业。后人如越王勾践,卧薪尝胆三十年,终成霸业。

《象》曰:云上于天,需。君子以饮食宴乐。

【译文】 《象传》说:云气上集于天而待时降雨,象征需待。君子因此体悟,用饮食宴乐来积蓄力量。

【象辞释义】 云气飘浮在天上,未凝聚成雨,所以要耐心等待,终得甘霖。君子由此体会到,想要建立国泰民安的丰功伟业,首先要关心民众生存的物质需求,即九五之君当"需于酒食",也是用"饮食宴乐"作比喻。君子在行大事前的困难时期当积蓄精力而守正待时,《孟子·尽心上》谓:"居移气,养移体,大哉居乎!"

【卦变象征】 需䷄的覆卦为讼䷅,供需贸易最易产生纠纷而导致诉讼。需䷄之错卦为晋䷢,商业贸易做得好,有利于国家财力的晋升。需䷄之互卦为睽䷥,买卖两方对商品价格的认定是睽违的,卖家越高越好,买家越低越好。

爻 辞

初九:需于郊,利用恒,无咎。

【译文】 初九:在郊外举行供需交易,利于守常公开,无咎害。

《象》曰:需于郊,不犯难行也。利用恒,无咎,未失常也。

【译文】 《象传》说:在郊外举行供需交易,指初入需卦不往险难处行进。利于守常公开,无咎害,说明初九未曾违背常理。

【解字释义】 《说文》"䣎,距国百里为郊,从邑交声";《尔雅·释地》"邑外谓之郊,郊外谓之牧,牧外为之野",指邦国间相交的边界。《周礼·地官·载师》:"以宅田、士田、贾田任近郊之地,以官田、牛田、赏田、牧田任远郊之地。"郊是都邑周边与野之间的交叉地带,为士人、商贾的田宅所在地,城乡之间的人力、商品均在此地进行交易。恒-㤀,心(忄)在一定区间(亘)守常不动。利用恒,在恒定的正规场所正常交易。

【义理取象】 初九阳爻居刚位,且有六四正应。下乾☰为金为玉,初九爻变下巽☴为近市利三倍,均有交易之象。初九在内卦初位,距离九五中心最远,距离上卦坎水☵之险也最远,不冒险妄进失去常态,恒久守正,耐心等待时机行动,是有益无害的。

【社会人事】 初九刚进入需卦经商,不宜贪利行险,当固定经营小本生意,为涉大川作准备。贸易的供求关系即"需",互通有无为"化居",化(化)物为贝(币)即"货"。需于郊,是在远离中心城区的邦国边界地区设立固定交易市场,约定交易时间就恒久不变成为常规,即后来的"赶集"。这样,既不违法外出行商而担风险,又有恒定常规的商品供需和人群流量,公开、公平而恒久,如此交易自然无咎害。

九二:需于沙,小有言,终吉。

【译文】 九二:在水边沙滩需待交易,略有可言责之处,但坚持正道,终必获吉祥。

《象》曰:需于沙,衍在中也。虽小有言,以终吉也。

【译文】 《象传》说:在水边沙滩需待交易,九二宽衍包容能守持中道。尽管略受言语责备,最终也获吉祥。

【解字释义】 沙,《说文》"𣲫,水散石也",水边(氵)小石子颗粒(少)为沙,转指水滨之地,即沙滩。《说文》"衍,水朝宗于海也,从水行声",水流大行,有溢出、派生、丰富、多余、散开、广大等词义。衍在中,中正宽衍能包容。

【义理取象】 九二比初九离上坎☵之险略近,又在互兑☱泽水下边,近水而未至于险,有水滨沙滩之象。二三四爻互兑☱为毁折为口舌,对九二小有责难;初九爻变为下巽☴,与互兑☱正反交争,也有呵责之象,即"小有言"。九二居下乾☰之中,履健持中,宽衍大度,虽小受言语之伤,不为所动,从容守正待时,终必得吉。

【社会人事】 初九"需于郊,利用恒",是正当稳定的市场交易。九二"需于沙",应是离开郊区公开集市而在水边沙滩私自交易,有非正规之嫌,受到言语呵责。因九二居中依法度公正交易,其上互兑☱为悦,终得吉祥。

九三:需于泥,致寇至。

【译文】 九三:在隐秘泥滩里需待交易,必招致强寇来抢劫。

《象》曰:需于泥,灾在外也。自我致寇,敬慎不败也。

【译文】 《象传》说:在隐秘泥滩里需待交易,灾祸自外而至。这是自己冒进招致的强寇,若敬谨审慎便能避免危败。

【义理取象】 水土交融为"泥-𤂌",孔颖达疏"泥者,水傍之地,泥溺之处"。九三在二三四爻互兑☱泽中,又近上坎☵,既在泽又近河水,为沼泽泥淖之地。又外卦上坎☵为盗寇,九三居内乾☰上爻,招致强寇必自外来。九三过刚不中,涉足泥溺,迫近坎难,处境不佳。九三又处三四五爻互离☲下,爻变为节卦䷻,处境不好时须行事敬慎节制,才不至败亡。

【社会人事】 九三处上下卦之间,本应在城郊合法集市交易,却隐蔽于泥淖之地进行交易,或货物非法或逃避税收,应为黑市交易。这类隐秘交易利大风险高,常会引来盗寇的趁机劫掠。殷商时代,商旅一般是拥有兵士的商队,盗寇则是不事农作的顽民,其头目是家族首领或专业军人,以抢掠财物为生,攻击商队是常事。黑市交易招来寇掠,是贪财冒险者自己招致的,如果谨慎自律不惹祸,是不至于败亡的。

六四:需于血,出自穴。

【译文】 六四:在血泊中需待交易,从躲避的穴窟逃脱出来。

《象》曰:需于血,顺以听也。

【译文】 《象传》说:(不该在)血泊中需待交易,应顺从时势听从天命保全自己。

【解字释义】 血-𥊽,杀牲结盟祭祀时器皿中的血块,转指血液。王弼注:"凡称血者,阴阳相伤者也。"阴阳交合和谐是常态,特殊情况才会阴阳搏战见血而称为"血",坤卦上六"龙战于野,其血玄黄"就是其例。

【义理取象】 六四当位,下有初九正应,上承九五可依,境遇相当好,当守正待时,必得吉。三四五爻互离☲中虚象穴,六四有隐伏于穴中之象。上坎水流入下二三四爻互兑☱之泽,有"水出自穴"之象。然六四居上坎☵之下爻,坎为水又为血液,六四爻变为夬卦䷪,有阴阳对决必伤而流血之象。如果六四不本分自守正应初九,而冲出隐居之穴与下乾三阳交易搏战,就是"需于血"。然六四阴爻当位,上承九五之刚,不宜强打硬拼,本该柔顺守正而听从天命,待时顺势才可出穴脱险。

【社会人事】 一次巨资贸易过程中,商队兵士与前来抢劫的盗寇浴血战斗。盗寇被赶走之后,商人从逃命躲避的洞穴中出来,继续在浸染鲜血的地方再行交易。这算不算顺势听命呢?爻辞不予占断。

九五:需于酒食,贞吉。

【译文】 九五:在酒食宴席上需待交易,持守正道可获吉祥。

《象》曰:酒食贞吉,以中正也。

【译文】 《象传》说:宴席交易可获吉祥,因九五居中且正位。

【义理取象】 酒食,《周易集解》引荀爽曰:"五互离、坎,水在火上,酒食之象。"九五在三四五爻互离☲上,又居上坎☵中。离☲为火煮熟食,坎☵为水为酒。需卦《大象》"君子以饮食宴乐",九五在需卦君位,有"需于酒食"之象。九五是需卦主爻,居中持正,爻变为泰卦䷊,掌控全局,衣食不愁,安泰吉祥。

【社会人事】 大商人、商业高层之间交易,不在前四爻的各种市场中,更不在血拼的黑市里,而是在酒食丰盛的宴席洽谈之中。商贸洽谈,情感沟通胜过讨价还价,情商高于智商。至今,还是有很多大宗生意是在觥筹交错中谈成的。

《周易》认同酒食宴饮在商业贸易中所起到的润滑剂、粘合剂作用,其腐蚀剂的消极作用在当时还不很明显,比之于黑市贸易、劫掠商队要文明很多。

蒙卦䷃讲教化,需卦䷄讲养育,用酒食譬喻百姓丰衣足食。九五中正之君最好的政绩,是能让天下百姓休养生息,过衣食无忧的安稳日子,这是需卦建构的理想社会。西周的成康之治,汉代的文景之治,唐太宗贞观之治,都是如此。

上六:入于穴,有不速之客三人来,敬之,终吉。

【译文】 上六:交易后归于库房,有三位不召而至的客人来访,恭敬相待,终可获得吉祥。

《象》曰:不速之客来,敬之终吉。虽不当位,未大失也。

【译文】 《象传》说:不召而至的客人来访,恭敬相待可获吉祥。上六处虚位管大事虽不妥当,但处置适度而未受重大损失。

【解字释义】 速,《说文》"𧫢,疾也,……古文从敕从言",金文作𧦝,古文作𧫢,"遬"指无指令(敕)很快就来(辵)。"速"作动词有招致、招请义,作形容词有快速义。客-𡧛,脚趾(夂)从他家(宀)往你家门口(口)来的人。不速之客,不请自来的客人,当指官方税务稽查人员,或当地收保护费的强人。敬-𢿛,从苟从攴,金文"苟"作𠣻、𦥼,象人曲身恭敬之形。郭沫若谓从苟从攴,以狗叫表示警卫。狗于主人取敬畏象,于客取警界象。故"敬"有敬慎、警戒义。

【义理取象】 下乾䷀三人(阳)入上坎䷜(穴)中,有客来之象,即"入于穴",呼应六四"出于穴"。下三阳上来,上六当敬之。协调上下,方保无害，九三"敬慎不败"对应上六"敬之终吉"。上六处需卦之极，乘九五之刚，处"无实之位"的虚位，不能代九五在位之君办大事，故称"位不当"。上六居需卦之极，再往外走就离开需卦了，只好回到上坎☵之穴继续等待，敬慎下面来的三位强势客人。上六爻变为小畜卦☴，以阴蓄阳，以小蓄大，敬慎包容，方可无大失，终可得吉。

【社会人事】　六四商人交易中遇劫寇，忙藏身于地穴，大商人一般有贮存货物的地穴。上六在需卦末，大笔交易完成之后，正忙于贮财货于窖穴仓库之中。这时来了几位不请自至的巡按、稽查人员，他只能敬慎相迎，好言好语好招待，方能保住最终平安，使损失不增大。

需卦小结

需卦象征需求与等待，讲商业供需贸易之道。殷商晚期，纣王打击巫史集团，奖掖军旅商队，形成新兴商业奴隶主贵族。商旅不择手段追求最大利润，聚集巨大财富，对社会产生强大的控制力及影响，导致殷王朝的腐化堕落。这些商业贸易的副作用，为周初圣贤所深深忧患，后面的旅☲、丰☳二卦还有体现。商业行为中的相互寇掠，是野蛮蒙昧意识在财富驱动下得以膨胀的突出表现，必须拒斥与严防。

但社会发展离不开商业贸易，适应自然经济条件下的交平等易，是周初圣贤对初期商业的合理定位。《逸周书·文传》载文王遗命："山以遂其材，工匠以为其器，百物以平其利，商贾以通其货，工不失其务，农不失其时。"吸取殷人商旅为害的教训，周初圣贤已有重农抑商的适宜尺度。"需"是需待交易，商业行为应以诚信"有孚"为本，提倡公开平等交易，互通有无，各取所需，才能吉利通达，成就大业。这是周初原始商业意识的反映。

需卦六爻评述不同供需交易的得失教训，用作后人借鉴。三爻至上爻，可能是具有代表性的上古商队之间不同场合的交易行为。加上初爻、二爻，应是对上古某一商队远至某城邦周边进行交易的实况描述,围绕同一事件的进程,作时空描述与因果描写,进而定占断。如同革卦以武王伐纣过程来说明顺天应人的道理,旅卦以商初王亥从商丘到易水行商的经历来说明远行贸易应有的谨慎态度。

需卦六爻描述初期不同场合的六种商贸状况:固定的正当交易,非正当的偏私交易,危险隐僻的走私交易,远途血斗的险恶交易,高层次宴饮洽谈式贸易,对贸易管理的敬慎态度。周初圣贤主张合法性交易,拒斥盗寇掠夺,否定"需于泥、需于穴、需于血"等非正当交易,提倡利于关市稽征的公平交易,显示对商业行为有序化的认同与努力。

需卦重视等待时机,强调有诚心、爱心和平常心,也强调有信心、耐心与恒心。教诫君子,当敬慎容忍,守正待时,修德待用,以应邦国民众之需。

6. 讼 卦 ䷅

天水讼 乾上☰坎下☵

【解字释义】 天水讼,乾天☰在上坎水☵在下,天往上升水往下行,两者分道而行,相违背而成讼。讼卦象征争讼,人若外刚强(乾)而内心险恶(坎),也会引起争讼。

讼 sòng,繁体作"訟",《广韵》似用切,《说文》"訟,争也。从言公声。曰謌讼"。歌讼诗文是用言辞(言)公布于外(公),诉讼辨狱也是对簿公堂,故"讼"从言公声,有争论、争辩、诉讼等词义。《正字通》"讼,《六书故》:争曲直于官有司也"。《周礼·秋官·大司寇》"以两造禁民讼",郑玄注"讼,谓以财货相告者"。《礼记·曲礼》"分争辩讼,非礼不决",孔颖达疏"争罪亦曰讼也"。执狱争讼必有第三方依礼秉公仲裁,故"讼"乃言之于公。争讼为"狱",《说文》"獄,确也,从狱从言",郑玄注《周礼》"狱,谓相告以罪名者",原告、被告在法庭上力辨对方有罪而自己正确,如二犬(狀)相吠(言),朱骏声通训定声"狱,讼也"。

《序卦传》:"饮食必有讼,故受之以'讼'。"需卦☲☵交易物资以养育众人,人吃饱喝足爱闹事,货物贸易引起争端,人因争取更多需求而发生诉讼,故讼卦☰☵讲争讼打官司。《论语·颜渊》:"子曰:听讼,吾犹人也,必也使无讼乎!"听讼是为了止讼,公平断案是为了不再打官司。故讼卦的主旨是"诫讼",防讼于未然,调解以中止,明断以息讼,倡导和谐不争的礼制精神。

卦 辞

☰☵讼:有孚窒惕,中吉,终凶。利见大人,不利涉大川。

【译文】 《讼》卦象征争讼,诚信被窒塞而心有惕惧导致争讼。诉讼到中途得和解则吉,始终争讼不息则有凶险。利于出现主持公道的大人,不利于成就大事业。

【卦辞释义】 有孚,中实诚信,九五、九二均居中位,上下都诚心实在。窒 zhì,《说文》"窒,塞也。从穴至声",土致使(至)洞穴(穴)堵塞。窒惕,窒塞而警惕,诚信被"窒"则心有警惕戒惧,引起争讼。中吉,终凶,诉讼到一半和解则吉,打到底判罪则凶。利见大人,打官司要有公正的法官明断,乾卦☰九五明君在上,二三四爻互离☲光明在下,显示光明正大。下坎☵为水为大川,三四五爻互巽☴为进退不果,有不利涉大川之象。

【社会人事】 一个诚实可信的人,遇到不能申意的阻塞,要戒惧而审慎,能不争讼就不争讼。迫不得已争讼,须冷静而不过激,最好是中途和解得吉,不要强硬到底而两败俱伤。打官司宜求有德者明断是非,不宜凭武力争胜负,讼恶成师,更难决平。凡引起争讼是办不成大事的。或说卦辞意为:某人抓了个俘虏,窒闭于室警防之,中间没有逃脱,最终却拼死反抗。由此引起争讼,对簿公堂,双方于事都不利。可供参考。

《彖》曰:讼,上刚下险,险而健,讼。讼有孚,窒惕,中吉,刚来而得中也。终凶,讼不可成也。利见大人,尚中正也。不利涉大川,入于渊也。

【译文】《彖传》说:争讼,阳刚居上而险陷居下,凶险而强健,必起争讼。诚信窒塞而心有惕惧导致争讼,中途和解得吉,是九二阳刚来处坎险而保持适中。争讼到底有凶险,上九穷极争讼不能成功。利于出现主持公道的大人,崇尚持中守正的九五决讼。不利涉越大河巨流成就大事,恃刚乘险强争讼必然陷入深渊。

【义理取象】　上刚下险,指上卦九五与下卦九二,上乾☰刚健而下坎☵险陷,人若心怀险恶而性情强健,必然多生争讼事端。刚来而得中,指九二,物以类聚,同类为"内",异类加入为"外来",下坎☵初六与六三阴爻同类,阳爻九二插入居中为异类"刚来得中"。讼不可成,万事和为贵,凡事引起争讼,官司缠身,人力、资产、心境、舆论环境都如入深渊,不可能成就大事。利见大人,下坎☵与二三四爻互离☲水火交胜,有争讼之象;而上乾☰交三四五爻互巽☴,乾为君而巽为臣顺服,君主居中守正依理公断可以服众,九五大人为"元吉"。

【社会人事】　讼卦主旨是止讼息讼,要解决诉讼纷争,就须懂得忍耐,抑制愤怒,警惕恶果。发生争讼,有正人持中则吉,走极端必凶。诉讼走到判狱定案,嫌隙难解,两败俱伤,没有赢家。《老子》五十六章:"塞其兑,闭其门,挫其锐,解其纷,和其光,同其尘。"纷争由口舌逞欲而起,闭口不言则得以节制,与人和光同尘,挫锐解纷,才能真正制止争讼。

《象》曰:天与水违行,讼。君子以作事谋始。

【译文】《象传》说:天上升与水下流背违而行,象征不和而争讼。君子应由此领悟,行事一开始就要考虑杜绝争讼的本源。

【象辞释义】　君子做任何事情,都要先想到最坏的结果,《论语·卫灵公》"人无远虑,必有近忧"。开始时谨慎筹谋,尽量避免后来的纷争。防讼于未然，息讼莫先于无讼。要避免争讼，办事一开始就要先立条约签合同，责权利分明，各负其责，行事谋始，以避纠纷。

【卦变象征】 讼☰☵的覆卦为需☵☰，供需贸易最易产生纠纷而导致诉讼。讼☰☵之错卦为明夷☷☲，争讼到底，互相揭短，光明陨落，彼此俱伤。讼☰☵之互卦为家人☴☲，持中让步，讼中和解，化敌对为家人，便是双赢。

爻　辞

初六：不永所事，小有言，终吉。

【译文】 初六：不长久纠缠于争讼事端，尽管双方各受些言语伤害，终将获得吉祥。

《象》曰：不永所事，讼不可长也。虽小有言，其辩明也。

【译文】 《象传》说：不长久纠缠于争讼事端，争讼不可长久进行。尽管受些言语伤害，然通过分辩终将分明。

【解字释义】 永，金文"派"作??，"永"作??，用水流支脉多来表示长久。不永所事，不把小事拖成持久的争讼。小有言，争讼双方互相责难，但不可将事态扩大化。

【义理取象】 初六才入讼卦，上承九二又与九四正应，虽有小争执，终必分辩明白而趋吉。初六爻变下兑☱为悦，二三四爻互离☲为明，明悦而不交争，有不永讼之象。初六爻变为履卦☰☱，《系辞传下》"履以和行"，和解则吉。初六阴爻在刚位，不强作持久争讼，虽引起言语非议，退让一步天地宽，终无大事。

【周初史事】 讼卦以"诫讼"为宗旨，周人提倡礼让，以礼止讼。《史记·周本纪》："西伯阴行善，诸侯皆来决平，于是虞、芮之人有狱不能决，乃如周。入界，耕者皆让畔，民俗皆让长。虞、芮之人未见西伯，皆惭，相谓曰：吾所争，周人所耻，何往为，祗取辱耳。遂还，俱让而去。诸侯闻之曰：西伯盖受命之君。"这就是著名的"逊路息争"典故，黄河风陵渡两边的虞国与芮国人"小有言"争讼,顺渭水前往丰京求见"大人"西伯姬昌公断,路见周邦民众都文明礼让,二人惭愧返回,"不永所事"而息讼得吉。

九二:不克讼,归而逋,其邑人三百户无眚。

【译文】 九二:一位小邑主争讼失利,回归途中逃走了,小邑三百户人家没因此生事端而免遭祸患。

《象》曰:不克讼,归逋窜也。自上讼下,患至掇也。

【译文】 《象传》说:争讼失利而归途逃窜,避免居下者与尊上者争讼,祸患临头而得以中止。

【解字释义】 逋 bū,《说文》"逋,亡也",逃亡。眚 shěng,《广韵》所景切,金文作𥃦,《说文》"眚,目病生翳也,从目生声",由眼睛生翳转指过失、罪孽、灾异、损伤等,又指日月之蚀。掇 duō,《说文》"拾取也,从手叕声",用手连缀拾取,转指获得、夺取、转折等词义。

【义理取象】 二爻是大夫位,大夫采地为邑,三百户约为下大夫所有小邑,郑玄注《礼记》谓"小国大夫之制"。九五当位且居中持正为至尊君主,九二虽居中而不当位,下卦九二与上卦九五敌应,以下讼上,难为敌手,故不能胜。下坎☵为水,二三四爻互离☲为火,下水与上火相争,三四五爻互巽☴为不果,有讼不胜之象。九二爻变二三四爻互艮☶为门阙,下坎为隐伏,有归窜躲避之象。又九二爻变下坤☷为邑为众,互离☲卦序数为三,上乾卦序数为一,进位有三百人。又下坤☷为众为顺,有三百人顺利无眚之象。

【社会人事】 此爻辞当是一次筮占实录。一小邑之君与大邦争讼,未能取胜。若回家会激起邑人去硬拼,或者邑人因他无能而离散,于是在归途中逃走躲避了。这样,其邑三百户人家就没有遭受灭顶之灾。有时候,延缓、暂避是解决难题的一种方法,三十六计走为上计,时间能解决一切。小邑之君诉讼不胜,知难而退,躲避而免于受祸,较为明智。眼看降临小邑的灾难,被小邑主顺手转化了。

人是需要随时适应环境变化的:周取代殷商,伯夷叔齐不食周粟,饿死在首阳山中,为"圣之清者";而伊尹于夏末商初治乱世佐汤定天下,为"圣之任者";孔子于春秋,无可无不可,视所宜而定行止,为"圣之时者"。三者各随顺时势行事,可谓各得其宜。

六三:食旧德,贞厉,终吉。或从王事,无成。

【译文】 六三:安享祖传的德业,只会坚守可能危厉,顺从尊上终获吉祥。小邑主可能追随君王试图建功立业,但仍然没有成就。

《象》曰:食旧德,从上吉也。

【译文】 《象传》说:安享祖传的德业,顺从阳刚尊上才可获吉祥。

【义理取象】 下坎☵为水,二三四爻互离☲为火,水火不容有争讼之象。上乾☰下坎☵,有刚健与强险争讼之象。六三阴爻处阳位,有争讼之位而无争讼强力,想在争讼中保住前辈传下的爵禄很不容易,故占贞厉。六三爻变二三四爻为互乾☰,卦之垢☴,有遇合之象,六三正应上九,当安分守己而顺遇上九,辅助其成功而不可自居,才可有终吉之象。上乾☰为君,三四五爻互巽☴为伏为不果,有虽从王事而无成之象。

【社会人事】 小邑主享有旧封邑三百户,是从前辈继承来的,即"食旧德"。因讼事不胜,恐邑内人心浮动,速逃窜躲避,暂保无眚。若不立新功,仍然享受旧德,败讼的形势不会容许,邑人之心也不会容许。因而他从王出征,求立新功,但最终也无大成就。虽自身无功,顺从王事而不再与人争讼,也可得终吉。

九四:不克讼,复即命,渝,安贞,吉。

【译文】 九四:小邑主因争讼失利逃隐,回头反思自己的使命,改变争讼到底的念头,安顺守正,终获吉祥。

《象》曰:复即命渝,安贞不失也。

【译文】　《象传》说:回头反思自己的使命,改变争讼到底的念头,顺命守正而无损失。

【解字释义】　克,能。命,《说文》"命,使也,从口从令";"令,发号也,从亼卪","令-𠆥"上有口(亼)对下面的人(卪)发命令,加口为"命",由命令转指命运、使命。渝-𣹢,《尔雅·释言》"渝,变也",水流变顺。渝安贞,安于变化。

【义理取象】　九四刚爻居柔位,不中不正,本性阳刚好争讼,但命中无对手。九四不可与居中的上卦九五和下卦九二为敌,与初六为正应而无争,六三柔顺处其下也无可争。九四无对手而"不克讼",只能收起躁动欲讼之心,复归天命,安顺守正,终或吉祥。

【社会人事】　这位三百户小邑的年轻邑主,讼事不胜逃隐避祸,又从王出征求立新功而无成,想赢一次争讼挽回面子却无对手。几经磨砺,逐渐长大,反思过往,甚为感慨。发现没有什么争强好胜的事要做,最终返回小邑回归自己命定的角色。时过境迁,邑人也就包容他,顺命守正,并无多少损失。《论语·公冶长》"见其过而内自讼",争讼之事,不在强势压人,在反思自身缺失,以提高自己的德行修养。讼不以胜负为吉凶,顺理则吉,失理则凶。

九五:讼,元吉。

【译文】　九五:明断争讼,至为吉祥。

《象》曰:讼,元吉,以中正也。

【译文】　《象传》说:明断争讼至为吉祥,是因九五居中持正明断。

【义理取象】　九五正位居中,用其中正以断是非曲直,为讼卦主爻。卦辞的"利见大人"就是指九五断讼明君。讼卦䷅九五之君既中且正,明德配位,情理俱优,公正严明,争讼必胜,断讼必公,无往不利,故占元吉。

【社会人事】　人事总有纷争,纷争引起诉讼,需要有人主持正义公平。重大案例,需要有德之君公正裁断,也需要严明官吏合理判决。这样才能伸张正义,纠正社会风气,使争讼者吸取教训,以免再犯。周文王德配其位,中正公平,以至"诸侯皆来决平",有"逊路息讼"美誉,正是这样的明君。

《孟子·告子上》:"仁义忠信,乐善不倦,此天爵也;公卿大夫,此人爵也。古之人修其天爵,而人爵从之。今之人修其天爵以要人爵,既得人爵而弃其天爵,则惑之甚者也,终亦必亡而已矣。"九五刚健中正,断讼公平,兼具天爵人爵,堪为元吉。

上九:或锡之鞶带,终朝三褫之。

【译文】　上九:或因胜讼赐人饰有大带的官服,一天之内又多次剥夺回来。

《象》曰:以讼受服,亦不足敬也。

【译文】　《象传》说:因争讼而赏官受禄,这也不值得尊敬。

【解字释义】　锡,即"赐"。鞶 pán,革制宽大带子。褫 chǐ,《说文》"𧘔,夺衣也",如脱虎皮般脱去衣服,转指解脱、革除、丧失,如"褫夺公权"等。

【义理取象】　上九阳爻居阴位,非中不正而居讼卦之极,有强夺淫讼之象。上九又居乾刚之极,讼卦之终,是六爻中唯一要将争讼进行到底的人。不择手段夺得高位厚禄者,树敌必多,短暂显赫,很快就会失去。因强健打胜官司,得赏赐鞶带官服,但一天之内被剥夺三次,毫无光彩,更不足敬服。上乾☰为君为衣,三四五爻互巽☴为帛为绳为带,有赐鞶带之象。又互巽☴为木为陨落,二三四爻互离☲为日为数三,有强讼不止而终朝三褫之象。

【社会人事】　上九居乾上有过刚之质,居讼卦极上之位,不是具明君之德的断讼者,而是有亢龙之象的昏暴者。初时因诉讼之胜便赐以鞶带官服,突然变卦剥夺,一天内多次赐予又多次贬谪。反复争讼,昏暴无常,唯殷纣王才会如此。上九爻辞可能是对殷纣王暴政的一项实录,用以说明争讼当求决于明君,不可求决于昏暴之君,其政治教化含义很明确。

讼卦小结

断狱判讼的最高境界在于止讼,听讼是为了"无讼"。争讼不可免,但不可强讼无止,宜调解中和而及早平息。讼不可长,执法者当持中守正而公正裁断,才能使社会没有更多的争讼。《论语·子张》:"曾子曰:上失其道,民散久矣!如得其情,则哀矜而勿喜。"由此而言,执法者不当以明察自喜,而应哀怜体恤犯过者。所谓仁政,当以仁心宽恤为本,不以严厉判讼为治。

讼卦六爻的思路为:不永讼为上→礼让解讼及逊路息讼→反思改过应命→明君明断息讼→申斥淫讼暴政。讼卦的宗旨是止讼、息讼,讼不以胜负为吉凶,而以顺理与否为吉凶。

"明断息讼,以礼止讼,无讼为上,防讼于未萌",正是周初圣贤的诉讼思想,简约而明晰。智者化繁为简,以简驭繁;愚者申简为繁,自陷繁扰。《周易》的智慧,真正是大道至简。

7. 师 卦 ䷆

地水师 坤上☷坎下☵

【解字释义】 师 shī,繁体作"師",金文作𤰌,石鼓作師,《广韵》疏夷切。《说文》"師,二千五百人为师。从帀从𠂤,𠂤,四帀,众意也"。甲骨文"𠂤"作𠂤,把二峰之"丘"竖立为"𠂤",Ⅿ→𠂤→𠂤,"𠂤"即堆。金文"帀"作𤰌,屮(之)为草(中)从地面(一)往上长,把屮翻下来就是帀,"屮→帀"一圈为三百六十度,一匝(帀)为一圈。𠂤指人堆起来为众,币指众人围成圈(兵营),甲金文单用"𠂤、币"指师,有众意,合为"師"亦有众意,《尔雅·释诂》"师,众也"。"師"转指教师,教师是知识堆积者,《玉篇·币部》"师,教人以道者之称也"。《周礼·地官·小师徒》"五人为伍,五伍为两,四两为卒,五卒为旅,五旅为师,五师为军",郑玄注:"师,二千五百人。军,万二千五百人。此皆先王所因农事而定军令者也。"由此可见,完整的军队编制在殷周时期已形成,卜辞常用"𠂤"表示"師",用𩇔表示"軍"。

【义理取象】 师卦上坤☷为地为民众,也为民众之主权;下坎☵为险陷,也为战场搏命之凶险。按《逸周书》行师阵法,师䷆之为卦,一阳爻居下卦中位如中军主帅,上四阴爻分列于前,下一阴爻布列于后,如四方护卫,有将帅统兵布阵之象。师卦上坤下坎,坤☷为民众顺从,坎☵为战争险地,率众顺行险地,有行军作战之象。

师卦象征兵众,指军队。地水师,师又同坤☷表示众多,满地流水☵也表示众多。师卦讲用兵之道,兵势如水,兵无常势而水无常形。上古兵农合一,平时耕种是民,战时集中就是兵众。藏兵于民,如同藏水于地。用兵之道重在武德,当兴正义之师。兵为凶器,"止戈为武",打仗是为了不打仗。故不可轻言战争,使民众陷入苦难,应师出有名,保家卫国,捍卫和平。《序卦传》:"讼必有众起,故受之以'師'。师者,众也。"争讼的人越来越多,酿成集团或邦国之间的大争讼,就形成军队与战争,天水讼䷅就转为地水师䷆。《杂卦传》:"'乾'刚'坤'柔,'比'乐'师'忧。"比卦合作而快乐,师卦敌对而忧患。

卦　辞

䷆师:贞。丈人吉,无咎。

【译文】 师卦象征兵众,用兵当守持正道,贤能长者统兵可获吉祥,无咎害。

【解字释义】 贞,首先贞问选出军事指挥官,再问军事行动之得失。丈人,指九二,即将军。丈-𠀋,手(又)持杖(冂),古部落长者手持权杖,也可用于丈量地亩,《说文》"丈,十尺也。从又持十",以十尺为一丈。将军持丈(杖)指挥族众作战,成为军事首领的象征。

战争首要的两点:一是战争的性质必须正义(贞),二是选将帅必须德才兼备(丈人)。贞问行师是否合乎正道,孙子言兵之五事为"道、天、地、将、法",道居首位,战争道义最为重要,师出有名,得民意支持,方吉而无咎。选将帅要看是否德才兼备,《孙子》谓为将有"智、信、仁、勇、严"五德,唐李筌《神机制敌太白阴经》谓"以五者,为将之德,故师有丈人之称也"。《孙子·谋攻》:"百战百胜,非善之善者也;不战而屈人之兵,善之善者也。故上兵伐谋,其次伐交,其次伐兵,其下攻城。"伐兵是"师䷆"指作战,伐交是"比䷇"指和谈。谈判议和优先于军争,战争最后总是以降服、和谈结束的。仁者、丈人守正宽容,才是用兵趋吉的最高境界。

《彖》曰:师,众也;贞,正也。能以众正,可以王矣。刚中而应,行险而顺,以此毒天下,而民从之,吉又何咎矣!

【译文】 《彖传》说:师,部属众多;贞,守持正道。能率领众多部众坚守正道,就可以作君王。如刚健居中者在下位正应尊上,履行危险之事而顺合正理,凭借这些来攻伐天下,百姓服从,必获吉祥,哪里还有咎害呢!

【彖辞释义】 毒-𡴀,本为毒害人(母)的草(屮),有毒害义,此处指以毒攻毒的治理。九二刚爻居下卦中,上与六五正应,五阴爻均顺应之。地水师,下坎☵水有险陷,上坤☷众随顺主将九二,上下一心,以小毒(战争)止大毒(丧乱),以正义战争保国卫民,故民从之。国家遭外族侵略遇到危险,顺应时势兴兵战胜强敌而保天下太平,百姓自然跟从,故占吉而无咎。能使众多部属顺从正道,就可以作君王了。

《象》曰:地中有水,师。君子以容民畜(xù)众。

【译文】 《象传》说:地中聚藏水源,象征兵众。君子因此广容百姓、聚养兵众。

【象辞释义】 水汇流于地,如众人聚合为军队。地能蓄水,水无限众多,有"容、畜"之象。君王由水藏于地,领悟藏兵于民。当容合民众,兴兵除害,护国安民。

【卦变象征】 师䷆的覆卦为比䷇,战争最后总是以和谈比合结束。师䷆之错卦为同人䷌,同心协力才能赢得胜利。师䷆之互卦为复䷗,战争之后再建设,一元复起,重建家园。

爻　辞

初六:师出以律,否臧,凶。

【译文】 初六:出兵征战要用纪律来约束,不严格执行军纪必有凶险。

《象》曰:师出以律,失律凶也。

【译文】 《象传》说:用兵出战要用纪律来约束,丧失纪律必有凶险。

【解字释义】 律,甲骨文作𢖭,金文作𢔀,《说文》"𢖭,均布也。从彳聿声","聿-𦘒"是手(又)持笔(丨)写字,"律"是持笔(聿)写下必走的路(彳),故有法纪、法律、规律等词义。否,《说文》"不也。从口不,不亦声",徐锴系传:"否者,不可之意见于言也。"臧,《说文》"善也,从臣戕声",甲骨文作𢦏,杨树达《释臧》:"盖臧本从臣戈会意,后乃加爿声……甲文臧字皆象以戈刺臣之形,据形求义,初盖不得为善,以愚考之,臧当以臧获为本义也。"臧本指战争俘虏,即"臧获",转指善于俘获,有"善"义。否,否定;臧,称善、肯定。否臧 pǐzāng,评头论足,不好好执行军纪。

【义理取象】 初六在下坎☵中,坎为水为平准,有法令、准则之象。初六刚进入师卦,在坎水之底,阴爻居刚位不正,上与六四不应,只有承刚九二可依靠。必须服从九二的将令,同仇敌忾,才有战斗力。

【社会人事】　军队以统一指挥为要务，军人以服从命令为天职，三大纪律以"一切行动听指挥"居首位，故用兵首先是纪律严明，不容许下属评论上级命令的对错。出师打仗，若士兵臧否军纪，不按纪律行事，必败致凶。《尚书·牧誓》就是武王申诫士兵"进、止、击、刺"的严格纪律，违律者严惩不贷。

九二：在师中，吉，无咎。王三锡命。

【译文】　九二：统率兵众，持中不偏可获吉祥，无咎害。君王多次奖赏主帅并委以重任。

《象》曰：在师中，吉，承天宠也。王三锡命，怀万邦也。

【译文】　《象传》说：统率兵众，持中不偏可获吉祥，九二承受天子的宠爱。君王多次奖赏委任，怀有平定天下万方的志向。

【爻辞释义】　锡，赐予、赏赐；命，任命、委以重任。三赐命，《周礼》谓"一命受职，再命受服，三命受位"；《礼记·曲礼》谓"三赐不及车马"。三赐三命，可谓"承天之宠"；君王为什么这样尊崇九二？因为要靠前线将帅实现平定天下的大志向。

【义理取象】　九二阳刚居中统领众阴爻，是卦中主爻也是师中主帅。九二为全卦唯一阳爻，往上直通天位而毫无阻隔，又与六五正应，承天之宠。上坤为地为国为众，一致应合九二，唯九二马首是瞻。六五为君王，与九二正应，从五到二隔三个位置，有三次嘉奖之象。九二为将帅有实力，得君王六五全力支持，上坤䷁、三四五爻互坤䷁为重坤，很多兵众、邦邑民众都服从并归附于九二。

【社会人事】　为将帅者德配其位，刚而能柔，容民畜众，指挥若定，所向披靡，吉而无咎，多受君王嘉奖，能辅佐君王实现怀柔万邦的远大志向。周初季历多次受殷王之命，出师征伐戎狄，大战役七战而六捷，多次受殷王武乙及文丁赏赐。西伯姬昌继承父业，屡建军功，也得殷纣王赏赐。周因此声名远播，诸侯来服，以至"三分天下有其二"。

就邦国一次大的战争而言,居下卦坎☵中的唯一阳爻九二,是前线主帅,还可能是六五君王的长子帅师出征,既承天之宠,又身负君王及邦国重任,故为全卦主爻。

六三:师或舆尸,凶。

【译文】 六三:出师有时用大车载运尸体归来,有凶险。

《象》曰:师或舆尸,大无功也。

【译文】 《象传》说:出师有时用大车载运尸体归来,六三用兵太无战功了。

【解字释义】 舆 yú,繁体作"輿",《说文》"𦥑,车舆也。从车,舁声",战国文字作𦥯,四手抬起车厢行进之形,有车厢、装载、抬举、承载等词义,坎☵为多灾眚也为车舆。尸,甲骨文作𠃌,金文作𡰪,《说文》"尸,陈也",本为代理受祭者的小男孩,加死为"屍",此处尸同"屍",指战将尸体。

【义理取象】 六三柔居刚位,王弼注谓"以柔乘刚,进而无应,退无所守",真是多凶险之位。六三为公卿位,当为另一将军或监军。六三非中不正,处下坎之极,与上六不应,力微任重,德薄无随,若贪功冒进,必然多灾多难。二三四爻互震☳为马车,下坎☵为舆为棺椁,陈尸于车,有"舆尸"之象。

【社会人事】 战争中死去的将士一般就地掩埋。六三大败,车载尸归,必是高级指挥官或贵族阵亡。此仗大败,损失惨重,重要将领的尸体用车载运,凶险而无功。六五爻辞谓"长子帅师,弟子舆尸",九二若是君王的长子为统帅,六三可能是次子或宠臣为副手。这位才疏志刚的副将揽权搅事,不服从主帅九二指挥,作战时政出多门而号令不一,造成重大损失,他自己也葬送了性命。《左传·隐公元年》"郑伯克段于鄢",郑伯与其弟共叔段便是如此,历代战事如此者多见。

六四:师左次,无咎。

【译文】 六四:部队撤退暂守,免遭咎害。

《象》曰:左次无咎,未失常也。

【译文】 《象传》说:撤退暂守免遭咎害,六四用兵不失常规之法。

【解字释义】 《说文》"左,手相左助也",左同佐,辅佐。人右手主事,左手辅助。古人尚右,《老子》"偏将军居左,上将军居右"。左为辅助,转而有下降义,降职为"左迁"。次,甲骨文作𣢫,古文作𣢤,象军人驻扎(军帐)及饮食形,《说文》"次,不前不精也",不居前而居次位,不精而较粗,均为"次"。《左传·庄公三年》"凡师一宿为舍,再宿为信,过信为次"。"师左次"是"军队往后撤退",或称"转进"。

【义理取象】 六四当位,爻变二三四爻为互离䷝,先天八卦图中离在右,以左为退,有左次撤退之象。六三冒进大败而舆尸,六四居柔位且上无刚可承,下与初六无应,一时无力前进取胜,审时度势,撤退驻守。六四知难而退,灵活机动,既可保存实力,又可静观待变,伺机进击而取胜,不失用兵常态,得以免遭咎害。

【社会人事】 周初战争频繁,王季、文王、武王、周公都是大军事家。主动的战略撤退是善补过,如同人卦九四"乘其墉,弗克攻",用的是适时退让的军事智慧。用兵灵活,打不赢就退,不硬拼,故占无咎。

就"三军"排列而言,主帅九二在中率领中军,右将军六四率部属居右为右军,左将军六三率部属居左为左军。左将军六三溃败死亡,右将军六四及时率师"左次"补上空缺以退守阻敌,从而挽救全军覆没的危局,未失去常态而保无咎。

六五:田有禽,利执言,无咎。长子帅师,弟子舆尸,贞凶。

【译文】 六五:田中有禽兽来犯才利于捕取,适当处置方无咎害。委任刚正长者可以统率兵众,若用无德小子必将载尸归败,当守持正道以防凶险。

《象》曰：长子帅师，以中行也。弟子舆尸，使不当也。

【译文】 《象传》说：委任刚正长者可以统率兵众，六五居中而行事不偏。若用无德小子必将载尸归败，是用人不当的结果。

【解字释义】 田，名词指田地，动词指田猎，后作"畋"，由围猎转指战争。《说文》"禽，走兽总名"，甲骨文作❦，金文作❦，用长柄网捕获禽兽形，转指禽兽。马叙伦《六书疏证》："禽实擒初文，禽兽皆取获动物之义。禽字金文……皆从本书'田罔也'之畢，今声。畢所以捕取动物，故即从畢。"《正字通》："禽，战胜执获曰禽，俗作擒。"有敌犯境，犹如有禽犯苗，利于田猎擒获。执言犹"执讯"，《虢季子白盘铭》"折首五百，执讯五十"，抓活口审讯。

【义理取象】 上坤☷为田，六五爻变上坎☵为弓轮、三四五爻互艮☶为黔喙之属为兽，有"田有禽"之象。二三四爻互震☳为言，互艮☶为手为执，有"执讯"之象。坤为众为师，互震为长子，有长子帅师之象。六五爻变上互艮☶为少男，坤☷为棺椁为大舆，有弟子舆尸之象。长子帅师而其弟子不听，以致折损大将，故贞凶。九二在二三四爻互震☳中是长子，别的阴爻如六三大败就是弟子。六五是君王，当负全责。《系辞传下》："三与五同功而异位，三多凶五多功，贵贱之等也。"君父六五应为六三"弟子舆尸"负责，因为他骄纵不服从主帅长子九二的统一指挥，君父此前是应该想到并妥善安排的。

【社会人事】 文王伐崇时，以武王为主帅，其弟叔鲜、叔度违命进军，造成重大伤亡。文王对此深为自责，记于此爻辞中，以为鉴戒。

由此上升为普遍道理：君王把握战争最重要的两件大事：正义性质，用将适合。有敌人来进犯，出兵保卫是师出有名，应多俘获活口，问明敌情，利于战略部署。委派将帅要能统一指挥，如果另有掣肘，一定会兵败出大事。最高统帅在决战前夕，应知己知彼，全面协调，负有用人是否妥当的责任。

上六：大君有命，开国承家，小人勿用。

【译文】 上六：代天子颁发命令，封赏功臣以侯国或大夫家，小人不可重用。

《象》曰：大君有命，以正功也。小人勿用，必乱邦也。

【译文】 《象传》说：代天子颁发命令，进行定功封赏。小人不可重用，若用小人必将危乱邦国。

【象辞释义】 上六当位，居六五君王之上，代表宗庙、宗室。战争结束，君王在宗庙祭祀行赏，有感谢祖宗神灵保佑而成功之意。上六代替君王实施封赏，当赏罚公平。诸侯立国，大夫立家，功劳大者封以国为开国诸侯，功劳次者封以家为世袭卿大夫，这是论功行赏的中正合度。一定不能任用小人掌管政权事务，小人掌权必然会乱政亡国。对应前述，九二功大当封为诸侯，六四无失当封为大夫，六三之类的小人决不能再用。

【社会人事】 殷帝辛三十三年，"王锡命西伯得专征伐"。文王勉力征伐十年，施行仁政，诸侯多来归附。武王行师得国后，爵命有功之子封国承家，拱卫周王室，姬姓王室受封者七十余家，大功臣如姜子牙者得封齐国大邦。

或说文王告诫开国承家之诸子弟，不可如殷纣重用"小人"。"小人"本指农工商小民，殷末纣王打击巫史贵族，重用商业奴隶主及军人，使"小民方兴，相为敌雠"，成为亡国祸根。当如程颐谓小人"赏之以金帛禄位可也，不可使有国家而为政也"。于是周文王于此处系爻辞告诫后人"小人勿用"。"小人"从此就有道德含义，与"大人"相对应。

师卦小结

师卦象征战争用兵，主旨有二：行师之道在"正义"，用将必用德才兼备之"丈人"。

师卦六爻，分论行师用兵的几个重要问题。初六"师出以律"，强调军队纪律的严明性。九二主帅"在师中吉",强调主帅中正指挥的权威性。六三"师或舆尸",讲分权掣肘的危害性。六四"师左次",讲失利时补缺退守的灵活性。六五"执言、帅师、舆尸",强调正确兴兵与用将的必要性。上六"大君有命",强调论功行赏的原则性。

《荀子·议兵》"彼兵者,所以禁暴除害也",又"此四帝两王皆以仁义之兵行于天下也"。用兵当修武德:武以禁暴,武以止乱,武以去害。行师克敌,临难用众,武以去秽,文以成治,是用兵的基本性质。《周易》师卦所述,是军事哲学的先导理论,是古代的兵法总纲,对后世兵家、军事哲学家乃至一般用人行事规则,都有极为深远的影响。

8. 比 卦 ䷇

水地比 坎上☵坤下☷

【解字释义】 水地比,上坎水☵下坤地☷,水渗入地内,地浮出水面,水与地互为依托,密不可分,有比辅之象。比卦象征比辅,讲协和邦国之大道。大君正位而邦国比附,舍逆取顺,敦睦亲善,协和成治,故有协和万邦之象。

比,《广韵》毗至切,旧读 bì,今读 bǐ。《说文》"𣬉,密也。二人为从,反从为比",甲骨文作𣬉,二人挨近并排,比肩为邻之象,有并排、亲近、亲密、和协等词义。后转有朋比、结党营私之义,《玉篇》"比,阿党也"。《论语·为政》"君子周而不比,小人比而不周",朱熹注"比,偏党也"。意谓"比"乃彼此以利结合,朋比而偏党;"周"乃道义之交,亲众而周遍。比卦䷇讲人际关系,主要指政治关系,周初用"协和万帮"之"比"而非"朋比",是坚定不移的治国平天下的协和观念。周人崇德广业的政治理念,充分体现在"比、讼、噬嗑、临、观、泰、否"诸卦之中。

《序卦传》"众必有所比,故受之以'比'",比䷇与师䷆是一对覆卦,师卦是率众征战,战争不会消灭所有人,最后总是以比的和谈方式结束,如"一战"后有国际联盟,"二战"后有联合国一样。战争之后,天下才从不宁的师卦转变为协和的比卦。

卦 辞

䷇比:吉。原筮,元永贞,无咎。不宁方来,后夫凶。

【译文】 比卦象征亲密比辅,吉祥。原穷真理、筮决诚意,本心永久守持正道,必无咎害。不安分的诸侯方国前来归附,落后迟来者有凶险。

【解字释义】 原,考察原由,《说文》"原,水泉本也",金文作🍥,从岩石缝中流出的泉水,表示水的源头,有原本、本来、探原等词义。高亨谓"原筮者,后人追称旧筮之辞也",《系辞传下》"原始要终,以为质也",就是借占筮来问本质。"元永贞,无咎"为原筮之占辞,"不宁方来,后夫凶"为原筮之验辞。《周礼·考工记·梓人》"毋或若女不宁侯",孙怡让正义:"不宁侯谓不安顺之诸侯,《易》比卦辞云'不宁方来',义与此同。"过去不安分的方国诸侯也都来归顺比辅圣王。

【社会人事】 亲比同盟、协和万邦之事,从人类社会开初直到永久,都吉祥而无灾咎。但总会有不肯安分的小邦,轻慢诸国会盟大事,盟会结束才姗姗来迟,结果必然受到处罚。

卦辞可能是指大禹会诸侯于会稽之事,《国语·鲁语》:"昔禹致群神于会稽之山,防风氏后至,禹杀而戮之。"防风氏,居今江苏永安县封、嵎二山之地的土族小邦,轻慢大禹主持的众邦盟会而迟到,遭受屠戮之凶。

喻意:蒙卦求师,谓"初筮告";比卦交友,谓"原筮,元永贞",探究占筮的真意,欲求良师益友。相比相辅者应当真诚而慎重,不可轻慢迟到。多方会盟,应主动早来,自然成为团体的骨干,迟到而最后来,就很难融入主体,结果自然是凶险。

《彖》曰:比,吉也。比,辅也,下顺从也。原筮,元永贞,无咎,以刚中也。不宁方来,上下应也。后夫凶,其道穷也。

【译文】 《彖传》说:亲密比辅,必有吉祥。"比"是亲辅的意思,在下者顺从亲辅于上。原穷真情、筮决诚意、守持正道而无咎害,指有德君长刚健居中。不安分的诸侯方国也前来归附,指在上者与在下者相互应合。落后迟来者有凶险,指迟缓怠慢必导致比辅之道穷尽。

【彖辞释义】 比卦䷇九五阳刚居中守正为主爻,五阴爻都来比辅。比卦九五从战乱的师卦䷆九二上来,师卦有不宁之象;比卦六四在上坎☵下,本不安宁,现在下四阴爻都顺服比辅九五,且九五与六二正应,是"上下应"的大好局面。落后者当为上六,在九五之外且乘九五之刚,居比卦之极,虽比辅九五,却怠慢落后,脱离群体,至于穷途末路。

《象》曰:地上有水,比。先王以建万国,亲诸侯。

【译文】 《象传》说:地上布满水而相亲无间,象征"亲密比辅"。先代君王因此封建万国,亲近诸侯。

【象辞释义】 地把水聚拢在一起,就是比。尧舜禹汤等先王由此受到启发,封建众多邦国,与诸侯亲善相处。夏朝就有"万国"之说,商汤时有七千七百七十三国,周初仍有一千八百多国。小国众多,有如众星拱月,共同辅佐天子。乾卦《象传》"首出庶物,万国咸宁",即是诸侯国比辅圣王之意。

【卦变象征】 比䷇的覆卦是师䷆,战争最后总是以和谈比合结束。比䷇之错卦为大有䷍,和平共处才能创造巨大财富。比䷇之互卦为剥䷖,故意不配合或延迟比辅,会形成众阴剥阳的凶险局面。

爻 辞

初六:有孚,比之,无咎。有孚盈缶,终来有它,吉。

【译文】 初六:心怀诚信,亲密比辅于有德之君,免遭咎害。初交诚信如美酒充盈酒缸,终能得到超出预想的回报,吉祥。

《象》曰:比之初六,有它,吉也。

【译文】 《象传》说:比卦的初六爻,有超出预想的回应,必获吉祥。

【解字释义】 孚,诚信,邦交以信义为本。缶 fǒu,甲骨文作🏺,《说文》"缶,瓦器,所以盛酒浆",带盖子的瓦罐形,无纹饰的质朴陶器。交往的诚信满满,必然吉祥。

【义理取象】 下坤☷为地为缶,可装满上坎水☵,如美酒装满酒缸,信实而充盈,为"有孚盈缶"之象。初六才入比卦,与人交往时初心质朴真诚,有好酒美食则乐与人共享。比卦"乐比",初六虽离主爻九五最远,仍然顺服比辅九五,是比辅于外卦(它)。自然比辅而无心攀附,反而会带来意外(它)的吉利如意。

【社会人事】 初六处比卦最下位,最初与人交往,童心真诚,团结内外人等,崇尚景仰尊长,如此真纯终会有意想不到的收获。真诚待人以善意,人必不亏我,积善之家必有余庆,故有它吉。比如春秋初,晋国的赵盾曾救了翳桑之下的饿人,后来晋灵公欲杀直谏的赵盾,使人在宫门放獒扑咬赵盾,突然有人冲上来救了他,原来翳桑饿人成了晋灵公侍卫,关键时刻救了恩人性命。

六二:比之自内,贞吉。

【译文】 六二:从内部亲密比辅于君主,守持正道可获吉祥。

《象》曰:比之自内,不自失也。

【译文】 《象传》说:从内部亲密比辅于君主,六二不自失比辅正道。

【义理取象】 六二当位居下坤中,与九五正应,发自内心去亲近比辅,从内部渠道去依靠,自然吉祥。就自身而言,六二在下坤☷中,又在二三四爻互坤☷下,坤为国为众,六二居中为其核心,于内亲比一国之民,深得国人拥戴;于外亦与众人亲和,且正应比辅九五君王。内亲外比,中正合度,不失自身立场,自然得吉。

【社会人事】 六二自内卦与外卦九五正应,上下内外相应互补,持中守正,不失各自立场,形成亲密的联合力量。以下事上、以臣事君亦有道,重在修身正己以待人,不降志辱身以求人,是为比辅正道。孔子谓"用之则行,舍之则藏",尧之虞舜,商之伊尹,周之姜尚等,都是内外比辅适度的典型。

六三:比之匪人。

【译文】 六三:比辅于行为不正的人。

《象》曰:比之匪人,不亦伤乎?

【译文】 《象传》说:比辅于行为不正的人,岂不是可伤悲之事?

【义理取象】 匪即非。六三阴爻处阳位,居下坤☷之极,处二三四爻互坤☷众阴之中,爻变成蹇卦☶,困顿艰难自不待言。六二正应九五,六四承刚九五,六三阴爻居刚位,也想顺应比辅九五,但三四五爻互艮☶为山为止,阻断它与九五的直接联系,未能比辅九五阳刚之主。六三上下均被阴爻包围,有比于群小之象;六三与上六敌应,有比之非人之象。朱熹谓六三"阴柔不中正,承乘应皆阴,所比皆非其人之象,其占大凶,不言可知"。

【社会人事】 比卦之德,为协和邦国之大道。初爻,亲比于有孚之人。二爻,亲比国内族内之人。三爻,比于邦内外不善之人。《老子》二十七章"不善人者,善人之资",人生有时候处于不得已的境遇而难以摆脱,只能求同存异,不胜感伤。

商汤曾居夏桀之朝,周文王曾处商纣王之世,境遇正当如此,无可言说,不胜伤怀。

六四:外比之,贞吉。

【译文】 六四:在外亲密比辅于君主,守持正道可获吉祥。

《象》曰:外比于贤,以从上也。

【译文】 《象传》说:在外亲密比辅于贤君,六四顺从于尊上。

【义理取象】 六二在内卦比众阴,当向外卦求比辅九五。六四在外卦承刚比辅九五,阴居柔位得正,比贤承刚,比之得人,自然占吉。

【社会人事】 辅国大臣亲比外族,有协和万邦之象,是为了谋求更大范围的团结合作,有共谋发展之利。六四爻变为萃卦䷬,群英荟萃,大事可成。《尚书·尧典》称颂尧帝功德:"克明俊德,以亲九族;九族既睦,平章百姓;百姓昭明,协和万邦。"尧君臣可谓"外比贞吉"。周文王广行仁德,诸侯咸来比辅,以至三分天下有其二,也可谓"外比贞吉"。

九五:显比。王用三驱,失前禽。邑人不诫,吉。

【译文】 九五:光显其德而广获亲比。君王田猎时三方驱围而舍逆取顺,让迎面冲来的禽兽逃逸,属下邑人因此不戒惧,吉祥。

《象》曰:显比之吉,位正中也。舍逆取顺,失前禽也。邑人不诫,上使中也。

【译文】 《象传》说:显德获比得吉祥,九五尊位刚正适中。舍弃逆来取其顺往,是让迎面冲来的禽兽逃逸。邑人因此不戒惧,是君上用了中和之道。

【爻辞释义】 显,繁体作"顯-𩒨",林义光《文源》"象人面在日下视丝之形,丝本难视,持向日下视之乃明也",有显明、显扬、光明、突出等义。显比,光显其仁德而广获比辅。王用三驱,王弼注:"夫三驱之礼,禽逆来趣己则舍之,背己而走则射之,爱于来而恶于去也。"古君王围猎,在划定范围的一面置旗帜为门,三面用柴草围起来。狩猎时君王和猎手由大门长驱直入,禽兽逆向对冲过来的就舍弃放跑,后面顺猎者方向往围场内三方逃跑的就都被射杀,称为"舍逆取顺",冲在前被放掉为"失前禽"。另一种狩猎之法是围猎时围三方缺一方,让强壮跑得快的跑掉,射杀跑得慢的老弱禽兽,即《礼记·王制》"天子不合围"。

【义理取象】 前禽喻指上六,上六在九五之外之前,乘刚九五,逆而不顺,九五舍弃它前去,有"失前禽"之象。而初、二、三、四阴爻都上顺比辅九五阳刚之君,九五顺其自然,取而抚之,这就是"舍逆取顺"。

九五阳爻在刚位,居上卦中为刚健之君,上舍上六,下比四阴,取舍有度,处事适宜。王者显比天下,亲和适度,使天下邑人不戒惧而愿比辅,正是九五君上秉中行正的结果。

【社会人事】 古圣王处事适当,取舍合度,和善亲民,故邑人不戒惧。圣王如比卦九五,中正亲比,仁德敦睦天下,推恩及于禽兽,民众乐从其教化。《逸周书·文传》:"山林非时不升斤斧,以成草木之长;川泽非时不入网罟,以成鱼鳖之长;不麛不卵,以成鸟兽之长。""是鱼鳖归其泉,鸟归其林,孤寡辛苦,咸赖其生。"狩猎时或舍逆取顺,或围三缺一,都有利于保留良种,提高繁殖质量,保护自然生态,重视可持续性发展。君王恩及禽兽,民众不受惊扰则不戒惧,如周武王伐桀纣,"耕者不变,日市者不止"。九五君王一阳为比卦之主,周圣王以仁德行中庸之道,明德显比,众心归附,道不拾遗,夜不闭户,故占吉。

上六:比之无首,凶。

【译文】 上六:想亲密比辅却目无首领,有凶险。

《象》曰:比之无首,无所终也。

【译文】 《象传》说:想亲密比辅却目无首领,上六终将无所归附。

【义理取象】 上六居比卦最上,于人身为首。上六非中无应,乘九五之刚,处比卦之极,无君长可依靠,为无靠之比。上六爻变上坎☵成巽☴为风为陨落,有无首之象。无首、无君长即无根本,属于无原则的勾结比附,即朋比为奸。这类朋党会导致群体纷争,国家分裂,不合《周易》提倡的比德,故占凶。

【社会人事】 团体中这类过气大德、退休官长,往往凭借其老资格指斥众人,欲比于人却又姗姗来迟,居后而无所比辅,一开始就是结束,必定无好结果。欧阳修《朋党论》:"为人君者,但当退小人之伪朋,用君子之真朋。"虞舜用二十二臣,武王之臣三千人为一朋,实际上是有统一的领导核心,才各行其是,真诚协作,如乾卦用九"见群龙无首,吉"。圣王之比,既非结党营私的朋党,也非"比之无首"的"后夫"。

比卦小结

《杂卦传》"'比'乐'师'忧",就君主治国而言,师卦是用武力征服而多忧患,比卦是用仁政安抚而多安乐。比卦象征亲和比辅,"比"的主导是首领、大君,比德刚健中正、协和仁亲。所比有孚从之属,有族内之属,有族外之属,有邦国之属。圣君行王道于天下,万邦协和;推恩及于禽兽,百姓亲附。周初政治有原始民主制遗风,深得内外拥护。《尚书·洪范》建用皇极谓"无偏无党,王道荡荡",正是周初圣君"亲比敦睦"的写照。

比卦六爻,九五刚正持中,为比卦之主,明德亲下,合道得吉。五阴爻均来比辅九五,又各有其特点:初六以其真诚,六二以其内正应,六四以其外承刚;六三伤感比非其人,上六居极而失比,后二者失比辅之道,凶多吉少。

比辅之道,要选择正确的对象,须原筮原情而比辅,初始不正,终必有凶。比辅之道,要比辅于有德长者,据以持中守正。也就是说,比辅之道当正而不邪、显而不悔、顺而不逆、速而不缓。比道须正、须明、须顺,上以亲下,下以顺上,上下亲和,互成互补。《荀子·议兵》"六马不和,则造父不能以致远;士民不亲附,则汤武不能以必胜也",强调比辅之道的重要性。

9. 小畜卦 ䷈

风天小畜　巽上☴乾下☰

【解字释义】 风☴天☰小畜,风行天上,风吹云走,天上暂时飘行积雨云而未下雨,为小畜。阴爻为小、阳爻为大,大畜卦䷙用四个阳爻来照顾二个阴爻,以大蓄小,称大畜;小畜卦☴用一个阴爻来照顾五个阳爻,以小蓄大,称小畜。《周易》农业卦有"小畜、大畜、大有、颐、井"等。

畜,甲骨文作🔣,金文作🔣,《说文》"🔣,田畜也。……蓄,《鲁郊礼》畜从田从兹。兹,益也",段玉裁注:"田畜谓力田之蓄积也……古文本从兹,小篆乃省其半。""畜"即田地(田)兹生(玄)庄稼,作动词有养育、培养、积聚、容纳等义,《广韵》许竹切,今读 xù;转指养禽兽,再指所养牲畜,《广韵》丑救切,今读 chù。为区别,动词义后加艸作"蓄"。

《序卦传》"比必有所畜,故受之以'小畜'",比卦合作相助,共同积蓄资源,小畜卦讲收获而有积蓄。"小畜"为小田劳作,"大畜"为大田劳作。小畜☴以一阴蓄五阳,以小蓄大,以柔蓄刚,当以柔德行事,不可强行过度,应行止有序而处事适宜。小畜卦喻意:明君善处农事,置民之产,养民有道。

卦 辞

☴小畜:亨。密云不雨,自我西郊。

【译文】 小畜卦象征小有蓄聚,亨通。浓云密布却不降雨,因为浓云是从我邑西郊外升起来的。

【卦辞释义】 小有积蓄,终必亨通。"密云不雨,自我西郊"为占辞,应为其时天气谚语。我国西北与中部为大陆性气候,东南为海洋性气候,夏秋东南季风有雨,西北冷空气水分少而无雨。所以东风为海风,吹云下雨;西风吹云难下雨,所谓"云往东一场空"。小畜卦以六四阴爻为主爻,故称"我"。

【义理取象】 后天八卦乾之位在西北,巽之位在东南,爻由下往上画,意为风由西北(乾)吹向东南(巽)。下乾☰为天,二三四爻互兑☱为泽,上巽☴为草木,泽水映天,有泽上草木(作物)茂聚之象。又巽风云聚于乾天,有密云不雨之象。互兑方位在西,祭天(乾)在郊,有自我西郊之象。"密云不雨"同"月望不盈",有行止有序、事不过度的深刻含义。

【社会人事】 周初实行井田制,大田是君主、贵族之公田,氏族农夫先要从事大田的劳作与收获,至于自己的小份田地,只能利用空隙抢种抢收。忙完大田收割,赶在密云不雨之时抢收自家田里的庄稼,得以小有积蓄,是当时农家的现实状况。

《彖》曰:小畜,柔得位而上下应之,曰小畜。健而巽,刚中而志行,乃亨。密云不雨,尚往也。自我西郊,施未行也。

【译文】 《彖传》说:小有蓄聚,柔顺者得其位而上下阳刚与之相应,故称小畜。上下强健而又逊顺,阳刚居中而志向可行,于是获得亨通。浓云密布却不降雨,是阳气蓄聚未足而向上行。浓云从我邑西郊外升起,是阴阳已施交合却还未畅行。

【彖辞释义】 小畜卦六四当位为主爻,一阴蓄五阳,注重与上九五、下九二处好关系,上下阴阳应和,易于成事。下乾☰健而上巽☴顺,九二、九五阳刚居中而健行通达。二三四爻互兑☱为泽为水,在天为积雨云,有云有风而无雨,是阳气还在西方往上升聚,暂未施雨而已,须耐心坚持,健行不止,终必和谐亨通,达到既雨既处的嘉美状态。

《象》曰:风行天上,小畜。君子以懿文德。

【译文】 《象传》说:风吹云飘行天上,象征小有蓄聚。君子由此领悟,当修美文章道德以待时。

【解字释义】 懿yì,《说文》"嬑,专久而美也",从恣壹声,"恣"是心(心)之所往(次),"懿"是心意(恣)专注(壹)之美,作动词表示完善自己的文采和美德。君子安静凝虑则生智慧,修文养德则圆融通达,待时而动则无往不利。

【卦变象征】 小畜☴的覆卦是履䷈,有所积蓄就应履行社会职责。小畜☴的错卦为豫䷏,凡事豫则立,有豫备才会有积蓄。小畜☴之互卦为睽䷥,蓄积不以道则与天意睽违。

爻　辞

初九：复自道，何其咎？吉。

【译文】　初九：顺田间大道有序往来，哪有什么咎害呢？吉祥。

《象》曰：复自道，其义吉也。

【译文】　《象传》说：顺田间大道有序往来，行动合宜获吉祥。

【解字释义】　复，繁体作"復"，《说文》"復，往来也"。甲骨文"复"作🔲，金文"復"作🔲，本指地穴双向通道，利于有序（彳）往来（夊），故有往来、返回、重复、恢复等词义。顺井田间的大道双向有序往来，互不干扰，通畅无碍。

【义理取象】　初九以阳居刚位，才入小畜卦☴，当位且与主爻六四正应，以阳刚之才上行接应六四之蓄，能反身归位自守，蓄积文德而沉静待时，往复依序，直行正路，如大畜卦上九所谓"何天之衢"，行无咎害，其义自吉。

【社会人事】　《周礼·地官·遂人》"十夫有沟，沟上有畛"，郑玄注："十夫，二邻之田。遂广深各二尺，沟倍之，畛容大车。""畛"正是田间大车往复的阡陌大道。岐山周原大田畛道如坤卦六二"直、方、大"，麦收时，满载庄稼的车双向往返有序，再忙也不伤害田土禾稼，不妨碍通行。麦收繁忙，畅行无咎，自然吉祥。

九二：牵复。吉。

【译文】　九二：正确牵引而有序往返，吉祥。

《象》曰：牵复在中，亦不自失也。

【译文】　《象传》说：正确牵引有序往返而居守中位，九二也不失其刚健之德。

【解字释义】　《说文》"牽，引前也。从牛，象引牛之縻也。玄声"，用绳（玄）牵引牛（牛）前行。牵着绳子引导牛马车依次往来于田间正道,不会有失误。

【义理取象】 九二在二三四爻互兑☱下,兑为羊有牲畜之象,九二爻变成下离☲,有车舆之象,上巽☴为绳,合有牵畜引车前行之象。九二阳居阴位,刚而能柔,居下乾☰中,与动复自道的初九、九三牵手合作,共同上应主爻六四之畜。牵手领人又不失自我,胜于孤军奋战,故占吉。

【周初人事】 岐山大田丰收忙碌,田间大道运载麦子的车马你来我往,有基层领导人(九二)正确指挥牵引,忙而有序,各行其道,不自行失误。

九三:舆说(tuō)辐。夫妻反目。

【译文】 九三:车轮辐条脱散阻路,小夫妻反目相互埋怨。

《象》曰:夫妻反目,不能正室也。

【译文】 《象传》说:小夫妻反目相互埋怨,是由于没能调正妻室关系。

【解字释义】 舆,"舆-𦥯",四手抬车,这里指车厢。说,繁体作"説",《说文》"𨑠,说释也。从言、兑。一曰谈说",段玉裁注:"说释,即悦怿。说悦、释怿,皆古今字。许书无悦怿二字。""说"有四读四义:1)说shuō,《广韵》失爇切,书母薛韵入声,《释名·释言语》"说,述也,宣述人意也",有解释、说明、劝告义。2)说shuì,《广韵》舒芮切,书母祭韵去声,训"诱",有劝说、游说义;又通"税",指休止,训舍。3)说yuè,《广韵》弋雪切,以母薛韵入声,《玉篇》"说,怿也",有高兴、喜悦义,后作"悦"。4)说tuō,《洪武正韵》他括切,有解脱、脱下等义,《周易》蒙卦初六"利用刑人,用说桎梏",孔颖达疏"利用刑戮于人,又利用说去罪人桎梏",此义后作"脱",此处用脱义。《说文》"辐,轮轑也",辐指连接车毂和车辋的直条,即辐条。

【义理取象】 九三居下乾☰之极,过刚不中,行动较难而易出小事故,有脱辐之象。九三爻变二三四爻互震☳为长男,上巽☴为长女,二三四爻互兑☱为反巽,长男长女正反白眼相对,有夫妻反目之象。九三居六四及上巽之下,六四乘刚九三,有夫妻主次不顺之象。

【社会人事】 农夫忙完大田收割,密云未雨,赶往自家份地去抢收。慌忙中最易出错,牛车在行进中脱辐条妨碍通行,小夫妻互相埋怨之前没准备好,赶紧现场处理。在繁忙而又有序的田间运庄稼大道上,这点事故是个生动有趣的小插曲,并非大事。故爻辞直述其事,不加评判,不系占辞。遇到困难,夫妻反目,喻没有处理好家室的主导关系。

小畜卦强调行事有序,遇到问题当同心同德,协作处理,要相互包容,不要相互埋怨。

六四:有孚,血去惕出,无咎。

【译文】 六四:以诚信克敌制胜,除去忧恤与惕惧,方能无咎害。

《象》曰:有孚惕出,上合志也。

【译文】 《象传》说:保有诚信而消除惕惧,六四与阳刚尊上意志相合。

【爻辞释义】 孚,诚信,或同“俘”,指多抓俘获。血,同“恤”,坤卦上六“龙战于野,其血玄黄”,“血-恤”与战事流血相关。惕,惕惧、警惕。

【义理取象】 六四夹在众阳之中,下乾☰三阳往上冲,上巽☴风吹不定。九五之君权威势重,而六四要以小畜大,一阴畜五阳,所处环境相当艰难。但六四柔处阴而正位,诚信守正,上承九五之刚,与九五志同道合为“上合志”,下与初九正应,并与所畜五阳爻同心协力。六四这样以诚合上下之志,以柔制刚,使可能发生的血腥争斗悄然免去,紧绷的戒惕心态也得以消除,终无咎害。

【周初人事】 周定居岐山,大田丰收之际,西部戎狄必来抢夺谷物、掳掠男女。故抢收的同时必须积极防备,以“秋收保卫战”打退入侵

者,抓获大量俘虏,解除忧恤。但仍然要提高警惕,加强戒备,以防戎狄
报复,才可保无灾咎。

九五:有孚挛如,富以其邻。

【译文】　九五:诚信牵系群阳共信一阴,以阳刚充实丰富近邻。

《象》曰:有孚挛如,不独富也。

【译文】　《象传》说:诚信牵系群阳共信一阴,九五不独享自身的
阳刚富贵。

【解字释义】　挛 luán,繁体作"攣",《说文》"䍅,系也",以手(手)
牵连(絲)不绝。孔颖达疏:"攣如者,相牵系不绝之名也。"

【义理取象】　九五既中且正居君位,牵连上下四阳爻与六四紧密
配合,得以集体富裕安康,而不是独享六四蓄养的富贵。《礼记·礼
运》:"不独亲其亲,不独子其子,使老有所终,壮有所用,幼有所长,矜寡
孤独废疾者皆有所养,男有分,女有归。"九五之君领导有方,众人牵手,
共事主爻六四以获双赢。九二刚健居下卦中,牵连初九、九三形成下乾
☰,呼应九五上行配合六四之蓄聚,以阳升阴,以刚应柔。九五居上巽
☴中,巽为近利市三倍,利及众阳,有"富以其邻"之象。

【周初人事】　在周初刚正有德之君的正确指挥下,击退抢掠秋收
的戎狄,抓获成串的俘虏,致使家族邻里全体富足安宁。部族内众人团
结一心,互相帮助,保卫家园富庶平安。

上九:既雨既处,尚德载。妇贞厉,月几望,君子征凶。

【译文】　上九:密云已降雨,阴气蓄积已止,高极的阳德已被阴气
积载。此时妇人须守持正道以防危厉,象月亮将圆而不过盈,君子若过
度进发也会遭遇凶险。

《象》曰:既雨既处,德积载也。君子征凶,有所疑也。

【译文】　《象传》说:密云已降雨,阴气蓄积已止,此时阳德被阴气
积聚满载。君子若过度进发也会遭遇凶险,阴盛过度与阳气抗衡将引

起猜疑。

【解字释义】 "既-𝑒"是人在食盒旁扭头向后,表示已吃饱,有完成、已然等义。既雨既处,积雨云终于下雨了,下完又停止,俞樾平议"止谓雨止,犹言既雨既霁也"。处,居处、停止。几,几乎、接近。望,金文作𝑒,人踮脚抬眼望月,每月十五月圆为"望",十六为"既望";几望,月几近十五之望。"征-𝑒",前行。

【义理取象】 上九居小畜卦上巽之极,六四一阴蓄五阳,至上九蓄德满载,积雨云已经下雨并且停止。上巽☴为长女为妇人,二三四爻互兑☱为毁折,有妇贞厉之象。按纳甲纪日,乾☰为十五日(望),巽☴为十六日(既望)。上九爻变为上坎☵,坎为险陷为戈兵,合有月几望征凶之象。上九处小畜卦之最,蓄满则亏,即将退出小畜。六四蓄积阴气至上九,有阴极转阳之势,若再前行,必与阳气抗衡而被猜疑,有凶祸。女占小畜卦上九爻难以持贞守正,男占此爻前进有凶险,应以月将圆而不过盈为借鉴,懂得过度进发会遭凶险之理。

【社会人事】 大田小田抢收归仓,中途遭寇掠而战斗克敌。阵雨下过而后止,人们继续抢运麦子归仓。妇女太劳累易生病,又是戎狄掠寇的主要对象,危险性都很大,故占"妇贞厉"。大丰收过后,有短暂的合家团圆,男女欢爱。然而好景不长,妇女们又该忧心忡忡了。又一轮月圆到来之际,青壮年男子都要出行征战或服役,古来征战几人回,凶多吉少。如此心生疑虑,这场小蓄丰收该不该庆贺呢?

小畜卦小结

小畜卦象征蓄积,一阴蓄五阳,以小蓄大,以柔蓄刚。描述阴蓄阳到阳疑阴的发展过程,申述阴阳配合则"富以其邻"、月盈必亏则"君子征凶"的道理。

小畜卦六爻具体讲周人抢收保收、邻里共富之道。城郊金秋大丰收之时,一派忙碌景象。田间大道上人来车往,指引有序而道路通畅。

夫妻协作,运输正忙。保卫收成,邻里联防。多抓俘虏,指挥得当。不可冒进,恐遭征凶。小行积蓄,行止有序,适度则和美。

在事物发展进程中,应当进退适度,不可过甚过盈。小蓄大、阴蓄阳,形成小有蓄聚"密云不雨"的最佳状态,而"扶阳养正"仍然是根本目标。阴聚阳而不制阳,臣蓄君而不损君,为"小畜"可以亨通之理。马振彪《周易学说》引李士鉁语:"《孟子》曰:'畜君何尤? 畜君者,好君也。'臣能畜君,君能从臣,所以亨也。"

10. 履 卦 ䷉

天泽履　乾上䷀兑下䷹

【解字释义】　天泽履,天在上而泽在下,相距遥远,际界分明。乾䷀为天刚健在上,兑䷹为泽至柔在下,以至柔顺承至刚,以柔顺和悦应对刚健尊长,履卦象征依礼行事。《尔雅·释言》"履者,礼也",意谓人当按照礼仪规定行事,循规蹈矩,小心行走。《序卦传》"物畜然后有礼,故受之以'履'",小畜䷈与履䷉是一对覆卦。富而好礼,衣食足而后知荣辱,小畜使物质生活丰富了,就须教化民众重视礼乐,依礼行事,从而形成良好的社会秩序。

履㣇,《广韵》力几切,《说文》:"履,足所依也。从尸,从彳,从夂,舟,象履形。"尸为人,夂为足,舟为鞋子,彳为行走,古文𦐍从页表示用头脑观察思考,合起来表示有计划地践行,《玉篇》"履,践也",故"履"有鞋子、穿鞋、践踏、践行、实践、经历、步行、旅行等词义。《诗·商颂·长发》"率履不越",毛传"履,礼也",郑笺:"使其民循礼不得踰越。"礼,繁体作"禮",《说文》:"禮,履也,所以事神致福也。从示从豊,豊亦声。𥚃,古文禮。""豊-豊"是豆中盛玉以祭祀,"禮-禮"是用祭祀典礼表示行为规范,"履-履"是依照规则行事。

"禮"是社会行为的规范,"履"是依规范行事,将礼付诸实践就是"履"。王者以史为鉴,以礼待人。圣人教化民众行事合乎礼仪,非礼勿行。故履卦讲履践施为之道,重在身处乱世危局时的砥砺修为。《系辞传下》:"作《易》者,其有忧患乎?是故履,德之基也……履,和而至……履以和行。"强调谦和柔顺,依礼而行。履卦以"履虎尾"为喻,人遇危境应当多思慎行,如履薄冰,行止适度,方能履危而无害。

卦　辞

☰[履]:履虎尾,不咥(dié)人,亨。

【译文】　履卦象征履行,人紧随老虎尾巴行进,猛虎不咬他,亨通。

【解字释义】　咥 xì,大笑,《广韵》丑栗切,从口从至;咥 dié,咬,《广雅·释诂三》"咥,齧也",《广韵》徒迭切,今西安话咬吃食物仍说"咥"。人在虎后走,踩痛虎尾,虎未咬他,可谓亨通。上乾☰为虎,乾刚健如虎威猛,以喻人君之威。尾-𠂆,奴隶(尸)衣饰尾巴(毛),表示尾巴。遁卦初六"遁尾,厉",在猛兽尾巴后行走最危险。

【义理取象】　小畜卦☰一阴在外卦蓄五阳,是治人;履卦☰一阴在内卦侍五阳,是行己。六三阴爻居刚位,为履卦主爻,若往前进,必踩上乾的老虎尾巴九四。猫科动物的尾巴是痛点,踩痛它必然会发怒回头咬人。而六三为下兑☱之阴爻,兑为少女,柔美和悦,蹈虎尾而虎不咬她,很不容易,也很幸运。

【社会人事】　本卦喻意,遭遇最危险的事还不会受害,如履薄冰却气静神闲,以致履险如夷。犹如美丽的驯虎女郎,驯服猛虎而不被咬伤。"履虎尾"正如"批龙鳞",《韩非子·说难》:"夫龙之为虫也,柔可狎而骑也,然其喉下有逆鳞径尺,若人有婴之者,则必杀人。人主亦有逆鳞,说者能无婴人主之逆鳞则几矣!"意谓伴君如伴虎,事君如逆撄龙鳞,不被吃掉,履危而不见害,必是高人命大,行事适宜而亨通。

《彖》曰:履,柔履刚也。说(yuè)而应乎乾,是以履虎尾,不咥人,亨。刚中正,履帝位而不疚,光明也。

【译文】 《象传》说:履行,阴柔者行走在阳刚者之后,以和悦应对强健,所以说"行走在虎尾后,猛虎不咬人,亨通"。阳刚居中守正者,小心践行"天子"之位而行无疚病,显现其道德光明。

【彖辞释义】 《集韵》"疚,久病也","疚"从疒久声,指久病、病态、内疚。六三柔爻蹈九四刚爻,以下兑☱之和悦应上乾☰之刚健,以至柔承应至刚,不受伤害反而通达。九五刚健中正,居君位而无疚病,可见其胸怀光明坦荡。帛书《周易》为汉文帝时抄本,卦辞为"礼虎尾",意谓依礼法处理危险之事,得吉祥。

就乾坤生六子而言,上乾☰为父为刚,下兑☱为少女为柔。老父痛爱小女儿,不会苛待她;小女以娇言取悦老父,即便踩上老虎尾巴也不会发怒。一方面是为君上者中正明和,另一方面是处下位者真诚和悦,才可能履危无伤,正是"礼之用和为贵"的体现。

《象》曰:上天下泽,履。君子以辨上下,定民志。

【译文】 《象传》说:上为天下为泽(尊卑有别),象征依礼履行。君子以此辨别上下名分,端正百姓循礼的心志。

【象辞释义】 天在最高处,泽在最下处,分际了然,尊卑有别。君子由此领悟,制定礼仪来分辨长幼尊卑,从而安定民众的心意。二三四爻互离☲为明,三四五爻互巽☴为顺,君王明立纲纪,臣民顺履行事。

【卦变象征】 履䷉的覆卦是小畜䷈,履行社会职责就会有财富积蓄。履䷉的错卦为谦䷣,依礼行事就是谦顺有序。履䷉之互卦为家人䷤,履以和行,和顺相待则亲如家人。

爻 辞

初九:素履,往无咎。

【译文】 初九:朴素地小心行事,前往必无咎害。

《象》曰:素履之往,独行愿也。

【译文】《象传》说：朴素地小心行事，初九专心奉行循礼的意愿。

【爻辞释义】《说文》"纟，白致缯也。从糸、宷，取其泽也"，未加染白的生帛，光泽自然下垂的蚕丝，有本色、质朴、光洁、纯正等词义。依礼朴素行事，自然无咎害。

【义理取象】 兑☱在西，其色为白为素。兑为泽，泽水清亮无染，亦为素。初九阳爻居刚位，本有前行动力，但与九四不应，当"慎独"而行，一心埋头苦干自己愿做的正事。履道厌恶奢华，初九素履行愿。

【社会人事】 周人初迁岐山，新人初入职场，正如初九刚入履卦，地位低而资历浅，应老老实实按以往规矩行事。保持质朴真纯，本色出演，履道和顺，独行远志，当无过错。

九二：履道坦坦，幽人贞吉。

【译文】 九二：行走在平坦大道上，幽静安恬的人持守正道获吉祥。

《象》曰：幽人贞吉，中不自乱也。

【译文】 《象传》说：幽静安恬的人持守正道获吉祥，不自我淆乱心中的循礼信念。

【义理取象】 坦-坦，从土旦声，土地（土）展开如日初升（旦）般平远广阔。九二刚处柔位而居中，在二三四爻互离☲下，离为光明，中道坦荡，有履道坦坦之象。下兑☱为泽，古泽有的很大，如八百里洞庭古属"云梦泽"。在大泽中隐居者为"幽人"，九二居兑泽之中，有幽人之象。幽人幽静安恬，持守内心正道，如《中庸》所谓"不愿乎其外"，不被外界纷繁扰乱正心。九二刚居柔位，有谦退之德，居下兑之中，处事合度不乱，故贞吉。

【社会人事】 被拘囚之人也称"幽人"，《荀子·王霸》"公侯失礼则幽"。九二幽人或指被商纣王囚于羑里的西伯姬昌，《尸子》谓"文王幽于羑里"。文王被幽禁羑里，自筮占得贞吉。自思光明正大，如履道坦荡,得道天助,必能逢凶化吉。谨守中道不妄行,保有王者不死、仁德必胜的信念,遂无灾咎。西伯心智不乱,六年静心推演《周易》,终获释而有天下。

六三:眇能视,跛能履,履虎尾咥人,凶。武人为于大君。

【译文】 六三:目盲勉强看,足跛勉强行,踩老虎尾巴被猛虎咬,有凶险。勇武的人要效力于大人君主。

《象》曰:眇能视,不足以有明也。跛能履,不足以与行也。咥人之凶,位不当也。武人为于大君,志刚也。

【译文】 《象传》说:目盲勉强看,不足以辨物分明。足跛勉强行,不足以参与远行。猛虎咬人有凶险,六三居位不适当。勇武的人要效力于大人君主,六三志向太刚强。

【爻辞释义】 "眇能视,跛能履"为当时谚语,喻虽有缺陷,尚能自主行事,提倡自主精神。但在这里是叙辞,指六三不知自己弱点而执意冒险前行。"武人为于大君"为释辞,是对前面占辞"凶"的扩展解释。对应九二谦退守中的"幽人",六三是不自知而强行的"武人",才弱而志刚,行事莽撞,强履虎尾而被咬,自然凶险。这样的武人自我折腾是行不通的,若在德望很高的"大君"管理之下,其刚强志向或许有用武之地。

【义理取象】 六三阴爻居阳位,非中不正,好动而无力。六三在兑☱之口为缺陷损折,二三四爻互离☲为目,毁目有眇象,眇视难明。六三又在三四五爻互巽☴下,巽为股为足,毁足为跛,跛行不正。六三在上乾☰(虎)下,自主行动,视不明而行不正,就会踩上虎尾九四,老虎会回头咬死他,有杀身之祸,故占凶。六三这样志刚力弱爱盲动的"武人",自以为是必遭凶祸,若遇"大君"则有可为。反过来看,六三主爻得五阳爻呼应,又与上九正应,若知谦退,不以武凌人而依礼行事,有大君胸怀,或可有为。

【社会人事】 商汤、王季、文王都圣明神武,一旦处下位之上而威逼上君,有功高震主之势,必定带来凶险,有后世"鸟尽弓藏"之意,当善自惕励谦退以保全性命。如此经验教训,当反复告诫后世子孙。具体事例,汤有武德,初为夏之属国而多功,帝癸(桀)二十二年,命汤来朝,囚于夏台。周季历七战六胜,武德见长,被殷王文丁囚杀。二者都是武人为于大国暴君而陷凶险的史实。武人"三多凶"的例子,后有明代蓝玉、清代年羹尧等。

九四:履虎尾,愬愬,终吉。

【译文】 九四:小心行走在虎尾后,保持谨慎恐惧,终获吉祥。

《象》曰:愬愬终吉,志行也。

【译文】 《象传》说:保持谨慎恐惧终获吉祥,九四奉行小心循礼的志愿。

【义理取象】 愬 sù,《玉篇》"惊貌","愬愬"为戒惕之态。九四刚爻居柔位,在上乾☰虎后,又在三四五爻互巽☴随顺中,阳爻须行动,阴位当随顺。九四刚而能柔,顺势而动,须谨慎戒惧,才能保最终吉祥。

【周初史事】 西伯姬昌被囚于羑里,谨慎行事,有其自保之道:此前已娶太姒与殷联姻,不至轻易被杀。被囚羑里后,大臣散宜生等通纣王近臣,献美女、宝马、珍奇给纣王,得以保全性命。获释后,连夜速返周地以防生变。之后诸侯拥护周室,三分天下有其二,但姬昌仍率诸侯以事殷。如此戒惧谨慎,赢得人心,壮大自己,蓄势待时,终成就统一天下之志。

九五:夬履,贞厉。

【译文】 九五:果决而小心前行,守持正道以防危厉。

《象》曰:夬履贞厉,位正当也。

【译文】 《象传》说:果决而小心前行,守持正道以防危厉,九五须德正配位。

【解字释义】 夬 guài，《说文》"𦧈，分决也。从又，𠁡象决形"，手持丨决物（𠁡）使缺，有决口、分流、分道等词义。"夬"同"决"，夬履即果决前进。《象传》"刚中正，履帝位而不疚"，指的就是九五。九五正位居中，刚健勇为。但履卦以中和为主，如果刚健果决过度，就成了刚愎自用，过盈则伤，大事难成，故贞厉。

【义理取象】 九五正位居上乾☰猛虎之中，下与九二无应，能刚健果决，如果一意孤行，必至危厉境地。九五又在三四五爻互巽☴上，巽为柔顺为不果，有进退谨慎之象。履道尚中恶盈，九五虽居乾中君位，也不可过刚无度，应刚中含柔，下应六三主爻，持中守正，去刚愎自用之疚病，才是德正配位，行履道而防危厉。

【社会人事】 "夬履"即决履（屦），鞋破裂会伤脚，行进艰难危厉。喻居君位者自己健行果决，但若独断专行，不听善言，用人不当，有如鞋破伤足，前行危厉。商纣王早年也曾建功立业，后期却残暴专横，听任小人而残害忠良，德不配位，以至灭亡。

上九：视履，考祥其旋，元吉。

【译文】 上九：回顾小心履行的过程，反复考察祸福得失之道，至为吉祥。

《象》曰：元吉在上，大有庆也。

【译文】 《象传》说：至为吉祥而高居上位，上九大有福庆。

【解字释义】 旋，《说文》"𣻆，周旋，旌旗之指麾也"，甲骨文作𠂤，金文作𣑥，象士兵脚板（疋）围绕指挥旗帜（㫃）运动，有周旋、环绕、环复等词义。祥，征兆，兼有吉凶祸福之象。上九居高临下，反观检视以前的行进过程，详细考察是否合乎履道礼仪，正确指引后来者，大为吉祥。

【义理取象】 上九刚居柔位，处履卦之终，为退休大德。上九与六三主爻正应，有回旋下视考祥之责。上九爻变为上兑☱，与下兑☱回环,有旋复详考之象。上九至刚而返柔,细致考察履道得失,总结经验指导后人少走弯路,故占元吉,大有福庆。

【社会人事】 经历过大风大浪的大德尊长,晚年尽心整理一生的行事经验,考其是非得失,用于启发后人,是吉祥有庆的大好事。《孟子·尽心下》"动容周旋中礼者,盛德之至也",先觉觉后觉,前贤导后进,前事不忘,后事之师。过来人自觉总结自己践行的经验教训,吃堑长智,警示后来人,以利后人减少失误,更快地获得更大的成功。《周易》只有两卦上爻出现"元吉":一是井卦上六,改造旧邑管理体制,淘清井水,开放井用,与民同福,故占元吉;二是履卦上九,践行礼仪,详考履历,总结经验,垂范后人,故占元吉。

周文王因于羑里六年多,考祥推演易道,晚年与其团队系卦爻辞成《周易》,用于教诫指导后人,正是"视履考祥"的最佳范例。

履卦小结

履卦象征履危无伤,讲践行礼仪之道,强调和悦谦退,行事规范,修己安人。履卦主张行为纯正合礼,胸怀坦荡,自觉自强,戒惧谨慎,借鉴历史,修正过失,垂范后人。履卦的进程,依礼建立君子行为规范,不断自我审视,自我反思,自我调整,自我完善。

六爻从不同时位及其特性阐述不同的履危态度,五阳合一阴,正行得吉。初九居下位当守本分,九二持中谦退而通达,六三自大躁进而至凶,九四敬惧谨慎终获吉,九五过刚持中以防厉,上九视履考祥获元吉。

胡炳文《周易本义通释》:"大抵人之涉世,多是危机,不为所伤,乃见所履。《大传》曰:《易》之兴也,其当文王与纣之事邪?是故其辞危。危莫危于'履虎尾'之辞矣!九卦处忧患,以《履》为首。"履道恶盈,中和谦退,履柔为吉,过刚则凶,以柔履刚,意味深长。

11. 泰 卦 ䷊

地天泰　坤上☷乾下☰

【解字释义】　地☷天☰泰䷊,地在上天在下,三阳爻动力上升,畅通无阻,是为"通泰"。泰,秦文字作🈶,《说文》:"🈶,滑也。从廾从水,大声。🈶,古文泰。"双手捧水,水下滑通畅,《广雅·释诂》"泰,通也",有水滑、通畅、通达等义。"泰"通"太","太-夳-🈶",古文从二大,大而又大,是为"太",构形是表重复"大"字的两点省为一点。《尚书·泰誓》孔颖达疏"泰者,大之极也"。帛书《周易》"大畜、大壮、大过"均作"泰"。由通达义转有康宁、安适、骄奢、大、佳、极等词义。极大则安稳、安适。

泰卦讲自然界和社会人事的阴阳交合规律。在自然界中,乾☰天在下表示天之气下降,坤☷地在上表示地之气上升,天地阴阳二气相交通泰而万物生长。在社会人事上,乾☰阳刚为君子居内,坤☷阴柔为小人居外,君子小人(平民)各在其位,交流通达而社会安宁。

《序卦传》"履而泰然后安,故受之以'泰',泰者,通也",小畜卦积累社会财富,富而知礼,履卦依礼完善行为规范,大众依礼行事,社会就有序而安泰,故泰卦排在履卦之后。泰卦䷊讲保泰去否求安泰,坤柔下顺,乾刚上行,天地交融,阴阳交合,善大安宁。尧舜时期君民同心,中和安宁,是后人景仰的理想社会。

三阳开泰,十二消息卦中泰卦为夏历之正月,阴阳气和,天下开春,万物初生。北京故宫"前朝后寝"建筑布局,后三宫(坤宁宫、交泰宫、乾清宫)为坤☷三阴爻,前三殿(保和殿、中和殿、太和殿)为乾☰三阳爻,合为泰卦䷊,取国泰民安之意。

卦 辞

☷☰泰：小往大来，吉，亨。

【译文】 泰卦象征通泰，柔小者往外去，刚大者向内来，吉祥，亨通。

【义理取象】 阴爻为小，阳爻为大，阳爻为动力，阴爻为受动力。泰卦三个阳爻☰由下（内卦）往上靠近阴爻，三个阴爻☷由上（外卦）往下接待阳爻。阳刚气清上升，阴柔气浊下迎，对流互补，阴阳调和，双赢互益，融汇通泰，故占吉祥而亨通。天在下而地在上，天动力往上去而地受力往下来接纳，为交互之法。三四五爻互震☳为动，二三四爻互兑☱为悦，有互动亨通而上下欢悦之象。内阳外阴为其象，内健外顺为其性，正是泰卦的卦德。

【社会人事】 君王主内以礼使臣民，臣民在外以忠事君王；君子得位于内为中心，小民行走于外为辅助。又君在下而民在上，领导深入了解民情，利于上下沟通，可保吉祥通达。泰卦依大道而行，履险如夷，小往大来，民为邦本，国泰民安。邵雍评："小往大来，通泰吉祥，泰极转否，事宜固守。得此卦者，否极泰来，鸿运当头，诸事皆顺，但须防乐极生悲。"

《彖》曰：泰，小往大来，吉，亨。则是天地交而万物通也，上下交而其志同也。内阳而外阴，内健而外顺，内君子而外小人，君子道长，小人道消也。

【译文】 《彖传》说：通泰，柔小者往外走而刚大者向内来，吉祥亨通，表明天地阴阳交合而万物生养之道畅通，君臣上下交合而志向协同。阳者居内而阴者居外，刚健者居内而柔弱者居外，君子居内而小人居外。于是君子之道盛昌，小人之道消亡。

【彖辞释义】 天地交而万物通，一生二，二生三，三生万物，天地阴阳二气交合，万物才能有序繁生。上下交而其志同，社会组织分工，上下各履其职,分工合作,志同道合,方可行事无碍而通泰。下乾三阳爻动力由下卦上长,就把上面的阴爻推出去了,君子之道长,小人之道消。世间事理,此长彼消,大人君子居内当政,小人势力自然消减,贤能君子得以赏识任用,奸佞小人自然遭冷落疏远,正气压倒邪气,政事才可能通达吉祥。

《象》曰:天地交,泰。后以财成天地之道,辅相天地之宜,以左右民。

【译文】 《象传》说:天地交合,通泰。君主因此裁节促成天地交通之道,辅佐协助天地适宜地化生万物,借以扶助保佑天下百姓。

【象辞释义】 财成,即裁成、节制。天地之道,指自然规律及其运行规则。天地之宜,如天地形成春暖、夏暑、秋燥、冬寒四时气候,正好适宜地配合春种、夏苗、秋收、冬藏的四季农事。以左右民,用天地生万物来扶持、造福于民。

【卦变象征】 泰䷊的覆卦是否䷋,泰极否来,通达与闭塞是一体两面。泰䷊的错卦也为否䷋,泰否对立统一而相互转换。泰䷊之互卦为归妹䷵,阴阳交合通泰,利少女嫁夫成家。

爻 辞

初九:拔茅茹,以其汇。征,吉。

【译文】 初九:拔茅草连根须带起,为同质类聚所致。往前进发可获吉祥。

《象》曰:拔茅,征,吉,志在外也。

【译文】 《象传》说:拔茅草,往前进发可获吉祥,初九的心志是向外进取。

【解字释义】 茹,茅草牵连、糅杂貌。汇,繁体作“匯”,小水汇入大水,“匯”同豪猪之“彙-彚”,水汇如同豪猪、刺猬毛刺丛聚,此处指连带同类。手拔茅草,连带地下相互牵属的根须一起拔出。

【义理取象】 二三四爻互兑☱为木茅,初九阳居刚位有动力,与同类的九二、九三刚爻连带一起向前推进,所谓"富以其邻"。初爻变下巽☴为顺,有顺带连根拔起之象。一阳动连带三阳并动,有以其汇征之象。内卦初九与外卦六四正应,有志在外之象。初九爻变为升卦☷,团结同类正向前进,抓住机会上升,创造高绩效,故占吉祥。

【周初人事】 古公亶父避戎狄,率领全族从豳地迁于岐山周原。相对安定之后,戎狄随之来扰,王季力征戎狄,七战六胜,连根拔除,方得西北安定。同时,周人注意与渭水流域、秦岭周边的农耕部族团结合作,共同对付戎狄入侵及殷王暴政,三阳同志而合力抗外。基础工作做得好,周族发展前景才有可观,故占征吉。

九二:包荒,用冯(píng)河,不遐遗,朋亡,得尚于中行。

【译文】 九二:有包容荒野部族的广大胸怀,用以过大河成大事,远方贤者也无所遗弃,但不结党营私,能行中正之道。

《象》曰:包荒,得尚于中行,以光大也。

【译文】 《象传》说:有包容荒野部族的广大胸怀,能行中正之道,是因九二之德光明正大。

【解字释义】 包荒,有仁德者包容广远,不因遥远荒僻而有所遗漏。又帛书"包"作"枹",枹瓜挖空可做盛器容物,大者可负而泅水。荒,《说文》"𦭜,芜也,从艸巟声",有荒废、亡败、虚空等义,"巟"为大水(川)冲亡(亡)一切,"荒"为满地(巟)茅草(艸)丛生,有远古蛮荒之象。冯píng,繁体作"馮",《说文》"𩡧,马行疾也",马踏坚冰"砰砰"之声,为坚实依凭之感,有盛、大、满、实、徒涉等义。后作姓氏而本义用"凭","馮-憑(凭)"有依靠义。《说文》"𠙧,依几也",人就几支颐休息,有依凭义。这里"冯河"是指渡河。遐xiá,远。遗,金文作𧛜,泰山刻石作𧚍,象手携贝于道坠失之形,有丢失、坠落等义。朋-拜,两串贝,转指因利益结成的同伴,后指朋党。朋亡,不结党营私。尚,推崇、实行。

【义理取象】 九二以刚居柔,为下乾中,与六五正应而君臣相得,主导下乾☰升应上坤☷,成一卦之主爻。泰卦刚健而胸怀宽阔,包容同类且广应异类,体现天地交泰盛世的宽宏大度。包容得众则可行大事,可以渡大河成就大功业。主爻九二重用人才而远近无遗贤,却不私结朋党,是因其居中守正且上应君位,注重行中和之道,心迹光明,度量宏大。

【社会人事】 文丁二年,周君季历伐燕京之戎,败绩。季历领军行千里,渡泾、洛河向东北方远征。军队用枹瓜渡河,行不远便有沉水者,损失较大,但没有放弃,中途得野人帮助,方才脱险。后几经周折,才取得成功。

由此喻意:通泰之道很难实行。九二下汇三阳爻,上应六五及三阴爻,统领众多人干大事,困难实在不少。这就须有仁德者的阔大胸怀,具备"智仁勇"三达德,向往更高目标,包容荒凉落后族众,任用远近贤能人才,交流协作,知难而进,最终才能成就功业。

九三:无平不陂(bēi),无往不复,艰贞无咎。勿恤其孚,于食有福。

【译文】 九三:没有只平坦而无坡的地,也没有只前往而不返回的人。历尽艰难守持正道可免咎害。不用担心诚信无人知晓,食享俸禄自有福庆。

《象》曰:无往不复,天地际也。

【译文】 《象传》说:没有只前往而不返回的人,九三处在"天地"交接往复的边际。

【解字释义】 陂 bēi,《说文》"𨸷,阪也,一曰沱也。从𨸏皮声",《广韵》彼为切,斜阪地面,有山坡、斜坡、边际、池塘等义。陂又读 bì,《广韵》彼义切,《玉篇》"陂,倾也,邪也",作形容词有偏邪、不正等义。

世上没有只平坦而无坡的地,没有只前往而不返回的人。孚,母鸡(爪)孵小鸡(子),表示诚信;又同"俘",指俘虏,或谓指孚从之人。福--福,用高颈酒瓶(畐)盛酒诚心享祭(示)而得神赐福。

【义理取象】 九三处下乾三阳之上与上坤三阴之下,处上下卦天地之际,有阳将进阴之势,前行坤地☷广阔,将有天地翻覆之巨变。九三爻变为临卦䷒,有君临天下之大势。九三与六四临界有乾坤交互变化,形成平衡。九三上邻坤☷之平地,而三四五爻互震☳为倒艮☶有坡,为无平不陂之象。互震☳与倒艮☶转化,有往而有复之象。上坤为大地为母亲,给孩子很多食物,二三四爻互兑☱为口,坤☷为众,为口食众多有福之象。

【周初人事】 季历七征六胜,一次俘虏君一、大夫三。物极必反,俘获极多也含隐患,功高盖主,前往殷都朝歌献俘,终被殷王文丁执诸塞库而死。文王汲取惨痛教训,系辞警诫后人。九三过刚不中,处下乾阳之极,又处乾坤转换边际,正应上六,是泰极之时位。平极必陂,往久必返,泰极否来,是自然法则。通塞转换,祸福相倚,此时九三当居安思危,静待思考,预见可能出现的困难,想好应对措施,保持均衡状态,应对可能的变化,才能处艰难而无灾咎。人若能立身诚信,守正待变,及时调整,灵活应变而不伤根本,终可通泰有福。

六四:翩翩不富以其邻,不戒以孚。

【译文】 六四:与近邻连翩下降以应阳,虚怀而不富实,未相戒备而心存诚信。

《象》曰:翩翩不富,皆失实也。不戒以孚,中心愿也。

【译文】 《象传》说:连翩下降以应阳,虚怀而不富实,上卦阴爻都取虚而去实。未相戒备而心存诚信,阴爻内心都有呼应下阳的意愿。

【解字释义】 翩,《说文》",疾飞也。从羽扁声",翩翩,疾速连翩下飞的样子。富,室(宀)内藏酒瓶(畐),表示充实、富裕。《周易》以阳爻为富实而阴爻不富,六四不富,是因为其邻居六五、上六都不富实,一起翩翩下降,依靠下乾☰阳刚之健实。

【义理取象】 六四柔爻乘九三之刚,虚而不实,有不富之象。下乾☰三阳爻并冲上来,上坤☷之六四并不戒备,心中愿意,故以诚信相待,有不戒以孚之象。六四"孚"的信心,来自当位且与初九正应,六五、上六为其不富之邻的同类,都愿应下乾刚爻。上坤三阴爻不愿长久失去富实,心中愿意随同六四下降应阳,三阴下应三阳,和合通泰,随顺心愿。

【周初人事】 周定居岐山,遭戎狄不断扰侵而不能致富,即不富是因其邻不断侵扰之故。若不呼应殷商之强,恐遭俘掠,损失财富实力。故心中常怀应强意愿,寻求相邻邦国强健保护,才可联防保安泰。周文王仍在强调保泰不易,当以敬惕为上。

六五:帝乙归妹,以祉,元吉。

【译文】 六五:帝乙嫁出少女,以此获得福泽,至为吉祥。

《象》曰:以祉元吉,中以行愿也。

【译文】 《象传》说:以此获得福泽至为吉祥,六五居中位以行下应九二的心愿。

【义理取象】 妹,王弼注"少女之称也"。祉 zhǐ,福、求福。六五柔居刚位,又居上坤☷中而正应九二。九二"得尚于中行"上应六五,六五"中以行愿"下应九二,上下阴阳配合完美,进而求得福祉,自然通泰元吉。以帝妹下嫁为喻,明上下交泰和美之理。泰卦之互卦为归妹卦䷵,二三四爻互兑☱为泽,三四五爻互震☳为雷,合为雷泽归妹䷵。又六五正应九二,两爻变为既济卦䷾,有相互情愿而成功得福之象。孔颖达疏谓六五"履中居顺,降身应二,感以相与,用其中情,行其志愿,不失于礼"。六五应九二阴阳交泰,政治联婚,均得所愿,皆大欢喜。坤卦六五"黄裳元吉",泰卦六五又占"元吉"。

【周初人事】 文丁十一年囚杀季历,第三年姬昌趁文丁去世帝乙继位之机,兴兵击殷,未获胜。不久,密人来攻,殷需要与周合力抗敌,西伯姬昌知不能速胜殷,于是双方联合。帝乙将夏贵族少女认为帝妹,嫁给西伯姬昌以和亲,表示对杀季历之事有赔罪之意。姬昌审时度势,接受联姻。帝乙妹(六五)下嫁西伯(九二),这便是太姒,是后来武王姬发、周公姬旦的生母。这是殷周一次成功的政治联姻。君臣联姻,化解疑忌,相互和亲通泰,共享福祉,故贞元吉。

上六:城复于隍。勿用师,自邑告命,贞吝。

【译文】 上六:城墙倾覆到干涸城沟里。不用王朝出兵征战,下邑自行依政令行事,守持正固防生憾惜。

《象》曰:城复于隍,其命乱也。

【译文】 《象传》说:城墙倾覆到干涸城沟里,上六的发展趋向已错乱难为了。

【解字释义】 城-墭,夯土筑成御敌的城墙;隍,《说文》"隍,城池也。有水曰池,无水曰隍",即护城河的壕沟。城墙由挖壕沟(池)的土堆积夯实而成,如果城墙倒塌到壕沟里,等于挖出的土回到原来的地方,就像一切都未发生,往事成空。

【义理取象】 二三四爻互兑☱为泽为池(隍),泰☷的错卦、综卦都是否☳,垮塌而否塞不通,有"城覆于隍"之象。上六居泰卦之极,九三平者陂往者复还只是趋向,上六泰极否来即成现实,城墙自己垮塌,不必用兵攻城,大势已去,不可改变。六五是帝位,但上坤☷三阴爻没有动力,要下乾☰三阳爻给予力量,即要从下邑传来命令,上下颠倒,也与"城复于隍"相似,为可吝责的乱象,喻泰极必然否来。

【社会人事】 殷帝乙三年,命西伯姬昌派大将南仲"城朔方"。南仲至朔方,可能筑城中有城墙崩坠入壕沟之事。上报西伯,筮占为吝,不利出师。殷至帝乙、帝辛(纣)时,已至泰卦之极,泰极否来,不劳用师,已是城覆于隍,喻示殷商国家即将土崩瓦解。

国现乱象,人心离散,政令难行于邦邑。此时君子唯有守正自保,或可减免灾吝。此说意在强调"保泰防否"之意。

泰卦小结

泰卦象征通泰,天地阴阳二气交泰而生万物,社会人事上下通达而安人心。然而,泰极否来,泰否相循转换,两者对立交互而统一。处泰之时,当居安思危,持盈保泰。邦国处相对安宁之时,就要考虑长治久安。一是去否,根除外患,转化战争,政治联姻,化敌为友;二是持盈处泰多含灾吝,行事要特别谨慎小心。

保泰去否,不是一团和气,后人将它提升到新高度来认识。"无平不陂,无往不复"的辩证思想,提升到管理学的形而上学层面;"物极必反,泰极否来"的原理,开启老子哲学的先河。泰前十卦,除乾坤之外,"屯、蒙、需、讼、师、比"皆含坎䷝,求泰不易,坎险不断。至小畜卦"密云不雨"及履卦"履虎尾",仍然艰苦备至。总算到了三阳开泰,开启通达盛况,但一有疏忽则"泰极否来",不可不慎。

常言道:建设如同针挑土,衰败如同水推沙;其兴也勃焉,其亡也忽焉。去否保泰,必须泰而无骄,敬慎行事,茅茹连汇,上下协同。《初学记》引《魏文帝集》曹丕语:"夫阴阳交,万物成;君臣交,邦国治;士庶交,德行光。同忧乐,共富贵,而友道备矣。《易》曰'上下交而其志同'。由是观之,交乃人伦之本务,王道之大义,非特士友之志也。"人伦交泰,国泰民安,是泰卦构建的美好理想。

泰卦六爻在"去否保泰"上两两呼应,初征应四孚,二中行应五归妹,三陂平应六城隍,爻义相辅相因,交合通泰。泰卦与否卦相综相错、相反相成,"泰极否来"是自然规律,但未尝不可努力调整而致"否极泰来"。《杂卦传》谓"'否''泰',反其类也",实为一体两面,相映成彩,保泰去否与先否后喜,其实也是对立统一的辩证关系,对立面相互转化的妙用,已深含其中了。

12. 否　卦　䷋

天地否　乾上☰坤下☷

【解字释义】　天地否,天在上,地在下,乾卦☰动力往上升,坤卦☷受动力往下沉,互不交往,背道而驰,形成闭塞不通之象。坤卦本来就缺乏动力,上面压着三座大山,想动也根本行不通。《序卦传》"泰者,通也。物不可以终通,故受之以'否'",泰极否来,否极泰来,泰䷊与否䷋互为错卦和覆卦,既翻覆又交错,变化极多。邵雍谓否卦"大往小来,闭塞不通。否极泰来,修德避难。得此卦者,万物闭塞之象,上下不命,诸事不顺,凡事宜忍,须待时运好转而有为"。否卦象征否闭不通,主旨是守正待时、去否求泰。

否 pǐ,金文作𠀚,《说文》"𡘾,不也。从口,从不,不亦声",段玉裁注:"不者,事之不然也;否者,说事之不然也。故音义皆同。"《说文》"𠀔,鸟飞上翔不下来也",甲骨文作𠂢,用鸟展翅高飞上天看不见表示没有了。"不"加口作"否",《广韵》方久切,读 fǒu,表否定义。又《广韵》並鄙切,读 pǐ,表示闭塞(恶劣)、不顺(不善)、困穷义,《左传·宣公十二年》"执事顺成为臧,逆为否",否卦用闭塞义。

卦　辞

䷋[否]:否之匪人。不利君子贞,大往小来。

【译文】　否卦象征闭塞不通(人道难行),否闭之世不利于君子持正行事,刚大者外往而柔小者内来。

【卦辞释义】　时势闭塞不通,小人得志当道,大人君子退隐。阳爻为大阴爻为小,上乾☰三阳爻厚实强健往外去,下坤☷三阴爻虚弱乏力入内来。小人主内,所去者正大(☰),所纳者邪小(☷)。

天地闭塞不通,万物无法生长,民众难于生存,违背人道的基本需求,故谓"否之非人"。高亨谓"否其所不当否,是谓否之匪人"。腐败的高层聚敛财富,以致下层民不聊生,上下不通,管理混乱,国家机器形同虚设,形成"天下无邦"的乱象。小人当政,大往小来,自然不利君子行事。君子用之则行,舍之则藏,闭塞之世只能退隐以保元气,故"不利君子贞"。

《彖》曰:否之匪人,不利君子贞,大往小来。则是天地不交而万物不通也,上下不交而天下无邦也。内阴而外阳,内柔而外刚,内小人而外君子。小人道长,君子道消也。

【译文】 《彖传》说:闭塞不通之世不利于君子持正行事,刚大者外往而柔小者内来。这表明天地阴阳互不交合而万物生养之道不畅通,君臣上下互不交合而天下离析不成邦国。阴者居内而阳者居外,柔顺者居内而刚健者居外,小人居内而君子居外。于是小人之道增长,君子之道消亡。

【彖辞释义】 自然界之否,是阴阳二气不交,致使万物生养之道不通。社会人事之否,君主与臣民交流渠道阻绝,正道不通,阴柔小人得势居内主政,阳刚君子失势往外退隐。泰䷊是"上下交而其志同",否䷋是"上下不交而天下无邦"。小人当道,国将不国,有邦如同无邦,自然是小人之道膨胀增长,君子之道消减退藏。

《象》曰:天地不交,否。君子以俭德辟难,不可荣以禄。

【译文】 《象传》说:天地不相交合,否闭不通。君子当以收敛为德来避开危难,不可追求荣华而谋取禄位。

【象辞释义】 世道否塞,君子收敛其才德而不能用,乱世俭德辟难,谈不上谋取荣誉与禄位,只有退隐避祸而已。处否之世,君子不可与小人同流合污以求荣禄,应韬光养晦,明哲保身。

【卦变象征】 否䷋的覆卦是泰䷊,错卦也为泰䷊,否极泰来,相反相成且相互转化。否☷☰之互卦为渐☶☴，泰转否易，否转泰难，只能有秩序地缓缓渐进。

爻 辞

初六:拔茅茹,以其汇,贞吉,亨。

【译文】 初六:拔茅草连根带起,为同质类聚所致。守正可获吉祥,亨通。

《象》曰:拔茅贞吉,志在君也。

【译文】 《象传》说:拔茅草连根带起,守正可获吉祥,初六守正不进是期待明君出现。

【义理取象】 拔茅草连带地下根须一起拔出,初六柔居刚位,爻变下震☳为东方为木,初生为茅芽,震又为动,初六连带六二、六三一起被拔,合起来有"拔茅以汇"之象。就去否之道而言,应当铲草除根、除恶务尽。就君子退隐而言,应当干净彻底、毫无留恋。初六上应九四,九四在上乾九五君王之侧。否卦上下不通,下民寄希望于九五"休否"之君,去否通泰,救民水火,故《小象》谓"志在君也"。泰卦初九阳爻向上动而外求"征吉",否卦初六阴爻向内自守求"贞吉"。

【社会人事】 《易》为君子谋,不为小人谋。泰卦通达,初爻"汇"主上进兴利;否卦闭塞,初爻"汇"主退隐去害。君子初处闭塞之世,应及早彻底收缩退隐,守正自保吉祥,等到明君出现,才可行进得亨通。殷末周初,殷商内部腐败到无以复加,周邦内安而患在外,于泰卦初九为外求"征吉"。殷纣乱在其内,只能祈求向内去否求泰,君子于否卦初六只能求守"贞吉"。"贞吉,亨"应为筮官占卜时的诉求,初六为居乱世下位者,存念君上,祈求明君出来救世,则是民众向来的奢求。

六二:包承,小人吉,大人否亨。

【译文】 六二:包下承上,小人可得吉利;大人君子守正应否,可获亨通。

《象》曰:大人否亨,不乱群也。

【译文】 《象传》说:大人守正应否,可获亨通,大人不被小人群党
所乱。

【义理取象】 包承,包容承载。六二阴处柔位,居中守正,为下卦
之主。六二又在上下两阴之中,有包下承上之象。扩大到全卦看,六二
包下卦的初六和六三,承应上卦九五及上乾䷀三阳爻。时代黑暗否塞,
如果六二为小人,下包容而上承奉,谄媚逢迎,自然得利吉。如果六二
是大人君子,于否塞之世不随波逐流,能固穷守贞,则可去否通达,不求
获利,求正道亨通。六二上有九五正应,阴阳互通,虽其上下皆是阴爻,
亦可"不乱群"。泰卦九二"包荒"是大人包容他人的落后,否卦六二
"包承"是君子自己容纳承担乱世的不公。

【社会人事】 当否之世,小人成群结党获得外物之利,大人君子守
道承否而内心世界亨通。反向言之,否塞之世,若对否败人事不连类拔
去反而包容承让,必然小人势盛而君子势危。如殷纣时"卿士师师非
度,惟妇人言是用,俾暴虐于百姓,以奸宄于商邑",群小骄奢淫逸,君子
避祸退隐,终至于国破家亡。西伯姬昌被囚六年多,守正道而演《周
易》,终获通达。

六三:包羞。

【译文】 六三:包容群小为非,终致羞辱。

《象》曰:包羞,位不当也。

【译文】 《象传》说:包容群小为非,终致羞辱,六三居位不正当。

【解字释义】 羞,甲骨文作𦎢,金文作𦎫,以手奉羊进献,膳夫献
主人以美味,也作"馐"。两军作战,败方投降,以牛羊牲奉献胜方以为
礼,"牵羊担酒"乃蒙羞之事,"羞"因此转指羞涩、羞耻。或解释"包羞"
为"包裹珍馐"以献降,也是指羞耻之事。

【义理取象】　六三柔处刚位，不中不正，处下坤☷三阴之极而夹在天地之间，下坤三阴爻推上乾三阳爻，六三首当其冲。六三不当位而无力无功，上应过气的上九，想迷惑笼络有权位者而不易得逞，只能包容下面六二、初六，行小人之事以得利。孔子谓"邦无道，谷，耻也"，六三包容群小为非，忍羞耻而居非位，尸位素餐而无所作为，故有"包羞"之象。

【社会人事】　包容群小，行不当位，导致自辱，是为包羞。如殷纣王作炮烙之刑，脯九侯而醢鄂侯，囚西伯而剖比干，包小人而辱君子，身为君王而德不配位，终以自辱。反过来看，人若处否塞之位，无助无告，当包羞忍耻，不争不议，淬心忍性，历练人生。

九四：有命，无咎，畴离祉？

【译文】　九四：奉天命扭转否道，无咎害，谁能得其福祉？

《象》曰：有命，无咎，志行也。

【译文】　《象传》说：奉天命扭转否道，无咎害，九四济否的志向正在施行。

【解字释义】　有命，此处指负有天命、使命。"命"与"令"本一字，《说文》"令，发号也，从亼、卪"，上面张大嘴巴（亼）对下面仆从之人（卪）发号施令。令是动词，加口作"命"是名词。畴 chóu，繁体作"疇"，《说文》"暭，耕治之田也，从田，象耕屈之形"。，本指耕地时长长的土块犁沟，后加田作"疇"，此处作疑问代词同"谁"。离-，又作"離"，用网捕鸟（隹），鸟挣脱为离开，鸟入网为罹难、附丽，此处指附丽、获得。畴离祉，谁获得福祉。

【义理取象】　九四阳居阴位，上近九五之君，过中将济，有离否转泰之势。三四五爻互巽☴为顺，九四进入上乾☰，顺受天命及上命（九五），即奉命济否，为"有命"之象。六二与九四同功而异位，六二上应九五，九四辅助九五，同为九五之君效力。九四进入上层主动行事，上有二阳爻配合,下有三阴爻依附,又得初六正应,同类相助而蒙受福祉,有自行其志的态势和能力。撑过否卦危局,往上即将否极泰来,可以东山再起。总之,九四离开下阴而还归上阳,形势好转,得福无咎。

【社会人事】 畴即"谁",问谁能得其福祉?《周易》之言非必然之事,多以疑问句作占断,如损卦"曷之用"、小畜卦初九"何其咎"等。史事如西伯最终遇赦,可谓"有命",但被囚之时怎知必能得其福否? 因"畴离祉"之问,或许是他初囚羑里筮遇此爻之占辞。

九五:休否,大人吉。其亡其亡,系于苞桑。

【译文】 九五:终止否闭局面,大人可获吉祥。但须自警:将亡将亡,就象牲畜系在桑枝上一样危险。

《象》曰:大人之吉,位正当也。

【译文】 《象传》说:大人可获吉祥,九五居位中正得当。

【解字释义】 《说文》"㕃,息止也,从人依木",甲骨文作𣏌,劳作之人得以背靠大树休息,有休止义,也有舒适、美好义。大人吉,大人君子自否转泰。"其亡其亡,系于苞桑",应为当时农谚:将牲畜系在丛生之柔桑枝条上,很容易跑掉。

【义理取象】 九五正位居中得君位,有休否转泰拨乱反正的权柄与力量。九五爻变离☲在上,二三四爻互艮☶在下,离明艮止,上明以止否,有休否转吉之象。三四五爻互巽☴为木又为绳索,上乾☰为马为牲畜,下坤☷三阴丛聚如柔桑不胜重力,合起来有"系桑其亡"之象。大牲畜系在脆弱的苞茅桑条上,根基不稳,随时可能亡失。大有卦《大象》曰"遏恶扬善,顺天休命",九五居否卦君位,"休否"即终止闭塞。九五有德之君居中位,中止否乱,休养生息,正得其时。当培元固本,扭转乾坤,并防止再度衰败。六二"包承"只是"小人吉",九五"休否"才是"大人吉"。

【社会人事】 西伯姬昌被囚六年多后得以释放,连夜奔回程地(咸阳)。他虽"有命"而获释"无咎",然纣王无道无行,随时可能有凶险之变,不可以获释为安,当快速离开殷纣否败王朝,回归周地,方可为安。九五虽有休否之吉,但仍处否之上卦,下三阴爻慢慢会上来,随时有灭亡的危险,故当居安思危,戒慎不已。《系辞传下》:"危者,安其位者也;亡者,保其存者也;乱者,有其治者也。是故君子安而不忘危,存而不忘亡,治而不忘乱,是以身安而国家可保也。《易》曰:其亡其亡,系于苞桑。"九五是居亡地而图存之君,"其亡也忽焉",一定要根基牢固,顺势思变,不可掉以轻心。

上九:倾否,先否后喜。

【译文】 上九:倾覆否闭局势,先前犹存否闭,最后通泰欣喜。

《象》曰:否终则倾,何可长也。

【译文】 《象传》说:否闭终极必被倾覆,怎能保持久长呢!

【义理取象】 上九爻变上兑☱为毁折,三四五爻互巽☴为木,下坤☷为众多,合起来为毁折众生之木,有倾去其否之象。物极必反,闭塞到极点就会彻底倾覆。否卦整体闭塞,本不好,但三阳爻在上,不可能总是闭塞不通,走到上九就将走出闭塞,否道已止而泰道将至,反而好了。上九爻变兑☱为悦,有先否后喜之象。上九爻变卦之萃☴,为精英领导民众,有能力治理否塞,能够倾否复泰。

【社会人事】 西伯被纣王囚禁六年多,否至极点。至武王伐纣,壹戎衣而有天下,彻底倾覆,是先否后喜。治否之忧在先,倾否之喜在后,即"先天下之忧而忧,后天下之乐而乐"。

否卦小结

否卦象征否塞,身处否境乱世,当去否求泰。对于不利环境,当力拔茅茹而连根除之,积极去否求吉。如不除反而包承之,则愈现否乱。否乱之世天地阴阳不交,世情闭塞不通,小人群恶得势,必使君子蒙羞退隐,小人道长则君子道消。处否乱情势,虽有休否之兆,也不足为安,必倾覆否乱而尽力根除,方可转危为安,化乱为治,先否后喜。从治理之道看,当具有超前意识,把握发展趋势,一旦时机到来,出手果决,除恶务尽。

否卦否闭,表现为阴阳不和,上下不交,对立面之间不相应和。六爻面对否闭局面,情形各有不同:下三爻柔弱处否中而难行动,初六知时能退方可获吉,六二包承群小得吉而大人不取,六三包容群小为非而自己蒙羞;上三爻以刚健济否得以扭转,九四奉命济否谋福祉,九五休否得吉仍戒慎,上九倾否先治后喜,可望否极泰来。泰卦六爻三组对应互为通泰,否卦六爻三组对应则相互难通:初拔茅而四有命,二大人否而五大人吉,三包羞而上后喜。

当否之时,要有惧危得安的忧患意识,更须有坚强的信念与毅力,积极转否迎泰。汉王符《潜夫论·思贤》:"老子曰'夫唯病病,是以不病',《易》称'其亡其亡,系于苞桑'。是故养寿之士,先病服药;养世之君,先乱任贤。是以身常安而国脉永也。"否卦虽处闭塞不通情势,并非只是唱衰惧病,六爻四言"吉、喜",两言"包羞、无咎",卦爻全无一处凶咎之辞。这充分体现去否求泰的积极态度,强调防微杜渐、持中守正,一旦形势好转,努力休否倾否,促使否极泰来。

《周易》有十组二十个三阴爻三阳爻卦,蕴含深刻,较难理解,须悉心体味。对泰䷊否䷋两卦一体两面、相辅相成的理解,可作为对其他组卦解读的参照。

13. 同人卦 ䷌

天火同人　乾上☰离下☲

【解字释义】　天火同人,乾☰为天,离☲为火为日,二者同在天上。乾卦力往上行,离卦火往上烧,同力同向,故为天火同人。先天八卦乾卦在上为南,后天八卦离卦在上亦为南,二者同位同向同明。光天丽日,普照天地,天下有火,大放光明。天代表自然,火代表文明,自然与文化合一,也就是“天人合一”。

同,甲骨文作,金文作,《说文》“同,合会也。从冃从口”,盖子(亼)与器身(口)相合。甲金文“合”从凡从口,“凡-”象盛食物之盘,加口有同餐共食之意。故“合”有会合、共同、聚集、诸侯会同、齐一、和谐等词义。

郑玄论同人卦:“天在上,火炎上而从之,是其性同于天也。”《九家易》:“乾舍于离,同而为日,天日同明,以照于下,君子则之,上下同心,故曰同人。”家族同餐共食,就是聚会,也是族人同和。《诗·豳风·七月》“嗟我农夫,我稼既同,上入执宫功”,郑玄笺:“既同,言已聚也。”又“二之日其同,载缵武功”,郑玄笺:“其同者,君臣及民,因习兵俱出田也。”君王与民众同欲,天下统一,是上下同和。民众“二人同心,其利断金”,是平等同和。同人卦象征同和于人,也指会聚众人,涉及人与人、人与社会等关系。

卦　辞

䷌[同人]:同人于野,亨。利涉大川,利君子贞。

【译文】 同人卦象征同和于人,在宽阔的原野同和众人,亨通。利于涉越大河巨流,利于君子守持正道。

【解字释义】 野,又作“埜”,甲骨文作,金文作,《说文》“野,郊外也。从里予声。壄,古文野,从里省从林”。从林从土,表示远离都邑中心而杂生林木的地域。《尔雅·释地》“邑外谓之郊,郊外谓之牧,牧外谓之野”,同人于野,在邦国边沿旷野会聚族众。古人行祭祀、出征、节庆等大事,会在野外共同聚会,燃起篝火,举行仪式、舞蹈、会餐,至今很多民族还有篝火晚会,即此遗风。需卦首言“利涉大川”,同人卦第二次言“利涉大川”,族众同心,利于军队出征、部落迁徙、商队远行等大事。君子孚众望聚人心,故利贞。

《序卦传》"物不可以终否,故受之以'同人'",否卦与众人否塞,一直阻隔是不行的,所以同人卦要聚合众人。同人就是要统一人心,进而统一天下。《孟子·梁惠王上》问:"孰能一之?"答曰:"不嗜杀人者能一之。"同人于野,类族辨物,不伤害同类,方能通天下之志。周初"同人于野"聚集族众议决大事,有"民主公决"之象,是原始民主制的体现,且有礼制规范,也具有"民主集中制"的雏形。

"君子"为贵族之通称,代表领导决策层。同人卦乾☰上离☲下,阳光普照,不徇私舞弊,无邪僻之行,大事得族众、盟友拥护。王道一统,仁者无敌,故利于行大事。

《彖》曰:同人,柔得位得中而应乎乾,曰同人。同人曰"同人于野,亨,利涉大川",乾行也。文明以健,中正而应,君子正也。唯君子为能通天下之志。

【译文】 《彖传》说:同和于人,柔顺者得正位守中道又上应刚健者,故能同和于人。在宽阔的原野与人同和,获亨通,利于涉越大河巨流,这表明刚健者的求同心志在施行。文明而又刚健,中正又互相应和,是君子同和于人的纯正美德。只有君子才能会通并统一天下民众的意志。

【义理取象】 六二阴爻居柔位,既中且正,上应九五及乾卦,上下同心同德。下离☲为火为日代表文明,九五居上乾☰中阳刚健行,六二与九五均居中当位且正应,正德君子文明健行,同和天下人心,光明通达,必定成就伟大事业。

同人卦五阳同应一阴,六二一阴为全卦之主爻而谦居下离☲之中,心意光明中正,又真诚呼应九五中正君主及上乾卦,刚柔并济。下离☲文明而上乾☰健行,以君子正道通达天下民众心志,有极大的亲和力与凝聚力,故能同和天下而万众一心。同人于野,是最大范围地团结各类人群,用心无私,无所不同,是社会同盟的最高理想境界。

《象》曰：天与火，同人。君子以类族辨物。

【译文】 《象传》说：天与火相互亲和，象征同和于人。君子因此分析人类群体、辨别各种事物（以审异求同）。

【象辞释义】 乾☰为天，离☲为火，天与火个性有别，但同样上行而光明。方以类聚，物以群分，同中有异，异中有同。《周易》既求同也存异，同人卦讲"同和"，是寻求有差异的同。君子由此得到启发，知道如何归聚族群、分辨物类，辨别个性并探求共性，从而存异求同。

【卦变象征】 同人☲的覆卦是大有☰，同心协力就能创造巨大财富。同人☲的错卦为师☷，友好同人的反面就是敌对战争。同人☲之互卦为姤☴，同人与姤合有层次高低的区别。

爻 辞

初九：同人于门，无咎。

【译文】 初九：刚出大门就能同和于人，无咎害。

《象》曰：出门同人，又谁咎也。

【译文】 《象传》说：刚出大门就能同和于人，又有谁会施加咎害呢！

【义理取象】 初九阳刚正位，初入同人卦，具有真纯本质。初九向上同和主爻六二，《小象》谓"出门同人"。童心不设防，初九正位居下，与上卦九四无应，无偏无私，无所拘系，开门广同众人，无人责咎。孔颖达疏："心无系吝，出门逢人皆同，则谁与为过咎？"

【周初人事】 初九还是元士，无家无族无局限，有大事出门公开议决，无私心则无咎责。高亨《周易古经今注》："同人，犹言聚众也，同人于门者，国有大故，君致万民于门，有所询也。《周礼·大司徒》'若国有大故，则致万民于王门'，《周礼·小司寇》'掌外朝之政，以致万民而询焉。一曰询国危，二曰询国迁，三曰询立君……'，所谓外朝，即王门之外也。"这是周初的开门会众议事，领导人会聚民众于大门前，共同商议以决大事。这种做法,在家族是"齐家",在邦国是"合众志",无论结果如何,都无过咎。

六二:同人于宗,吝。

【译文】 六二:只在宗族内部和同于人,有所憾惜。

《象》曰:同人于宗,吝道也。

【译文】 《象传》说:只在宗族内部和同于人,是导致憾惜之道。

【解字释义】 《说文》"宗,尊祖庙也,从宀从示",甲骨文作⿱宀示,金文作宗,室中(宀)立神主(示),指家族祖先亡灵、祖宗、宗族。吝,《说文》"吝,恨惜也。从口文声",口出(口)憾惜之辞(文),转指憾惜、鄙陋、吝啬。

【义理取象】 六二当位居下离☲中,与上乾☰九五正应。六二为大夫位,有家有门,如果拘泥于此,只顾与自己同宗族的九五正应,不应其他阳爻,就有狭隘偏私的局限,当受责吝。《周易》六二多有诫辞,这里"吝"就是告诫不可如此行事。因为六二为同人卦主爻,五阳应一阴,所有阳爻都与之配合,六二也应当维护全体利益。孔颖达疏:"和同于人在于宗族,不能宏阔,是鄙吝之道。"只是同和宗族而排外,就是狭隘之道,不利于"同人于野"的开放与公心,故占吝。

【社会人事】 在政治上,同人于宗有任人唯亲之嫌,而任人唯贤才是同人的必由之路。周初遍行仁政,若在家庙之内聚众议事,只限于同宗的贵族,排除其他贵族及本族民众,是违背原始民主制与礼制的。这种聚众,只代表本家贵族利益,不能代表邦国全体民众利益,其行事是"鄙吝不公"的。

九三:伏戎于莽,升其高陵,三岁不兴。

【译文】 九三:潜伏兵戎在草莽间,登上高陵频频察看,三年也不兴兵交战。

《象》曰:伏戎于莽,敌刚也。三岁不兴,安行也。

【译文】《象传》说：潜伏兵戎在草莽间，前敌太过刚强。三年不兴兵交战，是为了安稳行事。

【解字释义】 戎-𢦓𢦠，以戈(戈)甲(十)会兵戎之意。莽-𦱤，《一切经音义》引《说文》"莽，木丛生曰榛，众草曰莽也"，小草为屮，二屮为艸，四屮为茻，加犬为莽，草丛深可埋伏猎犬，称草莽。岁，繁体作"歲"，甲骨文作𣥄，金文作𢧛，持武器(戌)行进(步)表示仪式，转指岁星(木星)，木星走完黄道十二次之一为一岁，就是一年。兴，繁体作"興"，甲骨文作𦥷，众手抬抛物，《说文》"興，起也"。安，安稳、适宜。军队埋伏在草莽中，哨兵不时登高陵侦望，伺机进攻。由于敌人过于强大，如此埋伏三年不发动攻击，是为了稳妥行事。

【义理取象】 三位多凶险，九三过刚不中，与上九无应。在同人卦无应就是不同，就是敌对。九三居下离☲上，离为火为戈兵甲胄，二三四爻互巽☴为木为草莽，有伏甲兵于草莽之象。九三与上九敌应，不同人则相异，相异则乖争，准备兵戎相向，有伏戎之象。九三敌应无权之上九，窥视权重之九五君王，终因上乾三阳过于强大，自己势单力薄不敢交战，有登高陵瞻望而不敢兴兵之象。九三隔上乾☰三阳爻不冒险兴兵开战，有三岁不兴之象。

【社会人事】 就同人涉大川行征伐大事而言，初九、六二是动员阶段，九三进入准备实战阶段。敌依山筑城，进攻方只能偷袭。伏兵于草丛，登陵以侦察，图谋出奇制胜。然守敌过于强大，不可轻易进攻。居同人下卦，必须知己知彼，服从战役整体安排，怎可躁进取败？"三岁不兴"只是强调性说法，用来表示决心大，强调长期潜伏的必要性。《礼记·礼运》"是故谋闭而不兴，盗窃乱贼而不作"，"三岁不兴"即"谋闭而不兴"。古时部落、邦国战争频仍，战事残酷，如果兵力损耗过大，于国于民均难承受。同人于战，如果举事不利，强敌难克，岂可轻举妄动，徒伤兵众生命？只能保安全而潜伏不兴，以待时机。周人敌战殷商，百年自强，十年仁政，观兵孟津，何止"三年不兴"？最后武王"革言三就",战于牧野,方得壹戎衣而有天下。越王勾践"卧薪尝胆"十年,也具有"三岁不兴"的耐力。

九四:乘其墉,弗克攻,吉。

【译文】 九四:即使占领城墙之上,料难取胜也就不强攻,吉祥。

《象》曰:乘其墉,义弗克也。其吉,则困而反则也。

【译文】 《象传》说:即使占领城墙之上,在同和意义上也不能强攻。获得吉祥,是遵循了遇到困陷能及时返回的正确法则。

【义理取象】 乘,金文作 ,人翘双脚登上树顶,有登、升、驾驭、凭恃等词义。墉,土城垣。九四以阳爻居柔位,不中不正,居上乾之下,与初九敌应。在同人卦敌应就是不同,就会兵戎相攻。九四上交乾 ☰ 为君为圜,有内城之象,二三四爻互巽 ☴ 为进退不果,有攻入城垣而不进弗克之象。九四欲获应六二,登居上乾下之高位(墉),往下与顽强的九三作战,心欲克而不进,未能最终取胜。九四刚居阴位而高在上卦,履非其位,有"乘其墉"之象。九四刚中含柔,有遇难而退"弗克攻"之象。取得阶段性战果,遇到困难挫折,料难克敌制胜,审时度势,返回缓冲,合乎同人卦协作精神,故占吉。

【社会人事】 攻方聚众进攻,强登外城高墙,志在必得。但守方据内城顽抗,争夺激烈,死伤必多,不合同人之道义,当遇难而退。尽管没有完全攻克全城,但攻上外城墙,取得阶段性胜利,也可伺机再攻克取胜。《六韬·军势》:"善战者,居之不挠,见胜则起,不胜则止。"取得阶段性胜利,势难速胜,伤亡过大则胜而不美,不如围而困之以待战机。

就战略全局而言,即便小团体付出大代价占领要点,眼看成功在即,也要克制立功欲望,令行禁止,遇难而返。战术服从战略,牺牲局部而成就全体,是军事上的通例,如古人观兵孟津、今人谅山撤军均属此类。

九五:同人,先号咷而后笑,大师克相遇。

【译文】 九五:同和于人,先痛哭号啕,后欣喜欢笑,出战告捷使各路大军得以相遇会合。

《象》曰:同人之先,以中直也。大师相遇,言相克也。

【译文】 《象传》说:同人先哭后笑,九五中正诚直。大军得胜相遇会合,说明九五已克敌制胜。

【解字释义】 号,繁体作"號",《说文》"號,痛声也",如虎号叫;啕táo,《说文》"楚谓儿泣不止曰嗷啕"。大哭大叫而后大笑,正是艰难取胜的场面。

【义理取象】 九五当位居中,处上乾☰中君位,统领大邦之师,与下离☲中六二正应,有邦国同和之象。二三四爻互巽☴为风为号哭,九五爻变三四五爻互兑☱为开口笑,有先哭后笑之象。下离☲为戈兵,九五爻变上离☲亦为戈兵,上下离重见,有大师相遇之象。九五指导并协助盟邦九四排忧解难,取得胜利,与下离六二和悦相应,起到同人君子的作用。九五大君以中正(直)健行之德,率上乾强大之师攻克敌垒九三,终与六二和悦相遇。克异转同,苦战克异是先嚎啕(号啕),胜利转同是后笑。

【社会人事】 此次军事冲突,可能由某小邦发起,聚其众,潜伏偷袭,得乘外墉而未能攻克内城,双方成僵持状态。某日忽然有大队援军到来,攻方先以为是敌方外援至,遂惊恐嚎啕;后发现是己方外援到来,因欢笑相迎,取得战役胜利。周初史事,可能是某小邦之君兴师攻戎狄有嘉氏所侵占的城堡,长期苦战不胜,后得周王兴兵助战,终得胜利而欢笑庆贺。

战争的胜利,都是先期众多烈士牺牲得来的胜利成果。作为统帅或君王的九五,胜利会师之时,首先是痛惜英勇牺牲的烈士们,然后才是欢庆胜利。

上九:同人于郊,无悔。

【译文】 上九：在郊外同和于人，未获同人也不觉悔恨。

《象》曰：同人于郊，志未得也。

【译文】 《象传》说：在郊外和同于人，上九与人同和的志向未能完全实现。

【义理取象】 郊，从邑交声，邑外谓之郊，郊在都邑的边上。上乾☰为圜为城邑，九五在城邑中，上九在城邑边沿，有同人于郊之象。上九非中不正，与九三敌应，与六二难同，又居同人之极，能承九五之志同人于郊，实属不易。同人卦辞有"同人于野"的宏大理想，最大限度团结一切可团结的力量，达到至公大同的境界。郊离野还有一定的距离，上九终极努力也只是同人于郊，全卦追求至公大同的志向还未得以实现。不过，能会盟各族部众于郊外，光明且正义，无私亦无悔。王弼注"凡处同人而不泰焉，则必用师矣"，上九得同人于郊，制止邦国战争，虽未至大同，也无所悔憾。

【社会人事】 《周易》离卦☲叙述某一小邦受外族（凶顽有嘉氏）侵占城池，夺回故城之战久攻不克，周王出兵支持，最终得胜。同人卦下离☲当指此小邦，上乾☰指周大邦。此次出征战斗激烈，损伤必多。但正义在攻方，故得周大邦正规军援助，终获胜。盟军虽胜，而伤亡众多，不可言吉，只占无悔。《老子》三十一章："兵者不祥之器……不得已而用之，恬淡为上，胜而不美。而美之者，是乐杀人。夫乐杀人者，则不可以得志于天下矣。"故上九虽胜而同人于郊，仍言"志未得也"。

同人卦小结

同人卦象征同和众人，卦义"同人于野"，是要同和天下大众，消弭争异战事，达到至公大同、天人合一的理想境界。

天往上行，火往上烧，行进方向相同，故为天火同人☲。同人卦的覆卦为地水师䷆，同人的反面是兴师动众进行战争，故以早期邦国间军事冲突的战例来表述不同阶段的同人形态：临战用众，伏兵待敌，遇难退攻,争取大国帮助而克敌缔盟等。同人是和同,战争是争异,同与异、战争与和平是矛盾相互转化,用战争中的协同来表现"同人"的艰难性质,较为典型。同盟处理不当,就转化为更大的战争;正义战争取胜,就获取更大的同人之喜。

同人卦六爻显现同异转化的艰难过程,四爻偏同,两爻偏异。初九同人于门外是纯粹之同,六二同人于宗略显狭隘,九三伏戎兴兵是争异,九四乘墉退攻是存异,九五克攻遇师是转异为同,上九同人于郊是复归于同。实际描述了军事联盟(同人)的各种情况,表现周大邦(大师)主持正义,指导并帮助联盟小邦聚众、持守、变换、协同攻坚而克敌制胜,赞誉君子(周大邦)的正义同盟是行征伐大事的有力保证。《周易》重视战争的正义性,当为《老子》《孙子》等军事理论著作重视道义的源头。

同与异一体两面,同中有异,存异求同,是同人卦的基本思想。同人用于社会,就是政治大同的理想。《礼记·礼运》"大道之行也,天下为公……故人不独亲其亲,不独子其子……是谓大同"。由争异转化为和同,又由同人升华为社会至公大同,一直是美好的政治理想。

14. 大有卦 ䷍

火天大有　离上☲乾下☰

【解字释义】　大有卦象征大有收获,火天大有,离☲上乾☰下,离为火亦为日,日在天上,阳光普照,大家都有,所有都大。金文"有"作𠂇,林光义《文源》"有,持有也,古从又持肉",手持肉表示富有,扩展表示一切有。大有䷍与同人䷌互为覆卦,《序卦传》"与人同者,物必归焉,故受之以'大有'",同人卦同心协力劳作,自然物产丰盛大有。阳爻为大,阴爻为小,六五一阴爻统五阳爻,五大归属一小,为大大之有。

华夏农业社会,阳光普照大地,光合作用使农作物结实丰收。年,本作"季-秊",从禾千声,谷物丰收为"大有年",庆丰收为"过年"。《诗·鲁颂·有駜》"自今以始,岁其有",毛传"岁其有,丰年也"。《春秋·宣公十六年》"冬,大有年",《穀梁传》"五谷大熟为大有年"。大有卦通过五谷大熟、周公献祭助享,倡导礼制精神。周初圣贤敬重自然,重视农业生产,先丰富民生,后致力于对自然神与祖先神灵的感恩与崇拜。《周易》"小畜、大畜、大有、颐、井"五大农业卦中,大有䷍收获最丰。

卦 辞

䷍大有:元亨。

【译文】 大有卦象征大有收获,至为亨通。

【卦辞释义】 元亨是最为亨通,大有是大丰收。大丰收是农耕民族最吉利、亨通而喜悦的大事。农业立国,君主贤明而民众勤劳,作物丰收而国运大亨通,大有之年当行盛大享祀。

人处丰盛之时,当有谦逊品德,使物有所用而不至奢靡腐败,故大有卦后接谦卦。大有卦六五之君柔处刚位,以谦德服众。《大学》"有德此有人,有人此有土,有土此有财,有财此有用",以德致财,财可致用,至为通达。

《彖》曰:大有,柔得尊位,大中而上下应之,曰大有。其德刚健而文明,应乎天而时行,是以元亨。

【译文】 《彖传》说:大有收获,阴柔者得居尊位,高大守中而上下阳刚纷纷相应,故称大有收获。秉持刚健而文明的美德,顺应天道而依时行事,如此必然至为亨通。

【义理取象】 主爻六五柔居刚位,处上离中君位,下与九二正应,大行中正之道而上下刚爻均来应和,众大均来应小主爻,体现真正的大有。下乾☰为天而刚健有力,上离☲为日而文彩光辉,大有䷍顺应天然法则依时序运行，健不过刚，明不伤察，最为亨通。

《象》曰：火在天上，大有。君子以遏恶扬善，顺天休命。

【译文】　《象传》说：火焰悬天而普照，象征大有收获。君子在大盛时当遏制邪恶而倡导善行，顺应自然法则，休美万物性命。

【象辞释义】　光明漫天，普照万物，万物丰盛，是为大有。天命是自然法则，善恶是人间行为，上天有好生之德，抑恶扬善。人生六十而耳顺，君子由此领悟日行天上的法则，顺应上天赋予的美好使命，明察善恶，且抑制邪恶而褒扬善行。

【卦变象征】　大有☲的覆卦是同人☰，同心协力才会大有丰收。大有☲的错卦为比☷，比合大众才能成就大业。大有☲之互卦为夬☱，正确决策是大有成就的前提。

爻　辞

初九：无交害，匪咎，艰则无咎。

【译文】　初九：不交攀权贵而惹祸，无咎害。自己艰苦奋斗才能免除咎害。

《象》曰：大有初九，无交害也。

【译文】　《象传》说：大有卦初九爻，不会交攀权贵而惹祸。

【义理取象】　交-🤸，用正面人（大）两腿交叉表示交互、交往。初九阳爻居刚位，上与九四无应，以刚健正位为大有之始。大有财富就产生利害，如果一下子就攀上权贵（六五），既有钱又有势，就容易带来灾咎。初九才进入大有卦，离六五尚远，无财富来交结权贵，还处在自己艰难奋斗的阶段，反而无灾咎。

【社会人事】　《墨子》谓"兼相爱，交相利"，无交则无害，以利交往必生祸害，交往不善则咎由自取，不得归咎于人。岐山大丰收是好事，但容易招来游牧部落的乘机掠夺，坤、小畜、大畜等卦均有反映。初入大有卦没有发生利益交互之事，是无害的。但须敬慎其事，不可疏忽懈息,才可保无咎。

年轻人初入社会,人微资轻,无攀附权贵之害,艰贞健行,可保无咎。尤其是年轻美貌的女子,初入社会就不肯吃苦努力上进,一心想交往权贵快速富裕,即便得到短暂的奢华,最终必有咎害。

九二:大车以载,有攸往,无咎。

【译文】 九二:用大车运载丰收财物,前往缴纳赋税,无咎害。

《象》曰:大车以载,积中不败也。

【译文】 《象传》说:用大车运载丰收财物,积聚中正合度才不致危败。

【义理取象】 大车为牛车,装得多而行得稳。小车为马车,装得少而行走快。阳爻为大,下乾☰三阳爻为大车,九二刚健居下乾之中,上与六五正应,虽积载很重,但有初九、九三合力承受,不会被压垮。九二以刚健之才居柔和之位,有谦顺之德,行事中正合度,负重谦顺前行,不至危败而无灾咎。

【周初人事】 邦国大丰收后,须向天子纳贡以助祭。大牛车积载谷物很多,加以周详护卫,不会翻车坏亡,自然无咎。《国语·周语》:"先王之制,邦内甸服,邦外侯服,侯卫宾服……甸服者祭,侯服者祀,宾服者享。"各服载物助王室献祭,有日祭、月祀、时享多种,"时享"为四季享祭,周礼以"祠、禴、尝、烝"为四时之祭,都为献新致享。收聚粮食宝物送纳贡祭,既是礼的需要,也是诸侯交往王室的重要手段。九二为邦国之长,当中正谦顺恭行此事。

九三:公用亨(xiǎng)于天子,小人弗克。

【译文】 九三:公卿向天子献新致享,小人不可当此大任。

《象》曰:公用亨于天子,小人害也。

【译文】 《象传》说:公卿向天子献新致享,若小人行此大事必致祸害。

【解字释义】 公,甲骨文作🝆,金文作🝆,或说为酒瓮形,为"瓮"本字,由用于祭祀转表爵位之"公",是公侯伯子男五等爵位之首。《说文》"🝆,平分也,从八从厶",所谓"背厶为公",把私产(厶)分给(八)众人就是公,由平分转指公正、公家、公事等。周初称族长为公,如公刘、古公亶父、公季等,也为周公、召公、太公等人封号。此处"天子"指武王,"公"指周公旦。周公、召公食邑本在关中王畿内,武王十三年才封周公旦于曲阜而称鲁,使长子伯禽就国。"亨"即"享",享献,"亨、享、烹"本一字。

【义理取象】 九三不居中,然当位得正,且居下乾☰之上。六五是天子位,九四是诸侯位,九三是公卿位。在盛大丰收之年,公卿为天子献享助祭,是正当而合礼制的。《系辞传下》谓"三与五同功而异位",在丰收献祭祖宗的仪式上,六五天子与九三公卿君臣一体。小人德薄位卑,如果也想为天子献享助祭,是越级失礼的,会导致祸乱。

【周初人事】 武王灭商第二年,周王畿内五谷大熟。周公姬旦遵礼法,大车载谷,献新助享于周武王,受到武王的隆重款待。尊卑有序,平民(小人)无资格助王献祭,行则有害。

九四:匪其彭,无咎。

【译文】 九四:彰彩车饰,鼓声"彭彭",无咎害。

《象》曰:匪其彭,无咎,明辨晰也。

【译文】 《象传》说:彰彩车饰,鼓声"彭彭",无咎害,九四有明辨事理权衡利弊的智慧。

【解字释义】 "匪"通"斐",《诗·卫风·淇奥》"有匪君子,如切如磋,如琢如磨",毛传"匪,文章貌"。彭 páng,《广韵》蒲光切,今读 péng。《说文》"彭,鼓声也",甲骨文作🝆、作🝆,鼓(壴)有声传出(彡)之形。《诗·鲁颂·駉》"有骊有黄,以车彭彭",毛传"彭彭,有力有容也"。由鼓声"彭彭"转指气势盛大,程颐谓"彭,盛多之貌",《诗·

齐风·载驱》"汶水汤汤,行人彭彭"。

【义理取象】 九四刚居柔位,非中不正无应,本当有咎害。孔颖达疏:九四"既失其位,上近至尊之威,下比分权之臣,可谓危矣"。孔疏又谓"彭"通"旁","匪其彭"即不用旁边九三:"九四若能专心承五,非取其旁,言不用三也,如此乃得无咎也。"九四在诸侯位,以刚居柔,和顺有谦德,若能明辨是非得失,不比附下卦九三,专心承顺主爻六五,献享助祭君王,华彩鼓舞彰显大有之盛,以壮国威,为明智选择,必无咎害。下卦为乾☰,二三四爻为互乾☰,乾上重乾,有盛大斐彭之象。

【周初人事】 在周公精心安排下,诸侯引领族众,大车载新谷助享武王,彰彩其车饰,盛隆其鼓声,声容盛大。诸侯明辨事理,奉勤王事,依礼制行事,严谨规范,自然无咎。

六五:厥孚交如,威如,吉。

【译文】 六五:用诚信交接上下,威严庄重,吉祥。

《象》曰:厥孚交如,信以发志也。威如之吉,易而无备也。

【译文】 《象传》说:用诚信交接上下,六五用诚信启发臣民忠信之志;威严庄重吉祥,六五平易待民而无须戒备。

【解字释义】 厥,指代词,同"其"。孚,诚信。威,金文作𢆡,女子(女)头上悬大斧(戌)形,有威严、威力、威胁等词义。威如,展现威望的样子。

【义理取象】 主爻六五居上离☲中,正应九二,诚交五阳爻,外怀柔而内刚健,柔得尊位而上下应之。三四五爻互兑☱为虎为悦,有既威严又亲和之象。六五正应九二及下乾三阳,顺承上九,居君位以谦德诚信启发五阳爻的忠信之志,君民亲和交接。六五为君,威而不猛,坦诚无私,平易待人,君王与臣民无须相互防备。

【周初人事】 六五当指周武王,武王以仁政治国,以诚信交往公侯及臣民。诸侯公卿以诚相报,大车运粮献新助享。车队抵达京城,行止有序,华彩威武,以彰天子威德。盛世太平,君臣平易交流而无须戒备,上下同悦乐,故占吉。

上九:自天祐之,吉无不利。

【译文】 上九:上天降下佑助,吉祥而无不利。

《象》曰:大有上吉,自天祐也。

【译文】 《象传》说:大有卦上九爻的吉祥,是上天降下的佑助。

【义理取象】 上九刚居柔位,处大有之极,诚应六五之君。祐同佑,《系辞传上》:"祐者,助也。天之所助者,顺也;人之所助者,信也。履信思乎顺,又以尚贤也。是以'自天祐之,吉无不利'也。"六五以孚信交接上下五阳爻,上九刚中有柔下应六五,刚健以履忠信,谦逊以思顺随,正是崇尚六五贤君的表现。因上九对六五卦主履信思顺,获得上天的佑助。"吉无不利"是上佳占断,上九是大有之终,代表全卦美好结局,承天福佑,大同至极,吉祥顺利。上九爻变之大壮卦䷡,大有"元亨"加大壮"利贞",四德具备,自天佑助,可谓天人合一。上爻如此完美的还有鼎卦上九"鼎玉铉,大吉,无不利"。

【周初人事】 周人大丰收,大车以载,献新助享,慎防寇掠,无有咎害。献享之礼威仪斐彭,君臣同悦,收到宣扬礼制、表率诸侯、鼓舞民众的综合效用。丰年盛典,完美顺利,天子威仪,举国同庆,可谓"天佑我周"而吉无不利。然后祭礼享新,谢恩天地。《诗·周颂·丰年》"丰年多黍多稌……为酒为醴,烝畀祖妣,以洽百礼",为天佑丰年的真实写照。

大有卦小结

大有卦象征大丰收。周人立国经邦之道:四业并兴,农作为本;礼义是尚,政教先行。大有卦一阴居君位而五阳应和,五阳共享一阴,一阴总有五阳,故称大有。六五居上离中之君位,如天上太阳普照众生万物,无偏无私。大德之君有崇高理想,付诸实践而民众乐从。

大有卦通过五谷大熟,周公及众卿献祭助享,宣扬"诸侯向天子纳贡助祭"的重要礼制。《国语·鲁语》云"夫圣王之制祀也,法施于民则祀之,以死勤事则祀之,以劳定国则祀之,能御大灾则祀之,能捍大患则祀之";又云"凡禘、郊、祖、宗、报,此五者,国之典祀也。加之以社稷山川之神,皆有功烈于民者也,及前哲令德之人,所以为明质也。及天之三辰,民所以瞻仰也。及地之五行,所以生殖也。及九州名山川泽,所以出财用也"。强调祭祀礼制在稳定社稷上的重要作用,规定祭祀之礼施行的对象与范围。《礼记·祭统》:"夫祭有十伦焉:见事鬼神之道焉,见君臣之义焉,见父子之伦焉,见贵贱之等焉,见亲疏之杀焉,见爵赏之施焉,见夫妇之别焉,见政事之均焉,见长幼之序焉,见上下之际焉。此之谓十伦。"祭祀的等级次序,实际上就是社会伦理秩序的神性体现,践行礼仪是政治教化的具体手段。慎终追远,民德归厚,以礼治国,大有可为。

大有卦描述周邦农业大有收获,国富民强,上下同有,是"盛世明治"的直接体现。《孔子家语·辩乐解》引舜帝《南风》歌曰"南风之时兮,可以阜吾民之财兮",《文心雕龙·祝盟》引舜帝《祠田》辞"荷此长耜,耕彼南亩,四海俱有",民俱有丰收,就是大有元亨。

大有卦六爻强调如何妥善保持富庶大有:初爻不滥交而自守,二爻依制度纳粮赋税,三爻献享天子,四爻华盛适度,五爻诚信亲下,上爻诚得天佑。大有之世,政治昌明,各尽其份。杨万里《诚斋易传》谓大有卦:"六爻亨一、吉二、无咎三。明主在上,群贤毕集。无一败治之小人,无一害治之匪德。"天佑人和,元亨大吉,共享大有之福祉。

然而,满盈则缺,盛极转衰,大盛大有之时最易得咎。故教诫后人,虑始慎终,知艰无咎,克艰于始则天佑之终,慎终如始才吉无不利。

15. 谦　卦　䷎

地山谦　坤上☷艮下☶

【解字释义】 地☷山☶谦䷎,山本在地之上,卑让自收,甘愿处于地之下,是为谦,程颐谓"有其德而不居谓之谦"。谦卦䷎以仁德为用,与人为善,申述"谦仁合德"之义。日中则昃,月盈则亏,事物发展到极限就是盈满,然后逐渐亏损走向反面。避免满盈则亏的唯一方法,就是保持谦虚而不至盈满,越是富足越要谦虚。《序卦传》"有大者,不可以盈,故受之以'谦'",大有者不自盈满,故谦卦紧随大有卦之后。

谦,繁体作"謙",《说文》"𧩼,敬也,从言兼声",有谦虚、谦让、谦逊、虚空等义。《说文》:"兼,并也,从又持秝。兼持二禾,秉持一禾。""秉-秉",手(又)持一禾(禾);"兼-兼",手(又)持二禾(秝)。犹如"戋"用二戈表示小义一样,"兼"持二禾亦有小义。杨树达《积微居小学述林》谓"兼声之字多含薄、小、不足之意"。真正的智者不自我夸耀,高手不自我宣扬。"兼"持二禾,又有平衡、中和义。加言旁为"谦",表示言行谦慎、谦敬、谦和,转有和谐、仁和、中庸之义。舜"执其两端,用其中于民",慎处民事适中,是谦德的典型。

【义理取象】 《周易》六爻卦分上下两个三爻卦,一般是下卦建平台而上卦立主旨,但谦卦下三爻均"吉",与卦辞"有终"主旨相配合,是本在地上的山(☶)退处地(☷)之下,代表本卦的谦虚美德。有才德而不自足自夸者,反而得人尊重和喜爱,《红楼梦》中贾宝玉普遍得下人喜欢,就是因为他"自视甚卑"。谦卦䷎九三一阳居坤地☷之下,刚健有为,止于为大众服务,有"天道下济"之象。古人以鬼神与天地同功,鬼神"害盈而福谦",主宰善恶报应,打击自大利己者,福佑谦逊待人者。谦卦三吉三利,六爻皆美,为《周易》嘉美之卦。

卦 辞

䷎谦:亨,君子有终。

【译文】 谦卦象征谦虚,亨通,君子能保持谦德至终。

【卦辞释义】 《尚书·大禹谟》"满招损,谦受益";《资治通鉴》魏征语唐太宗"兼听则明,偏信则暗"。舜帝谦和用中,唐太宗兼听而明,始终用谦德治国,故政事亨通畅达。《诗·大雅·荡》"靡不有初,鲜克有终";《论语·子张》子夏曰"有始有卒者,其惟圣人乎",谦必亨通,然而平常人(小人)能勉力行谦于一时,很难做到谦逊一生。只有修身慎独的君子,才能安履于谦而终生不易。君子方有谦德,小人行谦难久而无所谓谦德,小人筮遇谦卦,不必有终也不致有悔。故卦辞占"君子有终",不占"小人"之事。

周初圣贤多为谦德君子,文王、武王、周公之事可以为据。程颐谓君子"达理,故乐天而不竞;内充,故退让而不矜",越是内心充实的人,越能始终谦逊。故君子敬让仁和,必有善终。可谓谦谦君子,终谦之善事,获谦之终福。

《彖》曰:谦亨。天道下济而光明,地道卑而上行。天道亏盈而益谦,地道变盈而流谦,鬼神害盈而福谦,人道恶盈而好谦。谦尊而光,卑而不可逾,君子之终也。

【译文】 《彖传》说:谦虚亨通。天的规律是阳光普照济物而天体愈显光明,地的规律是低处卑微而地气源源上升。天的规律是亏损盈满者而补益谦虚者,地的规律是变易盈满处而充实谦虚处,鬼神的规律是祸害盈满者而福佑谦虚者,人类的规律是憎恶盈满者而爱好谦虚者。谦虚者高居尊位而品德更加光明,自处卑位者他人难以超越,只有君子能够保持谦德至终啊。

【义理取象】 谦卦天道之"天",具体指下艮䷁阳爻九三。济,阳光下济万物。一阳在二阴之上,有光明普照之象。卦主一阳天道自愿居坤地之下,有谦德而亨通。地道的"地",指上坤☷,地本比天卑下,而地气上行与天交合而生万物,也有谦德而亨通。天、地、神、人之道都是尚谦而恶盈的。从天道自然看,日中则昃,月满则亏,热极变冷,冷极变热,形成日、月、四季变换,都是损有余而补不足。从地道看,山峰平地,高岸深谷,水流向下,都是改变满盈者而流注低下处。从鬼神造化的规律看,盈满者往往多遭祸害,谦损者多得福佑。从人性情感看,普遍同情弱者,喜好谦逊而厌恶骄傲自满。

【社会人事】 《尚书·大禹谟》"汝惟不矜,天下莫与汝争能;汝惟不伐,天下莫与汝争功";《老子》谓"夫唯不争,故天下莫能与之争"。可见谦虚是至高至善之德,谦逊而不自满的人可以立于不败之地。谦者处于尊贵地位而不自满,越发受人尊敬,更能展现其谦德的光辉;谦者主动处于低下地位,更无人可以超越他。君子无论地位高低,都能自始至终保持终身谦逊,终身谦虚是至美德行,很重要却很难做到。因此,谦虚就是君子最好的归宿,

《象》曰:地中有山,谦。君子以裒(póu)多益寡,称物平施。

【译文】 《象传》说:高山低藏在地中,象征谦虚。君子因此裁取过多者补充不足者,权衡各类事物而公平地施予。

【解字释义】 裒póu-裒,用双手(臼)穿裹或解去衣服(衣),有聚集、求取、减去等词义。九三为艮☶之山顶,自愿低处上坤☷地之下,有谦退之象。君子由此领悟,损有余补不足是自然之道,治理国家应减损多的去补充少的,衡量事物差别,实施公平分配。

【卦变象征】 谦☷☶的覆卦是豫☳☷,谦德是成就大事业不可少的豫备条件。谦☷☶的错卦为履☰☱,谦德不是只在口头上说,是要恒久履行的。谦☷☶之互卦为解☳☵,谦逊是解决一切难题最有效的方法。

爻　辞

初六:谦谦君子。用涉大川,吉。

【译文】 初六:谦而又谦的君子,可以涉越大河巨流,吉祥。

《象》曰:谦谦君子,卑以自牧也。

【译文】 《象传》说:谦而又谦的君子,初六用谦卑来约束自己。

【义理取象】 初六柔居刚位,又居谦卦最下,有谦而又谦之象。谦卦以谦柔最有价值,初六以谦逊柔顺之德居强健行动之位,象征谦谦君子很有能力。但初六处下艮䷂之下,艮为止,又处二三四爻互坎䷁之下,有行事艰难不可轻动之象。《周易》占辞"涉大川"指远征、商旅、朝觐、会盟等大事。用,此处指借力用力、顺势用柔。初六以谦卑自养其德,并以谦德约束自己不轻动躁进;但谦谦君子并非一味谦让,一旦时机成熟,即用谦德健行远方干大事,大江大河也拦不住,故占吉。

【周初人事】 西伯姬昌在周弱时臣于殷纣王,非常谨慎。但到殷商腐败不可救药时,他接受周文王称号,成为诸侯盟主,与殷纣王对抗,就不用谦之又谦了。周公一饭三吐哺以待贤士,又为平息谣言而退避新楚,是谦之又谦;但在武王去世后,摄行大命以辅政成王,就非谦让了。谦者兼也,谦是真诚的,也是要兼顾彼此而把握适度的。

六二:鸣谦,贞吉。

【译文】 六二:鸣宣谦逊之道,守正道可获吉祥。

《象》曰:鸣谦贞吉,中心得也。

【译文】 《象传》说:鸣宣谦逊之道,守正道可获吉祥,六二靠心纯中正赢得名声。

【义理取象】 鸣谦,谦德现于声而闻于外,谦道当与天下人分享。六二既中且正,承刚响应主爻九三,雄鸣雌应,阳唱阴和,上六与九三正应也为"鸣谦"。二三四爻互坎䷁为水,下艮䷂为山为止,六二有柔守谦道不妄行之象。"鸣谦"即"明谦",六二居下艮䷂中,艮为山,互坎䷁为水,山在水中,乃水色澄明而现山之柔美倒影,有明谦之象。六二居中守正,明达谦道,态度明智。明达则知天下事理无穷而一己智慧有限,明智则善于发现他人长处并吸收为我用之,声名自然广远,故占吉。

【周初人事】　周文王、武王、周公均为明谦君子,明智且明达,知天道而用贤才,内心纯正自得,谦道运用自如。

九三:劳谦,君子有终,吉。

【译文】　九三:勤劳谦虚,君子保持谦德至终,吉祥。

《象》曰:劳谦君子,万民服也。

【译文】　《象传》说:勤劳谦虚的君子,广大民众都服从他。

【义理取象】　劳,繁体作"勞",《说文》"𤇾,剧也,用力者劳",用力(力)剧烈如火烧门(燬),有劳苦、劳役、辛劳、劳费、慰劳等词义。劳谦,勤劳而谦逊。九三阳居刚位,与上六正应,一个阳爻撑起五个阴爻,为谦卦䷎主爻。九三与居五位之六五君主同功,既辛劳又有大功劳。九三健行谦道,劳心劳力取得功劳而不居功自傲,为终有大成之君子,吉祥如意。劳谦若水,利物不争,谦恭服务,万民归心。《论语·公冶长》载孔子让弟子各言志向,颜渊曰"愿无伐善,无施劳",谓不炫耀自己长处,不表白自己功劳。《系辞传上》引孔子曰"劳而不伐,有功而不德,厚之至也。语以其功下人者也"。孔颖达疏谓九三"上承下接,劳倦于谦也"。九三居二三四爻互坎䷜之中,"劳乎坎"而无怨,承奉上六及上坤䷁大众,有大功劳而谦不自居,甘居下卦而护六二、初六。这样的劳谦君子,当然赢得万众爱戴。

【周初人事】　《说卦传》"战乎乾,劳乎坎"之语,当源于《连山易》。"战乎乾"可能指秋收后防御抢掠之战事,"劳乎坎"可指冬季兴修农田水利之农事。九三劳谦君子以勤劳国事民事为己任,在其位谋其政,无所伐劳。文王朝乾夕惕行仁政,三分天下有其二,仍率众服事殷纣,及灭崇受命,乃礼宾诸侯,劳来百姓,天下归心。武王吊民伐罪,尊礼伏羲、神农之后及夏殷遗民,封土建国,问政箕子,得天下人拥戴。周公握发吐哺以待贤者,万民归服。可知文、武、周公,均为劳谦君子。

六四:无不利,撝谦。

【译文】 六四:没有不利,发挥扩散谦虚美德。

《象》曰:无不利,撝谦,不违则也。

【译文】 《象传》说:没有不利,发挥扩散谦虚美德,六四不违背谦虚的法则。

【义理取象】 撝 huī,《说文》"撝,裂也。从手爲声",用手有所为表示裂开、挥散等义,后作"挥(揮)",又有挥舞、抛去、指挥等义。六四阴爻在柔位,上有六五谦德之君,下有主爻九三劳谦大臣,本来"四多惧"的六四,首先就处在谦卦䷎"无不利"的良好环境中,只要不违背本卦谦慎规则,对上对下都可充分发挥其柔顺谦德,自然没有不利。

【周初人事】 文王囚羑里六年后获释,返居丰京(酆),转入"无不利"态势,可尽情发挥谦德,团结更多侯国,做好伐纣灭殷的准备工作。

六五:不富以其邻,利用侵伐,无不利。

【译文】 六五:国民不富实是因邻邦劫掠骚扰,应当果断出征讨伐,没有不利。

《象》曰:利用侵伐,征不服也。

【译文】 《象传》说:应当果断出征讨伐,征伐骄横不服者。

【义理取象】 侵,甲骨文作𠂇,手(又)持扫帚(帚)渐进扫除牛(牛)身上的尘垢,有渐进、侵入、侵略、侵蚀等词义,后改牛为亻旁作"侵"。《周易》以阳为实为富,以阴为虚为贫。对内而言,六五以谦柔之德居君位,处上坤☷大众之中,外柔虚而内富实,以不夸富实之谦德获相邻阴爻的信赖及拥护。对外而言,二三四爻互坎☵为陷为寇犯,三四五爻互震☳为行为征战,有征伐来犯者之象。国民不富实,是因邻邦劫掠骚扰之故。六五为一国之君,有谦德而深得民众支持,有能力征伐那些不肯归服而为非作歹的邻邦,故占无不利。谦即兼,六五之君外柔内刚,一手服民众,一手击顽寇,两手都要强。

【周初人事】 周迁岐山,建侯安居,以农业为主而四业共兴。然每逢丰年足岁,西北相邻的戎狄不断来劫掠骚扰,国力民力不断损耗,此谓"不富以其邻"。

一说此爻与泰卦六四"翩翩不富以其邻"相同,都暗指殷纣王无休无止的掠夺。殷纣王商队武装远行,掠取各诸侯国的珍宝、奴隶、物产,用于新兴商业贵族的加官赏爵,形成《尚书·微子》"小民方兴,相为敌仇"的局面。面对这种"以邻为壑"的局面,周王当然"利用征伐",果断地用武力遏制侵扰,惩恶扬善,行无不利。

上六:鸣谦,利用行师,征邑国。

【译文】 上六:使谦道名声远播,利于用兵作战,征讨为非作歹的小国邦邑。

《象》曰:鸣谦,志未得也,可用行师,征邑国也。

【译文】 《象传》说:使谦道名声远播,说明其心志尚未完全实现。可以用兵作战,是要征讨为非作歹的小国邦邑。

【义理取象】 上六当位居谦卦之极,与九三正应,与六二承九三同为"鸣谦"。六二鸣谦是向内与九三和鸣,上六鸣谦是向外传播全卦中和兼明的谦道。上六爻变上艮☶为山,处崇山之巅,有谦道大明之象。但上六阴居柔位,处柔谦之极,过谦不中,位虚力弱,广传谦道的心志未得完全实现。好在至极必返,上六与九三主爻正应,可以响应并配合六五君王兴师伐寇,从而大明全卦谦德。先礼而后兵,先"鸣谦"呼吁和平解决纷争,不行就支持出兵作战,征伐不肯归服的小邑国。上六为正义大声呼吁,鸣谦而无不利,不必系占辞。

【社会人事】 上六乃逊位退休的老诸侯、旧贵族,有自己的属地和丰厚收入,更有浓厚的爱国情怀。一旦国有大事,他们全力支持六五、九三的行师征伐,利于广传谦道。

谦卦小结

　　谦卦象征谦逊,谦即兼听兼明,谦以行仁。谦道并非普通的谦卑退让,而是以天下国家为己任的谦德。仁德置于谦德之上,谦德是仁德的起点,谦为德之柄,谦以行义达仁,方为谦道大明。故文王对助纣为虐之邗、崇等国必伐灭之,最后武王伐纣灭殷,制止暴乱而创大治之世,如此才是对谦道的发扬光大,才是易道"谦以行仁、谦以达仁"的本义。《韩诗外传》引周公告诫其子伯禽曰:"《易》有一道,大足以守天下,中足以守其国家,近足以守其身,谦之谓也。"《老子》以"谦退"为道家思想的基础:谦虚、谦让、谦退,实为知雄守雌、明道若退、柔以胜刚。谦道不争而善胜,不言而善应。谦道的用意为:无私以成其私,不伐而有其功,善用人之力而最为有力,处上而民不重,处下而民不害。这种以功德取向为前提的谦道,具有传统的民本思想。

　　《周易》强调以谦德履道行仁,仁义是道德的最高范畴,而谦慎则是持德之柄。谦卦六爻都有失位、乘刚、无应之象,但都无"凶、咎、悔、吝"之占,三吉三利,六爻皆美。初六居卑谦得吉,六二中正承三而鸣谦得吉,九三勤劳谦逊有终得吉,六四广传发挥谦德而无不利,五、上两爻取仁义而为天下王,内和民众外击寇略,富于社会责任和历史使命感,更无不利。君子谦德不是一味谦虚退让,而是一种敬慎王事的态度,即谦慎、谦敬。事关天下国家成败兴亡,必须敬慎。既不可妄为,也不可无所作为,而应当仁不让、见义勇为。

　　当代哲学家萧萐父论"人文易"有中华民族四魂:时代忧患意识,社会改革意识,德业日新意识和文化包容意识。谦卦体现的文王行仁、武王革命的谦德实践,正好体现这四种意识。劳谦、撝谦是谦德表现的一面,利用侵伐、行师征邑国也是谦德表现的另一面,谦谦君子,旗帜鲜明。谦道兼听兼用,只有平骄去逆,行止适度,才能天下归谦。

16. 豫 卦 ䷏

雷地豫　震上☳坤下☷

【解字释义】 雷☳地☷豫䷏,雷发至于地,先有闪电为预告。豫卦象征豫虑而逸乐,讲预虑之道。

豫,《说文》"豫,象之大者,从象予声"。予-予,《说文》"推予也。象相予之形",林义光《文源》认为予上二圈表示互相推予之如环相连,下一撇是引而推之的示动义符,大力推送,故"予"有大义。《老子》"豫兮若冬涉川",大象涉水先以长鼻探深浅,过冰河先用一只前腿敲冰探厚薄,换牙择地以埋之,将死择地以安息,都为豫虑之事,故"豫"从象予声。"豫"同"预",将"豫"的象旁换作页(头)即为"预"。《说文新附》"预,安也。案经典通用豫";《一切经音义》"预,先办也,逆为之具"。"预"以人头(页)伸向前(予)以探安全与否,有预先之义。"豫-预"有预先、探安全之意,扩展有预备、小心、和乐、安逸、逸豫等词义。《尔雅·释诂上》"豫,乐也",指喜欢、逸豫,美物互予不私而共得逸乐,含推予之意。《广雅·释言》"豫,早也",指豫虑、预备、预先。预备,预先准备、见微知著;逸豫,安逸舒适、顺畅和悦。预备、逸豫是豫卦䷏主旨。

《礼记·中庸》"凡事豫则立,不豫则废",《尚书·君牙》"思其艰以图其易"。《序卦传》"有大而能谦必豫,故受之以'豫'",谦德有终,行大事者谦慎而有预备,会有顺利安乐的结果,故豫卦次于谦卦后。《系辞传下》"重门击柝,以待暴客,盖取诸'豫'",古时战争频仍,须集体随时备战,有备无患,方可保安宁逸乐。

卦　辞

䷏豫:利建侯行师。

【译文】 豫卦象征豫虑而逸乐,利于建立诸侯及出师征战。

【义理取象】 豫卦内坤外震,坤☷为众有师象,震☳为长子有公侯象,合为豫䷏有建侯行师之象。屯卦䷂有震无坤,言建侯不言行师;师卦䷆有坤无震,言行师不言建侯。《孙子·计篇》:"兵者,国之大事,死生之地,存亡之道,不可不察也。"建侯国、行师旅均为大事,必先豫虑周全,故豫卦利于建侯行师。《杂卦传》"'谦'轻而'豫'怠",谦卦自轻而豫卦慎怠。豫卦九四为主爻,一阳爻统领五阴爻,动而众应。四为诸侯位,九四在上卦震下,震动有随,故谓"利建侯"。下坤☷为众为师,上震☳为行,师行上动,故占"利行师"。

《彖》曰:豫,刚应而志行,顺以动,豫。豫,顺以动,故天地如之,而况建侯行师乎! 天地以顺动,故日月不过而四时不忒。圣人以顺动,则刑罚清而民服。豫之时义大矣哉。

【译文】 《彖传》说:豫虑而逸乐,阳刚与阴柔者相应而心志畅行,能随顺物性而动,豫虑可致逸乐。豫虑,随顺物性而动,天地的运行也如此,何况建立诸侯、出师征战这些事呢! 天地随顺物性而动,所以日月周转没有过失而四季更替不出差错。圣人随顺民情而动,于是刑罚清明而百姓服从。豫虑之时蕴含的意义宏大啊!

【彖辞释义】 九四为主爻,刚居柔位,正应初六及下坤,为上震动力之源。一阳爻刚健行动而众阴爻同心顺应,外震动☳而内坤顺☷,动合众意而皆得逸乐。豫卦主爻九四行事豫虑,顺合自然规律及大众意愿而后行,天地的运行本如此,建立侯国、行师征战更当如此。天地顺自然规律而运动,日圆月缺、四季交替都会精确无差。圣人效法天地、顺合民意行事,建立奖赏刑罚的清明制度以治理国家,民众自然乐意服从。

程颐《易传》统计有十一卦论"时":"豫、遁、姤、旅言时义,坎、睽、蹇言时用,颐、大过、解、革言时,各以其大者也。"时,指时势本身,重在时;时义,指时的含义,重在义;时用,指时的应用,重在用。豫卦的豫虑是提前时,其预见得失、知机应变的含义是宏大而深刻的。

《象》曰:雷出地奋,豫。先王以作乐(yuè)崇德,殷荐之上帝,以配祖考。

【译文】 《象传》说:雷声发出而大地振奋,象征豫虑而逸乐。先代圣王因此制作音乐来赞美功德,以隆盛典礼奉献天帝,并让祖先神灵配祀共享。

【解字释义】 奋,繁体作"奮",金文作𡥉,小篆作奮。《广韵》"奮,鸟张羽毛奮奮也",大鸟(隹)张开双翅从田地上(田)冲天飞起(大),是十分奋发励志的状态。雷出地奋,孔颖达疏:"雷是阳气之声,奋是震动之状,雷既出地震动,万物被阳气而生,各皆逸豫。"古人认为地内久闭阳气喷发而出,与地面阴气相薄而形成雷。惊蛰节气,一声春雷震醒蛰伏地中的昆虫拱土而出,大地复苏,热情奋发,预知春耕农事之乐即将到来。

殷,富实盛大;荐,献祭。作乐荐帝,震☳为雷动有声,有乐声盛大之象。古帝王由雷声震响大地复苏得到启示,制作庄严盛大的礼乐来尊崇赞美天地人间的伟大功德,隆重地献祭给上天及先祖,预求赐福与逸乐。

【卦变象征】 豫䷏的覆卦是谦䷎,谦逊是成大事的必然豫备品质。豫䷏的错卦为小畜䷈,豫备是为成功蓄积实力和条件。豫䷏之互卦为蹇䷦,豫备阶段要充分预计前进路上的蹇难。

爻 辞

初六:鸣豫,凶。

【译文】 初六:自鸣得意沉溺于逸乐,有凶险。

《象》曰:初六鸣豫,志穷凶也。

【译文】 《象传》说:自鸣得意沉溺于逸乐,乐至穷极必致凶险。

【义理取象】 鸣,鸣唱、呼喧。初六柔居刚位,初入豫卦而不正位,但与主爻九四正应,受到激励之后,盲目唱和以致喧哗骚动。九四在上震☳下,初六爻变亦为下震☳,有上下鸣震呼应之象。但九四主爻是要建侯行师成就大事的,预先当谨慎小心,不可自鸣得意,导致志穷而致凶。王弼注初六"处豫之初,而特得志于上,乐过则淫,志穷则凶,豫何可鸣";孔颖达疏"初时鸣豫,后则乐志穷尽,故为凶也"。豫为逸乐,呼应逸乐本就不好。享乐的心意发展到极点,更有凶祸,需要警惕。豫又为预谋,谋行大事本当小心谨慎,初六一上来就宣呼豫虑之事,使敌方警惕而防备,己方陷入被动,故占凶。

【周初人事】 文王被囚羑里,于帝辛二十九年获释,诸侯迎归于程,作《程寤》《程典》。《程寤》逸文说太子发、太姒有梦:"文王……乃召太子发,占之于明堂,王及太子发并拜吉梦,受商之大命于皇天上帝。"此事亦见《御览》及《文选》注。文王受囚前并未谋灭殷之事,被囚六年则不断反思,方有兴周灭殷之预谋。获释之后,知太姒梦此事,才与太子姬发占卜而得大吉。此等军国大计的预谋,当"慎勿言",如果鸣豫张扬,必定导致凶危。

六二:介于石,不终日。贞吉。

【译文】 六二:守志耿介如石,不必终日盘算,持正守中可获吉祥。

《象》曰:不终日,贞吉,以中正也。

【译文】 《象传》说:明辨是非不用一日,可获吉祥,是因六二居中守正。

【解字释义】 介,甲骨文作𠆜、作𠆢,罗振玉释"象人着介(甲)形",两片铠甲在前后人在中间,故有介划、间隔、中介、介绍等词义。加石作"砎",有坚如磐石之意,《正字通》"凡坚确不拔亦曰介"。孔颖达疏六二:"得位履中,安夫贞正,不苟求逸豫,上交不谄,下交不渎,知几事之初始,明祸福之所生,不苟求逸豫,守志耿介似于石。"

【义理取象】 六二守正居中,其上二三四爻互艮☶为山石,由六二所竖立。六二爻变二三四爻互离☲为日,在离下日初,有不终日完成之象。六二与主爻九四无关,众人皆去娱乐,他一人守正不阿。不像初六应九四而自鸣得意,也不去迎合初六鸣豫躁动,而是介石知机,预虑大事,故占贞吉。《系辞传下》:"介如石焉,宁用终日?断可识矣。君子知微知彰,知柔知刚,万夫之望。"君子持守中正,耿介不移,见微知著,刚柔合度,为百姓之望。

【周初人事】 《竹书纪年》载帝辛三十四年,西伯灭崇,三十五年自程邑迁居鄷(丰)。诸侯来会,西伯姬昌应诸侯推举而称文王,与殷纣王分庭抗礼。文王考虑得天下后如何长治久安,作《鄷保》之诰,勒之砥石,以告诫后人,碑不用一天就刻好了。《逸周书·鄷保》谓"树昏(砥)于崇"。

六三:盱豫,悔;迟,有悔。

【译文】 六三:媚眼悦上求逸乐,必致悔憾;悔悟迟缓又生悔憾。

《象》曰:盱豫有悔,位不当也。

【译文】 《象传》说:媚眼悦上求逸乐,必致悔憾,六三居位不正当。

【解字释义】 盱 xū,从目于声,张目仰视。于,甲骨文作𠂤,出大气,有大义。《尔雅·释诂》"盱,忧也"。盱豫,张大眼睛审视预计之状,转指媚眼取悦在上之人。"悔",诫辞;"迟,有悔",占辞。此时当思改正,若悔改迟缓恐再生悔憾。

【义理取象】 六三柔居刚位,非中不正且与上六无应,无逸乐可享。六三仰目向上张望九四主爻,有媚悦于上求逸乐之象。六三处三四五爻互坎☵初,坎为加忧为虑;又在二三四爻互艮☶内,艮为止,有止而后悔之象。六三爻变二三四爻互巽☴为进退不果,有迟疑之象。六三媚上九四而溺下初六、六二,既不能摆脱逸乐诱惑,又不能果决行动,不能持正有悔,又迟缓不能及时改过,再生悔憾。

【周初人事】 武王伐纣,止于盟津而观兵三月,在预计实施过程中仔细审度,认为时机还不成熟,故中途改变原计划,没有发兵进攻。因预虑很细,发现时位不当,改计划而退兵,为最后的行动成功作了很好的铺垫。这是"盱豫"的反向例证。

九四:由豫,大有得。勿疑,朋盍簪。

【译文】 九四:由他人依附获取逸乐,大有所得。刚直不疑,友朋像束发于簪般聚合相从。

《象》曰:由豫大有得,志大行也。

【译文】 《象传》说:由他人依附而获取逸乐,大有所得,阳刚志向大为施行。

【解字释义】 朋,朋友,民众,这里指五阴爻。盍,即"合"。簪zān,即"先-㞢",人头上笄,插在人(儿)头上的发卡(匕),重先加竹加日成"簪",有连缀、聚合义。

【义理取象】 九四刚居柔位,为上震䷲行动之主,一阳统领五阴,又为豫卦主爻。三四五爻互坎䷜为加忧为疑虑。一阳应五阴,阳爻大而有得,以诚信待众人而不疑虑,众人都来汇合并行动。九四(一阳)像发簪一样把头发(众阴)聚合起来。上震䷲为动,下坤䷁为众,九四居上下间,有朋至而联合行动之象。王弼注九四:"处豫之时,居动之始,独体阳爻,众阴所从,莫不由之以得其豫,故曰'由豫,大有得'也。"众阴由依附九四也大得逸乐,豫卦建侯行师的大志向由九四引领而得以实行。

【周初人事】 帝辛五十年,武王兴师,八百诸侯不约而同来会师。师至盟津,武王止,观兵三月,还师以待其变。后来纣王"昏乱暴虐滋甚",贵族贤臣多被杀被囚或逃奔周,到了众叛亲离的境地。武王认为时机成熟,可以兴师,但上一次盟师未发而返,未知诸侯此次可愿再来否?因占卜,得诚辞曰"勿疑,朋盍簪",果然诸侯都应邀前来,以至壹戎衣而有天下。这正是"由豫,大有得",武王顺文王既定方针行事,终于完成一统天下的大志。

六五:贞疾,恒不死。

【译文】 六五:持守正道而防备疾病,使长久康健不致灭亡。

《象》曰:六五贞疾,乘刚也。恒不死,中未亡也。

【译文】 《象传》说:六五须守正防病,因阴柔乘凌阳刚之故。使长久康健不致灭亡,持中不偏就未必败亡。

【解字释义】 疾,甲骨文作𤴡,《说文》古文作疒,人(大)腋下受箭(矢)伤,有小病、疾病、疾速等词义,后从疒从矢作"疾"。恒,甲骨文作𠄠,金文作𠄢,"亘"是月亮(夕)在一定区间(二)中有规律变化,加心作"恒",《说文》训"常也",有恒常、固定、长久等词义。

【义理取象】 六五柔居刚位,与六二无应,乘主爻九四之刚,柔弱之君处逸豫之尊位,易生骄奢淫逸之疾。三四五爻互坎☵为心病,六五爻变三四五爻互巽☴为进退不果,有疾病难愈之象。但六五爻变上兑☱为悦,且处上震☳动态之中,有虽病而动不至死之象。六五虽乘九四之刚,但主爻九四以刚健有为之臣辅弼六五弱君,促其持中守正以防病;六五虽有小病而长久不死,是因居中守正而不至败亡。

【周初人事】 此爻当为武王病而行筮之事,《史记·周本纪》:"武王已克殷,后二年……武王病,天下未集,群公惧,穆卜,周公乃祓斋自为质,欲代武王,武王有瘳,后而崩。"武王克殷(前1046),后二年封诸侯,三年生疾病,周公祷以身代为"贞疾"。武王之病延续三年之久,应合"恒不死"之贞。

或谓六五爻辞以病为喻,周克殷立国,随后内部矛盾上升而有疾,须慎重预防。王季(季历)平戎狄而被囚杀,文王(姬昌)于克殷前病故,武王(姬发)定天下后生重病,去世后三监及武庚叛乱。可见,祸患犹如疾病不可预见,大功告成时最易生意外,故须戒慎守正,才不致功业败亡。

上六:冥豫,成。有渝,无咎。

【译文】　上六:深远豫虑,可获成功。还须预防变故,才能无咎害。

《象》曰:冥豫在上,何可长也?

【译文】　《象传》说:深远豫虑至极点,如何保持长久呢?

【解字释义】　冥,《说文》"㝠,出也。从日,从六,冖声",甲骨文作㝠,象用双手(廾)撒开大幕(冖)把太阳(日)遮住,天就黑了,故"冥"有昏暗、玄远、幽深等词义。冥豫,幽深玄远的豫虑。渝,水泛滥、改变。若有深远预虑,其事可成,虽有变渝,慎无咎害。

【义理取象】　上六柔居阴而当位,与六三无应,处豫卦终极之时,冥思远虑,可以成事。上六爻变上离䷊为光明,有成事之希望。然上六毕竟居动豫䷲之终极,物极必反,或有变渝之咎,如何保持成事长久呢,当用心引导往好的方面转化。上六在三四五爻互坎䷜之上,若能慎思明辨,下克时艰,可保无咎。

【周初人事】　武王克殷后,夜不能寐,思虑周室未定而难保长久。因与周公计议,决定"营周,居于洛邑"。命迁九鼎于洛邑,又使南宫括等完成《周易》系辞,以世子姬诵为储君,对身后事作了长远安排,可谓深谋远虑之"冥豫"。武王去世后,三监与武庚联合反叛,但得周公平定,虽有变渝而终无咎。

喻意:豫虑不可或止,成功之后当总结经验,预防变故,以图更新。如乾卦九三"朝乾夕惕",深谋远虑,虽有变化,也可保无咎。

豫卦小结

豫卦象征豫虑而逸乐,讲政治中深谋远虑之道。建侯、用兵等国家大事,必须谋划周全,随时调整战略部署,惕厉不懈,终而虑始,方可保国安泰而民逸乐。卦爻辞借史事论述通理,历史经验与逻辑推导相统一,建立一套完美的谋虑之道:豫虑之初警惕保密,以正义吸引朋众,行动前慎重考虑并调整计划,行动中按既定方针坚定不移,完成后要预防不测,胜利后要远虑更新。

豫卦表明,凡事豫虑周全是好事,但沉浸逸乐又是坏事。六爻辞分述如何对待逸乐,九四一阳爻主施逸乐以济众,五阴爻应合逸乐方式各有不同:初六处乐自鸣得意有凶,六二持正处乐得吉,六三媚悦求乐生悔,六五守正防乐疾未至灭亡,上六乐极防变方保无咎。豫卦虽以逸乐为卦义,但处处豫虑警戒人们,不可穷欢极乐,即《礼记·曲礼》"志不可满,乐不可极"之意。《孟子·告子下》言"生于忧患而死于安乐",源于豫卦之告诫。

豫卦之于谋虑,强调符合历史与现实,要求正当合理。豫虑不是阴谋鬼计,而是一种自我保护、自我求全、自我完善的谋虑之道。凡事预则立,不预则废,这是普遍公理。

17. 随 卦 ䷐

泽雷随 兑上☱震下☳

【解字释义】 泽雷随,雷震动而泽起波纹,水泽波随雷声波而动,有随从、随顺之象。下震☳动而上兑☱悦,内动外悦,乐于随从。又泽为少女,震为长男,有少女悦随长男之象,故随卦泽雷上下换位为雷泽归妹卦䷵。随卦六爻三阴三阳,阴阳交互错综复杂。《周易》共有该类十组二十卦,随䷐与蛊䷑为其中一组。程颐认为随卦包括"以己随物"与"物来随己"两个方面,己以诚待人则人以诚待己,相辅相成。《系辞传下》"服牛乘马,引重致远,以利天下,盖取诸'随'",商旅陆路贸易,货物随需求而运行,有随顺之义。

随,繁体作"隨",《说文》"㵎,从也,从辵,隋省声",徐锴系传谓"隋声"。隋 duò,《广韵》徒果切,手(又)持肉(肉)下垂(阝)形,《说文》"㬹,裂肉也"。由残祭肉下垂转指坠落义,"隋"同"墮",也同"橢 tuǒ",

椭圆形。"隋"又读 suí，《广韵》旬为切，周所封诸侯国，在今湖北随州，后指隋朝。"随"从辵隋声，由残肉坠落转指跟随、追随、顺应等动词义。此处指泽水随顺雷声震动而波动。

《序卦传》"豫必有随，故受之以'随'"，逸豫悦乐是好事，众必随之，故随卦次于豫卦之后。豫卦，精英动员大众预备干大事；随卦，众人随从精英干大事，以改善眼前境遇。随卦随顺时势，重视当下情势，随时作出调整，当好副手助成功业。随卦不重应而重比于上，尤其注重阳爻比随于上面阴爻，三阳爻均在阴爻之下。刚随于柔，以尊下卑，以贵下贱，礼贤下士，是随卦的卦义要旨所在。

【周初人事】 离卦中，周初邻邦多受有嘉氏烧杀劫财，周王兴师讨伐有嘉氏，不俘虏人口，只申以道义，促使其进化。至随卦，有嘉氏发展强大，但仍野蛮残暴，危害四邻。周王出征，俘有嘉首领，充人牲献祭，以惩戒首恶。离卦上九"有嘉折首，获匪其丑"；随卦九五"孚于嘉，吉"，九四"有孚在道"，上六"王用亨于西山"，都是周王伐有嘉氏的连贯性历史事件。今陕西岐山凤雏村出土西周甲骨第三片卜辞（H11：20），可印证该事件。

卦 辞

䷐随：元亨，利贞，无咎。

【译文】 随卦象征随从，至为亨通，利于守持正道，无咎害。

【卦辞释义】 《杂卦传》"'随'，无故也"，随卦"无故"是指不拘执旧有惯例，随顺时势行事，与时俱进，自然最为亨通。然而随顺是有条件的，随顺衰世恶行必有灾咎，随顺盛世正行则顺利无灾咎。随卦不同于乾卦"元亨利贞"四德全满，格局相对较小，强调择善随正，盲从无四德者有灾咎，随顺有四德者才可保无咎。

《彖》曰：随，刚来而下柔，动而说。随，大亨，贞，无咎，而天下随时。随时之义大矣哉！

【译文】 《彖传》说:随从,阳刚者前来谦居阴柔之下,行动使人欣悦而随从。随从,大为亨通,但守正才无咎害,因此天下万物都随从于适当时机。随顺适时的意义宏大啊!

【义理取象】 初九刚爻来到六二、六三柔爻之下,以刚下柔,以尊礼卑,因此内卦震☳行动而外卦兑☱喜悦,有相随而喜之象。随顺时势,自然至为通达,但要择善守正而随从,才可免灾咎,天下万物均随顺时节而生发成长,说明"随顺时势"的意义重大。

【社会人事】 雷☳动泽☱悦,朱熹谓"下动上悦"。就人事而言,下面行事随上所悦,方得亨通。文王礼贤下士,尊姜太公为尚父为军师,姜太公行事必须合乎文王以仁德取天下的心意,才能上下通达成就功业。

《象》曰:泽中有雷,随。君子以向晦入宴息。

【译文】 《象传》说:大泽中响起雷声而泽水随声波动,象征随从。君子因此随着作息规律在向晚时入室休息。

【解字释义】 向-向,为房屋(宀)北面窗户(口)形,表示方向,此处指走向、接近。宴,同"晏-宴",从日从安,日落天晚,指安息、安逸、宴乐。泽水随雷震波动,有随顺之象。君子由此得启示,随顺时势是天道自然规律,犹如人到晚上就要自然安歇。知动知静,顺时而行。

【卦变象征】 随☱☳的覆卦是蛊☶☴,其错卦也是蛊☶☴,随顺的最大事件是"干父之蛊"的君权继承问题。随☱☳之互卦为渐☶☴,以刚随柔是渐进的过程,不是急进。

爻　辞

初九:官有渝,贞吉。出门交有功。

【译文】 初九:管事者思想观念随时改善,持守正道可获吉祥。出门与人交往必能成功。

《象》曰:官有渝,从正吉也。出门交有功,不失也。

【译文】 《象传》说:管事者思想观念随时改善,随从正道可获吉祥。出门与人交往必能成功,其行为不致过失。

【解字释义】 官,甲骨文作🔺,金文作🔺,《说文》:"🔺,吏事君也,从门从𠂤,𠂤犹众也,此与师同意。"杨树达《积微居小学金石论丛》:"官字从宀,凡从宀之字皆以屋室为义。官字下从𠂤,盖象周庐列舍之形,谓臣吏所居,后引申为官职之称。"由办公场所转指办公的官员。渝,《说文》"🔺,变也,从水俞声",金文"俞"作🔺,以刀刻木为舟,使变得合用,加水旁为"渝"表示变得适宜、变通合适。官员为具体管事者,守法度与善变通相结合才能主事为官。"官有渝"是说主事者既要按原则办事又要随时应变,随顺时势而择善从权,才可办事妥当而得吉祥。出门,出外、公开。初九才入随卦,出外与人交往,当"友其士之仁者",交必得正且随顺行变,才能结交有功而无过失。

【义理取象】 初九当位,为内卦震动之主,一阳居二阴下,有以尊下卑随顺之象。下震☳为长男为官,亦为动为变,有官有渝之象。初九又居二三四爻互艮☶之下,艮为门阙;下震☳上交三四五爻互巽☴,成益卦䷩,故有"出门交有功(益)"之占断。

【周初人事】 某邑遭到有嘉氏劫掠而官所被烧毁,小邑宰只能变动居所。占筮得吉,随顺正义人众,跟随周王出征,周王未责其失邑而令其戴罪立功,故谓"出门交有功"。

六二:系小子,失丈夫。

【译文】 六二:心系阴柔小子,失去阳刚丈夫。

《象》曰:系小子,弗兼与也。

【译文】 《象传》说:心系阴柔小子,六二不能兼与两方都亲好。

【义理取象】 系,心系、随顺。初九以刚随人称"随",六二以柔顺人称"系"。《周易》阳爻为大阴爻为小,六二下比初九阳刚大丈夫,上比六三阴柔小女子。六二正位居中,既想下比初九,又想上比六三,得公平中和之美。但随卦☷重比不重应,比取上不取下,爻位向上为往为得。六二往上系六三小子为得,不能下随初九丈夫为失,不可能兼而有之,故有"系小子失丈夫"之占。凡随之事有道,正邪善恶不可两从,既随君子又随小人是行不通的。虞翻注"承四隔三,故失丈夫",认为六二女子想上承九四丈夫,中有六三阻隔,故失去丈夫。

【社会人事】 李镜池解六二爻辞为"抓住了小奴隶,丢掉了大奴隶"。古时打仗以俘虏多为有功,小邑主随周王出征有嘉氏,兵力不强,只抓了些小孩,没能抓到成年的强壮奴隶。

六三:系丈夫,失小子。随有求,得。利居贞。

【译文】 六三:心系阳刚丈夫,失去在下小子。随从于人虽有求必得,但宜于安居守正。

《象》曰:系丈夫,志舍下也。

【译文】 《象传》说:心系阳刚丈夫,六三决意舍弃在下的阴柔小子。

【义理取象】 六三柔居刚位,非中不正,与上六无应,且随卦重比不重应,六三就近上随九四阳刚丈夫,舍弃下比六二阴柔小子。六三上随九四是承刚,往上随顺是求有得,三四五爻互巽☴为近利市三倍,有前往得利之象。以阴往上随阳,阴阳交互容易契合,有求即得;往下以阴比阴,不易和谐,求而无得,故六三决意取上舍下。但六三非中不正无应,上系九四只是比,若贪求有得就可能心志不正,招来灾咎。因此告诫六三,随顺情势,当以守正无求为嘉。

【社会人事】 另一邑主随周王出征,贪功求利,只抓强壮俘虏,舍弃弱者与小孩。王或告诫他,当守正持平,不可图利而轻举妄动。

九四:随有获,贞凶。有孚在道,以明何咎?

【译文】 九四:随王出征多有所获,居功自傲有凶险。归途中应心怀诚敬处事,光明磊落何以有咎害呢!

《象》曰:随有获,其义凶也。有孚在道,明功也。

【译文】　《象传》说:随王出征多有所获,九四在居功自傲意义上有凶险;归途诚敬处事,表明功劳并非个人所有。

【义理取象】　九四阳居阴位,非中不正,下敌应初九顺变能干之官,上比九五刚健中正之君,因随时顺势而所获太多,履非其位而擅获其众,失于臣道。就功高震主意义上说,九四正处于"四多惧"的凶险境地。九四在三四五爻互巽䷸中,巽为进退不果;九四爻变上坎䷜为险陷,有遇险而进退两难之象。怎么办呢? 九四在凯旋归途上,尽早将自己的忠诚之心呈告九五,表明功劳归于明君与众人,非自己一人所有,就不会有咎害了。九四在上兑䷹下,居下震䷲之上,兑为口而震为言,有"明告于上"之象。下卦为震䷲,二三四爻互艮䷳在上,有正反艮之象,合成颐卦䷚,有颐养自适之象。小畜卦初九"复自道,何其咎,吉",随君复明,何咎之有。

【社会人事】　又一邑主随周王出征,勇武刚健,获俘极多,押解途中容易出事,功高震主又多含凶险。若在凯旋献俘途中,不居功自傲,将所获俘虏、财物清点明白并明列清单,真诚禀告君王而言功非己有,哪会有灾咎呢? 如此任事明功,随时应变,合乎随卦宗旨,自然行之无碍。

九五:孚于嘉,吉。

【译文】　九五:广施诚信于美善者,吉祥。

《象》曰:孚于嘉吉,位正中也。

【译文】　《象传》说:广施诚信于美善者吉祥,九五的位置正中不偏。

【义理取象】　九五既中且正居君位,下与六二正应,居上兑䷹嘉悦中,下比九四上随上六。"孚于嘉"即随于善,唯善是随,以至诚中实感动天下,天下人也以一片至诚来随顺。可谓诚信领导,上下互信,持中守正,顺势随变,战无不胜,所占得吉。

【周初史事】 周王主持正义,出征有嘉氏,大获全胜,俘虏极多,其占为吉。

上六:拘系之,乃从维之,王用亨(xiǎng)于西山。

【译文】 上六:拘禁所获俘虏,进而对其首领严加捆绑,君王要用他在岐山祖庙献祭。

《象》曰:拘系之,上穷也。

【译文】 《象传》说:拘禁所获俘虏,上六居随从之道穷极处。

【义理取象】 上六当位,居随卦之极,受九五君王比随维护,为周邦主祭之人。上六在三四五爻互巽☴之上,巽为绳索,有将被俘敌酋捆缚牢实之象。二三四爻互艮☶为山,后天八卦上兑☱在正西,周邦岐山在丰京之西,故称西山,合为文王战胜拘系有嘉氏首领往西山献祭之象。上六既为随卦终极,也指有嘉氏穷途末路,还指上兑☱嘉悦的结局。

【周初史事】 文王伐灭有嘉氏,班师丰京,捆缚有嘉氏首领往岐山祖庙献祭,周原甲骨卜辞可证其事。离卦上九"有嘉折首",也指明献祭所用人牲就是被俘获的有嘉氏首领。首领被系之维之,牵往西山祖庙献祭,有嘉氏烧杀掳掠的行径就走到尽头。

"系之维之"也寓意上下一心,随顺团结而共同努力,把国家建设得更为嘉善美好。

随卦小结

随卦象征随顺,与比卦取义相近。比卦☷,二人并行以享比,君主以平等待人,团结多数以成圣王之治;随卦☱,强调随顺之德,以刚随柔,当好随从助手,随顺时势,行正有成。坤卦☷六三"或从王事,无成有终",周初随顺时势而服从殷商,为自己赢得发展空间,才有后来的善终正果。随顺之道贵于守正，《论语·述而》"三人行，必有我师焉，择其善者而从之，其不善者而改之"。不违正道，自己诚信随人，人亦诚信随己，相随互顺，是随卦主旨。

随卦六爻三阴三阳，以尊下卑，以刚下柔，才可随顺和谐。随卦六爻交互，取相比不取相应，且取向上不取对下。三阳爻主动随人，初九交有功，九四随有获，九五孚于嘉；三阴爻被随而系念于人，六二上系小子，六三上系丈夫，上六系酋首献祭。

对应史事，随卦六爻描述各小邑主随周文王出征有嘉氏获胜过程中的不同随顺状态，教诫后人如何善用随顺之道。随时顺势，出交有功，择善守正，上威下智，下动上悦，获不贪功，诚信随众，处极有为，都是不同境遇的随顺之道。随顺有道，方能事业有成。

18. 蛊 卦 ䷙

山风蛊 艮上䷳巽下䷸

【解字释义】 山风蛊，艮☶为山为止，巽☴为风为空气，空气止于山而不动，积久就成为瘴疠之毒气，使人中毒眩惑。蛊卦上艮为少男，下巽为长女，二三四爻互兑☱为悦，三四五爻互震☳为躁动，有壮女蛊诱少男淫乐之象。蛊为久止于山的瘴气，积久则有害伤人。《左传·僖公十五年》载卜徒父卜得蛊卦占曰"蛊之贞，风也；其悔，山也"，杜预注："内卦为贞，外卦为悔。"意谓风在室内（下巽☴）不会伤人，风在山中（上艮☶）邪瘴害人而有悔。蛊卦象征整邪乱而求治，含先继承后革新之意。

蛊 gǔ，繁体作"蠱"，甲骨文作 𧒪，战国古文作 𧅓，《说文》"蠱，腹中虫也"，段玉裁注："中、蠱皆读去声……腹中蠱者，谓腹内中蠱食之毒也，自外而入，故曰中；自内而蚀，故曰蠱。"蠱为器中（皿）有众多小虫

(蠱)形,表示人腹中虫食之毒,又指人工培养蛊惑性毒虫,有蛀虫、邪术、蛊惑、疑惑等词义。《尔雅·释诂》"蛊,疑也",《玉篇》"蛊,或(惑)也",《广雅·释诂三》"蛊,事也"。古氏族多以毒虫浸酒为药,以毒攻毒可以疗疾,但饮之使人晕眩。各家制蛊配方不尽相同,秘不外传。《序卦传》"以喜随人者必有事,故受之以'蛊'",随顺得喜到极致就会变乱生事,蛊卦次于随卦之后。随卦近"泰",蛊卦近"否"。

《尚书大传》"乃命五史,以书五帝之蛊事";《左传·昭公元年》:"在《周易》,女惑男,风落山,谓之蛊。"山生瘴气,人中毒惑,都是事故、弊端,而整蛊求治则是家业、事业,故蛊训"事"。《杂卦传》"'蛊'则饬也",王弼注:"饬,整治也,蛊所以整治其事也。"整蛊,是使很多虫在封闭器皿里内厮杀,看谁最毒。蛊卦的特征是封闭,事物封闭过久,就会败坏成空,需要整饬。权力欲望积久就会膨胀,用于蛊惑人滋事致乱。拨乱反正,治理受蛊惑的政权归于正常轨道,是政治授权是否正确的管理问题,也就是政治改革的根本问题。其中最为紧要的,就是选定继承人,无论在家在国,继承人品质都是决定成败的大问题。

卦　辞

☶☴蛊:元亨,利涉大川。先甲三日,后甲三日。

【译文】　蛊卦象征整乱求治,至为亨通,利于涉越大河巨流。治理蛊乱须在甲前三天预备,甲后三天具体实施。

【卦辞释义】　《周易》有七个卦出现"利涉大川",即利行大事。七卦不含乾☰强健,就含巽☴顺利,非健则顺。蛊本为闭塞,物极必反,闭塞至极必然导致大通,故占元亨。

复卦有"七日来复"之语,七日一星期称一周,由女子经期七天喻指生命周期。蛊卦"先甲三日,后甲三日",加上自己正是七日。十天干"甲乙丙丁戊己庚辛壬癸"轮转,"甲"象征"周而复始"的起点,先甲三日为"辛",后甲三日为"丁",辛←甲→丁。周人卜筮,七日为期,以辛、丁为吉日。《礼记·郊特牲》"郊之用辛也",《仪礼·少牢馈食礼》"日用丁己"。渡过大河干大事,选辛日或丁日为吉日。

【社会人事】　卦辞喻意:蛊卦讲整蛊求治,也就是讲改革。改革的进程,开始前三天预备行事,后三天试行调整而正式实施。终则有始,开始之前三天让前面的结束,开始之后三天确定发展方向,有继承有发展,精心计划,把握时机,方可施行顺利。实际行事,概数"三"指多而深远。

《彖》曰:蛊,刚上而柔下,巽而止,蛊。蛊,元亨而天下治也。利涉大川,往有事也。先甲三日,后甲三日,终则有始,天行也。

【译文】　《彖传》说:治理蛊乱,阳刚居上而阴柔处下,顺事物发展趋势抑止弊乱。治理蛊乱,至为亨通,复现天下大治。利于涉越大河巨流,努力向前大有作为。甲前三天预备,甲后三天具体实施,事物总是终结之后又开始新的发展,这是大自然的运行规律。

【彖辞释义】　上艮☶为山为止,刚爻在上九能决断;下巽☴为风为顺,柔爻在初六闻风而静止,下柔随顺上刚而止蛊,事有可为。黑夜过去是白昼,蛊塞至极必然导致大亨通,大亨通达到天下大治,利于干大事,前行必能建功立业。前三天准备,后三天施行,旧的结束就有新的开始,合乎天道运行的自然法则。

《象》曰:山下有风,蛊。君子以振民育德。

【译文】　《象传》说:山下阻风成蛊,象征整治蛊乱。君子因此振奋民心培育美德。

【象辞释义】　山下风吹瘴疠之气,就是蛊。君子由此领悟,要振作民心,培育良好道德风尚,不受邪气蛊惑。所谓"仁者乐山,智者乐水":山生万物,包容广远,风化育德;水生智慧,随机改变,净化人心。

【卦变象征】　蛊䷑的覆卦是随䷐,错卦也是随䷐,整蛊治理既要随顺时势,又要随合民意。蛊䷑之互卦为归妹䷵,女子归嫁夫家生子,也是家族权力继承"干父之蛊"的大事。

爻　辞

初六：干父之蛊，有子，考无咎。厉，终吉。

【译文】　初六：匡正父辈的弊乱，有儿子继承父业，终无咎害。过程艰难，最终必获吉祥。

《象》曰：干父之蛊，意承考也。

【译文】　《象传》说：匡正父辈的弊乱，初六的意愿在于承继前辈的功业。

【解字释义】　干，金文作𠂤，初民用带叉的木棍作为攻击或护卫的武器，有触犯、干涉、干预、处事等词义。"处事、主干"义后加声符倝作"幹"，今又简化作"干"。干父之蛊，虞翻曰"干，正；蛊，事也"，干蛊即匡正蛊乱得大治。有子，即好子，子若不好不如无子，儒家用词有道德评价意义。考无咎，《尚书·洪范》"五福：一曰寿，二曰富，三曰康宁，四曰攸好德，五曰考终命"。"老-𦣻""考-𦔮"都是拄杖老人形，父亲活称老死称考。有好子承业，其父得寿终正寝而心安，自然无咎。厉，终吉，在继承基础上革新父辈事业，中途可能有波折，一旦走上正道，终有好结局。意承考，王弼注"干事之首，时有损益，不可尽承，故意承而已"，顺承父业，不是一成不变，关键是思想上继承前辈优良的基本精神。

【义理取象】　初六柔居刚位，为下巽☴初爻，初入蛊卦先须顺承前志。初六爻变下乾☰为父，有首先继承父业之象。初六至六四为大坎☵，行进中有危厉之象。上交二三四爻互兑☱为悦，有终吉之象。整蛊得治，闭塞得通，蛊卦☶☴变泰卦☷☰，两卦初爻、上爻互换后，泰卦下乾父、上坤母在蛊卦中均不见了，出现父考亡之象。下乾变为下巽，又有子顺承父志之象。原下乾☰为父，上艮☶为少男，子能顺承（下巽）父考之业，堪当其任，为好的"有子"。先继承父业，然后改革整蛊，父虽亡而父志在，其心悦，有"考无咎"之象。

【社会人事】 父死,因子能承父志而无咎憾。周古公亶父、季历、文王、武王、成王,起初都是子承父业、子继父志。

古人的经验、技艺、智慧都是代代累积而家传或师传的,特别重视子承父业,故以"三年无改父之道"为孝。然而死守传统没有出路,必须先继承后发展,蛊卦整蛊求治,主旨就是革故鼎新,蛊卦䷑六四爻变就是鼎卦䷱。革新总是有风险的,先必继承,接着沉淀与过渡,到一定时机才可更新,是谓"继承发展"。发展就是发扬光大父业,其要点是:师其志,非师其行。当然,改革过程危厉艰难,结果则是通达吉祥。

九二:干母之蛊,不可贞。

【译文】 九二:匡正母辈的弊乱,积弊太深就不可强行施为。

《象》曰:干母之蛊,得中道也。

【译文】 《象传》说:匡正母辈的弊乱,九二应掌握刚柔适中的方法。

【义理取象】 九二阳居阴位,处内卦之中,与六五正应,有子承母事之象。泰䷊变蛊䷑,上坤消失,有"亡母"之象。古代妇女主治家务,非男儿之宜。九二爻变下卦为艮☶,与上艮☶成二艮,止而又止,有不可贞之象,体现蛊卦革新之难。艮卦䷳《象传》:"艮,止也。时止则止,时行则行,动静不失其时,其道光明。"故九二在承母之事、匡正母辈弊端之时,不可操之过急,以刚系柔宜刚柔适中,灵活变通,得中则止。

【社会人事】 干母之蛊,隐喻其事幽微不显,积弊亦幽深难改。父子以道义论事,母子情深而难论是非。六五为母为阴柔之君,九二为嗣子居柔位,干母之蛊尤为艰难。历史上,先王早逝,幼小皇子继承大位,母后垂帘听政,导致舅父外戚专权,往往凶多吉少。

九三:干父之蛊,小有悔,无大咎。

【译文】 九三:匡正父辈的弊乱,稍有悔憾,但无重大咎害。

《象》曰:干父之蛊,终无咎也。

【译文】 《象传》说：匡正父辈的弊乱，九三最终不会有咎害。

【义理取象】 九三当位，爻变下坎☵为中男，子已长成居下体之上，有已承父业之象。九三居下巽☴上及二三四爻互兑☱中，巽为木而兑为毁折，易受挫而尚未振兴，且与上九无应，故占小有悔。九三与上九交互成小颐卦☶，虽未振兴而颐养家人，故占无大咎。九三过刚而无应，匡正父辈弊乱会激烈一些，虽有小阻碍，然改革大势终不可挡。

【社会人事】 九三中男已承父业，必然会进行必需的革新，虽冲撞部分既得利益者而小有悔憾，但大方向正确，终无大咎。比如清雍正改革康熙吏治，遇到不少阻力，最终取得好成绩。

喻意：蛊卦论继承基础上的革新，不能操之过急，当积蓄力量，待机而行之。《论语·季氏》："隐居以求其志，行义以达其道，吾闻其语矣，未见其人也。"平时蓄力养志，待机行事才来得及，不至于"书到用时方恨少"。时机成熟，猛力前行，过程虽小有差失，结果成功就没有大的危害。

六四：裕父之蛊，往见吝。

【译文】 六四：宽缓地治理父辈弊乱，如此前往必然出现憾惜。

《象》曰：裕父之蛊，往未得也。

【译文】 《象传》说：宽缓地治理父辈弊乱，这样前往难以获得根治蛊乱的功效。

【解字释义】 裕，《说文》"𧜒，衣物饶也，从衣谷声"，"谷-公"为山谷出口形，山谷包容甚广，加衣为"裕"表示衣物很多，有富饶、充足、宽容、扩大等词义。干，奋力加紧猛干。裕，宽裕、放松、缓慢去干。

【义理取象】 六四阴居柔位，上比柔君六五，下与初六柔爻无应，有宽裕柔弱之象。六四处上艮☶下，艮为止，三四五爻互震☳为动为往，有动往而受阻止之象。父辈遗留的蛊乱问题越积越严重，用宽缓方式去治理，必受阻无效而现憾惜，故有往见吝之占。孔颖达疏六四"体柔当位,干不以刚,而以柔和能容裕父之事",自然往未有得。六四以公卿之质近君之位,有裕父之蛊的条件。但处艮☶下为止,须适可而止,不止就会入侵六五君位;又处互震☳中,有躁动争君之象。臣争于君,必致羞吝,往未得而致咎。六四如果一直往前行,最上便是艮卦☶山顶,穷尽难行。

【周初人事】 光大父业之事,继承还须发展,若只是依旧制前行,会出现悔吝。文王没,武王崩,周公摄政辅佐成王,依父兄成例行事,即"裕父之蛊"。然流言谤生,叛乱又起,周公不能宽缓治理蛊乱,必须果断戡乱定鼎。于是,周公用三年平定三监及淮夷之乱,然后返政成王,自居成周洛邑,天下乃服周公之德治。皆因周公时处六四之位,如果处置不当,必生吝悔。

六五:干父之蛊,用誉。

【译文】 六五:匡正父辈的弊乱,备受称誉。

《象》曰:干父用誉,承以德也。

【译文】 《象传》说:匡正父辈的弊乱而受称誉,六五用美德来继承先业。

【义理取象】 誉,繁体作"譽",《说文》"𦎧,称也,从言與声",用言语(言)抬高(與)名声,有称颂、赞美、声誉、美名等词义。六五虽柔居君位,但有九二刚健正应,上承上九之刚,居中为有德之君,有能力有德望主理父业以至大成,因此获得美誉。六五爻变三四五爻互离☲为光明,交下巽☴而成鼎卦䷱。《说卦传》"鼎,取新也",当大位而革故鼎新,使父志发扬光大。又六五处三四五爻互震☳上,震为命为令,爻变成离☲为明,下二三四爻互兑☱为言为悦,上有命而下美誉,成就父志而得赞美,有用誉之象。何以能此,以德师父志而承父业,且发扬光大之。

【周初人事】 六五有德之君干父之蛊,有更高的追求。周武王以仁德继文王之志,兴武力灭殷纣蛊乱,吊民伐罪,壹戎衣而有天下。父子伟业,千古万民称誉。

上九:不事王侯,高尚其事。

【译文】 上九:不从事王侯的事业,把逍遥物外行为看得至高无上。

《象》曰:不事王侯,志可则也。

【译文】 《象传》说:不从事王侯的事业,上九的高洁志向值得效法。

【爻辞释义】 不事,动词;其事,名词。不以建功封王侯为目标,或不奉事王侯,而能善承父志,光大父辈的高尚德行和志向,帛书《周易》径作"高尚其德"。《老子》第五章"天地不仁,以万物为刍狗",大自然无情感,将万物等同于祭品看待。祭祀时,用草(刍)扎一只小狗放在祭桌上陪伴祖先,人们在跪拜祖先的同时也跪拜刍狗。然祭拜完毕,草狗就完成使命而被丢弃。万物各有其时其位,事毕退场是必然的。身处王权之外,要学会在失意时保持平常心,上场荣显,下场潇洒,才是"高尚其事"的真性情。不牵累于名位,超然物外,高洁自守,是最高境界。"不事王侯"本身,就是最难最高之事。

【义理取象】 上九刚居柔位,处蛊卦之极,在上艮之最,有欲动而当止之象。上九爻变上艮☶成上坤☷,艮为山而坤为地,身居高山而心如地平,故占不事王侯,有不自居高之象。上九爻变蛊卦☶之升卦☷,不事王侯而大升其父之志,治的是人心之蛊,有高尚其事之象。蛊卦提倡革新,意在解救积弊。上九不谋世俗王侯之位,而能高尚光大先辈事业,处江湖之远而忧其君,无愧为蛊卦主爻。

【周初人事】 周初太伯、虞仲谨承父志,逊王位于三弟季历,使之放手光大古公亶父的兴周伟业。二人远避于长江下游,建立吴国以辅佐周王室,达到"干父之蛊"的最高境界,为"不事王侯"而"高尚其事"

的典范。他们的心意和德行值得后人景仰与效法。

蛊卦小结

　　蛊卦象征整蛊求治，讲如何继承发展父辈事业，实际涉及政权的继承问题，体现周初兴盛期的权位继承观。纵观人类历史，国家管理授权有几种制度：推举制、传承制、竞选制、民主集中制，蛊卦提创理想主义的父子传承制。用"先甲、后甲"晓喻终则有始，昭示鉴前慎后、继承发展的治理蛊乱之道。

　　治蛊需要有所作为，蛊卦六爻论述继承人在不同时位应有的不同态度：初六继承人应有所作为，不能庸碌苟且；九二时位不佳，当蓄势待机而不可轻进；九三应知难而进，不计小咎；六四应进退适中合度，整改弊乱不可太缓；六五为继位君王，应德才兼备，光大父业，称誉当代；上九应为德以让，高尚其事，垂范后世。优秀的继承人，应明职分而知进止，不重自我利益，重家国繁荣昌盛，抑制个人权欲，成就长远目标。这种理想主义的继承观，非圣贤之君臣父子莫能行。故文王、武王之后，尤其是周公制礼作乐之后，不再有仁德理想的圣贤继承人，只能将嫡长子继承权制度化了。

　　授权的成功，是以领导层和民众优良素质为前提的。管蔡之乱，由争当继承人问题引起，若能依礼制行事，则祸乱不生。"高尚其德"乃戡乱定鼎之根本，防患于未然之基。若蛊乱积久沉重，尾大不掉，后来者就会救治不易。苏轼《东坡易传》论蛊卦，谓"器久不用而虫生之，谓之蛊。人久宴溺而疾生之，谓之蛊。天下久安无为而弊生之，谓之蛊"，而"蛊之灾非一日之故也，必世而后见，故爻皆以父子言之"。继承人救治蛊乱，当持守中道，继承革新，顺势而行。

　　《周易》讲改革，有蛊卦、革卦及巽卦。蛊卦言革故鼎新之理，由上往下传承发展；革卦讲彻底革命，从下往上推翻政权；巽卦由外渗透入内，借用旧制而推陈布新。

19. 临 卦 ䷒

地泽临　坤上☷兑下☱

【解字释义】　地泽临,泽☱卑地☷高,地临于泽。由地面俯瞰深泽,居高临下,尽收眼底。临卦象征临察下情,以高临低,以君临民,民为泽水为鉴为舟。周人的政治理想:惇德以临民。

临 lín,繁体作"臨",《说文》"䳍,监临也,从卧品声",金文作𦣞、𦣞,人(人)俯身以目(臣)细看器物(品),林义光《文源》"品众物也,象人俯视众物形",有居上视下、察视、降临、临近、面对、治理、守卫等词义。

震作☳,临卦䷒为大震卦。《说卦传》"帝出乎震……万物出乎震",震为雷,上天以雷电风雨生成并长养大地上的万物,如同帝王君临长养万民。二阳爻由下往上刚健长大,四阴爻柔顺接收,通达顺畅,可行大事。《序卦传》"有事而后可大,故受之以'临'。临者,大也",蛊卦行整蛊求治之事,然后君国发展壮大以养万民,故临卦次于蛊卦之后。临卦有君临天下而万众景仰之象,君王勇于担当,创意惠民,管理得当,国力不断上长,民众受福。《周易》谦卦有三吉三利,临卦则有三吉三无咎。

卦　辞

䷒临:元亨,利贞。至于八月有凶。

【译文】　《临》卦象征临察下情,至为亨通,利于守持正道。但到阳气日衰的八月将有凶险。

【卦辞释义】　临卦上坤☷下兑☱,坤德顺而兑德悦,明君善达民意,君临天下,上下和顺而民悦,至为通达。临卦元亨利贞四德俱全,但不同于乾卦四德纯有,临卦二阳渐长,易于放肆过度,须持中守正才可保元亨,因为过度至极会有凶险。

《周易》十二消息卦配夏历十二月:复卦䷗为十一月(周历正月),临卦䷒十二月,泰䷊正月,大壮䷡二月,夬䷪三月,乾䷀四月,姤䷫五月,遁䷠六月,否䷋七月,观䷓八月,剥䷖九月,坤䷁十月。临卦之后,泰、大壮、夬、乾四卦阳爻上长为息,姤、遁、否、观四卦阴爻上升为消,临卦之后八个月就到(至)九月剥卦。剥卦䷖阴长阳消到极点,五阴上剥一阳,要把屋顶掀翻,卦辞"剥,不利有攸往",往(至)则有凶,剥卦六爻辞有三"凶"。农历(夏历)八月至九月初多雨,洪水最易泛滥,故占有凶。"至于八月有凶"是验辞,应是对一次占断的验证性记录。

《周易》卦辞少有"凶",临卦爻辞三吉三无咎,都很好,所以要特别强调居安思危,临䷒至其覆卦观䷓八月后有凶。错综互观,临卦身临其境,管理天下,身在此山中而当局者迷;观卦纵观天下,旁观者清,提醒局中人,不要一意孤行至剥卦遭凶危。

《彖》曰:临,刚浸而长,说而顺,刚中而应。大亨以正,天之道也。至于八月有凶,消不久也。

【译文】 《彖传》说:临察,阳刚正气日渐增长,临人者和悦温顺,刚健者居中而上下呼应。获得大亨通须守持正道,才顺合自然规律。到八月将有凶险,是因为接近消亡而好景不能长久。

【彖辞释义】 "浸"即"渐","说"即"悦"。下卦刚爻初九、九二不知不觉中逐渐成长发展,充满生命力。下兑☱因民情自由上达而愉悦和顺,上坤☷柔顺而下通民意。下卦刚爻九二居中而正应上卦六五,上下居中而正应,阴阳合德而通达,合乎天道人心。但须知物极必反、消长互变的法则,居安思危,勿忘远忧,谨防后面可能来的凶祸。因为阳长阴消到极点就转化为阴长阳消,持续的消亡也是难以持久的。

《象》曰:泽上有地,临。君子以教思无穷,容保民无疆。

【译文】 《象传》说:水泽上有大地,象征临察。君子因此以无穷思虑来教化百姓,长久以美德容纳并养育民众。

【象辞释义】 水泽之岸有土地,土地能包含滋润水而成湖泽。君子由此领悟,要保养教化民众,居安思危,永不懈怠,保土养民,使国民长久安宁。《尚书·洪范》:"水曰润下,火曰炎上,木曰曲直,金曰从革,土爱稼穑。润下作咸,炎上作苦,曲直作酸,从革作辛,稼穑作甘。"初期朴素的五行观中,坤地属土居五,《尚书·洪范》九畴之五事"五曰思"谓土主思:土安对应静思,中医脾脏属土,亦主思。土地生粮食味甘,定居农耕,稼穑丰收,民富而后可教,物质和精神生活都有提高,才可谓容众保民,国运无疆。

【卦变象征】 临䷒的覆卦是观䷓,君王临民兴国,必须观民风而设教化。临䷒的错卦为遁䷠,临民入世的反面就是出世隐遁。临䷒之互卦为复䷗,临民强国要从"一阳复起"起步。

爻 辞

初九:咸临。贞吉。

【译文】 初九:感召而施行临察,守持正道可获吉祥。

《象》曰:咸临贞吉,志行正也。

【译文】 《象传》说:感召而施行临察,守持正道可获吉祥,初九的心志行为端正。

【解字释义】 "咸"同"感",《说文》"咸,皆也,悉也。从口从戌,戌,悉也"。戌-𰯒,宽刃斧形。"咸"从口从戌,号召、感召众人悉来持兵器保卫城邑。保家卫国,人人有责,故咸有"悉、遍、皆"等词义,又由协同引申出"相感"义,"咸"加口为"喊",加心为"感"。为感召人心而临察下民,是临民强国的第一步。

【义理取象】 初九阳居刚当位,上与六四正应而阴阳相感,近比九二而正德互感,与九二合力上进,有咸临之象。上坤☷为众,下兑☱为悦,初九才入临卦,充满活力,志行端正,勤勉务实,感召民众一起富国兴邦,故欣悦而占吉。

【社会人事】 治国者以正德感化民众,民众方心悦诚服。君王以德感民,以劳定国,与民同患,不计自身得失,方可临民。虞舜勤民事而死于苍梧之野,大禹治水至胼手胝足,文王卑服田功而大兴农事,都是志行端正、咸临民吉之君。

九二:咸临,吉,无不利。

【译文】 九二:感召并施行临察,吉祥,没有不利。

《象》曰:咸临,吉,无不利,未顺命也。

【译文】 《象传》说:感召并施行临察,吉祥,没有不利,九二并非只是顺从君命。

【义理取象】 九二居下兑☱中,上承众阴☷;下与初九同"咸临"相比,上与六五刚柔正应。九二下比上应,下悦上顺,有柔德感化民众之象。又九二一阳承四阴☷,为小复卦,有一阳复起而万象更新之象。九二本身居中正应,感化全体而上悦下顺,因九二刚居柔位有主动进取活力,并非只是顺从旧制成命,故占吉祥,行无不利。

【社会人事】 周文王仁德化民,商纣王暴政亡民,形成鲜明对比。君王在邦国初创期易与民同患互感,然于太平之世仍然以德化民却十分不易。《尚书·洪范》以五福布民谓"寿、富、康宁、攸好德、考终命",要让民众咸受五福,确非易事,要主动创新,加倍努力。

六三:甘临,无攸利。既忧之,无咎。

【译文】 六三:靠甘言美辞监临众生,无所利。如能忧惧自身过失而改正,不致咎害。

《象》曰:甘临,位不当也。既忧之,咎不长也。

【译文】 《象传》说:靠甘言美辞监临众生,六三居位不正当。忧惧自身过失而改正,咎害不会长久。

【解字释义】 甘,《说文》"𠙸,美也。从口含一,一,道也",口含

(口)美味食物(一)久不下咽,表示美味、美言。以甘言美辞来理事临众,施小惠可笼络人心,但难有大建树。考虑到这一层,就危害不久,如虑不及此,久必有咎。

【义理取象】 六三阴爻居刚位,乘九二之刚,与上六敌应,不中不正不应而乘刚,诸多不利。六三处兑☱上,居二三四爻互震☳中,上承阴坤☷,兑为悦,震为言,坤为众,有空言以悦众之象。初九、九二刚健上行,临六三及上坤,以阳大临阴小,实意相临尚好,没有不利。六三以柔居刚且非中不正,以上阴临下二阳,有临人之位而无临人实德,只以口舌之虚言相甘悦,恐堪忧,有无所利而忧之象。六三爻变为泰卦☷☰,处理妥当可以无咎;泰卦虚倾则为否卦☰☷,美辞甘临失当则堪忧。

【社会人事】 《逸周书·史记》:"文武不行者亡。昔者西夏性仁非兵,城郭不修,武士无位,惠而好赏,屈而无以赏。唐氏伐之,城郭不守,武士不用,西夏以亡。"君临邦国、养兵守土必须务实,一味用赏赐以售美名,不用战将不修城防,一战即亡。这是西夏用甘临以亡国的教训。春秋时期卫懿公好鹤,封鹤以爵位,以虚言应付军备,终被赤狄所攻杀。清乾隆皇帝好大喜功,表面华美繁盛,实则国力空虚,为大清衰败之始。

六四:至临,无咎。

【译文】 六四:极为亲近地监临众人,必无咎害。

《象》曰:至临,无咎,位当也。

【译文】 《象传》说:极为亲近地监临众人,必无咎害,六四居位正当。

【义理取象】 至-𦐖,鸟或矢落到地面(一),有到达、抵住、顶点等词义。六四柔居阴位,正应初九,当位又正应,履顺应阳,既有柔德又称其职。六四处坤☷下,在二三四爻互震☳上,坤为国为众,震为君为足为行,有君子亲近民众之象。六四居下兑☱之上,直接下临兑卦,谓之

"至临"。又六四上承六五之君,下应健行之民,上承下应,辅宰君王临民治众,恪尽职守,执行力强。执事君子与民众十分亲近,上下亲和同力,虽遇艰难也可战胜。下兑为悦,和悦则无咎。

【周初人事】 周初侯伯辛劳定国,忠于职守,勤政亲民,察民之困而为众解忧。《尚书·无逸》载周公谓大臣曰:"君子所其无逸,先知稼穑之艰难……爰知小人之依,能保惠于庶民。"他身体力行,不贪安逸而勤于民事,一沐三握发,一饭三吐哺,成为"至临"典范。

六五:知临,大君之宜,吉。

【译文】 六五:聪慧明智地监临众人,大德君主理当如此,吉祥。

《象》曰:大君之宜,行中之谓也。

【译文】 《象传》说:大德君主理当如此,是说六五奉行中道。

【爻辞释义】 "知"同"智",睿思慧智。《尚书·洪范》:"貌曰恭,言曰从,视曰明,听曰聪,思曰睿。恭作肃,从作乂,明作哲,聪作谋,睿作圣。"用思睿之智慧君临并治理好天下,行事中正合度,是伟大君主的适宜表现,故占吉。

【义理取象】 六五以柔德居刚健君位,与九二正应,居上坤中,比上坤䷁及三四五爻互坤䷁之众,获下兑☱民众悦服,堪配大德君位。六五下应九二,大德明君的监临管理,最重要的是以柔临刚,以尊下卑,以众智为己智,集思广益,适中而行,有大君智临之象。具体而言,大德明君智慧用中,使邦国生产关系、社会结构、政治制度及文化教育制度均得以完善适度,为"大君之宜",故占吉。

【社会人事】 尧传舜,舜传禹,以"允执厥中"为治天下心诀,用中得宜,是大君的大智慧。《礼记·中庸》:"子曰:舜其大知也与!舜好问而好察迩言,隐恶而扬善,执其两端,用其中于民。其斯以为舜乎!"孔子称颂舜的大智慧在于"好问"而"用中",正是临卦六五爻辞的最好注脚。《韩非子·八经》:"下君尽己之能,中君尽人之力,上君尽人之智。"大君智临,是以圣明睿智来临民莅政,通达天理人情,具备德配天地的大智慧,只有大国之君方有此宜。唐尧、虞舜、夏禹、商汤为大君,周文王、武王亦为大君。

上六:敦临,吉,无咎。

【译文】 上六:温柔敦厚地监临众人,吉祥,无咎害。

《象》曰:敦临之吉,志在内也。

【译文】 《象传》说:温柔敦厚地监临众人,吉祥,上六心志系于邦内大众。

【解字释义】 敦,金文作𦎧、作𩰊,《说文》"𩰊,怒也,诋也。从攴𦎧声",手持鞭(攴)驱羊(羊)进入高屋宗庙享祭(亯-享)。"敦"作动词读 dūn,有敦促、劝勉、丰大、质朴、厚实、崇尚等词义;作名词读 duì,为盛黍稷等粮食的食器,如鼎蕭,笃实厚重,有敦厚义。敦厚之德与完善制度相结合,就能成就临民治国之大功,故占吉祥无咎。

【义理取象】 上六正位,与六三无应,居临卦之极,处走出临卦之时。然上六比六五大君,主动以尊下卑应初九、九二两阳,居上坤☷及三四五爻互坤☷之上,坤终又重坤为至厚,故有敦厚向下临众之象。《礼记·中庸》"唯天下至圣,为能聪明睿知,足以有临也";"凡有血气者,莫不尊(之)亲(之),故曰配天"。上六虽居极高之位,却主动以上柔顺下刚,心志系于内兑卦☱民众之悦,有宽厚长者至圣之风,有仁厚敦实之配天大德。上六敦临天下大众,心志系于邦内黎民,占得吉祥,自然无咎。

【社会人事】 上六比辅六五大君,只有在六五大君治理邦国大有成就之后,才有上六"敦临"局面。帝尧协和万邦,虞舜平章百姓;帝舜设官分职,大禹任土作贡;文王广惠演《易》,周公制礼作乐。君王平定天下后,才能专心于邦内百姓,以厚德化民,进而完善礼乐制度,明德慎罚,巡狩朝觐,百官有分,万民乐业。如此,才是敦睦风范,敦临天下。

临卦小结

临卦象征临察,讲临民治国之道,也就是国家管理的大原则。赞美正确的临治方法,强调谨慎修德,预防阳长阴消转为阴长阳消。临深履薄,与民同患共悦。

六爻监临方向有所不同,阳爻初九、九二以刚临柔,以实德感化而"咸临",首当危难而与民同患,用健实人格感召民众,布敷福德,行礼义教化。四阴爻均以上临下,六三甘临,教诫不可以甘言取宠,力求行诚务实。六四至临,亲近民众,躬察民困,抵临民事。六五智临,慧经天下,采众智而行中,化民成俗,行大德君王之宜。上六敦临,以尊临卑,以柔顺刚,一切以敦厚之德行事,以德内化,与人为善,完善制度,明德慎罚,敦睦风范。

临卦主旨,在下者以和德感应于上,在上者以仁德亲和于下,敦睦和谐,吉无不利。临卦的管理思想,为周初民本观念在邦国管理问题上的体现,强调管理者的感化力与亲和力,重视领导人的精神品格与道德威望。

20. 观 卦 ䷓

风地观　巽上☴坤下☷

【解字释义】　风地观,坤☷为地,巽☴为风,风不可观,但风行地上则草木偃然摇动,遂可得观。风行大地,无所不见,有遍观之象。观卦䷓象门楼牌坊,人行其下仰而观其顶,敬瞻而自省,有观瞻之象。《序卦传》"临者,大也;物大然后可观,故受之以'观'",临、观都指君王视下。临卦䷒,偏重大君监临管理,观卦䷓,偏重观察下情而教化民众,故观卦次于临卦之后。曹操《观沧海》"东临碣石,以观沧海",具有此二卦帝王气象。

观，繁体作"觀"，《说文》"觀，谛视也，从见雚声"。甲骨文"雚"作 图，金文作 图，象鹰隼睁大眼环视观察，加见作"觀"，有仔细看、观察、观赏、景观等词义。观有受授两方：我观对方是接受信息，如观看、观赏、观内心；使人观我是授予信息，如观瞻、景观、外观。观卦强调谛视明察，《心经》"观自在"即是"谛视"，所谓自觉而觉人。

《左传·庄公二十二年》："周史有以《周易》见陈侯者，陈侯使筮之，遇观之否。"陈侯占得观卦☵，六四爻变成否卦☷，是说观陈国政风民风，知其政治否塞不通。儒家"省方观民设教"，治国重在教化，观察以任官，观风以化民，观君子以施礼教。

《左传·成公十三年》"国之大事，在祀与戎"，祭祀与战争是国家最重要的两件大事。《论语·述而》"子之所慎，齐、战、疾"，齐同"斋"，指斋戒祭祀。祀与孝相连，《史记》谓大禹"薄衣食，致孝于鬼神"。其实，祭祀是观礼的手段，"禮"即"豊-"，以豆盛玉以祭鬼神与祖先。商朝重祭鬼神，一年三百六十天有一百一十二天帝王要到祖庙祭祀，先祭后行事。

周人有所改变，人道复兴而宗法谨严，重礼仪胜过祭拜，重祖先胜过鬼神。周公观民设教以"制礼作乐"，以祭祀典礼来规范社会制度以教化民众。《尹文子·大道下》："仁、义、礼、乐、名、法、刑、赏，凡此八者，五帝三王治世之术也。"儒家外儒内法，教化与刑法合用。观卦☷象征观仰，观民设教，设定礼仪制度，教化民众行事合乎规范。

卦　辞

☷观：盥而不荐，有孚颙若。

【译文】　观卦象征观仰，观仰祭祀开始净手倾酒灌地的仪式，就可以不观后面的献飨细节，因为心中已充满诚敬肃穆的情绪。

【解字释义】　盥 guàn，金文作🖐，双手(臼)就器(皿)洗涤(水)之形，洗手献祭，用于祭名同"裸"，训"灌祭也"。李鼎祚《周易集解》引马融："盥者，进爵灌地以降神也。"荐，繁体作"薦"，金文作🖐，从艸从廌，指禽兽吃的草。用作草垫，垫礼品以献祭，"薦"代指祭品。颙 yóng，大头，字形从页。颙若，高大庄严之貌。

祭祀前洗净双手倾酒灌地，还未到进献祭品阶段。仪式准备阶段人内心的诚意庄严肃穆，主祭者态度整肃专一，气氛庄重神圣。仪式进行到荐献祭品时，严肃的心情就松弛散漫了，不如洗手准备时"祭神如神在"那么肃穆庄严了。卦辞强调祭祀以虔心诚意为重，祭祀观其诚，重净手净心而不重荐品丰盛，即"观盥不观荐"。观民设教，以诚为本。

或谓裸祭洒酒而不献牲，是因为战俘受伤头肿而不能用作祭牲。李镜池《周易探源》："凡祭祀，都先灌酒，后献牲，但现在却灌酒降神而不献牲，这是因为用作祭牲的俘虏被打伤，伤得头青脸肿(颙)，不宜用于献神。古代祭神，必定用完好的无缺的。春秋时用牛牲，牛角伤坏的就不用；周人早期用俘虏作人牲，战俘被打伤也就不用了。像祭祀这样的大事，因为牺牲不完好，不得不停荐，可见观察的重要性。"这是换角度看祭祀观其诚，可资参考。

《彖》曰：大观在上，顺而巽，中正以观天下，观。盥而不荐，有孚颙若，下观而化也。观天之神道，而四时不忒。圣人以神道设教，而天下服矣。

【译文】　《彖传》说：宏大的景观呈现在高处，具备和顺而柔和的美德，刚健中正的品质，可让天下人观仰。观仰祭祀开始净手倾酒灌地的仪式，就可以不观后面的献飨细节，因为心中已充满诚敬肃穆的情绪，在下者通过观仰能受到好的教化。观仰大自然运行的神妙规律，就能理解四季变换不出差错的道理。圣人效法大自然的神妙规律设教于天下，天下人心就自然顺服了。

【彖辞释义】 九五的大德展现在上,下坤☷上巽☴柔和而顺从。九五正应六二,居中守正以观察教化天下百姓。未进献而先净手,诚信而庄严,百姓仰观便得到教化。不言而信,不动而敬,这就是行不言之教,合乎孔子"道之以德,齐之以礼"的教化民众理想,使民众在诚信庄严的氛围中不知不觉地受到潜移默化的影响。观察大自然运行的神妙法则,就能理解四季运行没有偏差的原因。圣人依照精妙的自然法则来设立教化,天下人心也就顺服了。

《象》曰:风行地上,观。先王以省方、观民、设教。

【译文】《象传》说:和风吹行大地之上感化万物,象征观仰。先代君王由此省巡万方、观察民风、设行教化。

【彖辞释义】 上巽☴为风,下坤☷为地,风行地上,无处不到而得遍观。这是把天子发布政令比喻为风行地上,法雨均沾而溥施济众。古帝王由此领悟,要巡视四方,观察民情而设立教化。设立教化是用礼仪制度以为民之观,民仰观礼仪,行为不违反制度规矩,国家便得以治理。

【卦变象征】 观☴的覆卦是临☷,观民设教是君临天下的必需手段。观☴的错卦为大壮☳,观民设教,提升国民素质,国力才能壮大。观☴之互卦为剥☶,不观民意不行仁政,国家政权就会逐渐剥落。

爻 辞

初六:童观,小人无咎,君子吝。

【译文】 初六:像幼童一样观察事物,小人无咎害,君子有憾惜。

《象》曰:初六童观,小人道也。

【译文】《象传》说:像幼童一样观察事物,是小人浅见的道理。

【义理取象】 初六柔居刚位,初入观卦,处重坤最下面,好动而力弱。观卦☴缩小为艮卦☶,艮为少男为孩童。初六向上观望,与六四无应,仰观九五,更是模糊不清,有小人童观之象。孩童天真质朴,蒙昧少知,往往看不清大事真相。娃娃看天下,幼稚而纯真,肤浅无足怪,故占小人无咎。但观卦讲君王观民设教,君王若以童稚浅见观天下,必然失误而贻害苍生,多生悔吝。

【社会人事】 "小人"指孩童也指普通人,"君子"指君王也指有所作为的成年人。普通人用"童观"看世界就会不思进取,用"大观"才有益众生。小人童观无远见,只看眼前利益,重在为己,乃小人之道。君子之道宏观长远,有大格局,重在为众,利国利民。

六二:窥观,利女贞。

【译文】 六二:暗中偷偷地观仰盛物美景,利于女子持守其道。

《象》曰:窥观女贞,亦可丑也。

【译文】 《象传》说:偷偷观仰盛物美景,利于女子持守其道,对男子来说是可羞丑的。

【解字释义】 窥 kuī,本作"闚-𥌒",从门规声,训"小视也"。从门缝中窥视外面,喻妇女之见。丰卦上六为"窥其户,阒(qù)其无人"。丑,繁体作"醜-醜",醉鬼丑态,男子偷窥则显小器不大度,丑态可羞。

【义理取象】 六二当位居中,与九五正应,仰观大德君子,本属自然。但六二在下坤☷中,又处二三四爻互坤☷下,众阴环绕,眼界难开。三四五爻互艮☶为门阙又为少男,六二在六三下,有自门内窥视外边男子之象。六二虽当位居中且应九五,毕竟柔处户内,难尽大观之美,却有守贞窥观之利。对于志在四海的大丈夫,若如此观察天下大事,确实可羞。

【社会人事】 男人与女人的生理心理特征都不同,男阳刚而女阴柔,男敞开而女收敛,男奔放而女羞怯。女子相亲,隐蔽自身从门内窥视男子为便利,故女子筮遇此爻,有许嫁之利,故占利女贞。屯卦六二"女子贞不字,十年乃字",正是窥男行贞之事。相反,若大男子观天下事,遮掩躲藏,如女子窥婿一般偷看,就该丑陋羞愧了。

六三:观我生,进退。

【译文】 六三:观仰阳刚大德并内省自心,谨慎抉择进退。

《象》曰:观我生进退,未失道也。

【译文】 《象传》说:观仰阳刚大德并内省自心,谨慎抉择进退,六三未丧失正确的观仰之道。

【解字释义】 生,𡳼 𡳼,草木(屮)生出土上(一),有生出、生长、生育、生命等词义。生加女为"姓",读 xìng,《说文》"姓,人所生也",徐灏注笺:"姓之本义谓生,故古通作生,其后因生以赐姓,遂为姓氏字耳。"母系氏族社会,一部落为同一姓,顾炎武考订《春秋》只有二十二姓,"姬、姜、赢、姒、妫"等姓都从女旁。女生为姓,"百姓"本为"百生",史颂簋"里君百生",伯吉父盘"其惟诸侯百生",都是指"百姓"。因此观卦"我生、其生"指我部族众、他部族众。此处当为六三仰观我部族的大德九五和上九。生加心为"性",指人天生本性、个性、性情。"观我生",向外是观我族大德及人众,向内是个人反观自心而内省,也就是"观自在"。

【义理取象】 六三柔居刚位,非中不正,但与上九正应,可顺观九五之君,有仰观我族两位大德之象。六三被重坤☷☷阴爻包围,想动而力不足;又处上下卦之间,二三四爻互坤☷为顺可进,三四五爻互艮☶为止可退,上巽☴为风为进退不果,风吹来吹去,有可进可退之象。这样的处境,宜反观内心,估量得失再决定进退,才不失观仰之道。

【社会人事】 人生需要仰观宏远目标,努力进取。但有时也要反观自心,自我反省,衡量利弊得失,然后决定阶段性的前进或后退。正确估量自我力量及所处情势,顺时量力而进退,才不至偏离正道,迷失自我。

六四:观国之光,利用宾于王。

【译文】 六四:观仰九五国君的光明盛治,利于成为君王的贵宾贤臣。

《象》曰:观国之光,尚宾也。

【译文】 《象传》说:观仰王国的光明盛治,期望成为君王器重的贵宾贤臣。

【义理取象】 六四柔居阴当位,承九五刚爻,零距离仰观九五君王的光明盛治,有直观国光之象。六四爻变上乾☰为龙为君为父,古时君国一体,称"国君"或"国王"。六四处上巽☴下,居三四五爻互艮☶中,巽顺艮止,六四顺利止于国君九五之前。六四处下坤☷及二三四爻互坤☷之上,是地位最高的能臣,君为主而臣为宾,程颐谓"古者有贤德之人,则人君宾礼之,故士之仕进于王朝,则谓之宾"。观卦六四就是最易被九五君王视为贵宾的贤臣,故有宾于王之象。

【社会人事】 观国之光,观仰君王大治国家的光辉景象,明君尊尚贤臣为贵宾,贤臣尽力辅佐明君为国增光。《尚书·尧典》"光被四表,格于上下",郑玄注"言尧德光耀及四海之外"。贤能之臣辅君行政,并能远播君王政教光辉。姜太公观周文王仁政之光,文王尊太公为上宾,君臣共同努力,周邦得以大治。前朝历代,虞舜之于尧帝,伊尹之于汤王,傅说之于武丁,莫不如此。唐初贤臣魏征之于太宗李世民也是如此。骆宾王之名当取自此爻辞。

《周礼·春官·大宗伯》五礼谓"吉、凶、宾、军、嘉",宾可代表外交。或谓此爻指大臣去国外观仰大道之光,如后世唐僧西域观佛取经及今人国外留学。宾于王,外出为他国君王之宾,即为他国服务,如商鞅、李斯为秦国客卿等。

九五:观我生,君子无咎。

【译文】 九五:观察我治下的众生万民,君子必无咎害。

《象》曰:观我生,观民也。

【译文】 《象传》说:观察我治下的众生万民,九五通过观察民风来治国。

【义理取象】　九五正位居中,下与六二正应,并应下坤☷及二三四爻互坤☷,有观我族众民生之象。九五上比刚健上九,三四五爻互艮☶为门阙,有上观君子贵族之象。九五为观卦主爻为君主,此"我"为大我。观我生,指君王观我国众生百姓,省方观民设教;并观我同姓贵族,考察其进退陟黜。君王观民,民风之美恶,民心之从违,是检验国家政德政绩好坏的标准。君王尽其职分以观民生,政宣而民化,天下归服,才可占君子无咎。

【社会人事】　君王观民设教,除旧布新,九五爻变为剥卦☶☷,剥极而复,剥除虚妄表象,直探内在真理。文王、武王以仁德行仁政,天下一统,惠我周邦天下万民。周公承父兄之志,制礼作乐以化民,使周祚长运数百年。唐代太宗"贞观"年号,由魏征取自君王守正观民设教。玄奘等翻译《心经》"观自在菩萨,行深般若波罗蜜多时,照见五蕴皆空,度一切苦厄",也是化用观卦九五意蕴,居高临下观众生相,观民化民,惠济众生。

上九:观其生,君子无咎。

【译文】　上九:静观他的行为,君子必无咎害。

《象》曰:观其生,志未平也。

【译文】　《象传》说:静观他的行为,上九关心国事的心志还意犹未平。

【义理取象】　上九刚居柔位,处观卦之极,本可走出观卦,无所观之。但上九下与六三正应,并随应下坤☷及二三四爻互坤☷,且下比主爻九五之君,虽无君位而愿行君道。九五"观我生",是君王下观我万民;上九无位无民,观其生之"其"是指九五,上九静观九五如何下观其万民众生。上九处外卦巽☴上,远离下坤与互坤大众,有观他人众生之象。上九虽将退位,观国兴邦之志尚未消弭,居巽以顺,柔位顺下与九五同心同德,忧九五之忧,观九五之观,且于高处顺观己国及他邦之上层动态,供主政者九五制定政策时参考。上九如上苍慧观众生万物,培善消恶,普施惠众。

【社会人事】 观卦之爻步步高升,人生修境渐上高楼。上九处观卦之极,除观九五君王行事之外,或可退回一己世界,反观自己一生,孤芳自赏,五味俱全。此乃童观、窥观、我观者所不及。观国之光、观我生民,是在位者中正以观天下之才,行天下之大道。时至退休大德,逊位君王,不为亢龙有悔之事,最终平静从容回观其一生所为,无骄无悔,乃大贤大智之所观,大观在上,自在君子必无咎。

观卦小结

观卦述治国安民之道。观民设教,勤察任官,观人察己,各尽职分。

观卦以九五为主爻,其余五爻都以与九五的关系定爻义。六爻均善于观察:童观、窥观、观我性、观国之贤、观我族众、观君行事。强调知人善任,知人善防,知人善教,知事善断。重视调查研究,熟悉下情。文王、武王、周公均有善观察以定大事的实例,实际经验丰富。由此拓展,建立并完善选举制度、谏议制度、监察制度等治国法则,都属"观"的范围。

《左传》载,春秋时期吴国公子季扎于鲁国欣赏表现周朝盛德的《韶箾》舞,赞叹:"观止矣!若有他乐,吾不敢请已。"可见观仰美盛事物可以感化人心,可以叹为观止而心生诚敬。初六、六二离上面的阳刚九五最远,童观、窥观,未至大观之美。六三近上卦,仰观美德而自省内心。六四最近君王,观君尚贤以为君助。九五君王普观民生民风以行教治。上九观君王所观,大观在上,高尚其事。《朱子语类》载,学生问朱熹:"'观'六爻,一爻胜似一爻,岂所据之位愈高,则所见愈大耶?"答曰:"上二爻意自别,下四爻是所据之位愈近则所见愈亲切底意思。"下以诚观上,上以德观下,与《诗大序》"上以风化下,下以风刺上"相同,是为以德治国之正道。

观卦四阴上承二阳,有阴盛阳衰之势。临卦"八月有凶",指的是距其八个消息卦之后的观卦。因为观卦☷☷阴爻再上进一步就是剥卦☷☷,五阴顶剥一阳,屋顶就掀翻了。然而,观卦六爻并不言凶咎,是因九五刚健居中得正,众阴仰观而敬慎,有居安思危意识,直到上九还"志未平",勤于观察而不敢懈怠。

观卦观感化物,德教服民,内观修己,外观众生,普施济众,民安国宁,由此形成"神道设教"的治国思想。大观在上,行不言之教;至诚无声,修人文之德。孔子发掘《周易》所含的这一思想,扩展并应用于儒家的教育实践之中,成为后世不可或缺的教育理论范畴,影响极为深远。

21. 噬嗑卦 ☲☳

火雷噬嗑 离上☲震下☳

【解字释义】 火雷噬嗑,雷电☳劈开乌云阻碍,使天上光明☲通照大地。噬而后嗑,噬嗑卦☲☳就象上艮下震的颐卦☶☳的六四变九四为口中梗物,上下嘴唇一口咬下,占筮看咬对与否,先制断,然后和解合作。用于社会人事,行事中出问题梗住了,上下用力一口咬断梗阻,就通畅和合了。《序卦传》"可观而后有所合,故受之以'噬嗑'。嗑者,合也",观卦是君王下观民风而行教化,发展生产以富民强国,中间有邪恶梗阻,用刑法除之,然后上下通合,故噬嗑卦次于观卦之后。

噬,《说文》"噬,啗也,喙也,从口筮声"。《广雅·释诂》"喙,息也",王念孙考证"喙为喘息之意"。"噬"训"啗(啖)",即咬啮(齧),有咬吃、喘息、侵吞等词义,《广韵》时制切,今读 shì。嗑,《说文》"嗑,多言也,从口盍声",本指口开合频繁、话多、说话,《广韵》古盍切,今读 kè;又指用牙对咬硬壳物、合闭,《周易》王弼注"嗑,合也",《广韵》胡臘

切,今读 hé。《抱朴子·外篇·守塉》"口张而不能嗑"。"齿-"是门齿,开合切断食物为"嗑";"牙-"是大牙,交互咬嚼食物为"噬",噬嗑也就是"咬牙切齿"。

噬嗑卦䷔象征刑狱,指国家用刑罚惩奸除恶,具有政教意识。社会运行中有邪恶阻碍,就用刑罚除之,严明刑罚使社会安宁、和合。人与人观念不同会引起争斗,学派、政党间也有争斗,形成社会阻碍,也须用刑法除去隔阂,啮合然后亨通。社会的上下和同,又以商品贸易流通为主要手段,《系辞传下》:"日中为市,致天下之民,聚天下之货,交易而退,各得其所,盖取诸'噬嗑'。"噬嗑卦上离䷓为日,下震䷲为众人行动,有日中为市之象。商业贸易以利行,容易引起纠纷,为防弱肉强食,故立法以判决诉讼,判定了就有路可走,贸易才可亨通。噬而后嗑,除阻通达无咎害,故噬嗑六爻四占"无咎"。

卦　辞

䷔噬嗑:亨。利用狱。

【译文】　噬嗑卦象征啮合,亨通,利于施用刑狱。

【解字释义】　狱,繁体作"獄",《说文》",确也",孙怡让谓"狱从㹜,而㹜训两犬相齧"。《吕氏春秋》"争罪曰狱,争财曰讼","狱"同"讼",对簿公堂,原告与被告诉辩如二狗(犬)对咬(言),败者收监于牢,后称"牢狱"。

李鼎祚《集解》引宋衷:"用刑之道,威明相兼。若威而不明,恐致淫滥;明而无威,不能伏物,故须雷电并合而噬嗑备。"口中有梗阻物,咬断才能上下交合得食;社会有邪恶梗阻,用刑狱去除才能通达。"刑"从刀,指处罚;"狱"从言,主惩诫。卦辞总言利于究治告诫的"用狱",六爻辞分述处罚施行的"用刑":初爻与上爻为受刑者,中四爻为断案施刑者,六五为主爻主持刑狱。

《象》曰:颐中有物曰噬嗑,噬嗑而亨。刚柔分,动而明,雷电合而章。柔得中而上行,虽不当位,利用狱也。

【译文】 《象传》说:口腔中有梗阻物,啮断才能交合,啮合然后亨通。上下刚柔分开,交相运动而啮合之义显明,就像震雷闪电交合而声光昭彰。六五柔和处中道并向上奋行,虽不纯柔当位但柔中有刚,因而利于施用刑法。

【义理取象】 朱熹注《象》:"噬,啮也;嗑,合也。物有间者,啮而合之也。为卦上下两阳而中虚,颐口之象。九四一阳间于其中,必啮之而后合,故为噬嗑。"颐卦☲为大口,上下阳爻开合,口吃食物以养颐;六四爻变九四成噬嗑卦☲,咬断梗阻九四就亨通。噬嗑卦三阴爻三阳爻,静态分明不杂。下震☳动上离☲明,交合运动而啮合动态显明。震☳雷声与离☲电光交合,声光昭彰;初爻、上爻合力啮断九四,通达成果彰显。柔下刚上,柔爻升居上卦为"上行",如噬嗑、晋、睽、鼎卦等;刚爻降居下卦为"刚来",如讼、无妄、涣卦等。六五柔爻上行居上卦中位,虽不当位而中胜于正,外柔而内刚,有利于用狱,可主持立法判决诉讼。

《象》曰:雷电,噬嗑。先王以明罚敕法。

【译文】 《象传》说:雷电交击,象征啮合。先代君王由此严明刑罚、颁行法令。

【象辞释义】 噬嗑卦下震☳为雷,上离☲为火为电光,雷声电光相碰相激,才能光明通达。先王由此领悟,要去除社会阻碍达到国家大治,就要辨析并明确刑罚规定,敕令颁布法律条文,强调立法规范而处罚明确。孔子主张"道之以德,齐之以礼",以德化民。然而,现实社会不能缺少刑罚和法律,故要立法以明确刑罚规定,广泛颁布法律使民众引以为戒。刑罚是"杀无道以就有道",孔子主张先教后杀,认为"不教而杀谓之虐",由此形成外儒内法、德教为主的儒家法律思想。

【卦变象征】 噬嗑☲的覆卦是贲☲,噬嗑结果是社会公平现光彩。

噬嗑䷔的错卦为井䷯,断狱施刑是为了市井生活井井有序。噬嗑䷔之互卦为蹇䷦,因社会多蹇难才用噬嗑治理。

爻 辞

初九:屦校(jiào)灭趾,无咎。

【译文】 初九:足戴刑具而遮没脚趾,不致咎害。

《象》曰:屦校灭趾,不行也。

【译文】 《象传》说:足戴刑具而遮没脚趾,初九不至于前行重犯过失。

【解字释义】 屦jù,《广韵》九遇切,《说文》"屨,履也,从履省,娄声"。履lǚ,《说文》"履,足所依也。从尸,从彳,从夊,舟象履形",人(尸)脚板(夊)穿鞋(舟)行走(彳)。后分工,"屦"作名词指鞋,"履"作动词指行走。校jiào,《广韵》古孝切,《说文》"校,木囚也,从木交声",孔颖达疏"校"谓"在足曰桎,在手曰梏",木头交叉做成囚笼,作名词指囚牢、刑具、栅栏,作动词指比较、计较、订正。又《广韵》胡教切,今读xiào,指学校。趾,脚趾,本作止,"止-𦙵"为带趾头的脚板形。

【义理取象】 初九居噬嗑卦之初,为下震䷲之始,有被包裹的脚趾踏地之象。初九虽当位而与九四无应,好动而无正确指导,容易犯错误。《系辞传下》:"子曰:小人不耻不仁,不畏不义,不见利不劝,不威不惩。小惩而大诫,此小人之福也。《易》曰'屦校灭趾,无咎',此之谓也。"初九"小人"指地位低下的庶民,小人重视当前利益而不重仁义,易犯过错,不及时给予一定惩罚,是不会警诫而改恶向善的。因此,当小人犯小罪时,必须及时惩罚,把木制刑具戴在他脚上,象穿大鞋一样盖没脚趾,受到严厉惩戒后就能避免再犯大过错。有人及时桎其小过而诫其大恶,这是小人的福气。

【社会人事】 一小孩父亡家贫,偷拿邻居一只鸡蛋,母亲默许,煮给他吃了。从此,孩子不断偷拿各种东西回家,不到二十岁就成为江洋大盗,被捕判处死刑。临刑前,他请求母亲来见最后一面,说要吃一口奶水再死。母亲依他,他一口咬破母亲乳房说:"要是我偷第一只鸡蛋,你打我一顿,今天就不会被杀头!"小惩而大诫,小人之福,这孩子真是无福之人!

六二:噬肤灭鼻,无咎。

【译文】 六二:像咬啮带皮肥肉一样施刑顺利,一口咬去使鼻梁没入肉中,不致咎害。

《象》曰:噬肤灭鼻,乘刚也。

【译文】 《象传》说:咬啮带皮肥肉使鼻梁没入肉中,六二乘凌刚强而严刑服众。

【义理取象】 肤,繁体作"臚",《说文》"臚,皮也,从肉盧声。膚,籀文臚",金文作⿰,指易用爐火(盧)烤熟的柔嫩带皮肥肉(肉-月),故"臚"从肉盧声。

【义理取象】 六二当位,居下震中,持中守正且有行动力。一二三四爻交互为小颐卦☷,有尽情饮食之象;六二在二三四爻互艮☶下,艮为鼻为止,没入三四五爻互坎☵之下,有大口咬食肥肉使鼻子没止其中之象。六二为断案者,料敌太过,其实对象并不强大,如肥肉般柔嫩易咬,他猛下一口,连自己鼻子也没入肥肉中。这是说六二断案用刑很重,使罪犯认罪伏法,用力过猛而有点可笑。但六二有柔顺中正之德,刑必当罪,用刑深严一些也无咎害。以柔德用力制服对手,是六二乘初九之刚的具体表现。

【社会人事】 《说卦传》"艮为黔喙之属",即黑嘴巴动物。如鸟喙黑而长,吃果子时鼻子易没入果肉中;猪嘴长,拱土吃食时鼻孔也易没入食物之中。正派且认真的人,行事专注而全力投入,容易用力过猛,所谓杀鸡用牛刀。但能够克敌制胜,虽用力过度,也无可责咎。

六三:噬腊肉,遇毒。小吝,无咎。

【译文】 六三:像咬啮干硬腊肉遇到肉中毒一样,施刑不顺利。只是稍有憾惜,不致咎害。

《象》曰:遇毒,位不当也。

【译文】 《象传》说:遇到肉中毒,六三居位不当。

【义理取象】 《释名》"腊,干昔也",金文"昔"作𣊏,太阳(日)晒物水汽上升而干,加肉旁为"腊",马融谓"晞于阳而炀于火曰腊肉"。六三柔居刚位,与上九正应,处下震𝌅上而有动力。上离𝌂为火,六三咬食的是被火熏干的腊肉。六三在三四五爻互坎𝌀下,坎为险为矢,在人为加忧,有咬腊肉遇毒有忧之象。六三也是断案用刑之人,但非中正,断案用刑时对手非但不服,反使其遭受怨毒。就像腊肉比肥肉干硬,难咬动还多少有些副作用。六三有些轻率大意,遇到顽敌而差点失利,但顺震而动且正应上九,爻变下卦为离,上下皆有离𝌂光照,虽因居位不当而小有悔吝,终无咎害。

【社会人事】 此类断狱,刁民顽劣不服而有梗阻,如同咬带皮干硬腊肉而难啮断,还会稍含残矢之毒,如"滚刀肉"般难对付。王弼注"噬以喻刑人,腊以喻不服,毒以喻怨生",骄横的受判者非但不服,还报之以怨毒的凶狠目光。然国家刑狱威严,断狱者应果敢维护正义,虽有小吝,不可畏难而苟且。

九四:噬干胏,得金矢。利艰贞,吉。

【译文】 九四:像咬啮干硬带骨肉一样施刑不顺,还会遇到暗含铜质箭矢般的刚硬。利于在艰难中守持正道,可获吉祥。

《象》曰:利艰贞吉,未光也。

【译文】 《象传》说:利于在艰难中守持正道获吉祥,九四治狱之道尚未发扬光大。

【解字释义】 胏 zǐ,《说文》"𦞩,食所遗也,从肉宁声";"宁"同

"止",遇到肉中硬骨而止。《玉篇·肉部》"胏,脯有骨",指晒干的带肉骨、剩余食物。金矢,铜质箭头,金与矢相伴,喻利益与厉害相伴。孔颖达疏:"金,刚也;矢,直也。虽刑不能服物,而能得其刚直也。"九四在公卿位,所遇刑狱势必重大难断,以"噬干胏得金矢"喻之,虽一时难以降服对手,也须守持刚直之德。

【义理取象】 九四刚居柔位,与初九无应,是中间四爻唯一阳爻,可看成口中梗塞之物,是应当除掉的对象,被咬断则爻变为颐卦☶。反观之,九四又是断案施刑者,是六五之君下属最有能力、最善于解决大案难案的强手,碰到难断大案,有咬啮干硬带骨肉之象。九四在三四五爻互坎☵中,又处上离☲下,坎为弓轮离为戈兵,弓上之戈就是箭矢,有啮干骨肉遇到内含铜箭头之象。九四居互坎☵险难之中,上承六五之君,必须知难而进,明断止狱,才能服人而受敬。啮之遇骨,艰而后吉。强调断狱者公正、严明、机敏而勇锐,要有艰难任事的态度。下三爻均占无咎,至此爻才占吉。九四爻变为颐卦☶,努力除阻啮合而颐养吉祥,艰难持正行事,才能使"未吉光"转为"吉光"。

【社会人事】 古争讼者求断案,必先致金钱而后听讼,九四"得金矢"或可指此。《周礼·大司寇》:"大司寇之职,掌建邦之三典,以佐王刑邦国,诘四方……以两造禁民讼,入束矢于朝,然后听之。以两剂禁民狱,入钧金,三日乃致于朝,然后听之。"诉讼双方先各送三十斤铜于朝,三日后听讼;矢为直,金为坚,用以告诫当直陈不可曲说,听讼者当秉公直断。矢金最后收入官府,即预交的诉讼费。重大案件交矢金必多,审断过程必然艰难,再难也要坚守正道,最终公正断案得吉祥。

六五:噬干肉,得黄金。贞厉,无咎。

【译文】 六五:像咬啮干肉脯一样断案不顺,但六五具备黄金般的刚毅中正。守持正道渡过危厉,可免咎害。

《象》曰:贞厉无咎,得当也。

【译文】 《象传》说:守持正道渡过危厉而免咎害,其行为符合正当的治狱之道。

【义理取象】 王弼注"干肉,坚也;黄,中也;金,刚也",孔颖达疏:"居于中是黄也,以柔乘刚是金也。"六五柔居刚位,上承上九之刚,下有九四刚健辅助,居君位而在上离䷂中,为光明之来源。六五居三四五爻互坎䷜上,坎为陷为忧,有危厉之象;但在上离䷂中,有前途光明可免灾咎之象。六五为噬嗑卦主爻,黄中正道,以柔履刚,上下君臣合作,持守中正刚健,咬啮干肉脯,断案用刑有力得当,虽有危厉,坚贞克难,终无咎害。六五虽不当位而处事得当,坚守正道,合乎刑狱治理之正道。

【社会人事】 周文王可比噬嗑卦六五之君,外温和而内坚毅,有强健之臣上下辅佐,虽有压力,但不危险。就刑狱而言,君王处尊位而断大狱,收重金而藏于国库,有黄金坚刚之德,日月雷电之威,虽有匡正臣下贪赃枉法之艰厉,然处置得当,正行终得无咎。

上九:何(hè)校灭耳,凶。

【译文】 上九:肩荷重刑具,连耳朵也陷没不见,凶险。

《象》曰:何校灭耳,聪不明也。

【译文】 《象传》说:肩荷重刑具陷没耳朵,上九积恶而耳不聪目不明。

【义理取象】 何,甲骨文作𠈌,象人荷戈之形,《说文》"何,儋也,从人可声"。"儋"即"担-擔",徐铉等注:"儋何,即负何也。借为谁何之何,今俗别作擔荷。"上九非中不正,又处噬嗑卦䷔极位,为两个受刑爻位之一。上离䷂为目近耳,三四五爻互坎䷜为丛棘象械具,肩上颈脖刑械厚重至目上,以至遮住耳朵,有荷械灭耳之象。上九爻变为震卦䷲,下震䷲上震䷲,其罪恶政权持续震荡,摇摇欲坠,皆因暴君耳不聪目不明所致,看不清形势,听不进善言,积恶到顶端,自然多凶险。

【社会人事】 上九亢龙无德至极之位,如自身不正而犯罪,就不是初九小犯重诫而改,而是积重难返不可宽赦,积恶灭身。夏桀、殷纣就是典型的荷校灭耳，罪大恶极，身败名裂。

噬嗑卦小结

噬嗑卦象征啮合，强调刚柔相济的治理刑狱之道。雷电交加而明光，噬梗合口得颐养，先贤由此知明罚敕法，立法教民，狱在明不在罚，法在敕不在刑。噬嗑卦讲刑狱之道，重在德教劝诫，提倡中正公平。周初圣贤的刑狱观：上离☲明而下震☳威，明威相济，明以劝诫引导，威以强制惩戒。然断狱之明不如无狱，《论语·颜渊》："子曰：听讼，吾犹人也，必也使无讼乎？"小惩大诫，不得已而用刑狱，必得明断而中正，体现为"公正、严明、机敏、勇锐"四德。

《系辞传下》："善不积不足以成名，恶不积不足以灭身。小人以小善为无益而弗为也，以小恶为无伤而弗去也，故恶积而不可掩，罪大而不可解。《易》曰：何校灭耳，凶。"刘备劝子刘禅"勿以恶小而为之，勿以善小而不为"，出于此。小惩大诫可救，何校灭耳难赦。

六爻在治狱中的地位和作用不一样，处置也就不一样，以得其宜为佳。初九与上九为受刑对象，中间四爻为施刑者。刑狱断案的实施，四爻用"噬肤、噬腊肉、噬干胏、噬干肉"喻断狱人的艰难梗阻，是巧妙而优美的隐喻。李光地《周易折中》引李过曰："五，君位也，为治狱之主。四，大臣位也，为治狱之卿。三、二，又其下也，为治狱之吏。"各位有其不同的难处，朱熹《朱子语类》："大抵才是治人，彼必为敌，不是易事。"虽然治狱处刑甚为不易，也不能因此畏难，当知啮而后可合，治狱当有雷霆之势，正义之威，再加上柔中之道，便行得其宜。

马振彪《周易学说》："圣世彰善瘅恶，明威并用，道在雷厉风行。水懦弱，民狎玩之，故多死焉；火猛烈，民望而畏之，故鲜死焉。制刑之法，取火雷为象，盖有道矣。然以柔中为主，仍不失辟以止辟、刑期无刑之意。老子善用柔，经言'民不畏死，奈何以死惧之'，盖得柔中之道矣。"中正立法，刚柔并济，教诫引导，德治为先，是噬嗑卦刑狱之道的主旨。

22. 贲 卦 ䷕

山火贲　艮上☶离下☲

【解字释义】　山火贲,火光照山,孔颖达疏"火上照山,有光明文饰也",有华光溢彩之象。贲卦下离☲上艮☶,离为明为丽,艮为止为物,明丽著于物,有纹饰之象。《序卦传》"物不可以苟合而已,故受之以‘贲’。贲者,饰也"。贲卦象征文饰,噬嗑卦以刑狱嗑通阻碍使社会和合通达,要使社会人群相聚和合,还须礼仪制度来规范等级伦序,礼仪制度就是对自然人群的文饰,故贲卦次于噬嗑卦之后。

贲,繁体作"賁",《说文》"𧋒,饰也。从贝卉声",海贝(𧋒)、卉草(𦱸)为初民的饰物,男以贝饰胸,女以花卉饰头,幼儿以贝为颈饰(婴),故"贲"有纹饰、装饰义。"贲"读 bì,《广韵》彼义切,有纹饰、华美、光彩义。"贲"又读 fén,《广韵》符分切,指三足龟,有大义。"贲"还读 bēn,《广韵》博昆切,指隔膜,通"奔",有奔走、虎贲、奋勇等词义。"文-𡥁"是正面人(大)胸脯上有文饰(×),为"纹"本字,有文身、文饰、纹理、文字、文章、文化等词义。质,繁体作"質",诅楚文作𧶼,《说文》"𧶼,以物相赘,从贝从所",以实物(二斤)价值(贝)相抵押,有典当、实物、物体、本体、本性、本质、朴素、朴实等词义。

《论语·雍也》:"子曰:质胜文则野,文胜质则史,文质彬彬,然后君子。""质"是本体、本质,"文"是修饰、文饰,"贲"是以文饰其本。如果人类只有自然本质,没有礼仪制度和道德理念来文饰,社会就不能发展,人与其他动物无异;但文饰过度,本质被极大削弱,文胜质太多,社会也会虚华不实而无根基。儒家认为人类社会不可无文饰,但强调文饰合度,中庸方为美。荀子曾批评墨子"蔽于用而不知文",强调文饰的必要性。贲卦䷕用文饰来象征"人文化成",重视社会文明与文化建设。

社会有"贲"才能亨通,但"贲"须适度而止,过度则不利。周初圣贤的审美观注重"素贲",本色是最佳文饰,故《杂卦传》谓"'贲',无色也",以无色来凸显其原本面貌,就是最好的文饰。贲卦的文饰讲中和内美之道,致中和而臻内善,德行之美如华光远照,故先贤称美好为"文"或"文明"。

贲卦重视文质适度,具有鉴诫性喻意。贲卦后面接剥卦☶,沉溺于色相会使人迷失,《老子》谓"五色使人目盲"。贲☶象颐☶中有物,物色在九三,《系辞传下》"三多凶……四多惧",噬嗑卦☲翻覆为贲卦☶,明丽宜人的表象下暗藏凶机。据说,孔子过四十岁,进入不惑之年,占卦问前程,结果占得贲卦。孔子认为贲代表装饰,做官只是君王的附庸,不会有实际建树,于是决定不再做官,专心删《诗》述《礼》,聚徒讲学,从事教育事业。

卦　辞

☶贲:亨。小利有攸往。

【译文】　贲卦象征文饰,亨通,利于柔小者前往。

【解字释义】　筮遇此卦,于所往小有利。质与文对立统一,相辅相成,而质是主导是基础。物加必要的文饰,可以更好通行,故占亨通。但文饰之事小有用而不可大用,柔小者加上文饰可显其美,若文饰过盛而文胜于质,就会失去本质,走向反面而不亨通,故占小利。

《论语·八佾》子夏问曰:"'巧笑倩兮,美目盼兮,素以为绚兮',何谓也?"子曰:"绘事后素。"子夏曰:"礼后乎?"子曰:"起予者商也。"绘画先涂上各种鲜明的色彩,最后用朴素的本色(无色、白色)定稿,衬托出绚丽色彩的立体效果。礼仪是社会的文饰,就像绘画最后用素色衬托其他颜色一样,礼仪只是显示各种绚烂思想的衬托方式,礼仪的文饰是本色而朴素的。由此可知,贲饰是亨通的,但不可过度,刚柔相济,文质合度,小行则止,正所谓"文质彬彬,然后君子"。

《象》曰:贲,亨。柔来而文刚,故亨。分刚上而文柔,故小利有攸往,天文也。文明以止,人文也。观乎天文,以察时变;观乎人文,以化成天下。

【译文】　《彖传》说:文饰,亨通。阴柔前来文饰阳刚,阴阳交饰于是亨通。又可分出阳刚居上来文饰阴柔,故利于柔小者前往。刚柔交美是天然的文采,文彩灿明止于礼义,是人类的文采。观察天的文采,可知晓四季转变的规律;观察人类的文采,可行教化以促成天下昌明。

【彖辞释义】　柔来文刚、刚上文柔。阳爻为刚而阴爻为柔,乾卦☰为刚而坤卦☷为柔。乾坤为《易》之门,乾为天为父而坤为地为母,天地生万物,乾坤生六子,程颐《易传》谓“乾卦变而为六子,八卦重而为六十四,皆由乾坤变也”。六子中,阳卦三男:长男震、中男坎、少男艮,本由坤母☷得乾父一阳爻依次化掉自己一阴爻,卦变为震☳、坎☵、艮☶;阴卦三女:长女巽、中女离、少女兑,本由乾父☰得坤母一阴爻依次化掉自己一阳爻,卦变为巽☴、离☲、兑☱。由此可见,卦变是乾坤阴阳交互的结果。

【义理取象】　贲卦上体艮☶来自坤☷,其刚爻上九得自乾,分乾一刚爻上来文饰柔坤;贲卦下体离☲来自乾☰,其柔爻六二得自坤,坤一柔爻下来文饰刚乾。上坤☷下乾☰组成泰卦䷊,九二与上六变爻交换就成为贲卦䷕,故谓贲䷕由泰䷊变来。

贲卦强调刚柔交错、文质合度,刚为质而柔为文。当下卦刚质胜柔文之时,六二柔来而文刚,使文质相配,下卦离☲为光明希望,故占亨通。当上卦柔文胜刚质之时,下分上九刚爻上来调剂,使文质相配,上卦艮☶为止而不过柔,刚上使文饰不过度,小饰而利有所往。柔文刚,刚文柔,刚柔交错致使质文相当,犹如四季寒暑交替适度,这是自然文饰之道,故称“天文”。从卦德来看,下离☲为火为明,有文明之德;上艮☶为山为止,含节止合度之义。贲饰走向文明而节制合度,是由人来把握控制的,是社会礼制之道,故称“人文”。由卦象观察自然界的文饰合度,可探知节候变化以调整适应之;观察人文贲饰的文质合度,可建立相应的礼仪制度,教化成就天下之人,即观卦所谓"先王以省方观民设教"。

《象》曰:山下有火,贲。君子以明庶政,无敢折狱。

【译文】 《象传》说:山下燃烧着火焰,象征文饰。君子因此修美显明政务,但不敢靠文饰来处理讼狱。

【象辞释义】 噬嗑与贲互为覆卦,噬嗑讲如何治刑狱,贲卦《大象》言不可以贲饰来治刑狱。贲☲山下有火焰焕彩,那只是装饰。贲卦离☲明在内而艮☶止在外,不如火雷噬嗑力量强大。君子(官员)由此当知,用文饰方式来显明各类政务尚可,但刑狱求实,不能用文饰方式来折狱断案。孔子告诫,治狱务必去贲饰而求实情。舞文弄墨、深文周纳、虚饰真实,都不利于刑狱治理。

【卦变象征】 贲☲的覆卦是噬嗑☲,贲饰不能用于折狱断案。贲☲的错卦为困☵,过度贲饰就陷入浮华困境。贲☲之互卦为解☵,适度贲饰可解质朴之单调,但不可消解本质。

爻 辞

初九:贲其趾,舍车而徒。

【译文】 初九:文饰自己的足趾,舍弃乘车而徒步行走。

《象》曰:舍车而徒,义弗乘也。

【译文】 《象传》说:舍弃乘车而徒步行走,初九在以素为文的道义上不应乘车。

【义理取象】 初位在脚趾,王肃注"在下故称趾"。下体离☲为明为丽,有贲趾之象。二三四爻互坎☵为轮为车,初九当坎车之下,有舍车而徒步行走之象。内卦三爻"柔来文刚",主要在柔饰程度上加持。初九刚进入贲卦,贲饰程度最低,贲饰表现在脚趾上,虽有文饰而几近于无,有素而无文之象。初九当位,与六四正应,义行正道,以素为贲,宁愿徒步行走,舍弃豪华饰车而不乘。持有素饰道义,人以乘车为贲,我以徒步为贲。

【社会人事】 初入职场,不可张扬奢华,而应朴素大方,脚踏实地锻炼。

从审美意识看,舍车而徒步行走,也是为了显现脚趾上的适度纹饰。爱美之心,人皆有之。

六二:贲其须。

【译文】 六二:文饰自己的胡须。

《象》曰:贲其须,与上兴也。

【译文】 《象传》说:文饰自己的胡须,六二与九三共同显示美饰。

【义理取象】 须,繁体"須",又作"鬚",金文作𩑋,颐额(頁)下有胡须(彡)形。六二当位居下离中,与六五无应,九三也与上九无应,近而相得,故六二与九三相比相贲。三四五六爻为小颐卦䷚,颐象脸,胡须文饰脸面使美观。然而胡须不能自成,只能附着在颐上,毛附于皮,六二正象附着于九三而下垂的八字胡,有颐下须之象。兴,行动、兴起。六二与九三阴阳互贲而相得益彰,一起兴盛美饰之事。六二居下卦中,为本卦柔饰之主。贲卦文饰其质且不改变其质,六二与九三均当位,为柔文附于刚质的关系,六二随九三而动止。六二胡须虽附着九三颐额,仍是真正的文饰,程度高于初九的以素为贲,是以贲为饰。

【社会人事】 面须是男子性征,适当修饰以示自信,且表示对人礼貌。人美其须发仪容,希望得到他人欣赏接纳,为人之常情,无吉凶可言。《孟子·尽心上》:"待文王而后兴者,凡民也! 若夫豪杰之士,虽无文王犹兴。"平常人"贲其须",随顺同道兴业成事;英雄豪杰则超越"贲其须"的境界,无圣贤依靠,自己也要兴业成功。

九三:贲如,濡如。永贞吉。

【译文】 九三:文饰得如此俊美,濡染而润泽,永久守持正道可获吉祥。

《象》曰:永贞之吉,终莫之陵也。

【译文】 《象传》说:永久守持正道可获吉祥,九三柔文之道始终不会陵越刚质。

【爻辞释义】 贲如,贲饰已盛。濡 rú,《说文》"𤣎,渍也,从水需声","需-𤕟"是人遇雨不进而等待,《集韵》"濡,沾湿也"。濡如,濡染、润泽貌,指沉浸贲饰之中。

【义理取象】 九三当位无应,六二、六四两柔文九三一刚,有贲饰俊美之象。贲饰至盛,稍有不慎就会过甚而走向反面,二三四爻互坎☵为险陷,九三被二阴相夹贲,有至濡如之象;初至四爻为小既济卦☲,小狐狸渡河"濡其尾",含有危险。九三贲饰程度高过六二,处上下卦之间,下卦离☲为光明,上卦艮☶为停止,九三既乐于贲饰充盈又顾虑贲饰太过,须谨慎从事,当止则止。好在九三刚健正位,柔文至终未陵越刚质,永守正道可得吉祥。

【社会人事】 贲饰之事当如濡染,由表及里,由浅入深,文不过质,可获内在之美。人注重内在美,乃"富润屋,德润身",这样虑事久远,其贞乃吉。贲如为君子之饰,久其德润,其功乃成。人在社会染缸中沉浮,需要警惕而守正道,富有文饰而不伤自我本质,贲不过濡,文不过质,才可保长久吉祥。

六四:贲如,皤(pó)如。白马翰如,匪寇婚媾。

【译文】 六四:文饰得那样充分,雅致而素白。所驾白马戴有锦鸡羽饰,来的不是强寇而是求婚的佳偶。

《象》曰:六四,当位疑也。匪寇婚媾,终无尤也。

【译文】 《象传》说:六四当位得正,但心中仍怀疑惧。确定来的不是强寇而是求婚的佳偶,最终无所忧虑。

【解字释义】 皤 pó,《广韵》薄波切,《说文》"𤿥,老人白也,从白番声",有白首、白色等义。又读 bó,博禾切,为蕃盛义。翰,《说文》"翰,天鸡,赤羽也",锦鸡羽为古人通用饰物,曹丕《大墙上蒿行》"纤罗为缨,饰以翠翰",清代以花翎为官员冠饰。

【义理取象】　六四以柔居阴当位,下与初九正应,处上艮䷳下,居下离䷝之上。艮为止而离为丽,六四正处于由贲饰华丽向贲盛返素过渡之时位。皤、白都是本色素色,"贲如"是贲饰华丽,"皤如"是素白之色。下卦三爻是贲饰渐盛,上卦三爻是渐归素白,六四上处艮止而下应初九,贲饰柔盛时已生崇质返素之心。六四爻变二三四爻互巽䷸为进退不果,是继续文饰还是返回刚质,六四虽当位却也心存疑虑。三四五爻互震䷲为马为颡,爻变互巽䷸又为白为鸡,有白马翰如之象。二三四爻互坎䷜为中男又为盗寇,上艮䷳为少男,下离䷝为中女,白马盛饰来求婚,有非寇婚媾之象。六四正应初九,初九舍车徒步以素为贲,六四贲饰皤如崇质返素,二者志向相同而呼应,如同佳偶婚媾,终得释疑,无所忧虑。

【社会人事】　人逢贲饰华丽之时之事,或有疑惧,如离卦九四"突如其来如,焚如,死如,弃如",就是驾豪华车的盗寇带来灭绝人寰的惨剧。而此处盛饰翰如,白马也装饰锦鸡羽毛,为佳偶求婚而非盗寇劫掠,是可得允许的华丽贲饰。然爻辞不加吉占,含有不予提倡之意。周初圣贤以至孔子,主张"素以为绚",不主张贲饰华美,文胜于质不如文质相宜,"文质彬彬"才是贲饰正道。

六五:贲于丘园,束帛戋戋。吝,终吉。

【译文】　六五:隐居淳朴自然的山丘园圃,有人持成束丝帛来敬献。过程似乎略有憾惜,最终将获吉祥。

《象》曰:六五之吉,有喜也。

【译文】　《象传》说:六五的吉祥,必有喜庆。

【解字释义】　丘－𖤊,城邑外的高丘,这里指九五。园,园林种植。帛-𢁛，从巾白声，白色丝织品，即未染色的素丝织物。束帛，帛五匹为束，《礼记·杂记下》"纳帛一束，束五两，两五寻"，为数不少。戋jiān，繁体作"戔"，以两小戈重叠表示小而少；戋戋，李善注《文选》引薛综"戋戋，委积之貌也"，由少积多。

【义理取象】 六五以柔履刚，以中德居君位，为贲卦之君子、高士。六五与六二无应，上九也与九三无应，近而相得，六五承上九而相比，《彖传》谓"分刚上而文柔"，则六五也受上九文饰。高士隐居高丘园林，静谧朴素，种植积财，修身积德，声名远播，必有求贤者束帛往求，欲用其贤才于邦国。王肃注六五："失位无应，隐处丘园，盖蒙暗之人，道德弥明，必有束帛之聘也。"上九为高丘，六五处上艮☶中，帛与皤均喻白色之素贲，有止足丘园崇质返素之象；六五君子外柔内刚，居三四五爻互震☳上，虽退隐素贲，仍有行动治国之志，故有束帛戋戋来求之象。贲卦上三爻贲极返朴，逐步崇质返素，六五居中位为君子高士，礼勿奢宁俭，其贲饰越节俭越好，故以白帛喻素贲。贲卦以素饰白贲为吉，六五柔外刚内，喜好崇朴返质，心怀治国之志，先时退隐略有憾惜，最终得束帛以求而施展德能，喜得吉祥。六五爻变三四五爻互离☲与下离☲为重离重光，为有喜加吉之象。

【社会人事】 殷商末世，国政乱，士多隐。姜尚、文王四友均为隐者，终得文王束帛以求而重用，吉祥有喜。《周易》赞成隐而修德致富，称道穷而后通之美。高人隐士，政治上未得志时退隐，有所憾吝，经营丘园以修身，名显而受聘，中似有憾，而终得吉。《史记·货殖列传》："子贡既学于仲尼，退而仕于卫，废著鬻财于曹鲁之间，七十子之徒，赐最为饶益。原宪不厌糟糠，匿于穷巷。子贡结驷连骑，束帛之币以聘享诸侯，所至，国君无不分庭与之抗礼。夫使孔子名布扬于天下者，自贡先后之也。此所谓得势而益彰者乎？"子贡等以束帛高士之德扬其师孔子之名，可谓能行贲饰之正道。

上九：白贲，无咎。

【译文】　上九：素白无华的文饰，无咎害。

《象》曰：白贲无咎，上得志也。

【译文】　《象传》说：素白无华的文饰无咎害，上九大遂"无饰之饰"的素雅心志。

【义理取象】　白即无色，指素色、本色；白贲，素而不贲。上九以刚履柔不当位，非中无应，全然不受外饰牵绊。上九处贲饰之终，饰极返素，故重其质素白贲，不劳文饰而得无咎，王弼注"以白为饰而无患忧"。大巧若拙，物一无文，回归本质素色，天人合一，达到贲饰之道的极致。上九从泰卦九二上来，用意是"刚上文柔"，现在文与质合宜、白与贲同一，以"无饰之饰"达到贲饰之道的最高境界，故孔子《小象》谓"上得志也"。

【社会人事】　素位君子或失位君子，已不同于六五在位君子，更当以雅淡素质为饰，洁身自好，明哲保身，不奢华张扬，以本质自立，方能自保无咎。上九不讲兴业进取，而讲洁身避祸之道。周初太伯、虞仲退居吴地，汉初张良请封陈留小邑，唐将郭子仪府门长开，都是白贲无咎的典型例子。

贲卦小结

《左传》引孔子语"言之无文，行而不远"，强调文饰的功用。贲卦讲文饰之道，从审美表现来看人生，以审美价值隐喻功利判断，是儒家审美观的基本体现。

贲卦讲文饰之道，强调刚柔相济、文质合宜，重视素饰而不重华艳。《杂卦传》"'贲'，无色也"，本色素贲的"无饰之饰"是文饰之道追求的最高境界。

贲卦六爻各有内涵，下三爻逐渐加大文饰程度：初九贲趾，是以素为贲；六二贲须，是以贲为贲；九三贲如濡如，是贲盈防濡。上三爻逐渐由贲返素:六四贲如皤如,有贲盛返素之念;六五贲于丘园,有崇质返朴之行;上九白贲无咎,有返朴归真以自保之实。前五爻,"贲"字都在前,上九"贲"在"白"后,由贲返素、由文返质,文质彬彬,然后君子。

《周易》审美观,主要倡导中和内美之道,重视德性之美。孔子"绘事后素,素以为绚"的审美描述,是对《周易》贲卦文饰之道的最好概括。素与贲,文与质,是相反相成的矛盾对立统一体,而以素质为矛盾主导方面。贲卦的贲饰之道认为,文饰不可或缺,社会礼制不可少,因而纯粹的见素抱朴、绝圣去智及回归自然是不可取也行不通的。只是文饰必须有度,不同时空有不同的文饰样态及其作用,治国者要节制文饰而教化成就天下民众。素与贲的交合是文饰的手段,文与质的相宜是文饰追求的结果,文饰之道最高追求就是"白贲"和"文质彬彬",就是人文与天文的"天人合一"。贲卦的审美观是多元审美交织,其审美有等级分述,对后世"素、艳、妙、善"等美学范畴都有涉及,最终形成华夏"致中和而臻内美"的审美观,为美学发展提供了很有价值的基础。

23. 剥　卦　䷖

山地剥　艮上☶坤下☷

【解字释义】　山地剥,山体剥落下委于地。上艮山☶下坤地☷,山体经风雨剥蚀而逐渐脱落为地。剥卦象征剥落,阴气盛长使阳气消减,剥卦䷖五阴爻剥阳爻几至于尽,只剩下一个阳爻居顶,剥尽此一阳,就成茫茫大地之坤卦☷,然后一阳复生于下成为复卦䷗。

剥 bō,甲骨文作ㄣ,《说文》"剝,裂也。从刀从录。录,刻割也,录亦声",本象用刀剥下兽皮之形,层层割剥,有剥取义,也有剥去义。录,甲骨文作禄,金文作禄,《说文》"彔,刻木彔彔也,象形",井台辘轳转圈时井绳刻木录出深痕,金文正象井上辘轳打水之形,为"辘"初文。辘轳滴水不断剥掉下落,故"剥"从刀录声,有割裂、削去、脱落、剥蚀等词义。

消息卦:农历(夏历)八月观䷓(风地观),季节在白露、秋分,天气转冷;九月剥䷖(山地剥),季节在寒露、霜降,霜叶剥落;十月坤䷁,季节在立冬、小雪,地冻平白;十一月复䷗(地雷复),季节在大雪、冬至,隆冬转初春,一阳复起。《序卦传》"(贲)致饰然后亨则尽矣,故受之以'剥'。剥者,剥也",贲卦文饰至盛,物极必反,盛饰剥落使山委于地,故剥卦次于贲卦之后。

"剥"有二义,反面剥落,正面剥取。剥卦言善处剥落、剥取之道。《老子》三十九章"贵以贱为本,高以下为基",一阳爻高悬上九,随时可能被下面五阴爻剥落,要正确应对并挽救危局,主要是稳固下面的基础。其实众阴爻本是上九阳爻依附的基础,山高居地上,需要大地稳固地承载,如果地基被剥而不稳,山体就可能垮塌颠覆。《尚书·五子之歌》"民惟邦本,本固邦宁",民众是邦国的根本,如果民众利益不断被剥取而生活动荡,国家就难以安宁,剥卦体现"民本思想"。

卦 辞

䷖剥:不利有攸往。

【译文】 剥卦象征剥落,不利于前进行事。

【卦辞释义】 剥卦是众阴剥阳,一阳高悬于上,形势危厉,不可妄动蛮干。阳爻代表君子,阴爻代表群小,五阴对一阳,阴盛阳衰,小人强大则君子衰弱。此时局势、人事都不利,君子当怀质待时,不宜有所行动。

无论是剥落还是剥取,均应适可而止,若持续不断进剥,必至剥尽衰亡之厉,故占"不利有攸往"。下坤☷为顺,上艮☶为止,顺势当止则止,逆行前往不利。

《象》曰:剥,剥也,柔变刚也。不利有攸往,小人长也。顺而止之,观象也。君子尚消息盈虚,天行也。

【译文】 《彖传》说:剥,就是剥落的意思,阴柔者逐渐长大要取代阳刚者的强健。不利于前进行事,是因小人势力正在增长。此时应顺势抑止小人势力,由观察卦象看清趋势。君子应当尊尚消亡生息、盈盛亏虚相互转化的道理,那是大自然的运行规律。

【彖辞释义】 剥卦,是众阴爻要把阳爻剥落,阴柔势力要改变阳刚为阴弱。如此时势不适宜君子刚直前行,因为小人势力正在增长,即否卦《彖传》所言"小人道长,君子道消"。上艮☶为止为不动,六五爻变为观卦☷,当静止观时应变而化解危机。此时君子应尊重消退而后生长、充盈而后虚损等变化规律,顺应天地运行法则而行止有时。《杂卦传》"'剥',烂也;'复',反也",剥极必复,剥尽阴损污烂,必然反归阳光强健,届时一阳复起而万象更新。

《象》曰:山附于地,剥。上以厚下安宅。

【译文】 《象传》说:高山颓落委附地面,象征剥落。居上位者只有丰厚下面的基础,才能安固上面的宅室。

【象辞释义】 上艮为山,下坤为地,山虽高耸,颓落则土附属于地面。高以下为基,巩固培厚下方基础才可保上面安稳。居上位的治国者,由此知"民惟邦本,本固邦宁"的深意,水深才可载舟,基厚才可以安宅,过度剥取民众生存资源,邦国大厦就会崩塌为平地。

【卦变象征】 剥☶的覆卦是复☷,众阴剥阳已尽,之后是一阳复起。剥☶的错卦为夬☱,剥到尽头就夬决崩溃。剥☶之互卦为坤☷,剥尽溃塌,将变为一片平地。

爻　辞

初六:剥床以足,蔑贞,凶。

【译文】 初六:剥落大床先剥床足,若蔑视守持正道,有凶险。

《象》曰:剥床以足,以灭下也。

【译文】 《象传》说:剥落大床先剥床足,先蚀灭下部基础。

【解字释义】 床,繁体作"牀",分"牀"右边为"片"左边为"爿",加木作"牀"。"爿"原为人坐地手支颐休息的茶几形(⌐),后加大升高成为木板睡床。蔑,甲骨文作🝝,金文作🝞,人瞪大眼睛(苜)斜视武器(戍),有蔑视、轻侮、消灭、抛弃等词义,通"滅",也指剥灭。

【义理取象】 阴剥阳,阴爻增则阳爻减,从下往上一路剥去,开始剥初爻成姤卦䷫,剥到五爻就成剥卦䷖。下坤☷为舆为床,初六居最底下为床脚,爻变下震☳为动力之始,有开始剥床足之象。六四爻变上离☲为目,目在上无视初六床足被剥,有蔑贞之象。剥从足起,千里之堤溃于蚁穴。蔑视持守正道,不知化解危机,自然占凶。《周易》以"安贞吉、居贞吉、艰贞无咎"作占辞,深具忧患意识,艰难其事才可安处其事,方为吉。今床足被剥,上层不以为意而轻蔑视之,必占凶险。

【社会人事】 以床喻国,君子在朝,小人欲害之,先伤害、离间支持他的基层群众,如不以为意,必致凶祸。如周公相成王,管蔡流言"公将不利于孺子"于民间,则是剥其足。千里之行始于足下,起步基础被剥坏,必不能成就大事。

六二:剥床以辨,蔑贞,凶。

【译文】 六二:剥落大床已剥到床板下,如仍蔑视守持正道,更有凶险。

《象》曰:剥床以辨,未有与也。

【译文】 《象传》说:剥落大床已剥至床板下,说明六二未获互应者相助。

【义理取象】 《说文》"辨,判也,从刀辡声",用刀劈开分两辨。"辨"同"牑",《说文》"牑,床板也,从片扁声"。"牀"字左边"爿"横置为⌐,下二画为床足,上为床板。孔颖达疏:"辨谓床身之下,床足之上,足与床身分辨之处也。"六二居下坤中,坤☷为舆为床等载物之具,初六为床足,六二为床板(牑),剥到六二之位,有剥到床板下之象。六二与上卦六五不应而得不到支持,上变离☲之目无视下坤床板被剥,再次有蔑贞之象。剥到床板下则床将散,占为凶,比初六之凶更甚。

【社会人事】 君主在朝,小人攻击其护国大臣,若仍然不知警惕,则凶将至。如武庚勾结管叔、蔡叔谋反,如不能及时警惕制止,成王国祚必至凶危。

六三:剥之,无咎。

【译文】 六三:处剥之位参与剥之,无咎害。

《象》曰:剥之无咎,失上下也。

【译文】 《象传》说:处剥之位参与剥之无咎害,六三离开上下群阴而独应上九阳刚。

【义理取象】 六三以柔履刚,处五阴爻正中,居下坤☷、二三四爻互坤☷、三四五爻互坤☷三坤卦之内,可谓至阴甚剥之凶位。然众阴中唯有六三正应上九刚爻,他自己本怀外柔内刚之德,虽深居众阴之中,却无剥害上九君子之意。剥卦六爻"剥"有正反两面,一、二、四爻为剥落,以阴剥阳,剥山委地;三、五两爻为剥取,取物以利国利民。因此六三叙辞"剥之"由宾转主,主动获取物利上应上九。六三离开上下包围他的众阴群小,与阳刚上九相应,有脱离阴柔小人转向刚健君子之象,故《小象》谓"失上下也"。六三爻变,剥☶之艮卦☶,危机得以暂时控制停止,含阳待复,故占无咎。

【社会人事】 剥地面之物有选择,如皮壳果实、野兽皮毛、粮食谷物之壳等,剥之对民众生活有利,则可适当剥取以为用。国家的军队、教育、基础建设开支,取于贡税、租赋、力役,规范制度适当剥取利用,取之于民用之于民,无咎害。九三"剥之无咎",当属此类。

六四:剥床以肤,凶。

【译文】 六四:剥到坐床者臀肤,有凶险。

《象》曰:剥床以肤,切近灾也。

【译文】 《象传》说:剥到坐床者臀肤,说明六四迫近灾祸了。

【解字释义】 肤,繁体作"膚、臚",《说文》"臚,皮也,从肉盧声。膚,籀文臚",金文䑖象去兽皮而悬其肉形,指带皮肥肉,有表皮、兽肉、嫩肉、肌肤等义,这里指人的肌肤。剥到躺在床板上人的臀肤了,凶险。

【义理取象】 六四当位,处上卦之初,离被剥阳爻上九较近,危害更大。阴剥阳到六四已至高位,剥到坐卧于床上人的臀部肌肤,是切近现实之凶灾,不再言蔑贞,直接占凶。来知德《周易集注》谓:"剥床而及其肌肤,祸切身矣,故不言蔑贞而直曰凶。"剥卦初六、六二、六四三爻皆凶,在《周易》六十四卦中很少见,情势很严重。剥床足、床牖是"贞凶",预料其后果当为凶,应预防;剥人肌肤则致人死命,于己犹如自杀,是真正的凶祸。

【社会人事】 就周公与管蔡事件而言,传播周公将不利孺子流言而蛊惑民心,为剥足;继而据国叛乱,如剥床板动周之根基;进而联合淮夷进攻周师,就是剥肤之凶,周公必须东征平乱而去管蔡之秽。应对不同位的剥落,不可不以正道处之。

就社会资源分配而言,若君王及上层贵族腐败,残酷剥削至民不聊生,人心离散,必至揭竿造反。"官逼民反"就是剥肤之凶,史上屡见不鲜。

六五:贯鱼,以宫人宠,无不利。

【译文】 六五:挑选射中一串大鱼,让有为的宫人得宠,没有不利。

《象》曰:以宫人宠,终无尤也。

【译文】 《象传》说:让有为的宫人得宠,六五终究无所责咎。

【解字释义】 贯,也作"毌",《说文》"毌,钱贝之贯,从毌、贝",《广雅·释言》"贯,穿也",指穿钱串贝的绳子,作动词为贯穿。贯鱼,挑选射中一串大鱼。五个阴爻排列整齐如一串鱼,鱼为阴物,故用鱼来比喻阴爻。宠,繁体作"寵",《说文》"寵,尊居也",宫室中供奉神像、龙像,有尊宠、荣宠、宠惠等义。《礼记·射仪》:"天子将祭,必先习射于泽。泽者,所以择士也。已射于泽而后射于射宫,射中者得与于祭,不中者不得与于祭,不得与于祭者有让,削以地;得与于祭者有庆,益以地。"在祭礼上射鱼得中,就得到参与宫廷祭祀资格,得到荣宠地位。

【义理取象】 《周易》每卦言一类事理,往往于三爻或五爻变换宾主。剥卦☶初、二、四爻可视为剥落兼被剥之事,三、五爻则易宾为主,言主体行剥取之事。又如遁卦☰九五转士隐遁为人君嘉遁,讼卦☰九五由被讼者转至判讼君长等。

六五柔德处刚位,居上艮☶中人君之位,行剥取之事当循中正之道。若射鱼以祭,当选取其大者射之。选取人材,亦选上等贤才而任之,让有为的宫人受宠于上九阳刚,故无不利。阴柔者的特点是势盛则自主,势穷则顺承,六五处剥卦衰微时势,不主剥阳,反主承刚。六五以阴柔之主上承上九刚健之阳,且以众阴之长身份,象贯鱼一般率领三坤☷五阴爻☷共承上九之刚,又象宫人侍奉人君一般顺承上九得宠幸,有贯鱼以宠之象。六五审时度势,率诸阴尊承上九,使阴剥阳、柔克刚的危局出现逆转,前行没有不利,也就无所责咎。六五爻变,上艮☶转上巽☴,艮止之势转向顺通之势。

【周初人事】 西伯姬昌在其父季历被殷王囚杀之后,审度时势,知不能剥殷至垮塌,转而率领诸侯顺事殷王,且迎娶殷王太乙之妹太姒为妻,使危局得以改变,为此后行仁政统一天下赢得宝贵时间。

上九:硕果不食,君子得舆,小人剥庐。

【译文】 上九:硕大果实不被摘食,君子赢得民众爱戴,小人则会剥到屋顶。

《象》曰:君子得舆,民所载也。小人剥庐,终不可用也。

【译文】 《象传》说:君子赢得民众爱戴,民众因此有所依庇。小人会剥到屋顶,终究不可任用。

【解字释义】　硕,从页石声,由大头通指大。輿-🚗,以四手抬车表示车厢、车子。庐,繁体作"廬",《说文》"廬,寄也,秋冬去,春夏居",从广,指别墅、房子。

【义理取象】　上九以阳履阴,诸阳已被剥尽,唯上九孤阳高悬极顶,像一只硕大果实悬于树巅未被摘食,当因天道"阳不可尽剥"而得幸存,君子独存阳实,有硕果不食之象。王弼注:"处卦之终,独全不落,故果至于硕而不见食也。"上九爻变之坤☷为大舆为众,下坤☷、二三四爻互坤☷、三四五爻互坤☷,均为舆为众。上九硕果仅存,若君子居此位,得民心而受拥戴,如得车舆以载民众,有君子得众之象;若小人窃居此高位,行事偏狭而失民心,则剥翻屋顶而无所留存,有小人失众之象。孔颖达疏:"若君子而居此位能覆荫于下,使得全安,是君子居之则得车舆也。若小人居之,下无庇荫,在下之人被剥彻庐舍也。"

【社会人事】　君子虽独处剥阳之世,但行事刚健中正,勤政爱民,不私其所建之功,德行高尚,得君王赏赐车舆以旌其德,硕果仅存而受万民景仰。如周公还政于成王,制礼作乐,设教化民,成王封其子伯禽为鲁公,赐舆服典籍以载其君子之德。反之,小人不可重用而使居高位,一旦小人得势,会剥彻民众庐舍而民不聊生,自食其恶果。

一说小人指农夫,周室农夫得其庐舍所种硕大瓜果,不自食而献于成王以祀周祖先,提醒成王不忘周族子孙,即《诗·大雅·绵》所谓"绵绵瓜瓞,民之初生"之意。王公硕果不私而有功不居,周民剥其庐中瓜果助王献祭,都是"剥不自取",合《周易》倡导的美德。

剥卦小结

剥卦象征剥落、剥取,当秋风萧瑟万物零落而众阴剥阳之时,君子应看到剥极必复的总趋势,顺势止剥防凶。君子处于被剥的不同时位阶段,应该谨守正道,把握转剥复阳的适当时机,顺势行事建功。

剥卦六爻中,一、二、四爻为剥落及被剥者,三、五爻为剥他者。初

六、六二被剥于下,切不可掉以轻心而"蔑贞",应守正防凶。六三把握时机脱阴应阳,含阳待复,可得无咎。六四高位坐待剥肤,最为凶险。六五顺势率众阴转剥承阳,行无不利。上九君子硕果独存,得舆载众,转剥复阳。李光地《周易折中》引乔中和曰:"硕果不食,核也,仁也,生生之根也。自古无不朽之株,有相传之果,此剥之所以复也。"

反面剥落、正面剥取,剥卦讲善处剥落与剥取之道。下四爻三凶一无咎,当戒慎守正以防凶咎。上二爻已不讲利益关系,上升到才能、德行的倡导层面。六五贯鱼承宠,强调审时度势,积极改变危局。上九硕果仅存,强调君子以民为本,得舆载众;小人不可重用,以防害民。这已是对剥取的超越,道义取向超出功利取向,剥取之道也可用于设教化民。

24. 复　卦　䷗

地雷复　坤上☷震下☳

【解字释义】　复卦象征回复返本,剥尽之后,一元(阳)复始,万象更新。上卦山地剥,艮止☶坤地☷,地表无生命活动;此卦地雷复,上地☷下雷☳,深处所藏生命在活动;下一卦天雷无妄,上天☰下动☳,天底下生命都活跃了。《序卦传》"物不可以终尽剥,穷上反下,故受之以'复'",剥卦走到极点,阳爻又复返回到底下重新开始,故复卦次于剥卦。外坤☷为母,内震☳为腹内胎动,胎动于母腹,新生命开始复生。复卦节气在农历十一月冬至,冬至一阳生,一阳爻在下为内震动之源,也是一切德性之本。

复 fù,同"復",《广韵》房六切,甲骨文作𤓰,金文作𤕝,《说文》"𢕺,往来也,从彳复声",脚板反行于地穴复道,往行又回行,训"行故道",有返回、反复、复告、恢复、报复、补偿等词义,复加彳作"復",简化又作"复"。

复卦上坤☷为地,下震☳为动为途为足,有足行于地道之象。周历建子,以十一月冬至之日为岁首,故周历以复卦为过年,夏历以泰卦为过年。冬至夜最长昼最短,之后阳气渐盛,白昼逐渐加长,冬至日晷影达到最长度而返回重新开始,故有复象。

冬至一阳复起,喻人复返于正道。人有过则改,剥极而复,历劫重生,生生之谓易。君子顺规律行事,复见天地之心,复行中正无过之道。复卦顺势而行,于行有"休复"与"迷复",修养提高再前行,迷途而复返。地下深藏着生命活力,任何浩劫都不可能毁灭一切,正所谓"野火烧不尽,春风吹又生"。

卦　辞

䷗复:亨。出入无疾,朋来无咎。反复其道,七日来复,利有攸往。

【译文】　复卦象征回复,亨通。阳气外出内入生长而无疾患,刚健友朋来助无所咎害。沿着一定的规律往返,七日必将回复,利于向既定目标前行。

【卦辞释义】　疾,疾患、祸害。"出入无疾,朋来无咎"为占辞,"入"指初九阳气复生于内卦,"出"指阳气往外卦进长,上面五阴爻全是通道,初九一阳来居下,待同类阳爻来助,充满生命力,上行亨通,无疾害也无阻碍。就物理而言,地穴有复道,出入无阻碍,人有朋友往来,亦可通达无阻。"反复其道,七日来复"也是占辞。

就数理而言,古用晷表测日影,夏至到冬至分为24格应12节候,往返48格应24节候。分48格就有49线,加边共用线50条,即《系辞传上》"大衍之数五十,其用四十有九"。一年365.24日除以49等于7.4天,此为晷影一格,冬至为其最后一格,晷影反复皆用七日,七七四十九,故曰"七日来复"。或谓"出入"乃描写万物生长状态,在轨道上反复运行七天返回,螺旋周折以曲成万物,表示剥极而复。王弼注:"阳气始剥尽,至来复时,凡七日。以天之行,反复不过七日,复之不可远也。"

就人世现实而言,工作七日为一周(星期)休息,人死七日烧纸钱送神而四十九天满七,神话上天第七日造人,北斗由七颗星构成,黄道四象各有七宿,牛郎织女七夕相会,诗句以七言为宜,母鸡孵蛋三七二十一天准出小鸡为"孚信"。归根求本,女子经期为七日,是生命孕育周期。《黄帝内经》谓女子以七为期,七岁齿更发长,二七一十四岁行经,三七二十一至四七二十八岁为最佳结婚生育年龄,七七四十九岁绝经而阴极返阳。所以,"七日来复"是生命转换周期。

就一卦六爻而言,一个爻回到自己的位置,要经过六个爻位,第七步复回本位。既济卦六二"勿逐,七日得",亦谓"七日来复"。反复其道,指卦内六爻阴长则阳消、阳长则阴消,是符合规律的。阴爻初生于姤卦☴,上长经遁☶、否☷、观☴、剥☶、坤☷而阳爻消尽,到复卦☷一阳复起,正是七日复阳。

"利有攸往",初九阳爻往上长,是有利的趋势,阳长阴消,君子道长则小人道消,顺势前往,利有大成。《老子》第十六章:"致虚极,守静笃,万物并作,吾以观复。夫物芸芸,各复归其根。归根曰静,是谓复命。复命曰常,知常曰明,不知常,妄作,凶。"老子观复卦,谓阳消时静待时势,顺势复生,复生则万物并作,是常态也是规律,顺规律行事不妄为,自然利于前行而无凶险。

《彖》曰:复,亨,刚反。动而以顺行,是以出入无疾,朋来无咎。反复其道,七日来复,天行也。利有攸往,刚长也。复其见天地之心乎!

【译文】《彖传》说:回复,亨通,阳刚复苏返回。阳动上复而能顺势通行,所以阳气外出内入生长而无疾患,刚健友朋前来无所咎害。往返回复顺应规律,七日必将回复,是大自然运行法则。利于向既定目标前行,阳刚日益盛长。回复的道理体现天地生育万物的用心。

【象辞释义】　剥卦剥阳已尽,刚爻初九返回内卦,一阳复起而生命力无限,上行亨通畅达。内卦震动顺势往外卦上行,向上一路无阻碍,可不断吸收同类阳爻加入而无咎害。阴极阳生,阳爻七天返回重新开始,是天道运行的必然规则。刚健者持续成长,适宜于前行。

"复见天地之心",从复卦能看出天地运行的用意,即宋儒张载所谓"为天地立心"。天地本无情无心,乃以道为心。天道就是大自然运行规则,是不以人意志为转移的客观规律。宋人谓"天有好生之德",日落月升,四季更替,消息盈虚,寒暑易节,大自然的运行变化适宜于万物生长,天地为万物生命的内在主宰。天地之道在于往复不已,其规律亘古不变,"诚者,天之道",其运行规律真诚无欺,最适宜万物生长,即天地以无心为有心。《老子》第四十章:"反者道之动,弱者道之用。天下万物生于有,有生于无。"天地不希望万物总是沉寂,希望万物在运动中反复生长。《易》为君子谋不为小人谋,小人道长君子道消是反动,君子道长小人道消是正动,消息盈虚虽然周而复始,但阴极必然阳生,否极必然泰来,才是正道和希望。凋零之后是再盛,死亡之后是复生,此为"天地生物之心"。

周人以建子之月为岁首正月,即夏历冬月今农历十一月,此月冬至一阳生,是又一年天地生万物的起点,从此万物生命力蓬勃,刚健前行通达。大音希声,大象无形,复卦冬至一阳复起,在天地无形无声的自然运行规则中,人们再一次真切地看清天地生万物之诚心。

《象》曰:雷在地中,复。先王以至日闭关,商旅不行,后不省方。

【译文】　《象传》说:震雷在地中微动,象征阳气回复。先代帝王因此在微阳初动的冬至闭关静养,商贾旅客不外出远行,君主也不省巡四方。

【象辞释义】　复卦䷗在农历冬月,最冷,古人认为,此时雷☳在地下☷,微动而未发。孔颖达疏"复"内涵:"动而反复则归静,行而反复则归止,事而反复则归于无事也。"先王由复卦领悟,当顺应自然法则以静养动,于是在冬至这一天放年假,大家安静持养,积蓄力量,来年再行动。观卦《大象》"先王以省方观民设教",冬至日闭关休假,商人不远行贸易,君王停止巡视四方。意谓冬至日阳气初生而微弱,当居止静养,不使初阳受到侵害。

《周易》以复为"复于正道",以复为吉。《汉书·天文志》:"夏至至于东井,北近极,故暑短,立八尺之表,而暑影长尺五寸八分。冬至至于牵牛,远极,故暑长,立八尺之表,而暑影长丈三尺一寸四分。春秋分日至娄、角,去极中而暑中,立八尺之表,而暑影长七尺三寸六分。"如果冬至暑影极长而不复,则天寒至极而不能返回春天;若夏至暑影最短而不复,则酷暑不能返秋,皆成不复之灾。因此,周人以至日暑影返于正道为吉,看重两个至日,故"至日闭关"放假休息。

【卦变象征】　复☷☳的覆卦是剥☶☷,正是众阴剥阳已尽,方得一阳复起。复☷☳的错卦为姤☰☴,阳爻复起,逐一与众阴相姤合,由复卦"冬至一阳生"转至姤卦"夏至一阴生"。复☷☳之互卦为坤☷☷,一阳复起正是以坤之大地为震动起点的。

爻　辞

初九:不远复,无祇(zhǐ)悔,元吉。

【译文】　初九:起步不远就回复正道,不至灾患悔恨,至为吉祥。

《象》曰:不远之复,以修身也。

【译文】　《象传》说:起步不远就回复正道,初九善于修美自身。

【义理取象】　"祇"即"抵",《广雅·释言》"祇,适也",有至、到义。初九当位,与六四正应,一阳复始居下震☳初,代表核心生命动力,为复卦主爻。阴剥阳至极而阳返为复,往而知返为复,失而又得为复,过而知改为复,因而早复、近复比晚复、远复要好。初九刚健纯正,居复卦之初而自动行进,发现走错路后立即返回,迷途知返,不至失控后悔。复卦☷☳一阳在下,生机尚微,当修身蓄力,不远而返,可以"小而辨于动"。至二阳则为临卦䷒,可观天下,《序卦传》谓"物大然后可观"。复卦初九不远离正道而知几复返,改过向善,故占元吉,有"大吉、本吉、始吉"之象,是修美自身持守正道的善果。

【社会人事】《系辞传下》"子曰:颜氏之子,其殆庶几乎?有不善未尝不知,知之未尝复行也",知不善即不远求,有过则改,不重复犯同一错误。《论语·里仁》"人之过也,各于其党。观过,斯知仁矣",故颜回"不迁怒,不贰过",最为孔子赞赏。孔子自己也是知过善改之君子。

六二:休复,吉。

【译文】 六二:美好的回复,吉祥。

《象》曰:休复之吉,以下仁也。

【译文】《象传》说:美好的回复吉祥,六二能够俯就亲近仁人。

【义理取象】 休,甲骨文作𰁖,人劳累时倚靠树下休息,止息则舒适,引申有美好、愉悦义。《诗·小雅·菁菁者莪》"既见君子,我心则喜。……既见君子,我心则休","喜、休"同为喜悦义。下仁,亲近仁者,六二向下亲近初九阳刚之主。这是《周易》经传第一次出现"仁"。六二近比初九,有从阳近仁之志,初九不远行而复,六二亦不远行。六二正位,居下震䷲中,震为足为行动,爻变下兑䷹为悦,行不远而复返,行事有成而喜悦返回,有修美而复之象,其吉可知。休复,谓美悦其复,为自觉之复,也可指休养恢复而获吉。

【社会人事】 古公亶父率领周族由豳地回迁渭水岐山,西南得朋,就是亲近仁者,靠近先进文明,是典型的休复。《论语·里仁》:"子曰:里仁为美。择不处仁,焉得知?"选择居所亲近仁者,是智者行美事,孔子之言当从复卦六二"休复"得到启发。君子以休美心态宽裕包容,不嫉才妒贤,仁心仁德,亲近仁人贤才,是休复的表现。六二爻变为临卦䷒,临贤下仁,里仁为美,开明行政,保民无疆。

六三:频复,厉,无咎。

【译文】 六三:愁眉苦脸地勉强回复,虽有危险,却无咎害。

《象》曰:频复之厉,义无咎也。

【译文】 《象传》说:愁眉苦脸勉强回复的危险,从六三努力复善的意义看还是无咎害的。

【解字释义】 "频"即"濒",《说文》"瀕,水厓,人所宾附,频蹙不前而止,从页从涉",又作"频、濒",金文作𤿎,人至水厓,蹙眉(页)而难涉(涉),故有水厓、蹙眉义,后作"颦",愁眉苦脸貌。发愁地勉强回复,因有一定的困难。

【义理取象】 六三柔处刚位,非中不正,与上六不应,离主爻初九不近,情势危厉。柔处刚位有躁动意向,又处震卦☳上,震动最厉害,且上无应助,必须知难而返,才可保无咎。六三处二三四爻互坤☷中,爻变互坎☵为水为险厉为加忧,有行遇水阻颦眉复返之象。高亨谓:蹙眉而返,知难而退,故无凶。此处"无咎"为应然性占断,是从知难复返意义上占断无咎,如果一意孤行,必有咎害。

【周初人事】 周武王初次出征殷商,率师驻黄河南岸之孟津,八百诸侯不期而会,声势浩大,成分复杂,管理不易。武王综合观察分析,知纣王还未到众叛亲离程度,殷商军力财力和民心还一时难以打败,灭殷的时机还未成熟,进军成败难料。于是在孟津观兵三月后,撤师返回镐京,情势一度危厉,最终无咎。是频复的典型事例。

六四:中行独复。

【译文】 六四:行到中途而独自复返。

《象》曰:中行独复,以从道也。

【译文】 《象传》说:行到中途而独自复返,因为六四遵从正道。

【义理取象】 "中行独复"为象辞。六四当位,独与初九正应,处复卦☷五阴爻正中,又处上坤☷下震☳之间,还行于二三四爻互坤☷、三四五爻互坤☷与四五六爻上坤☷三地之间,有中行之象。六四爻变上卦成震䷲为行、二三四爻互艮䷳为门阙,行而止于门阙得返,有中行独复之象。复卦五个阴爻䷁,仅六四与初九正应,随从初九"复见天地之心",知大道所在,配合初九行大事。六四爻变成大震卦䷲,心中有主宰,行动有方向,故孔子《小象》谓其"从道"。六四中行者被三坤众阴包围,本为中行难复,但她独应主爻初九,行到中途而独自复返,是复归正道。但六四柔处阴位,无力统领三坤众阴共同复应初九返正道,只能独复而不能群复,故爻辞不作吉凶占断,无咎无誉,或暗含道义评判。

【社会人事】　屯卦六三"即鹿无虞,惟入于林中,君子几,不如舍,往吝",猎手没有管林人引导,追猎山鹿深入丛林,很容易迷路;君子及时发现苗头不对,坚决舍弃追猎,中途返回,尚无咎害。若是小人沉迷获得猎物,不断追赶前行,最终迷失归路,身死丛林得咎害。再如三国街亭之战,诸葛亮令马谡及副将王平率师拒战魏国大将张郃,马谡自恃熟读兵书,不遵军师当要冲大路扎营拒敌的军令,将大军移上南山扎营且不守护水道。久经战阵的副将王平行事稳重而合章法,多次劝说马谡而无果,只好中途独自率本部兵马返回街亭大路扎营。开战后,魏军围困马谡军于山上,断其水源,蜀军大败,死伤无数。幸得王平赶来收拾残兵且战且退,才不至全军覆没。事后诸葛亮挥泪斩马谡,而王平"中行独复"受到嘉奖。

喻意:在巨大利益诱惑面前,唯有君子能知险而返,常人多沉迷眼前利益,不肯中道返回。故君子只能"中行独复",救不了贪利的众人,事后虽心有遗憾,也无可奈何。

六五:敦复,无悔。

【译文】　六五:敦促他人回复正道,无所悔恨。

《象》曰:敦复无悔,中以自考也。

【译文】　《象传》说:敦促他人回复正道而无所悔恨,六五居中不偏并能自察促人回复善道。

【解字释义】　敦,金文作𣀳,手持鞭子驱羊入高屋之形,有促迫、厚实、质朴、美等词义。敦复,能敦促他人返于正道,高亨谓敦复:受人督责促迫而返,其复虽由于被动,然能复则无悔。

【义理取象】　六五以柔履刚而居上坤中,与六二无应而比众阴,与卦主初九阳爻无关系,本当有憾悔。但六五以中和之德处刚健尊位,有行动复阳意愿,爻变上坎☵为坚多心,成为众阴主心骨。六五中居君位有动志,反躬省考,当率领并敦促众阴回复呼应初九阳主,爻变为屯卦☳,复而再生,既敦促迷失之众返行正道,又激发自己复阳的进取力。复卦二爻以上为群阴会聚,有迷不知返之势。六五居尊位有坚定意志,由受动者变为主动者,爻变三四五爻互艮☶为止,止住并敦促迷途之众返归正道,完成复阳心愿,故占无悔。

【社会人事】　成汤一阳复起,最终革除夏桀之命统一天下,建立商朝,成为盛世圣王。其后十九代商王至阳甲,日渐腐败,国力衰微,剥阳几尽。第二十代商王盘庚继位,反躬自考,决意止阴复阳,率领族众从今商丘至曲阜一带水淹之地远迁今安阳亢阳之地。《尚书·盘庚》三篇,盘庚反复敦促沉湎逸乐的贵族从行正道,最终成功迁徙,建立殷都,为三代之后武丁复兴汤王盛治打下坚实基础。

上六:迷复,凶,有灾眚。用行师,终有大败,以其国君凶,至于十年不克征。

【译文】　上六:迷入歧途不知回复,有凶险,有灾祸。若用此类人领兵作战,终将惨遭败绩,给其国君带来凶险,十年之久也不能振兴发展。

《象》曰:迷复之凶,反君道也。

【译文】　《象传》说:迷入歧途不知回复有凶险,是由于上六与君主阳刚之道背道而驰。

【解字释义】　迷,《说文》"𧘤,或也。从辵米声",人迷惑路多岔道

(米)难去从（辵），《韩非子》"凡失其欲之路而妄行者之谓迷"。迷复，象辞，迷失于岔道不知回复。眚 shěng，金文作🔆，《广韵》"眚，过也，所景切"，由眼睛生翳转指日月之蚀、灾异、过失、罪孽等，灾自外来为天灾，眚自内生为己过。

【义理取象】 上六柔处阴位，与六三无应，居复卦之终，离主爻初九最远。剥卦䷖群阴剥阳，至上六终极则出复卦䷗，有迷失正道而不知复之象。迷途不知返必遭凶祸，祸自内生，动辄得咎，干什么都不行。若用这类人领兵打仗，必然大败，给国君带来极大凶祸，十年也难走出困境。国君（主爻初九）当主持正道，明行善政，治国安民。违反君主当行的正道，迷入歧途而不知复返，所行必有凶祸。上六爻变上艮☶为止，只能止剥而修身养性。

【社会人事】 高亨评上六谓：失其往路并失其归路也。迷路而始返，不识归路，终不得返，将遭大祸，故曰迷复凶，有灾眚。行师迷路而始返，必为敌所乘我，而致大败。若其国君在师中，亦不免此难。大败之后，十年之内不能兴师，此殆亦古代故事也。认为上六爻辞就是上古某件真事的写照。《周易》爻辞如此长者不多，所述深刻，或许与文王初继位时，急于报杀父之仇，兴师战殷而大败有关。

由此深诫后人，国事重大，当顺正道而行，不可迷途不知返，更不可一意孤行。

复卦小结

复卦象征正气回复，强调复返正道，以复见天地生万物之心。卦辞勾勒出大地微阳初生，春天到来，万物复苏的繁荣景象。生命剥难尽，一阳总复生，正道的复兴是不可抗拒的自然法则。然而，在系统循环往复的过程中，是以升晋发展"利有攸往"为价值取向的，而不是停滞不前的简单循环。复卦在社会实践上的指导意义，就是"周虽旧邦，其命维新"，就是改革而非复旧。周初圣贤沿用殷制而制礼作乐，建立周的新体制,使分崩离析的社会回复正道,具有革新进取的历史观和行动力。

正道复兴必至亨通,但必须以仁善之德来应天地生万物之心。复卦六爻以初九一阳为主爻,五阴爻须与初阳正道相应,才可获复善之吉。六二复比初阳,有"下仁"美称;六三阴处阳位而勉力复善,得无咎;六四复应初阳,有"从道"美誉;六五处尊位,敦众复善,可以无悔;唯上六迷不知复,终至灾眚。帛书、竹书《易》与今本《周易》有所不同,许多爻辞前冠有特征名称,如复卦六爻称:不远复、休复、频复、独复、敦复、迷复,较为显目。对比来看,初九不远复与上六远而不复相反,六五敦复稳固与六三频复不稳固相反。只有六四独复与六二休复相近,因为六四正应初九,六二近比初九。其间关系,耐人寻味。

屈原《离骚》曰"回朕车以复路兮,及行迷之未远",正以"复善归仁"为正道。陈梦雷《周易浅述》谓"天地一阳初动,犹人善念之萌,圣人所最重",或可得周初圣贤复卦系辞之初心。

25. 无妄卦 ䷘

天雷无妄　乾上☰震下☳

【解字释义】　无妄卦象征不妄为,乾为天而震为雷,雷震天下,万物惊肃,无敢虚诞妄为。上乾☰为天理,下震☳为人行事,人事合于天理,顺天休命,有不妄为之象。无妄指没有虚妄,无悖谬、无狂妄、无妄为。没有虚妄就是"实",一切都以真实面目展示,不虚伪做作,自然真诚。无妄也就无心作为,有心作为就是"有妄"。《序卦传》"复则不妄矣,故受之以'无妄'",阴虚阳实,复卦阴极复阳后,物归于阳实,复阳归实就是返回天地生物的正道,天人合德,就不会狂虚妄为了,故地雷复䷗之后接天雷无妄䷘。

无,又作"無",《说文》"無,亡也",《玉篇》"無,不有也",是否定词,同不、没有。妄 wàng,《说文》"𡚽,乱也,从女亡声",金文作𡚽,由女奴逃亡之象转有狂悖、荒诞、虚妄、不法等词义。

无妄则实,实则诚,《中庸》"诚者天之道也,诚之者人之道也",天是自然而本真的,天道真诚,真实则无妄。就农业生产而言,风调雨顺大丰收称为"大有年",灾荒无收称为"无妄年",都是节候自然运行的结果。天地万物本自然而真诚,而人却可能走向不真诚,故要加强修养,使自己真诚,"诚之"就是使之真诚而无妄,是一种心理调节功能。

卦 辞

☷无妄:元亨,利贞。其匪正,有眚,不利有攸往。

【译文】 无妄卦象征不妄为,至为亨通,利于守持正道。背离正道行事,必有祸患,不利于前行。

【卦辞释义】 雷行天下,威严刚正,私欲邪念,不敢妄行。无妄卦上乾下震,上乾☰为天道,含元亨利贞四德,合自然之道全真全诚。下震☳为行动,顺天道自然规则而动,就是持守正道,也就至为亨通。"其匪正,有眚,不利有攸往"是诫辞,也是道义判断,人容易狂虚妄为,道德修炼很难,如不能持守正道,不依自然规律而狂妄行事,就会祸从内起,无法往前行进。

《象》曰:无妄,刚自外来而为主于内。动而健,刚中而应。大亨以正,天之命也。其匪正有眚,不利有攸往。无妄之往,何之矣?天命不祐,行矣哉?

【译文】 《象传》说:不妄为,阳刚者从外部前来并成为内部主宰,威势震动又禀性强健,刚正居中又应合于下。大为亨通而守持正道,是天的教命所致。背离正道行事必有祸患,不利于前行,在万物不妄为时背离正道而前往,哪里有路可走呢?天命不给予佑助,怎敢这样妄行呢?

【彖辞释义】 《说卦传》"震一索而得男,故谓之长男",无妄卦下震☳为长男,本由坤母☷受乾父☰一阳爻交互而成,故初九刚爻从外来成为内震卦震动之主。下震☳上乾☰,既震动又刚健,如雷动威震天下,万物怎敢妄为! 上卦九五刚中正应下卦六二柔中,上下至为通达而居中守正,合乎天道运行的自然规律。人如果不持守正道就会有灾眚,所行不利。天命之谓性,率性之谓道。人处在物不妄行的环境中,除了顺自然规则而行,哪里还有可走的路呢? 天命不保佑妄行之人,胆大妄为能行得通吗?

之-屮,草芽(屮)由地(一)长出,甲骨文作⻊,象人脚板(止)从某处(一)出发,草往上长、脚往外行都有往义,"何之"就是"往哪里走","之"本是动词。主-主,灯台上的火苗,晚上灯火为一家人之主,"为主于内"意谓"成为内震卦主爻"。无妄卦讲不妄为,下震卦行动合上乾卦天道,下震卦是主动的;阳动阴静,初九为震卦☳动力源,故初九为内震卦主爻,也为无妄卦主爻。孔子在此《象传》中首次提出"主"的概念,王弼作《易略例》加以推衍,认为每一卦都有主爻,称为"卦主",后世易学研究者普遍接受并使用这一概念。

《象》曰:天下雷行,物与无妄。先王以茂对时育万物。

【译文】 《象传》说:天下雷声震行,万物随之敬畏而不妄为。先代君王因此用天雷般的强势来配合天时、养育万物。

【象辞释义】 与,参与并行、顺随;茂,茂盛、强大;对,对当、配合。雷在普天之下运行震动,人与万物都惊肃随与,不敢虚妄。《论语·乡党》"迅雷风烈必变",便是圣人,也要敬畏天象灾变。《庄子·齐物论》"天地与我并生,而万物与我为一",人及万物都随与雷震,顺动而不可妄为。先王由此领悟,人应赞天地行化育之事,用雷霆般的强力(茂)顺应(对)四时节候养育万物,不违农时从事耕作,耒耜以时耕田地,斧斤以时入山林。

【卦变象征】 无妄☳的覆卦是大畜☶,不妄行事才能大量积蓄财富。无妄☳的错卦为升☷,治国依礼不妄才能升进。无妄☳之互卦为渐䷴,不妄行就是渐进而非急进。

爻　辞

初九:无妄,往吉。

【译文】　初九:不妄为,前行必获吉祥。

《象》曰:无妄之往,得志也。

【译文】　《象传》说:不妄为而前往,必然得遂进取的意愿。

【义理取象】　初九刚居阳位,居下震䷲初,震为足为动为往,上乾䷀为天及天道,行事之始合于天道,守正无妄,为"无妄之行",所往行必获吉祥,得以实现行动成功的意愿。初九刚自外来主于内动,为卦主,爻变之否卦䷋,自动打破天地否塞的局面,有勃勃生机。

【社会人事】　坤卦述古公亶父由豳地迁岐山周原,不虚夸不妄为(无妄),真诚务实,顺天时合地利应时节,广开阡陌"直方大",得遂历代周君"定居农耕"的心愿,行获吉祥。无妄之行,因人事以明天道,据天道以行人事,合乎《周易》宗旨。初九居内震初位为主动力,按该做的去做,不必有太多(妄)的想法。初发心依道行事,心无妄念,行正获吉,必能实现理想。

六二:不耕获,不菑畲(yú),则利有攸往。

【译文】　六二:不奢求不耕而获,不妄求多得良田,这样就利于前行。

《象》曰:不耕获,未富也。

【译文】　《象传》说:不奢求不耕而获,不妄求多得良田,六二未曾谋求富贵。

【解字释义】　菑 zī,耕种一年的田,也指开荒。畲,作动词读 shē,《广韵》式车切,为刀耕火种之法;作名词读 yú,《广韵》以诸切,开垦过三年的田,指熟田或良田。《诗·小雅·采芑》"于此菑亩",毛传"田一岁曰菑,二岁曰新田,三岁曰畬"。

【义理取象】 六二居中守正,与九五正应,近比阳光卦主初九,无一处不好。六二居地上之位为田,下震☳为动,有动耕于田之象。二三四爻互艮☶为止,三四五爻互巽☴为近利市三倍,有图谋不耕作而获暴利之象。六二柔居阴位,安分守己而不妄想妄为,最合无妄卦主旨,所行所求均属正道,可谓"无妄之求"。不耕获,是不奢求刚开始耕种就有很多收获;不菑畬,是不奢求才垦荒一年就得到耕种过三年的熟田。六二顺时守正,应天道自然规律,踏实肯干,不妄求分外的财富,这样务实前行,必定行之有利。

【社会人事】 世上多有奢求不耕而获、不劳而富之人,多妄想则多妄为。如周东北部多个戎狄部族,不事耕种生产,不断来抢劫周人的劳动成果,迫使周族"东北丧朋"而迁往西南的岐山。周人定居耕种丰收后,戎狄仍不断来袭扰,以至季历七战六胜,大败戎狄,妄想妄行多次受到严厉惩罚。虞翻、王弼、来知德皆解"不耕获,不菑畬"为"不耕而获,不菑而畬",即求不劳而有富贵。而六二正好相反,中正求实,无奢无妄,来知德谓六二:"明其道不计其功也……言虽为于前,无所望于后,占者必如此,则利有攸往。"天道酬勤,世间如六二只问耕耘不问收获者,才真有大收获;富润屋德润身,以德应财,方得富贵。

六三:无妄之灾。或系之牛,行人之得,邑人之灾。

【译文】 六三:不妄为却招致灾殃,如有人拴一头牛于村旁,过路人顺手牵走,邑中人家却遭受诘捕的飞灾。

《象》曰:行人得牛,邑人灾也。

【译文】 《象传》说:过路人顺手牵得耕牛,邑中人家无故遭受到被诘捕的飞灾。

【义理取象】 六三为"无妄之灾",即无故遭灾。六三柔居刚位,非中不正,离主爻初九远,与上九阳极为应,时位实在不佳,难怪不妄为也遭灾,无可奈何。六三处下震☳之极,随动而动却成灾,六三爻变下离☲为火为灾,有动则有灾之象。

【社会人事】 人在家中坐,祸从天上来,躺着也中枪。随手拴一头牛在村边,过路人顺手牵走得利,村里人却遭官司受灾。官吏或当权者,常因自身失误而迁罪于无辜的当地民众,历代恒有。错案冤案,难以断绝。比如唐代诗人李贺,有人告他父亲名"晋",当避讳不能考"进士",主考官居然真取消他考进士资格。韩愈为他辩解,说如果父亲名"仁",那不是连人都不能做了? 但还是不准参考。李贺由此愤郁不已,写出"黑云压城城欲摧"这样的诗句,二十七岁英年早逝,成为"诗鬼",这是真正的无妄之灾。

"无妄之灾"告诫人们,虽无妄行也可能遭遇灾祸,当有危机意识,也要有承受的心理准备。同时也告诫失牛之人,不当迁罪无辜,亡羊补牢,应加强监督管理。

九四:可贞,无咎。

【译文】 九四:能够守持正道,必无咎害。

《象》曰:可贞无咎,固有之也。

【译文】 《象传》说:能够守持正道而无咎害,九四因固有原因才保无害。

【义理取象】 九四为"无妄改过"。九四刚居阴位,虽不当位,但处上乾☰之初,居公卿之位,上承九五刚健中正君主,下乘六三阴柔之臣,乘比皆优。上得其君下得其臣,从善补过而终无咎。九四脱离下震之妄动,已居上卦近君之地,伴君如伴虎,深知谨慎自保。九四爻变为益卦䷩,益《象》曰"君子以见善则迁,有过则改",谨慎改过而身心受益,何咎之有? 九四与初九不同:初九居下震☳初为无妄之主,行乎其所当行,故占"往吉";九四居二三四爻互艮☶上,止乎其所当止,持守其固有止损之道,故占"无咎"。该爻不取象而直接定占,同类的还有:坤卦六三"含章可贞",解卦初六"无咎",萃卦九四"大吉无咎"等。

【社会人事】 《大学》解"止于至善"谓"知止而后有定,定而后能静,静而后能安,安而后能虑,虑而后能得",知止有得,知止为至善。文王知止而终不自取殷纣王位,周公知止而还政成王,有止德而终有大得。人生有时如九四,以刚健居君主下多惧之柔位,当止必止,顺正道行事又善改过止损,福不求而自至,祸不避而自免,终必无咎。

九五:无妄之疾,勿药有喜。

【译文】 九五:不妄为却偶然染疾,无须用药将有自愈之欣喜。

《象》曰:无妄之药,不可试也。

【译文】 《象传》说:不妄为偶然染疾就不须服药,对无病所开的药不可胡乱试用。

【爻辞释义】 《周易》时代以疾病痊愈为"有喜",意谓疾病不治自除而欣喜,如损卦六四"损其疾,使遄有喜"即是。本句王弼注:"非妄之灾,勿治自复;非妄而药之则凶,故曰勿药有喜。"古人慎于用药,《汉书·艺文志》谚曰"有病不治,常得中医",即不治病吃药反成为良医。孔子病,季康子馈药,子曰"丘未达,不敢尝",不了解药性,孔子不敢尝试其药。

【义理取象】 九五为"无妄之疾",指不妄为而自然染病。九五当位居上乾☰中,下与六二正应,刚健中正居尊位,为乾道之主,无妄到最佳程度。九五爻变三四五爻互巽☴成互坎☵,为心病为痛为加忧;而九五本当互巽☴上,巽为草木,下二三四爻互艮☶为石,有药石之象。九五爻变成噬嗑卦☲,有勿药有喜能饮食之象。九五刚健君子,本无致病之由,却偶然染病,必自外来,不是自身内在有恙,是"无妄之疾"。既非内在问题,那些对无病开的药就不可乱试,当以勿药为药,以不治为治,到时候结果自然有喜,这是以象代占。

【社会人事】 勿药有喜,就如一般感冒,吃药与不吃药,都是七天就好了。《集解》引侯果谓九五曰:"位正居尊,为无妄贵主。百姓有过,在予一人。三四妄处,五乃忧疾,非乖摄则药不可试。若下皆不妄,则不治自愈。故曰勿药有喜也。"就是说,若是中正君主治理国家,下面出了问题,都看成自己的问题,就像染上外来的疾病一样。这些毛病,如果是职能部门官吏胡作非为造成的,君王就该担忧了,自己吃药是没用的;如果职能部门都没有失职,君王不必吃药,他们自然会处理好的。

喻意:人事管理要抓住症结,有时是以不治为治的。孔颖达疏将"无妄之疾"用于普通人:"若己之无罪,忽逢祸患,此乃自然之理,不须忧劳救护,亦恐反伤其性。"若正心诚意而无妄念,人生遇到一些问题,就顺其自然,届时自会勿药有喜。譬如谣言止于智者,周公不辩谣传,得金縢而成王方知其诚。

上九:无妄,行有眚,无攸利。

【译文】 上九:虽不妄为,但时穷而行必遭祸患,行无利益。

《象》曰:无妄之行,穷之灾也。

【译文】 《象传》说:虽不妄为却有所行,将因时穷难通而遭灾殃。

【义理取象】 上九"无妄之行",其实是深诫"不可妄行",否则将有灾变而无利好。上九虽居无妄卦之极,但与六三正应,位置尚好。但他刚居柔位,有妄动之念,如果离开此位前行,就有灾祸而无所利。王弼注上九:"处不可妄之极,唯宜静保其身而已,故不可以行也。"灾自外来,眚乃自生,六三"无妄之灾"是外来的,上九"行有眚"是自讨的。上九居乾䷀上,比九五之君,居无妄卦穷极之时,物极必反,无妄之极前行就是"有妄",自会招致祸患。穷极致灾,乾卦上九"亢龙有悔"已有先例。上九爻变上卦为兑䷹,当悦其位而静保其身,不可动念妄行。

【社会人事】 上九刚居柔位,还有一定行动力,容易动念冒进。上九处时位之极,犹如人处高位顺境之时,很容易头脑膨胀发热,妄乱而狂悖,穷极而生灾。妄念之行即动念不正,居极位动念不正,自招灾眚。

商汤灭夏桀,武王灭殷纣,都是在桀、纣二人动念贪功,往征东夷之时,可印证此爻之占。

无妄卦小结

无妄卦象征不妄想不妄为,强调遵行自然规律做实事,依时顺势,持中守正,当行则行,当止则止。万物无妄之时必然亨通,违背正道行事则遭祸殃。佛家重视"无妄",《坛经》翻译借用无妄卦概念,谓"菩提本自性,起心即是妄",一念所生,当即成妄,行必有眚。妄念乃世界发生之由,有本体论上的思辨性。佛家总体取向是出世的,学佛修行,当无念无作,非修非证。

《周易》总体取向是入世的,强调刚正健行而建功立业、利国利民,即"崇德广业"。故《周易》"无妄"为道德修养范畴,无妄之德为君子所必备,居上位者当行无妄之教。无妄有时并不能完全避免灾眚,有必然之灾,有或然之灾,遇"无妄之灾"当以应然态度处之。无妄之德以道义为准,具备价值理性,于必然、或然之间取应然,以利于治国平天下。由此可知,"无妄"实际上属于哲学方法论范畴。

无妄卦强调:无妄宜正,匪正有眚。朱熹《朱子语类》谓:"无妄一卦,虽云祸福之来也无常,然自家所守者,不可不利于正。"六爻以不同时位的应对来体现卦义,初九为"无妄之行",处震动下位以求进为吉,起步不妄行,当行则行,不当行则止。六二为"无妄之求",不贪不妄,实耕实获,顺利前行。六三为"无妄之灾",人无妄行亦或有灾,正确应对,避免或然之灾。九四为"无妄改过",九四居危地,当求无妄而善改过,改过则灾可自免。九五为"无妄之疾",居上者顺势而行,不可随便施治,以防止无妄之灾的发生。上九为"无妄之行",居极位者应冷静省察,知止而止,动念妄行必致灾眚。

欲保行事无妄,必当审时度势,顺势行正,当行则动,当止则静,无妄之疾,勿药有喜。

26. 大畜卦 ䷙

山天大畜　艮上☶乾下☰

【解字释义】　山天大畜,象征大有积蓄,在农耕是积蓄粮食,在治国是积蓄人才。下乾☰为天,上艮☶为山为止,二三四爻互兑☱为泽,泽水中映天,有天蓄止于山泽之象。

畜,甲骨文作🐚,金文作🐚,《说文》"畜,田畜也。《淮南子》曰:玄田为畜。蓄,《鲁郊礼》畜从田从兹。兹,益也",段玉裁注:"田畜谓力田之蓄积也……俗用畜为六兽字。古文本从兹,小篆乃省其半。"田地(田)兹生(玄)庄稼积蓄粮食为"畜"。"畜"作动词读 xù,《广韵》许竹切,指蓄养;作名词读 chù,《广韵》丑救切,指牲畜,如六畜。《广雅·释诂一》"畜,养也","畜"作动词有饲养、养育、培养、顺从、容纳、积储等词义,后加艸作"蓄"以区别于名词义。

蓄,先止而后聚,物得止养而后积聚,故蓄以止养至强健为义,大畜卦上艮☶为止,下乾☰为健。蓄止至极则通,先休养生息,蓄聚德行,蓄养贤才,蓄积财富和民力,然后才可能大有作为,故儒家"王道"就是蓄积养民之道。大畜卦借用畜养牛羊豕马的经验,述说人生蓄养之理,接着是颐卦讲养身、养心、养贤、养民,先积蓄而后滋养。

【义理取象】　小畜卦☴蓄积小收成及草木;大畜卦☶蓄积大丰收及贤才,故称大畜。又下乾☰为金为玉,藏于上艮山中,为大有积蓄。就爻象而言,阳爻为大阴爻为小,风天小畜☴,一个阴爻蓄五个阳爻,一阴爻占绝对优势,以小蓄大,以柔蓄刚;山天大畜☶,四阳爻蓄两阴爻,以大蓄小,以刚蓄柔,冰冻三尺,非一日之小蓄。《序卦传》"有无妄,然后可畜,故受之以'大畜'",无妄卦☳讲真诚内修不妄为不外求,大畜卦☶则靠自身实力积蓄成长,修养内涵而后向外获取资源,以利于发展壮大,故大畜卦次于无妄卦之后。

卦　辞

☷☰ 大畜:利贞。不家食,吉。利涉大川。

【译文】　大畜卦象征大为蓄聚,利于守持正道。不使贤人在家中自食,可获吉祥。利于涉越大河巨流。

【卦辞释义】　大畜卦具体述大田收获,家社成员在邑主、邦君的田(公田)中抢收。大田离各家都远,一般是妇女儿童把饭做好,送到大田来给农夫吃。《诗·小雅·大田》"以其妇子,馌彼南亩,田畯至喜",又《甫田》《载芟》《七月》等篇都言"馌彼南亩"之事,即"不家食"。小畜卦妇人参与自家田抢收,故有"夫妻反目"小插曲。大畜卦农夫在大田收割,妇人只送饭,至唐代白居易《观刈麦》还有"妇姑荷箪食""丁壮在南冈"的描述。大家持正守诚,合力于公田的收割,一片丰收繁忙景象,故占吉。邦国君主持中守正,积聚丰足的粮食资源,聚集贤能人才,有实力克服险难以成就大事,故占利涉大川。

喻意:上艮止而下乾健,收好财富,止住劲健,蓄积充足的力量,是会得到国家重用的。好男儿不会总在家里吃饭,有往外发展的潜力,终将吃公家饭而干大事。君主行正道,国家就会蓄养贤才,不使贤人在自己家中隐居赋闲,得公食而为国家建功立业。

《象》曰:大畜,刚健笃实,辉光日新。其德刚上而尚贤,能止健,大正也。不家食,吉,养贤也。利涉大川,应乎天也。

【译文】　《象传》说:大为蓄聚,刚健笃实者蓄聚不已,光辉焕发而日日新增美德。阳刚者居上位尊尚贤能,规正健强者之行为,是极大的正道。不使贤人在家中自食可获吉祥,是要蓄养贤人。利于涉越大河巨流,行动应合天道规律。

【义理取象】　内乾☰刚健,外艮☶笃实,三四五六爻为大离卦☰→☲为明为辉光,乾卦天日辉光,日日更新。上艮☶"三索而得男,故谓之少男",由坤母䷁得乾父䷀一阳爻交互,上来为上九而有止德。刚来居上而尊尚贤才,能止住下乾盲目健行,聚四阳之大而大行正道。聚集止养贤才,不使贤才赋闲隐居山野家中而出任要职,利于国家成就大事业,这才是顺应天道自然法则的大畜卦宗旨。

《象》曰:天在山中,大畜。君子以多识前言往行,必畜其德。

【译文】　《象传》说:天包含在山中,象征大为蓄聚。君子由此多方记取前贤的言论和事迹,用来蓄聚美好品德。

【象辞释义】　由天映山泽、山包容蓄养天之象,君子感悟到,要不断充实蓄养自己的德行和学问。《孟子·万章下》谓"尚论古之人",《尽心上》谓"万物皆备于我矣"。君子应多学习识记往圣前贤的事迹及教诲,与古圣贤对话,向古人看齐,读其书、观其行、论其事,从而不断提升自己的品德和能力。实际上,当代贤者也仍在修行,只是暂时还未被发现,古圣贤经历代传颂,其智慧已经显示出来。人若只向现世人间享乐看齐,就会佚乐丧志;向古圣贤看齐,就会励志前行。吸取古圣贤经验与智慧为我所用,就能培养自己深厚的美德和能力。"畜德"是儒家教化的大手笔,《周易》所谓"崇德广业"即是。

【卦变象征】　大畜䷙的覆卦是无妄䷘,想要有大的财富和人才积蓄,就不能妄想妄为。大畜䷙的错卦为萃䷬,大畜重在蓄积荟萃人才。大畜䷙之互卦为归妹䷵,贤才归附于邦国贤君,犹如女子归嫁于相宜的夫家。

爻　辞

初九:有厉,利巳。

【译文】　初九:防有疠疫,利于祀神护佑。

《象》曰:有厉,利巳,不犯灾也。

【译文】　《象传》说:防有疠疫,利于祀神护佑,大蓄之初不可犯病灾而前行。

【义理取象】 厉，指危厉，也指恶疾或瘟疫之"疠"。巳 sì，同"祀"，祭祀祖宗神灵；或作已 yǐ，停止、已经。大畜卦☲☰象征大有蓄聚，蓄极则反，过蓄成灾。初九刚居阳位，为乾☰健之初，欲勇猛上进。然初九与六四正应，大畜卦讲蓄聚（下乾☰），也讲蓄止（上艮☶），六四以柔德蓄止初九猛进。初九爻变下巽☴为顺，初九顺六四之止，则不犯猛进遭灾之过，利于及时止损而得神佑。

【社会人事】 李镜池《周易通义》谓"巳，借为祀"，有疾病危急之事发生，古人必行祭祀。大田抢收之初，要预防发生瘟疫，君主、族长当先祷祀神灵保佑，以保证大收顺利进行。大型建筑开工之初举行奠基仪式，作用大致相同。大有卦上九"自天祐之，吉无不利"，凡有大事，古人先祭祀以保不染瘟疫不惹灾祸，抑止猛进犯灾，求天祐吉利。大畜卦先要蓄止，防病以保养民力。

初入大好发展形势的年轻人，有能力而易冲动，总想高歌猛进，但初入大畜卦，处潜龙勿用之位，宜先蓄积力量而不可妄动冒进，顺时止损而不招灾。

九二：舆说（tuō）輹。

【译文】 九二：大车脱轮輹而难前行。

《象》曰：舆说輹，中无尤也。

【译文】 《象传》说：大车脱轮輹而难前行，九二居中冷静处理而未犯过错。

【解字释义】 舆-𦥏，大车、车厢。说 tuō，此处同"脱"。輹 fù，《说文》"輹，车轴缚也"，捆绑车厢底板于车轴上的绳索为"輹"。《字汇》谓"輹、辐二字本通用"，实际有差别。小畜卦九三"舆说辐"，是车轮辐条脱落，属局部小问题；大畜卦九二"舆说輹"，系车厢的绳子松脱了，车厢（伏兔）与车轴脱开，问题严重很多。

【义理取象】 九二以刚履柔，与六五正应，当受六五止健，有下乾

☰健行而上艮☶蓄止之象。三四五六爻大离卦☲为大车,三四五爻互震☳为动,二三四爻互兑☱为毁折,上动而下脱,有车脱缚而止行之象。九二爻变为贲卦䷕,外华美而内无力,有如脱辖之车。九二居下乾☰中,有力而猛进,导致车损坏难行。六五使其遇难而止,居中蓄力,冷静处理事故,得以稳行而无忧。

【社会人事】 大田抢收之际,车载甚重,往返甚多,难免有车舆脱辖之事。好在九二居中有柔德也有魄力,及时止进,处置适宜,没有大问题。

九三:良马逐,利艰贞。日闲舆卫,利有攸往。

【译文】 九三:良马在奔逐训练,利于跨越艰难。不断熟练车马防卫技能,利于前行干大事。

《象》曰:利有攸往,上合志也。

【译文】 《象传》说:利于前行干大事,九三与上九意志相合。

【义理取象】 "良马逐"为象辞,"利艰贞"为占辞。九三刚居阳位,居下乾☰三阳爻之顶,乾为良马,九三纯阳乃骏马奔驰,上九阳健不但不蓄止,反而竞相驰逐,合志前往,动力十足,利于战胜一切艰难。闲,娴熟;舆卫,车舆的护卫。"日闲舆卫,利有攸往"是诫辞。九三驰逐前往,遇到上艮☶,当止而积蓄力量,以利成就大事。故每日苦练车马防卫之术,利于遇敌有所作为。大畜卦阴止阳行,"上合志"指九三上合上九,九三穿越四五两阴爻,可直达上九,合其守正前行的心意。同类型爻辞如小畜卦六四上承九五,为"上合志";升卦初六上承九二之刚,也为"上合志"。

【社会人事】 人前行常有艰难险阻,只要坚贞守正,日新其德,下学上达,蓄积力量,终能战胜困难。周人大田抢收之际,多有戎狄寇掠。只有预先选取勇士驾良马日日追逐训练,使其熟练掌握保护车队运输的技能,慎重应对可能发生的艰苦战事,才能使大车以载,长途远行,不被盗寇掠夺,顺利缴纳贡税。这与乾、坤二卦三爻"朝乾夕惕、无成有终"爻义相合。

六四:童牛之牿,元吉。

【译文】 六四:用木棒束牿小牛初长之角,至为吉祥。

《象》曰:六四元吉,有喜也。

【译文】 《象传》说:六四至为吉祥,说明止健有方而得欣喜。

【解字释义】 牿 gù,牛马牢,关牛马的栏圈。"牿"本作"告 gào",《说文》:"�,牛触人,角箸横木,所以告人也,从口从牛。《易》曰:僮牛之告。"甲骨文作㶳,刚长出角的小牛(童牛)会顶人,在它角上绑上横木棒,使不易伤人触物,且告示人提防,可以说这是华夏第一则"广告"。或说为牛口上带罩防吃庄稼,告同桎梏。有喜,小牛、粮食都是价值可喜之物。

【义理取象】 六四柔居阴当位,下与初九正应,上比六五之君,处上艮☶"止健"最直接处,防范严密,既保护小牲畜,又保证收割顺利,故占元吉。下乾☰又为牛,初九就是"童牛"初长之角,与六四正应,能蓄止它不乱撞人触物。二三四爻互兑☱为悦,小牛、行人、庄稼收成都得到保全,自然元吉有喜。

【社会人事】 大田收获,将刚长角顶人触物的小牛关进牛栏,或角戴横木,其他牛马驾车运输,它才不去捣乱。周人大田丰收时管理有法度,防患于未然,不乱放小牲畜奔突,践踏谷物,妨害交通,伤人碍事,是极其重视大田安全生产的表现。六四占"元吉"的很少,因在大畜卦适宜时位才会有。无妄卦九五"勿药有喜",谓预防胜于治疗,与此意同。

六五:豮豕之牙,吉。

【译文】 六五:用栏圈养阉割过的大猪,吉祥。

《象》曰:六五之吉,有庆也。

【译文】 《象传》说:六五的吉祥,是止健得法而值得庆贺。

【解字释义】 豶 fén，《说文》"豶，羠豕也"，阉割后的公猪，泛指大猪。牙，《说文》"牙，牡齿也，象上下相错之形"，金文作𬎃，大牙交互之形，今湖南湖北还称公猪为"牙猪"。"牙"字形近"互"，互即"枑"，交互其木以为栏。栏圈用于驯服所捕野猪，圈养以成家畜，使再无野生獠牙伤人。清潘思榘《周易浅释》："如豕牙之猛利，制其牙则力劳。惟豶去其势，则躁自止，故亦吉。"

【义理取象】 六五柔居刚位，与九二正应，处上艮☶中，以柔中之德蓄止九二，遏其锋芒。九二像一头强壮公猪，强梁刚暴，好用獠牙伤人害物。六五君主抓住蓄止要害，阉割公猪生殖器，使其刚暴变温顺，有牙也不能再伤人。六五之君外柔内刚，外蓄止刚暴而内自遏私欲，持中秉正，管理有方。三四五六爻为大离☲，六五爻变三四五爻为互离☲，君德辉光日新，止健蓄力，谋福于民，故占吉。六五君王行事影响广大，治国有道，万民幸庆。

【社会人事】 周邦大田收割之时，最高管理者考虑周全，把平时敞放的大猪也关进栏里，防止奔突以妨害农人农事。管理抓住要点，预防到位，变不利为有利，所以吉祥有庆。

上九：何天之衢，亨。

【译文】 上九：荷蒙天恩美意，亨通。

《象》曰：何天之衢，道大行也。

【译文】 《象传》说：荷蒙天恩美意，上九蓄德之道大为通行。

【解字释义】 何—𠂤，巡逻兵肩上荷戈形，后"何"用作代词，加艸作"荷"，有负载、担荷义。衢，从行瞿声，如大鸟（隹）张目四望（䀠）般的通衢大道（行），四通八达而有修美之意。高亨、李镜池都认为"衢"通"休"，有美好义。

何天之衢，蒙享天恩之美意，《诗·商颂·长发》作"何天之休"，《诗·周颂·良耜》序谓"秋报社稷也"，指周人大丰收时报祭于天。农业依靠天时,大田得丰收,即承受上天之佑。亨,蓄极则通,真积力久,时至转通。上九出现占辞"亨"的极少见,大畜丰收报天,故亨通。孔颖达疏引何氏谓"天衢既通,道乃大亨"。

【义理取象】 上九刚履柔位,下比六五柔德之君。物极必反,止极转通。上九居大畜卦极顶,为一卦主爻。上九登临蓄积高顶而眺望四方,应天道之行,蓄积止健,积聚养贤,功德圆满,转止为亨。上九爻变为泰卦☷☰,天地交感通泰,大田丰收,蓄道大行。大畜全卦的蓄积聚集于上九,充分发挥其作用,充实有力,无往不利。

【社会人事】 周人大田抢收,祀天防疫,管理牲畜,积极防范,注意安全生产,最终得顺利完成。收获完毕,举行祭祀,答谢天地神祇,制礼作乐,以庆丰收。

年,本作"季",从禾千声,千人扛禾喜庆丰年,感报天德,鼓舞民众,国泰民安之道于是得以大行。

大畜卦小结

大畜卦象征大为蓄聚,蓄聚丰收成果,蓄积阳刚之德。大畜卦既有蓄聚,也有蓄止,有止才可聚。大蓄止健,真积力久,蓄极而亨。君主蓄德养贤,利行正道。

六爻蓄聚、蓄止各有其用,有自蓄蓄他的相互关系。胡炳文《周易本义通释》分析:"他卦取阴阳相应,此取相畜。内卦受畜,以'自止'为义,外卦能畜,以'止之'为义。独三与上居内外卦之极,畜极而通,不取止义。"大畜卦上下正应为以柔止刚,六四蓄止初九,六五蓄止九二,而上九与九三无应,反为志合同行。

大畜卦六爻的具体阐述,在大田收割时,用祀疠、宥失、逐马、关牛、栏猪等具体措施,将安全生产的管理与关怀体现在日常事务中,透出吉祥喜庆的氛围。周初圣贤的仁政由此得以体现,王道使民得利的思想由此得以明晰。敬天尊贤,崇德广业,蓄富利民,周初圣贤的仁爱情怀在具体细节中显现出来。

用农田丰收的蓄积过程,寓意蓄养之道。君子广蓄美德,君王遍聚贤才,守正养贤,方能荷蒙天恩,国运昌隆。

27. 颐　卦　䷚

山雷颐　艮上☶震下☳

【解字释义】　山雷颐,外艮止☶不动如山,内震动☳生机勃发如雷。下动上止,象上下嘴唇开合咬嚼食物,有饮食养身之象。朱熹注:"颐,口旁也。口食物以自养,故为养义。为卦上下二阳,内含四阴,外实内虚,上止下动,为颐之象,养之义也。"颐卦象征颐养,口吃食物养人身体。孔子扩展为:天地养育万物,君子养德,君主养贤才并养万民。《序卦传》"物畜然后可养,故受之以'颐'。颐者,养也",大畜卦蓄积财物,要用来颐养民生,使国富民强,故颐卦次于大畜卦之后。颐䷚以坤☷为互卦,大地生产粮食才能颐养万民。

颐 yí,《广韵》与之切,本作"𦣞",《说文》"𦣝,顄也,象形。颐,篆文𦣝;𦣝,籀文从首",金文作𦣝,人脸颊两边红润处,通指脸颊,转指嘴巴、牙床,后加页作颐。人咬嚼食物时,颐会随嘴巴张动,因此"颐"转而表示颐养,《尔雅·释诂下》"颐,养也"。颐卦卦辞"观颐,自求口实",李鼎祚《集解》引虞翻曰:"观颐,观其所养也。"郑玄曰:"颐,养也。"

民以食为天,饮食颐养千年,故立国以农为本。自求口实,提倡自力更生。人养于食物乃"养口体",为养生,为保养,为养民。人养于品德乃"养心志",为养气、养心、养贤。《孟子·尽心下》"养心莫善于寡欲",讲的是养人心志之善。谓人性本有善,善心须"存、养、充、扩",要保存它、养育它、充实它、发展它,养心志就是养君子之德。

卦　辞

䷚颐:贞吉。观颐,自求口实。

【译文】 颐卦象征颐养,坚守正道可获吉祥。观颐养方式,应用正道自求口中食物。

【卦辞释义】 《周易》卦辞占"贞吉"有四卦:需卦、颐卦、蹇卦、旅卦。占得颐卦,安静吉祥,持守颐养正道,可以自求发展。"观颐,自求口实"为释辞。颐养分自养、养人两种方式,主要有渔猎、畜牧、农耕等颐养资源。"自求口实"为耕种求农作物之"实",周人以农业生产为立国养民之本,《春秋元命苞》谓"后稷岐颐自求"。颐养之道重在"正",以农耕为食的"自求口实"是正道,以掠夺他人资源为养的不是正道。道正则吉,不正则凶。

《彖》曰:颐,贞吉,养正则吉也。观颐,观其所养也。自求口实,观其自养也。天地养万物,圣人养贤以及万民,颐之时大矣哉。

【译文】 《彖传》说:颐养可获吉祥,指用正道养身才会吉祥。观察颐养方式,是观察如何获得养育资源。自求口中食物,是观察领会自我养育的正确方法。天地养育万物,圣人养育贤者并及万民。颐养之时的功用多么大啊!

【彖辞释义】 颐养方式合乎正道,所贞吉祥。观察外在资源与所养对象,也就是观察如何求取食物养育自己,主要看是否符合天道自然规律。天地有好生之德而养育万物,圣人修身养贤,贤才治国有方而养育百姓。农耕民族顺时令季节耕种收获以得颐养,种瓜得瓜,种豆得豆。孔子说百姓应先"富之"而后"教之",孟子谓荒年百姓"救死而恐不赡",何况礼仪教化呢?可见,养身养德合时宜的意义非常重大。

《象》曰:山下有雷,颐。君子以慎言语,节饮食。

【译文】 《象传》说:山下响动着震雷就像口上下动嚼食物,象征颐养。君子因此慎发言语而静心养德,节制饮食以适宜养身。

【解字释义】 口,《说文》"𠙵,人所以言食也",甲骨文作𠙵,人口上唇短下唇长,开口时上唇不动而下唇大动。口的作用一是说话,二是饮食,祸从口出,言语须谨慎小心;病从口入,饮食须节制合度。颐卦䷚是一张大口在开合言食,下震动而上艮止,强调节制。六爻有三个"凶",说话、饮食不节制就凶。就国家政治管理而言,言语就是政策法令,稍有不慎就会秩序混乱;饮食就是资源分配,节制失当就会祸患频生。

【卦变象征】 颐䷚的覆卦还是颐䷚,上下嘴唇加中间口腔,反正都得吃饭。颐䷚的错卦为大过䷛,言语、饮食不节制会过度成害。颐䷚之互卦为坤䷁,农耕社会养颐全靠土地。

爻 辞

初九:舍尔灵龟,观我朵颐,凶。

【译文】 初九:舍弃你灵龟般的静心自养,观看我鼓腮嚼食,有凶险。

《象》曰:观我朵颐,亦不足贵也。

【译文】 《象传》说:观看我鼓腮嚼食,初九求养行为不值得尊重。

【解字释义】 朵-朶,草木花叶垂朵朵形;朵颐,口颊欢食嚼动如朵形,指饮食丰足,转指农耕为养。灵龟,指占卜通神灵的长寿龟。龟,繁体作"龜",甲骨文作龜,䷚→☲,颐卦为放大的离卦,正像大灵龟之形。神龟长寿而颐养千年,《尚书·大诰》"宁王遗我大宝龟,绍天明"。灵龟内向,静心自养,本性不假外求,遇险将头脚缩回壳内可保无事,故称"忍者神龟"。灵龟养生之法为尽量不动,向内存养元气。而人吃美食时鼓起面颊饕食大嚼,嘟出嘴唇,有花骨朵突出之象。

【义理取象】 初九当位,与六四正应,才进入颐卦就动欲念,受六四"其欲逐逐"的诱惑,舍内自养转求外六四之养,故占凶。初九爻变为剥卦☷☶,若受六四诱惑而大快朵颐,必将资源剥蚀流失,岌岌可危。但初九爻变下坤☷为地土养谷物,有以农耕自养之象。阳爻为大体,阴爻为小体,阳刚大体当颐养阴柔小体,初九阳刚本应积聚自养并颐养众阴,若向内"自求口实"而非羡求六四阴爻小体之养,或可去凶趋吉。

【周初人事】 周族公刘及豳地八公自求口实,在豳地大力发展农业,收获丰颐。猃狁(熏育)等戎狄之族舍其畜牧自养之食,伺机劫掠周人的粮食。古公亶父深感生存环境凶险,占卜而不吉,故避而迁往岐山,定居农耕,得丰收而大有年。戎狄仍不断来抢劫,以至季历七战六胜,俘其酋首,是自致其凶祸。戎狄的求养行为不合自然之道,不值得尊重。

六二:颠颐,拂经于丘。颐征,凶。

【译文】 六二:颠倒向下求获颐养,广辟田亩于丘陵以生产颐养的粮食。如果游牧掠夺求颐养,必有凶险。

《象》曰:六二征凶,行失类也。

【译文】 《象传》说:六二前行扩张必有凶险,前行便失去朋类。

【解字释义】 颠,繁体作"顛",《说文》"顛,顶也,从頁眞声","眞"与"贞"同,指煮鼎(貝)占卜(卜)必真诚。神在上,故"顛"从頁眞声表示头顶,头顶朝下为颠倒;颠颐,颠倒向下求养,也指禾麦顶颠之实成熟低头(禾),即以农作物籽实为颐养。《说文》"拂,过击也,从手弗声",弗是用绳索矫正箭杆,加手作"拂"有击打、掠过、除去、违反等义。拂经,违背经常道理,也指广开经纬阡陌。丘-⋏,小山丘,此处指上艮山☶。征,征伐、强力往行。

【义理取象】 六二柔处阴位,居下震☳中,与六五无应。颐卦☲以阳大体颐养阴小体,六二离上九远,先倒转向下求养于初九之阳,有颠颐之象。六二若强行前往,求养于艮☶丘之上的上九,距离太远,中隔三四五爻互坤☷三阴同类,违背常理且够不上,又失同类六五比应,必有颐征之凶。

【社会人事】 古公亶父迁岐山周原,开荒造田,依丘建邑,行颠养之法,定居耕种,自给自足。颐征,远行征伐求颐养,如果周人像戎狄那样游牧、掠夺(颐征),必有凶祸。《尚书·益稷》:"予乘四载,随山刊木,暨益奏庶鲜食。予决九川,距四海;浚畎浍,距川;暨稷播,奏庶艰食鲜食;懋迁有无化居,烝民乃粒,万邦作乂。"记述周人始祖后稷为舜帝农官,助伯益农耕以颐养民众。"鲜食"指渔猎之食,"艰食"指艰难耕种而得收获为食,"粒"指谷物颗粒,即颠颐,指农作物颠顶所垂之实。可见古公亶父之前,周族始祖后稷已经行颠颐之道了。

六三:拂颐,贞凶。十年勿用,无攸利。

【译文】 六三:违背常理外求颐养,固守掠夺方式必然凶险。停止掠夺十年而休养生息,不要往外侵占他人利益。

《象》曰:十年勿用,道大悖也。

【译文】 《象传》说:十年不用掠夺方式,因掠夺方式违逆颐养正道。

【义理取象】 六三柔居刚位,非中不正,与上九正应。六三居下震䷲动之极,震动强烈,欲动而外求。六三不如六二中正,不可求养于初九,只能向上求养于上九,但上九为外艮止䷳之主,不让六三强动上来。下震䷲为动,六三爻变下离䷝为灾为兵戈,有拂掠以养之象。如果六三坚持强力往上掠夺,必有贞凶。"十年勿用,无攸利"是诫辞,十为数之终,上九告诫六三终不可用强,不可往外侵占他人利益。六三爻变为贲卦䷕,内虚而多饰,空无所用,自当休养生息。《周易》爻辞占"贞凶"者共八条,六条在外卦,唯有恒卦初六、颐卦六三在内卦,二者在外卦都有应爻,问题出在自身阴柔而不中不正。

【社会人事】 拂掠他族食物以养,大大悖违正当的颐养方式。这里指古代游牧民族抢劫农耕民族粮食的颐养方式。周迁于岐山,决心舍其游牧而专行定居农耕。卜筮告诫族人:永不可行征伐掠取以求外养! 文王临终作《文传》嘱其后之君:"无杀夭胎,无伐不成材,无堕四时,如此者十年有(又)十年之积者王,有五年之积者霸,无一年之积者亡。"不但不抢掠他族,即便狩猎伐木,也得十年休养生息,不可竭泽而渔,方可保颐养丰足。若取养过度,是悖离可持续发展正道的。

六四:颠颐,吉。虎视眈眈,其欲逐逐,无咎。

【译文】 六四:颠倒向下求颐养以养民,吉祥。即便如老虎眈眈下视,求养欲望长久难止,也无咎害。

《象》曰:颠颐之吉,上施光也。

【译文】 《象传》说:颠倒向下求颐养以养民,吉祥,说明六四居上而能下施光明美德。

【解字释义】 眈-睒,眼珠(目)瞪大下垂(尣)雄视貌。欲-㖾,从欠从谷,张口贪吃貌。逐逐,刘表作"悠悠",《说文》"悠,疾也,长也,从足攸声",足下行程攸长貌。

【义理取象】 龟内自养而无外求,不多食而长寿,故初九取龟为象;虎向外求养,捕食肉兽,专恒守一,行生态平衡之丛林法则,故六四取虎为象。六四柔居阴位持正,下与初九正应,居上艮止☶初,为六五君王辅臣。颐卦在上体☶阴柔不能自养,便不足以养天下,故六四代表上体颠倒向下体☳求养于下贤初九,有颠颐之象,合颐养正道,故占吉。六四居上卦六五君王之下,辅政大臣当有威严,对下有虎视之势,求颐养的长远欲望其实是征收赋税的责任,若取之于民用之于民,便合正道。二三四爻互坤☷,三四五爻又互坤☷,坤为众为民,六四居大互坤☷中,有辅君行政而求养养民之象,是广施君上政德光芒之人,故占无咎。

【周初人事】 颠颐,以耕种脚下田地获庄稼颠顶之实为颐养。周人定居岐山,农耕富足,如坤卦六四"括囊"大丰收,及时向王室缴纳赋税,即便王室辅臣虎视欲求,只要求养合理,尽量满足,自然无咎害。周人上下一心,农耕自养,大力发展生产,支持君主通过养贤而养万民,使君主仁德光辉普照大地,吉祥如意。

换个角度看,周人颠颐丰收吉祥,可能引来戎狄虎视而欲伺夺之。但岐山建侯定居,防御牢固,也无咎害。史载"周师伐程",之后"周师伐义渠",都是保卫"颠颐"丰收的战争。六四当位,与初九正应,上下一心,生产自养,防范得当,故无咎。

六五:拂经,居贞吉。不可涉大川。

【译文】 六五:广辟阡陌经营农业,安居守正,可获吉祥。不可涉大河巨流去掠夺外养。

《象》曰:居贞之吉,顺以从上也。

【译文】 《象传》说:静居守持正固可获吉祥,是因六五顺依上九阳刚贤者。

【义理取象】 六五以柔德履刚居君位,处上艮☶之中,下与六二无应,上承上九之刚。作为君主,本当养民养天下,但六五乃阴柔之君,养民重任只得依靠臣子去做,有违常理,故有拂经之象。六五不应六二,远而难及初九,唯近承上九,顺上养贤以治国养万民。上九胜任代君养民之事,六五君王只要顺从上九就行,自己持中守贞则得吉。上艮☶为止为门阙可居,两互坤☷为顺为安,有安居贞吉之象。

"拂经"又指辟土经营农业,二三四爻与三四五爻互坤☷组成大互坤☷为地为田土,上艮☶为路径阡陌,有辟土开田之象。大互坤☷与上艮☶又为远土重山,阻险而不可远行。六五依靠上九贤能治国养民尚可,若遇大川大险,就难独靠上九闯渡过难关,故占"不可"。

【社会人事】 六五之君柔居刚位,有倚贤治国养民之德,无涉大川之强,故当止居而不妄行,安居以守贞吉。周初君王柔居君位,行仁政而重安居,广开阡陌而农耕,深刻认识到:安居定耕则吉,不可游牧劫掠而外求颐养。六五爻变为益卦☷☳，安居定耕自养，于国政于民生都大有益。

上九：由颐，厉，吉。利涉大川。

【译文】 上九：由近至远开辟广阔农田，过程很艰难，最终获吉祥。国力强盛就利于涉越大河巨流而成就大业。

《象》曰：由颐，厉，吉，大有庆也。

【译文】 《象传》说：由近至远开辟广阔农田，过程很艰难，最终获吉祥，说明上九大有福庆。

【解字释义】 由 yóu，战国文作 㞷、㞷，象田间路径由下往上延伸，或编筐由下往上编升，《广韵》"由，经也"，《集韵》"由，因也"。由颐，由近至远开辟经界成井田，顺由季节耕种以为颐养。

【义理取象】 上九刚履柔位，居颐卦之极为主爻，下辅六五之君，与六三正应。颐卦☶☳上下阳爻为实养人，中四阴爻为虚求养于人。四阴爻两互坤☷☷之众都由上九颐养，体现全卦"养"的精神，故有由颐之象。孔颖达疏上九"贵而无位，是以厉也；高而有民，是以吉也"。由此及彼，由近至远，开田耕种收获得颐养资源，也有"由颐"之义。下震☳为动，上九爻变为上坤☷，与两互坤☷合为三坤连动，开疆拓土，过程艰难危厉，然前途吉祥。国力强盛，必能成就大事大功，有大地无疆之象。

【周初人事】 古公亶父殁，戎狄来扰，危厉事多。但周人仍坚持农业生产，开辟井田，经济实力日益强盛，居舍城防更加稳固，虽有危厉，可保得吉。国力强盛就不再避让，振军旅而远征，季历征戎狄七战而六胜，国富民强，为一统天下打下坚实基础，大可庆贺。

颐卦小结

颐卦象征颐养，周初以农立国，作《周易》者以此段史事为依据，述"颐养之道"。颠颐，就是以农作物成熟下垂之顶实谷物为养，天地顺时养谷物,圣王以德养贤并养万民。周人以农耕颠颐为本,颐卦六爻按占筮实录有序排列,肯定并宣扬这一历史性的抉择,且上升为长治久安的国策。周初农业的井田开辟达到上古史上的最高水平,其后春秋战国发展出牛耕和铁耕,使农业生产方式达到世界先进水平。周初圣贤对定居农业的肯定,眼光远大,智慧高远,成就巨大。自求口实,尚友古人,防范干扰,由本养民,吉祥有庆。

颐卦六爻时位不同而占断有别,下三爻凶,上三爻吉。劳心者治人,劳力者治于人,下震☳行动而劳力养体,上艮☶静止而劳心养德。《周易》重德,养德为大,养体为小,小体求养于大体。下三爻求养于人而志在得物,得物失德,故占凶。上三爻养德养贤以养民,强调上下配合,扩展生产,同得颐养,终有吉庆。颐养分求自养与求养人,自养之道,根于养德;养人之道,本于公平。《汉书·郦食其传》"王者以民为天,而民以食为天",周初圣贤广兴农业,自求口食,同得颐养,不事掠夺,养德养民进而养天下,体现先进的颐养观。

就卦象而言,颐卦䷚初九爻变为剥卦䷖,上九爻变为复卦䷗,剥尽复起,颐养求道,变而得道,富国养民。《汉书·食货志》"酒者,天之美禄,帝王所以颐养天下,享祀祈福,扶衰养疾",酒也是颠颐粮食酿成,是华夏重视农业的产物,合乎自求口食的颐养正道。

28. 大过卦 ䷛

泽风大过 兑上☱巽下☴

【解字释义】 大过卦指大为过度,象征衰败之世。阳爻为大阴爻为小,大过卦䷛四阳二阴,阳大者过多。泽风大过,风吹木摇,风吹泽水起波澜,大大超过平时的宁静。泽☱为水巽☴为风为木,泽水本当在下滋润树木,现在泽水在上淹没树顶,有大过之象。卦辞用栋梁弯曲象征大者过强小者过弱而不堪重负的反常状态,意谓既已反常,亟待整治。故大过卦为乱世自处之道,见义必当有为。"大蹇朋来",乱世出英雄,贤才临危受命,拯弱兴衰,挽狂澜于既倒,大过之世正为君子大有作为之时。程颐《易传》:"大过之时,其事甚大,故赞之曰大矣哉。如立非常之大事,兴百世之大功,成绝俗之大德,皆大过之事。"从积极方面论述,大过之世君子必当有为,过越常理以拯救危难。

过,繁体作"過",金文作🔲、🔲,战国文作🔲,《说文》"🔲,度也,从辵咼声";咼 wāi,《说文》"🔲,口戾不正也,从口冎声";冎 guǎ,甲骨文作🔲,《说文》"🔲,剔人肉置其骨也",俗作"剐"。剐去肉的骨头架子跨越搭构为"冎",口歪或夸口为"咼",加辵旁作"過",有跨过、超过、经过、过去、过分、过失、拜访探望等词义。大过🔲,就是大大超过常态。

《序卦传》"不养则不可动,故受之以'大过'",颐卦养育成才,成才方可在乱世任大事,故大过卦次于颐卦之后。从大过崩灭角度看,"大过"指操劳耗损过度,有崩灭之势,卦形🔲上下二阴包四阳,有棺椁包遗骨之象。《系辞传下》:"古之葬者,厚衣之以薪,葬之中野,不封不树,丧期无数;后世圣人易之以棺椁,盖取诸'大过'。"颐🔲与大过🔲为一对错卦,颐卦讲养生,大过讲送死,故两卦六爻每一爻都相反相错。《孟子·离娄下》"养生者不足以当大事,惟送死可以当大事",《孟子·梁惠王上》"养生丧死无憾,王道之始也"。崩灭死亡,人所必往,或流芳百世,或遗臭万年,人生价值就看活着如何艰苦奋斗了。

卦　辞

🔲大过:栋桡。利有攸往,亨。

【译文】　大过卦象征大为过甚,犹如栋梁屈曲弯挠。利于前往治理,亨通。

【解字释义】　桡 náo,繁体作"橈",《说文》"🔲,曲木","尧"是高土，"桡"是头高翘之曲木，作动词有曲、折、枉等义；栋桡，栋梁不堪重荷而中部弯曲。卦形䷛上下二阴中间四阳，象栋梁中间太重往下沉，首尾柔弱搭在墙上，情势危险。物极必反，大过必纠，事情坏到不可继续的时候，可能出现大的转机，有人把握住了，就能改变时代命运，故谓乱世出英雄。朱熹谓："大过之时，非有大过人之材不能济也，故叹其大。"我华夏每遇大过之时，必有贤才挺身而出力挽狂澜。贤能英雄对大过之世大力匡救，使国家闯过难关而顺利前行，故占亨通。

"小过，可小事，不可大事"，小过小有成绩；"大过，颠也"，大过为颠覆性改变，强大者越常理以拯危难，可成就非常之大事。内巽☴入而隐伏，外兑☱悦而显现，不用则隐，用之则显。英雄遇险境当拼死突围，非常之时最能出奇制胜，智慧加胆识，奇谋险进，出生入死，力挽狂澜。

《彖》曰：大过，大者过也。栋桡，本末弱也。刚过而中，巽而说行，利有攸往，乃亨。大过之时大矣哉。

【译文】 《彖传》说：大为过甚，指刚大者过甚。栋梁屈曲弯挠，梁的首尾两端柔弱。阳刚过甚时应该调剂适中，顺势而和悦地施行整治，才利于前行，获得亨通。大过之时的功用很大啊！

【彖辞释义】 阳为大阴为小，大过卦䷛四阳大超过二阴小。初六为本上六为末，两头阴爻都柔弱，所以栋梁弯曲了。九二居下卦中，九五居上卦中，刚强者过盛却还能持守中道稳得住；下巽☴柔顺而上兑☱和悦，顺时势而施行治理，才可能前行获得通达。大过之时顺"时"行事的意义很重大。立非常之大事，兴不世之大功，成绝俗之大德，皆为大过之事。

大过，也可以理解为大过失，《论语·述而》"子曰：加我数年，五十以学《易》，可以无大过矣"，《周易》为改过之书，无咎训"善改过"。深究易理，当以不犯大过为得。

《象》曰：泽灭木，大过。君子以独立不惧，遁世无闷。

【译文】 《象传》说：泽水淹没树木，象征大为过甚。君子由此体悟,大过之世应独自屹立而不畏惧,或毅然逃世而无所苦闷。

【象辞释义】 上兑☱为泽水,下巽☴为风木。后天八卦,巽在东南,东属木,"東"字日出木中。泽水淹树木,如同木船沉水下,有灭顶之象。世变如浪,人情险恶,君子由此领悟,慎独自重,大无畏地面对灾难,自得自赏,甘耐寂寞,面对死亡,独立不惧。遁世无闷,舍尘世而独自隐居,操守始终不改,孔子谓"人不知而不愠,不亦君子乎"。

《庄子·大宗师》:"朝彻而后能见独,见独而后能无古今,无古今而后能入于不死不生。"遇大过之世,君子大悟慎独,超越死生,精神永恒。

【卦变象征】 大过☵的覆卦还是大过☵,已经大大越过,前行更是大过。大过☵的错卦为颐☶,大过迅速止损便是中和颐养自美。大过☵之互卦为乾☰,正因中间四阳乾刚太重,故成大过局面。

爻　辞

初六:藉(jiè)用白茅,无咎。

【译文】 初六:用白嫩的苞茅衬垫献祭的物品,免遭咎害。

《象》曰:藉用白茅,柔在下也。

【译文】 《象传》说:用白嫩的苞茅衬垫献祭的物品,初六柔顺居下而谨慎。

【解字释义】 藉 jiè,《广韵》慈夜切,《说文》"藉,祭藉也。一曰艸不编,狼藉。从艸耤声",陈列祭品的铺垫茅草,有铺、垫、践踏、凭借、依靠等词义。藉又读 jí,《广韵》秦昔切,有杂乱、盛多、进贡、奉献等词义。苞茅嫩茎叶色白者称"白茅",洁白而珍贵,祭祀或行聘礼时用其编织成垫子排放祭品,借以表示对神灵的敬畏和慎重。

【义理取象】 初六以柔居刚位,处大过卦之初,有垫底之象。初六当巽下,巽☴为木为茅草,于色为白,有藉用白茅之象。初六之上有四阳爻压力巨大,欲动而当收敛。初六阴爻在刚位,以柔态处下位,顺承九二,正应九四,以柔济刚,可缓和巨大冲击,谨慎小心方保无咎。

【社会人事】 藉本垫祭,也可用柔茅铺墙砖垫栋梁,使稳固不移动,可减弱栋桡之凶,是大过之初的一种补救方式,故占无咎。用于人事,指人处危险情势,当持柔示弱,敬慎小心行事,方可不败。《系辞传上》引孔子曰:"夫茅之为物薄,而用可重也,慎斯术也以往,其无所失矣。"大过栋桡之凶应该预防,出现之初可以补救,不要侥幸,要慎重从事。人可以犯错误,但必须及时认识并改正错误,敬慎使用补救措施,不至失误过度而至崩塌,这正是周初圣贤明智的处大过经验。用白茅柔垫于下,喻意危难时用素洁之道处大事,以柔身为荐席承重,勇担道义,牺牲小我,成全大我。

九二:枯杨生稊,老夫得其女妻,无不利。

【译文】 九二:枯槁的杨树生出嫩芽新枝,龙钟老汉娶年少娇妻,没有什么不利。

《象》曰:老夫女妻,过以相与也。

【译文】 《象传》说:龙钟老汉娶年少娇妻,九二阳刚过甚,但能与初六阴柔相亲与。

【解字释义】 稊 tí,《说文》"笑也";笑 shǐ,菜名。《尔雅》"稊似稗",一种形似稗子的草,籽实称稊。因其小,故从禾弟声,转指幼芽。虞翻注"稊,稚也,杨叶未舒称稊"。"枯杨生稊"应为当时谚语,与今枯树发芽、铁树开花同类,借指老夫娶少女为妻,略含戏谑意味。

【义理取象】 九二以刚履柔位,居下巽☴中,与九五不应,向下近比初六,以刚乘柔。九二处二三四爻互乾☰下,乾为父为老夫即小老头,上兑☱为少女;九二爻变为咸卦䷞为感,男大女小相感相悦,有老夫得少妻之象。老夫少妻利于生子,故占无不利。下巽☴为木,刚上柔下象垂杨,上阳下阴为陨落,有枯杨之象。九二处两互乾☰内,乾德刚健有生机,爻变二三四爻为互巽☴为木,有枯杨生稊之象。九二过刚处中,下比柔弱初六以为伴,"过以相与",老夫乃阳刚之过,过刚得柔相济,故无不利。

【社会人事】 周初从掠夺婚逐渐过渡到家庭婚,但因战争频仍而女多男少,老夫娶少妻可以允许,但并不提倡。故只占无不利,并不占吉。

九三:栋桡,凶。

【译文】 九三:栋梁屈曲弯挠,有凶险。

《象》曰:栋桡之凶,不可以有辅也。

【译文】 《象传》说:栋梁屈曲弯挠有凶险,九三的刚势不可再加以辅助。

【义理取象】 九三以刚处刚当位,与上六有应,爻辞"栋桡"同于卦辞,为"大过"之代表,是大过卦主爻。九三当下巽☴上,上兑☱为倒巽☴,巽为木,二木倒接,有栋桡之象。九三仍在下卦,比于二、四、五阳刚之爻,形成二三四爻互乾☰、三四五爻互乾☰,重乾过刚而中部负荷过重。九三虽应上六,然上六柔弱极顶之质,无力以阴下济于阳。栋梁中部越刚强沉重,两头本末就越软弱乏力,向下曲弯程度就越大。九三爻变下卦坎☵为险陷为缺毁,卦之困☵已成困局。九三是主爻,过刚不中,德不胜位,力不堪任,强硬偏执,大过成困,皆致凶之道。九三深陷危局,不可救辅,正如乾《文言》所谓"贤人在下位而无辅",穷途末路,故占凶。

【周初人事】 古公亶父去世,其三子季历继位为周君。季历强梁孔武,擅长征战,在西北边疆为殷王朝抵御戎狄部族入侵,大战七战而六胜,功勋卓著。然季历过刚不中,不知自我调节,威猛好胜,最后俘获戎狄酋首三人亲往殷都献俘时,功高自傲,醉酒失言,殷王文丁将他执诸塞库而死。其子姬昌继位为西伯,以此事为沉痛教训,系辞以告诫后人。

九四:栋隆,吉。有它吝。

【译文】　九四:栋梁向上隆起,吉祥。反桡而隆,过度又有其他憾惜。

《象》曰:栋隆之吉,不桡乎下也。

【译文】　《象传》说:栋梁向上隆起吉祥,九四使栋梁不再往下屈曲弯挠。

【解字释义】　隆 lóng,又写作"窿",《说文》"窿,丰大也。从生降声",俗作"隆",用上升(生)顶住下降(降),有升高、兴盛、丰厚、尊崇等词义。

【义理取象】　"栋隆"为象辞,九四刚履柔位,与初六正应,处下巽 ䷸ 之上,当三四五爻互乾 ䷀ 中,乾为金为玉,下巽为木为工为长为高,有栋宇高大华美之象。九四在上卦,两互乾 ䷀ 动力上行,故栋梁不再向下弯曲,而是往上隆起。九三在下卦,栋桡往下弯曲有凶险;九四在上卦,栋隆往上隆起有力支撑屋顶,故占吉。然而,栋梁隆起虽能补救九三栋桡之危,但九四与初六正应,刚柔调济是有度的,如果反桡而隆过度,远离初六柔和调节,就会生出其他的憾惜。"有它吝"为诫辞,告诫九四栋隆不可过度,不可远离下面初六的适度调控。

【周初人事】　季历受害后,西伯姬昌化悲痛为力量,吸取教训,不再一味强化武力,而是广行仁政,获取人心。由此周人国力和人才日益强盛,栋梁隆起,屋宇兴盛,再无栋桡之凶,大获吉祥。但隆盛吉祥又隐含其他问题,西伯行仁政,天下诸侯闻风来归,以至"三分天下有其二"。隆盛过度,招致殷王朝忌惮,殷纣王率大军狩猎于渭水之滨,囚禁西伯姬昌于殷都之羑里城,再生悔吝。

九五:枯杨生华,老妇得其士夫,无咎无誉。

【译文】　九五:枯槁的杨树开出新花,龙钟老太配了个强壮丈夫。没有咎害,也无可称誉。

《象》曰:枯杨生华,何可久也。老妇士夫,亦可丑也。

【译文】 《象传》说：枯槁的杨树开出新花，生机怎能长久呢？龙钟老太婆配个强壮丈夫，也是一件可丑辱的事情。

【解字释义】 华，繁体为"華-𦰩"，一树繁花之形。士，《字汇》"未娶亦曰士"，指未婚青年男子。丑，繁体作"醜"，《说文》"醜，可恶也，从鬼酉声"，象醉（酉）鬼（鬼）一样给人不舒服的感觉，有怪异、可恶、羞愧等词义。孔颖达疏："今年老之妇而得强壮士夫，亦可醜辱也。""醜"又同"類"，指类别，《广雅·释诂一》"醜，類也"，老妇壮夫也是婚姻中的一类而已。

【义理取象】 九五阳居君位，既中且正，但与九二无应。九五阳气正盛，需要以阴济阳。然大过卦只有本末二阴，九二已得初六为"枯杨生稊"，九五只有上比上六而"枯杨生花"。上六阴居大过之极，为枯萎垂死之阴，下乘九五阳刚得生彩，有枯杨生花之象。九五居三四五爻互乾☰上为壮男，上六居大过之极为过气老女，刚健之阳亲比衰极之阴，有老妇配士夫之象。壮男娶老妇，虽无咎无誉，可老妇已无生育能力，不能繁衍后代，如此传宗接代之事就不可长久传递了。比较而言，九二老夫娶得少妻，初六是"本"，生机盎然，使枯杨上面生出嫩芽之"稊"，利于繁育后代，故占"无不利"；九五壮夫娶得老妇，上六是"末"，生机日竭，受润生花，也只是昙花一现，有花无果，不能繁育后代，只为是婚姻中的一种类型，虽无咎害，也不可称誉，甚至有点羞丑的感觉。

【社会人事】 老夫少妻，老妇少夫，古今民间皆有之，在谅解之列。占曰"无不利"和"无咎无誉"，不反对也不提倡；但放在大过卦中，从生理条件上看乃是"大过度"。周初连年争战，失去大量青壮年，生育后代形成人口红利就是国力强盛的第一需要。因此，不能生育的老妇少夫，不如能生育的老夫少妻，这是社会功用的考量。

上六：过涉灭顶，凶，无咎。

【译文】 上六：涉水过深以至淹没头顶，有凶险，但无所咎害。

《象》曰:过涉之凶,不可咎也。

【译文】 《象传》说:涉水过深以至淹没头顶有凶险,舍身救难者不该受到责咎。

【解字释义】 涉,甲骨文作🐾,金文作🐾,《说文》"🐾,徒行属水也。从沝从步。涉,篆文从水",两脚(止)徒步过水(水),有过水、渡口、经历、进入、关联、牵涉、交涉等词义。涉水太深,水漫过头顶,自然不是好事。

【义理取象】 上六柔居阴当位,居大过䷛之末,处危局之终极。如果上六以柔弱至极之质,不顾一切涉水渡河,水漫头顶,必遭灭顶之凶祸。若换个角度看,上六下与九三正应,近比九五阳刚之君,处上兑☱末而为悦怿之主,如果舍身救难而赴险,是不该遭受责咎的,故占无咎。初六与上六以弱质处栋桡两端,初六为本,尚可垫茅防灾;上六为末,尾大不掉,大过已成,难以复反,往必有凶。但责任不在上六本身,无可责咎。"凶,无咎"连用,是变换角度看问题的占断辞,同类的还有:损卦辞"损,有孚,元吉,无咎,可贞";家人卦九三"家人嗃嗃,悔,厉,吉";晋卦上九"晋其角,维用伐邑。厉,吉,无咎,贞吝"。

【社会人事】 孔颖达疏上六:"所以涉难灭顶,至于凶亡,本欲济时拯难,意善功恶,无可咎责。此犹龙逄、比干,忧时危乱,不惧诛杀,直言深谏,以忤无道之主,遂至灭亡。其意则善,而功不成,复有何咎责?"关龙逄于夏末世谏夏桀,比干于殷末世谏纣王,都是知其不可为而为之,终被暴君或诛或剖,以身殉道,杀身成仁,凤凰涅槃,实无可咎责。

大过卦小结

大过卦象征大为过度,以"栋桡"比喻强弱极度失衡的社会危局,从而论述处大过之道。大过之时,事非常态,行为失衡,德不能堪其任,力不能胜其事,甚为艰难。处大过亦有其道,首先是防止过度,然后要勇于面对,大过之事须大过之人才能匡正。大过之世,生态失常,物象反常,社会失序,亟待治理。此时贤能者当临危受命,独立不惧,矫枉返正,力挽狂澜。大人的品格就是担当,具有"吉凶与民同患"的精神和时代忧患意识。大过则坚,勇补无咎,以大过人之举治理衰微大过之世,乱世必出英雄。大过卦形䷛四阳刚超过二阴柔,上下两阴须取刚济柔,中间四阳须取柔济刚,方可刚柔相济获得平衡。拯治大过态势的原则就是:扶颠持危,刚柔相济,力求平衡。

大过之事在社会生活中难以避免,六爻各述其不同情势。初六垫茅防过,九二老夫少妻失衡,九三栋桡凶危,九四栋隆吉中含吝,九五老妇少夫无生气,上六过涉灭顶无可救药。伦理道义上应当避免过度,实际生活中在所难免,因此大过卦偏于宽容,占"无咎无誉"为多。相反小过卦却有三爻为凶,小过易改,故以告诫为主。

凡事不可大过,大过必招损。个人、单方好之为"喜",双方重美为"嘉",众善大观为"庆"。清朝皇帝重视汉化,年号多取《周易》之名,"康熙、乾隆、嘉庆、咸丰、道光"都是。乾隆尤喜易学,乾为天为君有三阳爻☰,他却以"四阳天子"为号,谓比一般君王多一阳,故年号称"乾隆"。乾隆贪得太过,虚荣奢华,晚年自号"十全老人"。乾隆花费无度,极宠幸会敛财的和珅。其实"珅"字为"坤"上加一横,"坤加"对"乾隆",以至柔克至刚,满盈招损,其业自败。乾隆耗尽"康雍乾盛世"国力财力,留给嘉庆朝一个百孔千疮烂摊子,故有清朝衰亡"始于乾隆"之说。

29. 习坎卦　䷜

坎为水　坎上☵坎下☵

【解字释义】　坎卦象征险难,讲如何应对险难之事。习坎䷜,坎☵上有坎☵,坎窞(dàn)重叠,习坎即重坎。重坎是坎中有坎,险中复有险,有重复的险难。单卦坎☵为水,重坎䷜则地低处多积水,坎窞连布,艰难不易行,有艰困义。人们面对险难应互助互济,更要先作风险评估及管控策略,以防患于未然,防灾胜于救灾。坎卦中含小颐卦䷚,先熟习各种险坎,不断磨砺而成长,进而利用危势,变被动为主动,化解困难获得颐养。

坎,《说文》"埳,陷也,从土欠声"。欠,甲骨文作𣦸,人张大口出气打哈欠,地裂大口成坎,故"坎"从土欠声,表示坑、突棱等难行的障碍。习,繁体作"習",《说文》"習,数飞也。从羽从白",小鸟展开双羽(羽)在阳光(白)下频频试飞,有练习、熟悉、积累、重迭等义。此处"习坎"用两义:一用重复义,战胜坎难大不易,重复以提醒特别注意;二用熟习义,熟习坎难境遇,奋斗求生存。《说卦传》"坎者,水也,正北方之卦也,劳卦也,万物之所归也,故曰:劳乎坎",劳乎坎,就是在坎难中反复磨炼而努力成长。

《序卦传》"物不可以终过,故受之'坎'。坎者,陷也",大过卦䷛是阳爻大大超过阴爻,习坎卦䷜是阳爻陷困于阴爻中。物极必反,阳过则陷,阳刚发展太过就转陷入阴柔的困境内,故坎卦次于大过卦之后。文王三分天下有其二,发展太快,就被殷纣王囚于羑里,深陷坎难而反思,总结殷周得失经验,推演《周易》。大过之后逢习坎,遭遇人心险恶、世事艰危的困局,显现地狱众生相。然圣贤勇于直面坎陷,历尽艰辛,劫后重生,必得附丽而有依归,遇重离䷝而得光明,故坎卦后面就是离卦。

卦　辞

䷜习坎:有孚,维心亨,行有尚。

【译文】　坎卦象征重重险陷,有诚信才有收获,唯有保持内心亨通,努力前行才能成功而被尊尚。

【卦辞释义】　有孚就是有诚信,坎☵为水,任何情况下水都保持向下流的本性,有诚信之象。维,同"唯、惟",唯有内心充满诚信和希望,才能屡遇坎难而前行通达。水本无心似有心,心向大海,通达不变,冲破千难万险,穿越千山万壑,奔流不息,最终实现理想。坎水勇猛专一而前行成功的精神,值得崇尚。坎☵中满为实,九二、九五刚健居中,为勇猛诚信之中心,二三四五爻大离卦☲为光明希望,心中充满诚信通达的力量,前行突破坎陷,终将达到光明。

《象》曰:习坎,重险也。水流而不盈,行险而不失其信,维心亨,乃以刚中也。行有尚,往有功也。天险,不可升也。地险,山川丘陵也。王公设险,以守其国。险之时用大矣哉。

【译文】 《象传》说:习坎,意为重重险陷。水流进陷穴而不见盈满,行走于险境而不丧失信念,只有内心通达者才能做到,这是阳刚居中者专心前行的缘故。努力前行必被崇尚,向前进取可建功勋。天险,天空高远而无法升越;地险,山川丘陵难以逾越。王侯、君主由习坎卦得到启发,设险关守护国境。险陷之时的功用很大啊!

【象辞释义】 坎☵为水,金文"水"作\\,本指河流及其中的流质液体。上古洪水时代,大水是前行最大最难的阻碍,就像旱地断裂的大口陷穴(坎)一样难以跨越,《周易》"涉大川"将过大河比喻为干大事。水永远诚信地往下奔流,绝不会停在某地盈满不前,水流冲破千难万险,不会失去向下奔流不息的信念,好似心中充满通向大海的理想。表现在习坎卦☵中,就是九二、九五阳刚居中,以内心刚正的中坚力量勇往直前。这种勇行不止的精神值得人们学习,是因为艰难前进才能够建立功勋。

孔子由习坎卦的性质体会到,坎难有其难以克服的一面。比如上天有坎险,太空过高不可登升,雪雨冰霜太大而难以制服,拿破仑、希特勒进攻莫斯科就失败于冰冻的冬天;大地也有坎险,高大的山川丘陵阻碍人前行,雪山难以跨越,洪水难以涉渡。另一方面,坎陷也是可以利用的,《孟子·离娄上》"为高必因丘陵,为下必因川泽",王公大臣辅佐君王防止外来部族的武力入侵,从山川丘陵阻碍人前行得到启发,设城

垣壕沟以守卫都邑,建雄关险隘以保卫国土,万里长城正是后代承用
《周易》习坎理念逐渐建成的。人生建功立业,多从历险中来,顺势用险
需要大智慧,而其作用也是巨大的。

《象》曰:水洊至,习坎。君子以常德行,习教事。

【译文】《象传》说:水叠连流至,象征重重险陷。君子因此恒久
保持美德善行,反复熟习政教事务。

【象辞释义】 洊 jiàn,又作"薦",训"再也、水至也",表示大水连续
不断涌来。坎☵为水,习坎䷜即重坎,水至而后再至,有水洊至之象。
水流不息,不舍昼夜,诚信而心亨。君子从中领悟,修养德行需要常行
不变,教育、学习要在险难中不断学习和历练,恒久坚持才会有进步。
《孟子·告子下》:"故天将降大任于是人也,必先苦其心志,劳其筋骨,
饿其体肤,空乏其身,行拂乱其所为,所以动心忍性,曾益其所不能。人
恒过,然后能改;困于心,衡于虑,而后作;征于色,发于声,而后喻。入
则无法家拂士,出则无敌国外患者,国恒亡。然后知生于忧患,而死于
安乐也。"强调在坎难中艰苦磨砺,坚持不懈,是教育及成功的重要条
件,正是从坎卦中得到启发。习坎䷜中四爻为小颐卦䷚,有生于忧患之
象;离卦䷝中四爻为小大过卦䷛,有死于安乐之象。

【卦变象征】 习坎䷜的覆卦还是习坎䷜,坎陷接连坎陷,仍然坎陷
重重。习坎䷜的错卦为离䷝,艰难走过重重坎陷,光明就在前方。习坎
䷜之互卦为颐䷚,对于成就大业者而言,艰苦磨砺就是品质与能力的最
好颐养。

爻　辞

初六:习坎,入于坎窞,凶。

【译文】 初六:面临重重险陷,落入陷穴深处,有凶险。

《象》曰:习坎入坎,失道凶也。

【译文】《象传》说:面临重重险陷又落入陷穴深处,初六如失履

险之道,必有凶险。

【义理取象】 窞 dàn,坎中之坎,《说文》"窞,坎中小坎也,从穴从臽,臽亦声"。甲骨文"臽"作，金文作，人入陷阱之形,加穴作"窞",指深入洞穴之坎。初六柔居刚位,与六四无应。初入坎卦,不中不正,未入正道就落入重坎最深处,无所逃隐而上无应援,故占凶。初六爻变下兑☱为泽,上为坎☵,有入坎窞最深处之象。初入深坎,凶险四布,何其凶险。

【社会人事】 李鼎祚《集解》引干宝曰:"窞,坎之深者也。江河淮济,百川之流,行乎地中,水之正也。及其为灾,则泛溢平地而入于坎窞,是水失其道也。"熟悉水性者,可游泳自如而渡越江河;不习游泳之道者落入水中,越挣扎陷得越深,身死沉入水底。人间世事大多如此,遭遇坎难,失道必凶。比如初入股票市场或资本市场,不会经营之道,又无人指导,必有灭顶之凶。

九二:坎有险,求小得。

【译文】 九二:在陷穴中遭遇险难,从小处谋求脱险必有所得。

《象》曰:求小得,未出中也。

【译文】 《象传》说:从小处谋求脱险必有所得,九二尚未脱出险陷中。

【义理取象】 九二刚居柔位,与九五无应,夹在上下二阴之中,有陷入坎中而有险难之象。九二居下坎☵中,还未从坎险中脱出,必须面对现实。九二爻变为比卦☵,要重视与周围人交往,尽可能获得帮助,目标不可太大,期望值不可太高。于是九二以阳刚之质上比六三柔弱之援,以求小得,或许能得到难友相助,共渡险难。

【社会人事】 坎卦教人不畏艰难走出危局,在身处险境时不可贪得妄求,要据实际情况争取尽可能的帮助,具有明智者的功利观念。西伯被囚羑里,不奢求马上释放出狱,只是设法让散宜生等用珍宝贿赂纣王近臣费仲,先保住性命,再图下一步。虽未出囚中,而有小得。

六三:来之坎坎,险且枕。入于坎窞,勿用。

【译文】 六三:来去都处在险陷之间,往前有险,退居难安,坎陷艰险且深邃。落入陷穴深处,不可施展才用。

《象》曰:来之坎坎,终无功也。

【译文】 《象传》说:来去都处在险陷之间,六三终究难行险而成功。

【解字释义】 《说文》"枕,卧所荐首者",本指枕头。陆德明《周易释文》"枕,古文作沈,司马注:沈,深也"。此处指沉入太深,坎陷艰险且深邃,动辄死伤枕藉。

【义理取象】 六三以柔处刚位,乘九二之刚,与上六无应。身处上下重坎之中,坎窞连布,险且深,有入于坎窞之象。二三四爻互震☳为动,三四五爻互艮☶为止,欲动而受阻,动而无功且得咎,所以很痛苦。六三居刚位有力不能使,只好就地躺平,休养体力,待机脱险。"勿用"是占辞,被迫陷入就只能忍受,不可施为,否则会招重罚。六三爻变为井卦䷯,生存空间如深井般狭小,无用武之地。

【社会人事】 "险且枕"可解为艰险且深沉,也可解为险境中枕戈待旦,缩身自存,静守观变,待机跃起。文王被囚于羑里,不呼号挣扎白费力气,用推演《周易》之法静养精气,身心得以保全,终出狱成就大事。民国苏报案,章太炎与《革命军》作者邹容被囚上海法租界监狱,二十岁的邹容悲愤难抑,不断呼号怒骂,致病死狱中。太炎身体虽弱,精神强健,读古文诵佛经以静养身心,三年得以出狱赴日本主编《民报》,成为著名学者和革命家。

六四:樽酒簋贰。用缶,纳约自牖。终无咎。

【译文】 六四:一樽薄酒两簋淡食,陶缶装盛,用绳子通过天窗掉下。最终免遭咎害。

《象》曰:樽酒簋贰,刚柔际也。

【译文】 《象传》说:一樽薄酒两簋淡食,指九五阳刚与六四阴柔相交接。

【解字释义】 樽,也作"尊",金文作🍶,双手(𠬞)举酒坛(酉)献祭(八),此"樽"为木制酒尊,较为质朴。簋 guǐ,金文作🥣,《说文》"簋,黍稷方器也。从竹、从皿、从皀",竹子做的圆形盛饭器,一簋饭配一壶酒,两簋饭就有食足之意。缶-🏺,《说文》"缶,瓦器,所以盛酒浆",盛水或酒的有盖瓦器。牖 yǒu,从片庸声,木片隔出的窗户。李镜池引《周易义证类纂》:"土狱,凿地为窖,故牖在室上,如今之天窗然。以地窖为狱,则狱不可见,唯见其牖。《书》传称殷狱曰'牖里',或以此。"这里的酒食当指狱囚饮食,重要囚犯突然得到酒食,或将赴死刑,或将缓刑。用陶器吊送酒食,当是缓解,不怕其用缶片自杀,故占"终无咎"。

【义理取象】 六四也处于上下重坎之间,身陷"多惧"险境。六四柔居阴当位,与初六无应,但已居上坎☵下,上承且近比九五刚健之君。如果君臣得以交际且刚柔相洽,六四就有可能脱离困境而终无咎害。六四爻变上兑☱为口舌为悦,当以质朴真诚的言语取悦于九五君王,就像用瓦缶盛酒浆饭食以飨囚人那样适宜,或许能改善君臣关系,终无咎害。

【社会人事】 此处六四指西伯姬昌,九五指殷纣王。西伯被囚羑里多年,纣王为考察他是否顺从,杀其长子伯邑考做成肉羹,派人送给西伯,西伯装不知而食,人走后吐出,羑里今存"吐儿堆"。纣王因此放心,派人备一尊酒两簋饭食,以瓦罐盛着,用绳子从天窗吊下土牢,文王忍受并接收这些饭食。于是与纣王的关系得以改善,最终得以无咎释放。人有信念,心灵就有依托,生存就有动力。西伯坚守立国救民的信念,坦然面对各种凶险处境,最终脱出重坎而获生。自助者天助,体现很好的处险之道。

"纳约自牖"后来演变为"牖下之祭":女孩有心事,月圆时在窗下摆酱瓜、酱菜(泡菜)缸,向月亮祷告,用摩擦双手的方式祈神求福,是一种获取信仰依托的方式。韩国电视剧《大长今》表演过此仪式。

九五:坎不盈,祇(zhī)既平,无咎。

【译文】 九五:险陷尚不满盈,小丘已被荡平,当无咎害。

《象》曰:坎不盈,中未大也。

【译文】 《象传》说:险陷尚不满盈,因九五具有中德而不自满自大。

【解字释义】 祇,郑玄注"祇当为坻,小邱也",坻 chí,《说文》"坻,小渚也",《诗·秦风·蒹葭》"溯游从之,宛在水中坻",指水边积土所成的小丘。平,水的本性是"平",准,本作"準",《说文》"準,平也,从水隼声"。处事平和就会标准合度。

【义理取象】 九五以刚居刚,处上坎中,中正刚健勇进,有不自盈满之象。三四五爻互艮䷳为山为小坻,九五在坻之顶,交两坎水䷜中,来回荡漾,二三四五爻小颐卦䷚平和颐乐,有坻已平之象。两坎䷜为险,互艮䷳为阻,九五当险中之阻,处境十分艰难,须大智慧才能处理平和得宜。不自盈满而处事平和,故占无咎。九五刚正而有中德,处事适中平和,不使坎陷满盈不流,也不让坻丘高耸自傲,更不让自己自满自大。

【社会人事】 坎水不至盈满,埂坻也变得平缓,虽有坎也不太危险。隐喻文王狱事有了宽松余地而变得平缓,故占无咎。行险不失其诚信中正,行事适宜才可保无咎。

上六:系用徽纆,寘于丛棘,三岁不得,凶。

【译文】 上六:被绳索捆缚,困于荆棘丛中,三年不得解脱,有凶险。

《象》曰:上六失道,凶三岁也。

【译文】 《象传》说:上六违失认罪改过之道,三年后必遭杀身凶祸。

【解字释义】 徽，《说文》"𢾡，衺幅也，一曰三纠绳也，从糸微省声"，有绳索、束缚、琴徽、标志、旗帜等词义。绳三股为徽，二股为纆(mò)。丛棘，古土牢外围种丛丛荆棘，防止囚犯逃跑。《左传·哀公八年》："邾子又无道，吴子使大宰子馀讨之，囚诸楼台，栫之以棘。"正是种丛棘于囚牢外防罪犯逃跑的文献例证。

【义理取象】 上六柔处阴位，乘九五之刚，居重坎之极，资质柔弱却骄亢于上，不知顺势以柔济刚，罪行极重却不思悔改，失道无救，故占凶。上六爻变巽☴为绳纆，三四五爻互艮☶为手，以手用绳捆绑罪犯，有系用徽纆之象。坎☵为坚多心木为棘刺，重坎为丛棘，有置于丛棘之象。坎卦爻数六，三对爻均无应，有三岁不得之象。不认罪改过，故多凶。

【社会人事】 此爻可能是实然性占断，反映周初法律对重罪犯人的严厉惩处。罪犯过于凶顽，用大绳子捆得结结实实，关在囚牢中，还在四周栽上丛丛棘刺，严防他逃跑。《周礼·秋官·司圜》："司圜掌收教罢民……能改者，上罪三年而舍，中罪二年而舍，下罪一年而舍，其不能改而出圜土者，杀。"重大罪犯关三年，有改过表现的关满三年就释放，三年不思悔改的，就杀掉。初六《小象》"失道凶也"，是指新人不知履险之道，会遭遇凶险。上六《小象》"失道凶三岁也"，是指犯重罪仍不知悔改，关三年后必处死刑。

坎卦小结

习坎卦象征重重坎难，并述处坎之道。古代人生活艰难危厉，生产生活资料须从艰难险阻的恶劣环境中求得，而且须群体协作互助。习坎卦讲处险求生方法，述说谨慎行险的道理。坎为水，水诚信专一向下奔流，突破千难万险，日夜不息，最终实现流归大海的理想。其真诚朴实的履坎难之道，值得人们崇尚。

六爻处险履难的程度和态度各不相同,前三爻明生产活动之艰险,渔猎耕种均须小心,不要误入坎窞,不慎陷入,或止动蓄力待机,或设法获朋友帮助。后三爻明社会政治之凶险,主要以囚狱之事为例。陷入囚狱,很难脱出,六四谨慎争取阳刚君子帮助,九五中正平和应对以减难度,最终才有赦释之望。上六告诫人不可犯重罚,更不能不思悔改,深具悲悯之意。

六爻虽无吉占,但仍然勉励人遇险难时不失诚信,内心通达。处坎时心态阳刚中正,慎求小得,就有平险排难的希望。大禹治水、愚公移山,就是刚中信实、行险而不失其信,最终前行有功的典型代表。

从管理者方面看,讼必使无讼,但尽量能平断,不使人蒙受冤屈。囚狱不能取消,但希望"坎不盈,祗既平",能平坎去险,与民同忧,正是《周易》表现出的圣贤狱治思想。

30. 离 卦 ䷝

离为火　离上䷝离下䷝

【解字释义】　离卦象征附丽,也含离弃之意。离☲为火,火难独燃,二火相从,二焰相炽,有大明之象,寓意圣贤以明德化成天下。

离,又作"離",甲骨文作🔣,金文作🔣,用长柄网捕鸟,鸟入网为附丽、罹难,鸟脱网为离去。"羅-🔣"也是牵绳(糸)张网(网)捕鸟(隹),《方言》"羅谓之離,離谓之羅"。又鸟名離黄、仓庚,《说文》"🔣,離黄,仓庚也,鸣则蚕生,从隹离声"。离由捕鸟扩展有失去、脱轨、遭遇、分开、离别、违背、逃避、罗列、分析等词义。丽,繁体作"麗-🔣",梅花鹿(鹿)头顶两盘花角相对媲美;麗加人旁为"儷",夫妻相互附麗,称伉儷。《说卦传》"离,丽也",离☲中之阴附丽于上下二阳,上下二离又相互附丽。

【义理取象】 八卦先天为体,后天为用。《周易》上经三十卦讲天道,始乾坤,终坎离,离居末尾。先天八卦:乾天南坤地北,离东坎西。后天八卦:离南坎北。乾坤之后,屯、蒙、需、讼、师、比都含坎☵,忧患险难不断。至泰极否来,天旋地转之后,同人☲、大有☲才出现离☲,大过、习坎之后才出现离卦☲。可见上经三十至离卦止,有其内在系统性。人世由天地、生命、心灵的生发成长,久经磨难,终至文明薪火传递,到达光明境界。离☲为习坎☵的错卦,而离☲中又含大坎☵,下难上明。行其所当行,止其所当止,行止得当,绝处逢生,终能绽放光辉。《周易》下经三十四卦述人事,以咸恒二卦情感婚姻开始,千回百转,至既济未济周而复始结束。六十四卦,"人谋鬼谋",天道指导人事,人事印证天道,相辅相成而相得益彰。

卦 辞

☲离:利贞,亨。畜牝牛,吉。

【译文】 离卦象征附丽,有附丽者利于守正,亨通。畜养母牛可获吉祥。

【卦辞释义】 离☲为火为光明,二火相炽,有附丽、美好义,有大明之象。离☲又为戈兵,也有火灾、兵燹之象。然兴兵当为助义,保卫美好,二者义不相背。离为网能捕获,离为火能照明与熟食,功能甚大,故利贞。守正行事,人文化成,先固守正道,然后亨通。

"畜牝牛,吉"是再筮之占。《左传·昭公五年》"纯离为牛",《九家易》"离为牝牛",离☲柔爻居中,以柔中附丽上下二刚,故以柔为正。王弼注谓离卦"外强而内顺,牛之善也",离卦☲内柔顺而外强健。内外都强过于刚猛,内外都顺过于柔弱,牝柔顺而牛劳善,牝牛内顺外强而得中,故占"畜牝牛,吉"。谢祥荣《周易见龙》谓离☲似网罟,也象藩篱,适合蓄养温顺的牝牛,不适合养狂躁触藩的羝羊或牡牛。故"畜牝牛吉"为物理取象,隐喻柔中为正。附丽当取柔顺,顺时势行事方可获吉。离为中女,继承坤卦母亲"牝马"柔顺之德,故占"畜牝牛吉"。

《彖》曰:离,丽也。日月丽乎天,百谷草木丽乎土。重明以丽乎正,乃化成天下。柔丽乎中正,故亨。是以"畜牝牛吉"也。

【译文】《彖传》说:离,意为附丽,譬如太阳月亮附丽于天空,百谷草木附丽于土地。光明重叠而又附丽于正道,就能推行教化使天下昌盛太平。柔顺者附丽于适中方正之刚健者,就会前景亨通,所以畜养母牛可获吉祥。

【彖辞释义】《说卦传》"离者,丽也",丽指伉俪、附丽。万物相互附丽而相得益彰,是普遍易见现象,日月附丽于天空而明丽,庄稼草木附丽于土地而美丽,离☲一阴附丽上下两阳而得中为主,充分体现附丽之道。离卦☲下离明☲接上离明☲,形成重明,六二中正、六五柔中,是阴柔附丽于上下阳刚而得中正明丽,正合附丽之道。《周易》强调忧患意识,《孟子·告子下》言"生于忧患而死于安乐",人不但依附大地活着,还要活得有意义。人有善的本性,也有走向不善的可能,故须教化使走正道归于善。有忧患意识的人需要附丽,也就是不断受教化而行正道,即《中庸》"修道之谓教"及蒙卦"蒙以养正"。所以圣贤推行教化使人行正道,天下就得以太平。使人受教化顺从中正之道,社会就会通达进步,这跟养母牛柔顺吉祥是一样的道理。

《象》曰:明两作,离。大人以继明照于四方。

【译文】《象传》说:光明接连升起悬附高空,象征附丽。大人因此连接不断地用光明照临天下四方。

【象辞释义】"作"指兴起,下上二离明☲接续升起,离卦象征附丽与明丽。大人圣贤由此体悟,须代代相继努力,才能使文明教化之光普照四方。大人当与天地合其德,与日月合其明,继往开来,使文明光辉普照天下而经久不息。《论语·子路》:"子曰:善人为邦百年,亦可以胜残去杀矣,诚哉是言也!"三十年为一世,经三四代百年努力,才可望免除杀戮,可见教化人们走出蒙昧趋向文明,是多么不容易的事。

【卦变象征】 离☲的覆卦还是离☲,离上加离是附丽而明丽。离☲的错卦为习坎☵,经历习坎磨难才能得到文明希望。离☲之互卦为大过☴,大过之世必有大过之人带来光明。

爻　辞

初九:履错然,敬之,无咎。

【译文】 初九:践行事务郑重有序,保持恭敬谨慎,就无咎害。

《象》曰:履错之敬,以辟咎也。

【译文】 《象传》说:践行事务郑重有序而恭敬谨慎,初九如此行事才能避免咎害。

【解字释义】 履-履,人(尸)脚板(夊)穿鞋(舟)行走(彳),本指鞋,后用"屦"表示鞋,"履"作动词指履行事务。"履"多在初位出现,如坤卦初六"履霜,坚冰至"。错,《说文》"錯,金涂也,从金昔声",由涂金彩扩展有交错、错出、错过、错误等义,这里"错"指交错。敬,指警惕、敬慎。辟,同"避",避免。

【义理取象】 离☲在天为日光,初九阳居刚正位,为日初出。离卦☲上离☲下离☲,离而又离,有履迹交错之象。初九爻变为旅卦☶,早晨出门旅行,头绪纷繁,当敬慎行事。《老子》谓"千里之行,始于足下",人生多艰,万事起头难,如蹈虎尾,如履薄冰,唯有敬慎小心行事,才可避免灾祸,否则必有咎害。初九处六二之下,上行而未过河,有"未济"之象。初出行遇河受阻,当敬慎用心,才可保无咎。

【社会人事】 早起行路,只见众多履迹而不见人,可能是夜间行人探路,预防有人来行寇掠,提高警惕,方可无咎。初九才入离卦,阳居刚位,如年轻人初行大事,热情高动力足,容易躁行冒进。因此,起步不可贸然猛进,当举步交错而有序,敬慎行事,可以无咎。

六二:黄离,元吉。

【译文】　六二:保持中正的黄色附丽于物,至为吉祥。

《象》曰:黄离,元吉,得中道也。

【译文】　《象传》说:保持中正的黄色附丽于物,至为吉祥,六二得适中不偏之道。

【义理取象】　东南西北中,青赤白黑黄,黄为中色。六二柔居阴位,当下离☲之中,为日中黄色。离☲为火明丽,于色为黄,于物为雉,有黄鹂之象。“离黄、黄鹂、仓庚”都是黄鹂鸟的名称,黄鹂鸟羽毛丽洁,黄羽红喙黑眉,鸣声婉转。春夏之交黄鹂鸟嘤鸣求友于杨柳间,色愉声悦。黄鹂性柔顺,凡天灾人祸及猛禽出入处,避而不至,古来以黄鹂飞鸣为安吉之兆。六二持中守正,得柔顺居中之道,懂得在合适的位置做适当的事,有黄鹂柔中之象,故占元吉。六二爻变为大有卦☲,有大明之光在天,前途一片光明。离卦☲主爻六二跟坤卦六五“黄裳元吉”相似,乃柔中之道的充分体现。六二占元吉,实属不易。

【社会人事】　《诗·豳风·七月》:“春日载阳,有鸣仓庚。女执懿筐,遵彼微行,爰求柔桑。”描述豳地周族女子,于仲春阳光明丽之时,离黄仓庚鸣唱之地,愉悦地采桑养蚕的劳动景象。唐杜甫“两个黄鹂鸣翠柳,一行白鹭上青天”,写春光里黄鹂愉悦鸣唱的明丽景色,也正是应了六二黄离元吉之象。

九三:日昃之离,不鼓缶而歌,则大耋之嗟,凶。

【译文】　九三:太阳将落山,垂垂附丽于西天,此时若不敲起缶器作歌自乐,必将引起老暮穷衰的嗟叹,有凶险。

《象》曰:日昃之离,何可久也。

【译文】　《象传》说:太阳将落山,垂垂附丽于西天,这种情状怎能保持长久呢!

【解字释义】　昃 zè,《说文》“𣅀,日在西方时,侧也。从日仄声”,

甲骨文作![字形]，太阳偏仄于西方，快要落山了。缶-![字形]，《说文》"缶，瓦器，所以盛酒浆，秦人鼓之以节歌"，这里指用于敲击音乐的陶罐，为古八音之"土"。耋dié，从老从至，至老之人，也指族中长老，《尔雅》"耋，老也"，郭璞注"八十为耋"。

【义理取象】 九三当位，过刚不中，处下离☲之末，在日将落山之时，其明即将暗没。九三爻变为噬嗑卦☲，有艰难苦斗而难得光明之象。日昃将落，有人近暮年之态，三四五爻互兑☱为毁折为老残，二三四爻互巽☴为风为嗟叹声，有老人鼓歌之象。九三在六二之上，已渡过河流，有既济之象，既济必转衰微，既壮则转衰老。人到老年，要以平常心看待老和死亡问题，懂得在平淡中体味生活乐趣，如果不能击瓦缶而放歌，就会嗟叹衰老而日日难过。九三过刚失中，不能柔顺对待衰老，叹耋嗟衰，故占凶危。如此度日如年，怎能长久！

【社会人事】 垂老之人调整心态，敲着瓦盆唱歌，乐天知命不奢求，才利于安度晚年。如果刚火不退，终日哀叹老死，必至凶祸，不能长久。苏东坡《洗儿诗》："人皆养子望聪明，我被聪明误一生；唯愿孩儿愚且鲁，无灾无难到公卿。"这是老年父母的呓语，也是过来人真实的慨叹。还有一说：日昃之时遇上寇掠之灾，年轻人若不鼓缶而歌，聚众反击，族中长老便会哀叹而训斥，结果必凶。日昃之离，便是罹难，下爻果然罹难惨痛。

九四：突如，其来如，焚如，死如，弃如。

【译文】 九四：灾祸到来十分突然，焚烧一切，死亡无数，家园毁弃殆尽。

《象》曰：突如其来如，无所容也。

【译文】 《象传》说：灾祸到来十分突然，容不得考虑或准备。

【解字释义】 突，甲骨文作![字形]，战国文作![字形]，《说文》"![字形]，犬从穴中暂出也"，埋伏的猎犬（犬）从地穴（穴）窜出，突击猎物；"如"同"然"，突如，就是突然，出其不意的样子。弃，繁体作"棄"，甲骨文作𠓶，金文作𣚣，《说文》"𠓥，捐也。从廾推荜棄之，从㐬。㐬，逆子也。𠑗，古文棄"，双手(廾)捧簸箕(𠙷)丢弃婴儿(𠫓)之形，古文献中多有弃长婴的记载，是父系社会初期保证血统纯正的习俗，"弃"有舍去、废弃、毁弃、遗忘等词义。

【义理取象】　九四处离䷝中虚象穴，爻变为艮☶为犬，有犬出穴"突如"之象。二三四爻互巽☴为草木，在下离火☲之上，有"焚如"之象。村邑突然被焚烧，则众人死亡而房屋毁弃。九四爻变下离入于二三四爻互坎水☵中，火入于水，有浇灭"死如"之象。九四在下离☲之外上离☲之下，离而又离而弃不能取，有"弃如"之象。九四刚居柔位，与初九无应，不中不正又无应，夹在上下离火之间，情势凶危。依王弼与孔颖达之说：九四在上下离明☲之间，处急变之际，九三日落已昏，九四又日出始晓，暗转明变化突然，有"其来突如"之象。九四辅臣以旺盛刚火向上焚焰六五柔君，有"焚如"之象。既然向上焚烧，六五柔君命必不全，有"死如"之象。九四不中不正，无承无应，上焚柔君，大悖辅臣附丽之道，人神共愤而难容，有"弃如"之象，因而《小象》曰"无所容也"。九四爻变为贲卦䷕，卦中含有二三四爻互坎☵，华丽表象下隐含致命的坎险。离卦九四为《周易》第一凶爻。

【社会人事】　李镜池《周易通义》："这是敌人的另一次袭击。突然冲过来，能烧就烧，见人就杀，抓到小孩就摔（死），残暴得很，使被袭方遭了一场大灾难。"从上九爻辞来看，当为戎狄有嘉氏部族对周族某小邑的一次突然袭击，杀戮抢掠，焚烧一切，无人幸存，村邑毁弃。文明惨遭浩劫，触目惊心。

六五：出涕沱若，戚嗟若，吉。

【译文】　六五：流出涕泪滂沱不绝，忧惨嗟伤悲切，团结众人渡难关转至吉祥。

《象》曰:六五之吉,离王公也。

【译文】 《象传》说:六五的吉祥,在于附丽王公臣民共同奋斗。

【解字释义】 涕,下泪水哭泣,《玉篇》"目汁出曰涕"。沱,从水它声,"它"为蛇盘旋延展,沱与池都指水的延展;涕沱,泪水流延满面。"若"同词尾"然",出涕沱若,泪流满面的样子。戚,也作"鏚",《说文》"鏚,戉也,从戉未声",甲骨文作 𢧀,金文作 𢧀,宽刃大斧(𢧀),多作刑具。亲人被戚斧砍杀,转有忧戚、亲戚义,《诗》毛传"戚,忧也"。

【义理取象】 六五以柔履刚,居上卦中为柔德之君,与六二为上下离明☲中心,六二中正、六五柔中。六五爻变为同人卦☰,善于团结臣民,富于同情心。六五在上离☲中,处三四五爻互兑☱上,离为目,兑泽为泪水,有"出涕沱若"之象。二三四五爻大互坎☵为加忧,兑上为口,有"戚嗟若"之象。六五在君位视九四焚弃死惨状,感同身受,号啕痛哭,泪流满面。决心团结王公大臣及广大民众,化悲愤为力量,战胜顽敌,共渡难关。如观卦九五"观我生",明君真心痛惜民众,以真诚激励士气,前景吉祥。

《周易》多处有"祸福相循"的辩证占断:如泰卦九三"无平不陂,无往不复,艰贞无咎";同人卦九四"乘其墉,弗克攻,吉";蹇卦初六"往蹇,来誉";萃卦上六"赍咨涕洟,无咎";中孚卦上九"翰音登于天,贞凶"等。此处悲涕占吉,含"哀兵必胜"之意。

【社会人事】 九四爻事件,周族村邑突然遭烧杀毁弃,国人哀伤呼号,君王痛哭流涕。然而哀兵必胜,明君若知由此凝聚民心,终至吉祥。由于三爻不够警惕,四爻果然遭突袭烧杀,惨绝人寰。六五君主记取教训,决心借此激励臣民,团结一致保卫本族生存,使有复兴之望。悲痛至极而占断以吉,富于哲理性反思。柔德之君痛哭、哀伤之后,更加谨慎行事,防范危险,团结臣民,积蓄力量,以图终胜。君王痛哭受难者,如同今天国家下半旗志哀,富于人文关怀,有凝聚人心的巨大力量。孔子在马厩被焚烧后,问"伤人乎"而不问马,当从此爻辞体悟,遭大灾难后人文关怀最有凝聚力。

上九：王用出征，有嘉折首，获匪其丑，无咎。

【译文】 上九：君王出师征伐，斩有嘉氏首领，俘获不愿亲附的异类，无所咎害。

《象》曰：王用出征，以正邦也。

【译文】 《象传》说：君王出师征伐，是以正义之师正邦国平天下。

【爻辞释义】 有嘉，古国名，即壹族之国，随卦九五"孚于嘉"，为同一邦国。丑，同"醜"，训类，《广雅·释诂三》"醜，类也"，《尔雅·释诂上》"醜，众也"，《说文》"𩽌，種類相似，唯犬为甚。从犬類声"。获匪其丑（类），俘获那些不与走正道者同类的小角色。

【义理取象】 上九刚居柔位，处离明之极，比六五柔德之君，刚健有力，居高临下照见天下奸恶之徒。上九居离卦之极，附丽之道已形成，民众都来亲附，君王可用他帅师出征。上九爻变上震䷲为雷动，如师卦"长子帅师"而师出有名，正义之师动则获胜，斩敌酋首，俘获普通族类，建可嘉美之功，以正义之师宣示邦国实力与威名。上九爻变成丰卦䷶，有成就丰功伟绩之象。

【周初人事】 周王派大将军兴师出征，征伐焚毁周邑并不断作恶的有嘉氏，斩杀有嘉氏首领，俘获普通族众而不加杀戮。有嘉氏是当时强悍的野蛮部落，劫掠烧杀周邦村邑之事不断发生。周王不得不大举出征，斩杀其首恶以示惩戒。这是一场以武禁暴的道义之战，周原甲骨卜辞可证此事，随卦亦有解说，还有送有嘉氏首领头颅往岐山祖庙献祭的记载。《尚书·胤征》"歼厥渠魁，胁从罔治；旧染污俗，咸与惟新"。周人以仁义为本，首恶必惩，胁从不杀。这次征伐，不是复仇泄愤或屠戮无辜村邑，而是严惩残暴而告诫天下，俘获教化异族民众以正邦国。

离卦小结

离卦象征附丽，强调柔顺中正，"柔丽乎中正"是处离正道。离、坎都论灾难问题,坎卦论生产、牢狱,重在善以自处。离卦论兵燹之灾,意在善于用众,强调臣民遇难时附丽于君,君逢难时激励臣民,团结奋斗,惩戒顽敌,共渡难关,以正邦国。

《象传》"重明以丽乎正,乃化成天下",程颐《易传》谓"天地之中,无无丽之物,在人当审其所丽,丽得其正则能亨也"。附丽与被附丽的关系复杂,有下对上的附丽,也有上对下的附丽,还有邦国、部族之间的附丽。需要适当处理,方可惩恶化民,推进文明。

离卦内三爻以日行于天讲个体附丽之道,初九以日出喻人初行事,当慎重而不躁进;六二以日中喻柔为中道,柔中得元吉;九三以日昃喻人至老年,当平和以避凶。外三爻以与外族争斗讲君民附丽之道,九四突遭灭顶之灾,防备不够而难以承受;六五君王痛哭,以人文关怀凝聚民心;上九出师杀敌,惩戒与俘教结合以正邦国。

离卦与随卦,涉及周族与顽族(有嘉氏)的部族冲突。就部族之间的附丽关系而言,周族有"武以禁暴"的原则,谦卦六五"不富以其邻,利用侵伐,无不利",该征伐就果断出师才是谦德。惩戒首恶,教化胁从民众,则是周初圣贤仁德用武的体现。《太公六韬》以"文韬"为第一:"义胜欲则昌,欲胜义则亡;敬胜怠则吉,怠胜敬则灭。"以正义为武德之要领,强调用兵的道义原则,是邦国间的附丽正道。

下经三十四卦

31. 咸　卦　☷☶

泽山咸　兑上☱艮下☶

【解字释义】　咸卦象征交感。艮☶少男在下追求上面的兑☱少女,男女交感相悦,即"慕少艾"。因述男女交感,故咸卦三阴三阳为三组正应。咸卦述有礼交感恋爱,否定轻薄行为,提倡两情相悦且得亲朋嘉许的恋情,论男女相悦之道。咸卦主张在男女感情上理性而有序,是文明进步的体现。

　　咸 xián,《广韵》胡谗切,甲骨文作𠤳,金文作𢦏,《说文》"咸,皆也,悉也,从口从戌","戌-𢧐"是仪仗用大斧,古时各部族竖立武器(戌)于村口,有战事即呼集(口)部落男子参加,故"咸"从口从戌,有皆、悉义,扩展有普遍、协同、感知等义。同仇敌忾,咸加口为"喊";两心相悦,咸加心为"感"。感 gǎn,《说文》"感,动人心也,从心咸声",有感动、感应、交感、触碰、感觉、感谢、感受等词义,在感应义上"咸-感"为古今字。《周易》咸卦之"咸"用感应义。战争最能感召、同和众人,"咸"衍生有感召义。儒家理念:止戈为武,口戌为咸。

　　《序卦传》:"有天地然后有万物,有万物然后有男女,有男女然后有夫妇,有夫妇然后有父子,有父子然后有君臣,有君臣然后有上下,有上下然后礼仪有所错。夫妇之道不可以不久也,故受之以'恒'。恒者,久也。"咸☷与恒☳为一对覆卦,咸卦☷为艮☶少男与兑☱少女情相感而阴阳交合,恒卦䷟为震☳长男与巽☴长女结婚而天长地久,这是具有文明取向的爱情、婚姻观。咸恒二卦不接上经坎离,为下经三十四卦新启门径。与乾坤各一卦不同,咸为男女共卦,恒为夫妇共卦。

卦　辞

䷞咸:亨,利贞。取女吉。

【译文】　咸卦象征交感,亨通,利于守持正道。娶女成婚可获吉祥。

【卦辞释义】　泽水☱下降而山势☶上承,上下二气相感而得亨通,为交感正道。少男少女交感相悦出于情感本能,是快速的,故有"一见钟情"之说;但只有男子求娶女子成婚姻,交感才可能持久。《杂卦传》谓"'咸',速也;'恒',久也",咸卦为交感之速,接着恒卦才有婚姻长久,故占娶女成婚为吉祥。

咸就是交感,不止男女交感,世间万物、社会人群都有交感问题,君臣上下、父子兄弟、亲戚朋友之间,相互交流感应则遇事通达,否则不能融通。交感亨通有其原则,利于持贞守正,交感不正则不利,男女持正交感至娶女成婚方为吉祥。

《彖》曰:咸,感也。柔上而刚下,二气感应以相与。止而说,男下女,是以"亨,利贞,取女吉"也。天地感而万物化生,圣人感人心而天下和平。观其所感,而天地万物之情可见也。

【译文】　《彖传》说:咸,意为交感。阴柔在上而阳刚在下,阴阳二气交流感应而互相亲和。交感时既自制又欢悦,男子以礼下求女子,所以说亨通在于守持正道,交感至娶女成婚才获吉祥。天地交感带来万物化育生长,圣人感化人心带来天下和顺。观察交感现象,天地万物的性情就可以明白了。

【义理取象】　咸卦䷞,是下艮☶少男与上兑☱少女两情相感悦。艮为阳卦是往上的动力,兑为阴卦是向下的受动力,刚向上柔向下,阴阳交感通达。上兑☱本为乾卦☰得坤卦一柔爻交互于上体而成,下艮☶本为坤卦☷得乾卦一刚爻交互于下体而成。也可看成上乾下坤的否卦䷋变为咸卦䷞,三爻与上爻阴阳换位,柔爻六三上去成上六而刚爻上九下来成九三,即柔上而刚下。否卦天地不通,一动变成咸卦,艮☶下兑☱上,少男与少女真情感应,山泽阴阳二气交合,相与亲和,生机勃勃,可繁衍后代及生成万物。

【社会人事】 艮☶在下为少男,兑☱在上为少女。艮为止兑为悦,少男少女纯情交感最为炽热而易过度,过度则得咎,有一定自制力才可两情相悦。女性柔静而男性刚动,交感时一定是男主动而女受动,少男在下主动向高高在上的少女示爱,求爱成功,然后娶女成婚得吉,这是男女交感的正道。《荀子·大略》:"《易》之咸,见夫妇。夫妇之道,不可不正也,君臣父子之本也。咸,感也,以高下下,以男下女,柔上而刚下。聘士之义,亲迎之道,重始也。"婚前总是男孩追求女孩,男子跪下向女子求婚,是"以男下女"之义。成婚之后,才是女子依附于男子。前后角色转换变化很大,但合乎古今社会现实。

孔子《小象》由此体会,天地阴阳二气相感,用雷电风雨化生万物。圣人效法天地设教感化人心,去恶向善而天下平和。乾卦《彖传》"首出庶物,万国咸宁",咸卦《彖传》"圣人感人心而天下和平",乾卦天道生物得宁,咸卦人事感心得和,天道与人性一以贯之,天之道通于人之故,就是天人合一。儒家行仁道,"仁"字从人从二,把各种二人关系处理适宜,使人际关系真诚而感通,聚集为"和"的生命状态。感通,就是把别人当作自己来看待,将人心比己心而心心相通。观察天下各种交感,无不如此。明白此理,天下万物的性情就会了然于心。

《象》曰:山上有泽,咸。君子以虚受人。

【译文】 《象传》说:山上有大泽,山泽交感。君子因此虚怀容纳并交感众人。

【象辞释义】 泽山咸,孔颖达疏:"泽性下流,能润于下;山体上承,能受其润。以山感泽,所以为咸。"山上有泽为天池,清幽远尘,波平如镜,天光云影,共映互存,有山泽通之气象。君子由此领悟,当虚心接受他人的感情和意见,砥砺自身,进德修业,宽容大度,不固执己见,重视他人感受,对方就会乐意来交感。君子以虚受人,方可承载大道。

【卦变象征】 咸☶☱的覆卦是恒☳☴,男女真情互感才有婚姻恒久。咸☶☱的错卦为损☶☳,双方不能通感则都有损害。咸☶☱之互卦为姤☴☰,有真情交感,才有好的姤合关系。

爻 辞

初六:咸其拇。

【译文】 初六:用拇趾相互感触。

《象》曰:咸其拇,志在外也。

【译文】 《象传》说:用拇趾相互感触,初六的感应志向是往外发展的。

【义理取象】 咸,感。"拇"从手母声,本为手上大拇指,此处用于初爻在下,当指脚板大拇趾。初六柔居刚位,与九四正应,处咸卦最下端,动力最小,就像脚拇趾处人体最下处,神经末梢的感觉最轻浅,又在艮止☶最底下,想动也幅度微弱。孔颖达疏初六:"指虽小动,未移其足,以喻人心初感,始有其志。志虽小动,未甚躁求。"小腿(腓)是脚走动的主动力,脚拇趾动力微弱,不能带动小腿前行。初六上应外卦九四,想与九四交感而动力不足,只是个想法而已,所以《小象》说"志在外也"。《周易》卦辞偏静态,爻辞偏动态,吉凶悔吝的占断多生于动态,初六有想法无大行动,也就无吉凶可占,故不加占断语。

【社会人事】 古时少男少女初见面,心生爱慕而羞怯拘谨,耳热心跳却不敢有大的动作。有意无意用脚拇趾或脚尖轻轻触碰一下对方,赶紧缩回。交感虽然轻微,心意倒是表达了。

六二:咸其腓,凶。居,吉。

【译文】 六二:触摸小腿肚交感,有凶险。先安居待时,才吉祥。

《象》曰:虽凶,居吉,顺不害也。

【译文】 《象传》说:尽管有凶险,但安居待时可获吉祥,顺从交感正道可免遭祸害。

【义理取象】 腓 féi,《说文》"腓,胫腨也,从肉非声",腨 shuàn 指小腿肌,朱熹注"腓,足肚也",此处指小腿及小腿肚。六二柔居阴位,处下艮䷞中,正应九五,中正柔应,本无不嘉,却占凶。原因是,六二交感部位从脚拇趾上升到小腿肚,小腿是人走动的主动力,即"躁动之主",六二急于上行去应九五,有躁动上求交感之象。交感躁动会带来祸害,故占凶。六二居下艮止䷞中,当静居止动,二三四爻互巽☴为顺,当顺守安居正道,方得吉祥,若急于躁动,则为凶。

【社会人事】 男女恋爱交感提升一步,从人身体的脚下升到小腿部位。这时若保持若即若离的接触,双方都会感觉美好而吉祥如意。若男方躁动妄为,伸手摸捏女方小腿肚,就有轻薄之意,必遭斥责而取辱,占为凶。真诚交感的男女,有一个互相敬重的阶段,男子越是真心爱慕女子,越不轻薄躁动。男子安居顺应,待时机成熟再前进,方吉而无害。

其实,人际交往也是这样,距离产生美感,保持一定距离,利于互相尊重和欣赏,一旦过早变为零距离,利益冲突就会很快酿成祸害。

九三:咸其股,执其随,往,吝。

【译文】 九三:触摸大腿交感,执捏其下腿肚,如此行事,必有憾惜。

《象》曰:咸其股,亦不处也。志在随人,所执下也。

【译文】 《象传》说:触摸大腿交感,九三不能安静待处。心志随人行动,所执意念是卑下的。

【解字释义】 股，《说文》"股，髀也，从肉殳声"；殳 shū，甲骨文作
🖐，金文作🖐，以手(又)持杖(几)投击打人，有大动、大分支等义。此处
"股"指大腿，为大动器官。随，随后、随后部分，艮卦六二"艮其腓，不拯
(举)其随"，王弼注"随，谓趾也"，此处指九三下面六二"腓"，即腿肚。

【义理取象】 九三以刚居刚，过刚不中，上与兑主上六正应，下比
六二柔中之随。九三处下体上与上体之下，有大腿之象。下艮☶少男
交感上兑☱少女，下艮之主九三意欲上通上六，但有下六二拖累，又受
艮止而难动，不得遂其心愿。九三当二三四爻互巽☴中，巽为股，下艮
为手，有手摸大腿之象。又巽为随顺，艮为止，九三也不能下顺六二。九
三又处三四五爻互乾☰下，乾卦动力大，还有上六呼应，有吸引前往之象。
但九三既为下艮止之主，理当止动，若执意前往交感上六，则有憾吝。

具体说来，九三大腿在下肢最上处，处下肢与上身的结合部，时位
尴尬；大腿是随小腿行动而不能自主移动的，动随尴尬。如此境地，九
三刚健不肯处静，想向上交感上六，又有意随顺六二行动，两边兼顾而
失其操守，故必有憾惜。

【社会人事】 男女交感再升一步，从小腿升到大腿。男子可以触
摸女方大腿，离全身上体很近，喻意离娶女成婚不远了。这时男子反倒
留念以前摸小腿阶段的感觉，或许是被之前的女友牵绊，不能直奔婚
姻。如此前后为难，若强行前往，虽然不占凶险，也会有所憾惜。

九四：贞吉，悔亡。憧憧往来，朋从尔思。

【译文】 九四：守持正道可获吉祥，悔憾将消亡。互相迷恋频频往
来，亲朋们最终顺从你们的意思。

《象》曰：贞吉，悔亡，未感害也。憧憧往来，未光大也。

【译文】 《象传》说：守持正道可获吉祥，悔憾将消亡，九四未因交
感不正而得害。互相迷恋频频往来，此时交感尚未光大公开。

【义理取象】 憧 chōng，同"懂"，心事重重，虞翻谓"憧憧，怀思虑

也"。九四刚居柔位,下与初六正应,居三四五爻互乾☰中,有刚健君子之象,为咸卦主爻。九四离开下卦九三大腿,升至上卦身体下部,实为心脏部位。心之官则思,故爻辞有"尔思"。九四应初六,二者均不当位,虽然情意相合,但交感难度较大,未必有好结果。如果守持交感正道会得吉祥,不当位的悔憾就将消亡。两者迷恋至深,心思重重地频繁交往,如果真诚合道,最终可能得到家人亲朋的认可。九四在兑☱下及互巽☴上,向下为来向上为往;爻变上体成坎☵,二三四爻亦成互坎☵,坎为加忧为思虑,重坎为心思重重,合有"憧憧往来"之象。九四当上兑☱初,与下艮☶初六相应,有少女少男迷恋至深之象。九四当上兑☱下、下艮☶之上及互乾☰中,乾为父,艮为兄弟,兑为悦,父母兄弟终悦从其意,有"朋从尔思"之象。男女交感本于自然,心思重重的交感容易迷失正道而生悔憾。九四与初六迷恋至深而来往频仍,有可能带来感情伤害。好在最终未失正道,不至交感致害,未光明公开的暗地频频交往,也得到家人亲友的认可,终得吉祥而悔憾消亡。

【社会人事】 男女交感再升级,从下肢升到上体心脏部位,也就从外体转到内心。九四强调交感双方心思纯正则吉,不正则有悔。有如窈窕淑女君子好逑,真诚恋爱终当吉祥。上古男女有野合风俗,为群婚制遗留。周初开启蒙昧,涉及婚姻家庭礼制的建立。男女相悦迷恋,暗中频繁来往,最终还得有家人亲朋的嘉许,才可成婚完成心愿。《诗·郑风·将仲子》"仲可怀也,父母之言,亦可畏也",少女深爱小二哥,但不敢公开交往,畏我父母、畏我诸兄、畏人之多言,正是对"朋从尔思"重要性的很好说明。

九五:咸其脢,无悔。

【译文】 九五:抚摸脊背肉交感,没有悔憾。

《象》曰:咸其脢,志末也。

【译文】 《象传》说:抚摸脊背肉交感,交感的心志有些微末。

【解字释义】 脢 méi，《说文》"脢，背肉也"，《子夏易传》"在脊曰脢"，脊背肉每每有较多经脉相连，为交感灵敏部位。脊背肉在心的反面，部位虽高于心，但从正面不易看到，面见度太小(末)。孔颖达疏"感以心为深，过心则谓之浅末矣"。

【义理取象】 九五既中且正，与六二正应。上兑☱为少女，九五处其中，相当于人体脊背部位；而上六正在兑上，为悦怿之主，九五上比上六，有"咸其脢"之象。九五居咸卦君位，当正面君临天下，交感天下人心而致和平。若象闭眼抚摸脊背肉那样，只是与六二、上六背面私心交感，沉浸于个人特别的愉悦感，格局太小，故《小象》评其"志末也"。九五爻变为小过卦☳，作为君王如此行事，于国于民无吉无利，如能改过，可占无悔。

【社会人事】 男女交感以心为深，过心反转为浅。九五尊位达交感之至，转为寻求非常性的感觉刺激，以抚摸脊背肉敏感部位获得快感，虽感受特别而无悔憾，实为交感末流而非正道。尤其是九五之君，暗求一己偏私而不正面交感天下民心，必当有悔。

换一个角度看，脊背肉为灵敏神经交汇部位，九五之尊的人君位于邦国辐辏轴心，也就是组织中心。居如此敏感之脢处，君主若能真诚交感天下民众，造福四海，当为咸卦立志之大本而非微末。

上六：咸其辅、颊、舌。

【译文】 上六：用脸颊口舌交感。

《象》曰：咸其辅、颊、舌，滕口说也。

【译文】 《象传》说：用脸颊口舌交感，上六不过腾扬空言而已。

【解字释义】 《说文》"辅，人颊车也，从车甫声"，指面颊内侧，在口腔两旁，能转运食物，故训"人颊车"。辅在内，颊在外，舌动则辅应而颊随之动。对于男女交感而言，当辅、颊、舌同用时，一是热烈亲吻，二是狂说情话。滕 téng，《说文》"𦠋，水超涌也，从水朕声"，水(氵)喷涌出船破缝（朕），转指张口放言。

【义理取象】 上六阴居柔位，与往有吝的九三相应，实际上是空有应。上六当兑䷹上，兑为口舌，有辅、颊、舌合用之象，或对口亲吻，或张口放言。交感以真诚自然为正道，越往上越做作，越虚妄不实。上六处咸卦之极，感极则反，上六爻变为遁卦䷠，真情隐遁不见，九三之应为空言，张口情话誓言漫无边际，空空如也。

【社会人事】 男女交感到极点，无所不用其极。接吻、放言，用一个"口"即可，却连用"辅、颊、舌"三字，有调侃滑稽之感。恋爱谈到此处，无所不为，无所不说，信口开河，听似海誓山盟，实为无稽空话。

咸卦小结

咸卦象征交感，以男女情感相悦为人际交往的代表，述说人情交感之道。强调交感以纯真自然为正道，天地交感以生万物得宁，人际交感以感民心得和，天道与人情合一。

咸卦六爻由下至上，描述男女在身体不同部位的触摸交感，有不同情状，也有不同得失，形象而深刻，启发良多。初六以脚趾轻碰，纯真羞涩可爱；六二躁动摸小腿，诫其轻薄当居吉；九三可摸大腿，却瞻前顾后有吝惜；九四真心交感，终得认可完心愿；九五脊背肉敏感，私欲偏好受批评；上六张口滕说，放言虚情全是空。从脚趾到口舌一路交感上来，全面描述并评说男女交感之道，重在顺时守正，自然真纯。

《周易》"咸、恒、姤、渐、归妹、家人"六卦，表现恋爱、婚姻和家庭的礼制精神。周人从群婚、掠夺婚的蒙昧，逐步向"真情交感、亲朋从许"的自主而合礼制的婚恋观进化。《礼记·乐记》"人生而静，天之性也；感于物而动，性之欲也"，男女相悦交感是天性，但不可违礼失度。感止于正则吉，悦以适时为宜。咸卦的思想，正是《诗经》"乐而不淫"诗教的同一体现。由男女交感扩展开来，天地交感带来万物化育生长，圣人感化人心带来天下和平，是对《周易》社会交往观的进一步阐发。

32. 恒 卦 ䷟

雷风恒　震上䷲巽下䷸

【解字释义】　恒卦象征长久,讲通达守恒之道。《序卦传》:"夫妇之道不可以不久也,故受之以'恒',恒者,久也。"咸䷞与恒䷟为一对覆卦,咸卦讲男女交感相悦,终娶女成夫妇,交相爱易而长相守难,夫妇贵于长久,故恒卦紧接咸卦。恒卦处六十四卦正中,恒以一德,中道稳定。易道不变中有变,变中有不变,随顺变通才可长久,《帛书易传》谓"易有大恒"。固守正道,杂而不厌,顺时随势,以不变应万变,为变通守恒。

恒,又写作"恆",甲骨文作 、𠄘,金文作 亙,《说文》:"亙,常也。从心从舟,在二之间上下,心以舟施,恆也。恒,古文恆从月,《诗》曰:如月之恒。"商承祚《说文中之古文考》:"(甲金文恒)皆从月,既云古文从月,又引《诗》释之,则原本作亙,从外为传讹。"亙-𠄘,月或圆或缺本无恒,上下加二横表示月处天地之间,虽有圆缺但终能长久,以变易表不易,以动态的连续性表示恒久性。从舟之𠄘,构字意图为舟在江河中长行,亦有恒久之象;加心作"恆",楷化为"恒",有长久、固定、平常、常法、恒心等词义。

成婚建立家庭,男主外女主内,故恒卦震䷲长男在上在外,巽䷸长女在下在内。夫妇成双,恒卦六爻三阴三阳成三组正应。夫妇长远之道,男子度时应变,女子守恒不易,夫唱妇随,牵手白头。守恒不易,故恒卦无完爻,全卦以三占凶警诫后人,行事当守中行正,顺时变通方得守恒持久,不只适用于夫妇长远之道,也适用于人事诸多方面。

卦　辞

䷟恒:亨,无咎,利贞,利有攸往。

【译文】 恒卦象征恒久,亨通,无咎害,利于守持正道,利于长远前行。

【卦辞释义】 泰卦䷊与恒卦䷟的关系,是四爻与初爻的对换。泰卦象征通泰,恒卦象征恒久,而恒久之道贵在变通,守恒与变通为一体两面,相辅相成。顺变通泰方可长久,守恒持久才能通达。譬如一天的学习,变换内容交错安排,才能杂不厌倦地坚持学习,长久坚持学完这些内容,才能通达其中道理,然后才能用于实践。

守恒持久,终得亨通,凡事通达则无咎害,亨通无咎才有利于前行干大事。恒卦上震☳行动而下巽☴随顺,动静结合,方可平衡长久。社会中的家庭分工,男主外动,女主内顺,上动下顺,适中和谐,为生活常态,有通达恒久之象。恒卦六爻阴阳相应,自然形成恒态。恒有二面,有变易之恒,君子顺时,知用舍藏;有不易之恒,君子固穷,不移不屈。人生为不已之恒,犹如每天慢跑,坚持不懈,生命得以前行。

《彖》曰:恒,久也。刚上而柔下,雷风相与,巽而动,刚柔皆应,恒。恒亨无咎,利贞,久于其道也。天地之道恒久而不已也。利有攸往,终则有始也。日月得天而能久照,四时变化而能久成,圣人久于其道而天下化成。观其所恒,而天地万物之情可见矣。

【译文】 《彖传》说:恒,意思是恒久。阳刚居上阴柔处下,雷震风行常相交助,逊顺然后行动,阳刚阴柔均相应合,为恒久可行状态。恒久亨通无咎害,利于守持正道,要长久保持纯正的品质。天地的规律是恒久运行不停止,利于长远前行,事物发展规律是终而复始。日月顺行于天就能永久照耀天下,四季往复变化就能永久生成万物,圣人长久保持纯正品质就使天下人遵从教化而形成美俗。观察恒久现象形成的道理,天地万物的性情就可以明白了。

【彖辞释义】 这是六十四卦最长的《彖传》,有九十一字。泰卦䷊变恒䷟,刚爻初九上去变为九四,柔爻六四下来变为初六;震☳为阳卦刚在上,巽☴为阴卦柔在下;上震行动而下巽随顺,雷借助风传得更远,风借助雷增加威严,阴阳二气相感,刚柔二体相应。这些都是自然正常秩序,正常有序就是恒久。能恒久而至亨通,必无咎害,利于守持正道,也就是要保持恒卦纯正恒久的美好品德。终而复始是天地恒久运行不已的自然规则,日月星辰依此天道法则能够永远光辉照耀,大地四季依此法则能够永久化生万物,人间圣贤依此法则就能教化天下百姓走上人生正途。孔子《象传》将天地恒久之道用于社会政治,观察天地万物之情,是要用于指导和管理人情人事,与贲卦《象传》"观乎人文,以化成天下",离卦《象传》"重明以丽乎正,乃化成天下",作用是一样的。

《象》曰:雷风,恒。君子以立不易方。

【译文】 《象传》说:雷与风长相交助,象征恒久。君子因此树立恒久不变的正确思想。

【象辞释义】 "方"指方法,就是行事之道。雷迅风骤,雷厉风行,相需相与,相得益彰,和谐通达,看似无序实有序,有恒久不已之道。君子由此领悟,天不变道亦不变,应该确立为人行事的正确法则,且矢志不移地施行。

【卦变象征】 恒☳☴的覆卦是咸☱☶,交往双方内心真诚互感才能恒久。恒☳☴的错卦为益☴☳,正确的事情坚持不懈,最终必定大有益处。恒☳☴之互卦为夬☱☰,有果决之心坚守才能恒久。

爻 辞

初六:浚恒,贞凶,无攸利。

【译文】 初六:深求恒久之道,坚持求之过深则有凶险,行无所利。

《象》曰:浚恒之凶,始求深也。

【译文】 《象传》说:深求恒久之道的凶险,是因初六刚开始就求之过深。

【解字释义】 浚 jùn,《说文》"𤀁,抒也,从水夋声"。"浚"同"濬、睿","睿"训"通深川也",则"浚、濬"为淘通河川。《尚书·益稷》"濬畎浍,距川",指疏导淘通江河沟渠。此处指深深淘井,《孟子·万章上》"使浚井",瞽叟要舜去深淘水井。

【义理取象】 初六柔居刚位,初进入恒卦,当巽☴下,巽为风为入,有恒入不已之象。初六爻变为下乾☰,有健行猛进之象。一开始就像淘深井一般探求恒久之道的真谛,好高骛远,探求太深,这种固执深究会导致凶祸。王弼注:"处恒之初,最处卦底,始求深者也。求深穷底,令物无余缊,渐以至此,物犹不堪,而况始求深者乎?以此为恒,凶正害德,无施而利也。"恒卦当持中守恒,不可过度,过正害德。何况初六以柔弱之质才入恒卦,当潜龙勿用,非礼弗履,强行则无所利。初六偏要坚持深究,爻变为雷天大壮䷡声势浩大而强行不止,过之又过,故贞凶,所行无利。这类推测占凶,为严厉告诫之辞,以警后人。

【社会人事】 初与陌生人谈话,交浅言深,人难接谈,若再刨根问底,更难持久。无论疏河还是浚井,只能适度而止,若恒浚不已,必致倒流或垮塌,带来凶祸。恒卦讲中和平衡,万物万事平衡适度才可持久,过犹不及,水至清则无鱼。特别是夫妇、朋友等人际关系,需要互相包容理解,有些事情不可求之过深、论理太过,弄得双方毫无余地,必然带来凶祸。

九二:悔亡。

【译文】 九二:悔恨消亡。

《象》曰:九二悔亡,能久中也。

【译文】 《象传》说:悔恨消亡,九二能恒久守中不偏。

【义理取象】 九二刚居柔位,处下巽中,上与六五正应。恒卦以正为常,居不当位为不常,本应有悔。然九二刚而能柔,正应六五柔君,能恒久居中,正也就包含在内。所行无过亦无不及,适中可久,居下巽☴为顺,有顺合恒德之象,故占悔亡。荀爽谓九二"能久行中和,以阳据阴,故曰能久中也"。与九二"悔亡"同类,不系叙辞而依爻位作应然占断,还有大壮卦九二"贞吉"、解卦初六"无咎"。

【社会人事】 人之出生不能由己,原初可能不得正位。但不可因此自暴自弃,当正视未来,"利见大人"得指引,选择正道坚定前行,久中得恒,恒久通达则悔亡。《论语·卫灵公》谓"人无远虑,必有近忧",九二有近忧而必远虑,事预则立,立正守恒,往行有功。

九三:不恒其德,或承之羞,贞吝。

【译文】 九三:不能恒久保持美德,时或有人施加羞辱,要守持正道以防憾惜。

《象》曰:不恒其德,无所容也。

【译文】 《象传》说:不能恒久保持美德,九三前行将无处容身。

【解字释义】 羞,《说文》"羞,进献也。从羊,羊所进也;从丑,丑亦声",甲骨文"羞"作🐑,以手(丑)持羊(羊)进献;征战失败,向胜者献羊求和,有羞辱感。因此,"羞"有进献、珍馐、美食、羞辱等词义。

【义理取象】 九三当位,与上六正应,时位正美。居下巽☴上,当随顺恒德而守其自美。但九三过刚不中,处上体之下,居下体上,上不全尊,下不全卑,中不在体,无所定其职分,无定则无恒。九三处二三四爻互乾☰中而好动,德既不恒,动必失措受阻,爻变三四五爻互坎☵阻止其上行应六,不被上体容纳。九三连续碰壁蒙羞,有"或承之羞"之象,应当返回持守恒久正道,以防憾吝。王弼注:"体在乎恒,而分无所定,无恒者也。德行无恒,自相违错,不可致诘,故或承之羞也。"

【社会人事】 《论语·子路》:"南人有言曰'人而无恒,不可以作巫医',善夫! 不恒其德,或承之羞。"做人若无恒定准则,也无依正道而行事的品德,不断改换门庭以求利,是很难被正规接纳的,连巫医也做不成,处处失败蒙羞。

一说上古行猎,不能恒常有得,若有人奉送食物以解饥饿,猎手虽得美味,内心并不愉悦,反自责无能而感羞惭。备参考。

九四：田无禽。

【译文】 九四：田猎没有获取禽兽。

《象》曰：久非其位,安得禽也?

【译文】 《象传》说：九四久居不当之位,田猎哪能获得禽兽呢?

【义理取象】 九四刚居柔位,与初六正应。处上震䷲下,震为动为藩网为田猎;又在三四五爻互兑䷹中,兑为缺失,合有田猎无禽获之象。九四在二三四爻互乾䷀上,又为上震卦之主,正应根基浅的初六也难有作为,好动田猎而无收获。王弼注九四"恒于非位,虽劳无获也",在恒卦而失位,故谓"久非其位",失其位却行其事,哪里会有功劳呢! 师卦六五"田有禽",喻师出有名;恒卦九四"田无禽",喻不正其位而徒劳无功。

【社会人事】 不在其时其位而行其事,处处掣肘,再努力也不见功劳。勤劳狩猎却总是无所擒获,正是渔猎时代向农耕时代转换的过渡情形,人口日多而猎物日少,野生禽兽远不够食用,狩猎无禽已成为恒常状态。不系以吉凶占断,意谓当顺时势转入畜牧农耕时代。

六五：恒其德,贞,妇人吉,夫子凶。

【译文】 六五：恒久保持柔美品德,守持正道,妇人可获吉祥,男子有凶险。

《象》曰：妇人贞吉,从一而终也。夫子制义,从妇凶也。

【译文】 《象传》说：妇人守持正道可获吉祥,妇女顺从一个丈夫终身不改。男人则必须裁制事宜,若像妇人般柔顺则必有凶险。

【义理取象】 夫子,即丈夫;义,繁体作"義",此处同"谊、宜",指事宜。六五以柔德处刚位,居上震䷲中,为柔德君子,上比上六,下应九二。恒卦以柔顺为常德,九二刚中,仅占悔亡;六五柔中,恒其柔顺之德,可以持贞守道。柔顺为妇德,妇女主内,专一管理好家事,对丈夫从一而终,六五在三四五爻互兑䷹上,兑为悦怿,妇人守恒得喜,故占吉。

而丈夫主外,上震☳为长男为足为动,当向外履行事务并决断事宜,若似妇人般常居家守柔顺之道,必致凶祸。恒卦主常,也重变通,不变通就不能长久,六五爻辞"妇人吉,夫子凶"体现变通之恒。

【社会人事】 古代婚姻家庭中,女主内,妇女从一而终,是说家内是她唯一的天地,要专心把家事管理好,不能三心二意,守恒德而得吉祥。男主外,要外出劳作挣钱养家,要为国家征战、服劳役,承担很多义务,决断并完成很多事情,若似妇女一般只顾小家,是行不通的。比如太顾家的官员,更容易贪腐,反而给家庭带来凶祸。

谢祥荣《周易见龙》认为,筮遇此爻,于妇人为吉为宜为得,于男士为凶为失为不当。原始母权部落,妇女从事采集、种植,其收获较为稳定。男子以渔猎为主,不可能恒有所得。到父权时代,男子在外畜牧、农耕方面占主导地位,妇女在家庭生活中仍处稳定地位。男子行猎、掠夺、战争、商旅,仍不能恒有所得,"田无禽"就是不恒其得。如果男子放弃这些责任,跟妇女一样守在家中,逃避战争、劳役,是不被允许的,故占为"夫子凶"。

上六:振恒,凶。

【译文】 上六:振动而不安于恒久之道,有凶险。

《象》曰:振恒在上,大无功也。

【译文】 《象传》说:振动不安于恒久之道而又高居在上,上六行事必然大为无功。

【义理取象】 震,是雷的巨大震动,力度大;振,是举起挥动,幅度相对较小。上六柔居阴位,与不恒其德的九三为应,已至恒卦之极,应退隐休养。然上六处震☳上,震为雷为车为足为躁动,上六随之震动不停,摆动幅度最大,有振恒之象。上位高危,振动不已,必致倾覆崩坠,故占凶。恒卦以静为常,躁动则劳而无功,以上六弱质恒振之态去行事,必然大无功而有凶祸。王弼注:"夫静为躁君,安为动主。故安者,上之所处也;静者,可久之道也。处卦之上,居动之极,以此为恒,无施而得也。"谓上六居极,若制动处静,才可守恒久之道。

【社会人事】 恒卦上六"振恒凶",与乾卦上九"亢龙有悔"、坤卦上六"龙战于野其血玄黄"是同样的道理,泰极否来,恒极振来。人到老年,事到顶端,功成名就,就应该止进而退,居安守静,不可亢奋躁动,执意努力强动,非但无功,反生凶祸。

恒卦小结

恒卦象征恒久,用夫妻家庭的稳定持久为例,论述持中守恒之道。《系辞传》将"恒、谦、履、复、益、损、困、井、巽"并列为九德,实际上是九个忧患卦。恒久是美德,然修持美德何其之难,恒卦无完爻,六条爻辞无一吉利,"凶"倒有三条,忧患警诫之情不言自明。

持守恒久美德,在不同时位有不同情势,有可恒与不可恒之事理。初六刚进入恒卦就急于深求,凶而无利;九二失位却能持中守恒,得悔亡;九三守德不恒,致羞吝;九四刚进失正,徒劳无益;六五恒守柔德,妇人吉而夫子凶;上六振动不能守恒,必然凶险。守恒有时势方面的问题,更有适度与否的问题。

从本质上看,《周易》将恒作为一种"动态持续现象"来考察,要看如何把握才得适度,而不是抽象的德行,故"浚恒、振恒、恒其德"都可能致凶。《周易》尚变易、求革新,对旧制度、旧习惯等恒常事理作重新审视,对恒与不恒作具体的分析和辩证思考,认为不适度的恒是不好的。西周时期"恒"还只是一种社会自然现象,到春秋之后,社会分工明确,耕种、制作精细,才把"恒德"的地位提升成为美德,出现"人而无恒,不可以作巫医"等说法,孟子"恒产、恒心"之说才会有很高的地位。

人贵有恒,守恒不易,路遥知马力,日久见人心,守恒是需要有良好品德和持久努力的。《荀子·劝学》"锲而舍之,朽木不折;锲而不舍,金石可镂""真积力久则入,学至乎没而后止"。理想的追求,事业的成功,需要有"不至善不止"的持久追求精神。

33. 遁　卦 ䷠

天山遁　乾上☰艮下☶

【解字释义】　遁卦象征退隐,不仅指隐士,更主要指小人得道时君子退隐的灵活策略。天山遁䷠,消息卦为农历六月,五月麦收后,农事渐减,夏至一阴生,六月阴气已初具规模,阳气有逐渐退去的趋势。

遁,又作"遯",二字通用,皆音 dùn,《广韵》徒困切。《说文》"遯,逃也,从辵从豚";"逐,追也,从辵从豚省"。"豚"为小豕,甲骨文作🐗,金文作🐗,从豕从肉,或加手(又)持之。原始狩猎,众人追逐野豕,小豕善跑易于逃脱,故"遯"从辵从豚,有逃遯、隐遯之义。又《说文》"遁,迁也,一曰逃也,从辵盾声","遁"指跑(辵)到有遮蔽(盾)处,有隐匿、躲避、欺蒙、迁移、逃走、失去等词义。后通用"遁"而少用"遯"。

《序卦传》"物不可以久居其所,故受之以'遁',遁者,退也",恒卦象征恒久,事情久了就会走向反面而隐退,故遁卦次于恒卦之后。遁卦上乾☰为天,下艮☶为山为止,人居止于天下高山为遁,山乃高人之"终南绝径",天下名山僧占全,有隐者退居山林之象。地中有山为谦䷎,为善不欲人知,真人不露相;天下有山为遁,或功成身退,或政治混乱时远行避祸,君子适时而退,以退为进,海阔天空,古圣王以"嘉遁"为美。

卦　辞

䷠遁:亨,小利贞。

【译文】　遁卦象征退隐,亨通,柔小者利于守持正道。

【义理取象】　遁卦䷠下二阴上四阳,二阴渐长,四阳渐消,有从容隐退之象。阴爻逐渐上来,阳刚君子逐渐交卸退隐,故谓之"遁"。六爻全变错卦为临䷒,君临天下而适时处置,有君子身退而持守正道之义。《黄帝阴符经》:"自然之道静,故天地万物生。天地之道浸,故阴阳胜。阴阳相推,变化顺矣。"就阴阳相推互变之道言,顺畅通达,正道无伤,故占亨通。然阴小二爻虽逐渐上长,也须持守正道而不伤害阳刚之君,否则不利。

上乾☰为木果林,二三四爻互巽☴为进退,下艮☶为犬豕,有遁逃隐于深林之象。上乾下艮,天远山近,天在山后,也有君子远隐山林之象。君子处混乱之世,避暴政而全其身,遁世无闷。君子虽远遁而利于免祸其身,而于国家则未必有大利,故占小利贞。

《彖》曰:遯,亨,遯而亨也。刚当位而应,与时行也。小利贞,浸而长也。遯之时义大矣哉!

【译文】 《彖传》说:退隐,亨通,须先退隐后致亨通。阳刚者正居尊位而应合在下者,是随顺时势施行退隐。柔小者利于守持正道,阴气浸润渐长而不害阳。退隐顺应时势的意义宏大啊!

【彖辞释义】 刚健者先退隐然后致亨通,九五阳刚之爻下应六二阴柔之爻,是顺应时势而行,以适时退隐之法保持君子之道的亨通。阴爻为小,初六、六二两阴爻逐渐上长,尚能持守正道,使阳刚之爻得以从容隐退,也是合时宜的。卦偏于表时,爻偏于表位,君子居乱世能及时隐退避祸,使正道不至全部消灭,此时的退隐蓄力是将来成就大事的基础。遯卦䷠阴爻再往上长一爻就成否卦䷋,不思及时退步就会否塞不通,可见审时度势的意义很重大。

《象》曰:天下有山,遯。君子以远小人,不恶(wù)而严。

【译文】 《象传》说:远天之下立着大山,象征退隐。君子因此远避小人,既不显露憎恶情态也俨然不与混同。

【象辞释义】 天远避山为遯,君子由此领悟,要远离小人,既不要憎恶他们,也要严肃对待。孟子对齐宣王宠臣王驩就是这样的,既不表示厌恶,也不同流合污。《论语·泰伯》"人而不仁,疾之已甚,乱也",

对坏人厌恶过度,等于逼他更多地犯上作乱。君子慢慢被挤退,小人慢慢在增长势力。面对这种局势,不要急躁冲动,也不要妥协附和,保持严肃的态度,适当处置,等待时机,终究会得以转变。

【卦变象征】 遁☶☰的覆卦是大壮☰☳,隐遁积蓄力量,一旦得时宜便能辅佐君王大壮国威。遁☶☰的错卦为临☷☱,不须隐遁之世能助力明主君临天下。遁☶☰之互卦为姤☰☴,世道不宁,隐遁与大自然姤合。

爻　辞

初六:遁尾,厉。勿用有攸往。

【译文】 初六:退隐不及而落在末尾,有危险,不宜再前行。

《象》曰:遁尾之厉,不往何灾也?

【译文】 《象传》说:退隐不及而落在末尾有危险,此时若不再前行又有什么灾祸呢?

【解字释义】 尾,甲骨文作𠂆,《说文》"尾,微也,从到毛在尸后。古人或饰系尾,西南夷亦然",人臀后(尸)装饰倒毛(毛),表示尾巴,有末端、尾随、边际等词义。"遁(遯)"以小猪(豚)逃跑(辵)为喻,逃跑落到最后的小猪,尾巴容易被逮住,很危险。

【义理取象】 初六柔居刚位,在遁卦最底下,想前往应九四,力量不够。下卦艮☶为止,只好收敛停止,不再往前行。一队人奔逃,个小力弱落到最后的一个最易被追打,干脆停下不跑了,反而被忽略而无危险。初六爻变为同人卦☰☲,迟退不如早退止。初进入遁卦,位卑名微,不往也就等于遁了。小民不用急于隐遁,先止步静观,广结善缘,没有什么灾祸。

【社会人事】 处于暴政衰世,远行避祸如果迟缓落后,祸之将至。从史事来看,周武王勘定黎国,逼近殷都,巫史及旧贵族皆逃遁,只剩下纣叔父箕子为父师,比干为少师,与纣庶母兄微子为三贤,纣仍然不能相容。三人计议,微子以王子身份隐去以存宗室,比干继续谏诤至剖腹挖心,箕子为奴装疯得存,正是"遯尾"之危厉表现。《论语·微子》:"微子去之,箕子为之奴,比干谏而死。孔子曰:殷有三仁焉。"

至于殷商小民百姓,无所逃遁,后迎周师入朝歌,武王发钜桥之粟以赈之,并无灾咎。

六二:执之用黄牛之革,莫之胜说(tuō)。

【译文】 六二:用黄牛皮制的革带捆绑,没有人能够解脱。

《象》曰:执用黄牛,固志也。

【译文】 《象传》说:用黄牛皮制的革带捆绑,六二有固守不退的意志。

【解字释义】 执,繁体作"執",《说文》"𫐐,捕罪人也",甲骨文作𥎞,罪人伸双手(𠬞)被铐于木械(幸)中,用手械拘人,有拘系、紧握、固执、处置、施行等词义。胜,繁体作"勝",《说文》"𦟼,任也,从力朕声",一读 shēng,《广韵》识蒸切,指能担当、经得起;又读 shèng,《广韵》诗证切,有战胜、超过、克服、胜利等词义。说 tuō,同"脱"。

【义理取象】 六二柔居阴当位,处下艮䷳中,上与九五正应。黄为中色,牛皮柔顺,制革坚韧,用黄牛皮革绑执,坚韧牢固难脱开。六二以柔顺中正之德上应九五,九五以阳刚中正之德下亲六二,二者关系亲密牢固,无人能够脱开。遯卦䷠九三爻变为否卦䷋,阴爻长则否塞不通。但目前还只有二个阴爻,上面有九五正应顶住,下艮止䷳使六二不要急动,如同用黄牛皮革捆执,使有固守不退之志。六爻中五爻皆言遯,唯六二言守志不遁,固而安之。

【社会人事】 殷末箕子不能隐遁,遭纣王囚禁而装疯。箕子为父师,掌管治国大法,殷商可亡,华夏传统法则制度不能亡,身有所系,势不能退遁。武王灭纣至殷都,释箕子之囚,尊为师,箕子传《洪范》九畴治国大法于武王,后受封于朝鲜。

九三:系遁,有疾,厉。畜臣妾,吉。

【译文】 九三：心怀系恋而退隐，有疾患，危险。若像蓄养臣仆侍妾般对待，可获吉祥。

《象》曰：系遁之厉，有疾惫也。畜臣妾，吉，不可大事也。

【译文】 《象传》说：心怀系恋退隐有危厉，将遭疾患而疲惫不堪。如蓄养臣妾般可获吉祥，因此时不能施行治国大事。

【解字释义】 系，甲骨文作𢆶，金文作𢆶，《说文》"𢆺，繫也"，以手持众系系接，有连接、系属义。臣妾，此处指臣仆、妻妾及子女。

【义理取象】 九三居刚当位，与上九不应而向上不通，居下艮止上，止而下比六二、初六两阴爻，心怀系恋。下艮☶为豕，二三四爻互巽☴为绳索，有系遁之象；九三爻变下坤☷为牛，互巽☴为绳索，也有系遁之象。下艮为少男即男仆，六二初六为女仆，九三向下蓄养她们，有蓄养臣妾之象。心有系恋的退隐，必然心事重重而疲惫不堪，犹如长期执拘欲遁的家畜，或有疾疫之厉。然九三与六二、初六的亲昵关系，不是正应，不是君子之间的对等情感，而是君臣、主仆的关系。古人认为小人、女子难养，近之则不逊，远之则怨，当不恶而严，不远不近。君子若心有系恋而退隐，必然疲惫危厉。应当刚以自守，用蓄养臣仆、侍妾的方法对待，不远亦不近，恩威并用，方可得吉。如此虽无害，然难以行大事。

【社会人事】 系遁，欲遁而心有系恋。如微子隐遁避祸于太行山中，仍然心系殷室，蓄妾养子，虽不能为国干大事，却为殷王室保存贵胄后裔，终得封于商丘为宋国。良臣遁而于国不利，但微子为殷商臣妾后裔而遁，则吉。又如文王因殷纣大蒐于渭水之滨，强敌压境，周有灭国之危，不得已而就殷囚，不利。后因南宫括、散宜生、闳夭、太颠四友设计贿赂纣王宠臣费仲而得归，保全性命，因蓄臣以定国，终得吉。

九四：好（hǎo）遁，君子吉，小人否。

【译文】 九四：适宜地退隐，君子可获吉祥，小人难以办到。

《象》曰：君子好遁，小人否也。

【译文】 《象传》说：君子可适宜地退隐，小人难以办到。

【解字释义】 好，《说文》"𡥀，美也，从女从子"，女少为美，或女生子为美。"好"作形容词读 hǎo，《广韵》呼皓切，上声，美好、优良、适宜；作动词读 hào，《广韵》呼到切，去声，有喜爱、偏好义。此处用形容词适宜义。

【义理取象】 九四以刚德居柔位，与初六正应，处上乾☰之初位，底下是艮卦。艮☶为少男为小人，小人无位，升延不退则否；有德君子超然遁去，从容隐退获吉。君子懂得退让，小人死缠烂打不知退让。尚秉和《周易尚氏学》："好遁者，外不与小人绝，当祸患未形之时，从容而遁也。然知几其神，惟君子能之。若小人，则系恋而不去也。"时势当遁，君子毅然割爱，小人牵恋不舍。再者，小人本无权位，处顺境得利以生存，若处乱世，遁未见利，不遁未见害，可以不退遁。九三系恋于二阴所在的艮卦之中，艮为止，难隐去，爻变为否卦䷋；九四已超出下艮止，上比九五刚健中正之君，适时超然好遁，爻变为渐卦䷴，风山渐而女归吉，故占君子吉。九四在上乾下，乾☰为君为金玉，九四爻变在三四五爻互离☲中为明丽，有美好之象。好遁之事，于有位君子为吉，于平民则不然。

【周初人事】 好遁，适宜的隐遁，也指顺境中的知机隐遁。太伯、仲雍为季历之兄，因避季历及文王而奔江南建立"勾吴"国。《史记·吴太伯世家》："太王欲立季历以及昌，于是太伯、仲雍二人乃犇荆蛮，文身断发，示不可用，以避季历。"武王克殷建周后，求而封仲雍曾孙周章为侯，改国号为吴。正是君子好遁获吉之例。

九五：嘉遁，贞吉。

【译文】 九五：嘉美退隐，守持正道可获吉祥。

《象》曰：嘉遁，贞吉，以正志也。

【译文】 《象传》说：嘉美退隐，守持正道可获吉祥，九五能端正退隐心态。

【解字释义】 嘉,金文作🔣,石鼓文作🔣,《说文》"🔣,美也,从壴加声",段玉裁注:"壴者,陈乐也。"用力(力)击鼓(壴)欢唱(口),陈乐以庆贺,有美、善、祥、赞美、表彰等词义。嘉遁,嘉美其隐遁之事,比好遁更好。

【义理取象】 九五阳刚居中得正,与六二正应,或行或止,中正自处适宜,以正其心志。九五为上乾☰中正之主,乾为君为金玉为言,有美言嘉吉之象。九五居中守正,为隐遁之主,下有六二柔顺正应,正道正志,必获吉祥。九五爻变为旅卦☲,进退优游,自在自如,退隐心态端正,无所疑虑或留恋。

【社会人事】 武王诛纣后,释箕子之囚,请教《洪范》大法。又封比干之墓,表商容之闾。周公平叛后,成王封微子启于宋以存商祀,以公爵之位居诸侯之上,嘉许他隐遁而不"助纣为虐"。这样的"嘉遁",使旧臣、百姓归心,形成政治上的统一战线,为后世君王所效法。暴君对隐贤必追捕、防范之,明君必嘉奖之。明夷卦六五"箕子之明夷,利贞",就是对箕子佯狂给予明确的肯定。

上古尧、舜禅让,天下为公,亦是嘉遁。新中国开国前举行政协会议,嘉许一批社会贤达,请参与新中国政事,近似此类。

上九:肥遁,无不利。

【译文】 上九:高飞远遁,无不利。

《象》曰:肥遁,无不利,无所疑也。

【译文】 《象传》说:高飞远遁无不利,上九无所疑恋地远遁。

【义理取象】 肥,《说文》"🔣,多肉也。从肉从卩",徐铉系传谓"肉不可过多,故从卩"。《广雅·释诂》"肥,盛也",多肉则丰盛。王弼释肥为"飞",肥遁即"飞遁",喻指退休大贤高飞远遁而悠然自在,也指处鼎盛之世而能见机隐遁者。上九刚居柔位,与九三无应,处遁卦之极,居上乾高位。乾为天,上九遨游于天,无有不利。上乾☰为君王为金玉,下艮☶为门阙,都阙金玉累积,有富盛之象。上九爻变为咸卦䷞,有处富盛而不居奢之象,故谓"肥遁"。王弼注上九:"最处外极,无应于内,超然绝志,心无疑顾,忧患不能累,矰缴不能及。"故可自在逍遥游,为遁之最优者。

【社会人事】　肥遁,为处盛而遁。周公辅政七年返政成王,为肥遁。周公为文武兼备之大贤,文王在世即为辅政,又与武王谋灭殷兴周大政。武王卒,成王幼年,周公摄政,平管蔡武庚及淮夷叛乱,三年乃定。成王四年,周公封建诸侯七十一国,姬姓五十三国。成王六年,周公制礼作乐,民和颂兴,奠定长治久安的基础。成王七年,周公返政成王,就群臣之位,往营洛邑,作《多士》《无逸》之诰,主订《周易》成书,推行礼乐制度,邑成后四年而逝。禅让、摄政、返政,都是肥遁。肥遁固然很好,但非圣贤大才不能为,其后也难提倡与仿效,故占断"无不利"而非"吉"。

至于唐太宗李世民夺玄武门而成贞观之治,恐怕总会心存疑惧,难以肥遁逍遥。

遁卦小结

遁卦,象征隐遁,主要指君子于乱世的退隐。遁卦作为消息卦的卦形很单纯,趋势很明显,总体由下往上推升和退去。但事物的发展阶段较为复杂,有时须暂行退避而待时复兴,有时须无所系恋而潇洒远遁。遁卦重在"系住"与"退隐",阴爻不要太急于往上冲,等待时机,阳爻也要考虑逐渐以好姿态退出。程颐《易传》谓"君子退藏以伸其道",顺时见几而遁,是明智的行为。

遁卦六爻对隐遁行为作分类评估,有很好的社会意义。下卦三爻处艮止☶,受时位局限,初六不及遁而勿往,六二不愿遁而执革,九三不能遁而系恋,只好静守其道,不图大事。上卦三爻处上乾健☰,当顺时用力行退,越无挂碍越好,九四不恋名利而好遁,九五中正适宜而嘉遁,上九潇洒自如而肥遁。项安世《周易玩辞》:"下三爻艮也,艮主于止,故为不往、为固志、为系遁。上三爻乾也,乾主施行,故为好遁、为嘉遁、为肥遁。"

儒道法三家对《周易》遁卦的隐遁之道各有发展。道家,由此扩展为"无为而治",爱自身重于爱天下。《庄子·让王》描述高士以事王之贵为累为耻,洗耳投河,追求清高人格,把隐者推崇到极致,是用审美追求否定功利取向。道家推崇隐世清高,否定士人的社会责任,有一定的片面性。

法家,否定让王之类的隐遁,认为所谓"让天下"之事当出于经济利益的计较,实际上是功利取向。这为专制君主罢黜百家、诛戮拒召不仕的隐者,提供理论依据。法家否认隐者的高洁,持不与出世者同流合污的态度,也有一定的片面性。

儒家,既看重社会责任和建功立业,又推崇大丈夫高尚人格而不与小人同流合污。"遁"是指在位大人对乱政的遁避和大贤的礼让,"隐"是指有德君子的待时而动,是政治博弈中的灵活策略。《孟子·尽心上》"穷则独善其身,达则兼善天下",就是最确切的表述。《礼记·中庸》谓"君子依乎中庸,遁世不见知而不悔,惟圣者能之",适宜的隐遁待时是很难的,做到合适的"隐"和"遁",遁而能申其道,是很高的智慧,唯有圣人能做到。

34. 大壮卦 ䷡

雷天大壮　震上☳乾下☰

【解字释义】　大壮卦象征大为强壮,雷在天上,其声势壮盛无比。帛书本"大壮"作"泰壮",有盛大、庄严之象。物极必反,泰极否来,过壮必衰,因而大壮则止,当防过壮。大壮消息卦为阴历二月,节气为惊蛰春分,乍暖还寒,当进退有时,用壮有度。

壮,金文作壯,《说文》"壯,大也,从士爿声",徐锴系传"爿则牀字之省";《说文》"士,推十合一为士",一说士作𡉚,为男性生殖器形。"士"指青壮年男子,"爿"为半木有大意,故"壮"从大爿声,有人体高大、盛大、强健、雄壮、壮年等词义。

《序卦传》"物不可以终遁,故受之以'大壮'",遁卦䷠阴长阳消,论隐退之道;衰退过后必转壮盛,大壮卦䷡阳长阴消,故大壮卦次于遁卦之后。《杂卦传》"'大壮'则止,'遁'则退也",大壮卦讲用壮之道,用壮以智,善用壮而不恃壮,轻壮而不能废壮,到晋卦转于不断升进。正确运用大壮,当止于正道:上天赋予强壮贤能者以智慧和力量,就得运用它去创造巨大财富;有财富不能自我挥霍,当回馈社会,培育后来人。

卦　辞

䷡大壮:利贞。

【译文】　大壮卦象征大为强盛,利于守持正道。

【卦辞释义】　雷䷲在天䷀上,声势壮盛而格局稳定,表现了周初刚健进取的精神。筮遇此卦,所问事可获成功。《老子》反大壮谓"物壮则老,是谓不道,不道早已",主张"去甚、去奢、去太",把"大壮则止"推衍到极致。大壮䷡四阳爻在下,阳爻动力向上,势必往上推走阴爻。但大壮要适度而止,不要躁动,一动就变夬卦䷪,再动推走阴爻就变乾卦䷀,一切又要从头开始。

【义理取象】　阳爻为大,阴爻为小,大畜䷙、大过䷛、大壮䷡都是四个阳爻,四阳极盛而称"大",大壮卦四个阳爻掌控全局,故称"大壮"。若上推一阳变为夬卦䷪,五阳一阴,反而是一个阴爻为主作决定了。六爻四比二最好,大权在四;五比一,大权在一,主客易位。雷天大壮为阳壮,内乾外震。但䷹为大兑䷹为少女,少女情窦初开,易冲动生事;上震

☳为长男即壮男,好勇斗狠爱躁动,故诫曰"大壮则止"。利贞,谓持守用壮正道,大壮本强盛,自恃其壮则非正道。他卦阳居阳位为正,此卦阳居阳位为凶为厉,阳居阴位反为吉。四阳最壮,乾☰阳居其内,震☳动行于外,壮盛有节,不失正道。

《彖》曰:大壮,大者壮也。刚以动,故壮。大壮,利贞,大者正也。正大,而天地之情可见矣。

【译文】 《彖传》说:大为壮盛,指刚大者强盛。刚健又能奋动,故称壮盛。大为壮盛利于守持正道,刚大者持正不偏。保持正直刚大,天地的性情也就可以明白了。

【彖辞释义】 大为壮盛者当守正道,若壮而不正,祸患必大。下乾☰刚健而上震☳奋动,须有序而行。乾《文言》"利贞者,性情也",天性至正,大壮当光明正大,不可欺侮弱小。天有好生之德,壮大者正守天道,才可全面把握天地万物的真实情况,才不会恃强凌弱,使社会平衡发展,才有所成就。正确认识自己,这是知;对待他人不过分,这是行。知行合度,才是用壮之道。比如,当经济大发展而不平衡时,就应该停下来思考,返回内心修养品德,不可独大称霸,而要保证大众平衡发展,这就是"大壮则止"。

《象》曰:雷在天上,大壮。君子以非礼弗履。

【译文】 《象传》说:震雷响于天上而刚强威盛,象征大为壮盛。君子由此领悟,须善葆壮盛而不行非礼之事。

【象辞释义】 雷奋迅于天,有大壮之象。大壮以正,方可威行天下。"大、壮、正"三者合一,才是用壮正道。君子观大壮之道,领悟当反身修德,依礼制行事。"非礼弗履"与孔子"克己复礼为仁"一致,是人生行事正途,是自律的表现。君子自修德性而实践礼制,主动行正道而造福于社会,才是用壮之正途。

从他律角度看,听天雷而知敬慎,不行非礼违法之事。《论语·乡党》"迅雷风烈,必变",《礼记·玉藻》"若有疾风、迅雷、甚雨,则必变,虽夜必兴,衣服冠而坐",君子三畏,第一就是"畏天命"。敬畏天道,行事合乎礼法,人德合于天道,才是君子人格。

【卦变象征】　大壮▉的覆卦是遁▉,盛世入建大壮之功,衰世出修隐遁之德。大壮▉的错卦为观▉,行大壮之政,君主当观民设教。大壮▉之互卦为夬▉,大壮过盛必决之使平和。

爻　辞

初九:壮于趾。征,凶,有孚。

【译文】　初九:强壮在足趾,前进必有凶险。应以诚信自守。

《象》曰:壮于趾,其孚穷也。

【译文】　《象传》说:强盛在足趾,说明初九应当以诚信自守而善处穷困。

【解字释义】　"壮"从士爿声,"爿"为半木,横置象床,加人作疒,甲骨文作🝖,人生病卧床(牀),隐含疾病意。"趾"即"止-🦶",为足趾。足趾太壮即肿大,不利征伐行军,有掉队被俘(孚)的危险。大壮以止为宗旨,大动则凶,诚信守道才可走出困境。

【义理取象】　初九以刚居刚,为下乾▉之初,处大壮底部为四阳之始,过刚而壮于行,往上一动就会把上六挤走成夬卦▉,决缺自身,躁动必伤,故占征凶。大壮之初,年少气盛,难免争强斗狠,不足成事。壮趾猛冲必遭凶险,须稳定心态,从长计议。初九爻变为恒卦▉,当诚信守恒历练,有利于渡过难关。《周易》六爻从底部往上升,咸卦初六"咸其拇"也是从脚板大拇趾开始交感的。

【周初人事】　文王在父亲季历被殷王文丁困死时,年轻气盛,兴兵报仇而失败,险些葬送周族事业。幸而兵败自省而止战,屈身归服殷商,娶太姒以和亲,善处困穷危局,为周族兴起保存了力量。

九二:贞吉。

【译文】　九二:守持正道可获吉祥。

《象》曰:九二贞吉,以中也。

【译文】　《象传》说:九二守持正道可获吉祥,是以刚居柔中的缘故。

【义理取象】　九二阳居阴位,处下乾☰中,上与六五正应,为卦之主爻。大壮卦过壮必伤,九二刚居柔位且与柔爻六五正应,刚柔适度得中,无过壮之失,有中和之美。阳刚在柔位,动力不会过强,居中位而识大体,行事深浅适度,稳健顺时,壮而不恃,刚中守谦,壮而知止即吉。爻变为丰卦☲☳,可望建功立丰功伟绩。

【周初人事】　武王建国两年后去世,周公姬旦辅佐十二岁成王,刚居柔位,大权在握而不刚猛壮行。当管蔡谣言他"将不利于孺子"时,他并不辩解,退隐于秦岭南山之楚地,以止谣言。三监之乱发生,成王亲迎他出山,周公勇猛平定三监及淮夷之乱,稳固周初政权。正是大壮知止,进退合度,中正得吉。

九三:小人用壮,君子用罔,贞厉。羝羊触藩,羸其角。

【译文】　九三:小人妄用强盛,君子虽强不用,守持正道以防危险。若像大公羊强触藩篱,羊角必被缠绕拘累。

《象》曰:小人用壮,君子罔也。

【译文】　《象传》说:小人妄用强盛,君子虽强不用。

【解字释义】　"罔"从网亡声,同"无、亡",表示否定、无视。《小象》谓小人妄用强壮,君子相反不用,与遁卦九四"君子好遁,小人否"的句式相同。羝羊,大角公羊。羸-𦺉,羊掉肉衰弱。羸其角,羊被缠住角,拼命挣扎而渐渐衰弱。

【义理取象】　九三阳爻居刚位,处下乾☰上,又处二三四爻互乾☰中,壮而又壮,过刚不中。下乾☰为健而上震☳为动,相应的上六羸弱,不能抑制其猛壮狂动,有妄用强壮之象。九三爻变下兑☱为缺为毁折,过壮必有缺损。"羝羊触藩,羸其角"为谚语,强壮公羊用大盘角触抵藩篱,篱笆枝条缠绕羊角,拼命挣扎至筋疲力尽也解脱不出,喻盲目用壮的恶果。三四五爻互兑☱为羊,九三爻变互坎☵为坎陷为藩篱,下乾☰为健,有羝羊触藩篱缠绕其角之象。公羊性淫刚狠,发情则躁动乱触,与环境格格不入,有小人妄用壮之象。而君子不妄用强壮,持守"大壮则止"之正道,以防凶厉。

【社会人事】 季历勇战西北戎狄,七战六胜,恃强亲往殷都献俘,被文丁执诸塞库而死。触藩羸角之痛,使文王终生引以为戒。下位平民仗恃强壮以自伤,上位君子以恃强用壮为忧悯,诚后人当慎用大壮之势。

周人之后,勾践、蔺相如、萧何都是持壮用弱,守正防凶的典型代表。

九四:贞吉,悔亡。藩决不羸,壮于大舆之輹。

【译文】 九四:守持正道可获吉祥,悔恨将消亡。犹如触开藩篱缺口而羊角不被缠累,又象大车轮輹强健适于远行。

《象》曰:藩决不羸,尚往也。

【译文】 《象传》说:触开藩篱缺口而羊角不被缠累,九四利于往前进取。

【解字释义】 决,从水夬声,水决口,引申为突破。舆,《说文》"车舆也,从车从舁",甲骨文作𦥑,金文作𦥑,四手抬车,指车厢、车。輹,车轴缚绳,轴輹粗壮之车才能行远。

【义理取象】 九四刚居阴位,与初九无应,处大壮四阳爻之末,有刚柔调和适度之象。九四居上震☳藩篱之初,三四五爻互兑☱为缺失脱落,有震动脱出藩篱而角不被缠住之象。九四爻变上坤☷为大舆,脱出藩篱的公羊象轮輹坚实的大车一样持续前进,上震☳下乾☰,前进再无阻挡。九四阳居阴位而无应,本有悔,但大壮以不恃壮为好,居阴以和阳为适中,故悔亡。九四爻变为泰卦䷊,突破藩篱而前行通泰,故占吉。

【周初人事】 管、蔡、武庚恃壮兴兵叛乱,周公处置适中,突破藩篱,平定叛乱,使周政权的大车顺利远行。当时军营多以大舆排成藩篱或栅门,象编排车轮条辐一样织好藩篱以防御进攻。周公顺时势冲破藩篱平定叛乱,善用大壮之势突破拘系,有"矫枉必过正"之意,喻因时变易而处置适宜,持正得吉而悔亡。

六五:丧羊于易,无悔。

【译文】 六五:在边界上丧失了羊,无所悔恨。

《象》曰:丧羊于易,位不当也。

【译文】 《象传》说:在边界上丧失了羊,因为六五居位不当。

【义理取象】 易,同"场",从土从易,两方临界交易之处,指疆界、边界。六五柔居刚位,处上震中,下与九二正应,为柔德之君。六五与上六高居大壮之上,控制四阳上冲的局面,以柔制刚,得于中和。"羊"谐音"阳",六五阴爻在与四阳爻交界之"场"上,四阳(羊)刚壮一路冲上来,受到六五阴柔调和,狂壮冲动的劲头就此减退。三四五爻互兑䷹为羊,上震䷲为行动途径,六五爻变上兑䷹为缺失,有亡羊于大途之象。六五居四阳爻之上,严重乘刚,当有危厉损伤之悔,但六五与九二正应,刚柔相济,且有止四阳狂壮躁行之功,有悔变为无悔。不当位本不好,但大壮卦以止壮为好,六五以柔居刚而使四阳消减狂壮,是以不当位为当位,所以无悔。

【社会人事】 大壮必有大伤(疒),严刑峻法必致损伤与忧惘,若济之以宽则悔亡。牡羊角抵藩篱,是因发情期急于出栏求配偶,严防强阻必至篱坏羊伤。让发情公羊出栏得配偶以缓和其大壮之势,既免于藩篱决损,又得配种之利,失不大而患可救,故占无悔。

就战争而言,在敌强我弱的情况下,开放死守的藩篱,让敌人出入,在运动战中消灭其有生力量,是成功的战略战术。如库图左夫、斯大林让拿破仑、希特勒进入莫斯科,待严寒之时,控制战略主动权,大获成功。解放战争中的延安保卫战,也是如此。

上六:羝羊触藩,不能退,不能遂,无攸利。艰则吉。

【译文】 上六:大公羊抵触藩篱,不能退却,不能前进,无所利。艰贞自守则可获吉祥。

《象》曰:不能退,不能遂,不详也。艰则吉,咎不长也。

【译文】 《象传》说:不能退却,不能前进,上六处事不够周详审慎。艰贞自守可获吉祥,上六所遭咎害不至于久长。

【义理取象】 上六以柔居阴当位,下应九三,正而有应,时位尚可。但上六处大壮之终,居上震䷜之末,随震而动,不能自主。上六处三四五爻互兑䷹之外,进而无可进,退也无处退,像羊角缠系藩篱,前进不得,退出不能,无法遂其交配欲望。强壮公羊处于不利境地,是此前思虑不周而妄自躁动的后果。大壮则止,此时当调整心态,静待时机,咎极转吉,终有解时,故占艰则吉。上六爻变,上震䷜之躁烦变为上离䷝之明智,前途光明。

【社会人事】 西伯姬昌被囚羑里之时,进退无门。如果他壮动躁行,呼天抢地,捶墙撞柱,很快就会死于非命。可他止壮去躁,静心推演《周易》,修心养性,终获释归周,成就事业。

就公羊发情被围圈而言,公羊躁怒壮动触抵藩篱,盘角被缠而不能进退,越是愤怒挣扎,越不能遂交配欲愿,反而衰弱疲惫,以至死亡。若不躁动狂怒,或被人解救脱出藩篱,待需要配种之时,自然得遂交配之愿。如此羊无伤而人得利,由不利转为吉祥。

大壮卦小结

大壮卦象征大者壮盛,用壮之道为"大壮则止"。近大壮卦的有大过卦,两卦都有"善补过"的涵义。大过卦讲乱世出英雄,见危受命,文王三分天下有其二,仍然奉事殷商,率六州诸侯以事纣,有补商纣之大过失的高尚品德和担当。大壮卦讲用壮以智,大壮则止,周初建国,管、蔡、武庚见武王崩而栋梁摧,恃其壮以兴兵作乱,如羝羊妄触藩篱,不能遂其心愿,是壮不用智。周公以柔济壮,进退适宜,终得平定叛乱,使周政权日渐壮大而顺行无阻,是用壮以智。《周易》告诫后人:善处大过之时,善用大壮之势。

大壮卦利贞之道为"大壮则止",六爻四刚二柔,刚居刚位过壮不吉,初九恃壮躁进则凶,九三小人用壮而贞厉;刚居柔位反而中和得吉,九二壮能用中则吉,九四顺势用壮也得吉。阴爻六五用壮以智,虽不当位而能调和刚柔,得无悔;上六艰难其事,化厉为吉。

综合来看,善用壮则吉,不善用壮则凶,废壮不能成事,防壮必须用心。对于大壮,当因势利导,力智并益,处壮守正,谦退持中,过壮必止,保持刚健中正之德,才是用壮正道。儒家有德力之辨,重德而轻力;有法教之辩,重教而轻法。小人妄用强壮,君子虽壮不用,"止戈为武"谓武以禁暴,"讼为无讼"谓法在公平,都不以大壮为要。然而,轻壮而不可废壮,用壮在于中道,善用其势而去其狂,才是大有为之品格。

35. 晋 卦 ䷢

火地晋　离上☲ 坤下☷

【解字释义】　晋卦象征进长,前途光明。上离☲为日为明,下坤☷为大地,明出地上,如太阳在地平线上冉冉上升,光明盛大,生机益然。《序卦传》"物不可以终壮,故受之以'晋',晋者,进也",物壮便有进长的发展趋势,故晋卦次于大壮卦之后。大壮卦䷡四阳二阴,阳大者强壮;晋卦䷢四阴二阳,柔小者升进。故晋卦以柔德为佳,以"柔进而上行"为主旨,柔进胜于刚进,阴多吉而阳多厉,与大壮卦"大壮则止"的阴阳中和思想一脉相承。

晋,繁体作"晉",甲骨文作䷢,金文作䷢,《说文》"䷢,进也,日出万物进,从日从臸",段玉裁注:"臸者到也,以日出而作会意,隶作晋。"至-䷢,用鸟或矢飞落至地上表到达、顶点义。"晋"为日(日)出至地面(臸),与"进"音义同,有进长、升进义。孔颖达疏:"晋者,卦名也……此卦明臣之升进,故谓之晋。"杨树达《释晋》谓甲骨文䷢象二矢插箭壶形,箭(矢)射出迅速,也有飞升、进入之义。矢入壶中,整装待发,有战争之象。晋与明夷两卦直接使用真实的历史人物和战争事迹,师卦讲为将之道,晋卦讲用兵之道。用兵必争全胜,但武以德行,当以德争天下。

卦 辞

䷢晋:康侯用锡(cì)马蕃庶,昼日三接。

【译文】 晋卦象征进长,康侯用王赏赐的良马来繁殖备战,但限制种马一天只能三次交配以提升品质。

【解字释义】 锡 cì,同"赐",《尔雅·释诂》"锡,赐也",本作"易",赐人以物即物易于人手,赐人以钱贝,故加金为"锡",加贝为"赐",用为赐予义。庶,甲骨文作䷢,金文作䷢,于省吾谓以火燃石煮食形。人人都要煮食物,故"庶"有众庶义。蕃庶,繁殖众多。昼日,一个白天。

康侯,周文王第九子康叔姬封,武王姬发与周公姬旦之弟。康叔参与平定三监之乱有功,成王赐大辂之车,由禹州康地改封于殷故都朝歌,成为大卫国首任国君,后称卫侯、康侯。康叔于武王时为司寇,伐纣之前曾参与勘黎之事。武王赐良马给司寇康叔,令繁殖以为战备之需。牡马配种可一日多次,康叔限制一日仅交配三次,以保证品种优良。周公封鲁，康叔封卫。孔子曰"鲁卫之政，兄弟也"。康侯治理卫国政绩卓著，百姓富足康乐，多蒙国君成王褒奖，多次隆礼接见，可见重视之深。顾颉刚认为康侯受赐为《周易》所记最晚之事，可知《周易》卦爻辞终于成王封卫康侯之后。

【义理取象】 坤☷为地，离☲为日，日上于地，升进不止，利于行动。又离☲为日，坤☷为众，离数为三，有一日三接之象，后人占卜也以日接三次为宜。康侯精心为周邦繁育良马，使国力不断上升，治理卫国政绩卓著，使百姓生活安康，故孔颖达疏谓康侯为"升进之臣"。

《彖》曰：晋，进也，明出地上。顺而丽乎大明，柔进而上行。是以"康侯用锡马蕃庶，昼日三接"也。

【译文】 《彖传》说：晋，意思是进长，就像光明现出地面。在下者顺从且附丽在上者的宏大光明，以柔顺之道进长并向上直行。因此，康侯用王赐良马来繁殖备战，限制种马一天三次交配以提升品质，是国力升进的表现。

【彖辞释义】 离☲为火为日，坤☷为地为众，日出光明升于地上，有晋升之象。坤顺而附丽于离日之大明，下坤三阴爻柔进而上行，上及六五主爻，力达上离☲光明。睽卦☲、鼎卦☲和晋卦☲，都是有上离☲之卦，故有"柔进而上行"之辞，卦中六五以柔中之德居君位，引领下卦众爻柔顺上进来接近光明。

【义理取象】 大壮卦以刚进，羝羊触藩；晋卦以柔进，柔丽上行。繁育良马昼日三接，一个太阳离卦☲象征一日，三个阴爻坤卦☷象征三接，含有国力柔顺上升之象。观卦☴变为晋卦☲，由四五两爻阴阳互换而成。康侯为卫国君主，明丽（☲）在上以观万民（☷），知民众疾苦，治理适宜而提升民力国力，引导后进发展，使周邦日渐升进，欣欣向荣。

《象》曰：明出地上，晋。君子以自昭明德。

【译文】 《象传》说：光明现出地面，象征进长。君子因此自我昭彰光明美德。

【象辞释义】 乾卦《象传》"大明终始,六位时成",日在地下本有光明,日升地面才可能明辉光昭。《礼记·大学》"大学之道,在明明德",人之天性本有明德,使明德更明为"明明德"。君子由日升明出地上,领悟到要开发自性而内修明德,才有明德光辉昭显于外。

儒家认为,人性向善是本质,也是一种内在动力。《尚书·尧典》:"克明俊德,以亲九族。九族既睦,平章百姓。百姓昭明,协和万邦,黎民于变时雍。"君子内修美德,才能外化百姓,百姓明德,才能万邦协和,才可提升民力并增长国力,才是用晋之道。

【卦变象征】 晋䷢的覆卦是明夷䷣,光明升晋的反面就是光明陨落。晋䷢的错卦为需䷄,国力晋升需有大量物品生产和交易。晋䷢之互卦为蹇䷦,国力晋升之路必然塞难众多。

爻 辞

初六:晋如摧如,贞吉。罔孚,裕,无咎。

【译文】 初六:进军势必摧敌,守正道可获吉祥。开始不急于俘获,暂放宽心态,无咎害。

《象》曰:晋如摧如,独行正也。裕,无咎,未受命也。

【译文】 《象传》说:进军势必摧敌,初六应独自践行正道。暂且放宽心态无咎害,说明初六目前尚未受到任命。

【爻辞释义】 摧,从手崔声,以手(手)推折高山(崔)般用力推出,有折断、毁坏义;如,同"然"。晋如摧如,晋卦象征升进,进军摧敌,要有攻无不克之势。进军之始,虽有小胜,但不可过多斩首俘获,否则会招致敌人拼死抵抗;要从容宽裕行事,有进退自如的大将风范。

【义理取象】 初六柔居刚位,处下坤☷柔众底层,为晋卦之初,非中无职,未受上命,可自主进退,自行我正,故无所咎责。初六柔居刚位,上应九四,爻变下震☳为动,有进升动力,且有下坤☷众力支持,有进军必摧敌之象。但初六处二三四爻互艮☶之下,上进有所阻止,且九四上承六五柔君,暂时顾不到初六。因此初六上行不可操之过急,持守柔进正道,可获吉祥。此时初六用兵,不求俘获太多,心态宽裕,进明退顺,不失其正,可无咎害。

【周初人事】 周武王初次出兵孟津,八百诸侯不期而会,大有摧敌制胜之势。然仔细观察分析敌我态势,知商纣王战力犹存,时机尚未成熟。于是不贪斩获之功,观兵孟津三月而返,未有咎害。这是会盟灭殷一次很好的军事演习,为两年以后的胜利奠定坚实基础。

六二:晋如愁如,贞吉。受兹介福于其王母。

【译文】 六二:进长受阻有愁容,守持正道可获吉祥。承受宏大福泽是来自尊贵的祖母。

《象》曰:受兹介福,以中正也。

【译文】 《象传》说:承受宏大福泽,六二居中守正。

【解字释义】 介-介,人(人)在前后两片铠甲(八)之间,有介入、分界、大、特出等义;介福,大福,《尚书·洪范》五福:寿、富、康宁、攸好德、考终命,五福即大福,以好德为本。王母,《尔雅·释亲》"父之妣,为王母",古称祖父母为王父王母。

【义理取象】 六二当位,处下坤☷中,有中正柔顺之德。六二处二三四爻互艮☶下,上与六五无应,升进有止碍而忧愁,爻变下坎☵为加忧,故有晋如愁如之象。晋卦以"柔进而上行"为正,六二居中守正,虽然自进受阻,其柔德当受同道长辈看重而引导升进。六二若正应九五,则为君臣关系;若以阴应阴,则为姑妇相应。古代宗庙有昭穆制度,隔代比应尤为亲密,故孙妇最得祖母喜爱。六二以中正柔德受大福于六五王母,正是守正得吉。

【周初人事】 王母,指康叔祖母,即文王之母大(太)任。《诗·大雅·大明》:"大任有身,生此文王。维此文王,小心翼翼。昭事上帝,聿怀多福。厥德不回,以受方国。"郑玄笺谓"此言文王之有德,亦由父母也"。古公亶父少子季历娶贤妻为太任,美色而贞顺,端懿诚庄,维德之行,教育子孙尤为有成。康叔攸好德,当受祖母太任圣德之教熏染,其军事才能突出,建功回朝廷,或受祖母封赏,故谓"受兹介福于王母"。周初对太任美德崇拜成为风尚,推美文王必赞太任,推美康叔也必赞太任。

六三:众允,悔亡。

【译文】 六三:获得众人信允,悔恨消亡。

《象》曰:众允之,志上行也。

【译文】 《象传》说:获得众人信允,志向是上行的。

【解字释义】 众,繁体作"眾",甲骨文作![字形],以太阳(日)下多人劳作(众)表示众人、众多。允-![字形],人欠身点头答应,有应允、允许、诚信、公平义。

【义理取象】 六三柔处刚位,居下坤☷上,比阴爻初六、六二,与上九正应。六三柔处刚位应上九,有升进之志,又得众阴信允,爻变为旅卦䷷,形成军旅,有众允共进之象。六三不当位,本有悔,得众允应上九而努力前进,故悔亡。下坤☷三阴爻,初六想上进而独行,六二上进受阻而发愁,六三得众允才使升进成为现实。

【社会人事】 《孙子·谋攻》"上下同欲者胜",军队重在士气,将士上下同心而决战,才有全胜把握,"众允"为战争制胜的先决条件。商汤鸣条之战打败夏桀,武王牧野之战打败殷纣,都是诸侯同盟合力的结果。《尚书·汤誓》和《牧誓》中,汤王和武王都特别强调军众同心共进的重要性。

九四:晋如鼫鼠,贞厉。

【译文】 九四:进长之时踌躇不决如鼫鼠,如此保守有危险。

《象》曰:鼫鼠贞厉,位不当也。

【译文】 《象传》说:进长之时踌躇不决有危险,九四居位不当。

【解字释义】 鼫 shí，《说文》："五技鼠也。能飞不能过屋，能缘不能穷木，能游不能渡谷，能穴不能掩身，能走不能先人。"鼫鼠五技而穷，皆因进退不决，如《史记》谓"首鼠两端"，即踌躇不进，犹豫不决。

【义理取象】 九四刚居柔位，下正应初六，上承六五柔君，下据三阴而无力助，故有升进之志而踌躇难行。九四处二三四爻互艮☶上，艮为止为鼠，鼠较贪婪，藏于官仓险地，留恋不肯离去，终遭危厉。九四处三四五爻互坎☵中，又在上离☲下，有水不能下流，有火不能上腾，进退两难。总之，九四失正非中，履非其位，身无长技，犹豫难行，爻变剥卦☶，耗尽精力而一事无成。九四守此难局，必占危厉。

【社会人事】《孙子·军争》："故兵以诈立，以利动，以分合为变者也。故其疾如风，其徐如林，侵掠如火，不动如山，难知如阴，动如雷震。掠乡分众，廓地分利，悬权而动。先知迂直之计者胜，此军争之法也。"谓决战之时，不可犹豫不决，进退维谷。如果进退失据，其危厉可知。武王伐殷之前戡黎，康叔参与战事，戡黎之战迁延反复，数次攻占不能全胜，周人损失相当大。此战的教训深刻，记入九四爻辞以教诫后人。

六五：悔亡，失得勿恤，往，吉，无不利。

【译文】 六五：悔恨消亡，不忧虑得失，前往必获吉祥，没有不利。

《象》曰：失得勿恤，往有庆也。

【译文】《象传》说：不忧虑得失，六五前往必有福庆。

【义理取象】 六五柔居刚位，与六二无应，然居上离☲大明之中，为晋卦主爻。六五不当位，本当有悔，然以柔德为大明之主，在下诸爻皆来附丽，且六五已在二三四爻互艮☶之上，进退不受限制，故占悔亡。柔德明主胸怀宽裕，于升进已无失得之累，勿恤己私，善用贤才，率众前往吉利，上下同喜为庆。晋卦以柔进为吉，柔爻有利，居君位者以柔德宽怀为美，故六五柔居刚位而持中秉正，有涵养引领下众向往光明，上下通达,占悔亡而得吉,居上离☲中而大放光明。六五爻变为否卦䷋,若过刚则贤路否塞不通,由至吉而转凶。

【社会人事】 进军至此为决战,柔德之君处刚进之位,万众归服,当下决心以决胜,不计小胜小败之得失,前往必吉。兵贵胜而不贵久,君王不可如九四般犹豫不决,当一往无前,吉无不利。武王二次兴师伐纣,一路多逢艰险,太公推筮蹈龟,武王革言三就,终得同心前往,牧野之战大获全胜,使纣王自焚于鹿台,壹戎衣而有天下,普天同庆。

上九:晋其角,维用伐邑。厉、吉、无咎,贞吝。

【译文】 上九:进长至极如居角尖,只能征伐邑国以建功。战争进程无论危险、吉祥、无咎害,都会留下憾惜。

《象》曰:维用伐邑,道未光也。

【译文】 《象传》说:只能征伐邑国以建功,上九进长之道未曾光大。

【义理取象】 上九刚居柔位,处上离☲大明之顶,居晋卦升进之极,如钻进兽角之尖,进退俱难,再无回旋余地。上离☲为捕兽网为甲胄戈兵,下坤☷为地为众为居邑,合有用武力征伐城邑之象。晋卦以柔进为有德,而上九过亢不已,躁进至极,王弼注谓"失夫道化无为之事,必须攻伐,然后邑服"。《周易》崇德广业,晋卦以柔德导众向往光明。上九不能以柔德化众,只能用攻伐制服乡邑,是柔德进长之道未能光大的表现,甚为憾惜。战争攻伐的进程,无论己方是凶厉、吉利还是无咎害,对百姓大众都是有伤害的,即"兴百姓苦,亡百姓苦",甚为憾惜。

【周初人事】 戡黎之战极为艰苦而惨烈,促使武王深刻反思,不敢轻用征伐使百姓大量死伤。伐纣之战极为谨慎,多年准备,观兵盟津三月,直到殷王朝分崩离析,纣王众叛亲离,方才兴兵开战。其时武王已五十九岁,用事老成而深谋远虑,不再"晋其角"而轻率用征伐,而用柔德化民之道。武王大军开赴牧野,纣王军队倒戈欢迎,一举而得成功,民众损失很小,无所憾惜,柔晋之道大放光明。

晋卦小结

晋卦象征进往光明,以《象传》"柔进而上行"为主旨,以柔德顺势进长为要义。《周易》升、渐、晋三卦都论升进,升卦☷☴如木之初生上长,渐卦☴☶如木生而后渐长高大,晋卦☲☷如日出地上明盛进长,喻明德之君用贤化民而国力升进。

晋卦以康侯进长的史事为例,论述晋长之道,郭雍《郭氏传家易说》谓"以人臣之进,独备一卦之义"。文王十子:伯邑考、武王发、管叔鲜、周公旦、蔡叔度、曹叔振铎、成(郕)叔武、霍叔处、康叔封、冉(聃)季载。伯邑考早亡,四子有位:武王、周公(太宰)、康叔(司寇)、冉季(司空),其余五叔无官位。武王建国后封三监,为管叔鲜、蔡叔度、霍叔处。武王卒,周公辅政成王,群弟流言周公不利于孺子,管蔡联合纣子武庚禄父发动叛乱。此三监处理失当,教训深刻,《周易》在晋、师、夬、剥、损、益等卦中反复记述相关事件,深刻反思。

康侯的成长经历,富于正面意义,值得借鉴。晋卦六爻述周人用兵之道,以明柔德进长的重要性:蕃马备战、小胜勿贪、中正受福、众志成城、犹豫危厉、柔德有庆而征伐有吝。总之,兵为凶器,不得已而用之;武以德行,以德争天下者得吉。

六爻四阴二阳,阴偏吉而阳偏厉,体现"柔进而上行"的卦旨。四阴爻处晋有道:初六不贪俘获而吉无咎,六二愁进守正而受大福,六三柔得众望而悔亡,六五不计得失而有吉。二阳爻处晋不当:九四蹢躅不进有危厉,上九晋极刚亢有憾吝。进长之道以德行,柔顺是进长的手段,明德是进长的方向。六五柔居尊位,处离明之中,既柔且明,吉无不利,其晋长最为佳美。

36. 明夷卦 ䷣

地火明夷 坤上☷离下☲

【解字释义】 明夷卦象征光明殒伤,论处暴政乱世之道。离火☲阳光落到坤地☷之下,有日落地下光明殒伤之象。《序卦传》"进必有所伤,故受之以'明夷'。夷者,伤也",晋䷢与明夷䷣为一对覆卦,晋卦为日出地上升进不已,进到极处必受伤殒落,明夷卦为日落地下,故明夷卦次于晋卦之后。晋卦日出地上,光明盛实,明君在上,群贤共进;明夷卦日落地下,昏暗无光,昏君在上,明者殒伤。处明夷之道,强调对危机的明确认识,承担苦难,坚守正道,把握变革的时机,勇敢地走向光明。

明,又作"朙",甲骨文作、,金文作,《说文》"",照也,从月从囧。明,古文朙从日",夜晚月光(月)从窗户(囧)照进来,有明亮、光明、分明、文明等词义,后由日月合明取义作"明"。夷,甲骨文作,金文作,《说文》:"夷,平也,从大从弓,东方之人也。"古东方部族称为"东夷",金文字形象矢上有绳韦缠束,以求矢射平正,故夷训平坦,《尔雅·释丘》"夷上洒下,(不)滑",后有平坦、使平、平均、除草、消灭等词义,此处用消灭义。明夷,使光明陨落消灭,《杂卦传》"'明夷',诛也"。程颐《易传》:"明夷,昏暗之卦,暗君在上,明者见伤之时也。"暴政对于光明之人,就是要诛灭损伤其光明。

明末黄宗羲著《明夷待访录》,其时明朝快要结束,光明陨落大地之下,黑暗即将来临。在国亡政乱而文明浩劫的关头,他描绘明夷局势,等待人们去了解和处理。书中明确批评皇帝家天下的不合理,具有一定的民主革新意识。

卦 辞

䷣明夷:利艰贞。

【译文】 明夷卦象征光明殒伤,利于艰难中持守正道。

【卦辞释义】 明夷卦上坤☷下离☲,日入于地下,光明消损变黑暗。就社会而言,是国君残暴而政治混乱的黑暗时代。有德君子处黑暗时世,应知艰难而不失贞正,宜韬光养晦,持守正道,不能随世趋邪,泯灭正德。

利艰贞,占辞,就是艰难其事,慎重对待,持贞守正。圣贤处殷纣明夷末世,以天下国家为己任,不随世浊流。西伯姬昌被囚羑里痛食子羹,箕子装疯披发自晦其明以图存,均韬光养晦而强忍度劫,是利艰贞的典型。在人性堕落文明沉沦之时,君子必当坚贞自强。

《彖》曰:明入地中,明夷。内文明而外柔顺,以蒙大难,文王以之。利艰贞,晦其明也。内难而能正其志,箕子以之。

【译文】 《彖传》说:光明隐入地中,象征光明殒伤。内含文明美德而外呈柔顺情态,以此蒙受巨大的患难,周文王就是用这种方法渡过危难的。利于艰难中持守正道,要自我隐晦光明,尽管身陷内难也能秉正坚守精诚意志,殷末箕子就是用这种方法晦明守正的。

【彖辞释义】 离明☲落到坤地☷之下,就是明夷。就君子而言,内卦离象征内心光明,外卦坤象征外表柔顺,君子用内明外顺的方式蒙受大灾难。周文王就是这样坚忍渡过巨大劫难的,他强忍杀父之仇而迎娶殷王帝乙的义妹,在羑里强忍悲痛喝下杀儿子伯邑考做的肉羹,最终熬出囚禁而成就大业。

利于在艰难时势中持守正道,就要晦暗自我光明以图存正义。箕子是纣王叔父,纣王暴政使殷商将亡,箕子披发装疯,自晦其明,正心守志,渡过家族内难。周取代殷商后,箕子得为周武王师,传治国大法《洪范》九畴于周武王。内怀光明而外顺时势,自晦光明以待时复出,文王度君国大难,箕子度宗族内难,都是处明夷而利艰贞的圣贤,非常人所能为。

《象》曰:明入地中,明夷。君子以莅众用晦而明。

【译文】 《象传》说:光明隐入地中,象征光明殒伤。君子因此慎于治理众人,晦藏明智而更显道德光明。

【象辞释义】《尚书·微子》"我其发出狂,吾家耄逊于荒",殷纣"用沉酗于酒,用乱败厥德于下。殷罔不小大好草窃奸宄,卿士师师非度。凡有辜罪,乃罔恒获。小民方兴,相为敌雠"。殷纣王重用新兴商业主和军事新贵(由小民来),控民伤民,招致仇怨,使商业新贵与民众敌对,至"君子于行,三日不食",各地民众排斥、责难他们。微子出奔,比干剖心,箕子佯狂,众叛亲离,分崩离析,这就是殷商的明夷。

《论语·微子》:"微子去之,箕子为之奴,比干谏而死。孔子曰:殷有三仁焉!"箕子叹家族不幸而出了个暴君纣王,又不能勾结外人来攻自家人,只能藏晦待时,存华夏文化血脉。殷商亡后,授武王《洪范》九畴,飘然远至朝鲜,弘扬文明于外,正是用晦而明的代表。

君子吸取殷商明夷的教训,深知治理民众当慎重从事,领悟"用晦而明"是统御民众的大智慧。领导者不可苛求深责,当宽以待人,水至清则无鱼,大节无亏就当以包容为上。用晦,是用隐晦自我明智与能力的方法给他人以机会,如此才可御众,自晦其明,其明愈显。

【卦变象征】 明夷䷣的覆卦是晋䷢,光明陨落的反方就是阳光晋升。明夷䷣的错卦为讼䷅,光明陨落之世纷争诉讼不断。明夷䷣之互卦为解䷧,光明陨落导致家国土崩瓦解。

爻　辞

初九:明夷于飞,垂其翼。君子于行,三日不食。有攸往,主人有言。

【译文】 初九:光明殒伤时向外飞翔,应低垂掩抑翅膀。殷末君子仓皇远走,三日顾不上充填饥肠。此时凡有所往,当地主人都会责怪他们助纣为虐。

《象》曰:君子于行,义不食也。

【译文】 《象传》说:君子仓皇远走,其义不求殷暴的禄食。

【爻辞释义】 明夷于飞,句式同《诗·邶风·燕燕》"燕燕于飞,差池其羽"。此处借水鸟鹈鹕起兴,《尔雅》郭璞注"鹈鹕,好群飞",喻殷末君子避纣王暴政而远走。三日不食,《礼记·丧大记》:"君之丧,子、大夫、公子、众士皆三日不食。"此处借喻纣王在位等于死亡,正义君子远走他乡,有时三日不得食。

【义理取象】 初九刚居阳位,上应外卦六四,有于飞外行的动力。初九居离☲下,离为雉为鸟,爻变成艮☶为鸟喙,有鹈鹕鸣飞之象。初九爻变下艮☶为门阙指代君子,三四五爻互震☳为足为行,上体坤☷为地为远方,有君子避而远行之象。又离☲为日,其数三,中虚象空腹,有三日不食之象。初九爻变为谦卦☷,明夷之世君子远行他乡,当垂翼谦卑以乞求食物得生存。

【社会人事】 殷末纣王残暴,祸国殃民,使殷商由晋至明夷,情势急转直下。正义君子不食殷禄,如鸟飞空中遭遇暴风雨,垂翼寻安全之处。落难君子避暴政远走他乡求食,有时三日不得食。即便求得食物,当地民众也恶言斥责他们,可见殷末暴政引起的民怨极大。帛书本《周易》作"明夷于飞,垂其左翼"。爻辞应为其时民谣:成群的鹈鹕远飞哀鸣,拖着疲惫的羽翼勉强前行,商殷贵族四散逃离,多日无食好不伤心。

六二:明夷,夷于左股,用拯马壮,吉。

【译文】 六二:光明殒伤,左边大腿遭伤损,用良马拯救受伤者,可转吉祥。

《象》曰:六二之吉,顺以则也。

【译文】 《象传》说:六二的吉祥,说明既顺时势又能坚守法则。

【解字释义】 此处"夷"指疾伤,左股即左腿,古人尚右,右手主事左手辅助。伤了左腿,意谓小伤不致命。"拯"从手从丞,丞-𢀛,甲骨文作🅰,石鼓文作🅱,双手将人从陷坑中举出来,本为扗救之扗。"丞"后多用表辅丞、丞相,加手作"拯"表示拯救。壮,繁体作"壯-壯",大壮有受伤卧床(疒)之意,用良马迅速救助,伤可痊愈。

【义理取象】 六二柔居阴位,在下离☲中,柔顺之至且为明丽之主,为顺时自处的中正君子。二爻于人体为腓股(小腿),六二处二三四爻互坎☵下,爻变互兑☱为毁折,有落坎陷伤左股之象。六二爻变下乾☰为马,及时用马车运送受伤者去治疗,伤害转凶为吉。六二爻变为泰卦䷊,有转为通泰安吉之象。三四五爻互震☳为足为行,六二光明君子,行动力强,顺势依理处置明夷之事,自然转吉。

【社会人事】 文王为自晦其明之君子,被殷纣囚于羑里,曾伤左股。他在受囚禁期间,静心正意推演《周易》,又使散宜生等献宝马、美女、珍宝贿赂纣臣费仲,终得获释。

综观前人经验,君子处明夷之世,能守正顺势行事,凶或可转吉。

九三:明夷于南狩,得其大首。不可疾,贞。

【译文】 九三:光明殒伤时在南方巡狩而施行征伐,诛灭元凶首恶。征伐不可操之过急,应当守持正道。

《象》曰:南狩之志,乃大得也。

【译文】 《象传》说:有在南方巡狩而施行征伐的志向,必将大有所得。

【爻辞释义】 南方,也指阳光普照的明方。狩,《尔雅·释天》"春猎为蒐,夏猎为苗,秋猎为獮,冬猎为狩",冬季农闲狩猎多,故通称"狩猎"。古君王依时行猎,借以阅兵演武,威震方国。《尚书·尧典》谓舜"五载一巡狩,群后四朝"。此爻谓,有用晦而明之君子往南巡狩征伐,大国降服。大首,指晦暗方的酋首。若占得此爻,问征伐之事,不可操之过急;除暗复明大事,更不可急;问疾病之事,也不能在速痊愈。

【义理取象】 九三以刚履刚,为三四五爻互震☳动主,有巡狩动力。九三在下离明☲上,离又为戈兵,二三四爻互坎☵为弓轮,合起来指战争;后天八卦离明在正南,故有南狩复明之象。九三与上六正应,上六为明夷之主及晦暗之首,上坤为大国,有战胜得其大首之象。然向南征伐得大国之首的志向宏大,实现并非易事。九三居下离☲上,有复明之志;但处二三四爻互坎☵中,所征上坤☷大地极为广远,艰难而不可躁进速成,当守正以待时机。

【周初人事】 周人要灭殷商一统天下,就要先打败拱卫殷王朝的诸侯国,其中崇国最为顽固,崇侯虎曾谗言殷纣王囚西伯姬昌。崇国在渭水南岸沣水一带,是殷王室监视周邦的侯国。《左传·僖公十九年》:"子鱼言于宋公曰,文王闻崇德乱而伐之,军三旬而不降,退修教而复伐之,因垒而降。"文王时居渭水北程邑,崇国在其南边,两度兴师征伐南边的崇国,十分艰难。南征过程中可能筮遇此爻,后记其事入爻辞中。灭崇时文王年岁已高,身体状况不好,如果继续征战殷都,很难速胜,故占曰"不可疾,贞"。灭崇后,文王主要从事迁酆京、建辟雍和灵台等事,大修政教,不继续远征,持守中正以待时机,为后来武王灭殷作好准备。

六四:入于左腹,获明夷之心于出门庭。

【译文】 六四:进入左边地室,获知光明殒伤时当跨出门庭远去的主张。

《象》曰:入于左腹,获心意也。

【译文】 《象传》说:进入左边地室,获知二位王叔的主张。

【爻辞释义】 腹,由身体腹部转指"覆",为半地穴式房屋,《诗·大雅·绵》"古公亶父,陶复(覆)陶穴"。有人进入他人居所的左室,获知其自晦其明的心意。右手主事,左手顺从辅佐,入左室,孔颖达疏"是卑顺不逆也"。

【义理取象】 六四以柔居阴位,下与初九正应。明夷卦下离日䷔为明体,上坤地䷁为暗体,六四进入坤体暗处,即进入明夷晦暗之世,只是在坤之初,涉暗尚浅。六四处二三四爻互坎䷜上,在三四五爻互震䷲中,意欲艰难离去,找到离开明夷之世的正确方法,有"获明夷之心于出门庭"之象。

【社会人事】 帛书易传《要》记孔子云:"君子德行焉求福,故祭祀而寡也;仁义焉求吉,故卜筮而希也,祝巫卜筮其后乎!"孔子谓仁义之行当顺应时势,不必只决于吉凶之占。

六四爻辞,应是"殷末三仁"商量如何对待纣王暴政的真实记载。纣王异母兄微子,在武王勘黎后,入地室听谋于箕子、比干二位王叔。箕子劝微子以王子身份远遁以存商祀,自己则自晦其明而佯狂为奴,比干留下继续谏诤纣王。三仁或遁、或狂、或死,不系以吉凶之占,其义在行其所当行:可遁而保全殷嗣,可佯狂而保存华夏文化,可杀身以存仁义之名,各获其处明夷之心意而已。微子逃离而得保全子姓后嗣,周成王封之于宋,孔子为其后人。

六五:箕子之明夷,利贞。

【译文】 六五:殷末箕子的光明殒伤,利于守持正道。

《象》曰:箕子之贞,明不可息也。

【译文】 《象传》说:殷末箕子的守持正道,正是六五内心光明不可熄灭。

【义理取象】 六五以柔居刚,与六二无应。《周易》一般以五为君位,箕子非君而居五位,实属特殊,"明夷无君"成为六十四卦的特例。明夷是光明殒落而明君不在,昏君暴政黑暗至极。故明夷卦以上六为昏暗之君及明夷之主,实指殷末纣王。六五箕子处上六纣王之下,为纣王父师,是纣王叔父,处此时位极为艰难,最易受到伤害。如何处置如此亲属暴君? 正之则位不当,救之则力不足,弃之则势不能,去之则义不可。殷之三仁为之不易，而以箕子尤为艰难。然箕子有贤德而居五位坤☷中，用柔顺而守正德，采取自晦其明的方法持正守贞，佯狂披发为奴以免残害，使内心光明正德得以保存。下离☲为明，三四五爻互震☳为动，上坤☷为地，明动入地，有自晦其明之象。六五爻变为既济卦䷾，箕子内心光明不灭，撑过黑暗难关，最终济渡彼岸而复明。

马融评述："箕子，纣之诸父，明于天道《洪范》之九畴，德可以王，故以当五。知纣之恶，无可奈何，同姓恩深，不忍弃去，被发佯狂，以明为暗，故曰箕子之明夷。卒以全身，为武王师，名传无穷，故曰利贞矣。"所论十分明晰。

【周初人事】《史记·宋世家》："箕子者，纣亲戚也。纣始为象箸，箕子叹曰'彼为象箸，必为玉杯；为杯，则必思远方珍怪之物而御之矣。舆马宫室之渐自此始，不可振也'。纣为淫泆，箕子谏，不听。人或曰'可以去矣'，箕子曰'为人臣，谏不听而去，是彰君之恶而自说于民，吾不忍为也'。乃被发佯狂而为奴，遂隐而鼓琴以自悲，故传之曰《箕子操》。"

就周人一方而言，箕子之明夷，三仁之遭遇，确证殷王朝已分崩离析，周邦灭纣的有利时机已经到来，武王观兵盟津，等的就是这一刻。

就殷商方面而言，箕子佯狂保住自身，是利。箕子为奴，比干谏死，转移了打击重心，利于微子远遁。周成王定鼎，封微子于宋以存殷祀，封箕子于朝鲜以光大其明。再者，箕子传武王以《洪范》九畴治国大法，对华夏文明的承传起到重要作用。故占曰"利贞"。

上六：不明，晦。初登于天，后入于地。

【译文】 上六：不发出光明却带来昏暗。起初登临天上，最终坠入地下。

《象》曰：初登于天，照四国也。后入于地，失则也。

【译文】 《象传》说：起初登临天上，可以照耀四方诸国；最终坠入地下,说明上六违背正确的行事法则。

【解字释义】《说文》"晦,月尽也,从日每声",农历每月最后一天为晦,有月尽、日暮、隐晦、昏暗等义。登,甲骨文作 𦫼、𰀁,手捧豆足登阶献祭,有上升、登高、升迁、收获、进献等词义。六五箕子明夷,本明而自晦其明;上六纣王不明晦,本身不明而至昏暗之极。

【义理取象】上六柔居阴位,与六三无应,处坤地 ䷁ 远界,居明夷卦终极,为至暗之主。上六爻变为上艮 ☶,下二三四爻为互坎 ☵,合为山水蒙 ䷃,有覆盖、蒙昧、昏暗之义,有不明而晦之象。本不明而昏暗的人,若初登高位,后必坠落于地。上六爻变为贲卦 ䷕,山火贲,初时山上火光冲天,明耀四方,不久一切焚毁,犹如日落山下之地,黑暗如晦。如此大起大落,是行事无常失去规则的缘故。

【社会人事】上六就是殷纣王昏暗亡国的象征,纣王也是从曾经的光明变为最终黑暗的。《史记·殷本纪》说他"资辨捷疾,闻见甚敏",早期平定蛮夷暴乱,改革政治制度,发展生产,有初登于天的气势。但后来智慧未用于正道,"知足以拒谏,言足以饰非",不能自明,好酒淫乐,崇长邪小,横征暴政,轻辱诸侯,滥用酷刑,以至天下大乱而众叛亲离,形成日入于地的明夷末世。本不自明而致昏暗,用极端的权力摧毁统治的基础,最终国亡家破,身死名灭,都是不遵循天道规则行事的恶果。

明夷卦小结

明夷卦象征光明殒伤,论处暴政乱世之道。描述政治昏暗而光明将灭的衰世景象,褒扬君子自晦其明而守正不移的优良品质,强调在艰难时世中维护正道的艰巨性与必要性,坚信复明的希望就在前方。艰贞守正,明不可息,为善处乱政之道。政治黑暗时,要善于自晦其明,不同流合污,也不要消极逃避,要头脑清醒,保存实力,待时机成熟,即能革新复明。

六爻中,上六是"昏君"之象,其余五爻,多角度说明君子善处明夷的不同特点。苏轼《东坡易传》:"夫君子有责于斯世,力能救则救之,六二之'用拯'是也。力能正则正之,九三之'南狩'是也。既不能救,又不能正,则君子不敢辞其辱以私便其身,六五之'箕子'是也。君子居明夷之世,有责必有以塞之,无责必有以全其身而不失其正。初九、六四无责于斯世,故近者则'入腹获心于出门庭',而远者则'行不及食'也。"初爻、四爻消极守正,二、三、五爻积极救治。积极者,有箕子忍辱坚守,有文王内文明而外柔顺的策略,还有武王待时顺势的艰苦革命。

明者治国,自治用明,治民用晦,宽容和众,晦而复明。不明者身居高位,为君昏暴,为政害民,必至败亡。这就是社会变革的必然法则,明夷卦揭示殷末政治暴厉导致政权必亡的实质。《杂卦传》"'明夷',诛也",明夷卦以纣王迫害西伯、箕子等事件为爻象,照示天下民众对独夫民贼的诛责。《孟子·梁惠王》记齐宣王质疑武王诛纣:"臣弑其君可乎?"孟子曰:"贼仁者谓之贼,贼义者谓之残,残贼之人谓之一夫。闻诛一夫纣矣,未闻弑君也!"

37. 家人卦 ䷤

风火家人　巽上☴离下☲

【解字释义】　家人卦象征家人和谐,提倡家道齐正。上巽☴为风下离☲为火,风助火炽,火旺生风,风借火势,火助风威,相辅相成。室外大风起于天地水木,而室内生活,轻风吹明火,火炎微风生。古人家庭,火灶设在室中,围灶而食,围炉取暖,家长制家庭的家人同鼎(锅)而食,以火为主,"主-𤈷"是灶台、灯台上有火苗形,"主"同"炬",故有风火家人之象。马融谓"木生火,火以木为家,故曰家人",王弼注谓风火"由内以相成炽也"。《序卦传》"伤于外者必反于家,故受之以'家

人'”,明夷卦是光明者殒伤，人在外受伤害，必然回家疗伤，故家人卦次
于明夷卦之后，地火明夷䷣转风火家人䷤。

家，甲骨文作𡨢，金文作𡦚，《说文》“𡨢，居也，从宀豭省声”，豭为
牡豕即公猪。甲骨文“家”多作带雄性生殖器的牡豕在宀下，远古狩猎
野猪有富余，就搭建窝棚（宀）驯养为家畜（豕），养公猪配良种以大量
繁殖。“家”成为父系氏族私有制家庭产生的象征，有住所、家庭、定居、
安家、家产、养家等词义。《周易》家人卦之“家”，已经是定居农耕固定
夫妻的家庭，“家人”指家族成员。后来家长制大家庭出现，“家”扩展
也可指大夫、公侯的大家族。

《杂卦传》“‘睽’，外也；‘家人’，内也”，家人卦讲家门以内的齐家
之道，以夫妇关系为根本，女主内而男主外，夫妇子女血脉相依，亲情深
厚，融洽和睦。男人在外受伤，回家养伤；男子事业有成即回归家庭，修
身齐家。治家以严、勤、正为本，家风正则子孙贤。家教好的人，才可能
为国担大任，先修身齐家，然后才可能治国平天下。婚姻家庭是社会结
构的细胞形态，以至将天下邦国称为“国家”。

卦　辞

䷤家人：利女贞。

【译文】　家人卦象征和谐一家人，利于女子守持家道。

【解字释义】　《说文》“𡨢，静也，从女在宀下”，女子（女）归家
（宀）为安，女嫁男家曰“归”，有家可归属才安。《孟子·滕文公下》“女
子生而愿为之有家”，女子成家才能安静，种菜烹饪，缝衣洗裳，养老抚
幼，主妇担持家务。筮遇此卦，利女子行事。

男主外，女主内，主妇品行端正，决定家道兴旺。程颐谓：“夫夫妇
妇而家道正，独云利女贞者，夫正者身正也，女正者家正也，女正则男正
可知矣。”人伦关系五常：君臣、父子、夫妇、昆弟、朋友，“夫妇”处五常正
中，若无男女相感结为夫妇生育子女，其他关系都无由可得。而家庭又

是妇女为主，主妇正则一家正，主妇贤则一家富，女称夫为"家夫"，男称妇为"家妇"，名实相符。故家人卦辞"利女贞"，主妇守正持家，一家兴利。

《彖》曰：家人，女正位乎内，男正位乎外。男女正，天地之大义也。家人有严君焉，父母之谓也。父父，子子，兄兄，弟弟，夫夫，妇妇，而家道正。正家而天下定矣。

【译文】《彖传》说：一家人，女子在家内居正位，男子在家外居正位。男女居位都正当得体，是天地阴阳相配的大道理。一家人有严正君长，指的就是父母。父尽父责，子尽子责，兄尽兄责，弟尽弟责，夫尽夫责，妻尽妻责，如此家道才能端正。家道端正天下就安定了。

【彖辞释义】《礼记·大学》"故君子不出家而成教于国""宜兄宜弟，而后可以教国人"。修齐治平，修身行正才能齐家，能齐家才可治国平天下，正家而天下定。自尊自重，以身作则当家长。父亲称"家严"，母亲称"家慈"。男主外女主内，家人卦六二以柔履阴位，正位居中为内卦之主，有女正于家内之象；九五以刚履阳位，正位居中为外卦之主，有男正于外之象。男女夫妇正位，合乎天高于外而地低于内的自然秩序。天地以严整的自然规则指引万事万物循正道运行，一家父母为严正家长，乾坤生六子就能各正其位，家是国的基础，家道正则天下国家可以安定。家人卦☲☴上六爻变为既济卦☵☲，水火既济，阴阳各正其位，有家人各正其位而和谐之象。

妇正于内夫正于外，上行下效，家人正位向善，和顺安居。《孟子·离娄上》："君仁，莫不仁；君义，莫不义；君正，莫不正。一正君而国定矣。"《论语·卫灵公》："子曰：无为而治者其舜也与！夫何为哉？恭己正南面而已矣。"仁君虞舜孝于家才能治天下，是家风正而成教于国的证明。正家而定天下的例证很多，孔子后人很少为非作歹者，颜回后人颜之推撰《颜氏家训》教育颜氏后人多作正人君子。山西闻喜县礼元镇裴柏村裴氏为三晋望族，村前立碑介绍："自秦汉以来，历六朝而盛，隋唐盛极,五代以后,余芳犹存,在上下二千年间,豪杰俊迈,名卿贤相,摩肩接踵,辉耀前史,茂郁如林,代有伟人,彪炳史册。"正史立传与载列者六百余人,出过宰相、大将军各五十九人,尚书至太守四百二十三人,郡守以下不计其数。正是家风正而后代贤的例证。

《象》曰:风自火出,家人。君子以言有物而行有恒。

【译文】　《象传》说:风由火的燃烧生出,象征一家人风火相谐。君子因此体悟,日常言语须所指有物,持家行事须守规矩而恒常不变。

【象辞释义】　火的燃烧产生风力,风以氧气助火苗向外蔓延,将好的家人之道推及天下。所谓"万家灯火,风自火出",好的社会风尚形成必有所自。君子由此体会到,一言一行都须有所本,"物"指不虚,言之必有根据;"恒"指不变,行事当有常法。儒家认为:家人相处,以亲情为主,不以是非为论,尽量避免责备家人,即《孟子》所谓"父子之间不责善"。家人之间重真情关照,家不是虚论是非的地方,好的家风是言必有物而行必有恒。

【卦变象征】　家人䷤的覆卦是睽䷥,家道不正则家人命运睽违。家人䷤的错卦为解䷧,家人相亲善则无困难不可以解。家人䷤之互卦为未济䷿,家人之亲情永远在增进而无穷尽。

爻　辞

初九:闲有家,悔亡。

【译文】　初九:防止邪恶才可保有其家,悔恨消亡。

《象》曰:闲有家,志未变也。

【译文】　《象传》说:防止邪恶然后保有其家,初九在意志尚未转化时须预先防范。

【解字释义】　闲,繁体作"閑",《说文》"閑,阑也,从门中有木",门外有木栏,由阑、禁出、防范义转指防闲;又同"娴",有闲适、娴熟义。此处用防禁、防范义。家道初立,严防邪辟。

【义理取象】 初九当位,与六四正应,处下离☲初,家道初立。初九爻变下艮☶为门阙,上巽☴为木,以木拦门,有禁止、防闲于家之象。小孩初成人,品行可塑性较大,在其良善天性未变时,家长一定要严于管教,防止变坏,可能有的悔憾才会消亡。大的家庭或家族,对内有严格的家规,对外有坚实的城堡防范。治家之始,严于防禁,内有规范则不乱,外有防范则不失。防范不严,子孙变坏,悔之晚矣。

【社会人事】 里仁为美,孟母三迁,防止小孟轲在庸俗的环境下变为庸俗之人。孟母择邻而处,家教严格,才使孟子成长为亚圣。《周易》时代,贵族之家人口众多,家族实际上就是一个政治经济实体,不严于防范和依规矩行事,必然多有悔憾。

六二:无攸遂,在中馈,贞吉。

【译文】 六二:主事不只随顺己意,主管家中饮食事宜,守持齐家正道可获吉祥。

《象》曰:六二之吉,顺以巽也。

【译文】 《象传》说:六二的吉祥,是由于柔顺温逊所致。

【解字释义】 《说文》"𨔶,亡也。从辵㒸声",㒸-𢑒,甲骨文作𢑆,象网罩住豕之形,指捕猎遂意,后加辵作"遂",表示随心、遂意。馈,《说文》"𩜋,饷也",郑玄注"馈,朝多食也",荀爽谓"供肴中馈,酒食是议",中馈即中餐,是进食主要菜肴(贵)的正餐。高亨谓"中馈"对"野馈",指"家中之馈事",亦可通。

【义理取象】 六二当位,正应九五,处内卦中,居中得正柔顺,为家人卦主爻,正是女主乎内的家中主妇,相夫教子的好妻子好母亲。《春秋公羊传》"大夫无遂事",谓处事不随一己之见而自作主张,多为众人考虑。六二居内卦中,上与九五正应,下离☲为附丽,上巽☴为随顺,主妇主办家中每日饭食却不自专,随顺丈夫及家人意愿,料理适宜,掌握家人胃口使各人都恋家,当然吉祥如意。六二在离☲中及二三四爻互坎☵下，火在下而水在上，有烹饪适宜水火既济之象。六二爻变为小畜卦䷈，以小蓄大，以柔蓄刚，家和万事兴。

【社会人事】 人们想家，具体是想念家里饭菜的味道。孩子长大，外出求学干事业，思念家乡时千里万里赶回家，就是想吃母亲做的饭菜，那是巽顺全家的主妇"中馈"，是无可替代的童年记忆和家人念想。

九三：家人嗃嗃，悔，厉，吉。妇子嘻嘻，终吝。

【译文】 九三：一家人愁怨嗷嗷，尽管有悔憾，有危险，也可转吉祥。若妇人孩童笑闹嘻哈，终致吝惜。

《象》曰：家人嗃嗃，未失也。妇子嘻嘻，失家节也。

【译文】 《象传》说：一家人愁怨嗷嗷，此时未敢放纵逸乐。妇人孩童笑闹嘻哈，有失家道礼节。

【义理取象】 嗃嗃 hèhè，嗷嗷，众口愁叫。九三阳处刚位，与上九不应，过刚不中，居下体之极，有家长治家过严之象。九三在下离☲上与三四五爻互离☲下，二火相炽炎腾，上交巽风☴，大火生风呼呼有声，有严苛使家人嗷嗷呼叫之象。上巽为妇，二三四爻互坎为子，妇子交涣，家道涣散，九三爻变下五爻为小颐卦䷚，合有家人嘻哈笑闹散漫之象。如果家教过严，家长动辄严厉训斥，家人受煎熬而发嗷叫之声，会因此戒惧而改过迁善，虽有悔憾危厉，终可转化为吉。如果家长全无威严，妇人子女嬉笑无伦，则家道涣散，失去家教节制，终将有吝害。悔者自凶转吉，吝者自吉转凶。治家之道应以适中为宜，但九三处二三四爻互坎☵中，危难之时难以适中，宁可过严不可过宽，故有"严父"之说。

【社会人事】 就平常家境而言，子女容易放任懈怠，家长严加督责，虽有抱怨，也会生诚惧之心而发愤勉力，忧劳可以兴家。如果管教不严，溺爱姑息，就会失去节制，子女嘻闹放纵，毫无出息，家道失节会更加衰落。

六四：富家，大吉。

【译文】 六四:增富其家,大为吉祥。

《象》曰:富家大吉,顺在位也。

【译文】 《象传》说:增富其家大为吉祥,因六四顺承在尊位的九五阳刚。

【解字释义】 富,《说文》"畐,備也,一曰厚也。从宀畐声"。"畐-畐"为长脖子瓶装酒祭神求福,加示为"福";粮食多余方可造酒,故家中(宀)有酒(畐)为"富"。《系辞传上》"富有之谓大业",韩康伯注"广大悉备,故曰富有"。

【义理取象】 六四柔处阴当位,与初九正应,上承九五刚健之君。六四居上巽☴初,巽为绳直为工为近市利三倍,爻变二三四爻为互巽☴,巽上重巽,有不断获利至富之象。又爻变上体乾☰为金为玉为圜,有珠宝累累富家之象。家人卦渐次富家,初爻治家有禁有防,二爻有序无失,三爻严于家教,至四爻巽顺兴利致富。家人卦☲四阳二阴,六二、六四当为主妇,主妇正位持家,其家得富。持家当勤、俭、能、廉,才能致富,六四爻变为同人卦☲,主妇于家人上下同心协力以致富,大为吉祥。

【社会人事】 家庭男主外女主内,夫妇犹如天地,夫如天在外健行挣钱养家,妇如地在家厚德载物积富。丈夫在外挣钱,如果主妇在家轻浮虚荣,挥霍无度,再多收入也不能富家。如果主妇如六四正位顺夫,勤俭持家,合理安排,即便收入不很多,也会积少成多以富家。

九五:王假(gé)有家,勿恤,吉。

【译文】 九五:周王来到家中访问,无须忧虑,吉祥。

《象》曰:王假有家,交相爱也。

【译文】 《象传》说:周王来到家中访问,此时君与民交相亲爱和睦。

【解字释义】 假,通"佫(格)",即各(⻂),脚板(夂)到家门口(口)来,有至、到来义,"各-佫-格"在来至义上为古今字,"假-佫"为假借。"恤–卹"从心从血,有怜悯、体恤、忧虑、救济等词义。

【义理取象】 九五当位,处上巽中为君长,比六四之柔,与六二正应,有治家理财之能,可当个轻松中正的大家长。又九五君位,爻变三四五爻互震☳为车,上艮☶为止为门阙,有王车止家之象。殷纣王喜聚敛珠宝财物,每至富家必强行索取,故殷王至富家必有忧惧。周王仁德爱民,至富家非索财物,自然无忧恤,故占吉。

【社会人事】 周王至百姓家,是仁君亲和民众的具体表现,在革卦、丰卦中也有叙述。

九五下亲六二,君王亲和民众,犹如家长丈夫亲和家内主妇。孔子于此爻《小象》首次提出"交相爱"概念,墨子则有"兼爱"理论。《墨子·兼爱》谓"兼相爱,交相利",为"视人之国若视其国,视人之家若视其家……君臣相爱则惠忠,父子相爱则慈孝,兄弟相爱则和调"。《孟子·滕文公下》批评"杨氏为我,是无君也。墨氏兼爱,是无父也。无父无君,是禽兽也"。孟子推论:平等爱每一个人,就无父母之伦,就是动物。而孔子谓"交相爱",是指君王亲和百姓,当如家人相互亲和,亲和是修身的成果,身修可以齐家,家齐可以治国平天下。这是对家人卦齐家之道的升华。

上九:有孚威如,终吉。

【译文】 上九:家长有诚信有威严,终获吉祥。

《象》曰:威如之吉,反身之谓也。

【译文】 《象传》说:威严治家获吉祥,是说上九先要反身自省并严格要求自己。

【解字释义】 孚,《说文》"𤓽,卵孚也,从爪从子,一曰信也",手爪(爪)下有蛋或孩子(子),有孵化、俘虏、信服、孚从等词义,这里用孚从义,指家族武装,即家臣、家丁之类。

【义理取象】 上九以刚履柔位,与九三无应,下比九五之君,居家人卦之极,当有大家长威严之象。上九处巽☴上,巽为绳为系缚为踡伏,下三四五爻互离☲与二三四爻互坎☵为兵为盗寇,表明内禁之家当有外防,其孚从卫队必须威武有力,大家长必须治家有方,最终才安全得吉。孔子《小象》谓,这样的大家长有诚信才有威严,要使下属信服,家长必须反身自问,以身作则,修己治人,方能上行下效,立竿见影。

【社会人事】 周初家庭,内外环境还不安宁,必须从严治家,武力防护,可保终吉。家人卦上九是祖父祖母辈,但仍要以身作则,从严管理。武王祖母太任、成王祖母太姒,都是威严有信的大家长,培育出众多的子孙圣贤。

直到今天,身教仍然重于言教。有一则小故事:老父手抖摔破饭碗,媳妇就用木碗给他吃饭。后来见几岁的小孙子在那里刻木头,他妈问做什么? 回答:要做两个木碗,备爸爸、妈妈老了好用。他妈由此知道错了,防老人摔碗也得顾其尊严。

家人卦小结

家人卦象征家庭和谐,讲治家之道。齐家当以廉能勤俭为本,以威严管理、协和努力为务,以修美言行、美风化俗为用。正家而天下定,修身齐家是治国平天下的基础。

就一夫一妻的家庭而言,男主外女主内,主妇柔顺守正为家内之主,丈夫刚严中正为齐家之主,刚柔相济而家道正。李光地《周易折中》引吴曰慎语:"家人之道,男以刚严为正,女以柔顺为正。初曰闲,三曰厉,上曰威,男子之道也;二、四象传皆曰顺,妇人之道也;五刚而中,非不严也,严而泰也。"把六爻齐家之道的特点很好地概括出来了。

就家庭的社会性而言,家庭规范和谐是社会有序化的基础。宗法制家族,尤其是贵族之家,从属依附者甚多,须有一定的威慑性治理。大家族下属有不少同族、异族的平民小家庭,其内禁、外防都很重要,家庭之间的劫掠时有发生,需要"有孚威如"的武装力量作外防。

西周初期仰韶文化遗址中,就有 160 平方米大宅,宅中有火堂,同灶而食之人很多。家长须从严治家,还须公平齐家。折中从严的治家意识经礼制化后,就成为严密有序的封建宗法制度,这是以农业经济为基础的宗法共同体价值观的集中反映。

周初时期生产力较为低下,多数人从事艰苦劳作,以自我牺牲精神来保卫家族利益。因此须"严君以正家道",克服困难,改正失误,同心合力,勤劳致富,才可能"富家大吉"。家人卦外风内火,风自火出,高层领导人的良好风范是由端正家风、基层历练的火候决定的,家教好的人,才可能为国担大任。家长制管理,还需要家人之间的协和,端正家风需要持之以恒,"家训"文化源远流长。民为邦本,家为国本,家齐才可治国平天下,家人卦所述治家之道对中国文化的影响极为深远。

38. 睽 卦 ䷥

火泽睽 离上☲兑下☱

【解字释义】 睽卦象征睽背乖违,论处睽之道,即处乱世的应变方略。火泽睽,离火☲上行而泽水☱下行,两相乖违;离☲为中女,兑☱为少女,二女虽同居,将来必分嫁不同人家,有相违分离之象;二爻至上爻交互为重离☲,也是二日相违之象。《序卦传》"家道穷必乖,故受之以'睽'。睽者,乖也",家人☲与睽☲为一对覆卦,家人卦讲家人团聚亲和,然聚久必分,亲如家人也有睽离之日,故睽卦次于家人卦之后。

睽 kuí,金文作🐛、🦋,《说文》"睽,目不相听也,从目癸声",严可均校议"听当作视"。癸,甲骨文作✕、🗲,金文作🦋,象二器交互向四边分离之形;加目作"睽",二目不能同视则视力乖离,《玉篇·目部》"睽,乖也"。

一般认为,睽卦所述乃夏代"睽孤之子复国"的故事。

夏王朝（前2070—前1600）前期六代君王：禹、启、太康、仲康、相、少康，少康为相遗腹子，即"睽孤"。据《尚书》《左传》及《竹书纪年》所记，东夷有穷氏首领后羿（神话射日者）西进中原，至夏都斟鄩（偃师二里头）主夏政四十多年，历太康、仲康、相三世，后被其下属寒浞所杀。相二十八年，寒浞使其子过浇弑帝相，夏遗臣伯靡出奔鬲。相后缗由窦逃出，投奔有仍氏，生遗腹子杼（少康）。杼稍长成，为有仍氏牧正。过浇遣椒来追杀杼，杼逃奔有虞氏为其庖正。杼时年约二十岁，虞思以女二姚妻之，使邑于纶，有田一成，有众一旅。于是杼渐得与夏旧臣伯靡等联系，计议复国。数年后，伯靡自鬲地起兵，联合斟鄩、斟灌之师伐寒浞。夏世子少康（杼）使汝艾伐过杀浇，少康亲师师灭过。于是少康自纶归于夏邑而复国，建都少康城（今许昌境内）。少康励精图治，形成六世七王的百年繁荣，史称"少康中兴"，至孔甲乃衰。

夏代少康履难中兴，其筮占记录或存于《连山易》中，《周易》选其已应验之辞用于睽卦爻辞，描述少康失父睽孤，历尽艰辛，终化睽为合的经历，教后人如何处异求同，应对睽违逆境。

卦 辞

䷥睽：小事吉。

【译文】 睽卦象征睽背乖违，处小事可获吉祥。

【卦辞释义】 处睽之时，凡事乖违悖理，小事尚可为，大事则不可行。既然已成睽势，不可以愤疾之心强为合睽，当平心静气，委屈周全，小处着手，逐渐解决。

人是独立的生命体，各有个性，个人小事特立独行或许得吉，但与社会大众相关的大事，当求同存异，不可睽违。大事当以异求同，如古代祭祀、会盟、征战等为大事，要识大体顾大局，不可违时势而行。

《彖》曰：睽，火动而上，泽动而下；二女同居，其志不同行。说而丽乎明，柔进而上行，得中而应乎刚，是以"小事吉"。天地睽而其事同也,男女睽而其志通也,万物睽而其事类也。睽之时用大矣哉。

【译文】 《彖传》说:睽背乖违,犹如火焰燃动炎上,泽水流动润下。又如两个女子同居一室,志向不同而行为乖背。此时应当和悦附丽于光明,以柔顺之道进取才能向上直行,柔者处事适中而应合阳刚者,体现小心处事可获吉祥的道理。天地上下睽乖而同行化育万物之事,男女阴阳睽乖而交感求合的心志相通,万物睽乖而禀受天地阴阳气生长的情状类似。乖睽之时可施用的范围很大啊!

【彖辞释义】 上离☲火焰向上动烧,下兑☱泽水往下流动,形成睽违。离中女、兑少女本姐妹同居,将来嫁人的志向不同,或共事一夫而纷争,都形成睽违。处睽违之时,当和悦☱而附丽于光明☲,六三柔进而上行,至六五柔顺得中而应九二阳刚,虽柔小而处睽适中,所以说"小事吉"。天地睽而同生万物,男女睽而同生子女,万物形体睽违而生长之事类同。事物睽违而相反相成,逆境小心行事也能得吉,所以善处睽的作用极大。睽卦䷥四五两爻互换为中孚卦䷼,刚柔相济得中和,为用睽之正道。

《象》曰:上火下泽,睽。君子以同而异。

【译文】 《象传》说:上为火下为泽,象征睽背乖违。君子由此体悟,当求大同而存小异。

【象辞释义】 火动水静,火往上烧而水往下流,性质不同而相睽违。水火性质不同,但小心调剂合理处置,也会达到水火既济的和谐。君子由此领悟,事物先睽而后合,相同是以差异为前提的,没有差异就无所谓同和。因此,君子处事当以同迎异,创造宽松的环境,求大同存小异,和胜于同,故孔子谓"君子和而不同"。

【卦变象征】 睽䷥的覆卦是家人䷤,志同者久睽违后必相合如家人。睽䷥的错卦为蹇䷦,睽孤之子命运多蹇难。睽䷥之互卦为既济䷾,久经磨难的睽孤之子最终能成就大业。

爻　辞

初九：悔亡，丧马，勿逐，自复。见恶人，无咎。

【译文】　初九：初入睽卦要使悔憾消亡。马匹走失，不用追逐，静候它自己归来。逊接与自己对立的恶人，不致咎害。

《象》曰：见恶人，以辟咎也。

【译文】　《象传》说：逊接与自己对立的恶人，是为了避免睽违激化的咎害。

【义理取象】　初九当位，与九四敌应，本当有悔。但睽卦相反相成，敌应转化为同德相遇，悔憾消亡。处睽违之事当心态平和，以同迎异。比如马匹走失，不必急于追逐，静心等待，它自己会饱食而归。初九处下兑☱为缺失，上行九二爻变下震☳为善鸣马，再上行三四五爻互坎☵为美脊马，合有丧马自复变美脊马之象。再如与我交恶之人要来相见，若愤激不见，必生咎害；若以宽容心相见，以同迎异，说不定缓释前嫌，不致咎害。三四五爻互坎☵为盗寇恶人，二三四爻互离☲为目为见，有逊见恶人之象。睽卦敌应转为同德相应，初九不以九四敌应为恶人，下兑☱为悦，初九居兑悦之初，同德相迎而避咎，其悔自亡。

【社会人事】　少康为有仍氏牧正时，曾有丧马自复之事。又过浇遣椒至有仍氏，意欲捕杀少康，少康以逊道见此恶人，竟免于凶祸。

世事多睽违，宽心静处之，不可太过明察，《孔子家语》谓"水至清则无鱼，人至察则无徒"。睽极则反，睽违之事也可能有复反之机。塞翁失马，焉知非福。良种马跑了是睽违，不急着去追，过后它可能带几匹母马和小马回来呢。冷静反思过后，以宽容态度与交恶者相见，冷处理或许有意外收获。

九二：遇主于巷，无咎。

【译文】　九二：在巷道中不期然而遇合主人，必无咎害。

《象》曰:遇主于巷,未失道也。

【译文】 《象传》说:在巷道中不期然遇合主人,九二未曾违失处睽之道。

【义理取象】 九二刚居柔位,处下兑中,与六五正应。处睽之时"小事吉",约见旧主人有危险。正途不可通,变通约于小巷商议,成与不成均无咎。九二居中为内卦主人,爻变下震䷲为足为行、二三四爻互艮䷳为门为小巷,艮䷳为倒震䷲,正反相接为遇合,有遇主人于小巷之象。九二居中,正应上卦六五,《象传》谓六五"得中而应乎刚",可见是未失正道的约见,只是处于睽世正道易受伤害,变通约遇小巷,有防范意识,故可无咎。

【社会人事】 少康长成人,过浇遣人追杀,流亡中遇有仍氏族主于小巷之中,族主资助他逃遁。事虽仓促,未致咎害。

六三:见舆曳,其牛掣,其人天且劓。无初有终。

【译文】 六三:看到重载大车被拖曳难行,驾车的牛受牵制不进,又看到赶车人是受过黥额割鼻酷刑的奴隶。起初心惊肉跳,最终免于凶祸。

《象》曰:见舆曳,位不当也。无初有终,遇刚也。

【译文】 《象传》说:看到重载大车被拖曳难行,这是六三居位不妥当所致。起初乖睽,终将欢合,说明六三终必与相应的阳刚遇合。

【解字释义】 曳 yè,《说文》"曳,臾曳也,从申丿声",以手牵引(丿)申展(申),有牵引、拖拽等词义。掣 chè,从手从制,以手控制,用力速拉,迅疾而过。天,黥额为天刑,这里指在前额刺字涂墨。劓 yì,割鼻之刑。

【义理取象】 六三柔居刚位,非中不正,居下兑䷹之极,乘九二之刚,处境十分困难。六三上行承九四至刚,二三四爻互离䷝似车舆,三四五爻互坎䷜为艰难,有牛车曳掣难行之象。六三爻变下乾䷀为天为首,二三四爻互离☲又为戈兵,下兑☱为毁折,有兵器黥劓头面之象。尽管路途如此凶险,但六三处刚位而志行,与上九刚爻对应,最终脱险,无初有终。

【社会人事】 少康在逃亡途中,碰到受黥额割鼻酷刑的赶车人,联想自己或许也会这样,不由心惊肉跳,出于同情,仍上去助推一把。行筮占得"无初有终",意谓终得有力之人相助,逃脱恐怖险境。

喻意久经磨难的人能成就大事,磨砺的过程一定艰难无比,因心思纯正,最终可能建功立业。

九四:睽孤,遇元夫,交孚。厉,无咎。

【译文】 九四:睽孤之子,得遇初九阳刚大丈夫,交互诚信,虽遇危难,终能免咎害。

《象》曰:交孚无咎,志行也。

【译文】 《象传》说:交互信任而免遭咎害,其志向在践行睽合中。

【解字释义】 孤,幼而无父曰孤,《说文》"𤔔,无父也,从子瓜声",如独瓜之孤单。篆文"孤"作𤔔,为小儿有所执举劳作之形。睽孤,指夏王相之遗腹子少康。元夫,带兵首领,这里指夏旧臣伯靡。交孚,互相信赖。

【义理取象】 九四刚居柔位,非中不正,又处于下兑☱与上离☲分道之界,居三四五爻互坎☵中,上下两阴爻遮蔽它与同类相比邻的机会,有睽孤之象。九四虽与初九敌应,但睽卦敌应转化为同德相应,九四视初九为"元夫",初九逊见这位九四"恶人",反而同德相亲而互相诚信,因为双方去睽和合的志向从此得以践行。

【社会人事】 数经周折,少康得与父王旧臣伯靡相遇,二人被当地族人所执,但最终得以获释。高亨谓:"盖少康由有仍奔有虞时遇一大夫从之,曾俱被俘而终脱去也。"一个是幸存的夏朝旧臣,一个是夏君相的遗腹子即夏世子,两人都有复国之志。夏遗子遇到夏遗臣,同为天涯沦落人,且渊源深厚,必然互相信赖。虽然久经睽历,前途艰难危厉,但有此一见,终能成就复国大事而无咎害。

六五:悔亡。厥宗噬肤,往何咎?

【译文】 六五:悔恨消亡,其宗亲期待像噬脆皮肉般与他合睽,前往有何咎害?

《象》曰:厥宗噬肤,往有庆也。

【译文】 《象传》说:宗亲期待像噬脆皮肉般与他合睽,说明六五此时前往必有喜庆。

【解字释义】 宗,金文作🈧,《说文》"🈧,尊祖庙也,从宀从示",祭祀(示)祖宗的祖庙(宀),有宗庙、祖宗、宗族、宗亲等义;厥宗,他的宗亲。肤,如嫩肌肤般的带皮肥肉;噬 shì 肤,如吃肥肉般容易咬合亲近。

【义理取象】 六五柔居刚位,处上离☲中,柔中而为光明之主,下与九二正应,宗亲九二期待向上亲和六五。六五爻变上乾☰为父为宗,上离☲内虚外实有嫩肤肉形,下兑☱为口为噬,有厥宗噬肤之象。噬嗑卦六二"噬肤灭鼻,无咎",九二宗亲期待像吃脆皮肉般与六五亲和,盼他返回宗庙祭祀宴飨,若能成功前往,必然举族欢庆。六五爻变为天泽履䷉,上乾☰天而下兑☱悦,有履行宗庙祭祀而普天同庆之象,故占"往何咎"。

【社会人事】 伯靡与少康商议,让少康往依有虞氏,壮大军事力量,以为复国主帅。有虞氏系帝舜之族,舜禅帝位于禹,与夏族有同盟之谊。有虞氏长于渔猎而生活较富裕,从少康归有虞氏"有田一成,有众一旅"来看,有虞氏可能早就收养不少夏族遗民,少康正好为宗族之主。夏宗亲期盼世子少康率领他们杀敌复国,回宗庙祭祀祖先而"厥宗噬肤"。

上九:睽孤,见豕负涂,载鬼一车。先张之弧,后说(tuō)之弧。匪寇,婚媾。往,遇雨,则吉。

【译文】 上九:睽孤之子往会宗亲,路见丑猪背负污泥,又见一辆大车满载鬼怪奔来。他先张弓欲射,后又放下弓矢。原来并非强寇,而是化妆来求婚迎亲的队伍。此时前往,犹如遇到阴阳交合的甘雨,必能获得吉祥。

《象》曰:遇雨之吉,群疑亡也。

【译文】 《象传》说:遇到阴阳交合的甘雨就获得吉祥,上九种种猜疑都已消失。

【义理取象】 上九刚居阴位,正应六三,处上离之顶而光明外照,至睽之极而终转吉。上九之下三四五爻互坎☵为豕为泥,有豕负涂之象;又九四爻变三四五爻互坤☷为车舆,上离☲为火为电象鬼神,有载鬼一车之象。先张弧弓欲射,因疑互坎☵为盗寇;后脱弧弓不射,是看清互坎水☵与二三四爻互离火☲为水火既济,有阴阳交合求婚媾之象。于是释疑前往,果然亲和如甘雨,上九爻变为雷泽归妹卦䷵,婚媾大喜,遇雨得吉。

【社会人事】 高亨谓:"盖少康自有仍奔有虞时,夜行遇到有虞人之情状也。'匪寇,婚媾'者,即指虞思妻少康以二姚而言也。"睽孤之子少康,欲往有虞氏噬肤亲族,路见涂抹彩色花纹的一群猪,又见化装成鬼的一车人。流亡之人一路多遇睽违之事,鸟飞惊心,容易多疑。初时以为是盗寇,张弓欲射;细看并非盗寇,而是化妆求婚的队伍,是来迎接他到有虞氏与二姚成婚的。有了这场虚惊,乃行筮占曰"遇雨则吉"。至此,少康娶二姚,睽违完结,接着履行复国大业。以"遇雨则吉"喻男女婚媾和谐,睽极转吉,睽卦有了喜剧性的结尾。

睽卦小结

睽卦象征睽违,述处睽违之道,谓睽久必合,遇雨则吉。不经历风雨,怎么见彩虹?没有不断的睽离,就没有重逢的喜悦;没有不断的猜忌,就没有真的相知和美。处睽之世,峰回路转,触目惊心,好事多磨,逢凶化吉。

睽卦据夏世子少康睽逃而复兴的史事,以及有关占断,辑成卦爻辞,据史事以明处睽之道,明化睽为合之理。异中有同,睽久必合,是对立统一的辩证关系。睽卦六爻处睽各异,李光地《周易折中》引冯当可曰:"内卦皆睽而有所待,外卦皆反而有所应。初'丧马勿逐',至四'遇元夫',而初四合矣。二委曲以求遇,至五'往何咎',而二五合矣。三'舆曳''牛掣',至上'遇雨',而三上合矣。天下之理,固未有终睽也。"内外卦六爻三组睽合,分析得当。

卦辞"小事吉",谓对日常事务应允许有差异分歧,阔略处之,求同存异,方为明哲。爻辞重在说明,睽违之世于君国大事相当危厉,应尽量避免发生。一旦发生,不必绝望,更不可自暴自弃,当艰苦卓绝,百折不挠,以自强不息的精神对待之。更须联合盟友,避敌锋芒,不断壮大己方力量,最终转危为安,致使复兴有望。

夏代因太康失邦,帝相丧命,几至灭亡。少康以一遗腹子睽孤之身,仍能复兴夏室,便是处睽自保、临难用众的最佳典范。求同存异,小心处睽,终必遇雨得吉。

39. 蹇 卦 ䷦

水山蹇 坎上☵艮下☶

【解字释义】 蹇卦象征行动艰难,讲处蹇之道。上坎水为险阻,下艮山为止步,山道险阻,又遇水环绕,遇险阻而止步难行为蹇;上坎水☵下艮山☶,水被阻于山间难流出也为蹇,王弼注"山上有水,蹇难之象"。《序卦传》"乖必有难,故受之以'蹇'。蹇者,难也",睽卦时势乖违,乖违必然行事艰难,《杂卦传》"'蹇',难也",故蹇卦次于睽卦之后。

蹇 jiǎn,《说文》"𧿼,跛也。从足寒省声",寒气侵足,足跛难行,有脚趾冻坏、跛脚、劣马或跛驴、艰难困苦、停滞、挂碍等词义,于人事为命运多蹇而时势不通。

以智处蹇,当守正以待时机。时处末世,足跛行路很辛苦,以喻邦交往来险难,进而讲善处邦交恶化之道,往蹇贵在来反。上坎☵下艮☶,外险加内阻,危险处当停止不进,可与谦、豫两卦相互参看。水雷屯☲、习坎☵、水山蹇☵、泽水困☱为《周易》四大难卦,都含有坎☵,大川难涉,坎陷难通;然守正待时,过坎则达,利涉大川而成就大事。

卦 辞

☵☶蹇:利西南,不利东北。利见大人,贞吉。

【译文】 蹇卦象征行走艰难,利于走向西南平地,不利于行走东北山野。利于见到大人,守持正道可获吉祥。

【卦辞释义】 后天八卦,阴卦坤☷为母、巽☴为长女、离☲为中女、兑☱为少女,方位在西南,为坤顺之平地;阳卦乾☰为父、震☳为长男、坎☵为中男、艮☶为少男,方位在东北,为艮阻之山野。先周公刘迁居陕西东北部高原豳地,戎狄常来侵扰,至古公亶父迁陕西西南部渭水平原的岐山,就是坤卦所谓"西南得朋,东北丧朋"。不利东北,东北部黄土高原及草原,游牧民族以战争、劫掠为常务,不事生产和创造利润;利西南,西南之庸、蜀、羌、髳等族有稳定的居住地,有很好的种植和养殖产业,周以仁德怀之,邦交顺利,成为同盟部落。普遍而言,是说处蹇难之时,要选择行于平易之地,不要盲目进入坎险之中。

"利见大人贞吉",是补足性占辞。见,也读"现"。华夏历史数千年,每当遇到大的蹇难,总会出现大德之人挺身担当,为国家民族抒困济难。济难最重要的就是持守正道,不与邪滥势力妥协,有大人君子气概,护国拯民,恩威并用,具备很好的感召力。就邦交来往而言,崇德尚义,使盟族怀德畏威,乃可得吉。遭遇蹇世困境,要有大人君子胸怀,不可过于刚硬,有时须以退为进,以柔克刚。这些,正是周初圣王在治国、邦交上的处蹇之道。

《彖》曰:蹇,难也,险在前也。见险而能止,知矣哉。蹇利西南,往得中也。不利东北,其道穷也。利见大人,往有功也。当位贞吉,以正邦也。蹇之时用大矣哉。

【译文】 《彖传》说:蹇为行走艰难,险境前面必然行走艰难。出现险境而能停止不前,可称为明智啊!遇蹇难时利于走向西南平地,这样前往才会合宜适中。不利行走东北山野,往山野走必将路断途穷。利于见到大人,前往济蹇必能建立功勋。居正位守持正道可获吉祥,就可摆脱蹇难端正国家发展方向。处蹇难之时济蹇的功用真大啊!

【彖辞释义】 蹇卦象征行进艰难,因为上坎险䷜阻拦在外在前。遇到坎险䷜就知艮止䷳,是有智慧的表现。处艰难之时,应当选择往西南平易之地行走,往前行就会得到处于互离䷝上的中正明君九五的福佑。处蹇时不应往东北山野强行妄进,那里穷山恶水而止塞难通。蹇难之世,总会有顶天立地的大德之人来拯救苦难,随他们前行必能建功立业。虽然处于蹇难时势,本卦六二至上六的五爻皆当位,各尽职守,团结在大人九五周围,同力奋斗,共克时艰。如此行事,必能完成济蹇伟业而振兴邦国,守贞行正得吉祥。

《周易》四大难卦,水雷屯䷂险阻在前而行动在后,是初始未通的动而难;习坎䷜坎上重坎,是连续性的克服坎难;泽水困䷮水困于泽中,是突破性的破困之难;水山蹇䷦遇坎而止,待时而行,是智慧型的解脱蹇难。水山蹇䷦"见险而能止,知矣哉",山水蒙䷃"险而止,以亨行时中",于艰难时世,当力行探索以求真知,知行合一,克难解蹇,是为智者。

《象》曰:山上有水,蹇。君子以反身修德。

【译文】 《象传》说:山上有积水,象征行走艰难。君子因此体悟,行走艰难之时当反求于自身而修美道德。

【象辞释义】 水积山上,日增危险,迫使人考虑如何排解险情,须努力提升智慧。就水自身而言,被阻于山,当思如何解阻流出。陆绩谓:"水在山上,失流通之性……水本应山下,今在山上,终应反下,故曰反身。"君子由此领悟,遇到蹇难,反求自身,修德储力,方可济蹇解难。《孟子·公孙丑上》"仁者如射,射者正己而后发。发而不中,不怨胜己者,反求诸己而已矣";《离娄上》"行有不得者,皆反求诸己,其身正而天下归之"。遇到蹇难,不可妄行,当止而反身修德,增强内部实力,才有能力把握机会突破险阻。

遇到大蹇难,正是磨炼意志、提升智慧的时候。危机,危机,有危险才有机会,高风险才有高回报。蹇难之时反而是成就功业的好时机,当修德进能,以利适时建功立业。

【卦变象征】 蹇☷☶的覆卦是解☵☳,再多的艰难,最终是守正得解。蹇☷☶的错卦为睽☲☱,多历蹇难是睽孤之子的必然命运。蹇☷☶之互卦为未济☲☵,在蹇难中磨砺,还未到达成功之时。

爻 辞

初六:往蹇,来誉。

【译文】 初六:往前行走艰难,归来必获赞誉。

《象》曰:往蹇来誉,宜待也。

【译文】 《象传》说:往前行走艰难,归来必获赞誉,意谓适于等待时机。

【义理取象】 誉—𦥑,众人以美言抬举称赞。初六柔居刚位,是蹇卦唯一不当位之爻,与上卦六四无应。往,向上进入坎险☵;来,止而来留艮止☶之下。初六处蹇卦初成时,柔弱乏力,上无应援,前进有阻。若止步回来,必受赞誉,见蹇知止是适时行事的明智之举。蹇卦五爻皆正而初六不正,自成其蹇。万事开头难,初六入蹇,不正无应,无力冲破巨大险难,只能稳定行事,知难而止,待机再进,当得赞誉。初六爻变,下离☲为火为明,有明哲知几而前途有望之象。

【社会人事】 就邦交使臣而言,往他国为使是邦交之关键。使臣既是母国的手足耳目,也可能被收买成为敌国的耳目。邦交恶化时,使臣知难而往,多遇蹇难而不易成事,君王不可责其无能,而当据实称誉其勇智,慰其劳苦。君臣当以内部良性交往应对外部恶性邦交,实现"主体在我"的邦交转化。《诗·小雅·四牡》毛传云:"四牡,劳使臣之来也,有功而见知则说矣。"郑玄笺:"文王为西伯之时,三分天下有其二,以服事殷,使臣以王事往来于其职,于其来也,陈其功苦以歌乐之。"周人初定丰京,西伯派使臣往殷都,其艰难辛苦的"往蹇"自不待言,文王歌乐其功劳的"来誉",正是对待使臣的适宜方式。

六二:王臣蹇蹇,匪躬之故。

【译文】 六二:君王的重臣努力奔走济难,不是为了自身私事。

《象》曰:王臣蹇蹇,终无尤也。

【译文】 《象传》说:君王的重臣努力奔走济难,六二终无过尤。

【解字释义】 蹇蹇,叠音词,与终日乾乾、谦谦君子类同,此处指遇蹇而又济蹇。尤,甲骨文作𠂤,手指(又)加点(丶)表赘疣,有多余、特异、责怪等义。

【义理取象】 六二当位,居下艮☶中,上与九五正应,九五为中正明德君王,六二为中正柔德贤臣,合称"王臣"。上坎☵为蹇难,二三四爻互坎☵也为蹇难,坎上有坎,故谓"蹇蹇"。蹇卦以遇蹇知止为好,六二柔质,又处艮止☶中,本当止而不行。但九五刚健中正之君有挺身济蹇之义,六二柔顺中正之臣正应九五,济蹇之责义不容辞。孔颖达疏谓六二"履正居中,志匡王室,能涉蹇难,而往济蹇"。六二居互坎而上有坎,遇蹇而必济蹇,故有王臣蹇蹇之象。六二正应济蹇君王九五,不计自身私利,不顾远近险阻,知不可为而为之,这样的臣子,不该受到斥责与怨尤。六二爻变下巽☴为顺为股,乃顺应君王的股肱之臣。正应君王以济蹇,尽职勤劳,非为自身,如此王臣,自然无过尤可指责。

【社会人事】 《诗·小雅·四牡》:"四牡騑騑,周道倭迟。岂不怀归？王事靡盬,我心伤悲。"一位使臣对王事尽心尽力,但塞难重重。周之使臣,尤其是与殷交往的使臣,如"文王四友"之列,都是忠心耿耿且精明强干的王臣。太颠、闳夭等献文马、骊姬贿赂纣王及其宠臣,使文王最终得脱险释囚,何其塞难! 时处塞世,使臣外交受挫,并非自身无能。君王须给予信任、尊重和鼓励,六二爻辞告诫王者当体恤使臣之难。《礼记·中庸》:"在上位不陵下,在下位不援上。正己而不求于人,则无怨。上不怨天,下不尤人。故君子居易以俟命,小人行险以徼幸。"深知处塞济塞之难,不怨天尤人,当由塞卦六二爻辞得到启发。

九三:往蹇,来反。

【译文】 九三:往前行走艰难,归来退居其所。

《象》曰:往蹇来反,内喜之也。

【译文】 《象传》说:往前行走艰难,归来退居其所,说明内卦阴柔者喜欢九三归返。

【义理取象】 反,甲骨文作ᚱ,象手攀崖(厂)而复下(又),有返回义,也作"返"。九三以刚履刚,与上六正应,上进有动力,有往蹇之象。但九三为下艮☶之主,前进有上坎☵阻陷,九三爻变三四五爻互艮☶为止,当自互艮返回下艮☶,有来反之象。九三与上六正应,但因上坎阻而难前行,所以只好止而返回内卦。内卦艮☶有初六、六二两阴爻亲附九三,犹如家中臣妾,喜欢主人返家,有内喜之象。九三爻变为比卦☵☷,比内卦二阴,合作共渡难关。九三爻变下艮☶为下坤☷,艮为止而坤为顺,止而顺,故来反有喜。

【社会人事】 邦交塞难之世,使臣再三遇阻,归来返命于王,王可凭所得信息反思处置方法。即使交盟不成,能真实了解对方情况及态度,也便于预谋对策。比如周初使臣忙于来回殷都,弄清对方意图与情况,回报周王以供咨诹与谋划对策,为灭纣兴周起到重要作用。

六四:往蹇,来连。

【译文】 六四:往前行走艰难,归来联合友朋。

《象》曰:往蹇来连,当位实也。

【译文】 《象传》说:往前行走艰难,归来联合友朋,六四当位而务实。

【义理取象】 连-輦,古文作"輦",十至二十人合力牵挽车行进为"连",有联合、连接、连续、牵连等词义。六四当位,与初六无应,上承九五中正君王,似乎可以前往。但六四处上坎䷜下,在二三四爻互坎䷜中,坎上有坎,有往蹇之象。六四之下内艮䷳为止,爻变三四五爻互乾☰为三阳爻连结。六四柔爻止步回来,联结的是刚健九三,有后盾支持,有当位求实之象。所依附九三爻变,有下坤䷁与二三四爻互坤䷁为地为众,六四回连余地及朋友众多,也有实在之象。六四充分显示蹇卦宜退不宜进的特色。

【周初人事】 周邦使臣在殷都接连遇外交蹇难,局势明显已恶化。及时回来主动与周围友邦联合,共谋抵御不测,即往蹇而来连。《竹书纪年》载:殷帝辛四年(前1072),大搜于黎(而东夷叛之),作炮烙之刑(而诸侯畏之);五年,筑南单之台(而民病之);九年,王师伐有苏,获妲己以归(诸侯离之)。殷纣暴政日现艰难。《史记·周本纪》:"(文王)遵后稷、公刘之业,则古公、公季之法,笃仁敬老慈少,礼下贤者,日中不暇食以待士,士以此多归之。伯夷叔齐在孤竹,闻西伯善养老,盍往归之?太颠、闳夭、散宜生、鬻子、辛甲大夫之徒,皆往归之。"周文王行仁政,真诚连接诸侯和贤士,不但"三分天下有其二",而且周邦国力民力财力都得以坚实提升,足以与殷商抗衡。

这一时期,文王多次派使臣至殷受阻,深明"往蹇"实况,特以仁民爱物之策对应纣王逆天殄物暴政。深思熟虑,广连贤士,形成诸侯联合抗殷的局面,正是"往蹇来连"的效果。有前面"来誉、来反、来连"作前提,遇大蹇必有众朋归附,使周邦立于不败之地。

九五：大蹇，朋来。

【译文】 九五：前行十分艰难，友朋纷纷来归附相助。

《象》曰：大蹇朋来，以中节也。

【译文】 《象传》说：前行十分艰难而友朋纷纷来助，九五保持阳刚中正的气节。

【义理取象】 九五以刚处刚，居上卦中君位，下与六二正应，刚健中正有应，为蹇卦之主，无所不宜，当指周文王。《象传》"利西南""往得中""当位贞吉""利见大人往有功"，实际上都是指周文王行事有阳刚中正的气节。但九五处上坎☵中，时处暴君末世，君王之坎涉及天下大事，暴政穷民，战争不息，天下纷乱，有大蹇之象。然九五爻变为谦卦☷，于大蹇之时谦逊亲和，谦乃得众，遍行仁政，广得人心，患难见真情，风雨故人来，既来之则安之。九五爻变上坤☷为众，三四五爻互震☳为行动，有朋来之象。王弼注九五："居不失正，履不失中，执德之长，不改其节，如此，则同志者集而至矣。"

【周初人事】 《逸周书·程寤》："文王去商在程……王及太子发并拜吉梦，受商之大命于皇天上帝。"然后与诸侯结盟抗殷兴周，以至武王观兵孟津，竟然有八百诸侯不期而会，有"大蹇朋来"气象。

上六：往蹇，来硕，吉。利见大人。

【译文】 上六：往前行走艰难，归来可建大功，吉祥。利于出现大人。

《象》曰：往蹇来硕，志在内也。利见大人，以从贵也。

【译文】 《象传》说：往前行走艰难，归来可建大功，上六的志向在于联合内部共同济难；利于出现大人，上六附从尊贵的阳刚君主。

【爻辞释义】 硕-碩，从页石声，由头大表示很大。《诗·邶风·简兮》"硕人俣俣，公庭万舞"，毛传"硕人，大德也。俣俣，容貌大也"。大蹇之世终，大德耆硕之人反来归我。

【义理取象】　上六以柔处柔,正应内卦九三,向下附属九五。上六处上坎䷜之上,居蹇卦之极,若顺坎蹇继续往前走,依然是更深的坎蹇,有往蹇之象。上六爻变上巽䷸为进退为近利市三倍,退而顺应内卦九三,利于建立硕大功业,故有来硕之象。王弼注上六:"往则长难,来则难终,难终则众难皆济,志大得矣。"进是往蹇,止而不进就是蹇难终止,就是来硕,上六的志向是向内联合大众济蹇建功。济蹇需要刚健中正的大德来领导,上六利见的贵人就是九五之君。九三与九五同功而异位,都是上六归附的大人,上六爻变为渐卦䷴,渐卦辞"女归吉",正是柔爻上六归附来硕之象,故占吉。

【周初人事】　武王灭纣统一天下,转向内以硕果回报众人,并重用前代贵族子孙。释箕子之囚,封比干之墓,表商容之闾,散鹿台之财及钜桥之粟以振殷民贫蹇,封殷纣子武庚禄父及殷贵族。又封神农之后于焦,黄帝之后于祝,帝尧之后于蓟,帝舜之后于陈,大禹之后于杞⋯⋯再封周功臣及宗亲。合同天下,贤才得用,同德分治,都是"利现大人"之举。

蹇卦小结

蹇卦象征行动艰难,讲处蹇之道,既要遇蹇能止,又须处蹇勇进,当顺时中正行事。时处暴政末世,往行多蹇,就应守正以待时机,以退为进,终得"往蹇来硕"。济蹇之道,一是守持正道,二是进退合宜,三是聚集多方力量且重用贤才来济蹇解难。

蹇卦号称《周易》四大难卦之一,居然全无凶占。六爻各有济蹇之道,有四爻止蹇为利:初六退处待时,九三退守安内,六四归联友朋,上六归附建功;有两爻处蹇勇往,六二蹇蹇中正尽职,九五大蹇聚众用贤。蹇世必有大德之人挺身担当,亲和大众,广聚贤才,艰苦努力,匡正蹇难,共度难关,以至蹇极解来,获取吉祥。

据《逸周书》《竹书纪年》等书记载:帝辛二十九年,西伯姬昌获释,诸侯逆西伯归于程;三十年春三月,西伯率诸侯入贡;三十一年,得吕尚以为师;三十九年,大夫辛甲出奔周;四十一年,西伯薨;四十二年,武王即位;四十七年,殷内史向挚出奔周;五十一年,武王观兵盟津,诸侯不期来会者八百;同年,殷纣剖比干、囚箕子,太师疵、少师强抱其器奔周……共有二十多年往蹇来硕的过程。蹇卦爻辞济蹇具有历时性,显示周人邦交发展的进程,反思历史,总结经验教训,展现周人卓越的邦交策略。周人的邦交处蹇之道,是以动态转换争得主动权,守中持正,用贤聚友,强大自身而削弱敌国。来誉、来反、来连、朋来、来硕,都是转换性操作,极富外交智慧。

蹇卦显示周王有道义上的自觉性与政治上的成熟性,在邦交恶化时,既有忧患意识,又有机遇意识,努力将不利转化为有利,宽怀处蹇,智虑精深。

40. 解 卦 ䷧

雷水解 震上☳坎下☵

【解字释义】 解卦象征纾解险难,上雷下坎,雷雨交作则阴阳已和,浓云得以解散,地旱得以缓解。坎险☵在内卦,震动☳在外卦,动于险外,也有出险解难之象。《序卦传》"物不可以终难,故受之以'解'。解者,缓也",蹇䷦与解䷧为一对覆卦,蹇卦述蹇难之事,再难也有缓解之时及巧解之法,故解卦次于蹇卦之后。

解,《说文》"解,判也,从刀判牛角"。甲骨文作𤰟,金文作𘡙,字形象两手(廾)掰开牛(牛)与其角(角),小篆字形变为用刀分牛角,有剖开、分裂、涣散、懈散、排解、免除、缓解、开放、解释、晓悟、懈怠等众多词义。

欲解难题,就要善于分别对待,分析胜于分解,要解厄去困,就当见义勇为。君王用解,须分利于民,解民之困,以民为本。《周易》卦爻辞,求取理性与感性的最佳和谐状态,即后来的"中庸"。

卦 辞

䷧解:利西南。无所往,其来复,吉。有攸往,夙,吉。

【译文】 解卦纾解险难,利往西南众庶之地。没有危难无须前往纾解,回来安居可获吉祥。出现危难须迅速前去,及早化解可获吉祥。

【解字释义】 夙 sù,《说文》"㪃,早敬也。从丮,持事虽夕不休,早敬者也",甲骨文作㪃,金文作㪃,胡光炜《说文古文考》"象人执事月下,侵月而起,故其谊为早"。此处用早义,尽早即快速。利西南,周居岐山,西北有戎狄之患,东邻有殷大邦威胁,惟西南庸、蜀、羌、髳、微、卢、彭、濮之族定居农耕,是友好邻邦。周人要纾解困厄受制局面,当与西南诸族友好互援。西南各族定居耕作,利于用仁德和解差异。坤卦"利西南得朋,东北丧朋",蹇卦"利西南,不利东北",意与此同。

诫辞曰:如无必往解救之危难,及时返回安居为吉;若必须前往解救,以早去为吉。王弼注此为"解之为义",谓解卦的卦义就是区分不同的"解"。大蹇之难缓解之后,一种情况是不要急于行动,安然返回,休养生息,就是吉祥;二是若要前往解救,就须早些行动,将困难解开,尽快行动就吉祥,错过时机就不吉。《集解》引褚氏曰:"世有无事求功,故诫以无难宜静。亦有待败乃救,故诫以有难须速也。"总之,无难宜静不宜动,有事宜速不宜缓。无事安心静修,即"来复安居",不要寻事求功;有难应须速解,即"夙往则吉",非待败后乃救。

【社会人事】 卦辞喻意,济困解厄当有纯正宗旨。不可借解困之名行强夺之实,如殷纣以大蒐之名挟持囚禁西伯,对周实施控制;也不可图虚名而兴师动众,以抚民名义扰民。周初圣贤对国君借仁义之名行不义之事,有深刻的忧患及防范意识。

《彖》曰:解,险以动,动而免乎险,解。解利西南,往得众也。其来复,吉,乃得中也。有攸往,夙吉,往有功也。天地解而雷雨作,雷雨作而百果草木皆甲坼。解之时大矣哉。

【译文】 《彖传》说:纾解险难,譬如置身险境而能奋动,奋动解脱才能避免落入险陷,这就是纾解险难。纾解险难利往西南众庶之地,前往解难必须获得民众拥护。没有危难就无须前往,回来安居可获吉祥,这样做合宜适中。出现危难必须前往,及早前去可获吉祥,尽早前往解难必能建功。天地纾解则雷雨兴起,雷雨兴起则百果草木的种子都绽开外壳萌芽。纾解之时的功效宏大啊!

【义理取象】 解卦下坎险☵而上震动☳,行动走出险难之外,才是免险解难。初六向上应九四,九四爻变上坤☷为西南方为大众,有往西南解难得众之象。九二上应六五,上下卦主皆得居中,有来复得吉之象。九二在下坎☵中,知险而速往应六五,行至九四即出险而居二三四爻互离明☲上,有速往得吉有功之象。成功不离纾解坎险,坎☵、需☵、蹇☵、解☵四卦都含坎☵而“往有功”,蒙☵、师☷二卦都含坎☵而有“圣功、正功”,小过☵二三爻互换为解☵,改过解难为有功。天地的对立得纾解就产生雷电风雨,雷雨震动滋润草木种子,种子就解壳破皮而萌生新芽。由此可见,万物万事纾解时的作用是巨大的。

《象》曰:雷雨作,解。君子以赦过宥罪。

【译文】 《象传》说:雷雨兴起使草木萌芽,象征纾解。君子因此体悟,当赦免过失而宽宥罪恶。

【象辞释义】 屯卦为水雷屯☵,水在天上是积雨云。解卦☵为雷水解,水到下面就是雨,雷电把密云纾解为雨了。君子由解卦领悟,当给犯过错者重新做人的机会,解开前结,重新开始。赦过与宥罪都是纾解,有程度轻重的差别,过错可以完全赦免不计,但罪行只能宽宥而减少刑罚。“豫”为预防,“解”为治理,都体现释解宽缓的仁政。古代司法讲赦免宽宥,《周礼·秋官·司刺》掌三刺、三宥、三赦之法,有三赦三宥而后用刑之例。

【卦变象征】 解䷧的覆卦是蹇䷦,艰难困境是解的对象。解䷧的错卦为家人䷤,解开蹇难困扰,便是家道和谐,蹇极则解,所谓"渡尽劫难兄弟在,相逢一笑泯恩仇"。解䷧之互卦为既济䷾,蹇难解罢便是和衷共济。

爻 辞

初六:无咎。

【译文】 初六:险难初解而无咎害。

《象》曰:刚柔之际,义无咎也。

【译文】 《象传》说:初六与九四刚柔交际互应,从纾解之义理看必无咎害。

【义理取象】 初六柔居刚不当位,又处下坎☵下,本有咎害。然初六上承九二刚健之主,又与九四震动之主正应,以柔和刚,形成阴阳协调局面,使坎难获得初步缓解,故占无咎。初六爻变下兑☱为悦,有解厄出险而悦乐之象。初解难而功未著,也无过错和灾咎。

【社会人事】 初进解卦,阴柔少弱,保持柔静不躁动,不会犯错得咎。文王被囚羑里之初,静心演习《周易》,并不躁动,使四友贿赂纣王宠臣费仲,初步缓解险难,保全性命得无咎。

九二:田获三狐,得黄矢。贞吉。

【译文】 九二:田猎捕获几只隐伏狐狸,并获带黄铜箭矢逃脱的害兽。守持正道可获吉祥。

《象》曰:九二贞吉,得中道也。

【译文】 《象传》说:九二守持公平正道可获吉祥,有得于居中不偏之道。

【义理取象】 九二刚履柔位,居下卦中,正应六五,合中正之道。黄为中色,矢有直性,喻君子中和正直品德。二三四爻互离☲象网用为田猎,下坎☵为水为河流,解卦䷧上六爻变为未济卦䷿狐狸渡河,离数三,九二居下坎中互离下,有田猎获三狐于河之象。又坎☵为弓轮,互离☲为戈兵为矢,张弓搭矢射中渡河狐狸,有猎获带黄矢受伤狐狸之象。小过卦䷷二三爻互换变为解卦䷧,九二之上三四五爻互坎☵为河流,九二须负责清除河中隐患。

【社会人事】 就政治上讲,天下国家的隐患,都是由狡猾的小人造成的,清理这些如狐狸般狡猾的小人,不但要有刚健中正的品德和力量,还要有刚柔适中的方法。九二刚履柔位,上应六五君王,得中道而禀王命,除群小而大获全胜,行正道而得吉。

田猎获多只狡猾狐狸,尤其是猎取受伤逃脱身带铜箭头的老狐狸,解除侵害百姓庄稼和家畜的大隐患,至为吉祥。田猎乃集体行为,主持者当中正公平,正确处理群己关系,化解分配不公的矛盾。田猎得狐为吉,肉分众人,狐皮珍贵,还须上献公室以完赋税,《诗·豳风·七月》"取彼狐狸,为公子裘"即是。

六三:负且乘,致寇至,贞吝(咎)。

【译文】 六三:背负重物而乘大车,必招致强寇前来夺取,所贞必有咎害。

《象》曰:负且乘,亦可丑也。自我致戎,又谁咎也?

【译文】 《象传》说:背负重物而乘大车,其行为也可谓丑陋。无德窃位招摇导致兵戎之难,又该归咎于谁呢?

【解字释义】 负,繁体作"負",《说文》"負,恃也,从人守贝有所恃也。一曰受贷不偿",人(勹)背着钱(貝),有背负、持恃、凭仗、依靠等词义,《释名·释姿容》"负,背也,置项背也",又有担负、蒙受、违背、辜负、战败、亏欠等词义。这里用背负义。乘,金文作𡘙,人翘脚登上树顶,有登上、驾载、加、压、顺势等词义,这里指乘车。

【义理取象】 六三以柔履刚不当位,与上六无应,处下坎☵与互坎䷗之间,居多凶之位,致使行为错乱失据。六三与九四互换,二三四爻互巽☴为利市三倍为财宝,上坤☷为车舆;上震倒艮☶为背为负,有背负财物乘车之象。上震☳为行,下坎☵为盗,有行致寇至之象。

【社会人事】　一个人背着装满财宝的包袱,又驾着车乘,显然是运载很多珍贵财物,必然招致盗寇来抢劫。此人如果是主人就该乘车,不必背个大包袱;如果是个仆人,身背包袱走路,不可能乘车。他驾着大车,却背着财物包袱,行为丑陋怪异,可能财物来路不正,自然被盗贼盯上。这是身份与职责的时位关系未解决好,自招盗贼来抢劫,又能归咎于谁呢?

德不配位,必有灾殃。小百姓得暴财而乘官车,喻庸人窃居高位,易被觊觎而夺去。《系辞传上》:"作《易》者,其知盗乎?《易》曰'负且乘,致寇至'。负也者,小人之事也;乘也者,君子之器也。小人而乘君子之器,盗思夺之矣;上慢下暴,盗思伐之矣。慢藏诲盗,冶容诲淫。《周易》曰'负且乘,致寇至',盗之招也。"显扬钱财,必招贼来抢;招摇美艳容貌,必引人来淫。显扬不该显扬的东西,教唆人们觊觎不该得到的东西,都是不善纾解危难的丑怪行为,必然招致咎害,这是孔子时代的礼仪观。

九四:解而拇,朋至斯孚。

【译文】　九四:松懈你的脚拇趾而懒得动,朋友带来的很多财物都被俘掠。

《象》曰:解而拇,未当位也。

【译文】　《象传》说:松懈你的脚拇趾而懒得动,九四居位不当。

【爻辞释义】　解,同"懈"。而,人称代词,同"尔、你"。拇,脚拇趾。朋,朋贝,指财物。斯,语词,则。孚,同"俘",俘掠。懈怠而懒得动弹,有财富也会被掠去。

【义理取象】　九四以刚履柔,非中不正,有当解不解之象。九四处上震☳下,如足下拇趾,本当行动;又处三四五爻互坎☵中,受上下阴爻挟制而不动,合有松懈脚拇趾而懒得行动之象。九四与初六相应,二三四爻互离☲象蚌贝钱财,下坎☵为盗寇,友人初六送财贝上来给懒得动的九四,自然会被盗寇俘掠而去,有朋至被俘之象,皆因九四居位不当。

【社会人事】 李镜池《周易通义》谓九四"商人赚了钱而懒不想走,结果被人抓了"。六三显财招盗得咎,是解难不当的丑异行为;九四懈懒失财,也是解难不当的另一种表现。显扬亢奋与怠惰松懈,都不是好的用解之道。

六五:君子维有解,吉,有孚于小人。

【译文】 六五:君子分解猎物给众人,吉祥,获得大众的信服。

《象》曰:君子有解,小人退也。

【译文】 《象传》说:君子分解猎物给众人,众人信服而退。

【解字释义】 《玉篇》"维,系也","维-維"乃以绳网(糸)捕系鸟(隹)之形,此处指捕系鸟兽猎物。孚,孚信,诚信。小人,指普通大众,君王猎获禽兽,公平解分以取信于民众。众人狩猎,所获分配公平,才可得信服。

【义理取象】 六五柔德处刚位,居上震中为君位,下与九二正应。六五居上震☳为威为动,震下二三四爻互离☲为雉,爻变三四五爻互巽☴为绳为系,有维系鸟兽之象。六五爻变上兑☱为悦为缺,有分解悦众之象。本卦两阳爻九二正应六五,九四上比六五,都对六五有孚信。众人得到公平分得的猎物,信服而解散退去。

【社会人事】 古君王行猎,民众随从合围。猎物生于山林沼泽,本为公共物产,古来习俗就当分享,所谓"上山打猎,见者有份"。《诗·豳风·七月》:"二之日其同,载缵武功。言私其豵,献豣于公。"冬腊月农闲,民众随君主共同上山围猎,有军事演武的意味,至清代还有木兰围场。打猎所获,小猎物平分私人,最大的献给王公。打猎分享猎物是遵循古来习俗,是礼教的表现,也是周初君王"与民共享,不与民争利"之仁政体现。

上六:公用射隼于高墉之上,获之,无不利。

【译文】 上六:公侯发箭射踞于高城之上的恶隼,一举射获,没有不利。

《象》曰:公用射隼,以解悖也。

【译文】 《象传》说:王公发箭射踞于高城之上的恶隼,是上六在纾解悖逆者造成的险难。

【解字释义】 隼 sǔn,《说文》"鵻,鸷鸟也",踞高杆之上随时扑向家禽的鹞鹰类猛禽。高墉,邦国高大的城墙。

【义理取象】 上六柔处阴位,是解卦䷧唯一正位之爻,与六五和谐相比,是一位正直亲和的王公。上六居解卦终极位,此时还未化解者必是凶顽之小人,有如猛禽鹰隼,盘旋于高天,踞立于大城高墙之上,随时飞扑家禽小畜。上六在高位,其下三四五爻互坎☵为弓轮,二三四爻互离☲为雉即隼,有射隼于高墉之象。解决这类"小人"危厉,也就是"解悖",故占"获之无不利"。

【社会人事】 周邦某公侯射自家城墉得隼,既非贝币财帛又非公共猎物,不解分也不妨害礼仪,除害解难而利民,没有不利。《系辞传下》引孔子论此爻:"隼者,禽也;弓矢者,器也;射之者,人也。君子藏器于身,待时而动,何不利之有?动而不括,是以出而有获,语成器而动者也。"君子要先培养自己的能力,修到"动而不括"的境界,行动时就无所约束,可以发挥出纯熟技巧,然后"待时而动",动必有成。这,就是"解"的高境界。

解卦小结

解卦象征纾解险难,论用解之道。中正用解,当缓行静心,不孤执躁进,培养自我创造力与竞争力,融会贯通,看似无心实有意,把握好行事时机,难题自然迎刃而解。纾解险难,重在把握适当的情势与时机,无难宜安居,有难当速解。

六爻分述不同的纾解状态和效果,初六不妄动而无咎,九二适宜解决群己关系得吉,六三显扬所获而招咎,九四松懈懒惰而失财,六五解分公平得民心,上六除害解悖无不利。

解卦爻辞首次提出"君子、小人"这对概念,后为儒家持久运用。重视君子用解的公平与适中,强调解内患而去小人。陈梦雷《周易浅述》:"六爻之义,主于去小人。六三一阴为小人非据,以至天下之兵者,诸爻皆欲去之。二之获狐,获三也。四之解拇,解三也。上之射隼,射三也。五之有孚,亦退三也。唯初六才柔位卑,不任解难而在解时,无咎而已。"谓各爻应纾解之难都集中在六三身上,小人六三行事丑怪,故群起解之。聊备一说。

解难去患,建设平和安宁的生存环境,是解卦追求的目标,也是社会生活的主要目标。

41. 损 卦 ䷨

山泽损　艮上☶兑下☱

【解字释义】　损卦象征减损,并述处损之道。山☶泽☱损,山陵土石风化陨落于低处水泽。《序卦传》"缓必有所失,故受之以'损'",解卦缓解塞难,事物塞结得解后必然有所损失,雷水解䷧至山泽损䷨,雷雨剥蚀山土有损耗,故损卦次于塞卦之后。山间湖泽风景很美,泽里有山倒影尤其美,水泽使山上众物得以滋润,故《荀子·劝学》谓"玉在山而草木润,渊生珠而崖不枯"。然山间有泽,人多往游历,也易污染而减损其美。

损,繁体作"損",《说文》"損,减也,从手員声"。甲骨文"員"作𧵳,鼎口画圈表圆形,后表示圆石块类物的数;"损"是用手(扌)减去物数(員),有减少、贬损、丧失、伤害义,此处用减少义。

损卦讲损下益上,政治上是收损百姓利益供养国家政府。若损下益上,上得益而反益下,取之于民用之于民,则上下均益;若损下终不益下,官府贪腐不顾民生,必生乱而上下均损。必损之时,若损而得百姓孚信为最好,占元吉;有孚信而损无咎,尚可行。如文王获释不久,建都于酆(丰),为便于观天象而修灵台,民以为利国利民,乐于信从,大吉;又如赋税于民为损下,若能轻徭薄赋,使民有时,不至怨恨起祸,也算可行。为管理好全体利益而损部分人利益,是社会必然现象及行为,须合理处置,有节次,有限度,有切实可行性。

卦 辞

䷨损:有孚,元吉,无咎,可贞,利有攸往。曷之用?二簋可用亨(xiǎng)。

【译文】 损卦象征减损,心有诚信,至为吉祥,无咎害,可持守其正道,利于前往行事。减损之道用什么来表现?两簋淡食就可以献享祖宗神灵。

【卦辞释义】 收损百姓赋税供养政府是社会必然,政府诚信爱民,至为吉祥。卦辞"元吉"有二:鼎卦,国之重器;损卦,损民利国。损下益上,上有诚信而反益下,上下皆得益,无咎害;损下益上,上无诚信,不反益于下而更损下,必有咎害。政府诚信爱民,持守用损正道,当损则损,当益则益,才有利于国家整体向前发展。

《论语·里仁》"放(仿)于利而行,多怨",无论政府或个人,为私利而损他人之利,必遭怨恨。无论损上损下,原则上应该损己利人,而不能损人利己。能损己欲者,为诚信吉祥,利于前行,吃亏是福。

处损之道以诚信"有孚"为首要,《杂卦传》"'损''益',盛衰之始也",诚信行损关乎家国兴衰,当视环境变迁而斟酌损益。《论语·为政》:"子曰:殷因于夏礼,所损益可知也;周因于殷礼,所损益可知也。其或继周者,虽百世可知也。"三代礼制损益,与祭祀诚信紧密相关。怎样祭享祖先才算损而得宜呢?祭祀享礼可用八簋、六簋,稍薄用四簋,用二簋最为减损节俭。但能做到心诚"有孚",虽损至二簋,亦可用而无咎。享祀贵在诚信,而非丰物,既济卦九五"东邻杀牛,不如西邻之禴祭,实受其福",东边的殷纣王杀牛献祭,不如西伯姬昌煮菜献祭,上天降福于诚信仁德的西伯。

《彖》曰:损,损下益上,其道上行。损而有孚,元吉,无咎,可贞,利有攸往。曷之用?二簋可用亨(xiǎng),二簋应有时,损刚益柔有时。损益盈虚,与时偕行。

【译文】 《彖传》说:减损,意为减损于下而增益于上,其道理是下者有所奉献于尊上。减损之时能心怀诚信,至为吉祥,无咎害,可以持守其正道,利于继续前行。减损之道用什么来体现?两簋淡食就可以献享祖宗神灵,献享两簋必须应合时势,减损下阳刚以增益上阴柔也须适时。事物的减损增益与盈满亏虚,都是应合其时而自然进行的。

【彖辞释义】 损卦讲损下益上,在下者奉献在上者,可看作损卦☶☱由泰卦☷☰变来,九三上去为上九。乾坤交互生六卦,乾☰得坤一阴爻变为兑☱少女,坤☷得乾一阳爻变为艮☶少男。损卦☶☱下兑☱上艮☶,即泰卦☷☰下乾☰上坤☷之变,阳大阴小,减阳为损而添阳于阴为益,下乾损三位一阳益上坤上位一阳,由泰卦☷☰九三与上六,变成损卦☶☱六三与上九,是损下卦(己)阳爻益上卦(人)阳爻,成就"损下益上"的损己益人之道。

【社会人事】 行损道必须有孚,政府收取百姓赋税,必须取得百姓信任,治理有方,用度合理,可得元吉。诚信得吉之损,可以无咎害,损无咎害才谈得上持守正道,合乎正道之损才可以前行发展。用损之道,一是诚守正道不邪僻,二是合时顺势用适宜,该损则损,该益则益。《老子》四十二章"物或损之而益,或益之而损";七十七章"有余者损之,不足者补之。天之道,损有余而补不足;人之道则不然,损不足而奉有余。孰能有余以奉天下?唯有道者"。损益合时,程度得当,唯有合天道者才能把握好。天子用八簋献享是隆礼,损至最低的二簋也可以献享,但那是有特定时候的,比如灾年国力贫弱以二簋诚敬献享就好,大丰年用二簋就不合时宜。同样,损下刚以益上柔,也要合时而行,若下面百姓积贫积弱,却横征暴敛以媚上,等于自毁根基,导致上下危厉。所以,人事万物的减损增益,天道日月的盈满亏虚,都要应合时势而自然进行,主体的损益必须符合客观规律。

《象》曰:山下有泽,损。君子以惩忿窒欲。

【译文】 《象传》说:山下有泽水浸润,象征减损。君子因此抑止忿怒、窒塞邪欲以自损不善。

【象辞释义】 大山脚下有泽水上润下浸,减损表面浮华之土,有减损之象。君子由此感悟,应当惩止自己的忿怒,窒塞邪僻的欲望,也就是主动减损自己的不善。惩忿窒欲,俭朴修德,开始很难,久行渐易。欲望膨胀为一切灾难的祸根,当损而节制,远离祸患。帛书《要》:"孔子繇《易》至于损益二卦,未尝不废书而叹,戒门弟子曰:二三子,夫损益之道,不可不审察也,吉凶之门也……益之始也吉,其终也凶;损之始凶,其终也吉。损益之道,是以观天地之变,而君者之事已。是以察于损益之变者,不可动以忧喜……损益之道,足以观得失矣。"孔子感叹损益之道作用巨大,正是损卦《大象》含义的拓展。

情感与情绪的调节很重要,调节适度尤为艰难。谈恋爱对同一个人时爱时恨,就是情感自制力失控而至迷惑。生气发怒、放纵情欲,也是自损力不够的表现。孔子在学生樊迟请教"辨惑"时,特别指出:"一朝之忿,忘其身以及其亲,非惑与?"年轻人控制不住愤怒,与人拼死搏斗,忘记保护自身和父母安危的责任,就是自损失控而迷惑。《论语·颜渊》子张问祸,子曰:"爱之欲其生,恶之欲其死,既欲其生,又欲其死,是惑也。"也是自损失控而至情感迷惑。《老子》谓"智者不怒",能自损不良情绪的才称得上智者。

【卦变象征】 损☷的覆卦是益☳，损与益相反相成，一体两面。损☷的错卦为咸☱，损益双方咸于通感，不致怨恨。损☷之互卦为复☷，损到极处必然一元复起而转益。

爻　辞

初九：巳事遄往，无咎。酌损之。

【译文】 初九：治理祸乱之事当迅速前往，方无咎害。应当酌情减损征赋或惩罚。

《象》曰：巳事遄往，尚合志也。

【译文】 《象传》说：治理祸乱之事当迅速前往，初九应与尊上心志合一。

【解字释义】 "巳"同"已-纪"，"纪"从糸训"丝别也"，由整理丝麻头绪转指治理、头绪、纪律、规律等，这里用治理义。遄chuán，《说文》"𧼖，往来数也"，两端（耑）急速来回走动（辶），此处用迅速义。酌，《说文》"酌，盛酒行觞也，从酉勺声"，《六书故·工事》"酌，以勺挹酒注之爵也。以勺曰酌，以斗曰斟"，挹酒时别开酒糟而取酒汁，有选择之义，此处指选择适度。

【义理取象】 初九当位，与六四正应，初进入损卦，当损下益上，有行损动力。初九爻变下坎☵为盗为作乱，二三四爻互震☳为雷为动，上艮为止☶，有快速行动制止祸乱之象。六四阴虚在上求补益，初九宜迅速前往应援，有损下益上之象。止损速往，可得无咎。卦辞言处损之道，以致诚信合时宜为主旨，因此对叛乱之人要处理适度，酌情减损惩罚，以收服人心为主。下兑☱为悦，初九行事合乎六四心志而悦意。

【周初人事】 周公因谣言不利，避居新楚，管叔、蔡叔联合武庚禄父叛乱，淮夷、奄人、徐人风随影从。成王亲往迎接周公，使率师平三监之叛。周公奉王命出征，遄往不可迟，筮此卦而出师，王诚谕"酌损之"。

三年,周公平定三监及淮夷之乱,对叛乱者分别酌情处理,或灭、或毁、或宽容,协从者分处安置,既得众人信服,又不留后患,与成王心意相合。

九二:利贞,征凶。弗损益之。

【译文】 九二:利于守持正道,躁动急进有凶险。不盲目减损就有益于上。

《象》曰:九二利贞,中以为志也。

【译文】 《象传》说:九二利于守持正道,说明应当以坚守中道作为自己志向。

【义理取象】 征——𝌰,脚板(止)往区域(囗)正向走去。九二以刚履柔,处下卦中,正应六五。九二虽处二三四爻互震☳下有动力上行,但处下兑☱中有缺失,因为它不当位,而六五居上艮☶中有止意,不让它上行,若轻率躁进,则占凶。六二爻变为颐卦䷚,守中养颐最好,不必自损其刚中而上益六五之阴,不盲动就是有益于六五。又九二居下兑☱为悦,六五居三四五爻互坤☷为国为众,上下和悦,利国利众,有弗损而顺益之象。故九二当以持守中道为志向,居守中正则吉,损进于柔则凶。

【周初人事】 周公东征,自鄷京至于殷旧都。沿途一千多里,邦国甚众,除管、蔡、霍三监之地以外,许多中小邦国并未附和叛乱,为孚从周之属众。周公一路不临以征伐,更不损其都邑,反而增益其人民,众诸侯国欣喜过望,箪食壶浆以迎送王师。可见,对孚从之国不强行征伐,不损之不树敌,最终大大有益于周邦王朝。

六三:三人行则损一人,一人行则得其友。

【译文】 六三:三人同行必将损彼一人,一人独行易得到朋友。

《象》曰:一人行,三则疑也。

【译文】 《象传》说:一人独行可专心求伴,三人同行则疑惑无主。

【义理取象】 六三以柔履刚不当位,与上九正应。六三在下兑☱上,兑数二,于三少一,于一加一。乾坤交互生六子,乾☰从坤索一阴爻生兑☱为少女,乾三阳健行,现损一阳变阴,有"三人行损一人"之象。乾损一阳去交上坤生艮少男☶,合"损下益上"的卦义。这样损益成损卦☶,使每一爻都得到相配的朋友,初九与九二同德相比、六四与六五同德相比、六三与上九获得正应,形成"一人行而各得其友"之象。

取象原理:《象传》"一人行,三则疑也",一人独行专心求伴,三人同行疑惑无主,表述阴阳二元相反相成的基本原理。《系辞传下》论此爻:"天地絪缊,万物化醇。男女构精,万物化生。《易》曰'三人行则损一人,一人行则得其友',言致一也。"阴阳交合是"二而一"的组合,为万物生成变迁的最佳原则。天地絪缊二气亲密交通,万物得以出生变化并丰富;男女互感精卵交合,后代得以生长繁衍。天地是最初始的二,男女是最明显的二,抽绎出阴阳为普遍的二。太极一为本原,一分两仪为二;天地人三才,由天地二生出人一,原体为二;人由父母二生出,长大求配又为二,再生一再配二,生生之谓易;一配一为二,三损一得二,二来自一之益和三之损。二自损益两事来,形成阴阳二元相反相成的稳定原理,故损益二事相反相成,是自然界和人类社会发展的普遍性规律。

【社会人事】 该爻辞"三损一得",可能是对管、蔡、霍三监叛乱的历史反思。周公平定叛乱后,三监之地统一成卫国,封康叔为卫侯,获得长时期的平定。朱熹谓"两相与则专,三则杂而乱,卦有此象,故戒占者当致一也",正合此事之意。

社会学上的损益原理,"三损一得"出于"求同斥异"的本能。三个人一起干事最易推卸责任,谚语"三个和尚没水喝"就指此。婚姻以一夫一妻为稳定结构,姬妾只是附庸,若三者并行,必然要损去一人。夫妻去了一个,一人独行必求其伴。阴阳二合最为适宜稳固,可恒以一德。《论语·述而》:"三人行,必有我师焉。择其善者而从之,其不善者而改之。"师生也属于二元结构,孔子所言"三人"可以指多中选一,而文王爻辞言"三人行"比孔子早,是指三损一而得二。

六四:损其疾,使遄有喜,无咎。

【译文】 六四:损除疾病,使其迅速痊愈,不致咎害。

《象》曰:损其疾,亦可喜也。

【译文】 《象传》说:损除疾病,六四接纳阳刚至为可喜。

【义理取象】 六四当位,与初九正应。六四在三四五爻互坤☷中,受上下阴爻夹持,处上艮止☶下,止住等待底下初九来救援。六四爻变三四五爻互坎☵为心病、耳痛,有疾病之象;二三四爻互震☳为振动,六四处震上摇动最快,使初九遄速上来治病,下兑☱为喜悦,有快速损疾有喜之象,故占无咎。《周易》以病愈为"有喜",无妄卦九五"无妄之疾,勿药有喜",兑卦九四"商兑未宁,介疾有喜"。六四得初九正应,阳实济阴虚,疾病速愈而无咎。喻快速损理乱政,以求无咎。也可指六四损己柔而益之以刚,自损其不善以从善,合于处损正道。

【周初人事】 三监作乱,周公东征,迅速损除内乱。诛武庚禄父,管叔自到,蔡叔流放,霍叔降爵。以康叔、唐叔、中旄父及姜太公代领诸地,损除周邦疾病,使上下复于和悦。

六五:或益之十朋之龟,弗克违,元吉。

【译文】 六五:有人进献价值十朋的大宝龟,不用辞谢,至为吉祥。

《象》曰:六五元吉,自上祐也。

【译文】 《象传》说:六五至为吉祥,这是上天施予福佑。

【解字释义】 朋,甲骨文作𦫵,金文作𦫵,王国维《释朋珏》:"于玉则谓之珏,于贝则谓之朋……古制贝玉皆五枚为系,合二系为珏,若为朋。"朋是一串贝币,"十朋之龟"指价值百串贝的大龟。违,繁体作"違",金文作𧗽,《说文》"𧗿,离也,从辵从韦","韦-𩏼"为二足绕行于囗四周,故"違"有围绕、违背义。弗克违,不能违背其意而拒绝。

【义理取象】 六五柔处刚位,与九二正应,居上卦中。柔居尊位而守中,有虚中自损而不盈之象。谦受益,下得九二正应,上承上九之刚,大受其益。六五爻变中孚卦☴☱象大离☲,有大龟之象。三四五爻互坤☷,坤为大数十,故谓十朋之龟。六五在上艮☶中,二三四爻互震☳,覆艮为震,下巽为足,有足行相违之象。六五柔德居君位,虚中自损,能容民顺众。下九二等以大宝龟益上,乃朋友通宝之谊,且龟为占筮告祭神物,六五柔君自然不违其意而欣然接受。大龟用于祭祀,上天福佑,至为吉祥。《论语·乡党》"朋友之馈,虽车马,非祭肉不拜",朋友之馈,有真诚价值,不必损辞。

【社会人事】 周公东征平定徐淮之乱,得众邦国部落拥护,有人送来价值百贝的大龟,是用来占卜的,周公欣然接受。大龟为享祀之宝,是商周惯例。《尚书·大诰》"用宁王遗我大宝龟,绍天明";益卦六二"或益之十朋之龟……王用亨于帝"。筮遇此爻,所占大吉。

损益的辩证关系:收入十朋大龟,似损他人之利而于我有益。然大龟用于祭祀,送龟者得福,有益而非损,若拒之,则失其祭享祖先的权利,反使其受损。《老子》四十二章:"故物,或损之而益,或益之而损。"布施、舍予其实是成就感的获得,真情的付出其实是满足感的获得,损与益为一体两面的辩证关系。大龟祀神,因得福佑,至为吉祥。大有卦☲上九谓"自天祐之,吉无不利"。

上九:弗损益之,无咎。贞吉,利有攸往,得臣无家。

【译文】 上九:不用减损就可施益于人,无咎害。守持正道可获吉祥,利于前往行事,得到失家旧臣的真心拥护。

《象》曰:弗损益之,大得志也。

【译文】 《象传》说:不用减损就可施益于人,上九实现施惠天下的心志。

【义理取象】 上九刚居柔位,下正应六三,比六五柔君,刚柔相得。

上九处上艮止䷁之顶,刚健止损;又居损卦之极,损极反益,有不损而益之象,故占无咎。上九爻变为临卦䷒,君临天下的主旨为"与民共患",应不损而益民。持守处损正道,可得吉祥,利于邦国前行发展,从而获得损极失家的臣民们真心拥戴。下二三四爻互震䷲为行,三四五爻互坤䷁为众为顺,上九爻变上坤䷁亦为众为顺,有往行大顺民志之象。初九"尚合志",九二"中以为志",上九"大得志",损卦"损下益上"以"大合民志"为根本前提,惩忿窒欲,先难后易,损极转益,仁德惠泽天下,大得民志,故占吉。王弼注上九:"居上乘柔,处损之极,尚夫刚德,为物所归,故曰'得臣';得臣则天下为一,故'无家'也。"

【周初人事】　平定三监之乱后,周公并收熊盈之族十有七国,俘维九邑,并俘殷献民。成王命迁殷民于卫,以康叔监领之。后命召公如洛度邑,命周公营成周"为依迁国"。这些都是新的部署,周公执行前占"利有攸往",是指由损民而转益民之政。孔颖达疏"光宅天下,无适一家也",谓光泽施及天下而非一家。周公东征三年平定徐淮之乱,当损者皆除之,如商、奄顽抗之族均予损灭,主人受首,其家臣民无所归依,被俘后降伏于周。周公纪理政乱已毕,不可再行损毁,对降服臣民分别作妥当安置,使得无家臣民复有家园。

损卦小结

损卦象征减损,处损之道以诚信、合时为正道。损益问题对为政者来说很复杂:损下益上还是损上益下,二者皆损还是不损而益,这些都要因时因地而异。"损所当损,损中有益",是政治上秉持的处损原则。

损上益下是理想,《老子》七十七章"天之道,损有余而补不足;人之道则不然,损不足以奉有余。孰能有余以奉天下,唯有道者",如果只是损上益下,国家政府的管理资源从何而来? 可见不易实行,当以正确的损下益上为基础。《周易》申述"损下益上"的社会必然性,但施行中必须守信顺时,奉行"损而有余、损而有益、不损而益"三条原则,强调在不同情况下用不同的方法。六爻顺承损益之道,两两正应,内卦三爻居下自损以益人,与外卦三爻处上受益以惠人相对应。初九酌损其刚速往应六四,六四以有喜相应;九二不滥损而守正应六五,六五得援弗违而获天佑;六三专一应上九得友,上九弗损而益施惠天下。

从史事上看,周公平三监及淮夷之乱,谨防殷纣旧政复辟。损其首恶而益于民众,是损其上而利(益)其下的仁政德治,损所当损,是戡乱定鼎的必要手段。最后"弗损益之",以"利有攸往"的策略安置旧臣民并发展生产,以诚信安定民心,损中有益,是正确的用损之道。

42. 益 卦 ䷩

风雷益 巽上☴震下☳

【解字释义】 益卦象征增益,主要讲损上益下。下为上之本,益下就是固本,本固枝荣,实则上下均得益。孔颖达疏引向秀:"明王之道,志在惠下,故取下谓之损;与下谓之益。"风☴雷☳益䷩,风骤则雷迅,雷奋而风烈,风雷相激,两相助益。震☳阳动居下,巽☴阴顺居上,下动上顺,随顺不违震动,有损上益下之象。《序卦传》"损而不已必益,故受之以'益'",事物不可能一直减损,损极转益,损下益上到一定程度,必转为损上益下,故益卦次于损卦之后。

益,甲骨文作🝫,金文作🝬,《说文》"🝭,饶也。从水皿,皿,益之意也",器皿(皿)中水满漫出(水),"益-溢"为古今字。"益"有溢出、自满、富饶、增益、有益、利益、上进等词义,此处用增益义,与损相对。

《系辞传下》"包牺氏没,神农氏作,斫木为耜,揉木为耒,耒耨之利以教天下,盖取诸'益'",上巽☴为柔木,下震☳为刚木,刚木入土有以耒耕土种植之象。华夏以定居农耕为国计民生之根本,治国者大力发展农业生产,增益粮食,有益天下农人,即损上益下。定鼎兴国,益其所当益,农富国兴,本固邦宁,损益平衡,上下共一益,卦名为"益"。

卦　辞

䷩益:利有攸往,利涉大川。

【译文】　益卦象征增益,利于前行发展,利于涉越大河巨流。

【卦辞释义】　益卦,下震☳行动,上巽☴顺从。下民所欲,上天顺从。为国之道,民众动于下而居上者顺民意行之,上下合志,咸得其益。否卦䷋初爻与四爻互换成益卦䷩,上乾损一阳下来增益下坤,由否塞不通转至下动上顺,有损上益下之象。在上者增益下民而民富,民富则国力增强,有利于往更高目标发展,利于成就大功业。《周易》七卦辞有"利涉大川",均指能成就大事,如群体迁徙、邦国会盟、君王巡狩、战争胜利等。

风雷益,雷动风举,其势互相增益。损卦损下益上,若损民利君,为衰退之始;益卦损上利下,若惠泽百姓,为兴盛之始。然损益一体两面,当损而损实得益,剪枝固本,本固枝盈,上下共益,所往必利。

《彖》曰:益,损上益下,民说(yuè)无疆。自上下下,其道大光。利有攸往,中正有庆。利涉大川,木道乃行。益动而巽,日进无疆。天施地生,其益无方。凡益之道,与时偕行。

【译文】　《彖传》说:增益,减损于上而增益于下,民众欣悦无比。由上方施利予下,明德正道大放光芒。利于前往行事,尊者刚中行正大显庆祥。利于涉越大河巨流,如木舟渡水前行通畅。增益之时下者行动而上者顺从,其道日日增进广大无疆。上天施惠而大地受益化生万物,施化之益遍及万方。万事万物增益的规律,都是要顺合其时而施行得当。

【彖辞释义】　益卦用于人事政治,强调损上益下,就是政府管理者把损下得来的税收资源反用于下,取之于民用之于民,民众自然欢悦无比。聚集于上的资源没有奢靡耗尽,能自上而下用于发展再生产,正确运用损益之道的功用就会大放光彩。这需要在上掌舵的九五君主,以及在下主导行动的六二贤臣,持中行正而相互呼应,才可前行成功得庆贺。上巽☴为风为木,下震☳为足为行,上下一心,邦国的木舟才可载民众涉越大江大河。下民增益行动得到居上位者的顺应,国计民生才可以持续性发展。

就自然界而言,上天施以种子和阳光雨露,又有四时寒暑变化,大地才能顺时化生出万类事物,连续增益而无穷无尽。社会人事的增益与自然界一样,都要顺时势合规律行事。

《论语·颜渊》:"百姓足,君孰与不足?百姓不足,君孰与足?"孔子《象传》所论,基于民本思想,损上利下,高层释放资源于基层,才能上下贯通,从而达到上下皆利。

《象》曰:风雷,益。君子以见善则迁,有过则改。

【译文】 《象传》说:风动雷激,象征增益。君子由雷厉风行的特点受到启发,看见善行就倾心向往,有了过错就迅速改正。

【象辞释义】 损以远害,益以兴利。见善则迁,迁善须如风之疾,外风内动,顺风转舵。知过则改,改过须如雷之迅,闻声知变,勇于决断。《论语·学而》"子曰:君子不重则不威,学则不固。主忠信,无友不如己者。过则勿惮改",是态度上知过愿改。《论语·卫灵公》"过而不改,是谓过矣",知过不速改就是新过,谓改过迁善在速度上当如风雷迅疾。

【卦变象征】 益☲的覆卦是损☶,损与益一体两面,互相转化。益☲的错卦为恒☳,当政者损上益下,以民生为本,国祚才可恒久。益☲之互卦为剥☶,如果只损下而不能益下,结果就是众阴剥阳,民众起来推翻统治者。

爻 辞

初九:利用为大作,元吉,无咎。

【译文】 初九:利于大行营造,至为吉祥,无咎害。

《象》曰:元吉无咎,下不厚事也。

【译文】 《象传》说:至为吉祥而无咎害,初九处低位本难任大事,但在增益上大有作为。

【解字释义】 作,《说文》"𣏩,起也",甲骨文作𠃌,金文作𠱸,象耒耜起土,有立起、振作、创作、营建、行事、工作等词义;大作,高亨谓"即今语所谓大建筑也"。益卦初九有雄厚的经济基础,可以营造宏大建筑,前景吉祥。

【义理取象】 初九当位,上与六四正应。初九居卦之初,一般难任大事,但它当下震动䷒之始,为损上益下所得阳爻,是否卦䷋九四下来成益卦䷩初九,故在增益事上大有作为。初九爻变下坤䷁接二三四爻互坤䷁,坤为国为众为顺,有大动民众营造筑城之象。华夏以营城定居农耕为本,"大作"又为安居之本,民安国定,故占元吉,根本得固,占无咎。初爻元吉者少,复卦初九"元吉"一阳复起万象更新,益卦初九"元吉"一阳益下本固邦宁。

【周初人事】 太王古公亶父迁岐后作庙筑城,文王初作酆,武王建镐京,周公营洛邑,都是大作元吉,此爻主要指"作洛"事。《逸周书·度邑》序:"武王平商,维定保天室,规拟伊洛,作《度邑》。"记云,武王忧殷民大族有蠢动之心,言于周公旦:"王曰:呜呼! 旦,我图夷兹殷,其惟依天……自洛汭延于伊汭,居易无固其有夏之居。"武王深思熟虑,欲迁殷民于王畿近旁,防其蠢动,故多次卜筮"度邑"使能定居。自酆镐至成周六百二十余里,武王度洛、相宅,使周公姬旦营建成周。此爻应为其时占筮之验辞。

六二:或益之十朋之龟,弗克违,永贞吉。王用亨 (xiǎng)于帝,吉。

【译文】 六二:有人赠送价值十朋的大宝龟,不用辞谢,永久守持正道可获吉祥。君王用以献享天帝祈求降福,吉祥。

《象》曰:或益之,自外来也。

【译文】 《象传》说:有人赠送价值十朋的大宝龟,六二所受增益由外部不招自来。

【爻辞释义】 弗克违,象辞。永贞吉,占辞。王用亨于帝,验辞。王,九五。帝,上九。吉,一爻两占吉。或益,有人增益。

【义理取象】 益☲是损☲的覆卦,损卦六五倒过来就是益卦六二,故两爻辞"或益之十朋之龟,弗克违"取象相同:有人赠送大宝龟,不必辞谢,以免拂其献祭诚意。损卦六五以柔履刚,中居君位,柔能虚受而刚可固守,受益条件最佳,故占"元吉"。益卦六二柔居柔位,处下震中,上与九五正应,弱质过柔,受益条件有限,若要获吉,必须永久居中守正,故占"永贞吉"。九五自外卦来益应内卦六二,合"损上益下"卦义。六二爻变下兑☱为悦,下民得益,悦怿无疆。初至五爻大离卦☲有大宝龟形,上九君王用此龟献享天帝以求福,又占吉。一爻两占吉,前为六二得益守正获吉,后为九五以龟享帝验证为吉。

【周初人事】 周公营建洛邑成周,大作之中,邻国外族送大宝龟以供享祀,顺意受之。成王主持祭祀,以大宝龟献享天帝,占验得吉。显示营建洛邑成周,既得诸侯、族众拥护支持,又合上天旨意,下动而上顺,利于长治久安,吉而可行。

六三:益之用凶(工)事,无咎。有孚,中行,告公用圭。

【译文】 六三:进益营建工程,无咎害。既得民众信服,持中慎行,王赐周公玉圭以申信。

《象》曰:益用凶事,固有之也。

【译文】 《象传》说:进益营建工程,牢固保有所获之益。

【解字释义】 "凶事",帛书本作"工事","凸-工"书写形近而讹。工,甲骨文作𠬝,金文作𠂤、工,象木工用曲尺(工字尺)形,有工匠、工事、工作、工夫等义,此处指增益以工役之事,即益之用工营建洛邑。中行,三爻四爻在六爻卦中间,此处指周公在凯旋途中,也指周公行事中正。圭 guī-䍤,上圆下方的瑞玉,用作君臣信物,朝会时先征诸侯之圭璧验之,复颁赐以为信物。《礼记·郊特牲》"大夫执圭而使,所以申信也"。

【义理取象】　六三柔居刚位,与上九正应。二三四爻互坤䷁为地为土,三四五爻互艮䷳为山为石,上巽䷸为木为工,有用土木石建筑之象;六三处下震䷲上及三四五爻互艮䷳下,震为足为动,艮为手,手足相加并用,有益之用工于建筑之象,均指营建洛邑事。作洛为周公伐徐淮之后的新增部署,故谓"益之"。《周易》六爻卦分天、人、地三位,三爻四爻为人位居卦中,下震䷲行动而上巽䷸信顺,损上益下则得中,故有中行有孚之象。二三四爻互坤䷁为地,六四爻变上乾䷀为天,天圆地方,有用圭之象。王弼注六三:"若能益不为私,志在救难,壮不至亢,不失中行,以此告公,国主所任也,用圭之礼,备此道矣。"六三增益用度于营建邦国工程而不为私利,故无咎害。行事中正,得众人孚信,堪当国之大任,故王赐玉圭以嘉其诚信贤能。

【社会人事】　《竹书纪年·周纪》载,周公东征回师不久,淮夷又乱,成王初主政,与周公举兵伐之,迁淮夷之君于蒲姑。成王四年夏五月,王归于宗周镐京,命周公迁殷民于洛邑,营建成周为东都,用以监管迁居于此的殷遗民,以上益下,牢固保有东征所获之益,以为长治久安之策。周公行事中正合度,深得民众孚信并乐从,成王在宗周派遣使者以圭及帛书告周公,以重其信,从而保证周公营建成周成就大功。

一说"凶事"指灾荒,《周礼·春官·典瑞》"珍圭以征守,以恤凶荒"。百姓受灾,王以圭作信物告诸公,使地方开仓放粮赈灾,正是"损上益下"的本有职责,孔子《小象》因谓"益用凶事,固有之也"。可资参考。

六四：中行，告公从，利用为依迁国。

【译文】 六四：持中慎行，遍告王公随从，利于依托成周迁遗民归顺。

《象》曰：告公从，以益志也。

【译文】 《象传》说：遍告王公随从，用以增益营建新都的心志。

【义理取象】 六四当位，下与初九正应。三爻四爻于卦中处人位，下震☳为行，有中行之象。三四五爻互艮☶为门阙指公侯，二三四爻互坤☷为众，上巽☴倒为兑☱为口舌，有遍告诸公众臣之象，用以增益营建新城的决心。下震☳行动上巽☴顺从，互坤☷为地为国为众，有迁殷众遗民顺从周邦之象。

【周初人事】 六四升到上卦，等于把互坤☷大众迁带往上国。盘庚迁殷，周公营迁成周，迁移都城是避害就利之举，利国益民。周公途中得王命营建成周，告知王公大臣当紧跟顺从。筮遇此爻，谓利于依托成周迁殷民归顺，岁终验证，果然有利。风雷益，建新都迁万千遗民，损上益下，是周公叱咤风云的大事业。

九五：有孚惠心，勿问，元吉。有孚惠我德。

【译文】 九五：大众孚从迁国的仁惠之心，无疑问，至为吉祥。大众将感惠回报我等恩德。

《象》曰：有孚惠心，勿问之矣。惠我德，大得志也。

【译文】 《象传》说：大众孚从迁国的仁惠之心，吉祥无疑问。感惠回报我等恩德，九五大得损上益下的心志。

【义理取象】 惠，《说文》"𢛳，仁也，从心从叀"，人心（心）专于（叀）惠民。九五既中且正居君位，下正应六二。上巽顺☴应下震动☳，二三四爻互坤☷为众为顺，有得民众孚信的惠爱仁心，不用问，营成周迁殷民之事至为吉祥。九五爻变为颐卦☶，殷民从此安居颐养，终会信服感惠我等的仁德，因为九五君王完美实现损上益下的心愿。一卦两占"元吉",只有益卦和损卦才有。元吉、大得志,显示九五君王的恢宏气度。

【周初人事】 武庚禄父叛周,代表殷贵族的复国愿望。周公营成周迁殷遗民,是为了安定民心而防止复辟。迁成周乃是损其上而益于下的德政,殷贵族不乏反抗之人,但殷民大众是顺从的。禄父无德无能,殷贵族也有反对叛乱而支持安定的,微子启就是代表。故周公"封微子于宋,乃城成周"。赞成周伐殷、迁殷的"献民"为数不少,《尚书·微子之命》和《多士》篇有记载。故周初圣贤显示"有孚惠心"的自信,具有"大得志"的自豪。

上九:莫益之,或击之。立心勿恒,凶。

【译文】 上九:不可再增益异心,那样就有人来打击你们。如果你们居心不常,有凶险。

《象》曰:莫益之,偏辞也,或击之,自外来也。

【译文】 《象传》说:不可再增益异心,上九片面发出求益言辞。有人来打击你们,是不招自来的外在凶险。

【义理取象】 上九以刚履柔,比九五之刚,下与六三正应。上九处益卦之极,益极必反,若复益之,就会变损上益下为损下益上。益卦☴初九与六四对换成否卦☷,有否塞不通而不宜益之象,当"莫益之"。上九爻变上坎☵为盗寇,三四五爻互艮☶为手,下震☳为动,有强力来击之象。上巽☴为风为进退不果,有立心不恒之象。上九居益之极,若心思不稳定,还发出不断求益的偏激之辞,就可能招致强力打击,故占凶。

【周初人事】 《尚书·多士》载周公营成周,曾大诰殷之多士:"告尔殷多士,今予惟不尔杀,予惟时命有申:今朕作大邑于兹洛,予惟四方罔攸宾,亦惟尔多士攸服奔走,臣我多逊。尔乃尚有尔土,尔乃尚宁干止。尔克敬,天惟畀矜尔;尔不克敬,尔不啻不有尔土,予亦致天之罚于尔躬。今尔惟时宅尔邑,继尔居,尔厥有干有年于兹洛,尔小子乃兴,从尔迁。"严词警告殷贵族不可乱动,要有恒常之心安居洛邑,否则就有凶祸,就会行天之罚予以严惩。这篇诰命带有神性色彩,强化周邦的政治功能,富于威慑力。营成周迁殷民,损殷族叛国之上贵,益顺服周邦之下民,殷民融入周邦安居乐业并繁衍后代,由迁居成周开始。

益卦小结

益卦象征增益,增益之道以言行中正而惠益民众为主旨,从正反两面阐述恤民、从民、益民、利民的必要性和重要性。就益民而言,损下为损,损上为益。为上者治国之道,势不能无损于民,关键在于虽损而民信从,上下同患,方为损之有道。损上益下,就像减取墙上多余的土石,用以增益墙下的基础,使根基牢固,墙体安稳。范仲淹《范文正公集·易义》谓"损上益下,益下则固其本"。

益卦六爻两两正应,下三爻有所为而主"受益",上三爻行合度而主"自损"。初九阳刚处下受命有为而元吉,六二柔中守正得龟享神而获吉,六三中行受命营建而无咎。六四柔附尊者,自损而顺从迁移,有利;九五刚中居尊,损上而施惠天下,元吉。唯上九高居益卦之极而不自损,若求益无厌则必受打击,故占凶。

就史事而言,殷纣肆意掠夺,暴虐百姓,辱诸侯,犯邻邦,行损下益上的暴政。文武周公以反暴政号召天下,周革殷命,封建诸侯,归还财宝,酋邦部落财产自治权得到尊重,便是损上益下之举。损毁殷纣暴政,补益诸侯权利,故得人心。周公防止复辟,平定叛乱,营建成周,迁殷遗民于洛,行众心孚从之德政。复辟是损下益上,反复辟是损上益下。损上益下是扫除殷商贵族特权而补益民生,是顺合众意的惠心仁政,终会被认可。

对比损益二卦,两者立意相辅相成:损下才能益上,上受益又能施惠于下;损上可以益下,下者受惠又可转益于上。无论损或益,都应以持中守正为要务,不可以自私自利为目的。汉刘向《说苑·敬慎篇》引孔子慨叹"自损者益,自益者缺",损益之道正在其中。

43. 夬 卦 ䷪

泽天夬　兑上☱乾下☰

【解字释义】　"夬"即"决-决",夬卦象征决去,论述阳如何决去阴,君子如何决去小人。泽天夬,泽☱在天☰上,有水高涨天而决口下泄之象;五阳爻决一阴爻,有阳刚君子决去阴柔小人之象。《序卦传》"益而不已必决,故受之以'夬'。夬者,决也",事物满盈还增益不止,必然要破缺流失,以求平衡。益极必决而后止,故夬卦次于益卦后。"益"为皿中水溢,水溢易成灾,须早决使流泄。大水决流于下游,可能成为不期而遇之灾,须有忧患意识,预先做好防治危难的准备。高层决策,当充分考虑下层可能出现的困难情况,居安思危,集思广益做好防范,方可免祸患。夬卦在消息卦为农历三月,农田管理决除杂草以保禾苗茁壮成长。王弼注"一柔为逆,众所同诛",爻辞多言伤失之事,总结教训,教诫后人。管理者决策,预先防范,有错即改,果决行事,求无咎害。夬卦䷪刚决柔之后,上六爻变归于乾卦☰,正道战胜邪道,最终归合天道。

夬 guài,《广韵》古卖切,甲骨文作𠃌,《说文》"𠁁,分决也。从又,中象决形",徐锴系传"𠃌,物也;丨,所以决之",手(又)持器具(丨)将圆形(〇)打破成缺(𠃌),故"夬"有打缺、缺失、分剖、决断等义。加水作"决",《说文》"决,行流也";省笔作"决",有决堤、决断、决心、决定等词义。打破瓦缶器皿为"缺",打破心中郁积使心意畅快为"快"。夬夬,快速连续行进,如足音"跨跨"。

王弼注:"夬者,明法而决断之象也。"李鼎祚《集解》引郑玄:"夬,决也。阳气浸长,至于五。五,尊位也,而阴先之。是犹圣人积德悦天下,以渐消去小人,至于受命为天子,故谓之决。"泽水高涨在天而下泄,有利也有害,须正确对待。有德君子居九五尊位,施利于天下之民,为得当;若无德小人居其先,必祸及天下。故阳刚君主必决去阴暗小人,去弊兴利,保民兴国。

卦 辞

䷪夬:扬于王庭,孚号,有厉,告自邑。不利即戎,利有攸往。

【译文】 夬卦象征决断。公侯在王庭上颂功议事,有孚从之人哗变,形势危急,城邑上报。不利于兴兵武力制裁,利于前往妥善平息。

【解字释义】 扬于王庭,公侯贵族议事称功于王庭。扬,繁体作"揚","昜-昜"象日光(日)洒于(勿)地面(一),"揚"即双手(扌)捧物上举(昜)飞扬,《说文》"揚,飞举也"。"扬"为对日作祝颂,故金文多用于对周天子的称颂,如《墙盘》"对扬天子丕显休命",《即簋》"即敢对扬天子丕显休"等。孚号,呼号求信赖,已知危险而向上呼号。告自邑,公侯在王庭议事,有王室孚从突然哗变,下属城邑向王庭上报呼救。朝廷占筮得夬卦,谓不利即戎而利有攸往。夬卦䷪仅剩一阴爻,不宜立即用武力强行征伐,躁动前行会导致局面崩溃;适宜前往以五刚之强威逼一柔,阴柔小人就会自行决去。于是依卦辞行事,岁终得验,记于此。

【义理取象】 泽☱上天☰下,水决注于下,有分决缺去之象。下乾☰为玉为君王,上兑☱为缺为言说,有扬于王庭之象。夬䷪为缺损,卦体无刀兵,有不利征伐之象。外兑☱为悦,内乾☰行健,有出行和悦有利之象。上六一阴为夬卦主爻,独悬极顶而无凭借,大势已去。此时不适宜出兵作战,但须前往面对,该来的就得来,须妥善处置。

【周初人事】 成王姬诵元年己亥(前1042),命冢宰周公总领百官事。次年庚子,周公诰诸侯,辅佐成王事于皇门。管叔、蔡叔流言"公将不利于孺子"，联合殷纣子武庚禄父以殷旧地反叛。封邑告急于王庭，周公亲往三监之地威慑安抚，并不大行征战，不久叛乱平而罪众服。喻意君子制裁小人作乱，当光明正大宣扬其叛乱罪行于王庭，然后亲往以刚决柔，威慑力足以平息事端。

《彖》曰：夬，决也，刚决柔也。健而说，决而和。扬于王庭，柔乘五刚也。孚号有厉，其危乃光也。告自邑，不利即戎，所尚乃穷也。利有攸往，刚长乃终也。

【译文】 《彖传》说：夬卦，意为决断，阳刚君子果决制裁阴柔小人。能用刚健则令人悦服，果决处置可致众物协和。在王庭上颂功宣罪，是因为一柔爻乘凌于五刚爻之上。孚从哗变而形势危急，危势已大肆显现。城邑上报，不利于兴兵武力制裁，若滥用武力将使处夬之道困穷。利于前往平息，阳刚尊长终必制服阴暗势力。

【彖辞释义】 君臣庭议，告知危厉，当果断决定以五刚决一柔的对策。下乾☰刚健而上兑☱喜悦，以刚健正气行事必能使人悦服，达到既果决处事又协和大众的效果。在王庭上公开宣扬他们的罪行：一柔乘凌五刚，据封地背叛朝廷，已孚从归顺又哗变，叛乱的危厉局势大白天下。虽然封邑不断告急求助，也不能贸然动用武力征讨，若躁进强征，必使处夬之道陷入绝境。若亲往威慑安抚，朝廷刚正尊严最终必能战胜阴暗势力。清朝康熙皇帝应对叛乱的庭训为"戒急用忍，决定不移"，正从夬卦得来。

简言之，一柔乘凌五刚，小人乘势欺凌君子，且顽固不化，当宣扬其罪于天下。五阳占绝对优势，逐渐推进，阳长阴消，终将获胜而决去一柔。九五君王受上六阴爻阻碍，没有去路。但五阳果决往上走，一阴就会被赶出去。然行决方法必须有利大众，决去小人而和乐大众，才是健而能决、悦则能和的用决正道。刚长乃终，夬卦䷪阳刚会完全成长而为乾卦☰。

《象》曰：泽上于天，夬。君子以施禄及下，居德则忌。

【译文】《象传》说:泽水化气升腾于天,当决然降雨滋润天下,象征决断。君子因此要果决施恩泽于下民,若居积德惠不施行必被疑忌。

【象辞释义】 卦象显示,泽水高悬于天上,很容易决而流泻下来。王弼注"夬者,明法而决断之象也",泽之水气上于天,必下雨润于物。君子由此卦象领悟,明明德提升自我修养,然后必须用于新民,修己必治人。所以君子必须果断施禄散利于下民,自居有德而不施惠于下民,乃为政大忌。

【卦变象征】 夬☱的覆卦是姤☴,上层的决策必须有利于下层,才有利于上下沟通。夬☱的错卦为剥☶,五阳决一阴的反面,就是五阴剥一阳。夬☱之互卦为乾☰,上层决策必须有益于民众,天听自我民听,民心就是天意。

爻 辞

初九:壮于前趾,往,不胜为咎。

【译文】 初九:强盛在足趾前端,冒进前往,不能取胜反致咎害。

《象》曰:不胜而往,咎也。

【译文】《象传》说:不能取胜而急于前往,是招致咎害之道。

【解字释义】 壮-壯,士与爿齐,有强壮之义。"壮"又通"戕qiāng",过壮即有伤害,《广雅·释诂四》"壮,伤也"。或谓"壮"为士卧于床,有伤病义。《淮南子·俶真》"是故形伤于寒暑燥湿之虐者,形苑而神壮",高诱注"壮,伤也"。大壮卦☱初九"壮于趾,征凶",脚趾过壮欲躁进;夬卦初九"壮于前趾,往不胜"又进一步,脚趾往前迈进,强调行动,即壮于前进,躁进情绪更重。

【义理取象】 初九刚居阳位,与九四无应,在下乾☰初,居夬卦决策之初始,刚健强壮,躁动欲往决上六,有壮趾强往之象。初九阳刚处下,动向虽很强,但离主爻上六最远,上与九四无应,前有四个强健阳爻,其动力无可施展,当潜龙勿用。初九若强行躁进,非但不胜无功,反而招致灾咎。初九爻变下巽☴为风为顺,当居下守正,顺时势而行。卦义不利即戎,初九爻变为大过卦䷛,躁动滥用征伐必有大过失。

【周初人事】 周公封三监之事,最初处决未当,后来反伤兄弟之情,如壮前趾。管蔡等流言广布,此时不能强行征伐,前往必然激起内乱。周公避居新楚,不与争辩,不行征伐,才未致灾咎。若当时恃壮强征三监,不但不能取胜,必然导致大灾难。

九二:惕号,莫(mù)夜有戎,勿恤。

【译文】 九二:时刻戒惕呼号,即使深夜出现战事也能对付,不必忧虑。

《象》曰:有戎勿恤,得中道也。

【译文】 《象传》说:出现战事不必忧虑,九二得守中慎行之道。

【解字释义】 惕,乾卦九三"君子终日乾乾,夕惕若",时刻心存戒惧而警惕。号,取卦辞"孚号"义,叛乱哗变者呼号,有敌情戒备警惕者也呼号。莫-𦱤,日(日)落草丛(茻),表示黑夜,后加日作"暮"。

【义理取象】 九二刚居柔位,刚猛之气得以调和,处下卦之中,处事适中不至过分,与九五无应,不至刚外加刚。九二虽不当位但居中,中胜于正,与大壮卦九二"贞吉"相近。九二居中持正,行事谨慎,整饬号令,严防偷袭,不会像初九那样冲动强行,是夬卦六爻中行动最稳妥的一爻。九二变爻下离☲为日,上兑☱位在西,日在西山之下,有暮夜之象。又九二爻变下离☲为戈兵,二三四爻互巽☴为风为号,合为黑夜有戎事警惕呼号之象。五阳与上六关系紧张,随时都可能发生战事。好在下部领导人九二刚中有柔,处事中正适度,时刻警惕,加强巡逻呼号联络,即便夜晚出现敌情,也无须担忧。

【周初人事】 管蔡散布谣言,周公退居新楚,离镐京不远。召公姬奭等任国事,内外戒备警惕,信息呼号相接。虽暮夜有兵士哗变,必能镇服,无须忧恤。行事适宜中道者,有备无患;防患于未然者,可无忧恤。

九三：壮于頄(kuí)，有凶。君子夬夬独行，遇雨若濡，有愠，无咎。

【译文】 九三：强盛气显在脸部颧骨上，怒形于色必有凶险。君子应刚毅自行而不与小人纠缠，尽管途中遇雨沾湿身体，有些愠怒，终能制裁小人而不遭咎害。

《象》曰：君子夬夬，终无咎也。

【译文】 《象传》说：君子刚毅自行而不与小人纠缠，终究能制裁小人而无所咎害。

【解字释义】 頄kuí，《玉篇》"頄，面颧也"，指面颊颧骨。夬夬，果决的行进脚步声。濡，从水需声，有沾湿、浸渍义，也指被误会、受牵连。

【义理取象】 九三刚处阳位，独与上六正应。夬卦以刚决柔，君子决去小人，以内心坚决为主要，哪怕权且与小人有瓜葛而受误解，只要最终胜利，也可获无咎。九三过刚不中，处五阳爻最中间，刚爻外显，怒形于色，有壮于脸面之象。若过猛行事，必有凶险。九三居下乾☰上，又居二三四爻互乾☰中，三四五爻互乾☰下，再三刚健，在五刚决一柔进程中，本可刚健自行，有君子夬夬独行之象。但九三正应上六，君子遭遇小人。上兑☱泽上于天为雨，九三爻变下兑☱为泽水，三四五爻互巽☴为风，风水相涣䷺，有遇雨濡湿之象，这使九三有些愠怒。好在九三应上六不是出于本心，是和而不同的"遇"，九三本为夬夬君子，必不与小人同流合污，虽然受猜忌，最终必无咎。

【周初人事】 周公辅政成王，受到管蔡留言中伤，若气伤面颊而怒形于色，双方争斗必致凶厉。周公受亲兄弟管叔、蔡叔牵连，如君子独行途中遇雨，濡沾湿身，颇为气恼。但周公避新楚，不与之冲突而暂回避，抉择正确，终免灾祸。此事给后人遇事抉择留下很好的启迪。

九四：臀无肤，其行次且(zījū)。牵羊悔亡，闻言不信。

【译文】　九四:臀部失去皮肤,行动趑趄难进。手牵羊却向人悔憾丢了羊,夸大其词,不能令听众信从。

《象》曰:其行次且,位不当也。闻言不信,聪不明也。

【译文】　《象传》说:行动趑趄难进,九四居位不当。听此言不能信从,虽听到却不明信其理。

【解字释义】　"次且"即"趑趄 zījū",《说文》"趑趄,行不进也",谓行止艰难;臀若无肤,坐则不安,行则不进。若人臀部真损伤难行,可以信实;若人手牵着羊,却向人说丢失羊的遗憾,夸大损失,难取信于人。聪不明,听清楚却不明白信从。

【义理取象】　九四刚居柔不当位,与初九无应。非中不正无应,时位欠佳。九四居九五下,于人体不再是腿脚而是臀部,阳居柔位不当,如臀无肤而坐立不安,其行趑趄,进退均难。上兑䷹为口舌为羊,倒兑为巽䷸为绳索,有牵着羊而懊悔丢失之象。又上兑䷹为口舌为言,九四爻变上坎䷜为耳,爻变二三四爻互兑䷹与三四五爻互离䷝合成互体睽卦䷥,有闻言睽而不信听而不明之象。喻意,对众阳决阴的损伤或缺失,要实事求是谨慎对待,不隐瞒也不夸大,才算决处得当。

【周初人事】　周公初受谣言中伤,进退两难,被迫避居新楚,是成王朝廷的听闻失误造成的。周公对此事妥善处理,既不轻看它的影响力,也不夸大它的实际作用,顺势处置,静观其变。成王后来明白真相,亲迎周公,依靠他平定叛乱,处置正确。

九五:苋(huán)陆夬夬,中行无咎。

【译文】　九五:像山羊遇险一样刚毅果断地跑开,居中行正则无咎害。

《象》曰:中行无咎,中未光也。

【译文】　《象传》说:居中行正则无咎害,九五的中正之道尚未光大。

【解字释义】 莧 huán,《说文》"莧,山羊细角者"。陆,繁体作"陸",《说文》"陸,高平地",金文作🈂️,两小动物往高平阜（阝）上跳跃,名词指高平可居的陆地,动词指跳跃。《庄子·马蹄》"马翘足而陆",陆德明释文"陆,司马云：跳也"。夬夬,山羊果决跳跃的样子。野羊遇险而群起狂奔,跳跃于道路中间,可避危险。喻意：若遇跌失困境,当果断快速逃离,方为明智抉择,居中行事没有灾咎。

【义理取象】 九五当位居中,与九二无应,向上比上六。夬卦五阳决一阴,只有九三应上六、九五比上六,是实际上的执行者。九五居上兑☱中,兑为羊,九五爻变上震☳为动为跳跃,又爻变三四五爻互兑☱接上兑☱,兑上缺即夬,合起来有山羊夬夬跳跃之象。九五虽行中道而跳跃向上,无咎害,但还未完成"刚决柔"的总任务,故谓"中未光也"。

【社会人事】 此莧当指独角兽,即獬廌,也作獬豸。李善注《文选》引张揖曰："獬豸,似鹿而一角。人君刑罚得中,则生于朝廷,主触不直者。"尧臣皋陶掌司法,凡难断之狱,放出獬廌撞有罪者以决狱。故獬廌代表法律中正公平,"法"繁体作"瀍-䍥",獬廌（廌）触去（去）有罪者表示公平如水（水）。《周易》"羊"同"阳",代表阳刚中正,为正义化身。爻辞强调九五之君主持制定法律,必须公平公正,果断决策,才可避开险难。

上六：无号,终有凶。

【译文】 上六：当时没有痛哭号啕,最终难逃凶险。

《象》曰：无号之凶,终不可长也。

【译文】 《象传》说：没有痛哭号啕的凶险,上六高居极处的情势终究不能长久。

【义理取象】 上六柔居阴位,下应九三及五阳爻,乘九五之刚,为夬卦主爻。夬卦五阳决一阴,上六是被决对象。上兑☱为口舌为呼号,决去上六变上乾☰为寰圆闭口,有无号之象。上六当夬之极,阴至极必消亡，即便不号啕啼哭，阴极情势不可长久，最终难逃凶祸。

【社会人事】 殷纣王初时"智足以拒谏，言足以饰非"，后过失不改，残暴加剧，最终亡国身死。而成王之于周公，有过则改，君臣同心，国祚绵长。《尚书·金縢》载：武王病，周公祝祷上天，愿代武王死命，封誓言于金縢之匮中。武王丧而周公辅政成王，兄弟管蔡流言中伤，周公退避新楚。后雷风大作，金縢开启，成王见书知真相，泣告而迎周公，此岁太熟。如果成王不悟，一直怀疑周公，当时无号无事，至三监之乱则酿成大凶。《国语·周语》载周厉王监谤，不听召公"防民之口甚于防川"之言，禁民谤言，道路以目，内乱起，终被流亡于彘。正应了"无号，终有凶"的预言。

夬卦小结

夬卦象征决断，论述阳决阴、君子决去小人的方法，属于风险管控范畴。面对小人乱政之类风险，要慎重考虑，不隐瞒也不夸大，中正公平地适当处理，取得大众信任，可以挽救危局。基本方法是一避、二惕、三察、四改，最佳效果是"决而和"。这样的方法，具有普遍性指导意义，可用于为政治国，也适用民众生活。朱熹感叹："《易》之为书，卦爻象象之义备而天地万物之情见，圣人之忧天下来世其至矣！"

当君子小人矛盾激化，必须以刚决柔，就是要刚健果敢地制裁阴暗小人，正气必然压倒邪气。处断小人祸乱，一要中正无私，二要谨慎戒备，三要以德取胜。夬卦一阴高悬五阳之上，如小人得势凌驾君子之上，最终是刚必决柔，但决断过程却很艰难。六爻辞反复教诫要慎重对待：初九躁进不胜有咎，九二警惕戒备得中道，九三过壮有凶柔决无咎，九四言行不实难以取信，九五居中慎行可保无咎。李光地《周易折中》引徐几曰："以盛进之五刚，决衰退之一柔，其势若甚易，然而圣人不敢以易而忽之。故于夬之一卦，丁宁深切，所以周防戒备者无所不至。"

《系辞传下》举十三卦象为例谈文明演化，夬卦居最后："上古结绳而治,后世圣人易之以书契,百官以治,万民以察,盖取诸'夬'。"东汉许慎《说文解字·叙》:"黄帝之史仓颉,见鸟兽蹄远之迹,知分理之可相别异也,初造书契。百工以乂,万品以察,盖取诸'夬'。"夬卦☱上爻断象契刻之缺,有书契文字之象。古君王、臣吏依凭文字典章治理天下,即取诸夬卦。夬卦论决断之道,既是风险管控,也是治理方法指南。

44. 姤 卦 ䷫

天风姤 乾上☰巽下☴

【解字释义】 姤卦象征遇合,强调邂逅,不期而遇。天☰风☴姤,风行天下,八风有方,时或不期而相遇。《序卦传》"决必有遇,故受之以'姤'。姤者,遇也",夬☱与姤☴为一对覆卦,夬卦象征决去,决是分开,姤是遇合,有分必有合,故姤卦次于夬卦之后。夬卦兑泽☱在乾天☰上,云气满积决泄而下雨,象征积怨过多爆发而散开,散开在茫茫人海,又会有新的不期而遇的遘合。相期而会为会,不期而会为遇。姤卦☴初至四爻、初至五爻,都成互姤卦☴,是姤中有姤,不断有新的遇合。

马王堆帛书《周易》《杂卦传》《经典释文》姤卦皆作"遘"。遘,《说文》"遘,遇也,从辵冓声";冓,《说文》"交积材也",甲骨文作,金文作,象木材交互搭构,或雌雄二鱼遘遇,加辵作"遘"表示行走相遇。《说文新附》"姤,偶也。从女后声",指遘遇配偶。"遘"与"姤"通用,《广雅·释言》"姤,遇也"。遘则遇,"遇、偶"从"禺",为猕猴形,猿猴长相高度相似,好结对嬉戏,故"偶、耦、遇、隅"都从禺声。

天风姤象征遇合,姤卦☴一个阴爻上有五个阳爻,有一阴姤合五阳之象。《左传》有"风马牛不相及"一语,"风"暗含雌雄两性吸引的信息。一阴为主爻姤合五阳,阴盛阳衰,喻一女姤五男,含放荡之意,故用女旁之"姤"。姤卦在消息卦中为五月,夏至一阴生,阴爻一路往上,转至阴盛阳衰。就社会人事而言,一阴生于五阳之下,以柔遇刚,动其根基,再逐渐渗透颠覆,以阴胜阳。

卦 辞

䷫姤:女壮,勿用取女。

【译文】 姤卦象征遇合,女子过分强盛而遇男过多,不宜娶作妻室。

【卦辞释义】 壮,繁体作"壯",从士爿声,爿为半木,有强壮义。《方言》卷一"秦晋之间,凡人之大谓之奘,或谓之壮",有人体高大、盛大、旺盛、雄壮、壮年等词义。"壮"通"戕",含疾病义。大壮卦初九"壮于趾",夬卦初九"壮于前趾",都占凶咎,有过度之意。"姤"为邂逅姤合,下巽☴为长女,遇合五阳强健之男,有女性欲望壮盛之象。阳长阴消不易,阴长阳消极快,阴从阳处吸收资源,很快壮大自己。一阴变二阴、三阴、四阴,是"女壮"的表现。《周易》阳大阴小,阳刚正而阴柔暗是基本思想,"女壮"不是好事。

女子过于强壮而多姤合于男,不宜娶为妻室。一女遇合五男,其壮必强,其合非正。姤卦开始重视女子贞洁,朱熹《周易本义》:"遇已非正,又一阴而遇五阳,则女德不贞,而壮之甚也。取以自配,必害乎阳,故其象占如此。"周初以定居农耕为立国之本,已建立一夫一妻制,父系血统继承权确立,对妇女贞操有严格要求。一女遇合多男,不宜娶为妻,主要是防备血统不纯正。然在转型阶段,若有娶者,也可以允许,故不作吉凶占断。

姤卦下巽☴为长女,上乾☰为父为老夫,则有老夫姤偶女妻之象,如大过卦九二"枯杨生稊,老夫得其女妻,无不利"。可见否定的不是取妻,而是阴过胜阳的情势。一阴持续上长是很厉害的,商纣的妲己、周幽王的褒姒、唐代的武则天,都是典型例证。

《彖》曰:姤,遇也,柔遇刚也。勿用取女,不可与长也。天地相遇,品物咸章也。刚遇中正,天下大行也。姤之时义大矣哉。

【译文】 《彖传》说:姤意为遇合,阴柔遇合阳刚。不宜娶此女作妻室,是不能与这样的女子长久相处。天地阴阳相互遇合,各类事物发展都能昭明彰显。刚者应遇合居中守正的柔者,天下人伦教化就大为通畅。遇合之时的意义很宏大啊!

【彖辞释义】 姤卦象征遇合,初六阴柔姤遇五爻阳刚。一柔遇五刚,一女姤五男,结构失衡不正,不可能遇合长久。上乾☰三阳为天,下巽☴一阴为地,天与地相交遇合生成万物,正如乾卦《彖传》"云行雨施,品物流形",坤卦《彖传》"含弘光大,品物咸亨",各类物品彰显各自的华彩。姤卦九五居上乾中、九二居下巽中,上乾☰中正阳刚,当遇合下巽☴中正柔美者,天下人伦教化的齐整和顺之道才能得以实行。

《象》曰:天下有风,姤。后以施命诰四方。

【译文】 《象传》说:风行天下而无物不遇,象征遇合。君后受启发,发布政令如风般传告四方。

【象辞释义】 天风姤,君后的政令象风一样吹遍大地四方。司-后,"司-司"是手遮口发号施令,字形往右翻一面为"后",指发号令者即君王。上乾☰为天为君,下巽☴为风为民众,天风姤☴对应风地观☶,君王如风行地而观民设教,又如风行天下而广布政令。

就季节气候看,姤卦为五月夏至,天气渐热,易滋病媒,阴气上侵,君后当广告四方以防备病菌传染扩散。端午节在姤卦五月五日,喝雄黄药酒,挂纯阳艾蒿,打扫环境,均含此意。今各类灾害病疫预警,也有天风姤传告四方之象。

【卦变象征】 姤☴的覆卦是夬☱,姤是阴遭阳,夬是阳决阴。姤☴的错卦为复☷,一阴姤行对应一阳复起。姤☴之互卦为乾☰,女姤男,风满天。

爻　辞

初六：系于金柅，贞吉。有攸往，见凶。羸豕孚蹢躅。

【译文】　初六：紧紧系结在坚刚灵敏的刹车器上，守持正道可获吉祥。若急于前往，必有凶险。女壮如多仔羸弱的发情母猪，轻浮躁动不能安静。

《象》曰：系于金柅，柔道牵也。

【译文】　《象传》说：紧系在坚刚灵敏的刹车器上，初六须持守柔顺之道而接受阳刚者牵制。

【解字释义】　柅 ní，《说文》"𣏗，木也，实如梨"。柅，孔颖达疏引王肃"柅，织绩之器，妇人所用"，又引马融"柅者，在车之下，所以止轮令不动者也"；《广韵·旨韵》"柅，络丝柎"。"柅"本为梨木，质细而坚韧耐用，可用作止车木棒，也可用于织布梭中经丝之转子，丝线缠绕引出，随梭织布，两端套上铜箍而易滑动。羸豕，生仔过多的瘦弱母猪，"羸"为瘦弱。孚，同"浮"，浮躁。蹢躅（zhízhú），即"踯躅"，徘徊不进貌。

【义理取象】　初六柔处刚位，与九四正应，上乘五刚爻，一阴遇五阳，为姤卦主爻。初六一阴生，处姤遇之初为"女壮"，欲借力攀援不断上升。君子须就其微小时设法制止，否则长大就难以控制了。上乾☰为金，下巽☴为木为绳为系，有系于金柅以刹车之象。五阳都希望初六不要动，九二系金柅刹车，制止初六不让乱冲，九二爻变下艮☶为止，形成以刚止柔的局面，故占吉。若任由初六往上增长，阴爻长至三位为否卦䷋，就显现出凶祸来。猪性喜潮湿，《周易》以羊代阳爻▬，以豕代阴爻▬▬，九三爻变下坎☵为病为豕，有瘦损母猪"羸豕"之象；初六欲上行，九二九三制止不让，下巽☴为系为进退不果，发情母猪被牵系住，欲奔走求配而不得，浮躁徘徊，有羸豕浮躁蹢躅之象。

【社会人事】　初六才入姤卦，当有贞静柔顺之妇德，未嫁之淑德女士，不可随意外出苟合异性。下巽为长女，未嫁之初若德行纯正，安心女红之事,嫁后必吉;若外出乱跑乱交男人,则凶。《诗·郑风·将仲子》中,阻止小二哥翻墙的淑女"畏我父母、畏我诸兄、畏人之多言",正是周初女子守柔贞而受牵制的表现。

九二:包有鱼,无咎,不利宾。

【译文】 九二:厨房有鱼,无咎害,但不利于用享外来宾客。

《象》曰:包有鱼,义不及宾也。

【译文】 《象传》说:厨房有鱼,从初六先遇九二来看不利于外宾九四。

【解字释义】 包,同"庖",《子夏易传》本作"庖有鱼"。古婚宴必有鱼,"庖有鱼"喻指婚嫁之事。鱼在水下为阴物,此处"鱼"代表初六阴爻。宾,繁体作"賓-宀",王国维谓从门从人从止,人立房门下为賓,古賓客至则有财物相赠,故"賓"又从贝。"宾"也指女婿,《仪礼·士婚礼》"宾东面答拜",郑玄注"宾,婿";又"主人揖入,宾执雁从",郑玄注"此言女父迎宾婿入庙门升堂"。古婚嫁礼仪,女称嫔,男称宾,故有"宾婿"之称。

【义理取象】 九二刚履柔位,居下巽中,与九五无应。"庖有鱼"指婚嫁,初六阴爻为女子"鱼",初六与九四正应,但上行先遇居下卦中的九二,中胜于应,且姤卦象征不期而偶遇,故初六承九二先于应九四。下巽☴为长女,九二爻变下艮☶为少男为门阙,有归家成婚之象。内卦九二之庖有初六之鱼,无咎害。九四处外卦上乾☰下,离初六远而难相遇,为外来女婿,较九二为不利之外宾。

【社会人事】 周邦以定居农耕为主,居住相近则习俗相近,青年男女容易就近相识相交而成婚。就这个意义上讲,外来女婿求婚的成功率不及就近女婿。直到今天,异地恋的成功率也是远低于同地恋的。

九三:臀无肤,其行次且(zī jū),厉,无大咎。

【译文】 九三:臀部失去皮肤,行动趑趄难进,有危险,但没有重大咎害。

《象》曰：其行次且,行未牵也。

【译文】 《象传》说:行动趑趄难进,九三的行为并未牵涉更多人。

【义理取象】 姤䷫是夬䷪的覆卦,姤卦九三即夬卦九四,故爻辞"臀无肤,其行次且"与夬卦九四同。九三当位,非中无应,处下巽☴上,似长女年已老。九三在股上部为臀,爻变下坎☵为沟渎、二三四爻互离☲中虚,为臀无肤而有虚沟皱纹之象。"次且"即"趑趄",九三爻变三四五爻互巽☴接下巽☴,巽为进退不果,有行趑趄之象。九三过刚不中,上无所应,下无所遇,如臀无好肤的老头行动困难。未能遇合婚姻,本有危厉。但九三当位行正,与初六无涉,不致多所遇合而牵扯他人,故无重大咎害。

【社会人事】 世上总有一些忠厚本分的男人,年轻时未能遇合婚姻,以至孤独终老,行动困难,前景危厉。但他们一直守本行正,再难也不牵扯他人,对社会倒也无大咎害。

九四:包无鱼,起凶。

【译文】 九四:厨房失去一条鱼,引起争执有凶险。

《象》曰:无鱼之凶,远民也。

【译文】 《象传》说:失去一条鱼而有凶险,上卦九四远离下民而失去民心。

【义理取象】 九四刚居柔位,非中不正,上承九五刚健之君,下比九三过刚小臣。九四下应初六阴柔主爻,但初六之"鱼"被九二先行娶去,九四爻变三四五爻互离☲中虚,有"庖无鱼"之象。因此九四与九二就初六之鱼起争端,前景有凶险。九四在上卦管理层,初六九二在下卦为民众,且九二居中为下民中心,九四爻变二三四爻互兑☱与下巽☴反向背违,与九二争初六的这场凶祸,使九四既失去厨中鱼又远离民众之心,损失巨大。

【社会人事】 失鱼喻意失去土地百姓,远民喻意失去民心,助纣为虐者多如此。如崇侯虎垂涎西伯姬昌的土地和人民,向纣王进谗言,于是纣王囚禁西伯于羑里,崇侯虎因此大失民心。西伯释囚归周为周文王,兴兵伐崇,宣示崇侯虎罪过,诸侯民众一致拥护,终灭崇国。

九五:以杞包瓜,含章,有陨自天。

【译文】 九五:缠结在杞柳树上的匏瓜落下,含藏章美,理想的遇合从天而降。

《象》曰:九五含章,中正也。有陨自天,志不舍命也。

【译文】 《象传》说:九五心含章美,因其居中守正。理想遇合从天而降,九五心志不违天命。

【解字释义】 杞,金文作 𣎺,杞柳,《诗·郑风·将仲子》"无折我树杞",朱熹集注"杞,柳属也,生水傍,树如柳"。包,同"匏 páo",葫芦类匏瓜,李镜池《周易通义》:"匏瓜与婚姻有关,古人结婚行合卺之礼,把匏瓜分为两半做瓢,夫妻各执一瓢盛酒漱口。"缠绕在杞柳树上的瓜藤所结匏瓜,由青转黄成熟掉落,如同从天上掉下来,喻意缔结婚姻、成就大事有如瓜熟蒂落。

【义理取象】 九五以刚履刚,处上乾中,居君位。具有刚健中正之德的士人君子,自有淑女归之,良缘天来,如瓜熟蒂落。上乾☰为天为木果,九五爻变上离☲为明为光彩为黄色,有树挂黄匏含章之象。又上乾☰为天,下巽☴为木又为不果,有匏瓜自上下落之象。初六主爻以一阴向上姤遇五阳,必欲姤遇九五。九五中正大德之君,面对初六以柔遇刚的危机,以居高临下的姿态全面控制,准备好应变措施。九五心志中正,不因一己私欲而舍弃天命,爻变成鼎卦☲,一旦时机成熟,即革故鼎新,瓜熟蒂落,开启新运。

【周初人事】 周武王秉承天命,主持以周代殷之事。其时文王多年行仁政的硕果高挂树上,随时可能成熟落下来。武王中正平和,居高临下审视时势,不受私欲诱惑,观兵孟津,静待时机,终得瓜熟蒂落,壹戎衣而有天下。

上九:姤其角,吝,无咎。

【译文】 上九:遇合之事到极端,有所憾惜,但不致咎害。

《象》曰:姤其角,上穷吝也。

【译文】 《象传》说:遇合之事到极端,上九居穷极之位而导致遇合无人的憾惜。

【义理取象】 角在头顶最高处。上九以刚履柔不当位,比九五刚正之君,与九三无应,居姤卦遇合之极,有姤角之象。上九爻变上兑☱为羊,羊首即角;上兑☱与下巽☴如羝羊角力相反相对,有姤其角之象。初六意欲姤遇上九,姤合之事就到了穷极处,有可能引起情杀、争斗之类的丑行,故占羞吝。占"吝"在前,为或然性评判;"无咎"在后,遇合至穷极即无可遇合,可能不争斗而无咎。上九爻变上兑☱为悦,羞吝结局的可能性不大。

【社会人事】 妲己狐媚姤合纣王,使殷商国政民生日益衰败,最后众叛亲离,纣王成孤家寡人,也就无可再败了。武王兵发牧野,殷纣军倒戈相迎,一日便进至朝歌,纣王自焚于鹿台,民众反而无咎害。

姤卦小结

姤卦象征遇合,述说事物遇合之理,阐述男女婚媾之宜,指导处理复杂的遇合危机。男女姤遇在所难免,但应合礼守正,讲究利害,顾及羞吝。譬如壮女遇合五男,就不宜娶为妻室,两男争姤一女,就会引起凶祸。

姤卦六爻各描述遇合的一种状况,引喻设诫:持中守贞则吉,轻媚求遇则凶。初六是五阳遇合的唯一阴爻对象,自身当以节制欲望为吉,如羸豕浮躁求进则凶。九二内守无咎,九三难进无大咎,九四失遇强争得凶,九五中正内美自有天陨,上九穷吝无遇亦无咎。诸阳虽然处于阴遇阳、柔遇刚之时,却不可盲目遇合不正之阴,女壮无行,勿用娶女。

姤卦所述为周初婚姻观,处于由利害取向到礼仪审美取向的转变时期,先言说利害,后提出羞吝问题。周初社会进入有序期,女子当勤于女工,安守贞静;男子当刚健有为,中正平和。强调男女遇合要合符利害性、审美性和礼仪性原则,是适应社会进步的表现。

扩展开来,姤卦也含有对"上下遇合"关系的探求。在上者当修德求贤,在下者期盼好的君臣际遇。杨万里《诚斋易传》:"舜遇尧为天人之合,'有陨自天'之象,何忧驩兜? 何畏孔壬?"热情赞美好的天人之合与人人之合。人海茫茫,人一生会遇到什么人和事,有什么变化,很难预知。看似随机,又似有定,必然与偶然难以分清。这就是人生的迷惑和吸引力,也是姤卦的玄机。机敏地感测时运,抓住机遇,遇合相知,是人生的重大课题。

45. 萃 卦 ䷬

泽地萃 兑上☱坤下☷

【解字释义】 萃卦象征会聚,强调萃聚贤才和民众,人才是治国的决定性因素,聚贤是利国善民之道。泽☱地☷萃,泽在地上,聚集流水,也聚集蓄养水草、鱼虾等物产。《序卦传》"姤者遇也,物相遇而后聚,故受之以'萃'。萃者,聚也",姤卦为遇合,物相遇会必成群,成群即聚萃,故萃卦次于姤卦后。

萃 cuì,《说文》"𦬶,艸皃,从艸卒声",朱骏声通训定声作"草聚皃";卒,《说文》"𧘝,隶人给事者衣为卒。卒,衣有题识者",甲骨文作�,隶役、士卒穿的衣,身份标记明显以便分类。丛生小草以类相别,故"萃"有聚集、群、类等词义。泽水高于地面,有泛滥之虞,当聚土石高筑堤防以杂草护之,预防水患。

卦　辞

☷☱萃:亨,王假(gé)有庙,利见大人,亨,利贞。用大牲,吉,利有攸往。

【译文】　萃卦象征会聚,亨通,君王到宗庙主持祭祀,利于显现大人威德,亨通,利于守持正道。用大牲祭祀,吉祥,利于前行干大事。

【卦辞释义】　泽地土肥水好,利于草木丛聚。古人聚集,以宗庙祭祀最为隆重,是祖宗神灵信仰的核心所在,可以主导人们的政治、社会及日常生活。假,同"各🐾",脚板(夂)来到家门口(口),"各-佫-格"都训至。庙,也作"廟",祭祀先祖的宗庙,字从广朝声。周初创天子七庙:太祖(稷),高祖-曾祖-祖-父-文-武,按东昭西穆排列。人群聚集就会争抢利益,这时到宗庙祭祀先祖,告诫族众都来自共同祖宗,当不忘根本而互相团结,有凝聚人心的作用,即"慎终追远,民德归厚"。叙辞"王假有庙"也在涣卦中出现,每遇大事,君王必至宗庙祭祀,聚集族众,显示大人威德,方可聚贤养民以行大事,战胜敌人与困难,保证国运亨通。能荟萃贤才与财物,是邦国富有之时,此时祭祀不可吝啬,要用大牲献祭,诸事从厚不从薄,才会吉祥。国富民丰,大牲祭祖,利于前行干大事成大功。

【义理取象】　萃卦上兑☱为悦,三四五爻互巽☴为顺命,二三四爻互艮☶为卿士,下坤☷为众为顺。上有君主和悦而施恩泽,中有士大夫承命经管,下有大众顺从行事,亨通畅达。喻意上行仁政而士众顺从,为萃贤养民之正道。

《彖》曰:萃,聚也。顺以说,刚中而应,故聚也。王假有庙,致孝亨(xiǎng)也。利见大人亨,聚以正也。用大牲吉,利有攸往,顺天命也。观其所聚,而天地万物之情可见矣。

【译文】 《彖传》说:萃,意为会聚。物情和顺而欣悦,阳刚者守中并应合于下,就能广聚众庶。君王到宗庙主持祭祀,表达对祖宗的孝敬奉献之心。利于显现大人威德而亨通,大人主持会聚能持守正道。用大牲祭祀,吉祥,利于前行干大事,会聚之时顺合上天的意志。观察会聚现象,天地万物的性情就可以明白了!

【彖辞释义】 萃卦讲聚集之道,下坤☷和顺而上兑☱和悦,九五刚健居中,下正应六二,故能聚合万千大众。君王亲临宗庙主持祭祀,以孝敬之心享祭祖宗神灵,能极大地凝聚人心。显示大人君子的威仪与美德,就可保证聚集贤才之事能持守正道。用大牲祭祀,显示物产丰饶而国力雄厚,顺从天赋使命,人情通达,时运既至,必然利有所往。凡物能相聚,基于性情相同。由此观萃卦所聚,乃聚于天地,顺天而应人,万物性情同和方能会聚。咸卦《彖传》"观其所感",观的是情之通感;恒卦《彖传》"观其所恒",观的是情之久长;此处萃卦《彖传》"观其所聚",观的是情之同和。

萃卦的要义是"聚之以正",《系辞传下》:"天地之大德曰生,圣人之大宝曰位。何以守位?曰仁。何以聚人?曰财。理财正辞、禁民为非曰义。"大人以仁义守位,禁民为非,就是聚以守正。孔颖达疏:"大人有中正之德,能以正道通而化之,然后聚道得全。"

《象》曰:泽上于地,萃。君子以除戎器,戒不虞。

【译文】 《象传》说:泽居地上而水潦归汇,象征会聚。君子因此体悟,修治兵器,戒备群聚产生不测变乱。

【象辞释义】 除戎器,给兵器除尘去锈,指修治兵戎。虞,由山兽转指林官,作动词指料想、预备;不虞,未料想到,出乎意料。水长聚易于泛滥,人久聚易萌生异心。众人大聚集最易生事端,竞争、斗殴、战争都可能出现。此时领导者要特别预备,以警戒祸乱发生。荟萃精英时,要正确引导大众,疏导化解矛盾,怀柔处置,积极预防,确保无虞。

【卦变象征】 萃☵的覆卦是升☷,群贤荟萃是国力上升的重要前提。萃䷬的错卦为大畜䷙,萃贤养民与大大蓄积财物交互进行。萃䷬之互卦为渐䷴,萃贤养民是一个渐进的过程。

爻　辞

初六:有孚不终,乃乱。乃萃,若号,一握为笑。勿恤,往无咎。

【译文】　初六:诚信不能保持至终,导致动乱。施行萃会不佳,呼号变换,对方伊喔为笑。不须忧虑,前往无咎害。

《象》曰:乃乱乃萃,其志乱也。

【译文】　《象传》说:动乱而后萃会,初六心志有所迷乱。

【解字释义】　终,甲骨文作ᔆ,丝弦两端打结表示终了。四季终了为“冬”,加糸作“终”,表示终了、结束。乱,繁体作“亂”,金文作ᘘ,诅楚文作ᘘ,小篆作ᘘ,上下两手治丝,还有散出小丝,表示不顺、无序之乱。一握,闻一多谓当作联绵词“嗌喔、咿喔”,指和善的笑声,《韩诗外传》“喔咿而笑之”。

【义理取象】　初六柔处刚位,居萃卦初,上应九四。萃卦䷬讲萃会,四阴爻萃会两阳爻。九五刚健中正居君位,为一卦主爻,乃最佳萃会对象。初六欲萃会九五,但它正应九四,爻变下震☳为动,心意迷乱而动摇不定,与九四正应的诚信不能保持至终,导致动乱。实际施行萃会,初六还是不能正会九五,转头再求萃九四,九四自然不悦。初六啼哭呼号,得九四谅解,伊喔而笑接受它。三四五爻互巽☴为风为呼号,上兑☱为悦为笑,有先号呼而后笑之象。如此情势,不必忧虑,前往萃会,无咎害。初六爻变为随卦䷐,基层民众随顺正应君子,前往变革乱世。

【社会人事】　殷末,原迷乱服从纣王的诸侯,认清局势,转归西伯者四十余国,咸尊西伯为周文王。文王与诸侯建立同盟,群贤萃会,伊喔而笑,一同前往施行救治乱世的变革。

六二:引吉,无咎,孚乃利用禴。

【译文】 六二:受人引导萃会获吉祥,不致咎害。心怀诚信,用微薄禴祭也利于献享神灵。

《象》曰:引吉无咎,中未变也。

【译文】 《象传》说:受人引导萃会获吉祥无咎害,六二居中守正的心志未曾改变。

【解字释义】 禴 yuè,从示龠声,"龠-𤯛"为口吹排管乐器,加示成"禴"指会合麦菜瀹煮祭祀,为简薄的祭礼。"禴"也作"礿",郑玄注:"此盖夏、殷之祭名,周则改之,春曰祠,夏曰礿(禴)。"

【义理取象】 六二当位,居下坤中,与九五正应。九五居上为中正之君,六二居下为中正之臣,本当正应萃会。六二以柔德持中守正,不宜自荐而上往萃会。九五君王为主持祭祀者,引领六二上来萃会,吉祥而无咎害。小过卦☳☶三爻与五爻互换,变为萃卦☱☷,萃卦九五原为小过卦九三,本是六二的依靠,今引带六二上去萃会,自然吉祥无咎,故谓"引吉无咎"。导引吉善人才六二向上悦萃九五,共行祭享大事,只要用心真诚,虽祭品简薄而神灵乐意享纳,因为六二居中守正的真诚心志未曾改变。三四五爻互巽☴为顺为绳直为孚信,二三四爻互艮☶为门阙为宗庙,六二爻变二三四爻互离☲中虚为简薄,有诚信用禴之象。

【周初人事】 既济卦九五"东邻杀牛,不如西邻之禴祭",谓诚信方可用薄祭。东边朝歌殷纣王杀牛祭祀,不如西边岐山西伯瀹菜祭祀,天命俨然降于周人。周人农耕为主而重牛力,一般不用牛牲祭祀,而以菜麦瀹煮为禴祭。《竹书纪年·殷纪》:"帝辛六年,西伯初禴于毕。二十一年春正月,诸侯朝周,伯夷叔齐自孤竹归于周。三十一年,西伯治兵于毕,得吕尚以为师。"西伯中正九五主持禴祭,诚信合天感人,引来六二伯夷、吕尚等萃会于周,密切配合,共举大事,吉祥而无咎害,其萃会具有重大意义。

六三:萃如,嗟如,无攸利。往无咎,小吝。

【译文】 六三:萃会无人,嗟叹声声,行无所利。前往无咎害,但小有憾惜。

《象》曰:往无咎,上巽也。

【译文】 《象传》说:前往无咎害,六三能向上顺从阳刚。

【义理取象】 六三以柔履刚,与上六无应,非中不正无应,时位不佳。萃会宜见大人,大人乃九五中正之君。六三与九五非应非比,欲萃无门,只有望洋嗟叹,行无所利。六三爻变为比卦䷇,好在六三下比六二与初六,上承九四之刚,若会同众阴向上萃会九四被接受,当无咎害。三四五爻互巽☴为顺,六三在巽下,向上巽顺九四可得萃会,故谓“往无咎”。但毕竟不是正应而是承刚,所萃非正,故有小吝。

【社会人事】 萃聚号泣嗟叹,现实行无所利,去此另往乃可无咎,惟有小羞吝而已。殷三仁处殷末乱世,萃会嗟叹,计议而行,终虽无咎,而有小羞吝。《尚书·微子》载:帝乙长子、纣之庶母兄微子痛殷将亡,谋于叔父箕子、比干。叹曰:“商今其有灾,我兴受其败;商其沦丧,我罔为臣仆……”最后三人商定“自靖,人自献于先王”,于是“微子去之,箕子为之奴,比干谏而死”。微子率家隐遁太行山上的上党,得以保全殷之宗祀,后周成王封之于宋。此不得已之势,去之虽无咎,但毕竟为亡国遗民,小有羞吝。

九四:大吉,无咎。

【译文】 九四:大为吉祥,无咎害。

《象》曰:大吉无咎,位不当也。

【译文】 《象传》说:大为吉祥,无咎害,九四居位尚不当。

【义理取象】 九四以刚履柔不当位,与初六正应,为萃卦二阳之一。九四居下坤☷之上,为二三四爻互艮☶之主,又处上兑☱之始,下乘坤☷三阴而广得众望。艮止即萃会,兑悦即欣喜,上比九五中正之君而有依据,正是周初贤才萃会之象,故占大吉。孔颖达疏九四:"以阳处阴,明履非其位,又下据三阴,得其所据,失其所处……若以萃之时,立夫大功,获其大吉,乃得无咎。"占大吉还说"无咎",是因九四以阳居阴而位不当。

【社会人事】 与殷三仁受难去国不同,周初是群贤萃聚,太公姜尚、伯夷叔齐、文王四友俱至,以至纣王近臣也不断弃殷归周,故此爻以占辞兼叙辞,直接云"大吉无咎"。家人卦六四也曾占"富家大吉"。周初贤才萃聚且大得民众之心,九四以辅国贤臣之位而获无咎,犹如周公吐哺天下归心。周人诚意与众族合作,萃会天下贤才必能成就大功,故占大吉。

九五:萃有位,无咎。匪孚,元永贞,悔亡。

【译文】 九五:居尊位萃会群贤,无咎害。但还未广泛取信于大众,初得天下宜永久守持正道,悔憾终将消亡。

《象》曰:萃有位,志未光也。

【译文】 《象传》说:居尊位萃会群贤,九五萃会天下的心志尚未光大。

【解字释义】 位,《说文》"⿰亻立,列中庭之左右谓之位,从人、立"。"立"与"位"本一字,人(大)站于地(一)为"立-⿱大一",所立处为"位-⿰亻立",指朝廷中群臣的列位,也指官职之位、君主之位。匪孚,非完全信任并孚从。

【义理取象】 九五以刚履刚,居上卦中之君位,正应六二,为萃卦之主。二三四爻互艮☶为门阙为朝廷,九五刚健中正之君居互艮朝廷之上,比九四贤能之臣,正应六二与下坤☷之众,三四五爻互巽☴为顺,有群贤万众萃会于朝廷之象,君臣民众各正其位,故占无咎。但仍有上六乘九五之刚,并非天下所有人都真心孚从,九五萃会天下志向还没有发扬光大。怎么办？九五爻变为豫卦䷏,预谋长治久安,九五君王当反身修德,从头开始,持守元德诚信才可持久服人,悔憾终将消亡。"元永贞,悔亡",为君王诚喻之辞。

【周初人事】 武王伐纣成功之后,释箕子之囚,封比干之墓,进入殷之祖庙,居新君之位大会群臣,举国欢庆。然武王清醒地认识到,天下还未完全稳定,万千殷商遗民未必真心孚从周邦的统治。因此,谋求周祚永固之事不易,殷鉴不远,君王要带头反身修德,广行仁政,持守元德正道,失政亡国的悔憾才可能消亡。

上六:赍咨涕洟,无咎。

【译文】 上六:咨嗟哀叹又痛哭流涕,可免咎害。

《象》曰:赍咨涕洟,未安上也。

【译文】 《象传》说:咨嗟哀叹又痛哭流涕,上六尚未安居穷上之位。

【解字释义】 赍咨 jīzī,也作"桼敕",即"咨嗟",哭泣声。马融曰"赍咨,悲声,怨声",郑玄谓"赍咨"为"嗟叹之辞也"。涕洟,涕为眼泪,洟为鼻涕。

【义理取象】 萃卦近于比卦,比卦上六"比之无首,凶"。萃卦四阴皆欲萃会于九五,实际上四应初、五应二,唯上六无应。上六柔处阴当位,下与六三无应,又乘刚九五之君,居萃卦之极,处上兑䷹之阙。上六处极上而无应,孤立无援,不安又不顺,故哀叹号哭,涕泗横流。王弼注上六:"处聚之时,居于上极,五非所乘,内无应援,处上独立,近远无助,危莫甚焉。"尽管如此,上六毕竟当位,自知危厉,忧惧哭涕而不自安,反可免于咎害。

【周初人事】 武王灭殷,受命于商社,殷商有位贵族都聚集以待命。武王释箕子囚,封纣子禄父及前代遗民,返政于殷商旧臣。这些有位者,既哀痛亡国之殇,又感戴武王之德,哭泣嗟叹,并无咎害。当然,武王灭殷纣王,诛其死党百士,伐越戏方,伐靡集于陈,伐卫,皆有杀戮,是为了去殷商之残秽,巩固新政。如此刚柔并济,恩威并用,才可保新政无咎。

萃卦小结

萃卦象征会聚,述萃会之道。《白虎通义·宗族》:"生相亲爱,死相哀痛,有会聚之道,故谓之族。"族类由萃会得来,正所谓"物以类聚,人以群分"。萃卦讲聚贤兴邦之大道,族类聚散有道,应善补过失,悲欢离合有度,六爻均占"无咎"。萃卦由文王"乃乱乃萃"至武王代殷"萃有位",所述为国家政治和人才战略上革故鼎新的大事。

六爻皆"无咎",是萃卦特色。《系辞传上》"无咎者,善补过也",人与人在多种政治关系中会聚,会聚易生错乱,善于补过而防生悔吝,正是萃卦的主旨所在。卦辞以宗庙祭祀为会聚之要,君主、大人以美德与正道聚合人神,会通上下,方可亨通畅达,有所成就。聚以正则成,顺天命则吉。六爻分阴阳两类,四阴爻求聚于人,初六位卑不妄,以诚求应聚;六二柔顺中正,受尊者牵引得聚;六三失正无应,往比阳刚得聚;唯上六穷居萃极,欲聚不得,忧惧而得无咎。四、五两阳爻获人来聚,九四不当位而获三阴来聚,大吉而后悔亡;九五中正居尊,取信众人来聚,当长远修德守正,然后悔亡。六爻无一至于凶祸,也无一顺利完美得愿,均须修诚守正以备不虞,方可保无咎。可见会聚之道,奥旨深远。人当萃会之时,易于表露真情,曰号、曰笑、曰嗟、曰咨、曰涕、曰洟,欢喜悲戚,性情相同才可以真情互感,才可能同类萃会。

殷纣治国用人,重用"惟四方之多罪逋逃"的乱徒,国以此灭亡。周文王以仁德萃会贤才,重用姜太公、文王四友等贤士能臣,拔萃于众而上下和悦,以诚信禴祭引导选贤任能,人神互信,形成和衷共济局面,保证国家政治兴盛。武王灭殷后,仍能会聚重用其有位旧臣,如箕子得为武王师,传武王以《洪范》九畴治国大法。如此,正是善用萃会之道的范例。

46. 升 卦 ䷭

地风升　坤上☷巽下☴

【解字释义】　升卦象征上升进益,述国力、民力以及人力上升之道。升卦以周初国力升晋之事为例,阐述上升当把握时机,不宜上升时守正蓄力,宜上升时当仁不让。地风升,下巽☴为风上坤☷为地,风起于青萍之末,渐渐高扬升上地面。又巽为木,木生长出于地上。郑玄谓:"生,上也。坤地巽木,木生地中,日长而上,犹圣人在诸侯之中,明德日益高大也,故谓之生。生,进益之象也。"

升,金文作♀,十升为斗,字形在"♀-斗"口加一画相区别。"升"本为升斗,用于挹水或酒,挹提时有水溢出,转有上升义。《说文新附》"昇,日上也,从日升声,古只用升",辰至午时为日昇之时段,故字形从日。"升"用作"昇",有上升、登上、晋级、进献等词义。升卦辞"升:元亨",孔颖达疏:"升者,登上之义,升而得大通,故曰:升,元亨也。"《序卦传》"萃者聚也,聚而上者谓之升,故受之以'升'",升䷭是萃䷬的覆卦,萃卦讲聚集,物品积聚起来必然增高,增高即上升。《杂卦传》"'萃'聚而'升'不来也",萃是聚集,升是不下来,就是往上升进,故升卦次于萃卦之后。

卦　辞

䷭升:元亨,用见大人,勿恤。南征吉。

【译文】　升卦象征上升,至为亨通,宜出现大人,不须忧虑。向光明的南方进发必获吉祥。

【卦辞释义】　用见大人,"用"作介词同"以",高亨认为"用"当作"利",指顺势用柔之宜。恤,《说文》"恤,忧也,从心血声",有忧患、体恤、怜悯、救济等词义。南,后天八卦离为日,方位在南,君王背北面南而听天下,向明而治。我国南部纬度高,气候温暖,有利于发展生产,也有利于生活。

筮遇升卦至为亨通,利于出现任大事之大人,有战祸也无须忧恤,南征可顺利成功。下巽☴为木,上坤☷为地土,木长出地面,有升进之象。巽为服从,坤为顺众,顺随众意而行,国有升进之象。贤者得时,无阻碍而升登。精英聚集,诚心合作,必能高度成长。升卦☷象征升平之世,泰卦☷象征太平之世,晋卦☷象征小康之世,组成《春秋》所言“三世义”。

【周初人事】 升卦的“南征吉”,应指帝辛三十九年,西伯姬昌征伐渭水南部崇国,崇侯虎曾谮言使西伯受囚。《逸周书·程典》是西伯受囚前给大臣的留言;《鄜保》是灭崇后的经验总结。西伯三分天下有其二,受殷王弓矢斧钺以行征伐,伐崇是灭纣之前的决定性战役。

《彖》曰:柔以时升,巽而顺,刚中而应,是以大亨。用见大人,勿恤,有庆也。南征吉,志行也。

【译文】 《彖传》说:沿柔道适时上升,柔逊而和顺,阳刚者居中而能上应尊者,所以大为亨通。宜于出现大人,不须忧虑,此时上升必有福庆。向南方进发可获吉祥,上升的心志得以畅行。

【义理取象】 小过卦☶二爻与四爻互换成升卦☷,小过卦六二柔爻顺势上升成为升卦六四,由下艮☶升至上坤☷,巽柔逊而上坤和顺,致使升卦九二刚健居中而上应六五,至为亨通。有九二这样能担大任的大人出现,国有战事也不用忧虑,必能战胜顽敌而万众欢庆。二三四爻互兑☱为悦,上坤☷为众,有众人欢悦大庆之象。上坤☷位在西南,三四五爻互震☳为动为征,二三四爻互兑☱为悦为吉,有南征得吉之象。九二大人升进征伐,是应天命而行事,亨通吉祥。

《象》曰:地中生木,升。君子以顺德,积小以高大。

【译文】 《象传》说:地中生出树木,象征上升。君子因此顺行美德,积累小善以成就崇高宏大的事业。

【象辞释义】 上坤☷为地,下巽☴为木,木苗持续生长升出地面。君子由此领悟,十年树木,百年树人,德行培养晋升是持续积累的过程,不断积累小善小功,才能成就高尚品德和宏大功业。

【卦变象征】 升䷭的覆卦是萃䷬,物品萃聚起来,必然增长升高。升䷭的错卦为无妄䷘,君子不妄言妄行,才能持续升进。升䷭之互卦为归妹䷵,国力有升进之势,民众会诚心归附。

爻　辞

初六:允升,大吉。

【译文】 初六:宜于上升,大为吉祥。

《象》曰:允升,大吉,上合志也。

【译文】 《象传》说:宜于上升,大为吉祥,初六上承并顺合二阳的心志而俱升。

【解字释义】 允,《说文》“允,信也”,甲骨文“允”作允,金文作允,高鸿缙谓象人躬身应允许可之形,有许可、信从、允当、适宜、果然等词义。王弼注“允,当也”,此处用适宜义。

【义理取象】 初六当位,为下巽☴之主,象树木之根。初六起于升卦下位,巽顺时势柔升上进,合乎其上二阳上升志向,得上坤☷大众应允欢迎,必能成功而大得吉祥。初六处巽☴下,巽为风为随顺,上承九二、九三之刚,随顺二阳升进,上坤大片平地,毫不阻碍其升进,故占大吉。王弼注初六:“巽卦三爻皆升者也,虽无其应,处升之初,与九二、九三合志俱升。当升之时,升必大得,是以大吉也。”初六爻变为泰卦䷊,小往大来,国泰民安。

【周初人事】 周初国力上升期,文王受封为西伯,允许其专行征伐之事。此后周征伐东南西南的有嘉氏、崇国等,是得殷商王朝应允的,征伐成功,通达吉祥。

九二：孚乃利用禴，无咎。

【译文】 九二：心怀诚信可用简薄禴祭荐享神灵，不致咎害。

《象》曰：九二之孚，有喜也。

【译文】 《象传》说：九二的诚信美德，带来欣喜。

【义理取象】 九二以刚履柔不当位，然居下巽☴中，上与六五柔德之君正应，乘初六之柔，刚中而应，接纳柔升，虽不当位而无咎。九二爻变为谦卦䷎，谦受益，得神灵及民众福佑。九二居巽☴中及二三四爻互兑☱下，兑为口舌为巫祝，上坤☷为土地为信实，有诚信用禴祭之象，诚信享神受福佑，自得欣喜。萃卦六二也有“孚乃利用禴”一句，萃卦六二柔爻占“引吉无咎”，升卦九二阳爻自升占“无咎”。九二以至诚求升进，向上正应六五柔君，是处升之时最佳的为臣之道，故无咎有喜。

【周初人事】 西伯享于岐山，诸侯来会，有喜庆而无咎害。殷用大牲祭祀却无神佑，因无诚信；周用时令蔬果禴祭而诸侯来会，因有诚信。既济卦九五谓“东邻杀牛不如西邻之禴祭，实受其福”，诚信爱民，天实福佑。

九三：升虚邑。

【译文】 九三：上升顺畅直入空虚城邑。

《象》曰：升虚邑，无所疑也。

【译文】 《象传》说：上升顺畅直入空虚城邑，九三此时上升无所疑虑。

【解字释义】 虚，《说文》：“，大丘也。崐崘丘谓之崐崘虚。古者九夫为井，四井为邑，四邑为丘，丘谓之虚，从丘虍声。”虍，甲骨文作，金文作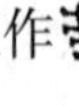，象老虎形。虎为山大王，从虍有大意，丘大而多容，故有虚空义。

【义理取象】 九三当位，下比九二，与上六正应。九三居下巽☴上，巽顺上升，上坤☷为阴虚大地，无碍九三顺风长升正应上六，有升虚邑之象。九三爻变地水师䷆,有行师征伐丘虚大邑之象。既然虚邑当伐,无所疑虑。

【社会人事】《春秋繁露·立元神》:"为国,其化莫大于崇本……无礼乐则亡其所以成也……则民如麋鹿,各从所欲,父不能使子,君不能使臣……虽有城郭,名曰虚邑。"谓"虚邑"为丧失礼制根本之邑,当伐之无疑惑。升虚邑,当指西伯伐灭崇国而登其邑。崇国在渭水之南,西伯从渭水北的程地往南伐崇国,即卦辞"南征"所向之国。

六四:王用亨(xiǎng)于岐山,吉,无咎。

【译文】 六四:君王到岐山祭祀祖宗神祇,吉祥,无咎害。

《象》曰:王用亨于岐山,顺事也。

【译文】《象传》说:君王到岐山祭祀祖宗神祇,六四要顺从君上建立事功。

【义理取象】 六四柔居阴位,与初六无应。"王"一般指居五位之君,六四上承六五君王,二三四爻互兑☱为口舌为巫祝享祀,兑位在西,岐山即是西山。九三伐灭崇国而登升其邑,六四凯旋岐山享祀报偿祖宗神祇,有周王享于西山之象,与随卦上六"王用亨于西山"同。尚秉和《周易尚氏学》:"震为王,兑为亨,震为陵为阪而形上歧,故曰(王用亨于)岐山。"六四以柔处阴为柔顺之臣,上承顺君王之升,下顺接民众之进,征伐获胜而祭祖先,不居功自伐而归美神祖,借以增强本族及诸侯同盟的凝聚力,故占吉。六四承顺君王,受命征伐得胜而祭享祖宗,仍属于顺事君王,不自享其功,故占吉而无咎。

【周初人事】 王用享于岐山,西伯灭崇而归,享祀于岐山。征伐得胜先祭祀,功不自居而归美于祖宗神灵,乃至德。此时西伯姬昌仍然顺事殷王室,《论语·泰伯》:"三分天下有其二,以服事殷。周之德,其可谓至德也已矣。"

六五:贞吉,升阶。

【译文】 六五:持守正道可获吉祥,就像沿台阶步步上升。

《象》曰:贞吉,升阶,大得志也。

【译文】 《象传》说:持守正道可获吉祥,就像沿台阶步步上升,六五大遂上升的心志。

【解字释义】 阶,繁体作"階",《说文》"隮,陛也。从𨸏皆声","階"指级级(皆)台阶,"陛"指帝王宫殿的台阶。古时帝王所坐"明堂",为朝会诸侯之所在,朝会时诸侯在明堂中按地位尊卑排先后高下。《礼记·明堂位》:"明堂也者,明诸侯之尊卑也。"

【义理取象】 六五以柔履刚,居君位,与九二正应。六五在上坤☷中,坤为国,处国中而为君,正应下贤臣,有柔君持中守正得吉之象。六五以柔履刚不自专,下应九二为善用贤,下巽☴顺而上坤☷顺,《大象》言"君子以顺德,积小以高大",逐步沿阶升进至君位。巽木扎根于坤地,吸收养分,修养正德,顺势出土长大,柔以时升,终成大树,大得其志。

【周初人事】 《逸周书·酆保》载西伯即位四十二年,受命伐崇而作《酆保》。伐灭崇国后,诸侯拥戴而尊西伯为文王。称王受命大典上,诸侯、卿、大夫等依尊卑排列先后,依次升进行礼,谓之"升阶",是大典中王、诸侯、公卿大夫各自就位的一种礼仪。

寓意:人当上升时,不可冒进也不可不进,文王灭崇受诸侯拥戴而称王受命,为最终伐纣有天下打下坚实基础。这一时期,正是周邦势力上升的重要阶段。

上六:冥升,利于不息之贞。

【译文】 上六:昏昧不觉却仍然上升,利于不停息地守持正道。

《象》曰:冥升在上,消不富也。

【译文】 《象传》说:昏昧不觉却仍然上升至最高位,上六的发展势必消减而不能富盛。

【解字释义】 冥,《说文》"𩃙,幽也",战国古文作𩃙、𩃙,想象用双手(𠬞)撒开幕布(冂)将太阳(日)盖住,天就暗了,有昏暗、夜、幽深、玄远等词义。

【义理取象】 上六柔居阴当位,与九三正应。坤☷为纯阴代表夜晚,上六处坤上在黑夜最高处,下互震☳为动为升,上六爻变上艮☶为山,坤地、艮山皆为不明之物而有冥象,合有昏梦升进的"冥升"之象。喻意上六看似升进,实际上必然消减而不会再富盛。

换个角度看,上六居升卦之终,升极则止。升进之事可暂止,但升进之道不可或息。应不事张扬,守持正道,更新更进,以求高远之升进。上六正应猛力上升的九三,三四五爻互震☳为足为动,爻变上艮☶为山,有用力登山而升进不息之象。

【社会人事】 "冥升"为殷末纣王之象,周邦在下猛力升长,纣王迷迷糊糊地随着升到最高点,快被挤出去还不自知。这种升进假象,只会使国力消退而不会富强。

反向观之,"冥升"含暗行升进之意,其升进更为高远。文王伐崇后,并未立刻兴兵伐商,此时文王九十五岁,其后二年去世。武王即位后,十一年才大会诸侯观兵孟津,两年后待纣王众叛亲离,才再度兴师一举灭殷。从灭崇到灭殷,历时十五年,期间不断蓄积人才和力量,"冥升"而"不息"。

升卦小结

升卦象征上升,重视不息之贞而升进不已,表现周初自强不息、升进不止的进取观念。萃、升互为覆卦而相为表里,升是志向,萃是条件。萃聚人才是升进的基础,升进取天下是萃聚人才的目标。升待萃以求成,萃求升乃遂志。升进不止,又不自我张扬,是周人的升进之道,应是文王、武王兴周灭纣过程的经验性总结。

升卦六爻阐述顺势上升的各种情况,刚以健升,柔以时升,而以柔升为佳。初六柔顺二阳，阴阳合志上升得吉；九二刚中应上柔君，诚信上升有喜庆；九三刚健而和逊，得升至虚邑；六四顺承尊者，享祭上升获吉；六五柔中应下用贤，历阶而直升。唯上六昏冥梦升，势必消亡。总之要中正柔和，顺时势上升，不可违背自然规律而强升或盲升。

积小成大，顺势生长，是事物生成发展的总规律。《大象》以"地中生木"为升卦之象，君子由此领悟，当顺德"积小以高大"，所说正合升卦卜升之正道和主旨。

47. 困　卦　䷮

泽水困　兑上☱坎下☵

【解字释义】　困卦象征困穷，述处困境之道，是《周易》四大难卦之一。泽水困，水到泽底下，沼泽干涸，泽无水为困。阳刚为阴柔所掩蔽，三阴分断并包夹围困三阳，九二处下坎☵中，九四、九五处大坎☵中，三阳受困而不能相援助，有困穷之象。君子被小人掩蔽受困，当处困以正，能以众正者当先自正，致命遂志，虽困不改正志。困境最能激励人心志，磨炼人毅力，逼迫人设法把困境转变为亨通。《序卦传》"升而不已必困，故受之以'困'"，升卦讲升进，一直升进必然气乏力竭而遇困境。故困卦次于升卦之后，地风升䷭转为泽水困䷮。处困境正好考验人格，且易出现转向通达的契机，故困卦占亨贞。

《说文》"困，故庐也。从木在口中。㮨，古文困"，甲骨文作图，用口束木，如围满树木的旧居，或木上有止，限困不能动长，有围困、艰难、窘迫、极尽、疲困等词义。《广雅·释诂四》"困，穷也"，此卦指受困而走不通。

儒家君子修德，常常不在富贵中，而在艰难中。《论语·子罕》："岁寒，然后知松柏之后凋也。"《孟子·告子下》："天将降大任于是人也，必先苦其心志,劳其筋骨,饿其体肤,空乏其身,行拂乱其所为,所以动心忍性,曾益其所不能。"人生须经历练才能有所成就,这是精神层面的价值表现。生于忧患,死于安乐,逆境中固守正道,只有德慧俱佳的大人君子才能成大事于困境之中。天无绝人之路,困境成就人生,是社会通则。

卦 辞

䷮ 困:亨,贞,大人吉,无咎。有言不信。

【译文】 困卦象征困穷,困而自济必能亨通。守持正道,大人可获吉祥,不致咎害。此时有所言未必见信于人。

【卦辞释义】 困境磨炼人的意志和毅力,君子身困心通而能自济,故占亨通。由困转亨是有条件的,只有持守正道的大人君子才可能转困为吉,小人则不能。《论语・卫灵公》:"子曰:君子固穷,小人穷,斯滥矣。"故文王拘而演《周易》,仲尼厄而作《春秋》。困卦九二、九五刚健中正,如中流砥柱般在困境内持中守正,终得转困为吉,不至咎害。人处困境中,说话没人相信,越自我申辩就越惹麻烦,不如反身内修,待时转机。"有言不信"为教诫之辞,来知德《周易集注》谓"兑为口,有言之象;坎为耳痛,耳不能听,有言不信之象"。一是人处困境而位卑言微,人多不信,不如少言;二是君子逆境中固守正道,不轻信诱惑丧志之言,以免消磨意志。

下坎☵为水,上兑☱为泽,水困泽底,有如人处进退两难困境之象。困境考验人的德性,《系辞传下》"困,德之辨也;井,德之地也……困,穷而通;井,居其所而迁……困以寡怨,井以辨义",困以寡怨,受困最能得到同情与帮助;困以辨德,困境最能分辨品德高下;困穷而通,困境到了极处必有转机而否极泰来。处困境少怨天尤人,当知惕励奋发。穷则思变,受困是创造力的源头,故云"艰难困苦,玉汝于成"。

《彖》曰:困,刚掩也。险以说(yuè),困而不失其所亨,其唯君子乎？贞，大人吉，以刚中也。有言不信，尚口乃穷也。

【译文】《彖传》说：困穷，阳刚被掩蔽难伸展。面临险难而心仍愉悦，虽处困穷也不失亨通前景，大概只有君子才能如此吧！守持正道，大人可获吉祥，济困求亨应具备阳刚中和的美德。此时所言未必见信于人，崇尚言辞不但无益反而更致穷厄。

【彖辞释义】 身处困境，九二、九五刚爻被柔爻掩蔽和压制；又兑☱阴卦为柔，坎☵阳卦为刚，坎在兑下，刚掩蔽于柔。《礼记·中庸》"诚不掩"，至诚君子是经得住被困考验的。下坎☵为险陷，上兑☱为怡悦，把处困境当作磨炼自己的机会，悦意接受，不丧失转困为亨的自信心，只有君子才可能做到，平常人遇到困境会心志混乱。困境中仍然坚守正道，大人君子最终能转困境为吉祥，是因为像九二、九五一样刚健中正，有信心转困为亨。君子深知，人处困境多言无益，人不肯信，所言越多越发穷困。王弼注："处困而言，不见信之时也。非行言之时而欲用言以免，必穷者也。其吉在于贞大人，口何为乎？"人遇困境，信用折损，还想用言语解围，那就无路可走了。故孔子围困于匡，无言而弹琴自我化解。

《象》曰：泽无水，困。君子以致命遂志。

【译文】《象传》说：泽中无水，象征困穷。君子当困穷之时须坚守使命实现崇高志向。

【象辞释义】 水枯泽底，是一时无解的困境。君子由此体悟，人志须顺从天命，君子陷于困境，当坚守正志而尽心竭力完成使命，做该做的事情。孔子曰"杀身成仁"，孟子曰"舍身取义"，荀子谓君子"畏患而不避义死"，都是《周易》"致命遂志"的扩展。为使命而牺牲生命，为正义而鞠躬尽瘁，决不苟且偷生，是君子理想人格的达成。

【卦变象征】 困☷的覆卦是井☵，困于境须待时抒困，井水污须浚泥使清。困☷的错卦为贲☶，困守艰难与贲饰华美大不一样。困☷之互卦为家人☲，用心用力脱出困境，心中怀有与家人团聚的必胜信念。

爻 辞

初六:臀困于株木,入于幽谷,三岁不觌(dí)。

【译文】 初六:臀部困于株木不能安处,陷入幽深的山谷,三年不见人面。

《象》曰:入于幽谷,幽不明也。

【译文】 《象传》说:陷入幽深的山谷,初六身陷幽暗不明的处所。

【解字释义】 株木,红心硬木头,《说文》"朱,赤心木也",朱同株,红心木质地坚硬。谓蹲居而臀部被地上硬木头硌着,或谓臀部受株木杖刑,陷于困境。觌dí,繁体作"覿",从见賣声,训"相见"。

【义理取象】 初六以柔居刚,与九四相应,处困卦之底,所陷至深。初六居坎☵下,坎为坎陷、牢狱,有陷入牢狱之象。又坎☵为沟渎象臀,交三四五爻互巽☴为木为杖,有臀受杖刑之象。初六柔居坎下,如入幽深山谷,其上二三四爻互离☲数三,上三四五爻互巽☴为木,木三出为三岁;又互离☲为目,上兑及爻变下兑☱均为毁损,目缺损而幽暗不明,合有三年不觌之象。初六非中不正,困于下坎谷底,柔弱而无力解脱,二三四爻互离☲光明在其头上,指望九四来救,但九四也非中不正而自顾不暇。《诗·小雅·伐木》"出自幽谷,迁于乔木",有升进之望。《孟子·滕文公上》"吾闻'出于幽谷,迁于乔木'者,未闻下乔木而入于幽谷者",困卦初六被迫下乔木入幽谷,自身柔弱无力转困为亨,往上求援又失所望,长时间见不到光明,独居幽暗深谷,受坚木刑杖,真是一困到底,处境极端艰难。

【社会人事】 本爻或记述一人受到囚禁之事,有如西伯姬昌初被囚于羑里。其人臀部受株木杖刑,又禁于土牢之中,三年不见人。此与坎卦上六"系用徽纆,寘于丛棘,三岁不得",大致相同。高亨《周易古经今注》:"盖谓臀部受杖刑也,杖以株木为之……捶楚以杖,刑杖则谓之株木明矣。入于幽谷者,盖谓入于圜土也。《周礼·司救》'掌万民之衺恶过失……其有过失者,三让而罚,三罚而归于圜土',郑注'罚,谓挞击之也;圜土,狱城也'。《周礼·司圜》'掌收教罢民,凡害人者,弗使冠饰而加明刑焉,任之以事,而收教之,能改者上罪三年而舍,中罪二年而舍,下罪一年而舍,其不能改而出圜土者杀',本爻之'三岁不觌'即《周礼》之上罪三年而未舍也。"此人犯上罪囚禁三年,将被杀,本至凶,然不占凶辞,或给以同情和鼓励,是留有余地的占法。暗喻人生落到谷底,也可幽居修炼,以待转困为亨。

九二:困于酒食,朱绂方来,利用亨(xiǎng)祀。征,凶,无咎。

【译文】 九二:陷困时得酒食,荣禄即将到来,利于主持宗庙祭祀。此时进取虽多凶险,但无所咎害。

《象》曰:困于酒食,中有庆也。

【译文】 《象传》说:陷困时得酒食,九二持守中道就有福庆。

【爻辞释义】 朱绂 fú,红色祭祀礼服。周制:天子、诸侯、上卿用朱绂。无论是升官还是复职,国君赐以朱绂,都只能用于祭祀感谢神灵,不用于征伐。

【义理取象】 九二刚居柔位,处下坎中,与九五无应。九二、九五皆刚中,或可同道相援。九二刚而能柔,居坎☵中而能自守,终当有庆,得九五回来相助,爻变为萃卦☷,有萃会贤能而解困的机会。程颐《易传》:"诸卦二、五以阴阳相应而吉,唯小畜与困乃厄于阴,故同道相求。小畜,阳为阴所畜;困,阳为阴所掩也。"九五为君王,下坎☵为坚多心木为朱,九二爻变下坤☷为文彩,有君王赐予朱绂之象。王赐朱绂可用于祭祀神灵,用于征伐则有凶祸。此时懂得持守中道,不躁进强征,无咎害而有福庆。

【社会人事】 初六如西伯初囚困于羑里,九二如西伯被囚六年余,闳夭等送美女、文马贿赂纣王而终得释放,复西伯之职。此时纣王赐西伯以朱绂,慰以酒食。筮占告诫文王,赏赐只宜用于享祀,对纣王表恭顺,不可急行征伐之事。

喻意:处困之际,若有解困之喜,当感谢神祇,委曲求全,不可轻举妄动。此乃君子朝乾夕惕、虽危无咎之方。

六三:困于石,据于蒺藜,入于其宫,不见其妻,凶。

【译文】 六三:困在坚硬难破的石垒中,四周以蒺藜荆棘据守。即使脱险回到自家房室,也见不到妻子,凶险。

《象》曰:据于蒺藜,乘刚也。入于其宫,不见其妻,不祥也。

【译文】 《象传》说:四周以蒺藜荆棘据守,六三以阴柔乘阳刚。即使脱险回到自家房室,也见不到妻子,是不吉祥的征兆。

【义理取象】 六三以柔履刚,与上六无应,非中不正无应,还是唯一被上下两个阳爻所困的阴爻,形成以刚蔽柔的特例,严重困危。六三上承九四,九四如坚刚难破的石垒困压六三,不得上进;六三乘九二之刚,九二如带刺蒺藜困堵六三,不得下行,处于进退两难的困境。二三四爻互离☲象网状宫室,上兑☱为少女为妻室,六三陷入宫室中,被九四阻挡,见不到上六妻子,处境凶险。六三爻变为大过卦䷛,过涉灭顶,家破人亡,不祥凶兆。再由变卦看,否卦䷋二爻与上爻互换为困卦䷮,六三在否卦二三四爻互艮☶中,艮为山为石,使六三有困于石之象。六三又在下坎☵上,坎为坚多心木如蒺藜,有六三据于蒺藜之象。垒石为牢房之墙,旁植荆棘蒺藜以防犯人逃出,均有不祥之象。

【社会人事】 本爻记述一人困于监牢中,倚靠石墙越蒺藜逃出,进入其家房屋,没见到妻子,已是家破人亡。而他犯越狱重罪,必有更大凶祸。《系辞传下》引孔子语:"非所困而困焉,名必辱。非所据而据焉,身必危。既辱且危,死期将至,妻其可得见耶?"身陷困境,不能静心守正待时,做了不该做的事,到不该到的地方来,必然导致更大凶祸。当时可能实有其占,只是具体人不可考。

据传,清代纪晓岚进京应试,其师为之筮得困卦六三爻,谓大不吉。纪晓岚解道:我尚未娶,不见其妻乃得其正。至于困于石,当是石姓之人名列我前。据于蒺藜,则是米姓之人名列我后。考后放榜,果然状元石姓,探花米姓,纪晓岚中榜眼。此例说明,在实际占卦过程中,当依具体时空、人事和状态不同,随机作不同的解释,才合乎"明于天之道而察于民之故"的易筮原则。

九四:来徐徐,困于金车。吝,有终。

【译文】 九四:迟疑缓缓前来,困囚于金属车中。虽有所憾惜,最终得以脱困如愿。

《象》曰:来徐徐,志在下也。虽不当位,有与也。

【译文】 《象传》说:迟疑缓缓前来,九四心志在下应初六。尽管居位不当,谦谨而行终能如意。

【义理取象】 九四以刚履柔不当位,与初六正应,上比九五中正之君。九四是困卦三个阳爻之中唯一有正应者,刚而能柔,谦谨得助,最终熬出好结果。九四被困于三四五六爻大坎☵中,等待初六上来应援。但初六处下坎☵底,三、二爻变三阳爻成乾☰为金玉,三阴爻成坤☷为大舆,合为金车,都在初六之上,故初六也有困于金车之象。九四的心志是向下盼望初六上来应援,初六重重受困,只能徐徐而来,有所憾惜。好在九四虽不当位,也等不到初六应援,然他上承九五刚健中正之君,同德相与,最终可以转困为亨,故占有终。

【社会人事】 重罪囚三年不释放,依律当处死。押送重囚的车用金属加固,防止囚犯逃跑。但金车徐徐行来,不像押赴刑场,可能是押送上司再行审判,其性命之忧或可缓解。此事虽有羞吝,或许得高人参与周旋,最后可能解困而"有终"。从初六"三岁不觌"的绝望,至九四"徐徐有终"的缓解脱困,虽磨难多吝,终有如愿结果,可以欣喜。

九五:劓刖,困于赤绂。乃徐有说(tuō),利用祭祀。

【译文】　九五:倪仉不安,被王赐赤绂所困。但渐渐摆脱困境,利于举行祭祀。

《象》曰:劓刖,志未得也。乃徐有说,以中直也。利用祭祀,受福也。

【译文】　《象传》说:倪仉不安,九五的心志尚未有得。渐渐摆脱困境,持守刚中正直之道所致。利于举行祭祀,终能承享神灵施降福泽。

【解字释义】　劓 yì,割鼻,刖 yuè,断足,为古代酷刑。王肃本作"臲卼",又作"臲卼",读 nièwù,训不安貌,郑玄注"劓刖当为倪仉",马王堆帛书本作"贰椽",清惠栋《周易述》定作"倪仉",释为"不安貌"。赤绂,与九二"朱绂"同,红色蔽膝,指王赐官服。

【义理取象】　九五当位,居上兑䷹中,与九二不应,处高位而更觉受困。九五处三四五六爻大坎䷜中,二三四爻互离䷝为火为赤,三四五爻互巽䷸为帛为绂,合有王赐赤绂而益觉受困之象。又互巽䷸为进退不果,有心志未得而不安之象。又互巽䷸为清风徐来,上兑䷹为阙为悦,有徐徐摆脱心灵困境之象。九五处困卦高位,因王赐赤绂官服而越发感觉到道义上的困境,若受王之赐而忠王之事,那自己的高远志向就不得实现,因此心神不安。好在九五刚健中正,沉稳坚定,逐渐从心态困境中解脱出来,用王赐官服祭祀天地祖宗,获得祖宗神灵降福的心灵慰藉。

【社会人事】　与九二相似,一诸侯被囚禁于王室牢狱,如西伯被囚羑里,王赐以赤绂官服,终解困获释回到故邑。初时感觉心神不安,后来慢慢摆脱内心道义困境,穿戴赤绂祭祀天地祖先,以谢神灵赐福而获释解困。然后大行仁政,去实现自己建功立业的宏伟志愿。

上六:困于葛藟,于臲卼(nièwù),曰动悔。有悔,征吉。

【译文】　上六:困在葛蔓藟藤之间,困在高直木桩囚牢之内,若言目行动必招致悔吝。尽快悔悟,往正确方向前进必获吉祥。

《象》曰:困于葛藟,未当也。动悔有悔,吉行也。

【译文】 《象传》说:困在葛蔓藟藤之间,上六所处地位不适当。若盲目行动将招致悔吝,赶快悔悟,正确前行可以解困获吉祥。

【爻辞释义】 葛藟 lěi,葛藤,《诗·王风·葛藟》"绵绵葛藟,在河之浒",孔颖达疏:"葛藟,引蔓缠绕之草。"臲卼 nièwù,高危直竖的木桩,用作牢房木栏杆,合指竖有高大木柱围栏且缠满藤蔓的土牢。

【义理取象】 上六当位,与六三无应,处大坎☵上,居困卦䷮之极。大坎☵为坎陷为牢笼,三四五爻互巽☴为木,大坎☵又为上下巽反复缠绕,合有竖木缠藤为牢笼之象。虞翻曰:"巽为草莽,称葛藟……兑为刑人,故困于葛藟、于臲卼也。"若被困于如此坚实的牢笼之内,还像六三那样躁动强行,必招致悔吝,因为上六无应,此时行动不适当。如能吃一堑长一智,认识到守正待时的重要性,一旦抓住时机前行征伐,就会成功获吉祥。三四五爻互巽☴为顺,二三四爻互离☲为戈兵,上兑☱为喜悦,有顺势用兵征伐获喜得吉之象。上六高居困卦极顶,困极必解,前行脱离困境,是吉祥的行动。上六爻变成讼卦䷅,不再是一方受困,而是双方势均力敌争讼,从此征伐决高下,将获胜得吉。

【周初人事】 西伯解困获释后,思谋适时伐殷之事,从此开始周邦一统天下的吉祥征程。

困卦小结

困卦象征困穷,六爻阴阳交相困,述围困囚牢之象,史事多与西伯姬昌遭囚禁有关。三阳爻,述朱绂赤绂,酒食金车,祭祀享神;三阴爻,述幽谷朱木,山石蒺藜,葛藟缠绕。主要是阳刚受阴柔之困,大人受小人之困,并述转困为亨之道。

困有两类,一是身体生存之困,二是心灵道义之困。困苦穷厄,最能检验人的优良品格,如文天祥《正气歌》所说"时穷节乃见"。大人君

子身处困境,刚中内美,持守正道,转危济困,其道亨通。六爻处困状态
不同:初六坐困至深,难以自拔;九二刚中慎行,缓解得无咎;六三躁动
强行,难免凶险;九四谦谨缓行,终得所愿;九五刚正中直,脱险受福;上
六悟道正行,困极转通。困卦赞颂大人君子品格,对囚禁之大困毫不畏
惧,而视作考验与磨砺,把握"困穷而通"的机遇,有大器度。同时强调
"有言不信""动悔不行",应对困境的态度极为严肃谨慎。人处困境,
要认真对待,总结经验教训,守正待时,相机而行,躁动强行必有凶祸,
适时正行可获吉祥。

《周易》是"困穷而通"的典范,困卦提出"贞大人吉""有言不信"
"有悔征吉"三条处困原则,以文王囚羑里史实作背景,总结严谨的处困
之道,昭示刚健中正的大人品格。临难用众,以众正当先自正,在困境
中磨砺自己的意志和德行,是成就大事业者的必由之路。不仅是文王
拘而演《周易》,直到近代,世界上很多革命家,如列宁、甘地、曼德拉、章
太炎等,都是在囚牢中认真反思,总结经验教训,学习并思辨,著书立
说,最终得成大功的。

噬嗑卦述刑狱之事,是"小人"受刑狱,旨在"小惩而大诫"。困卦
述"大人"处困厄,有意磨砺自己,成就担当家国重任的优良品格。李光
地《周易折中》引吴曰慎:"困非自己致而时势适逢者,则当守其刚中之
德,是谓'困而不失其所亨'也,其道主于'贞'。若困由自己之柔暗而
致者,则当变其所为,以免于困也,其道主于'悔'。学者深察乎此,则处
困之道异宜而各得矣。"

48.井 卦 ䷯

水风井 坎上☵巽下☴

【解字释义】 水风井,风☴深入水☵之中,探井水之用;又巽为木,

木下入而水上升，有治井取水之象。井卦象征水井，讲修井汲水之道。《序卦传》谓"升而不已必困"，事物不可能永远上升，上升不已就是困境；又"困乎上者必反下，故受之以'井'"，升困的结果必然反于最下，古人认为井处于最下处，故井卦次于困卦之后。

井，甲骨文作 ✳，金文作 井、井，《说文》"井，八家一井，象构韩形，罋之象也"；"罋，汲瓶也"。井中一点是水井口，四边是水井口栏杆（韩）形，后用四画的栏杆表示井。"井"有水井、矿井、井田、市井、法度等词义。六千多年前，长江下游河姆渡文化遗址有木结构水井。龙山文化有水井两口，良渚文化水井密集，且有取水陶罐。《汲冢周书》"黄帝作井""尧民凿井而饮"，五至四千年前已有不少饮用水井。《世本》谓"汤旱，伊尹教民田头凿井以灌田"，谓商初有灌溉用水井。最初有内木构水井，木构井壁坚固且有过滤杂物功能，周初为用砖石井代木构井的转换时期。

井田，又作 ⊞，即井田制，用井字将一大块田划分为九块，中间一块是王田或公田。《孟子·滕文公上》："方里而井，井九百亩，其中为公田，八家皆私百亩，同养公田。""井"由此转指地亩及居住面积，《周礼·考工记·匠人》："九夫为井，井间广四尺，深四尺谓之沟。"《地官·小司徒》："九夫为井，四井为邑，四邑为丘，四丘为甸，四甸为县，四县为都，以任地事而令贡赋。"邑是最小聚居单位，初级三十六户，后扩大，讼卦邑三百户，再后发展为城市，有"市井"一词，则"井"为居住单位。

水井是民众生活必需，故井卦主要讲养民之道。孔颖达疏："此卦明君子修德养民，有常不变，终始无改。养而无穷，莫过乎井。故以修德之卦取譬名'井'焉。"井是村民住户必不可少的生活资源，也应当是有福同享的公共资源。井卦讲周取代殷之后的基层权力转换，以生活必需的水井修缮管理为切入点，阐明社会基层秩序与民众切身利益是国家管理的重要内容。井卦上六出现"元吉"，而卦辞却有"凶"，教诫管理者对民众基本生活资源必须给以特别的重视。

卦 辞

䷯井：改邑不改井，无丧无得，往来井井。汔至亦未繘
（yù）井，羸（léi）其瓶。凶。

【译文】 井卦象征水井，城邑建制改变而居民水井不改变，政权变
更似乎跟百姓得失关系不大，百姓日日往来汲水为用。汲水瓶升到井
口绳子提不上来，使水瓶碰破，凶险。

【卦辞释义】 汔 qì，同"迄"，终止。繘 yù，《说文》"繘，绠也，从糸
矞声"，汲水绳索，《方言》"关西谓之繘"。羸 léi，羊瘦弱，表残缺、损坏。

"改邑不改井，无丧无得"，应为当时谚语，近似"半斤八两，不多不
少"。井卦䷯由泰卦䷊初爻与五爻互换变来，泰卦上坤☷为地为邑，现
换位形成井卦上坎☵为水，邑去而水现，有改邑不改井之象。井卦下巽
☴为绳直，上坎☵为坎陷，二三四爻互兑☱为缺失，有未繘羸瓶之象。
井井，有序貌，村民至井打水来往有序。也指井田分布、田间交通、排水
渠道划一有序，为当时井邑治理的目标。《周礼·地官·遂人》："夫间
有遂（广深各二尺），遂上有径（容车马也）；十夫有沟（广深四尺），沟上
有畛（容大车）；百夫有洫（广深八尺），洫上有涂（容车一轨）；千夫有浍
（广二寻深二仞），浍上有道（容二轨）；万夫有川，川上有路（容三轨）。"
遂、沟、洫、浍、川，径、畛、涂、道、路，周初岐山田亩、沟渠、道路均治理得
井井有条，如坤卦六二谓"直、方、大"。

周取代殷商后，某大夫改领新邑，编户并无多少增减。他到新邑
后，去井中取水，还没提出井绳，取水瓶就碰破了，很不吉利。关中地下
水位较深，有的井深达十余丈。巽为风为木（桶），用木桶或瓶（瓦罐）
舀水，转动辘轳提到井口。而殷商管理者留下的旧井瓮、旧绳、旧瓶都
损坏严重，一碰就破。以取水的具体例子说明，周人取代殷人管理乡邑
之初，大夫改邑很常见，而居民水井不会改动，基层政权更迭，似乎与老

百姓的得失关系不大。新至邑主治理本邑力争井井有条,但殷旧邑主腐败,至未繘井而瓶破,很不吉利,喻意殷商灭亡有必然性。卦辞是周初基层权力转换的具体写照,乡邑凋敝,民居不安,旧邑设施破败不可用,应当大加治理,由此警醒新邑主发奋图治。改旧井,凿新井,都需要改变水源的使用和管理,故井卦后接革卦。基层民众只看具体利益,变革的利益必须与民众分享才有效用。井收勿幕,实利于民,周初政权的管理才可能获取民意支持和拥护。

《彖》曰:巽乎水而上水,井。井养而不穷也。改邑不改井,乃以刚中也。汔至亦未繘井,未有功也。羸其瓶,是以凶也。

【译文】 《彖传》说:顺依水往下渗的特性而往下挖洞引水上来,便是水井。水井养人功德无穷。乡邑建制改变而居民水井不改变,当恒守阳刚居中的美德。汲水瓶快升到井口绳子却提不上来,未实现井水养人的功用。水瓶碰破,必然导致凶险。

【彖辞释义】 下巽☴为入为木桶,上坎☵为水,用木桶提水上来饮用,是水井的功用,水井养乡邑民众的功德是永远存在的。乡邑建制及其管理者在改变,而水井则不会改变,井有恒久的性质。因此,九五上层君主与九二下层领导,要以刚健中正的品德来妥当管理井水等民众生活资源,关心民生的德政恒久不变,才可保国泰民安。殷商基层管理者弄得井绳提不起水来,是治理无功。井瓶碰破,就像殷末政治腐败一样,是必然到来的凶祸。

《象》曰:木上有水,井。君子以劳民劝相。

【译文】 《象传》说:木桶装水辘轳提水,象征水井。君子效法井水养人之德,努力为庶民操劳而劝勉百姓互相协助。

【象辞释义】 巽☴为木(桶),坎☵为水,有木桶汲水之象,也有植物根部吸收土壤水分、养分之象。君子由井卦的象征得到启发,作为乡邑管理者,要像水井恒久养民一般辛劳服务于大众。民无水不能生活,建造、修缮水井,需要大家互相劝勉和协作,共同珍惜公共资源,管理者应积极协调、妥善管理。

【卦变象征】 井䷯的覆卦是困䷮,基层领导管理不好水井,政治就会陷入困境。井䷯的错卦为噬嗑䷔,治理毁坏严重的村民水井,须用刑狱断案般的有力手段。井䷯之互卦为睽䷥,新邑主如果治理不好广大乡村的水井,民心必然睽违。

爻 辞

初六:井泥不食,旧井无禽。

【译文】 初六:井底污泥沉滞不可食用,水井久未修治连禽兽也不来。

《象》曰:井泥不食,下也。旧井无禽,时舍也。

【译文】 《象传》说:井底污泥沉滞不可食用,初六了解下情。水井久未修治连禽兽也不来,公共设施长时间被舍弃。

【解字释义】 泥,从水尼声,水与土拌和胶着的状态。禽,甲骨文作𢔬,金文作𢄴,用网捕捉禽兽,名词用“禽”,动词加手旁作“擒”。时舍,过时无用而舍弃。

【义理取象】 初六阴履阳位,在坎水☵最下处,有阴阳交合般的污水胶着井泥塞废之象。初六处二三四爻互兑☱下方,兑为毁折,毁折之水井有旧井之象。下巽☴为倒兑☱,兑为口食,倒兑有水污不食之象。三四五爻互离☲,离中虚而无物,有无禽之象。泰卦䷊上坤☷为地为土,现在变为井卦䷯下巽☴,有土落坎下水井中为泥之象。

【社会人事】 孔颖达疏:“久井不见渫治……人既非食,禽又不向,即是一时共弃舍也。”殷旧邑主管理不善,村邑旧井淤泥堵塞不能用,人无法汲食,连禽兽都舍弃而不光顾。周初新邑主初来乍到,看见的是广大乡邑如此破败凋敝的景象。

九二:井谷射鲋,瓮敝漏。

【译文】 九二：井筒破败到可射取里面的鱼蛙了，井瓮敝败破漏无法汲水。

《象》曰：井谷射鲋，无与也。

【译文】 《象传》说：井筒破败到可射取里面的鱼蛙，无人参与管理太久了。

【解字释义】 谷，《说文》“，泉出通川为谷”，甲骨文作，山间出口处。井谷，水井筒。鲋 fù，小鱼，这里指蛤蟆，《子夏易传》谓“井中虾蟆，呼为鲋鱼也”。“瓮-”指井瓮，即井筒。

【义理取象】 九二以刚履柔，居下巽☴中，处二三四爻互兑☱下，兑泽为井谷，巽为风为贯鱼，上坎☵为弓，有井谷射鲋之象。三四五爻互离☲为大腹瓮，下互兑☱为毁折，有大腹瓮般的井筒敝漏之象。九二与九五不应，转而向下接初六之承，有井水下流之象。九二爻变为蹇卦䷦，有蹇蹇破败之象。九二与上卦九五无应，基层水井设施缺损，得不到上面的支持和援助，故《小象》谓“无与”。

【社会人事】 孔颖达疏：“井而下注，失井之道，有似瓮敝漏水。”新邑主查看各处水井，大都井壁破败泄漏，污水往井底灌注，直接注射到井底鱼蛙身上。井瓮破败漏水很严重，井底成了蛤蟆的生存福地。众多水井久未疏淘治理，民众生活的基本设施一派衰败景象。旧邑主不行修治，殷商上层也根本不参与理睬。

九三：井渫不食，为我心恻。可用汲，王明，并受其福。

【译文】 九三：旧邑主的水井淘治洁净却不让百姓汲食，使我心感痛恻。大家快来汲取这清澈的井水呀，周君王圣明，大家共受福泽。

《象》曰：井渫不食，行恻也。求王明，受福也。

【译文】 《象传》说：水井淘治洁净却不让百姓汲食，旧邑主的行径真令人痛恻。希望君王圣明，大众共受福泽。

【义理取象】 渫 xiè，从水枼声，用木片（枼）掏泥净水（氵），即淘井去泥。九三当位，与上六正应，处三四五爻互离☲下，恪尽职守，忠于王事，为民众带来光明希望。下巽☴为股，上坎☵为水，股脚入井水中，有淘井渫泥使水净之象。上坎为心忧，有心恻之象。可用汲，占辞。互离☲为光明，有王明受福之象。

【社会人事】 殷商旧邑主不管民众死活，不修治弊败的公用水井，却拥有用众人力淘治好的私家水井，但独霸不让邑人食用，着实令我心痛。周初新邑主秉承文王仁德，积极修治破败的公用水井。他先开放邑主私井让众人汲用，让大家共同享受当今明王仁政的福祉。实际上，是周初明王任用九三这样的仁德贤能的人才到乡邑去管理民众事务，使民众并受其福。《逸周书·文传》："凡土地之闲者，圣人裁之，并为民利。"《尚书·康诰》："王应保殷民，亦惟助王宅天命，作新民。"周初圣王强调以民生为仁德治国之本。

六四：井甃（zhòu），无咎。

【译文】 六四：水井得到全面修治，无咎害。

《象》曰：井甃，无咎，修井也。

【译文】 《象传》说：水井得到全面修治无咎害，新邑主主持修井。

【解字释义】 甃 zhòu，《说文》"甃，井壁也"，干宝谓"以砖垒井曰甃"。以砖砌井壁，换掉以前竖木拦土而腐烂漏水的木井壁。《子夏易传》："甃亦治也，以塼垒井，修井之坏，谓之为甃。"

【义理取象】 六四当位，上承九五中正仁德之君，为贤能实干之臣。程颐《易传》谓六四："居高位而得刚阳中正之君，但能处正承上，不废其事，亦可以免咎也。"六四爻变为大过卦䷛，形如上下圜形口之新水井，木栏井壁为方形而易烂，砖砌圜形井壁坚实耐久，故占无咎。

【社会人事】 殷旧邑主不务养民而丧邑，周初新邑主用新技术修治新井，组织人工烧泥成砖，砌砖成圆筒井瓮，完成"甃井"任务。改革务实，德政利民，再无未繘羸瓶之咎害。

九五:井洌寒泉,食。

【译文】 九五:井水清澈如寒泉,大众普遍食用。

《象》曰:寒泉之食,中正也。

【译文】 《象传》说:洁净寒泉大众食用,九五居中持正利民。

【解字释义】 《玉篇》"洌,寒气也",《诗·曹风·下泉》"洌彼下泉,浸彼苞稂"。周人用"洌"形容泉水清寒,寒洌之水清甘,表明旧井污泥得以治理,水清凉可食用。

【义理取象】 九五刚健当位,居上卦中之君位,中正仁德,处三四五爻互离☲上,德政光昭天下。九五明君之下,有刚中之臣九二查考旧政民情,有九三广传明王福祉,有六四实施水井修治。至九五已治理完备,民众得以食用寒泉般洁净的井水,是九五之君居中持正以利民的大好结果。

【社会人事】 在殷末久苦无水的民众,于周初得以饮用清澈如寒泉的井水,喻意基层民众的生活质量得以全面提升。中正德治如同泉源长裕的寒泉,无可污染,民心归往中正仁德之周初新政,自不待言。

上六:井收勿幕,有孚,元吉。

【译文】 上六:修井事功已成而不再覆盖井口,诚信广布,至为吉祥。

《象》曰:元吉在上,大成也。

【译文】 《象传》说:上六高居上位而至为吉祥,此时修井事功已经大成。

【解字释义】 收,《说文》"𢼧,捕也。从攴丩声",手持器(攴)收聚(丩)散物。此处指民众收清水食用,马融谓"收,汲也"。修好各地泥淤旧井,收民众汲取清水食用之功效。幕,也作"羃",从冖从幕,用布遮盖,虞翻谓"幕,盖也";勿幕,不加井盖,便利众人使用。

【义理取象】 上六当位,处上坎☵外,居井卦上端,困难均已过去,修治水井之事均已完善,剩下是如何使用的问题。王弼注上六:"水已出井,井功大成在此爻矣,故曰'井收'矣。"孔颖达疏:"井功已成,若能不擅其美,不专其利,不自掩覆,与众共之,则为物所归,信能致其大功,而获元吉。"邑主不再覆盖井口而专为己用,不许损人利己,要打破特供特权。上六为井卦之终,治理有大成,全面开放服务,造福大众,民心欢悦,故占元吉。井是由下往上提水,越往上越好。物极必反,六十四卦一般至上爻即转向反面,但此处井卦上爻有功成业就的意义,故占元吉,殊为不易。

【社会人事】 周初新邑主的德政与殷商旧邑主的乱政,形成鲜明对照,旧邑主井渫不食,新邑主井收勿幕,深得民众的信赖与归心。德政由此推及其他,邦国必大治,至为吉祥。

井卦小结

井卦象征水井,讲治理和使用水井之道。周初得天下,实行为民除弊兴利的养民之道,强调基层管理者必须既养德又养民。古有"黄帝穿井"传说,孔颖达疏谓"养物不穷,莫过乎井"。古时水井是基本的公共生产生活设施,管理者当与民同患共利。从旧殷到新周,是历史性的社会政治变迁。井卦选取水井管理这一典型个案,反映社会秩序由乱到治、民众从困苦到安乐的过程,展现周初社会政治的新气象,以点显面,形象生动,蕴涵深刻。

下卦三爻为殷旧邑主腐败乱政:井泥不食、井谷射鲋、井渫不食;上卦三爻为周新邑主之德政:井甃、井洌、井收勿幕。新邑主革新改造,忠于王事,勤政爱民,修井成功,民生基本建设初见成果,折射周初重视民生的德政大有成效。

扩展言之,"井"也指井田制。"改邑不改井""往来井井",说明殷周井田制普遍存在,周初井田制普遍施行。邑是聚居单位,井田是土地计量以人口编户的单位。井田破坏即社会基础破坏,周初复井,有重大的社会变革意义。

井卦的卦爻辞使"井德""寒泉"成为政治清明的象征词汇,《艺文类聚》引后汉李尤《井铭》:"井之所尚,寒泉冽清。法律取象,不概自平。多取不损,少汲不盈。执宪若斯,何有邪倾?"这就把井德人格化、政治化了。

49. 革 卦 ䷰

泽火革 兑上☱离下☲

【解字释义】 革卦象征变革、革命,讲变革之道。泽火革,上兑泽☱下离火☲,火往上烧,水往下流,水灭火而火涸水,二者不相合,相生相灭而变化生,有相互变革之象。初民以火焚泽,治地耕种,刀耕火种有革象,可见革卦来源甚早。《序卦传》"井道不可不革,故受之以'革'",井卦讲旧井的修治翻新,井漏水淤塞不能取水,就需要修治变革,故革卦次于井卦之后。水风井䷯变为泽火革䷰,水风泽火相生变化,所谓"山重水复疑无路,柳暗花明又一村"。《杂卦传》"'革',去故也;'鼎',取新也",鼎煮食变熟,有革故鼎新之象。

革,金文作𩏽,《说文》"革,兽皮治去其毛,革更之"。皮,金文作𤿤,"皮"是手(又)剥下来又卷为原样的兽皮形(头身尾),"革"是加工去毛撑开后的兽皮,因而"革"有除去、更换、变革、革除、革命、改革等词义。

革卦象征变革,国家政权除旧布新,为革命之革。社会组织及生产形态发生大变化,为改革之革。革命者的信念:逢乱世暴政,当变革天命,其义举顺天意得民心,天人共襄,故《象传》曰"汤武革命,顺乎天而应乎人"。

卦 辞

䷰革：巳日乃孚，元亨，利贞，悔亡。

【译文】 革卦象征变革，在交变点"巳日"推行变革并取信于众，至为亨通，利于守持正道，悔憾必将消亡。

【卦辞释义】 "巳日"有多种理解：一是虞翻、王弼谓"巳"通"已"，即止；二是李镜池谓"巳"通"祀"，祭祀之日，"巳日乃孚"即"到祭祀之日才捉俘虏来作人牲"；三是"纳甲"以八卦配十天干：乾卦纳甲壬，坤卦纳乙癸，艮卦纳丙，兑卦纳丁，坎卦纳丙戊，离卦纳己，震卦纳庚，巽卦纳辛。十日一轮，巳前后各五日，巳处于交变之点，为宪政转变之日。

下离☲为火为明为孚，十日一个周期方至于"明"，凡变革都需要一段时间，才能得百姓的信从。谢祥荣《周易见龙》谓：逢巳之日，与武王伐纣出兵之日相合，与六二"巳日乃革之，征吉"相合。《尚书·武成》"惟一月壬辰，旁死魄，越翼日癸巳，王朝步自周，于征伐商……既戊午，师逾孟津。癸亥，陈于商郊"；"甲子昧爽……会于牧野"。这个"癸巳"日（周文王十三年一月癸巳），是周武王出发进军的日子。癸巳出征，经二十五天渡孟津（二月戊午），再走五天至牧野（癸亥日），第二日甲子会战，取得胜利。因此，"巳日"就是周人战争胜利纪念日。乃，副词，才；孚，俘获、孚信。大亨之日筮遇此卦，所贞利于变革，是验辞前置。果然巳日（癸巳）出兵大有俘获，得众人信服。

革卦是下经三十四卦中唯一卦辞中"元亨利贞"四德具存者，说明至此改革才具有新局面。后天八卦，上兑☱为秋，三四五爻互乾☰为冬，二三四爻互巽☴为春，下离☲为夏。春夏秋冬四时更新，喻改革必然成功，显示周人革新的必胜信心。泽火革，革命如火如荼，为创造性的变革，将破坏降到最低程度，故占悔亡。泽中无水为"困"，水源枯涸，凿"井"以求，开通泉脉，纾困开新，故至革卦为元亨利贞。

《彖》曰：革，水火相息，二女同居，其志不相得，曰革。巳日乃孚,革而信之。文明以说(yuè),大亨以正。革而当,其悔乃亡。天地革而四时成,汤武革命,顺乎天而应乎人。革之时大矣哉。

【译文】 《彖传》说:变革,象水火相长而交互更革;又象两女子同居一室,志趣不合终将生变,故称为变革。在交变点的巳日推行变革并取信于众,变革过程使天下信服。用文明美德使人心愉悦,守持正道使前景大为亨通。这样变革稳妥得当,一切悔憾必将消亡。天地变革导致四季形成;商汤、周武王变革桀、纣的王命,既顺从天道又应合人民的愿望。变革之时的功效很宏大啊!

【彖辞释义】 革卦上兑泽☱下离火☲,水火相熄相生、相反相成,于是就形成变革。兑为少女,离为中女,二女在娘家同居一室,以后嫁给不同男人,志向不同而生变化;兑☱少女可能会设法变革而取代离☲中女的地位,为大的变革。周武王出征殷纣,占得巳日进军,诸侯士众服从,其革命得以成功。

【义理取象】 下离☲为文明,上兑☱为悦从,变革之事必须正大光明,才能顺应民意而得胜利。革卦六二、九五当位居中正应,行事中正,是变革前景大为亨通的前提。大壮卦䷡二五爻互换变为革卦䷰,遂成六二与九五正应,是经变革而得当,过壮的悔憾得以消亡。这说明变革是一件艰难的事,极易过度而生悔憾,革必至当,方可无悔。

【社会人事】 就自然界而言,天地的变革,形成春夏秋冬四季的有序变化,适宜万物的生长和发展。就社会政治而言,商汤放逐夏桀、武王伐灭殷纣的革命,顺从天命而应合人心,也是合乎自然规律和社会法则的。由此可见,变革合时顺势的意义和功用是巨大的。

《象》曰:泽中有火,革。君子以治历明时。

【译文】 《象传》说:泽中有火,水火相息,象征变革。君子因此撰制历法以辨明四季的变换。

【彖辞释义】 上兑泽☱下离火☲,水熄火焰,火涸水气,变革不息,犹如春夏秋冬四季交替变换不止。君子由此体悟季节变化的重要性,

于是修治历法,辨明四季节候,指导农业生产。历法节候对于华夏农耕
民族的重要性是不言自明的,如元末久无历书下发,农民耕种无时节可
循,怨声载道。朱元璋兴师北征,先修历书一路分发,百姓归顺如流,不
战自胜。

《系辞传上》:"大衍之数五十,其用四十有九。分而为二以象两,挂
一以象三,揲之以四以象四时,归奇于扐以象闰,五岁再闰,故再扐而后
挂。"蓍草大衍占筮法,也是依历法制定次序。六十四卦中,革卦排四十
九,鼎卦排五十,革故鼎新,合天命变革之数。

【卦变象征】 革䷰的覆卦是鼎䷱,革故与鼎新互为动力。革䷰的
错卦为蒙䷃,变革天命的行动建立在思想启蒙基础上。革䷰之互卦为
姤䷫,社会睽违才需要变革,然后得以和合。

爻 辞

初九:巩用黄牛之革。

【译文】 初九:用黄牛皮革牢固缚束。

《象》曰:巩用黄牛,不可以有为也。

【译文】 《象传》说:用黄牛皮革牢固缚束,初九不可有妄行变革
的作为。

【解字释义】 巩,繁体作"鞏",《说文》"鞏,以韦束也。从革巩
声",金文"巩"作 𢀜,人两手做工形,用牛皮围束物以加固,加革作
"鞏",有牢固、巩固、勤劳等词义。

【义理取象】 初九当位,与九四无应,初入革卦有躁动之性,但非
中而无应,还不具备大变革的能力和时机。初九当牢牢约束自己,以中
顺之道巩固自守,不可妄行变革而有所作为。下离☲为甲胄,初六在下
为制革甲之牛皮,黄为中色,黄牛皮革坚韧牢固,遁卦六二"执之用黄牛
之革,莫之胜说"即是;二三四爻互巽☴为绳,合有用黄牛皮牢固缚束之
象。"革"是兽皮去毛摊干鞣制而成,兽肉入鼎烹为熟食,故兽皮在革

卦,兽肉在鼎卦。

【社会人事】 初九才入革卦,不到大变革时机,当守常规不妄为。改革初期当巩固基础,作组织及物资上的准备。战车、马络、盾牌、甲胄、矢囊等军备都需要皮革,黄牛皮最柔韧,制革用于军备为上等材料。革卦之初先作军需准备,是成熟的革命领导者的正确见解。《逸周书》之《酆谋》《武顺》等篇,记载很多大战前军事组织与训练的准备,周密的战前准备使周武王"壹戎衣而有天下"成为可能。用"黄牛革"为战备之代表,是一种理念性的系辞。

六二:巳日乃革之,征吉,无咎。

【译文】 六二:在交变点的巳日推行变革,前进必有吉祥,无咎害。

《象》曰:巳日革之,行有嘉也。

【译文】 《象传》说:在交变点的巳日推行变革,六二努力前行必获嘉美大功。

【义理取象】 六二当位,与九五正应。六二柔中当位正应,处下离☲中,日中将昃;又离为兵戈征伐,纳甲离为巳日,故六二正值大变革交变时机,具备"巳日乃革"的各项条件。二三四爻互巽☴处于三四五爻互乾☰下,六二与九五正应,有顺天应人之象。互巽☴为近利市三倍,下离☲为光明,上兑☱为喜悦,六二上应九五行变革之事,故占征吉,巳日乃革必无咎害。

【周初人事】 武王伐纣,于癸巳日出师,途中占筮多有咎害、不吉或凶,最后获得嘉美大功,"征吉"与"无咎"为验证性占辞。

九三:征凶,贞厉。革言三就,有孚。

【译文】 九三:征伐进程生凶险,所贞又显示危厉。三度宣说革命大义,终得众人信从。

《象》曰:革言三就,又何之矣!

【译文】 《象传》说:三度宣说革命大义,表明此时没有别的路可行!

【义理取象】　九三以刚履刚,过刚不中,乃躁动之才。九三在离火☲上及泽水☱之下,处水火冲突焦点,上兑☱为毁折,躁进可能受挫,故占征凶。九三前进变革之心不改,再行贞筮,可能用《连山》《归藏》行筮,仍然所占危厉。于是多方求教求助,宣说革命大义,最终取得大众孚信,才得以继续前行。九三隔三爻与上六正应,上兑☱为口舌,有革言三就得孚信之象。九三爻变为随卦▤,"随无故",革命目标正确,遇到再多困难,也坚持前行,一不可则再,再不可则三,顺势推进,革言三就,终令众人孚信。此时不必他往,前行革命,必成大功。

【周初人事】　《荀子·儒效》:"武王之诛纣也,行之日以兵忌,东面而迎太岁,至汜而泛,至怀而坏,至共头而山隧(坠)。霍叔惧曰:出三日而五灾至,无乃不可乎。"周公答疑曰:"刳比干而囚箕子,飞廉、恶来知政,夫又恶有不可焉!"武王伐纣,途中三日遇到五大灾难,占筮也得不吉之兆,军心动摇,将士畏惧,周公、姜太公坚持继续进军。于是武王明誓众士,众人信从同心向前,终得胜利。《史记·周本纪》载师渡盟津,武王乃作《太誓》三篇:"今殷王纣,乃用其妇人之言,自绝于天,毁坏其三正,离逖其王父母弟,乃断弃其先祖之乐,乃为淫声,用变乱正声,怡悦妇人。故今予发维共行天罚,勉哉夫子。"三度宣说革命大义,终得众人信从,联军得以军心稳定,一日便攻下朝歌,即"壹戎衣而有天下"。"革言三就"是今传《尚书·泰誓》三篇。

九四:悔亡,有孚,改命,吉。

【译文】　九四:悔恨消亡,获得众人信从,改变天下命运,吉祥。

《象》曰:改命之吉,信志也。

【译文】　《象传》说:改变天下命运的吉祥,变革之志得以申述畅行。

【义理取象】　有孚,众人信从。改命,更改天命。信,同伸。九四刚居柔位，是革卦唯一不当位之爻，且与初九不应。但九四已居革上卦，下卦三爻准备变革，上卦三爻革道已成，到了"天命已改"的时候。九四居三四五爻互乾☰中，乾为天，二三四爻互巽☴为风，天风代表天命，九四处于天命变革之中枢，顺应自然规律，"莫之为而为，莫之至而至"，顺天意而得大众孚信，改革天命，除旧布新，本不当位的有悔变为悔亡。下互巽☴而上兑卦☱，下随顺而上喜悦，故占吉。九四当互巽☴上，下为离☲，上为兑☱，又居互乾☰中，巽为春、离为夏、兑为秋、乾为冬，四时变换井然有序，有自然改命之象。

【周初人事】 史载，牧野会战，商纣军皆叛迎武王，纣王自焚于鹿台而死。武王行进，一路上诸侯来参拜，至殷都朝歌，百姓侍迎于郊。入宫，立于社南，有祝词，武王再拜稽首，曰"膺更大命"，周革殷命之志愿得以实现，应合"改命吉"之占。

此爻辞为理念实证性系辞，选取历史事件比附自然变化规律，按逻辑当然与爻象特征作爻辞。这类爻辞比一般的筮辞更复杂更高深，所述内容重大，有史事依据，证论严密，是周人神道设教的集中体现。

九五：大人虎变，未占有孚。

【译文】 九五：大人像猛虎一样推行变革，未视占兆而内心有必胜信念。

《象》曰：大人虎变，其文炳也。

【译文】 《象传》说：大人像猛虎一样推行变革，九五的文德彪炳焕彩。

【义理取象】 九五刚健当位，居上卦中而正应六二，为革卦主爻，有大人之象。大人以德为本，位高权重，治国为民，信念坚定，能成大事，若遇非常之事，必现威猛之象。此处当以太公、周公等在位君子为"大人"。三四五爻互乾☰为龙（虎），上兑☱在西方为白虎，虎身花纹炳焕易见，下离☲为火炳然变换光焰，大人中正明德光耀天下，有虎纹炳焕变化之象。互乾☰为天,互巽☴为顺,下离☲为明,大人明顺天意,不劳占卜,信德自著,有未占先有孚信之象。九五爻变为丰卦䷶,有排除疑义建立丰功伟绩之象。

【周初人事】　《论衡·卜筮》:"武王伐纣,卜筮之,逆,占曰'大凶'。太公推蓍蹈龟曰:枯骨死草,何知而凶!"是说武王伐纣过程中占卜不利,有人疑惧伐纣是否可行,太公、周公大发威怒,谓之"大人虎变"。乾《文言》"云从龙,风从虎,圣人作而万物睹",姜太公由常变独,由顺变威,关键时刻左右时局,保证伐纣大事顺利进行。

大德之人未视占兆而内心有必胜信念,虽有不吉占兆也未加信从。大人不信卜兆而信天理人心,以理性判断否定神秘卜占,认定民心向背胜于占筮信仰,体现"圣王先成民而后致力于神"的民本思想。

上六:君子豹变,小人革面。征凶,居贞吉。

【译文】　上六:君子像斑豹一样实行变革,小人纷纷倒戈变颜迎合,此时若继续大革命必有凶险,静居守正道可获吉祥。

《象》曰:君子豹变,其文蔚也。小人革面,顺以从君也。

【译文】　《象传》说:君子像斑豹一样实行变革,上六的文德映蔚彰显。小人纷纷倒戈变颜迎合,顺从君主的变革。

【爻辞释义】　豹变,豹子身纹比老虎细密华美,花纹细巧而多变化。蔚,草木茂盛华美。大人,就位高权重而言;君子,就智慧细密而言。九五在大革命创建时期,上六在成功后守成时期。比如:文王、武王革命创制,天理明著,大人虎变,威猛彪炳;成王、康王继体守成,润色鸿业,君子豹变,文理细密。

【义理取象】　上六当位,与九三正应,处革卦之极,居上兑之末。此时革道已成,天命已改,君子当行事柔和,如豹纹细致精密,适当安置变颜迎合的小民,不可继续大行征伐,静居守正则得吉祥。上六正应九三,九三在变革准备阶段,准备不充分而妄行变革,必然"征凶"且"贞厉";上六在革命成功之后,再强行革命则"征凶",安静守成则"居贞吉"。上六阴爻为小,上兑☱为悦,有小民顺从君子改忧惧变喜悦之象。上六爻变为同人卦☰,不应再行征伐,当与民众同和共存,安居吉祥。

【周初人事】 武王伐纣得胜入殷都,殷商士兵及民众倒戈变颜迎接武王。《史记·周本纪》:"帝纣闻武王来,亦发兵七十万人距武王,武王使师尚父与百夫致师,以大卒驰帝纣师。纣师虽众,皆无战之心,心欲武王亟入。纣师皆倒兵以战,以开武王。……武王至商国,商国百姓咸待于郊。于是,武王使群臣告语商百姓曰'上天降休',商人皆再拜稽首,武王亦答拜。……封商纣子禄父殷之余民。……已而命召公释箕子之囚,命毕公释百姓之囚,表商容之闾,命南宫括散鹿台之财,发钜桥之粟以振贫弱萌隶……命闳夭封比干之墓,命宗祝享祠于军,乃罢兵西归。"建国后,周公在武王、成王时,均细心抚慰并安置殷商遗民,如封微子于宋以存殷祀,迁殷遗民于洛邑之东以行教化,终使殷民真心归服周王室,融合于周人的礼乐文化之中,以至出现孔子这样一心维护周礼的殷商后裔。

革卦小结

革卦象征革命、变革,讲求顺应时势的变革之道。革卦以武王灭纣的革命实践为例,系统论述武装革命的合理性、适宜性和可行性。革卦为大卦,天命更革圣王兴。《彖传》曰:"天地革而四时成,汤武革命,顺乎天而应乎人,革之时大矣哉!"这是从历史规律、社会公理的高度,肯定革命的必要性与必然性,胸怀广博地揭示历史真相,用历史规律来教导后世。朱熹《朱子语类》谓革卦"须彻底重新铸造一番",强调政权变革的激烈性质。

革命要"顺乎天而应乎人",顺天,要顺应变革时机;应人,要获得民众信从。六爻按革命的进程步步推进:初九巩固变革基础,六二把握正确时机,九三反复宣传争取认同,九四实施改革而众人孚从,九五大人发威乘势成就大事,上六顺应时势静守革命成果。

　　革命是重大事件,要勇于革命,也要善于革命。要重视组织、准备工作,善于把握时机,强调决策者的决心和人格力量,对敌人要区别对待,进而化敌为友,安定大局,不可逞强。这些都是明智的决策,也是科学的态度、重要的道理和宝贵的经验。尤其是"未占有孚"的思想,经验高于卜占,理性思维高于神秘预测。循事理而不迷信,持理性而反蒙昧,在卜筮书中敢于贬抑卜筮而高扬理性,实属难能可贵。周初神道设教的理论家,真正具有光明正大的胸襟与气度,也具有崇理务实的可贵精神。

50. 鼎　卦 ䷱

火风鼎　　离上☲巽下☴

　　【解字释义】　鼎卦象征鼎器,也象征新政权的建立,述革故鼎新之道。火风鼎,下巽☴为风为木,上离☲为火,风吹木头火焰上腾,煮熟鼎中的新鲜食物。《序卦传》"革物者莫若鼎,故受之以'鼎'",革䷰与鼎䷱为一对覆卦,革卦重在革除旧政权,鼎卦煮生食变为熟食,是最彻底的变革更新。《杂卦传》谓"'革',去故也;'鼎',取新也",先革故后鼎新,才是真正的除旧布新,故鼎卦次于革卦之后。鼎将生食变为熟食,减少疾病,提高人的脑容量和智商,是社会意义上的重大革新。

　　《说文》:"鼎,三足两耳,和五味之宝器也。昔禹收九牧之金,铸鼎荆山之下。入山林川泽,螭魅蝄蜽,莫能逢之,以协承天休。"甲骨文作𤔔,金文作𤳉,象三足两耳的鼎器形。鼎为祭祀用礼器,以三足喻三公当朝、三方并立,表示国家政权的确立,有显赫、盛大、最好等义,作动词有变革、鼎新、革新等词义。

　　大禹治水定九州,铸九鼎为一统政权的象征。汤革夏命,迁鼎于商,武王革殷命,迁鼎于周。革是变革旧制,鼎是创建新政。三足鼎立、钟鸣鼎食、问鼎中原、调和鼎鼐、春秋鼎盛等成语中,"鼎"有庄重、威严含义。

鼎卦重在建立新政权,改革家的情怀为正位凝命,励精图治,养贤才以行新政。革卦☱、鼎卦☲与萃、升、困卦一样,都含大过☱之象,表示大起大落大动荡。鼎卦偏重立新,六爻越往上越好,与井卦提水上升情形相似。

卦 辞

☲鼎:元吉,亨。

【译文】 鼎卦象征鼎器,至为吉祥,亨通。

【卦辞释义】 王弼注"鼎者,成变之卦也",鼎卦变旧启新,开创全新的政治局面,至为吉利而通达。朱熹《周易本义》谓鼎卦:"有内巽顺而外聪明之象,卦自巽来,阴进居五,而下应九二之阳,故其占曰元亨。吉,衍文也",是说占辞本只作"元亨"。鼎为烹饪之器,有烹食养贤之象,养贤辅政,革故鼎新,大得亨通。遁卦☶二爻与五爻互换成鼎卦☲,六五正应九二,使隐遁贤士得以重用,成为巩固新政权的栋梁之材,于国于人都至为通达。

《象》曰:鼎,象也。以木巽火,亨(pēng)饪也。圣人亨以亨(xiǎng)上帝,而大亨以养圣贤。巽而耳目聪明,柔进而上行,得中而应乎刚,是以元亨。

【译文】 《彖传》说:鼎器,烹饪养人的物象。用木柴顺从火的燃烧,为烹饪状态。圣人烹饪食物来祭享天帝,又大规模地烹物来尊养圣贤。烹养可使贤人顺辅尊者使之耳聪目明,尊者以谦柔美德前进并向上直行,高居中位又能下应阳刚贤者,所以至为亨通。

【彖辞释义】 下巽☴为风为木材,上离☲为火,风扇木燃火烹饪于鼎。隋何妥《周易讲疏》评鼎卦:"古者,铸金为此器,能调五味,变故取新,以成烹饪之用,以供宗庙之用,次养圣贤。天子以天下为鼎,诸侯以国为鼎。"圣人用鼎有二:一是烹煮事物献享天帝,商用"上帝",周用"天",孔子时"上帝、天"通用,甲骨文"帝"作,金文作,为积薪架柴烹牲祭天之形,用指天帝。以鼎烹肉祭祀上帝,是因为新政权乃天所授,享天贵诚,用小牛犊"特牲"祭享即可。二是大亨以养圣贤,大量分祭祀胙肉赐予贤才能臣,赏赐推行新政的英杰。养圣贤是用来管理天下民众的,养贤之礼贵丰,养贤众多,故用牛羊豕三牲的"太牢"来"大亨"贤士。下巽谦逊顺从,上离聪明智慧,重礼烹养贤士,贤士顺从并辅佐君主,使君主耳聪目明充满智慧,以怀柔之德上进鼎新。鼎卦六五处事中正适度,呼应在下刚健行政的九二贤才。鼎卦䷱与屯卦䷂六爻相错,鼎新虽然"屯而难",却是"元亨"而"利建侯",能成就大事大功,至为亨通。

《象》曰:木上有火,鼎。君子以正位凝命。

【译文】　《象传》说:木上燃烧火焰,象征鼎器烹煮。君子效法鼎象端正居位、严守使命。

【象辞释义】　革卦《大象》为"治历明时",鼎卦《大象》为"正位凝命"。凝,凝聚、专注、严实,鼎器三足鼎立,象征大局稳定,故鼎为国之重器。《系辞传上》"以制器者尚其象",鼎之象端庄凝重,雍容华贵。鼎䷱之初爻为鼎足,二三四爻为鼎身,五爻为鼎耳,六爻鼎铉为抬鼎之杠。朱熹《周易本义》:"鼎,烹饪之器。为卦下阴为足,二三四阳为腹,五阴为耳,上阳为铉,有鼎之象。又以巽木入离火而致烹饪,鼎之用也。"君子效法鼎象之凝重,居位端正,恪守使命。

【卦变象征】　鼎䷱的覆卦是革䷰,革故与鼎新相辅相成。鼎䷱的错卦为屯䷂,鼎新不易,如屯卦物之初生"屯而难"。鼎䷱之互卦为夬䷪,鼎新大事须在上者英明决策。

爻　辞

初六：鼎颠趾，利出否。得妾以其子，无咎。

【译文】　初六：鼎倒转顶朝下，利于倾倒废物。就像娶妾生子扶作正室，无咎害。

《象》曰：鼎颠趾，未悖也。利出否，以从贵也。

【译文】　《象传》说：鼎倒转顶朝下，未必悖理。利于倾倒废物，初六应上从尊贵者以纳新。

【义理取象】　否 pǐ，指应否弃的旧秽物。初六柔居刚位，与九四正应。初六居鼎底，正视如鼎两足，即鼎趾，二三四爻为鼎身，所应九四为鼎口。鼎口与鼎趾颠倒，把鼎筒内的废旧污秽物倾倒出来，有颠趾出否之象。又二三四爻互乾☰为天，三四五爻互兑☱为泽，天下于泽，也有颠殒之象。鼎新必先革故，初六初入鼎卦，倒置其鼎清除旧秽之物，有利于接纳新事物。初六爻变下乾☰为父为壮男，三四五爻互兑☱为少女为妾，有壮男得妾生子之象。喻其妇亡，纳妾生子，母以子贵，可补所失，故无咎害。王弼注："否谓不善之物也，取妾以为室主，亦颠趾之义也。处鼎之初，将在纳新，施鼎以出秽，得妾以为子，故无咎也。"鼎颠其趾，清除残旧，吐故纳新。初六爻变为大有卦☲，除旧布新得大有，故占无咎。

【社会人事】　就国家政权更替而言，鼎乃国之重器，其故弊如殷纣之害必颠覆治去，更立周邦新政。就政治生活而言，也当不断去故立新，保守、腐化、陈规陋习、落后观念、反动势力，都在革去之列，革故是鼎新的准备和前提。就培养接班人而言，宗法制嫡长子继承为政权承继的常态，若嫡长子不贤无能或夭折，家主纳妾生子，才有新的继位者，也是去故鼎新的一种方式。孔颖达疏："正室虽亡，妾犹不得为室主。妾为室主，亦犹鼎之颠趾而有咎过。妾若有贤子，则母以子贵，以之继室，则得无咎。故曰'得妾以其子，无咎'也。"

九二：鼎有实。我仇有疾，不我能即，吉。

【译文】 九二：鼎中装满食物。我的配偶身有疾患，暂不能来与我共食，吉祥。

《象》曰：鼎有实，慎所之也。我仇有疾，终无尤也。

【译文】 《象传》说：鼎中装满食物，九二要谨慎前行。我的配偶身有疾患，最终将无所过尤。

【解字释义】 实，繁体作"實"，《说文》"實，富也。从宀从贯。贯，货贝也"，以室中（宀）装满钱贯（贯）表示富实、充实。仇，同"俅"，指配偶，《左传·桓公二年》"嘉耦曰妃，怨耦曰仇"。即—𥅠，人至食盒吃饭，有靠近、达到义。

【义理取象】 九二以刚履柔，阳刚而充实。九二当鼎腹之底，二三四爻互乾䷀为木果实，为鼎有食之象，象征鼎新人才济济。九二正应六五，为俅匹配偶。但六五当三四五爻互兑䷹上，兑为毁折缺损，六五有疾病之象。九二爻变下艮䷳为止，且有九三、九四阻隔，九二不能直达正应有疾之六五。九二鼎中有食，配偶六五却有病患，不能前来共食。九二当慎重行事，当止则止，适时则行，下巽䷸为顺，互兑䷹为悦，终能正应得吉而无咎害。

【社会人事】 改革要除旧立新，其阻力必多，既得利益者和民众都可能不理解不配合，周边敌对势力也会不断捣乱。九二居内卦中，下乘初六，上应六五，为基层领导核心，是刚健实干良才。然行鼎新之事必当谨慎，注意化解"我仇有疾"的局面，减少阻力，把握时机，改革才能有成。

九三：鼎耳革，其行塞，雉膏不食。方雨，亏悔，终吉。

【译文】 九三：鼎器耳部变异，插杠举移就受到阻塞，精美的雉膏不得食用。等到阴阳调和的霖雨出现，就能消除悔憾，终获吉祥。

《象》曰：鼎耳革，失其义也。

【译文】 《象传》说:鼎器耳部变异,九三有失比应之宜。

【解字释义】 鼎耳,鼎身上部相对的带孔耳提,可穿铉杠抬鼎移行,六五正象两鼎耳。雉膏,野鸡肉羹。方雨,云气飘浮至阴阳调和,方才成雨而落下。亏悔,即悔亡。

【义理取象】 鼎耳在六五位,二三四爻为鼎身,三四五爻互兑☱为缺损,鼎耳革变缺损就不能穿铉抬行,有耳坏而鼎身移动受阻之象。上离☲为雉,九三爻变下坎☵为水为膏,互兑☱为口为毁折,有口毁而雉膏不食之象。大坎☵为雨,下巽☴为风,风吹雨得柔顺,阴阳调和而雨落下,行塞不食的悔憾就会消除,终转吉。九三刚健当位,居二三四爻鼎腹中位,为鼎中美食,是立新的扛鼎贤才。但九三与上九鼎铉无应,更与六五无比无乘无承无应,有失相互关联之宜,六五鼎耳在互兑☱上有缺疾,鼎耳有疾影响贯铉移鼎就食,使九三鼎腹雉膏美味不得食用,象征九三鼎新贤才不能被六五君主赏识重用。直到九三贤名如风吹雨传至六五,悔憾才得消除,贤才得用转吉祥。

【社会人事】 井卦九二"井渫不食",鼎卦九三"雉膏不食",都喻指行政失宜。鼎耳六五为举鼎之枢,象征国家政权,鼎实雉膏为经济利益。殷纣暴政革去鼎耳,利用商人、军事新贵打击巫史旧贵族,使得社会前进受阻,政权动乱有亏。武王革命,认识到殷商普遍奴隶化倾向有碍进步,着力加以扭转,释放大量奴隶为自耕农,回到利于生产和经济发展的井田制轨道,社会经济最终转吉。

就改革自身而言,改革的目的在于立新前进,不只是求变。改革初期常有偏激(鼎耳革)行为,造成被动,应当反思。须吸取教训,调整方向,方可转吉。改革过程往往会出现错误,如周公主政之初,就有三监之乱危害巨大,必须警示后人加以防范。对改革持谨慎态度,有防范与补救意识,才能实现革故鼎新的局面。

九四:鼎折足,覆公餗,其形渥,凶。

【译文】 九四：鼎器太重断折足，王公美食全被倾覆，鼎身沾濡龌龊，有凶险。

《象》曰：覆公餗，信如何也。

【译文】 《象传》说：王公美食全被倾覆，九四怎么值得信任呢！

【解字释义】 公，在上卦为王公贵族。餗 sù，又作"鬻 sù"，《说文》"鬻，鼎实，惟苇及蒲。从弻速声。餗，鬻或从食束声"，用鬲（鬲）熬煮米（米）而气升腾（弓）为煮粥（鬻）。用苇蒲笋煮的粥为鬻，乃八珍之膳，为美馔。渥 wò，王弼注"渥，沾濡之貌也"。

【义理取象】 九四刚居柔位，与初六正应，上承六五之君，可能利用权势干政。九四在二三四爻鼎身最上端，又处三四五爻互兑☱毁折中。九四虽在大臣之位，然不中不正力量不足，还要上承六五下应初六，不自量力而勉强担任鼎新大事。结果鼎身超重，连带初六鼎足一起毁折，倾翻鼎筒中王公的美食，鼎身也被汤汁沾染得一塌糊涂，情势十分凶险。这样处事毛躁失当的臣子，谁敢信任呢！《系辞传下》孔子谓鼎卦九四："德薄而位尊，知小而谋大，力小而任重，鲜不及矣。《易》曰'鼎折足，覆公餗，其形渥，凶'，言不胜其任也。"初六覆鼎是清洗鼎底，为立新作准备；九四已是君王身边立新重臣，自视过高而超能贪功，打翻鼎中美食，有力不胜任之失，更有德不配位之凶。九四爻变为蛊卦䷑，其六四为"往见吝"，用之实在不妥当。"鼎折足"喻人才缺失及用人不当。

【社会人事】 周初加封管叔、蔡叔，使监管殷纣之子武庚禄父，结果反而形成三监叛乱的凶险局面，损坏王朝公卿的形象，成为周邦长久的惨痛教训。

六五：鼎黄耳，金铉，利贞。

【译文】 六五：给鼎配黄色的鼎耳、刚坚的鼎杠，利于持守正道。

《象》曰：鼎黄耳，中以为实也。

【译文】 《象传》说:给鼎配黄色的鼎耳,六五居中而务实。

【爻辞释义】 鼎黄耳,李镜池谓"黄铜鼎耳"。黄为中色,六五居上卦中,在二三四爻鼎身之上,就像鼎身上部两提耳。铉 xuàn,《说文》"鉉,举鼎也,从金玄声",段注"所以举鼎"。鼎铉,一为木杠横贯两耳抬动,一为有绳之钩提两耳移动,大鼎用杠,小鼎用钩。金铉,以黄铜包鼎杠。

【义理取象】 六五柔居君位,处上卦中,为鼎身上两提耳形,耳提则鼎动,故为一卦之主。《象传》谓六五"圣人亨以亨上帝,而大亨以养圣贤",六五上承上九天命,下应九二贤臣,养贤任能,承担国政,持中守正,正位凝命,故占利贞。六五爻变为姤卦☴,其九五"含章,有陨自天",正是身承天命的鼎新之主。离☲在天为日光明丽,六五居离中,有日中光明盛实之象。

【社会人事】 周公平定管蔡之乱后,辅助成王封周及异姓诸侯七十二国,用以牢固屏藩王室。鼎用黄耳、金铉,象征人才兴旺。用黄铜饰鼎耳牢固耐用,用青铜钩或镶铜棒举鼎,庄重而牢靠,移鼎献祭就食,更为敬慎稳便。

革故鼎新期间出现问题,诸如雉膏不食、折足覆餗之类,需要及时总结经验教训,纠正错误,调整方略,逐步取得扎实的进展。改革要抓关键部位,如同提举鼎耳;要用强有力的手段抓关键问题,如同用金铉提举黄鼎耳。提挈要害,掌控全局,鼎新大事才能扎实有成。

上九:鼎玉铉,大吉,无不利。

【译文】 上九:鼎器配镶玉的鼎杠,大为吉祥,无不利。

《象》曰:玉铉在上,刚柔节也。

【译文】 《象传》说:镶玉鼎杠高居于上,上九阳刚能与阴柔调和适宜。

【义理取象】 上九刚居柔位,处鼎卦上位,为鼎铉之形。上九比乘六五柔德之君,用玉饰横杠来穿耳抬鼎,柔美和顺,大吉大利。同一上九鼎铉,就六五柔爻来看,是阳刚金铉;就上九自身来看,阳刚在柔位,刚而能柔,金可变玉,玉德温润柔和,柔玉饰刚铉,正是阴阳调和,动静合宜,刚柔合节。上九在离䷝上,离为明丽,下二三四爻互乾䷀为金玉,有玉饰鼎铉华丽之象。玉饰铉以举宝鼎,为举国之重器,王者君临天下,大吉而无不利。

【周初人事】 革旧立新,追求尽善尽美。成王分封诸侯之后,周公制礼作乐,使政治体制臻于完善,宗法礼制得以确立,以保周邦国泰民强。正如黄耳贯金铉、宝鼎配玉铉,励精图治,精益求精,无有不利。上九调和鼎铉得宜,爻变为恒卦䷟,喻示周邦国祚绵长。

鼎卦小结

鼎卦述革故鼎新、励精图治之道。制器尚象,鼎卦六爻为鼎足、鼎身、鼎耳、鼎铉,合为一鼎之形。鼎用于烹饪祭祀,养人养贤,为国之重器和权力象征。《周易集解》引《九家易》:"鼎者,三足一体,犹三公承天子也。三公,谓调阴阳;鼎,谓调五味。"鼎烹物为熟食,用以喻事物调剂烹饪成新之理。马振彪《周易学说》:"若器主烹饪以养,犹其小焉者也。《大象》括义'正位凝命'四字,养德养身、治国治家之道,为有天下者所取法,皆不能出其范围。"

鼎卦六爻依次取鼎的部位为喻,来说明"鼎新"过程的不同处置方法:初六清除废物,做好鼎新准备,无咎;九二充盈鼎实,待时为用,得吉;九三受阻塞,调整得宜,终得吉;九四不自量力,任非其人,凶;六五掌鼎之主,持中行实,利于守正;上九金玉之铉,大吉无不利。初、二爻强调时机,三、四爻把握关键,五、上爻力求完美。鼎能成就其功用,鼎新事业大有成功,需要多方坚实纯正的通力合作,顺天养贤,正位凝命,方可治国安民。

革卦有社会改革意识,鼎卦有持续创新精神。《周易》哲学,用符号体系来体现事物的变革性,提供一种不断变革、不断创新的思维模式,本质上是实践发展的逻辑模式。革卦提供的是德性胜于占卜、理性优于神秘性的革命理念;鼎卦渐次加大改革力度,体现的是力求完美的创新精神。

51. 震 卦 ䷲

震为雷　震上☳震下☳

【解字释义】　震卦象征雷的震动,描述人闻雷声惊惧和处变不惊的两种心态,阐发震惧可使人反身修德致福的道理。闻雷惊惧,反躬修己,谨慎行事,可以有成就。震卦☳、𨻶,下一为地表或云层,上象二电齐发,雷声震荡,有疾雷之象。《说卦传》谓"震一索而得男,故谓之长男",乾坤生六子,坤☷从乾☰索得一阳爻于下生出长男震☳。二震☳重叠为六爻震卦䷲。《序卦传》"主器者莫若长子,故受之以'震'。震者,动也",鼎卦为国之重器,有鼎就可以建国立君,宗法制规定嫡长子继承君位,主持以鼎器行祭祀礼仪者为长子,故震卦次于鼎卦之后,是鼎器与主器者的关系。《说卦传》谓"帝出乎震……万物出乎震,震,东方也……震为雷,为龙……为长子",东方日出,后来太子储君居东宫。《杂卦传》"'震',起也",春雷震动惊蛰,种子破土发芽,震为万物生命起点。

　　《说文》"震,劈历振物者,从雨辰声",段注"劈历,疾雷之名"。辰-𠨞,甲骨文作𠨞,金文作𠨞,大贝壳形,郭沫若认为"辰、蜃"一字。先民用大贝壳作翻土耕地农具,"農、辱、蓐、晨、宸"等字从辰,翻地当用力震动,故"震、振"字也从辰。迅雷声响最大、震动最烈、电闪最亮,阵雷之后下暴雨,故"震"字从雨辰声,有疾雷、迅疾、震动、震惊等词义。震卦䷲,春雷滚滚,有雷电震奋之象,又有强烈震动使人惊惧之威。

卦 辞

䷲震:亨,震来虩虩(xī),笑言哑哑。震惊百里,不丧
匕鬯。

【译文】 震卦象征雷声震动,亨通。震雷骤来万物惊惧,镇静后笑
语声声。突闻震惊百里的雷鸣,君子镇静主持宗庙祭祀而手握匕鬯
不掉。

【解字释义】《说文》"虩,《易》履虎尾虩虩,恐惧,一曰蝇虎也,从
虎㬜声";又"㬜,际见之白也",段注"壁隙之光,一线而已,故从二小"。
"㬜"指小缝隙(小)透光(白),"虩xì"是壁隙爬虫,即壁虎。壁虎捕食
蝇虫,是突然窜出的,其突袭与雷电之突发相似,均使人惊骇。哑哑,马
融注"笑声",郑玄注"乐也"。匕,甲骨文作𐂸,祭祀取食物用木匙;鬯
chàng,《说文》"𐎀,以秬酿郁艸,芬芳攸服,以降神也。从凵,凵,器也;
中象米,匕所以扱之",甲骨文作𐎀,香草郁浸于酒坛中,指祭祀用香酒。
"匕"为匙形器具,用以挹取鼎食,"鬯"为秬黍所酿香酒,合称"匕鬯",
指宗庙祭祀礼品和祭器。

疾雷由天辟至地,无比通达。卦辞由此表述突闻迅雷时人们的两
种心态及其涵养:一是人突然听到雷声,本能地惊骇恐惧,即君子闻迅
雷风烈必变,然后哑哑而笑,释放紧张情绪;二是震为长男,主持祭祀时
沉着稳静,手持匕匙舀鬯酒献祭,突闻迅雷而面不改色,不会惊掉手中
匕匙。震☳即辰为祭器,三四五爻互坎☵为坚多心木转指木匙;互坎又
为水转指鬯酒,二三四爻互艮☶为止为静,合有不丧匕鬯之象。长子储
君是未来的君王,要有处变不惊、处事谨严的王者度量,后有《世说新
语》描述东晋谢安淝水大战时下棋的"雅量"。突闻震惊百里的迅雷声
手握匕鬯不掉,镇定自若,沉稳从容,才是震为长子的涵养与非凡气度。

《彖》曰：震，亨。震来虩虩，恐致福也。笑言哑哑，后有则也。震惊百里，惊远而惧迩也，出可以守宗庙社稷，以为祭主也。

【译文】《彖传》说：雷声震动，可致亨通。震雷骤来万物惊惧，恐惧谨慎可致福泽。镇静后笑语声声，惊惧之后行为更能遵循法则。突闻震惊百里的雷鸣，远近都震惊恐惧，君主外出其长子留守宗庙社稷，成为祭祀典礼的主持人。

【彖辞释义】君子迅雷风烈必变，对雷鸣突变有恐惧敬畏之心，就会反躬修己，审慎行事，防灾应变，消祸致福。在此意义上，雷鸣震动也可导致大亨通。镇定之后谈笑风生，是君子缓释紧张情绪、应变自如的具体表现。雷声大震，远近百里之人都会惊惧。而国君外出时，长子经受得住震雷般的考验，才可能守社稷主祭祀，保证国祚延续不绝。鼎卦建立政权，震卦长子经受考验，处变不惊，有捍卫宗庙社稷的能力与气度。

《象》曰：洊(jiàn)雷，震。君子以恐惧修省。

【译文】《象传》说：巨雷叠连轰响，为震卦雷动。君子因此惶恐惊惧，自我修身省过。

【象辞释义】洊jiàn，水大且重复降至。洊雷，接二连三的震雷，三爻震☳叠置为六爻震卦䷲，上震下震，有巨雷连续震响之象。坎卦"水洊至，习坎"，句法与此相同。

《论语·乡党》载孔子"迅雷风烈必变"，突遇迅雷暴风，必然改变作息状态，随时准备应付危机。君子由震雷叠至引起反思，闻变惊惧，自觉省思己过，由戒慎恐惧导致反省修德，反复磨砺，然后可担当大任。

【卦变象征】震䷲的覆卦是艮䷳，震动的反面就是艮止。震䷲的错卦为巽䷸，敬畏天雷震动，当巽顺而行事。震䷲之互卦为蹇䷦，震为长子承国事，其进程必须克服重重蹇难。

爻 辞

初九:震来虩虩,后笑言哑哑,吉。

【译文】 初九:震雷骤来而能惶恐畏惧,镇静后仍能笑语声声,吉祥。

《象》曰:震来虩虩,恐致福也。后笑言哑哑,后有则也。

【译文】 《象传》说:震雷骤来而惶恐畏惧,初九恐惧谨慎可致福泽。镇静后笑语声声,惊惧之后仍能遵循法则行事。

【象辞释义】 初九当位,处下震☳初为主动力,以阳明之德为震卦主爻。初九爻辞与震卦卦辞前半基本相同,《小象》又与《象传》前半基本相同,这是《周易》独一无二的。震雷突发,先猛吃一惊,知是打雷,然后哑然而笑,谈吐自如,描述人骤遇危难的心路历程。遇难事要有畏惧之心,进而反躬自省,修养德能,才能处事审慎合宜,以至消祸致福获吉祥。这样的涵养,是从最初就不断陶冶磨炼出来的,不是遇难临时能够修省的。初九是遇难应变的起步,是震卦主旨的基点,所以初九爻辞《小象》与卦辞《象传》相同。初九爻变为豫卦䷏,长男终能承担大事,但须预先历练,才能不断成长。

【社会人事】 孩童初遇闪电雷鸣,惊恐啼哭,反复多次经历,知是雷声,就逐渐习惯它,不再那么害怕了。这是一个必然的认知途径,也是心理容受力不断成长的培育过程。突遇危难,既敬畏慎重,又镇静有方,才是强者心态。临卦䷒二四爻互换成震卦䷲,君临天下者有处变不惊的涵养大度,才可成就大事。

六二:震来厉,亿丧贝,跻于九陵。勿逐,七日得。

【译文】 六二:震雷骤至遇到危险,大失货贝,应登上高峻的山陵躲避。不用追寻,过七日将失而复得。

《象》曰:震来厉,乘刚也。

【译文】 《象传》说:雷声骤至遇到危险,六二乘凌初九阳刚之上。

【解字释义】 亿,繁体作"億",一般表示数量极多;高亨认为"億"同"意、噫",谓"皆语助词……犹惟也"。跻,繁体作"躋","躋-隮",双足齐登上。九陵,高高山陵。

【义理取象】 六二柔中当位,乘初九之刚,有危厉不安之象。六二爻变二三四爻互离☲为蚌为贝、下兑☱为毁折缺失,有大丧贝之象。二三四爻互艮☶为山为止,有止步山陵不追失贝之象。女子七日经期,七为生命之数,各爻在卦中经过六爻返回自身为一个周期,即"七日来复"。突遇灾震,丧失财产,难以顾及,避于高陵得安全。七天震动平复,下山问理财物,或可失而复得。睽卦初九"丧马,勿逐,自复",既济卦六二"妇丧其茀,勿逐,七日得",意与此同。六二有中正柔德,震动中含艮止,动静自如,行止合度,以至失而复得。

【社会人事】 此爻辞应为其时实录而得以验证。事发如疾雷猛厉,行商丧失货贝,急避于山陵保性命。出来问筮占卜,谓拾得者已行往深山,七日后出,可复得,后来果然应验。

寓意:为政或经商,在动荡局势下当先保全自身,失财勿顾,之后再行收拾,可化解灾难或减少损失。《诗·大雅·烝民》"既明且哲,以保其身",正是君子大度适宜之为。

六三:震苏苏,震行,无眚。

【译文】 六三:雷震逐渐疏缓,震后适时前行,没有祸患。

《象》曰:震苏苏,位不当也。

【译文】 《象传》说:雷震逐渐疏缓,六三居位不妥当。

【解字释义】 苏,繁体作"蘇",《说文》"蘇,桂荏也",指中草药紫苏,有平喘、止咳、去胸闷等疗效,转有苏息、苏醒义。苏苏,即疏疏,有通达、疏解义。眚,《说文》"眚,目病生翳也,从目生声",由眼病转指过失、灾异、日月之蚀等词义。

【义理取象】 六三以柔履刚不当位,与上六无应,在三四五爻互坎☵下,坎上又交震☳,合为雷水解䷧,有处于震动中而逐渐缓解之象。六三不中不正无应,遇震本当有灾眚。但它居二三四爻互艮☶中,前有上震☳为再行动,及时调整,行止适中合度,受震难不气馁,调整后适时再前行,灾眚得以消除。

【社会人事】 突遇灾难,不能手足无措,当止步避难自保。雷震灾难逐渐疏缓后,不可畏缩不前,要打起精神,寻找出路,看准时机行动,可保无灾眚。

九四:震遂(zhuì)泥。

【译文】 九四:雷震崩坏山体而坠泥。

《象》曰:震遂泥,未光也。

【译文】 《象传》说:雷震崩坏山体而坠泥,九四刚健前行之志未能光大。

【解字释义】 遂,同"隊、墜"。陆德明释文"遂,荀本作隊",高亨谓"遂借字,隊本字"。《说文》"隊,从高陨也,从阜㒸声",甲骨文作𨺾,金文作𨽥,追逐野猪(㒸)使从悬崖(阝)上连续坠落,后加土作"墜",金文作𡐤。《周礼·考工纪·轮人》"毂葘而驰不隊",郑玄注"隊,落也";《淮南子·天文训》"丙子干壬子,星隊",高诱注"隊,陨也";《荀子·天论》"星隊木鸣",义同。远古狩猎,在路上追(辵)野猪(㒸)为"逐",加网(八)罩住猪(㒸)为"㒸-遂",迫使猪成队从悬崖坠落为"隊",用"隊"于队伍义再加土为"墜","隊"即今"墜"本字,简化作"坠"。泥,水土粘糊状态。

【义理取象】 九四以刚履柔,非中不正无应,为上震☳行动之主。处三四五爻互坎☵中,被上下阴爻包夹,犹如陷入泥淖中难以自拔,无法施展上震之主的前行志愿,故孔子《小象》说"未光也"。上震☳为雷,二三四爻互艮☶为山,九四爻变互坤☷为土,有雷震而山泥坠落之象。虞翻谓九四"坤土得雨为泥,位在坎中,故遂泥也"。又震卦由临卦变来,临卦☷上坤☷为土,变为震卦出现三四五爻互坎☵为水,土遇水为泥,亦有坠泥之象。

【社会人事】 此爻辞也可能是实占记录。雷震而山体崩坏坠泥,即泥石流,为不可预料和避免的灾难。商旅、行军中遇此突然震坠,幸好未发生凶难,故记其事而不占吉凶,叙辞后不加占断。意谓事不可缓,虽突遇变故,君子当泰然处之而不惊。

六五:震往来厉。亿,无丧有事。

【译文】 六五:震动之时不论上往下来都有危险。慎守中道可保无丧祭祀大事。

《象》曰:震往来厉,危行也。其事在中,大无丧也。

【译文】 《象传》说:雷动之时不论上下往来都有危险,说明六五应心存危惧而谨慎前行;处事能够慎守中道,就可万无一失。

【解字释义】 亿,繁体作"億",同"噫",高亨谓"億,犹惟也;有,犹于也"。读为"噫(億),无伤于(有)事"。"噫"为感叹词,有事即祭祀大事,同卦辞"匕鬯"所指。

【义理取象】 六五柔履刚位,居上卦中,有柔中之德。六五处上震之中,乘九四之刚,比上六之动,下与六二敌应,上下往来均危厉。王弼注六五"往则无应,来则乘刚,恐而往来,不免于危"。六五往来都危厉,然处上震☳中位,不可不行动,只能心存危惧而谨慎前行。震☳仰盂为祭器,三四五爻互坎☵为水为酒,二三四爻互艮☶为手持之,有遇雷震而手执祭器不丧失之象,喻六五长子固守宗庙社稷而无丧于祭祀,与卦辞"震惊百里不丧匕鬯"相应。六二与六五虽无应,却同德共情。六二居中守正,丧贝勿逐而复得;六五中胜于正,无丧祭祀大事。都有处变不惊而敬慎成事的君子涵养。

【周初人事】 武王伐纣,天雨不休,共头山崩,三日五灾,往来危厉。然处变不惊,行军不止,至殷郊展开牧野之战,一战取胜而成就大业,有君临天下无丧国事的长子气度。

　　上六:震索索,视矍矍,征凶。震不于其躬,于其邻,无咎。婚媾有言。

　　【译文】　上六:雷震时恐慌得畏缩难行,两眼惊惧四顾,贸然进取必遭凶险。须知震雷的警示不在自身,在其失道邻邦,预知戒备无咎害。亲友或许会言说他畏缩不前。

　　《象》曰:震索索,中未得也。虽凶无咎,畏邻戒也。

　　【译文】　《象传》说:雷震时恐慌得畏缩难行,上六未得中道而行。尽管有凶险却无所咎害,是因为畏惧邻邦受震而预先戒备。

　　【解字释义】　索索,也作"蹜蹜",渐渐索索,畏缩战栗貌。《集解》引郑玄注"索索,犹缩缩,足不正也",高亨谓"蹜蹜"为步履战栗之貌。矍矍 jué,鹰隼(隹)被执(又)双目(䀠)惊惧四顾貌。

　　【义理取象】　上六居柔当位,处上震之极,下体亦震,震之又震,摆动幅度最大。震䷲为足为动,上六足抵震极,震动不安达到极点,蹜蹜不敢前行,有震索索之象。上六爻变上离䷝为鸟为目,大幅度晃动并从高位向下张望,惊惧恐慌达到极点,有视矍矍之象。在此极度恐慌不安状态下,若不能处事适中,贸然震动前行,必有凶险。见伴知类,上六不看自身所在的上震,而参看相邻的下震,就知道行事不可太过,二三四爻互艮䷳为止,当止则止,适时而行,方可无咎害。上六爻变上离䷝为中女,三四五爻互坎䷜为中男,喻指婚媾之族;震䷲为善鸣为言,互艮䷳为反震,二言相反责难,合有姻亲责言之象。从邻邦受震得警示而知戒慎,行其所当行,虽遇凶险而无咎害,亲戚责言几句也无伤大局。

　　【社会人事】　上六的大震动与惊惧不安,显示上天的警示,不过不是针对其自身,而是针对将崩亡的邻居。周武王进军消灭殷商,无疑是顺天应人的正义之举,然从文王与殷商有婚姻关系看,作为外甥的武王颠覆舅家政权,还是有人小有话说的。只是这类微有瑕疵,可谓无咎无誉。武王进军途中屡遇凶难,其弟霍叔惧曰"出三日而五灾至,无乃不可乎",太公、周公厉言斥之,使武王下决心前进,终获全胜而无咎害。其实上天是在警示邻邦殷纣。

震卦小结

震卦象征迅雷震动,以长男主宗庙祭祀为节点,论述君子突闻迅雷,当有震惧致亨和处变不惊两种心态与涵养。"震来虩虩,笑言哑哑",先惊惧而后知笑,是通常人心态;"震惊百里,不丧匕鬯",身处变故而不失根本,是成大事者的心胸气度。

震雷使人戒惧警惕,行事敬慎小心,反而能成就大事。知危而后得安,这是震卦揭示"震惧可致亨通"的道理。雷动警示万物惊惧敬慎,慎行可保言笑无患。喻意君主教令震惊百里,畏惧慎行可保家安国治、社稷长存。《大象》"恐惧修省",是对震卦要旨的概括。震惊恐惧,修身省过,然后振奋前行,慎行免祸而得福,是震卦给予后人的智慧启示。

震卦着重考量主事者的心理素质,言心理多于言事理。较之智力和才能来说,主事者心理的承受力与包容力更为重要,因而更为《周易》所重视。苏洵《心术》云:"为将之道,当先治心。泰山崩于前而色不变,麋鹿兴于左而目不瞬,然后可以制利害,可以待敌。"戒惧、镇定、守正、持中、慎行,是行大事者的必备素质与涵养。

"震惊百里,不丧匕鬯",敬慎"祀与戎"两件国之大事而处变不惊,此之谓大人,堪任国事,首推武王。武王两度伐纣,终经磨难而于牧野一战定天下。第一次止于盟津,诸侯不期而会者八百,皆曰"纣可伐矣"。武王观兵三月以待其变,后谓"汝未知天命",遂毅然回师,这需要极大的魄力。第二次伐纣,《尚书·武成》载,武王告皇天后土及名山大川,以有道明君行大义于天下,令各界神灵来助他共襄大事。途中屡遇震动凶险,亲族、军士恐慌,武王取太公、周公之正言,继续进军,终成大事,气度豪迈。这种人格魅力,是震卦标榜的主事者良好素质的最好体现。

震卦六爻分述不同的处震之道,初九主爻同卦辞,言震惧修身之吉;六二遇震祸而行为适中,失贝复得;六三虽不当位,再行无眚;九四失道陷泥,心志未光;六五往来震厉,不丧大事;上六震诚于邻,遇凶无咎。虽然震雷惊变动人心魄,但同时也能磨炼人心志,卦爻辞剖析不同时位所处不同震荡局面,教诫人们及时调整心态、把握时机、谨慎行事、应对适中,必能避免灾眚,成就功业。

52. 艮 卦 ䷳

艮为山　艮上䷳艮下䷳

【解字释义】　艮卦象征抑止,是关于行止适宜的学问。懂得停止就不会迷途不知返,当止则止者知道如何与人合作,止于至善,能循天人合一之道而臻于完美。遇迷途而知返者,善于反求诸己,故艮卦讲的是"反观内视"之道。《序卦传》"物不可以终动,止之,故受之以'艮'。艮者,止也",震卦述震动,动久必止,艮卦为山为止,故艮卦次于震卦之后。

艮 gěn,《说文》"艮,很也,从匕目。匕目,犹目相匕,不相下也","艮"是"見"的反形,《说文》"見,视也,从儿从目",甲骨文"見"作𥄉、𥄖,金文作𥆙、𥆠,并从目从人,人(儿)顶个大眼睛(目)表示看清楚了。"𥆠-艮"即"見-艮",从匕(化)倒人顶个反向眼睛(目),表示反身瞪大眼睛盯着看人,有目止、反视、恨视之意,扩展有限、止、停止、静止、艰难、坚固等词义。"艮"《广韵》古恨切,今读 gěn;"見"《广韵》古电切,今读 jiàn。中古音恨韵 en、先韵 ien 上古归元部，两字古音相通。高亨《周易古经今注》："考《说文》'見，视也，从儿从目'。而艮从目从匕，匕即人之反文。则艮即见之反文明矣。故余谓艮者顾也，从反见。顾为还视之义，引申为注视之义。本卦艮字皆当训顾，其训止者，当谓目有所止耳。"其说可从。"艮"还有"狠视"义，"眼、很、狠、恨"从"艮"得声；顾视、还视有退后义，故"退、腿"也从"艮"得声。

《说卦传》"艮为山"，☶，地面上有山峰形，两艮山☶重叠为艮卦☶，山上重山。山停止不动，遇山则止，当停处则停。艮卦"止"有自止的停止，也有他止的阻止。艮卦讲反观内视，描述人的内在感觉，与咸卦（感）近似。咸卦☲六爻，言身体各部位的感受和反应，感触敏锐，会带来伤痛。艮卦☶六爻，言用意念内视身体各部位，调理止痛，避免伤害。

卦　辞

☶[艮]：艮其背，不获其身。行其庭，不见其人，无咎。

【译文】　艮卦象征抑止，意念抑止于后背，不知其前身。犹如行走在庭院里，不见其他人，无咎害。

【卦辞释义】　艮其背，即背对诱惑，反观内视，修炼到内心清净，感觉不到肉身存在。犹如行走于大庭广众之中，不受他人干扰，好似不见他人。止欲改过，故占无咎。背是人自己看不到的部位，背也看不到前身，无见则自然静止，是最理想的止处。艮其背，为意念静观止于背，是最典型的静止。

背，《说文》"脊也，从肉北声"，"北-𨐖"本为二人背靠背，君王坐时背北面南，故用指北方，加肉作"背"表示脊背。艮卦☶九三、上九两个阳爻向上向外为背，向下向内则为反观自身，李时珍《奇经八脉考》："内景隧道，唯返观者能照察之。"观卦☴三五两爻互换变为艮卦☶，观卦六三"观我生"正式开启反观内视。《礼记·经解》引孔子曰

"洁净精微,《易》之教也",《周易》教人心地洁静,思虑专精:用意念反观内视自身之背部,浑然不知其前身,犹如行于大庭而不见其他人,是"正心"的功夫。

【义理取象】 艮☶上一刚而下二柔,为肩背下有肋骨排列之形,有见背不见前身之象。艮☶为门阙,二门阙相对之内为中庭,王于三四五爻互震☳行于中庭,而二三四爻互坎☵为隐忧,合有行其庭不见其人之象。后天八卦,震☳在正东,震动一周,至东北为艮止☶,然后又震☳,周而复始。正是艮中有震,静中有动。反观内视是由静入定,其精神状态正是气功修持法门。《礼记·大学》"知止而后有定,定而后能静,静而后能安,安而后能虑,虑而后能得",静心内观方有得,故占无咎。可以说,艮卦"反观内视"是气功的源头。

《彖》曰:艮,**止也**。**时止则止,时行则行,动静不失其时,其道光明。艮其止,止其所也。上下敌应,不相与也。是以"不获其身,行其庭不见其人,无咎"也。**

【译文】 《彖传》说:艮,意为抑止。当抑止时就抑止,当前行时就前行,或动或静不违其时,抑止之道就光大显明。艮卦大义是抑止,抑止应适得其所。卦中六爻上下相互敌应,不相亲不交接。这就是抑止于背后不知其前身,行走于庭院也不见他人,这样抑止不致咎害的含义。

【彖辞释义】 艮☶为止,甲骨文"止"作🐾,金文作👣,带趾头的脚板。脚板停下是动词"止",加足区别是名词"趾"。艮卦"止"有两类含义:坚持不懈干同一件事,是止于行之止;情况发生变化,停下不干了,是止于止之止。行于所当行,止于所当止,都是艮止。顺时势而行止,"时"是止的决定因素。三四五爻互震☳是行之止,上下艮☶是止之止。艮内含震,止中有行,动静有时而均无过失。三四五六爻大离卦☲为大光明,行止得其所得其时,即《大学》"止于至善",其道大放光明。艮卦䷳六爻三组均不正应,是每爻各自静止而反观内视,不获身不见人,专精静思而自有得,虽敌应而无咎害。

《老子》谓"载营魄抱一,能无离乎",讲"致虚极,守静笃",求"常无欲以观其妙"。《庄子·齐物论》讲"吾丧我";《大宗师》谓"堕肢体,黜聪明,离形去知,同于大道,此谓坐忘";《庚桑楚》谓"卫生之经,能抱一乎,能勿失乎……能止乎? 能已乎? 能舍诸人而求诸己乎?"《管子·心术下》谓"专于意,一于心……正静不失,日新其德""外敬而内静者,必反其性";《白心》谓"和以反中,形性相葆,一以无贰,是谓知道"。这些论述均从《周易》艮卦☶申发而来,都强调动静适宜而合一,静心内视至于忘我之境。内视抑止为主体客观化、客体主体化的主客体融合为一,力求要达到"天人合一"的内美境界。

《象》曰:兼山,艮。君子以思不出其位。

【译文】 《象传》说:两座山重立,象征抑止。君子因此自我抑止内心邪欲使所思不超越本位。

【象辞释义】 兼山,重艮☶为艮卦☶,有两座山重叠之象,止上有止,各正其位。《礼记·大学》"于止,知其所止……为人君止于仁,为人臣止于敬",君子由重艮得启示,当谨守本分,止于其身份、角色与职位,各尽其责,不出位而守志养生。

人生的重大挑战是准确把握行止适宜的时机和定位,《论语·泰伯》与《宪问》皆有"不在其位,不谋其政"一语,后者有曾子补充"君子思不出其位"。人的定位决定其思想方式,三十而立,"立-"是人(大)止于地上(一),立加人旁为"位",所立之处就是你的位。三十岁要找到你立身于世的位置,你来人世一遭究竟要干什么,所止之位就决定你的思想。夏虫不可语冰,乞丐不思治国。反观内视,看自己一生究竟要止于何位,行于何事。

【卦变象征】 艮☶的覆卦是震☳,静止的反面是震动。艮☶的错卦为兑☱,止而反观内心,自知而得悦怿。艮☶之互卦为解☵,用反观内视的方式化解自我内心积郁。

爻　辞

初六:艮其趾,无咎,利永贞。

【译文】　初六:抑止在脚趾迈出之前,无咎害,利于永久守持正道。

《象》曰:艮其趾,未失正也。

【译文】　《象传》说:抑止在脚趾迈出之前,初六未曾违失正道。

【义理取象】　初六以柔履刚不当位,初入艮卦䷳,有艮止于脚趾之象。噬嗑卦䷔初九"屦校灭趾",咸卦䷞初六"咸其拇",初爻均从脚下大拇趾之基础部位开始。初六阴爻在阳位,欲动而力量不够,当抑止于盲动之前,止则"不获其身,不见其人",坏事止于初始,才不致咎害。行事有始有终才能有成就,能知止于始,未必能止于终,故教诫长久持守本分,当行则行,当止则止,才不失正道。

【人身体悟】　反观内视的心性功夫,犹如内动运气,当凝神专注从身体最下部位开始。进功之始的时间可能会长一些,但一定要潜心进入,方可无咎。有好的基础才利于长久进行,内视功夫不可一曝十寒,坚持日久,方可达到高深境界。就武术而言,运功发力进击之前,也须先立稳脚跟,不可轻举妄动。

六二:艮其腓,不拯其随,其心不快。

【译文】　六二:抑止凝神至小腿,未能劝止随从的人,心中不得畅快。

《象》曰:不拯其随,未退听也。

【译文】　《象传》说:未能劝止随从的人,无法使之退而听从抑止之意。

【解字释义】　腓 féi,《说文》"𦟰,胫腨也",指小腿肚肌。咸卦六二"咸其腓",也指小腿肚。随-隨,顺从,从阝隋声,由残肉坠连转指跟随、追随、顺应等义。

【义理取象】 六二当位,居下卦中,居中得正,明行止之正道。初位在脚趾,二位上升到小腿部分,六二有艮其腓之象。小腿肚不能自动,只能随上面股关节而动。六二上与六五无应,而受主爻九三制约。九三为三四五爻互震☳动主,六二承刚随九三躁动,无力劝九三止动,有不拯其随之象。六二在二三四爻互坎☵中,坎为加忧,有其心不快之象。六二爻变为蛊卦☶,九三躁动蛊惑,六二无力劝九三降退听从她的抑止躁进意见,只能凝神内视自己小腿随九三而动,欲施止而不得其所,心情自然不畅快。

【人身体悟】 意念运气从脚趾顺上至小腿肚部位,若不能继续上引而让气滞留,会导致心情不快。艮卦反观内视,意随气行,致使全身乃至人天之间,皆融通为一。若不能随心自动,就可能静定太过,会出偏差而于身心不利。

九三:艮其限,列其夤,厉熏心。

【译文】 九三:抑止内视于腰部,以致撕裂背夹脊肉,疼痛厉害像烈火熏灼其心。

《象》曰:艮其限,危熏心也。

【译文】 《象传》说:抑止内视于腰部,九三危厉像烈火熏灼其心。

【解字释义】 限,金文作𝼖,《说文》"𨵸,阻也,一曰门榍,从𨸏艮声",人行到高大山陵(𨸏)反身(艮)而走,但目犹返视高陵,看到不可逾越之险阻,故"限"有阻隔、界限、极限、限制等词义。夤 yín,林义光《文源》"当为脾之或体,从肉寅声",秦公簋"夤"作𩊱,字从肉,指夹脊肉,后作"膑"。王弼注"夤,当中脊之肉也"。厉,痛感强烈。熏,金文作𤎁,《说文》"𤎭,火烟上出也。从中从黑",林义光《文源》"从黑,象火自窗上出形",有燻炙、燻蒸义,有热气蒸腾之感,帛书本作"薰"。

【义理取象】 九三当位,为下艮☶之主,刚健止下而连上,为全卦主爻。下艮主九三与上体艮交接,在二艮界限上,有艮其限之象。三四五爻互震☳为动为行,交上体艮止☶,位置在人身站立时的腰部,有气逆腰胯顺脊柱次第上行之象。九三居上下艮之间的腰部,本是非止不可的位置。但它以阳履刚,过刚不中,动向极强,为三四五爻互震☳动力源,本当止而强上行,由此出现撕裂的痛苦;九三在二三四爻互坎☵中,坎为美脊马,脊于人为"夤",合有强行撕裂背脊肉之象。这种危厉疼痛,犹如烈火熏灼其心。

【人身体悟】　反观内视大腿与身躯相接的腰胯,运气从尾椎依次上行腰椎,循脊柱以达胸脊。热气上行,透过肌肤,沁人心脾,有通泰之感。若上行气艮止于股与身交接的腰部,等于强行分裂身体为上下两部分,撕裂腰部夹脊肉,疼痛如火灼心。艮中有坎险,是一种疼痛危厉的体验。

六四:艮其身,无咎。

【译文】　六四:抑止内视于上体身躯,无咎害。

《象》曰:艮其身,止诸躬也。

【译文】　《象传》说:抑止内视于上体身躯,六四自我抑止安守本位。

【解字释义】　身,金文作𨖷,用鼓起的大肚子表示腹部以上的身躯,也包括五脏六腑。诸,"之于"合音,"止诸躬"即止之于自身。

【义理取象】　六四以柔居阴当位,处上下二艮中,柔德居中,安守本分。六四爻变上离☲为大腹,又互坎☵为水为血脉,有血流通于腹胸内之象。观卦䷓三五爻互换变为艮卦䷳,观卦二三四爻为互坤☷,变艮卦䷳后互坤不见了,反观内视"不获其身",达到"坐忘无我"境界,艮止于自身而无咎害。六四已行至上卦,全部身心得以自我控制,视不获其身则内修已成,可以屈伸自如。

【人身体悟】　反观内视自身至于腹部的五脏六腑,运气于上部身躯,心气复归于腹内。此时精气充盈,生理功能有序而得到强化,滞疾可除,健康可保,自然无有咎害。以《大学》观之,此时修身已成,自明于明德,可行其庭,可齐家治国平天下。

六五:艮其辅,言有序,悔亡。

【译文】 六五:抑止内视到面部口腔,言语不妄而有顺序,悔恨消亡。

《象》曰:艮其辅,以中正也。

【译文】 《象传》说:抑止内视到面部口腔,六五能居中守正。

【解字释义】 辅,繁体作"輔-輴",从车甫声,本为车轮旁夹毂的直木,转指口腔的上下牙床,《左传》"辅车相依,唇亡齿寒"即是,脸颊也可称辅。《说文》"序,东西墙也。从广予声",序本指堂上东西两面大墙。祭祀祖宗时,祖堂上依兄弟长幼次序排列,故"序"有次序、序列、顺序、有序等词义。

【义理取象】 六五以柔履刚,居上艮中之尊位。六五头顶为上九,她处在人脸颊与口腔的位置,口腔是用来说话的。六五在上艮☶中,艮为止,又在三四五爻互震☳上,震为鸣为言,能止也能言,为言语有序之象。六五居尊位为尊长,堂上主祭言语有序,是言行合度的表现。六五不当位本当有悔,然居中行正,主祭言语中节,艮止合度,故悔亡。

【社会人事】 《论语·季氏》"子曰:侍于君子有三愆(过失):言未及之而言谓之躁,言及之而不言谓之隐,未见颜色而言谓之瞽",强调君子言语合序、合时、适度的重要性,故《论语·先进》赞闵子骞"夫人不言,言必有中"。六五居上艮☶中之君位,作为主祭者,祭辞祝语中正有序,是行止合道的尊者风度。君主于朝堂发号施令,言必有序,也是行止合度的表现。反观内视至内周天之脸颊天庭部位,运气上行有序,加以言语引导,表达出聪敏愉悦、健康美好的情绪,是艮止有道的佳美状态,此时气息运行中正,一切悔憾均消亡。

上九:敦艮,吉。

【译文】 上九:以敦厚品德抑止欲望,吉祥。

《象》曰:敦艮之吉,以厚终也。

【译文】 《象传》说:以敦厚的品德抑止欲望而获吉祥,说明上九能将厚重的素质保持至终。

【解字释义】 敦,金文作𦎍,小篆作𡏭,"攴"为手持器,"享"为宗庙献祭,以手持器敦促献祭,故"敦"有督促、劝勉、祭器、质朴、亲密、厚实、大多、崇尚等词义。敦艮,仁德厚重之艮止,即《中庸》"大德敦化"。

【义理取象】 上九刚居柔位,是上艮之主,处艮止最高处,充分发挥"止"的要义,有止于至善之象。上爻处卦之极,一般是物极必反。然艮卦上九最该当止而止,以敦厚之德善终于止,故获吉祥。上九爻变谦卦䷎,与临卦䷒上六"敦临吉"、复卦䷗六五"敦复无悔",都是上体为坤☷。坤为大地有敦厚之德,而艮☶为山更为厚重,故上九有"敦艮吉"之象。

【社会人事】 反观内视至极顶,运气至头顶百会穴,和融通透,身心妙化,人天合一,功德圆满。上九爻变为地山谦䷎,山☶逊止于地☷,地厚德容山,以德之厚获止之终,敦厚祥和,吉祥有终。至此君子修身功德圆满,到达圆融无碍、解脱欲望的境界。然后可以明德新民,以教化和众,使民风淳厚、国运亨通,吉祥如意。

艮卦小结

艮卦论述行止有度,阐发艮止之道。艮止有专止于行之止,有抑止于止之止,顺时势而行止,当行则行,当止必止,便是止于至善的艮止正道。艮卦用反观内视的方法行意念之功,描述身心修持的自我控制过程,也就是道德涵养的修炼进程,由此阐发抑止邪欲的途径和原理。《孟子·尽心上》:"君子所性,仁义礼智根于心。其生色也睟然,见于面,盎于背,施于四体,四体不言而喻。"正是对艮卦反观内视、身心妙化过程的传述与拓展。君子慎独,行正先必止邪,诚于中而行于外。孟子深通易理,故清人焦循《孟子正义》"以《易》注《孟》",得其要领,不习

《周易》是很难读懂《孟子》的。

远古食物匮乏时静卧静坐，重病无药时静卧休养，群体舞蹈时咒祝神灵，这些过程都可能通过巫术而进入"意功"的反观内视过程。艮卦六爻顺人体由下至上的部位，艮止内视，运气行意，得到不同的体悟，以意念控制行止，起到调和身心获取愉悦的作用。初六艮止于脚趾之始而防躁动咎害，六二艮止于小腿而难免随从，九三强止于腰胯而撕裂疼痛，六四艮止于腹腔而通达无咎，六五艮止于脸颊而言语适宜，上九艮止至终而敦厚吉祥。下三爻部位较低而难以通达，上三爻渐次升高而和融通畅。

基于人体在生理上的有序化状态，有序地反观内视，一般是在全身放松入静而不受外界干扰状态下自然发生的，也可通过有序性的动作、语言、思维等动态方式诱导而发生。内视目的是使体内各种动静功能自然地协调同步，从而达到有序共振而臻于优化。

艮卦止静而内观，重视意念的能量，为中医、气功之发端。气起于脚底，顺任督二脉上行，终达于头顶百会穴。这样的过程能够产生身体舒畅的感觉，使疾病减轻以致痊愈。由巫祝而进入气功的功能状态，还会出现美好的快感、幻象，这正是神灵观念产生的生理和心理基础。

53. 渐 卦 ䷴

风山渐　巽上☴艮下☶

【解字释义】　渐卦象征渐进，是关于如何逐渐增进的学问。风山渐，下艮☶为山，上巽☴为木，二三四爻互坎☵为水，有木生于山得水滋润而渐长之象。又内卦艮为山为止，外卦巽为风为入，内部根基稳固，外面灵活变动，日渐进取而渐成大功。一般事务，均以循序渐进为吉。《序卦传》"物不可以终止，故受之以'渐'。渐者，进也"，前面震卦䷲为强震动,艮卦䷳为静艮止,止久必有进,至渐卦则为渐进,有秩序缓缓前进。重山艮䷳至风山渐䷴,只是六五爻变九五,将不动之山换为微风渐渐吹动。

渐,繁体作"漸",《广雅·释诂二》"漸,进也",战国文作𣂈,小篆作𣂌,从水斩声。"斩"所从之車象车轮竖置,斤为斧,斧头伐木斫成车轮,不断斫使圆而平滑,故"斩"有逐渐斫成义。加水为"漸",有浸润、渐进、渐长、逐渐等词义。扩展有慢走、逐步发展、加剧、征兆、步骤、前提等词义。

渐卦卦辞由婚嫁娶女取象,讲"女归"大事。咸、恒、渐、归妹四卦论男女婚姻,咸卦讲男女真情互感,恒卦讲夫妇家庭恒久。渐卦讲正规的仪式型婚嫁,男方通过媒妁行"纳彩、问名、纳吉、纳征、请期、亲迎"六礼,逐步渐进迎娶女子为嫡妻正夫人,故"女归"是循序渐进的正式婚姻。归妹卦的"归妹",是嫡妻的妹妹、侄女随嫁或后嫁到其夫家作媵妾,即姪娣制婚嫁,是没有渐进正规仪式的。正式"女归",择婚要德才并重,议定、应聘、出嫁、成婚,礼仪须慎重而完备,程序当循序渐进,这样成婚才会珍惜。"始"字从女台(胎)声,男女成婚是一切社会关系的开始,婚姻之事不可不慎,更不可操之过急。渐卦二三四爻互坎☵为中男,三四五爻互离☲为中女,男女中正对等,有程序正式的婚嫁之象。

渐卦爻辞由鸿雁飞渐取象,雁飞有行列,或排成"一"形,或排成"人"形。雁知时有序,故古以雁作礼,寓意赞人"知时守礼"。《仪礼·士昏礼》"下达,纳采,用雁",郑玄注"用雁为挚者,取其顺阴阳往来";《仪礼·士相见礼》"下大夫相见,以雁",郑玄注"雁,取知时,飞翔有行列也"。从周至清末,在依六礼而行的正式婚姻中,除纳征(下聘)外,其余五礼均须男方使者执雁为礼送给女家。"雁-𤮣"是候鸟,能定时随气候变化南北迁徙,且配偶固定,一只死去另一只不再择偶。雁的定时南往北来顺乎阴阳,配偶固定合乎义节,婚姻以雁为礼,象征男女阴阳和顺,也象征婚姻忠贞专一。

总之,鸣雁有群飞之象,团队有序,往来以时,永不止息。鸿雁情深,失偶则孤鸣不止。这些都是正规婚姻所期望的美好元素,故卦爻辞以鸿雁象征婚姻圆满。

卦　辞

䷴渐:女归吉,利贞。

【译文】　渐卦象征渐进,女子出嫁循礼渐行可获吉祥,利于守持正道。

【解字释义】　归,繁体作"歸",甲骨文作🐾,金文作🐾,《说文》"歸,女嫁也,从止从婦省,自声"。"自"为師指军队;"婦-🐾、🐾"为已嫁女持扫帚做家务;止,止于男家,故"歸"本为父系氏族初期掠夺他族女子归来成婚,后通指女子出嫁到男家。女子以嫁入男家为归宿,"嫁-🐾"字从女家声;女归夫家为安,"安"字为房子(宀)内有女(女)定居。

周初是从殷商掠夺婚向对偶婚过渡时期,"女归"已成为婚姻大事,涉及宗法制的血统纯正,不可仓促,当循序渐进,故曰"女归有渐"。周公制礼作乐,《仪礼·士昏礼》已有"纳采、问名、纳吉、纳征、请期、亲迎、合卺、用卺"等正式婚嫁程序,逐条列出细节;婚后还有各种拜见、返亲(回门)之礼。凡事操之太急则易出错,循序渐进则顺利吉祥,故渐卦以女归喻渐进之道。纳妇,主要指丈夫娶媵妾,归妹卦详述;女归,主要指女子择夫正式婚嫁,渐卦详述。对女子而言,按正式程序嫁入合适的夫家,是一生吉祥大事,利于以后长远相守,故占曰"吉,利贞"。咸卦占"亨,利贞,取女吉",意与此同。

《杂卦传》谓"'渐',女归待男行也"。程颐《易传》:"天下之事,进必以渐者,莫如女归。臣之进于朝,人之进于事,固当有序。不以其序,则陵节犯义,凶咎随之。然以义之轻重廉耻之道,女之从人最为大也,故以女归为义。"古代女子若要正式出嫁,必须等到男方行聘,然后依序进展。要受到充分的尊重、重视,以后才能维持好的关系。男女婚姻易受感性影响,如果女子太容易得到,男子就不会珍惜,古今均如此。

《彖》曰:渐之进也,女归吉也。进得位,往有功也。进以正,可以正邦也。其位,刚得中也。止而巽,动不穷也。

【译文】 《彖传》说:逐渐向前行进,女子出嫁循礼渐行可获吉祥。渐进而获得尊贵地位,前往必能建立功勋。渐进又能循正道,可以端正邦国民心。能够渐居尊位,是因为刚健者具有中和内美的品德。静止不躁时谦逊和顺,渐进行动时不致困穷。

【彖辞释义】 女子由循礼渐进的正式程序嫁到夫家,稳妥有序,取得合适的地位,吉祥如意。家庭稳定,人生往前走就顺利,能建功立业。归妹卦䷵翻覆下来为渐卦䷴,归妹卦下兑☱上进成为渐卦上巽☴,使九五刚健居中得正,也使渐卦二三四五爻都得正位,六二得以正应刚健中正的九五,有正家方可正邦国之象。渐卦下艮☶为止,上巽☴为顺,渐进之道像妇德一样柔美安止而随顺,适时行动就不会陷入穷困境地,故占“女归吉”。

《象》曰:山上有木,渐。君子以居贤德善俗。

【译文】 《象传》说:山上有树木渐长,象征渐进。君子因此逐渐积累贤德并改善风俗。

【象辞释义】 巽☴为木,艮☶为山,木因山而高,良木本身也是循序渐进长成的。生宜地而渐长,居贤德而养善。十年树木,百年树人,与贤者共居,固守正道,耳濡目染,必使风俗淳厚。《论语·里仁》谓“里仁为美”,居住在仁义环境中,利于潜移默化地修养善德,养成良善风气。反之,君子慎独,也不因环境不好而沾染内修的善德。《论语·子罕》:“子欲居九夷。或曰:陋,如之何? 子曰:君子居之,何陋之有?”

【卦变象征】 渐䷴的覆卦、错卦都是归妹䷵,强调女子归嫁男家一定要有循序渐进的正式程序。渐䷴之互卦为未济䷿,渐卦述渐进过程,未济也处在济渡的过程中。

爻 辞

初六：鸿渐于干。小子厉，有言，无咎。

【译文】 初六：大雁飞行渐进于水涯边，就像童稚小子易遭危险，当受言语责备，能渐进不躁则免遭咎害。

《象》曰：小子之厉，义无咎也。

【译文】 《象传》说：童稚小子遭遇危险，由初六渐进不躁的意义来看可避免咎害。

【解字释义】 鸿，《说文》"䳼，鸿鹄也，从鸟江声"，甲骨文作，指飞在天上"江江 gōnggōng"叫的大鸟，虞翻注谓"大雁"，泛称鸿雁。干 gàn，厂→屵→岸→斦→干，"厂"为水边岸崖伸出之形，上加山为"屵"，再加声符干表示高为"岸"，或简写作"斦、干"，《诗·魏风·伐檀》"坎坎伐檀兮，置之河之干兮"，指河岸。此处指山崖下之水畔，郑玄注"干"为"大水之傍，故停水处"，陆绩注"水畔称干"。鸿渐于干，鸿雁进入崖下水畔。

【义理取象】 初六柔处刚位，与六四无应，有柔弱之质。处艮山☶之下，在二三四爻互坎☵大水之旁（干-岸），上交三四五爻互离☲为雉为鸿，有鸿雁渐飞停于水岸之象。随卦六二"系小子，失丈夫"，"小子"指未成年儿童。初六才入渐卦，下艮☶为少男，二三四爻互坎☵为险陷，有小子危厉之象。又艮☶为倒震☳为言，有言语责备之象。到水畔崖岸求偶，对未成年小雁有危厉，当受责难。然初六柔居艮下，未进互坎中，犹如未进入婚配程序，虽居刚位有动意，但柔质渐进才合乎卦意。初犯小错，批评指正则可，故占无咎。

【社会人事】 鸿雁重情专一，配偶死则哀鸣不渝；按节候迁徙而有诚信，"鸿雁传书"比喻真爱传递。初六渐进水畔崖岸，有鸿雁选地配偶繁殖之意，踏雪践泥交配，应在成鸟时期，幼鸟阶段则非所宜，以此提醒适度行事，保无咎害。

喻意少男少女相约崖畔水边,两情相悦是好事,但提醒小子:注意感情专一、渐进有序。《说卦传》有"成言乎艮"一语,初六在艮下,有言告诫:行止合度,方可无咎。

六二:鸿渐于磐,饮食衎衎(kàn),吉。

【译文】 六二:大雁飞行渐进于磐石上,安享饮食和乐欢畅,吉祥。

《象》曰:饮食衎衎,不素饱也。

【译文】 《象传》说:安享饮食和乐欢畅,六二尽心敬业而不白吃饭。

【解字释义】 磐,帛书本作"坂"。"磐"字从石般声,般,甲骨文作 𦨶,金文作 𦨶,《说文》"𦩍,辟也,象舟之旋,从舟从殳。殳,所以旋也",手持器具(殳)操作使船(舟)旋转,有盘旋、旋转、徘徊、搬运、展开等词义。平铺开的一大片石板为"磐",虞翻注"聚石称磐",马融注"山中石磐纡",王弼注"磐,山石之安者也"。衎衎 kànkàn,喜悦、富饶貌,此处为象声词,指鸿雁欢叫声。鸿雁来到水边高平大石板上,吃好而欢叫。不素饱,即不素餐,不是白吃饭,谓具备良好德能。

【义理取象】 六二居中守正,上应中正九五。六二处二三四爻互坎☵下,在水边;当下艮☶中,居山石周正平坦处;六二爻变下巽☴为草木、中互兑☱为悦,有鸿雁于水边平石上饮食和乐之象。六二柔德中正,有上应九五之贤能,渐进至于水边磐石平敞处,既是饮食栖息安全地,也是繁殖最佳场所,甚为安乐吉祥。这就是贤德良能应有的回报。

【社会人事】 大雁渐进到水边磐石上,居所平大而安全,饮食和乐而欢叫。以喻品行端正、感情专一的男子,有佳偶为伴,安居乐业,生活富足,欢喜吉祥。中正有德君子渐进依时,安居乐食,其乐也融融。《孟子·尽心上》言孟子带学生"传食于诸侯",受到"不耕而食"的质疑。孟子对曰:"君子居是国也,其君用之,则安富贵尊荣;其弟子从之,则孝悌忠信。不素餐兮,孰大于是?"说自己和弟子每到一国,学识足以辅佐国君获取荣华富贵,教导其子弟懂得行事规范,可不是白吃饭的啊!自得自信,溢于言表。

九三:鸿渐于陆,夫征不复,妇孕不育,凶。利御寇。

【译文】 九三:大雁飞行渐进于高平陆地,宛如夫君远征不还,妻子怀孕生育难养,有凶险。但丈夫出征有利于抵御外寇。

《象》曰:夫征不复,离群丑也。妇孕不育,失其道也。利用御寇,顺相保也。

【译文】 《象传》说:夫君远征不还,九三远离其所配群类。妻子怀孕生育难养,违失夫妇养子之道。利于抵御外寇,九三应顺守保家卫国的责任。

【解字释义】 陆,繁体作“陸”,《说文》“陸,高平地”,金文作㿟、㿟,人张臂伸腿往上攀登至高平台地,有大土山、陆地、跳跃、登陆等词义。丑,繁体作“醜”,醉鬼脸难看,又有众多、同类义,《广雅·释诂三》“醜,类也”。育,同“毓”,金文作㐬,倒子为“去”,婴儿头朝下从母体(每)中产出(川),指生孩子、养育,省作“育”。

【义理取象】 九三以刚履刚,过刚不中,与上九无应。九三在下艮山☶上,鸿雁渐进高平台地。二三四爻互坎☵为中男为夫,三四五爻互离☲为戈兵,下艮☶为止,有丈夫征战不复回之象。互离☲为中女为大腹,下艮为止,有妇孕而不得育之象。九三过刚不中无应,守正待时缓进才合乎渐进之道。但九三过刚之质最易躁动猛进,不可进时偏要强进,离开下卦同类初六和六二,强与上卦无应的六四姤合,继续猛进,导致出征战死不归,六四怀孕生子无人养育,故占凶。又三四五爻互离☲为甲兵,二三四爻互坎☵为盗寇,上巽☴为风为顺,有顺应时势出征御敌寇之象。九三强进出征战死不归,六四怀孕生子无夫养育,于妇为凶。但九三、六四均当位,大丈夫为国出征是其职责,抵御外寇入侵,保国即保家,对于维护婚姻家庭的正义性是有利的。

【社会人事】 九三为下艮主爻，国事家事当兼而顾之。夫出征无音讯，妇生子难养育，既是婚姻家庭悲剧，又是保家卫国的责任。《诗·小雅·鸿雁》："鸿雁于飞，肃肃其羽。之子于征，劬劳于野。爰及矜人，哀此鳏寡。"正是此爻两难局面的写照。杜甫写"三吏三别"诗，沉郁顿挫，既哀叹民众疾苦，又激励为国分忧，正得此爻深味。

六四：鸿渐于木，或得其桷，无咎。

【译文】 六四：大雁飞行渐进于高树，或能寻得平柯稳当栖止，不致咎害。

《象》曰：或得其桷，顺以巽也。

【译文】 《象传》说：或能寻得平柯稳当栖止，六四温顺而又合宜。

【解字释义】 桷 jué，《说文》"桷，木椳也，椽方曰桷，从木角声"。鸿雁飞近大树，选择栖息于可作桷的平直树杈上。

【义理取象】 六四当位，与初六无应。上巽䷸为木，二三四爻互坎䷜为坚多心木。鸿雁飞落到平稳树杈上，有选择方平桷以稳稳立足之象。鸿雁本为水鸟，食植物茎叶，足蹼平展，难抓住树枝而栖息树上，须选平直如桷的大树杈，才可稳稳栖息而无灾咎。六四弱质无应本有咎害，但她居九三刚爻之上，上承九五阳刚中正之君，犹如在高树上选如桷平杈稳稳栖息，适时顺势，得无咎害。六四是渐卦主爻，顺时势渐进上行，是渐卦主旨。

【社会人事】 女归嫁夫家，选择家境殷实宜居的对象，婚姻才能平实无咎，与鸿雁渐木选桷同理。周初圣贤既重视婚姻的情感专一，又重视家庭经济条件的稳实，体现质朴、实用的婚姻观。凤凰非梧桐不栖，鸿雁无桷木不渐，寓意志高才大者当经营自己的处境，选定正确目标，不轻言放弃。求得既高且稳的发展平台，把握好发展机遇，事业必有大成。

九五：鸿渐于陵。妇三岁不孕，终莫之胜，吉。

【译文】 九五:大雁飞行渐进于高大陵阜,夫远征而妻三年不改嫁不怀孕,始终无人能胜过原配,吉祥。

《象》曰:终莫之胜,吉,得所愿也。

【译文】 《象传》说:终无人能胜过原配,吉祥,九五得遂应合六二的愿望。

【解字释义】 陵,甲骨文作、,金文作,《说文》",大自也。从自夌声",罗振玉《殷虚书契考释》"此字象人梯而升高,一足在地,一足已阶而升",由人登大阜转指大土阜、山头、坟墓、陵夷等词义,作动词有由高视下、日见衰微、凌驾、侵犯、超越等词义。

【义理取象】 九五当位,居上卦中尊位,与六二正应。九五以刚健中正之德居高尚尊贵之位,有鸿渐高陵之象,是"女归"的最佳对象。六二柔德中正,与九五正应,是最佳配偶。然渐卦主旨在渐进,好事坏事都不能来得太快,须有一个循序渐进的过程。上巽☴为长女为妇为不果,三四五爻互离☲于数为三亦为大腹,下艮☶为止,由九五回应六二,须经三个爻位,寓意三年渐进才有结果,合有丈夫远征三年而妇不孕之象。九五爻变艮卦☶为山上有山,有高陵远隔之象。九五与六二均居中守正,双方情爱真诚专一,虽有九三、六四阻隔,女方居守三年不改嫁不怀孕,忠贞无人能胜过,九五最终得娶六二遂所愿,故占吉。

【社会人事】 贤妇嫁给感情专一的君子丈夫,丈夫远出征战有功得升迁,如鸿雁渐进到高陵大阜之上。其妻因此三年不得孕,但守正不改嫁,丈夫归来时也不改娶,因为无人比她更胜任为妻了。古代娶妻三年不孕,就可停妻再娶,以保证生出继承人。妻三年不孕不改嫁,其夫也不再娶,实属不易。可见丈夫通情达理,感情专一,值得赞扬。如此夫妻如鸿雁配偶般有德行、有智慧、有坚守,又有牢固感情,足以抵挡非议,成就自身幸福。《诗·小雅·鸿雁》"鸿雁于飞,哀鸣嗷嗷,维此哲人,谓我劬劳。维彼愚人,谓我宣骄",正是此爻夫妻情深的写照。

上九:鸿渐于陆,其羽可用为仪,吉。

【译文】 上九:大雁飞行渐进于高地,羽毛可作高贵仪饰,吉祥。

《象》曰:其羽可用为仪,吉,不可乱也。

【译文】 《象传》说:羽毛可作高贵仪饰,吉祥,上九的高洁志向不可淆乱。

【义理取象】 上九与九三爻辞同作"鸿渐于陆",爻象重复。孔颖达疏"上九与三皆处卦上,故并称陆",是说两爻都处在三爻卦上位,故爻辞相同。实际上有差别,九三指实在的高平陆地,而上九以刚履柔位,居渐卦之极,有鸿雁渐进而登峰造极之意。上九居无位之位,情怀超远高洁,不为名位所累。上九在下艮☶之外及上巽☴上,巽为风为高为长,有雁飞千里高远无极之象。三四五爻互离☲为雉,有序而漂亮;二三四爻互坎☵为车,鸿雁飞行遥远,其羽毛既长大又纯洁美观,可用作高贵豪车的羽饰,有华丽仪饰之象。有条不紊的装饰显示其高洁超远的志向,从来不会淆乱,故占吉祥。

【社会人事】 《周礼·地官·羽人》:"羽人掌以时征羽翮之政于山泽之农,以当邦赋之政令。"贾公彦疏:"此羽人所徵羽者,当入于钟氏,染以为后之车饰及旌旗之属也。"周人用各种鸟羽作箭羽、舞饰、头饰、旗饰、车饰等。雁翎乃飞徙千里之鸟羽,体大羽长,又有配偶专一美德,故用于王后车饰,为后妃之德的象征。古女归六礼的"纳采"用鸿雁,其时新郎帽上须插雁翎。古文庙的庙会有鸿羽佾舞,为文德之象征。上九以鸿雁喻感情专一君子,高飞远行,壮志雄才得以施展。美羽用于仪饰,犹才华用于建功立业而为国争光。嫁这样的丈夫,当然大吉大利。

渐卦小结

渐卦象征渐进,凡事欲速则不达,过刚而易折,柔顺渐进上行,其事方有大成。守正渐进,是渐卦的主旨。渐卦具体讲择偶归嫁之道,女归循序渐进,依礼行事,方得其正。

渐卦六爻由鸿雁飞行渐进取象,述女子婚嫁循礼渐进的过程与得失:初六"鸿渐于干"为少年幽会崖下水畔,当渐进不可躁行;六二"鸿渐于磐"为水边平石板,安居美食得吉;九三"鸿渐于陆"为高平台地,当艰难守正;六四"鸿渐于桷"选平稳树杈,顺势平安无咎害;九五"鸿渐于陵"登高陵大阜,专一守贞得吉;上九"鸿渐于陆"放达超远,高贵而雅美。总之是守正渐进,积渐成大美。

渐卦阐述女子归嫁的原则:一是谨慎从事,渐进有序,不冲动急躁失其条理;二是感情专一为本,兼及才华、作为和经济基础。此外,未成年男子不可急进,夫妻对不孕之事要互相体谅,还要兼顾为国牺牲精神。由此可知,周初理性化兼理想化的婚姻观为:感情专一,兼顾物质条件;品德高尚,兼及才华出众;少女慎行,兼及男子发育;孕子有后,兼顾客观条件;家庭幸福,兼顾国家安全。

鸿雁之志浩远,具有团队精神,集体大展宏图,不计小我得失。鸿雁感情专一,不断转换栖息地,但守时有信,伴侣忠贞。这些都是对美满婚姻的诉求,也是成就大业的要点。苏轼《和子由渑池怀旧》:"人生到处知何似,应似飞鸿踏雪泥。泥上偶然留指爪,鸿飞那复计东西。"情怀真挚,意蕴高远,当由渐卦得启发。

54.归妹卦 ䷵

雷泽归妹　震上☳兑下☱

【解字释义】　归妹卦讲少女嫁夫成家,主要谈姪娣婚制度的女子归宿问题。雷泽归妹,雷击泽上,水波荡漾,震☳长男吸引泽☱少女归嫁,以托付终身。《序卦传》"进必有所归,故受之以'归妹'",渐卦☶讲逐渐进展,进展到一定时候,就要有归宿,故归妹卦次于渐卦之后。《杂卦传》"'渐',女归待男行也……'归妹',女之终也",强调归妹为女子的归宿。古以女嫁夫为有所归,组成新家庭,生养下一代。渐卦从男依礼娶女为正妻角度谈婚嫁,归妹卦从女自嫁男为媵妾成家的角度谈婚嫁。

归,繁体作"歸",甲骨文作𠂤,金文作𢎨,《说文》:"歸,女嫁也。从止,从婦省,𠂤声。""𠂤"为师指军队,"帚"为扫帚代表妇女干家务,本为武力抢女归来成婚。周代"歸"指一般归嫁,故有女子出嫁、返回、归还、归附、归宿、归藏等词义。妹,《说文》"𣁬,女弟也,从女未声","未-𣁬"本指木上端,为木末形,"妹"为众女之末,《尔雅・释亲》"谓女子先生为姊,后生为妹",此处指正妻之妹或姪女。

"归妹"涉及姪娣婚制度。《公羊传・庄公十九年》:"媵者何?诸侯娶一国,则二国往媵之,以姪娣从。姪者何?兄之子也。娣者何?弟也。诸侯一聘九女,诸侯不再娶。"又《隐公七年》"叔姬归于纪",何休注:"叔姬者,伯姬之媵也。至是乃归者,待年父母国也。妇人八岁备数,十五从嫡,二十承事君子。"为邦国联盟稳固,诸侯一次聘娶九个女子,不再另婚。从主盟国娶一长女为正妻嫡夫人,她要带两个妹妹或姪女随嫁,称媵或娣姪;同时,相邻两诸侯国也要主动随嫁两位女子过来,也称媵,每位也要带两个娣姪陪嫁。或娶于一国,正室带娣姪,娣姪又各带其娣姪。故诸侯共聘娶九女,一妻二媵六娣姪。这六位娣姪八岁就可定聘,在娘家待嫁成长,十五岁成人出嫁,二十岁服侍诸侯丈夫生育子女。"归妹"主要是指娣姪嫁夫,与渐卦"女归"循礼渐进娶为正妻不同,娣姪的嫁期往往拖后,也无纳彩至亲迎等渐进的正式礼仪,只是通过嫁夫获得一个衣食归宿之处。

泰卦六五"帝乙归妹,以祉元吉"。殷文丁十一年,周季历伐翳之戎,获其三大夫献捷。殷王文丁嘉功封赏,随后执诸塞库,困而死。十二年,姬昌继位,时年四十七岁。十三年文丁死,西伯姬昌乘机击商报仇,未胜。帝乙继位,昆夷俨狁入侵,帝乙乃以夏贵族后裔有莘氏之女太姒许嫁姬昌,与周邦修好,以共御戎狄。西伯姬昌审时度势,顾全大局,与殷商议和,亲迎太姒于渭滨。《诗·大雅·大明》"大邦有子,俔天之妹",谓帝乙以有莘氏女嫁西伯,譬似(俔)亲妹以嫁。

卦　辞

☳☱归妹:征凶,无攸利。

【译文】　归妹卦象征嫁出少女,前往嫁夫有凶险,无所利益。

【义理取象】　内卦兑☱为少女,外卦震☳为长男,中二三四爻互离☲为火,三四五爻互坎☵为水,水火交合,少女从长男,有归嫁之象。少女嫁长男,娣姪从老丈夫,年龄差距太大,且六三、六五均阴爻乘刚,二、三、四、五爻均不当位,少女如此出嫁,前途未卜,恐怕多有凶险,难有顺得归宿之利。渐卦二至五爻全正位,"女归吉,利贞",长女循礼嫁为正妻,卦辞占吉。归妹☳☱为渐☶☴之覆卦,四爻均不正位,易推测为凶。筮遇此卦,于掠夺婚及征伐事凶而无所利,不可轻举妄动。震☳为长子为诸侯,各爻取象多以诸侯娶女为喻,非普通男女的嫁娶,庶民百姓取一妻尚且不易,更无娶娣姪媵妾可言。

【卦辞释义】　娣姪随嫁为媵妾,少女嫁给老诸侯,众女事一夫,前景凶险,在情理推测之中。就帝乙归妹嫁周西伯而言,这种含杀父之仇的政治联姻,姬昌开始未必认为有好的前景。但泰卦六五"帝乙归妹,以祉元吉",姬昌所娶太姒,毕竟是夏代贵族后裔,后来全力辅佐文王,生育并培养武王、周公这样的圣贤,可谓华夏第一夫人。此事于周为吉,于殷商终为凶患而无所利,史事验证如此。

《彖》曰:归妹,天地之大义也。天地不交,而万物不兴。归妹,人之终始也。说以动,所归妹也。征凶,位不当也。无攸利,柔乘刚也。

【译文】　《彖传》说:嫁出少女,体现天地阴阳交合的宏大意义。天阳地阴不相交,万物就不能生长兴旺。嫁出少女生子,人类就能终而复始生生不息。由欣悦而兴动,正可以嫁出少女。往前进发有凶险,因居位不妥当。没有利益,因阴柔乘凌阳刚之上。

【彖辞释义】 孔子《彖传》不从女嫁获归宿上说,而从男女交合繁衍后代的重要性上说。下兑少女长成出嫁上震长男,是阴阳交合繁生万物的自然法则,合乎天道自然的大道理。天地交泰,万物兴盛;少女怀春,长男得偶,男女相悦生子,人类生生不息。若无男女婚配,人生就不能终而复始,上震☳动而下兑☱悦,故归妹卦合于天地大义。至于前往有凶险,是因为二三四五爻均不当位;归嫁无所利,是因为六三乘九二之刚、六五乘九四之刚。这说明,归妹本欢悦合礼,只是选择、对待都要合宜适中。

《象》曰:泽上有雷,归妹。君子以永终知敝。

【译文】 《象传》说:大泽上雷声欣悦,象征嫁出少女。君子因此始终保持夫妇之道并知其道不可敝坏。

【象辞释义】 永终,保持始终长久;知敝,知晓其道而维护不败。君子从雷泽归妹中体悟到,女归嫁男家结婚生子,目的就是要维护家族的长久传递,其过程也会有弊端和困难,须谨慎维护,不使敝坏。君子行事适宜,谋其始而得其终。

《论语·尧曰》:"咨!尔舜。天之历数在尔躬,允执其中。四海困穷,天禄永终。"天命使你为家长,当维护香火不败。天命使你为君主,当行中庸之道,保民而王。如果能顾念百姓,其禄长久;如果使四海民生困穷,你的君禄将永远终绝。

【卦变象征】 归妹䷵的覆卦、错卦都是渐䷴,归妹卦是娣姪媵妾婚,是渐卦正式夫妻婚姻的补充形式。归妹䷵之互卦为既济䷾,归妹是以夫妻正式婚既成为前提举行的。

爻 辞

初九:归妹以娣,跛能履,征吉。

【译文】 初九:以娣姪少女随正妻嫁出,犹如足跛而努力行走,前行吉祥。

《象》曰:归妹以娣,以恒也。跛能履,吉,相承也。

【译文】 《象传》说:以娣姪少女随正妻嫁出,是诸侯婚嫁常道。犹如足跛而努力行走,初九的吉祥在于继承婚姻之道。

【爻辞释义】 娣 dì,正妻的妹妹,此处兼指姪女,"归妹"指以娣姪从嫁的媵妾制度。周制,诸侯娶九女,正室一人,随嫁一娣一姪,这三女又各有娣姪二人,以此维持两家族长久和好的姻亲关系。履,履行、行走。

【义理取象】 初九当位,处下兑☱初,兑为少女,少女在下从嫁,有从娣之象。初体在足,下兑☱为缺损,有跛足之象,上震☳为动,合有跛能行之象。初九处归妹卦之初,身体初长成,力量很有限,然此时随正妻出嫁,是诸侯婚姻的常态。这个初长成而卑顺的少女,出嫁面对人生,如腿脚不便而艰难前行,当敬慎行事,顺承其时婚姻之道,前行可望吉祥。

【社会人事】 媵妾可使残疾女陪嫁,得以解决终身衣食问题,使其生活有着落。如此处置,有人性化的考量。虽跛能行,也用以喻处媵妾之位而能守妇德,顺从正妻和丈夫,才能吉祥。男子娶妻纳妾,妻妾均守妇道,家道和睦,丈夫出征离家而无忧,故言"征吉"。

九二:眇能视,利幽人之贞。

【译文】 九二:视力低还能勉强看,地位幽微的女子宜于持守婚姻正道。

《象》曰:利幽人之贞,未变常也。

【译文】 《象传》说:地位幽微的女子宜于持守婚姻正道,九二未改变婚嫁常规。

【解字释义】 眇 miǎo,《说文》"眇,一目小也",一目盲而能视,喻虽暗犹明。幽人,地位幽微或被幽禁之人。"眇能视,跛能履"可能是当时的谚语,履卦六三爻辞中也有这句话。

【义理取象】 九二以刚履柔,居下卦中,与六五正应,身为娣姪而有刚中之德。九二在下兑䷹中,在二三四爻互离䷝下,离为目,兑为缺损,有眇目之象。九二虽不当位而有眇目缺损,但有勇于行动的能力,刚健居中而上应六五,有幽微女子持守家庭中道之象,未因残缺而改变婚嫁常规。孔颖达疏九二:"虽非正配,不失交合之道,犹如眇目之人,视虽不正,不废能视耳……居内处中,能守其常,施之于人,是处幽而不失其贞正也。"

【社会人事】 媵妾娣姪,在婚姻中较正妻为偏位,只能辅佐正妻在家庭中发挥一定的作用,犹如眇一目者看事物,当行事适中而持守正道。或许实有眇目残疾女,眇尚能视,不能嫁显贵之人,不妨嫁给地位低微或受过幽禁之人,双方嫁娶得当,未改变婚姻的常规,故占利幽人之贞,显示周人提倡互济互利、互为补偿的质朴婚姻观。

六三:归妹以须,反归以娣。

【译文】 六三:少女嫁出后身体太弱难生育,连陪嫁娣姪一起退返娘家。

《象》曰:归妹以须,未当也。

【译文】 《象传》说:少女嫁出后身体太弱难生育,六三嫁弱女的行为不妥当。

【解字释义】 须,繁体作"須",《说文》"𩓣,面毛也",金文作𩓣,象人下巴(頁)有须(彡)形。由长成人转指出嫁女,屈原《离骚》称娣为"女须",当作"嬃"。帛书作"嬬",陆德明释文:"须,荀、陆作嬬。"嬬 rú,《说文》"弱也,一曰下妻也"。"嬬"同"须、嬃",指身体弱的女子。女嫁为归,反归,嫁女被休弃回归娘家。

【义理取象】 六三柔居刚位,与上六无应,非中不正无应,是条件很不好的女子,弱质处三四五爻互坎☵之下,处境极为艰难。归妹卦下三爻,初九如跛而能行之从娣,九二如眇而能视之从娣,虽幽微或有缺陷,终有所适从而得归宿,并不被嫌弃。六三为出嫁正妻,但身体病弱,不胜任一家之主妇,或不能生子传宗接代,于是连带从嫁娣姪一起被休弃遣返娘家。下兑☱为少女,六三在兑上缺处,柔质处缺损之位,有病弱不胜之象,不能担当家庭主妇的责任。六三爻变,三四五爻互坎☵成互兑☱,有遣反回归少女之象。

【社会人事】 一家之内,娣姪残弱,尚可陪嫁。诸侯娶女主为正妻,体质太弱是不适当的,影响生育以及后代继承人的质量,所以要连其娣姪一起退回娘家。这是周代宗法制嫡长子继承人观念在婚姻体系化过程中的具体表现。

九四:归妹愆期,迟归有时。

【译文】 九四:嫁少女超延佳期,迟迟未嫁等待时机。

《象》曰:愆期之志,有待而行也。

【译文】 《象传》说:九四超延婚期的心思,在于静待时机而后行。

【解字释义】 愆 qiān,《说文》"𠎝,过也,从水衍声";"衍"从水从行,水流溢出,则"愆"为超过、过失、过错,转指差等。迟,繁体作"遲",有徐行、缓慢、迟钝、晚等词义,此处指等待至迟。时,春时、时机。

【义理取象】 九四以刚履柔,与初九无应,处二三四爻互离☲为日,又处三四五爻互坎☵为月,日积月累,等待的时间漫长而未定,有许嫁愆期之象。六三柔质非中不正无应,被休弃退回娘家;九四刚居柔位非中不正无应,是有所待而主动推迟婚期未嫁,一旦条件成熟,必定及时行嫁。九四处互坎☵中与上震☳下,坎为限定而震为行动,九四静处待时,有自信和耐心,得时必行。九四爻变,离日、坎月之象皆消失,是其适宜行嫁之时。

【社会人事】 娶女超过许嫁日期是不好的,除非有充足的理由。

比如丈夫远征未归,必须等待,否则就不成婚约了。周人重视婚约、婚期的规范性,因为及时婚嫁涉及人口繁育及子女质量问题。

六五:帝乙归妹,其君之袂不如其娣之袂良。月几望,吉。

【译文】 六五:帝乙嫁出少女,正妻的衣饰不如媵娣华美。其谦德如月亮接近圆满而不过盈,吉祥。

《象》曰:帝乙归妹,不如其娣之袂良也。其位在中,以贵行也。

【译文】 《象传》说:帝乙嫁出少女,正妻的衣饰不如媵娣美好,六五位尊而守中不偏,虽高贵却能践行谦俭之道。

【解字释义】 帝乙,商纣王父。其君,其家之内君主妇,与从嫁之娣娇对应。《论语·季氏》:"邦君之妻,邦人称之曰君夫人,称诸异邦曰寡小君。"帝乙归妹太姒,使之成为周邦君夫人。袂,袖子前部,指代嫁妆。月几望,十五月圆为望,近于望为几望。月满盈则亏,几望不盈,喻低调行事免招祸患。

【义理取象】 六五以柔德履刚,居上卦中尊位,与九二正应。六五爻变上兑☱为少女嫁作正妻,下兑☱少女为娣,六五本在三四五爻互坎☵缺损之处,上兑由上震☳变来,不及下兑,故有正妻嫁妆不及从嫁娣娇之象。正妻行嫁当以德行中正和气质高贵占优,不必如媵妾娣娇靠服饰装扮来显美。衣饰合度不至华丽,如未圆之月,中正吉祥。六五当互坎☵上,下为互离☲,坎为月离为日,日月相对为望,故有几望之吉占。

【社会人事】 帝乙归妹,文王娶有莘氏女太姒,《诗·大雅·大明》"缵女维莘,长子维行",赞美太姒能继承文王母太任之德,堪配文王之行。她为夏代后裔有莘氏的金枝玉叶,贵族公主不重华美衣饰,是"维德之行"的表现。卜筮占得婚期在月几望之日,寓意谦恭而不自满,盛德而不自盈,中正贵行,占曰吉祥。《周易》强调"德行第一"的婚姻观,正君、正妻当以内德为美,非以外在服饰装扮华丽为美。

上六：**女承筐无实，士刲羊无血。无攸利。**

【译文】 上六：女子承奉竹筐却无物可盛，男子刀屠其羊不见血出。执礼难成而无所利。

《象》曰：上六无实，承虚筐也。

【译文】 《象传》说：上六阴爻中虚无实，正如承奉空虚的竹筐。

【解字释义】 刲 kuī，《说文》"刲，刺也，从刀圭声"，王筠句读"杀羊刺其耳下，异于他牲，故谓之刲"。"女承筐、士刲羊"是上古婚礼习俗，《仪礼·士昏礼》载：新妇进门第二天，早起拜公婆，当持竹器盛枣和栗进奉公婆，含"早自谨慄"之义。又当以笲（fán）盛腶脩敬奉于公婆，腶脩是成段的肉，含"断断自修"之义，腶脩由丈夫亲手刲羊制成。

【义理取象】 上六当位，与六三敌应，虚位无实应，名存实亡。上六为媵妾，有丈夫而非正妻，虚位而已。下兑☱为少女，上震☳为竹为筐，上六处筐之缺，与六三无应，有女承筐无实之象。又上震☳为士，下兑☱为羊为毁折，三四五爻互坎☵为水为血，六三不应上卦，有士刲羊无血之象。上六居归妹卦之极，弱奉虚筐之位而无实物（血），婚姻无所利。上六应卦辞"归妹，征凶，无攸利"，娣姪媵妾之婚嫁，多虚位无实，凶多吉少。

【社会人事】 新婚执礼，如果新妇承筐无实，意味着位卑贫穷；丈夫刲羊无血，可能是病死之羊。这样奉献公婆，都是违礼失敬的，都是不吉之象。上六在归妹卦中最为不利，或贫穷不能成礼，或触犯婚礼大忌，嫁娶都不吉祥。折射周代媵妾的地位，其实非常艰难。

归妹卦小结

归妹卦述少女归嫁求归宿之道，主要阐述姪娣媵妾制度的表现及其相关问题，是对周初婚姻制度的描述与探索。卦辞总体认为，娣姪婚嫁凶多吉少，少女归宿难获所利。但这类婚嫁又有一定的存在意义，主要在繁育子嗣、维护宗法制嫡长子继承权上有一定作用。在周初男少女多的现实中,有缺陷女子或娣姪随嫁,或嫁给相应的幽微之男,也是一种生活保障。

六爻从不同角度看待娣姪与正妻的婚嫁,女方有缺陷,要处理适当:跛女作从嫁之妾,眇女嫁幽微之男。但病弱女不能当正妻主妇,恐影响后代健康。太贫穷、犯禁忌也是婚嫁不吉之兆。就历史上帝乙归妹的政治联姻来看,西伯姬昌虽然娶了殷纣王的姑母,纣王仍囚禁西伯于羑里六年多。太姒归周,生养培育出武王、周公,最终伐灭殷纣。犹如媵妾新娘承筐无实,其夫杀羊无血,无以成礼而敬公婆。暗喻殷商使用政治婚姻无攸利,到头终是一场空。

周人重视德行中正的婚姻观,女德重于容饰,宽容身体缺陷,强调德才统一。这与周初圣贤的仁德政治观相一致,具有《周易》化民成俗的教化意义,是父系氏族夫权制确立后的进步婚姻观。太姒重德不重饰,以敌国之女身份嫁入周邦,却能够完全融入周人的仁德教化之中。虽然政治婚姻对于她的娘家殷商来说是失败的,但女生外向,太姒本人的婚姻却是成功的,不愧为华夏第一妇人,其德行受到后人永久的颂扬。

渐卦《象传》:"渐之进也,女归吉也。进得位,往有功也。进以正,可以正邦也。"归妹卦《象传》:"归妹,天地之大义也,天地不交而万物不兴。归妹,人之终始也。"男女婚嫁之事,为天地之道,人伦之始,邦国兴盛之要。《周易》以理性与情爱相结合,重视德性,强调婚嫁适时合度,是质朴、实用的婚姻观。

55. 丰 卦 ䷶

雷火丰 震上䷲ 离下䷝

【解字释义】 丰卦象征丰满盛大,阐述如何才是无与伦比的盛大,以及如何保住盛大局面,强调持盈保丰,随时警惧盛极而衰的祸患。雷火丰,震雷☳与离电(火)☲交作,其势丰满盛大。《序卦传》"得其所归者必大,故受之以'丰'。丰者,大也",前面归妹卦论归嫁、归附,归聚众物就会丰大,故丰卦次于归妹卦之后,雷泽归妹䷵变为雷火丰卦䷶,下兑泽换为下离火。丰卦上震☳为足为动为威,有君王之象,二三四爻互巽☴加下离☲合为家人卦䷤,民聚国丰,君王能使民心归附而万家聚集,国力就会丰盛强大。前面有渐卦、归妹卦的充足准备,到此形成丰满盛大的格局。

丰,繁体作"豐",《说文》"豐,豆之豐满者也。从豆,象形",甲骨文作𧯛,金文作𧯛,"豐-豐"象麦穗、宝玉盛满祭器之形。"豐"表名词作"禮","豐"表形容词简笔作"丰",有盛满、大多、增广、丰厚、丰腴、丰富、茂密等词义。丰䷶卦形似豆(☶)盛玨(☳),与甲骨文𧯛构形相似。丰卦震上离下,震为动而离为明,明可以照远,动可以亨通,光明通达,然后宽裕至丰大。

《杂卦传》"'丰',多故也;亲寡,'旅'也",有丰厚的利益就容易引起争夺,产生变故,因而保丰防变是盛世面临的难题。杂卦有三亲三故:"讼"不亲,"同人"亲,"旅"亲寡;"随"无故,"革"去故,"丰"多故。

卦 辞

䷶丰:亨。王假(gé)之,勿忧,宜日中。

【译文】 丰卦象征丰盈盛大,亨通。有德君王可以达到丰盈硕大境界,不必忧虑,宜如日居中天般保持充盈的光辉。

【卦辞释义】 丰卦,是盛大亨通,不是一般的盛大,是天下同一的极其盛大。天下土地至大至广,天下人口至繁至庶,天下财物至多至富,天下人心至和至同。只有明王圣君如日升中天般公正行事,才可能使民强国富,丰盈盛大,畅达亨通。

假,同"各、佫",到、至,《方言》"假,至也,邠、唐、冀、兖之间曰假"。

"假(各-佫-格)"在此表示达到、实现,王假之,只有仁德君王治理天下才能达到丰盈盛大的局面。日中,日正为昰(是),太阳正午时分没有阴影,阳光最为丰满盛大,六二居离☲中,有日中之象。君王要实现天下丰盛的理想,就不能造成社会的贫富悬殊,宜如日光中正普照天下,造福广大民众。"一人有庆,兆民赖之",勿行己私,才能天下有庆。王者行事正确与否,影响天人之际的平衡,不可小视。物丰易生争夺,盛极而衰,易生忧患,然圣王行事光明中正,可保丰盛无忧。

《彖》曰:丰,大也。明以动,故丰。王假之,尚大也。勿忧,宜日中,宜照天下也。日中则昃,月盈则食。天地盈虚,与时消息,而况于人乎?况于鬼神乎?

【译文】《彖传》说:丰,意为丰盈盛大。道德光明并施于行动,因而获得丰盈硕大的成果。有德君王可至丰大境界,王者崇尚宏大美德。不必忧虑,宜如日居中天般保持充盈的光辉,宜于盛德之光遍照天下。日至中天必将西斜,月圆盈满必将亏蚀。天地有盈满亏虚的自然规律,按一定时期更替其消亡与生息,更何况人呢?何况鬼神呢?

【彖辞释义】 丰大,孔颖达疏:"丰之称大乃阐大(扩大)之大,非自然之大。"谓"丰"是不断扩充至丰满盛大。下离☲为明,上震☳为动,就治理天下而言,内离明象征教化育人的软实力,外震动则为富国强兵的硬实力,软硬实力均衡发展,相互配合,必能成就丰功伟业。故只有仁德君王治理天下,才能达到国民品行高尚国力强劲盛大的境界。理想的圣明君王德行中正,如日中天,盛明普照天下,无所不至,且常明不昏,无可忧虑。

剥卦《彖传》"君子尚消息盈虚,天行也";损卦《彖传》"损益盈虚,与时偕行"。就天道自然规则而言,日升中天必将西昃,月盈圆满必将亏蚀,这是天地运行的自然规律,万物消亡与生息在一定时期内往复更替,都是随顺时势而自然进行的。天地依规律运行盈虚,人是天地的造物,鬼神是人虚构的精神功用,天人合德,丰盈招损,谦和受益,天地自然规律如此,人与鬼神并无例外。因此,人们行事必须遵循自然规律,中正适宜,谦逊谨慎,不可登峰造极,致使丰盈难保。

《象》曰:雷电皆至,丰。君子以折狱致刑。

【译文】 《象传》说:雷鸣电闪一起到来,象征威德丰大。君子效法雷电的威严光明,审讼狱而动刑罚。

【象辞释义】 上震☳为雷震动,下离☲为明为火为电,丰卦雷鸣电闪,声势浩大。治国君子从霹雳闪电中感受到威严与威慑力,认识到:折狱审案,要像电光明照般明察虚实;致用刑罚,要像雷击威断般准确公正。震雷闪电照亮大地,警钟长鸣。君子治狱,必须明察秋毫,公正断狱。打雷天下震动,刑狱使恶人伏法得报应,警示世人去恶向善。

刘君祖《易断全书》曾分析《周易》关于法律的四卦:噬嗑卦"明罚敕法",相当于立法;贲卦"明庶政,无敢折狱",相当于行政;丰卦"折狱致刑",相当于司法审判;旅卦"明慎用刑,而不留狱",相当于行政与司法权衔接。四卦象的关系,暗含立法、司法与行政既分立又互补之意。可资参考。

【卦变象征】 丰☲的覆卦是旅☶,居家丰足的反面就是行旅漂泊。丰☲的错卦为涣☴,丰是大聚集,涣是大离散。丰☲之互卦为大过☴,丰足盛大之时,谨防大而过之转向衰败。

爻 辞

初九:遇其配主,虽旬无咎,往有尚。

【译文】 初九:遇合相配之主,尽管两者阳德均等也不致咎害,前往受到尊尚。

《象》曰:虽旬无咎,过旬灾也。

【译文】 《象传》说:尽管两者阳德均等也不致咎害,若初九、九四阳德不均导致竞争则有灾患。

【解字释义】 配,甲骨文作𤽆,金文作𤮰,《说文》"𤮰,酒色也,从酉己声",人在酒坛边,将不同色酒配合而饮,有配合、配偶、匹配等词义,与"妃"同;旬,甲骨文作 🜪,金文作 🜪,《说文》"旬,徧也,十日为旬",手臂曲包日形,十天干为旬,十日一循环周期。此处同均匀之"均",指均等。

【义理取象】 初九以刚履刚,与九四不应,初入丰卦,达不到丰盈的程度。丰须先聚,初九与九四同德相与,互为宾主。初九上承六二,九四上承六五,搭配均匀,形成二阳并进的局面。二阳并进,雷鸣电闪缺一不可,才有声光共见的良好效果。初九遇九四,视其为"配主",离明䷜之初爻与震动䷲之主爻配合,光明与实力明动相资,前行相互尊尚,共成大业。但初九与九四本为阳刚敌应,均等配合很好,若争强失衡,就有灾咎。

【社会人事】 商人在经商中遇到财力相当的主顾,如雷电相配,均等交易,往后可以互助互利,共成事功。若一方超过均等,形成竞争,或丰厚财物分配不均,就会带来灾祸。

六二:丰其蔀,日中见斗,往得疑疾。有孚发若,吉。

【译文】 六二:丰大顶席遮盖光明,恍惚日在中天却出现星斗,继续前往必生疑疾。用真诚孚信来启释疑忌,可获吉祥。

《象》曰:有孚发若,信以发志也。

【译文】 《象传》说:用孚信来启释疑忌,六二用诚信来丰大光明的志向。

【解字释义】 蔀 bù,顶部草席、草屋顶,盖在头顶部位挡日光,陆德明释文"蔀,小席也",王弼注"蔀,覆暧、鄣光明之物也"。音 pǒu,从丶否声,表拒绝的语声,同"呸";有反向否定义。"音"加"阝-邑"为"部",本指秦岭北(背反)面天水、秦安一带广大地域。转作动词有统领、布置、部署、管辖等词义。加艸成"蔀",指反挡阳光的草盖席棚。见(现)斗,出现北斗星。疑,甲骨文作 🜪,金文作 🜪,人挂杖于十字路口张望而不知所从,疑疾即疑心病。若,语词。

【义理取象】 六二以柔处阴当位,居下离中,与六五无应。卦辞丰盛亨通,依赖圣王仁德光辉如日中天,非光明盛德之王不能至丰亨。六二柔德中正,居下离☲中为光明之主,仰首向上望应六五,六五柔居尊位为昏暗不明之君,不能同德应援六二而求丰亨,下离明与上震动失去配合,有明动不能相资之象。二三四爻互巽☴为木草,有丰其蔀遮蔽下离光明之象;九三、九四遮断六二向上与六五的呼应,亦如日食遮蔽而阴影巨大。上震☳仰盂似斗,有北斗之象。六二白天抬头上望六五,如有草席遮蔽而不见正午阳光,天空黑暗,犹如正午出现北斗七星。如此情境,六二若继续前寻应援,必然遭到六五的猜疑。好在六二中正柔德,心地光明,以真诚孚信启悟六五,使疑忌变为信任,明动相资共同求丰,终转吉祥。六二爻变二三四爻互乾☰为天,天光复开,六二诚信互助求丰的志向得以伸发,故占吉。

【社会人事】 太有钱的人往往睡不着觉,担心他人侵扰,疑心重重。富商远行交易,财物很多,用席棚把车子遮蔽得严严实实,在里面大白天都暗得恍惚可以看见天上星斗。他在车里闷得太久,心情恍惚如生疑疾,其孚从只好为他开启遮蔽的草棚,这才透进阳光使心情好起来。

《庄子·人间世》谓"虚室生白",空旷房间点一支蜡烛就显得很亮很宽阔,装物太多就显得很窄很阴暗。物多挤人,财多累心,财富丰盈过度,人就会失去轻松愉快心情,仿佛心受遮蔽而多生疑窦。这,就是"丰其蔀"的副作用。

九三:丰其沛,日中见沫。折其右肱,无咎。

【译文】 九三:丰大幡幔以遮盖光明,恍惚日在中天却只见微光。受寇掠折断右臂,才保住财物不致咎害。

《象》曰:丰其沛,不可大事也。折其右肱,终不可用也。

【译文】 《象传》说:丰大幡幔以遮掩光明,说明九三不可承担大事;断其右臂屈己慎守,说明九三终究不可大展才用。

【解字释义】 "沛"即"旆",指幡幔,王弼注"沛,幡幔,所以御盛光也"。"沫"即"昧",王弼注"沫,微昧之明也"。"日中见沫"与"日中见斗"一样是当时熟语,意谓大明变暗。"折-𣂸"以斤(斧)断艸,有折断义。"肱-𠃌-𦙶"本为曲起展示肌肉的上臂之形,厶加左手作"厷",再加肉旁作"肱","厶-厷-肱"一字。

【义理取象】 九三刚健当位,与上六有应。卦辞"日中"方可至丰亨,九三处离日䷝上,非中偏昃,二三四爻互巽䷸为木草幡幔遮蔽,上六已是无位失势的微光,九三上寻应援,犹如日中受遮蔽而仅见微光。九三爻变二三四爻互艮䷳为手为肱,三四五爻互兑䷹为毁折,又兑为西方居右,二三四五爻大坎䷜为盗寇,合有盗贼寇略折其右肱之象。九三不能上进求丰亨,退而自守其丰财,遇寇略折伤右肱。九三当位且应上六,本可有所作为,但受遮蔽且动受毁折,最终只是能自保无咎害。《小象》评价九三行事失中,终不可大用而成就大事。

【社会人事】 富商出行贸易,财物丰盛,用幡幔严密遮蔽车辆,壮威以防盗寇。但盗寇还是来劫掠,打斗中折其右肱,本不利,幸好护卫驱走盗寇而保住财物。保财受伤,两害相权取其轻,占得无咎。可见当时商贸势大,盗寇猖獗,也可知为商不易。拼命折伤手臂保住财物,是"丰其沛"的副作用。如此行事,也不是修德保丰的正道。

九四:丰其蔀,日中见斗。遇其夷主,吉。

【译文】 九四:丰大顶席遮盖光明,恍惚日在中天却出现星斗。但能遇合阳德平衡之主,吉祥。

《象》曰:丰其蔀,位不当也。日中见斗,幽不明也。遇其夷主,吉行也。

【译文】 《象传》说:丰大顶席遮盖光明,九四居位不妥当。恍惚日在中天却出现星斗,此时幽暗而不见光亮。遇合阳德平衡之主,九四获吉祥宜于前行。

【解字释义】 夷,甲骨文作 ,用屈曲人形表示有蹲踞习惯的东夷氏族;金文加弓形作 ,指弓、矢、农具,由常用转指平常、平和、平等义,此处指平等。

【义理取象】 九四以刚履柔,与初九无应而同德相辅,上承六五柔德之君,刚健而有作为。初九"遇其配主"指九四,九四"遇其夷主"反指初九。初九为下离明 之始,九四为上震动 之主,下明上动,明动相须,明主初九寻求九四配合行动,故视其为"配主",动主九四寻求初九平施光明,故视其为"夷主"。九四阳爻在柔位,被六五丰荫所遮蔽,已超出底下离卦 ,还被二三四爻互巽 草木遮蔽,有幽不明而日中见斗之象。九四虽不当位而受幽蔽,然得与初九、六二平等相处,或许还能实现理想而获吉前行。九四爻辞"丰其蔀,日中见斗"与六二全同,泰卦 二四爻互换成丰卦 ,故两爻有相似的境遇。

【社会人事】 富商远行交易,财物很多,用席棚把车子遮蔽得严严实实,在里面大白天都暗得幻觉可看见天上星斗。因他外刚健而内柔和,一路多得朋友相助,前行吉祥如意。

六五:来章,有庆誉,吉。

【译文】 六五:召致璋美之财以丰大光明,获福庆与佳誉,吉祥。

《象》曰:六五之吉,有庆也。

【译文】 《象传》说:六五吉祥,必有福庆。

【解字释义】 "章"同"璋",此处指美玉、丰财。《说文》"璋,剡上为圭,半圭为璋",方柱形玉为璋,上圆下方为圭。《诗·小雅·裳裳者华》"维其有章矣,是以有庆矣";《周礼·春官·大宗伯》"以赤璋礼南方";《考工记·玉人》"大璋、中璋九寸,边璋七寸……天子以巡守……诸侯以聘女"。李镜池《周易通义》:"来章,犹得璋。璋,美玉,可作珪、铉等。庆、庆贺;誉,称誉。……商人买到美玉,大家庆贺他,称赞好玉。"

【义理取象】 六五以柔履刚,居上卦中尊位,为丰卦柔中丰亨之主。会聚而得丰大,丰卦特色为上下配合,初九与九四无应而同德配合,六五与六二无应也求得配合。六二代表下离明,上来彰显赞誉六五丰庆之德。六五爻变三四五爻互乾䷀为玉,下离☲为明为赤色,有来璋之象。上震☳为言,三四五爻互兑☱为口为悦,下离为明丽,有交口赞誉庆贺之象。六五一度遮蔽六二,然柔德中正,诚信去疑,下明上动,明动配合,来璋丰亨,赞誉欢庆,故占吉祥。

【社会人事】 吉多自吉,庆为众庆。日中偏昃,食既复明。人君改过善迁,重获民众信赖与赞誉。丰卦多故而变革,君主一人有庆,兆民赖之。由六二"往得疑疾"至六五"来璋有庆",明君去蔽释疑,招来在下章美人才,丰大天下,吉祥有庆。

上六:丰其屋,蔀其家。窥其户,阒(qù)其无人,三年不觌(dí),凶。

【译文】 上六:丰大房屋,障蔽家室。从门户窥视,寂静无人迹,三年不露面,蔽有凶险。

《象》曰:丰其屋,天际翔也。窥其户,阒其无人,自藏也。

【译文】 《象传》说:丰大房屋,上六处丰极犹如飞翔在天际。从门户窥视,寂静无人迹,上六自蔽深藏。

【解字释义】 屋,《说文》"𡰧,居也",段玉裁注"居者,室之覆也",居住(至)的房屋(尸),此处指覆盖。阒 qù,空虚、寂静。觌 dí,《广韵》徒历切,字形从见,有以礼相见、显现、访问等词义,困卦初六"三岁不觌"与此相同。

【义理取象】 上六柔居阴位,与九三有应,处震动之终,居丰亨之极。丰卦䷶上六爻变为离卦䷝,三爻六爻均覆于离☲上,有丰屋蔀家之象。上下离☲均门户紧闭,中虚空无人,三组敌应均相隔三爻,有窥户无人且三年不见之象。上六丰极转蔽,既蔀蔽不援九三,又自蔽深藏,高亢幽远,如翔天际,自绝于人寰,晦暗无明陷入绝对孤立而不能自拔,故占凶。明夷卦上六爻辞"不明,晦,初登于天,后入于地",取象与丰卦上六近似。

【社会人事】 居住房屋过大,人的阳气不够镇其阴森之气,绝对不是好事。《礼记·大学》谓"富润屋,德润身",商人发了财,盖起高楼大屋,装修既华美又严实,从门口看不到里面动静,三年也看不到人影。富商虽盛饰家屋,却少人居住,自身三年不归,家人阴冷多病,鬼瞰内室,有身死家亡之象,名为豪宅,实为凶宅,故占凶。

此爻辞显示周初圣贤对过度追逐财富的忧患意识,丰极转衰,穷大失居,亢龙有悔。扬雄《解嘲》:"炎炎者灭,隆隆者绝;观雷观火,为盈为实;天收其声,地藏其热。高明之家,鬼瞰其室。"就是对丰卦上六情境的诗化描述。

丰卦小结

丰卦象征丰盈盛大,阐述持中保丰之道。求丰不易,保丰更难。善处丰道者,既须道德盛美,又须光明常照。丰大总是相对的,《象传》"日中则昃,月盈则食,天地盈虚,与时消息",揭示盛极转衰的自然规律。警醒人们,丰不忘衰,盈不忘亏,处丰当有忧患意识。

丰卦六爻阐述处丰的不同时位:初九配主求丰,慎行有尚;六二丰蔽财富致疑,以诚信启释方得吉;九三护财折肱,仅获无咎;九四丰财遇平和之主,得吉;六五来才得誉丰天下,大为吉庆;唯上六丰极深藏,自蔽有凶。初与四、二与五虽阴阳不应,却求得明动相须而获吉祥。李光地《周易折中》引熊良辅曰:"当丰大之时,以同德相辅为善,不取阴阳之应也。"强调处丰者之间的关系,当以相辅为吉,以相斗为咎,寓意可鉴。

丰卦具体讲述的,可能是某一富商发财致富之事。其人虽非首富,气派却很大,很可能是殷王国被周征服时归附的旧富商。周初已赏归顺的旧殷商人以世禄,优待如周邦臣属。《逸周书·大聚》载武王、周公"令县鄙商旅曰:能来三室者与之一室之禄。辟关修道……则关夷市平,财无郁废,商不乏资,百工不失其时……以成万财……不召而民自来";《文政》云"商工受资……是(足)民之则(财)"。虽然周王重视旧商家,但旧殷富商仍时时忧心而卜问吉凶。权力与财富、商贾与贵族王权之间的关系,总是不易处理好。殷纣打击巫史贵族,依靠并扶持商业奴隶主,从而激化上层矛盾,导致政权垮台。殷鉴不远,周人对财富丰盛的忧虑,也是深具防患意识的。

"需、旅、丰"三卦,是描述周人立国经邦商业观念的大卦,经营商业是合理的,富商是需要扶持的。但经商者必须正当经营,反对违法的掠夺性经营。单纯追逐财富,大肆积累资本,富者奢侈淫乐,武装夺取民利,贿赂权势并跻身贵族,与巫史王权抗衡等,都是殷纣骄纵新兴商人导致亡国的教训。故周初圣贤对此深具忧患,并系辞以警诫后人。

56. 旅 卦 ䷷

火山旅　离上☲艮下☶

【解字释义】　火山旅,山上有火燃烧,人不能停留,只好旅行去。孔颖达疏:"火在山上,逐草而行,势不久留,故为旅象。"或旅祭于山麓,望其山燔柴举火而祭天,为旅祭、望祭。旅卦象征行旅,是关于旅途漂泊而寻求安居的学问。《序卦传》"穷大者必失其居,故受之以'旅'",丰卦盛到极点而不知收敛,穷奢极欲而骄傲自大,必然盛极而转衰,失去一切,流离失所,行旅漂泊无定居,故旅卦次于丰卦之后。《杂卦传》"'丰',多故也;亲寡,'旅'也",人富足时多故旧,流亡时少亲友。

旅,甲骨文作，金文作，《说文》"，军之五百人为旅。从㫃从从;从,俱也","㫃-"为旗帜,下聚集众人(从),有军队、众多、聚、旅祭、共通、寄居、路途等词义。🐂，周初军旅已有车乘，旅下加车以明之。

《吕览·勿躬》"王冰作服牛"，实指王亥；《世本·作篇》"胲（亥）作服牛"。商契 xiè 至汤凡十四代，其第七代祖为王亥。"服牛"即商队用牛车贩运货物，商初就是一个服牛乘马、引重致远而取利天下的商业部族，后用"商人"指贸易经营者。旅卦载王亥与其弟王恒带商队由商都（河南商丘）至有易氏（河北定州）所进行的一次商旅贸易之事，王亥行为不当，终遭杀身之祸。由此告诫后人，行商当持守正道、顺时进退，勿因贪欲而不顾商旅之危。旅卦爻辞描述旅人失位、失势、失时，漂泊无定居，寄人篱下，凄苦之极，反映其时行商的真实场景与艰难困苦。其辞可能来自《归藏易》，周人引以为鉴戒。

卦　辞

䷷旅：小亨，旅贞吉。

【译文】　旅卦象征行旅，谦柔小心可致亨通，行旅能持守正道可获吉祥。

【卦辞释义】　小亨，非元亨、大亨。筮遇此卦，于军旅、商旅、旅祭之事吉，余事则未见吉祥。行旅之中情况复杂，需要与各类人打交道，刚大亢盛难通，谦逊柔小易行。旅卦六五居尊位为卦主，柔顺得中，附丽于刚，有小亨之象。行旅失其居所，顺依他人，持守正道而谦恭待人，方能得助而获吉祥。

殷商军旅由氏族军事首领管理，行争战、狩猎、会盟、交易、祭祀名山大岳等大事，展示其领土范围和权威，有"商旅、旅祭"之义。殷墟甲骨卜辞"辛巳卜，贞，叀妇好三千，叀旅万，乎伐羌"，其中"旅"指军旅。《论语·八佾》"季氏旅于泰山"，朱熹注"旅，祭名"。《周礼·天官·掌次》"王大旅上帝"，郑玄注"大旅上帝，祭天于圆丘，国有故而祭，亦曰旅"。旅祭不一定登山顶，或旅于山麓，燔柴望其山而祀，也称"望祭"。旅祭小亨通，诚守贞正可获吉祥。

就行旅漂泊异乡而言,在家千日好,出门一时难,低调柔顺才有小亨通。旅行在外,行事艰难,易生事端,固守正道,方可获吉。颠沛流离之时,正好考验人的操守和修为。《论语·里仁》"君子无终食之间违仁,造次必于是,颠沛必于是";《礼记·中庸》"素患难,行乎患难,君子无入而不自得焉"。孔子五十五岁为鲁国大司寇,鲁定公接受齐国所送美女,就不再理睬孔子的治国方略。孔子在鲁国这样的弱国,受三大夫强权制约,再努力也只能维持安定局面。孔子志向在恢复周礼以平定天下,占一卦问下一步怎么走,结果占得旅卦䷷。于是,旅行而周游列国,历经磨难,只得小亨通。

《彖》曰:旅,小亨,柔得中乎外而顺乎刚,止而丽乎明,是以"小亨,旅贞吉"也。旅之时义大矣哉。

【译文】 《彖传》说:行旅,谦柔小心可致亨通,性情谦柔者外居适中之位而顺从刚强者,恬静安止又能附丽于光明,所以说谦柔小心可致亨通,行旅能持守正道必获吉祥。行旅顺时的意义很宏大啊!

【彖辞释义】 卦辞谓行旅柔顺小心才可至小亨通,主爻六五柔德居中而处于外卦,下乘九四而上承上九,上下顺乎刚。内艮止☶而外离明☲,行止合度才会前途光明。行旅在外,随应时势,柔以顺刚,寄寓守正,可得亨通吉祥。

其实人生就是一场旅行,岁月匆匆,如白驹过隙。天涯羁旅时,当智慧自处,以屈求申,顺时势而行,方得贞吉。行人把握适度,可因旅而兴,若把握失度,或因旅而亡,可见行旅之道意义宏大。

《象》曰:山上有火,旅。君子以明慎用刑而不留狱。

【译文】 《象传》说:山上燃烧蔓延着火光,象征行旅。君子因此明正审慎地使用刑罚而不稽留狱讼。

【象辞释义】 山上有火,山上燔柴举火而行旅祭,应天道而明人事。君子由此体悟,当明晰而审慎地施用刑罚,不可草率;不留止狱讼,不可长期拖延不判决。丰卦"折狱致刑"为司法审判,旅卦"明慎用刑而不留狱"为判刑后按时公正执行,不应受政治权力干扰而有所保留。火光明亮而公开,折射对执法公平正义的强烈要求。

【卦变象征】 旅☲☶的覆卦是丰☳☲,商旅经营顺利会有丰厚的收益。旅☲☶的错卦为节☵☱,旅途艰险多变,一定要节制慎行。旅☲☶之互卦为大过☱☴,旅卦小亨通,若行之太过必凶险。

爻　辞

初六:旅琐琐,斯其所取灾。

【译文】 初六:行旅之初举动鄙猥琐细,这是自取灾患。

《象》曰:旅琐琐,志穷灾也。

【译文】 《象传》说:行旅之初举动鄙猥琐细,初六意志穷迫而自取灾患。

【解字释义】 琐,繁体作"瑣",《说文》"瑣,玉声也,从玉贞声",又"貞,贝声也",小贝串(贝)发出的琐细之声(小),加玉旁作"瑣"为玉串发出"索索"细小之声,转指细小貌。《诗》毛传"琐琐,小貌"。

【义理取象】 初六柔履刚位,与九四有应,初进入履卦,又处下艮止☶之始,动力微弱。初六以阴柔之才初踏行旅之途,非中无正,目光短浅,自视甚卑。处艮下,艮☶为止为少男童仆,童仆初出行且受阻止,困于旅途,心志卑下而行为猥琐。出门在外被人轻侮又不能自强,易于自取灾祸。初六爻变下卦为离☲,与上离☲形成重离☲,"离-☲",鸟入网为罹难,鸟脱网飞去为离开,离而又离,寓意多次外出不断罹忧逢灾。

【社会人事】 旅卦的卦爻辞以占筮记录为据,占筮人多次行旅外出,屡屡遭受祸害,心气极易低沉。行旅流亡,人生地不熟,难得趾高气扬,处处艰难而求助于人,容易心志卑微而行为猥琐。人越是卑微猥琐,就越易带来灾祸,往往顾小失大,麻烦层出不穷。

六二：旅即次，怀其资，得童仆，贞。

【译文】 六二：行旅赁居客舍，怀藏资财，获得童仆，应当守持正道。

《象》曰：得童仆，贞，终无尤也。

【译文】 《象传》说：获得童仆，守持正道，六二终将无所过尤。

【解字释义】 "即-𥛆"是人就食盒进食，有至、到义。次，《说文》"欮，不前不精也"，甲骨文作𣢆，金文作𣢆，人坐下张口饮食形。军队扎营一宿为舍，再宿为信，过信为次，由军队驻扎两晚以上转指次位、次第、次序，再表示次等、次要，此处"次"作名词指旅舍。怀，繁体作"懷"，"裹-𧝑"，衣裹人身，加心作"懷"有胸怀、怀想、怀抱、包裹、怀藏等词义。仆，繁体作"僕"，甲骨文作𦩂，金文作𤰈，象手持簸箕倒垃圾的仆人形。童仆，抓来小奴隶作仆人。

【义理取象】 六二柔处阴位，居中得正，上承九三之刚，有柔顺中正之德，合行旅妥善遇人之道。下艮☶为门阙指客舍，二三四爻互巽☴为草木，表示客舍简陋，又艮☶为止，合有旅人止宿简陋客舍之象。又艮☶为手，互巽☴为帛为近利市三倍，有怀其资之象。又艮☶为少男为童仆，互巽☴为绳索，有获得并系住童仆之象。六二是位行止合度经验丰富的旅行者，"怀资"有足够钱花，"即次"有旅店可住，"得童仆"有仆人照料，行旅无忧。

【社会人事】 商队的领头人行旅经验丰富，带足旅途路费和贸易资本，一路按计划住舒适的旅馆。依殷商时商队远行惯例，路上顺便掠得童仆，或作奴隶服侍自己，或贩卖童仆获得利润以补贴旅行资费。这在当时很常见，但必须守贞行正，按当时当地规矩行事，最终才不会带来过尤与祸患。

九三：旅焚其次，丧其童仆，贞厉。

【译文】 九三：行旅途中被人烧毁客舍，丧失童仆，应守持正道防备危险。

《象》曰:旅焚其次,亦以伤矣。以旅与下,其义丧也。

【译文】 《象传》说:行旅途中被人烧毁客舍,九三因此遭受损伤。行旅之人擅自参与下人之事,其道义丧失必致祸害。

【义理取象】 九三当位,然过刚不中,与上九无应,下比六二、初六之柔,刚愎自用,行为暴戾,多行伤害而致危厉。二三四爻互巽风☴交上离火☲,有旅次被焚之象。又巽木☴上有离火☲,且在旅卦,故谓"旅焚其次"。九三在下艮☶与三四五爻互兑☱之间,艮为少男童仆,兑为毁折,有丧其童仆之象。旅人问筮得此爻,多有危厉。

【社会人事】 商队头人自视刚强,行事不能守贞持正,恃强凌弱,住店怀资不付,虐待所掠童仆,干预本地事务,交易不公平,激怒当地民众。于是当地人焚其旅所,抢回被掳童仆人口,使商旅损伤严重,情势危厉。

九四:旅于处,得其资斧,我心不快。

【译文】 九四:行旅暂得栖身之处,获得一定的资金与权力,但不得其位而心不畅快。

《象》曰:旅于处,未得位也。得其资斧,心未快也。

【译文】 《象传》说:行旅暂得栖身之处,九四未居适当之位。获得一定的资金与权力,心中仍然不甚畅快。

【义理取象】 九四以刚履柔不当位,与初六有应,上承六五柔德中和之君,处二三四爻互巽☴上,已进入上卦。怀刚健之才而能柔顺时势,故得资得利。"资"取象互巽☴近利市三倍,象征财物;"斧"原为兵器,取象上离☲为戈兵,象征权力。九四爻变上艮☶为门阙、三四五爻互震☳为足,足入门阙,有旅于富家豪门之象。又爻变二三四爻互坎☵为心病,有心忧不快之象。九四不当位,虽有所获,心犹不快。九四与初六正应,但中间为下艮☶所阻,联系不上,在初六是"志穷",在九四则是"心未快"。

【社会人事】　商队经历焚次丧仆之后，头人收敛刚健张狂势头，以羁旅之身柔顺之态交往前行路上的豪富，获取一定的收入（资）和权力（斧），但没有归属感和认同感。旅途穷处不得志，无稳固地位则心无所依，自然难以畅快。

六五:射雉,一矢亡,终以誉命。

【译文】　六五:比赛射取野鸡,虽一支箭射失,最终获得美誉和爵命。

《象》:终以誉命,上逮也。

【译文】　《象传》说:最终获得美誉和爵命,六五能向上承奉尊者。

【义理取象】　六五以柔德履刚,居上卦中之尊位,为旅卦之主。六五在上离䷍中,离为雉又为戈兵,有射雉之象;三四五爻互兑䷹为毁折,六五一阴在外,有一矢亡之象。六五柔居外卦中之尊位,承刚上九,互兑䷹为口舌为悦,如卦辞所说"柔得中乎外而顺乎刚",获得赞誉与爵命赏赐。

【社会人事】　商队到达某邦邑,遇到行猎比赛。旅人善射,虽射失一支箭,仍获得善射美誉,得到邦主的赏赐。

离䷍为雉,象征文明。人生追求惟精惟一,不可乱行旁骛,选中关键目标,一箭中的,必然成就声誉,从而成全使命,正所谓"王者无敌"。周文王、孔子成为圣人,佛陀、耶稣成为教主,一旦成功之后,世人并不问其出身是否旅人。孔子虽为殷商子姓后裔,一生恢复周礼,终不失为正统。正如《礼记·中庸》所谓"建诸天地而不悖,质诸鬼神而无疑"。

上九:鸟焚其巢,旅人先笑后号咷,丧牛于易,凶。

【译文】　上九:高枝上鸟巢被焚毁,行旅者先得高位欣喜欢笑,后遭祸殃痛哭号咷,在有易市场丧失了贸易牛群,有凶险。

《象》曰:以旅在上,其义焚也。丧牛于易,终莫之闻也。

【译文】 《象传》说：作为行旅人却高居上位，其理必致焚巢之灾。在有易市场丧失贸易牛群，上九羁旅遭祸终无人闻知。

【义理取象】 上九刚履柔位，过刚不中，与九三敌应，与九四夹持六五柔君，时位均不好。上九处旅卦之极，栖高处亢，以旅在上，骄肆不羁，终遭毁灭。上离☲为雉为火，二三四爻互巽☴为木为巢，三四五爻互兑☱为毁折，有焚毁树顶鸟巢之象。旅人先得居高位而欢笑，后遭焚巢之灾而号啕大哭。商队在有易氏市场丧失牛群物资，遭到凶祸。同人卦九五"先号咷而后笑"，是喜极而泣；旅卦上九"先笑后号咷"，是乐极生悲。

【社会人事】 《山海经·大荒东经》"王亥托于有易、河伯仆牛，有易杀王亥，取仆牛"；注引《竹书纪年·夏纪》"殷王子亥宾于有易而淫焉，有易之君绵臣杀而放之。是故殷主甲微假师于河伯以伐有易，灭之，遂杀其君绵臣也"。高亨《周易古经今注》："此亦王亥故事，鸟焚其巢者，喻族人之焚其居也。号咷，哭也。易即有易，国名。……殷王亥曾客于有易之国，王亥淫于有易，有易之君绵臣杀之，而取其牛羊。本爻云'鸟焚其巢'者，王亥之居被焚也。'旅人先笑后号咷'者，王亥先逞其淫乐而欢乐，后临被杀而号哭也。'丧牛于易'者，失其牛于有易也。"后号咷，或是王亥被杀，其弟王恒号哭。王亥事与上六爻辞相合。

六爻卦的上爻总是快离开本卦了，这些人事终将被人们忘却。以旅人身份居上位，行为失当必然失位，若母国败亡，最终失去一切，无所归依。寓意人生旅程来去空空，功业成土，生命如烟，再无人问及。

旅卦小结

旅卦象征行旅，主要论述远途经商之道。初期远途经商十分艰难危险，须柔顺待人，中正行事，才能小有亨通。若刚硬骄奢，必有凶险。

旅卦所记史事，为商王亥（及弟王恒）远行经商，从商丘出发，到今河北定州易水境内的有易族进行贸易。途中多遇险难，也曾获得资金和声誉。最后因行为不检,招致毁财丧命。那时商人以牛驾车,长途贩运,中途易遭寇掠,也可能乘便掠劫弱小氏族男女人口为奴仆加以贩卖。旅人王亥沿途有自己的次舍,目的地有固定住处,受到宾客礼遇,游乐射戏。后因住长了,与美丽的主人妻通奸,导致冲突,身死财散,终以悲剧结局。这个事件的过程惊险而复杂,上古文献多有提及,屈原《天问》对此事件提出一连串疑问,值得深思与参考。

王亥经商事件的过程给后人以深刻启发,经商当以顺势守正为本,不可骄奢淫逸、狂傲自大,否则自取灭亡。范仲淹《范文正公集》:"夫旅人之志,卑则自辱,高则见嫉,能执其中,可谓智矣。是故初'琐琐'而四'不快'者,以其处二体之下,卑以自辱者也。三'焚次'而上'焚巢'者,以其据二体之上,高而见嫉者也。二'怀资'而五'誉命'者,柔而不失其中者也。"评述旅卦六爻的得失,颇得其深意。

《周易》作者,肯定商业贸易的作用,但反对商旅劫掠、淫逸等不良行为。告诫后人,为商不要卑猥、掠夺、淫邪,要光明正大地贸易,显示摆脱蒙昧趋向文明的经商意识。商人是有原罪的,以攫取他人利益而致富,因此赚大钱之后,一定要回馈社会以赎原罪。

当然,旅卦大旨不限于商人经商,柔中持正,是行事的普遍准则。梁寅《周易参义》谓"诸侯之寄寓,大夫之去乱,圣贤之周游皆是"。

57. 巽　卦 ䷸

巽为风　巽上☴巽下☴

【解字释义】　巽为风,风顺道而入,随机变化,随从、随顺、顺利,故巽卦象征随顺。人于命有当顺与不当顺之别,当顺从刚健中正有德之君子大人,即听从正命,顺从有德,中正自持,不卑不亢。二巽☴重叠,风阵阵吹入,犹如连续发布政令,深入民众之中进行管理与教化。《序卦传》"旅而无所容,故受之以'巽';巽者,入也"。旅卦旅行在外,难融入外在文化,巽卦如风随顺而无孔不入,故巽卦次于旅卦之后,巽☴连续之风吹入旅☶山火,火顺风吹而旺。《杂卦传》"'兑'见而'巽'伏也",巽之风吹入隐伏深处,巽入而有得。"選、撰、馔"都从巽,用心深入便有所得。

巽 xùn,《广雅·释诂一》"巽,顺也",《说文》"𢀜,具也",《古今韵会举要》"巽,柔也",《字汇》"巽,卑也"。字形从卩,甲骨文作𗈬,为二卩,象二人跽伏之形。金文作𗉀、𗈬、𗈬,𗈬-𗈬-𗈬-𗉀,上为二人跽跪,下丌即☷,为矮牀或几形,二人跽伏几案旁,有从命之象。故"巽"同顺,有顺势、顺从之义。

风吹入云层内,能把积阴吹散。进入人思想深处,能解决隐曲心结。进入组织机构内部,能清除内奸弊端。三者都是深入事物内部,才能解决深层次问题。蒙卦六五《象》曰"童蒙之吉,顺以巽也",孔颖达疏引褚氏:"顺者,心不违也;巽者,外迹相卑下也。""顺"偏于内心顺从,"巽"表现为外在顺服。巽☴二阳在上一阴在下,一柔承二刚,一小从二大,显现顺伏之象。《系辞传下》"巽,德之制也……巽,称而隐……巽以行权",巽卦☴以柔德服人,以柔顺刚而制刚,先深入了解,变被动为主动,然后权变无穷,慎谋有得,终能解决问题,是处乱世的高明功夫。

卦　辞

☴巽:小亨,利有攸往,利见大人。

【译文】　巽卦象征随顺,谦柔小心可致亨通,利于前往行事,利于遇见大人。

【卦辞释义】　就祭祀而言,元亨是大享祀,小亨为小享祀。大享祀为国之典祀,小享祀为日常祀祭。巽☴为长女,性情温柔而宽容,处事稳妥而适宜,用巽之道在于以阴顺阳以柔顺刚,故柔小谦顺者得亨通。

巽顺如风,无孔不入,无所不往,易于通达,故占利有攸往。巽风飘移不定,深入而散阴,修弊而举废,小有亨通,难有大成。

巽卦九二、九五刚健居中,有大人之德,初六、六四柔以从之,可依傍大德而成就大事,故占利见大人。就是说,巽卦讲顺从是有条件的,须顺从大人刚健中正之德,而非盲目听从,具有崇德辨惑的价值理性。遁卦☶二四爻互换变为巽卦☴,由遁世变为顺势,由无为转向有为,正是巽☴依乾刚☰的"利见大人"所致。

《彖》曰:重巽以申命,刚巽乎中正而志行,柔皆顺乎刚,是以"小亨,利有攸往,利见大人"。

【译文】 《彖传》说:上下顺从可以申谕命令,阳刚中正者的德治由顺从其志者得以施行,阴柔者都能谦顺上承阳刚,所以说"谦柔小心可致亨通,利于前往行事,利于遇见大人"。

【彖辞释义】 两巽☴重叠为六爻巽卦☴,连风吹万物而无所不至。用于人事政治,人君发布教化政令,当先行深入民间体察民情,然后反复申述告诫,如重巽风反复吹入,是为"申命"。九五君主居上中,九二干臣处下中,主政者刚健中正,初六、六四等民众顺从刚正者的心志,上应天命下利人事,上下沟通,良好政治才得遂志通行。可见,利于前行的小亨通,也是顺应中正大人的结果。

《象》曰:随风,巽。君子以申命行事。

【译文】 《象传》说:和风相随吹拂,象征随顺。君子效法风行天下,顺而申谕命令施行政事。

【象辞释义】 坤为厚德之顺,是柔顺与温顺;巽为风为入,是随顺与顺利。君子由此得知,推行政事当随顺时势,申谕天命而行人事,因势利导才能成功。

【卦变象征】 巽☴的覆卦是兑☱,巽卦巽顺,必导致兑卦和悦。巽☴的错卦为震☳,风巽顺的反面是雷震动。巽☴之互卦为睽☲,巽顺与睽违,是不同行事方法导致不同的结果。

爻　辞

初六:进退,利武人之贞。

【译文】　初六:随顺时势进退得宜,利于勇武者持守正道。

《象》曰:进退,志疑也。利武人之贞,志治也。

【译文】　《象传》说:随顺时势进退得宜,初六心志疑虑。利于勇武者持守正道,勉励其意志坚强地行事。

【义理取象】　初六柔处刚位,与六四无应,居重巽之下。巽☴为进退不果,初六以柔质履刚位,心志犹疑,如气在风底部多旋转流动,或进或退,方向不明,有举棋不定之象。初六爻变下乾☰为龙为武人威猛,巽初爻或有些疑虑不决,然下巽☴为顺从,初六当顺从九二,学习武人果决行事,顺时随势行动且进退自如。还要学习武人持守正道,果敢担当,由"志疑"转向"志治",由心志犹疑转向心志坚定。

【社会人事】　巽是申命行事之卦,重在服从统一指挥,进退皆顺从,令出必行,乃武人战阵之必须,攻伐制胜之必备。扩展指一切行动进退当顺从时势,同时又要具体问题具体分析,坚定果敢,发挥自主意识和主观能动性。

九二:巽在床下,用史巫纷若,吉,无咎。

【译文】　九二:随顺卑居床下,用祝史、巫觋谦恭繁忙地奉事神祇,可获吉祥,无咎害。

《象》曰:纷若之吉,得中也。

【译文】　《象传》说:谦恭繁忙获吉祥,九二能够守中不偏。

【解字释义】　𦥑,为二人踞伏之形;𠬞,下一爻为藉席;𦦙,下二爻☲为床;𦥑,下开为独坐之枰。古丧礼、奠基、定宅、卜日等仪节,由巫史主持,主人哭踊、叩拜踞伏于床侧,"巽在床下"即踞伏于床前地下。父母丧亡,古人认为是自身未尽孝之过,故忏悔请罪,祷告以补过,以求转祸为福。床,繁体作"牀",《说文》"牀,安身之坐者。从木爿声",甲骨文"爿"作, 剖为二,右半为片,左为爿(牀),爿横置即木板牀形。巽☴正象床形,初爻是床腿,二爻是床板,三爻是床席。史,金文作,手(又)持文件袋(中)作记录者。《周礼·春官·大史》"大史掌建邦之六典",《占人》"史占墨,卜人占坼",商周史与巫所事相同,为占卜过程中之占墨者,察兆文之大小,为占墨小史。巫,《说文》"巫,祝也,女能事无形,以舞降神者也",甲骨文作,巫师以灵玉交错舞动以降神之形。祝,《说文》"祝,祭主赞词者",从兄,兄即,家族主持祭祀张口祝神的长兄。卜筮中,男为祝,女为巫(舞),点墨者为史。

【义理取象】　九二刚居阴位,居中为下巽之主。巽☴为床,九二在床下(床板),随顺承受人身体,合于巽道。二三四爻互兑☱为口舌为巫,三四五爻互离☲为龟指占筮,上下巽☴为倒兑☱为言说,有群巫交错纷言之象。贵族之家遇病丧之事,主人跽伏床前向神祇请罪思过,祭仪盛大,用史巫众多,显得纷扰繁忙。如此恭顺地借助巫史的力量消灾祛病,求得吉祥,故无咎害。九二虽不当位,然行事持中不偏。

【社会人事】　主事者深入基层(床下)调查研究,参询史巫意见,集思广益,讨论定变,以减少过错,顺合中道。此爻义实为提倡礼义治国,《礼记·郊特牲》:"礼之所尊,尊其义也。失其义,陈其数,祝史之事也。故其数可陈也,其义难知也。知其义而敬守之,天子之所以治天下也。"周初圣贤制礼作乐,提倡知礼守中,听取善言,故占吉而无咎。

九三:频巽,吝。

【译文】　九三:忧郁不乐勉强随顺,将有憾吝。

《象》曰:频巽之吝,志穷也。

【译文】　《象传》说:忧郁不乐勉强随顺而有憾吝,九三心志困穷难振。

【解字释义】　频,又作"濒",从页从涉,金文作,人在大水边不能渡过时蹙眉发愁之形，"频"有蹙眉、紧急、屡次、连续等词义。

【义理取象】 九三当位，与上九无应。九三过刚不中无应，但处下巽上与上巽之下，为六四所乘，不得不巽从，然以刚健之质勉行巽事，虽顺从而颦蹙愁苦，故占憾吝。三四五爻互离☲为目，下巽☴为鼻为臭，爻变下坎☵为加忧，合有鼻目频蹙加忧之象。九三在上下二巽间，重复低顺听命，有频巽之象。九三爻变为涣卦☴，有心力涣散困穷之象。

【社会人事】 巽卦主申命行事，顺服大人当以心悦诚服为佳。九三上承六四，以刚承柔，从非所宜，于心不服，然迫于情势，压抑颦蹙，故有憾吝。孔子《小象》谓"志穷"，乃不得已而为之。人生在世，多有迫于时势而频巽之事，志穷境困，不得不为，有如周公避祸，韩信受辱，虽有憾惜，亦可励志。

六四：悔亡，田获三品。

【译文】 六四：悔恨消亡，田猎获取三类物品。

《象》曰：田获三品，有功也。

【译文】 《象传》说：田猎获取三类物品，六四奉行君命获得功勋。

【解字释义】 "田"即"畋-𤲟"，指畋猎。三品，《礼记·王制》："天子诸侯，无事，则岁三田。一为乾豆，二为宾客，三为充君之庖。"田猎所获猎物分三类，可供笾豆祭祀、接待宾客、国君庖厨之用。解卦九二"田获三狐"，巽卦六四"田获三品"，泛指田猎所获品类众多，不必定指。

【义理取象】 六四当位，上承九五刚健中正之君，巽顺从事而有功。三四五爻互离☲为戈兵，巽☴为鸡为禽为近利市三倍，二三四爻互兑☱为羊，合有田猎获禽兽众多而有功之象。重叠卦不会有正应，六四以柔乘九三之刚，本当有悔。然六四当位，进入上卦而上承九五，田猎获物众多而有功，又处互兑☱上为悦，故占悔亡。

【社会人事】 人生如狩猎，随顺时势行事有功，各色品类猎物俱全。田获三品，是对巽从明君顺随时势的肯定。申命行事，当品尝人生百味,上下疏通,积累丰厚资源,依尊履正,正位顺命,建功立业。

九五:贞吉,悔亡,无不利。无初有终,先庚三日,后庚三日,吉。

【译文】　九五:守持中正之道获吉祥,悔憾消亡,没有不利。随顺时事之初不顺利而最终畅行,庚日前三天预先发布新令,庚日后三天实际施行,上下顺从必获吉祥。

《象》曰:九五之吉,位正中也。

【译文】　《象传》说:九五吉祥之象,因居位端正而守持中道。

【解字释义】　庚,甲骨文作𢆶,象有耳可摇之乐器形,反复摇动发声成乐曲;更,金文作𣂤,小篆作𣇃,手动(攴)两物(丙)上下更换。“庚、更”均有赓续、变换义。十天干“甲乙丙丁戊己庚辛壬癸”,戊己居中,庚在己后,过中则变,过则改之。蛊卦“先甲三日,后甲三日”,甲居十天干之首,指行事之始。此爻“先庚三日,后庚三日”,庚在中之后,指行事之变更。王弼注:“申命令谓之庚,夫以正齐物不可卒也,民迷固久,直不可肆也,故先申三日,令著之后,复申三日,然后诛而无咎怨矣。”程颐《易传》申述:“制作政教之类则云甲,举其首也。发号施令之事则云庚,庚犹更也,有所变更也……无初,始未善;有终,更之使善也。”李光地《周易折中》引龚焕之:“夫事之坏而新之,是谓终则有始;事之弊而革之,是谓无初有终。终则有始,如创业之君,新一代之法度也;无初有终,如中兴之主革前朝之弊事也。”变革改弊之政事,庚前申令三日使显著,庚后申令三日以强调,然后实行,慎重稳妥而民无怨,初不顺而终通行。

【义理取象】　九五以刚履刚,正位居中,为巽卦之主,乃刚健中正之君。巽卦申命行事,君主持中行正得吉,此前弊政悔憾消亡,改革无有不利。巽卦讲国家政权的改革中兴,改革之初弊病甚多谓“无初”,改革成中兴气象谓“有终”。惩治弊端,改变民众观念相当不易,须上下两巽卦☴三组同德相应。先三日申令新政广为知晓,后三日重申新政以便强化施行,庚前三日"丁"喻叮咛告诫,庚后三日"癸"喻揆度周详,反复强调,方能深入人心。九五爻变成山风蛊☶☴,天子整蛊改革新政风行天下,无往不利,中兴有成,故占吉祥。因刚健中正之君居九五尊位,才会有如此利好,故首置占辞"贞吉"。

【社会人事】 《系辞传下》谓"巽以行权",君子理事因势利导而变化,尤其是改革中兴,要顺应时势,周密布置,严谨行事又善于变通,深入人心,强健施行。行事之初可能有不利,而终必有大成。改革弊政,必须刚健中正有德者居尊位,申命行事,才能得大众巽伏听从,诸事吉利。如居尊位者无德,不能申命行事,终不能遂志有成。

上九:巽在床下,丧其资斧,贞凶。

【译文】 上九:随顺至极而屈居床下,丧失权柄,守持正道才可防凶险。

《象》曰:巽在床下,上穷也。丧其资斧,正乎凶也。

【译文】 《象传》说:随顺至极而屈居床下,上九居穷极之位而丧失权柄,应守持刚正以防凶险。

【解字释义】 资,《说文》"𧵣,货也,从贝次声",指资财、地位;斧-𣂁,斫器、兵器。周代货币以贝玉为主,战国出土货币作刀、镈(斧)形,称刀布。又利斧为师旅所用兵器,象征权力,将军出师前告庙请斧,班师还斧于庙。资斧,指资格、权力和地位。

【义理取象】 上九刚居柔位,处巽卦终极,物极必反,巽顺到极点则返归卑下。巽☴为床,九二"巽在床下"(床板)是吉祥有为之象,上九"巽在床下"则是巽极返卑,以柔弱处穷极,失去刚健资质,需要持守正道才可防御凶祸发生。上巽☴为近利市三倍之财物,三四五爻互离☲为戈兵斧钺,二三四爻互兑☱为毁折缺损,合有丧资斧之象。上九在最高位,初六、六四远离而无可巽从,失去赖以生存的基础,故占凶。

《周易》对过于懦弱屈从的巽伏是持否定态度的，旅卦九四"得其资斧"，经八爻至巽卦上九"丧其资斧"，一得一丧，评价不同，不可不慎。上九爻变为井卦䷯，有柔弱自陷困境之象。

【社会人事】　巽极返卑，以至再次踞于床下，该爻辞可能为实然判断。某旅人出行，懦弱而受制于人，丧其资斧。踞避于床下，或畏避敌寇，或遭到劫掠，以致丧尽资财，一无所有，境遇极为凶险。这样的过度巽服，于个人为羞吝，于邦国征伐则为大辱，若将军出征归来无斧还庙，其凶可知。

巽卦小结

巽卦象征随顺，阐述听命、顺从之道，巽为风为入，阳入于阴以申命行事，阴巽顺于阳可致亨通。随顺不是一味服从，当上下巽通，利于大人君子申命施治，勉励以刚健有为之德成就大事业，尤其是邦国政治革除弊端而至中兴。巽顺有所选择，主张顺从刚健中正有德之君，反对屈从邪恶之主。

巽卦由灭暴纣兴周邦的史事，转化为普通人的行为准则和德行修养。任何人都有听命与顺从之时，臣民顺从于君王，君王听命于上天。天心自我民心，君王巽顺天命就是顺从民心，否则不能行仁德之政。顺从时势，申天命而行人事，吉无不利。殷末周初之历史背景，不听命于有德之君周文王，就听从暴虐之君殷纣王；不顺从仁德圣意，就顺从邪恶暴政。是非善恶，吉凶悔吝，随顺而明。

巽卦六爻巽顺各有时势：初六适时进退，当效武人果敢；九二用巫史巽神，吉祥无咎；九三勉强随顺，屈志有吝；六四顺猎有功，悔憾消亡；九五申命行事，吉无不利；上九随顺过甚，丧志有凶。总体上强调巽顺必须随时合度，从权适变，目标是持守中正之德，申命行事以建功立业。《周易》树立巽顺之道的准则：听于正命，从于有德，中正自持，不卑不亢。既要持正顺时，也须有所作为。

58. 兑 卦 ䷹

兑为泽 兑上☱兑下☱

【解字释义】 兑卦象征欣悦,为实现心情舒畅的学问。兑☱为泽为悦,上兑下兑,相互润泽,相从而悦,心悦诚服。"兑"即"说",后作"悦"。初爻至五爻为正反兑☱,用和悦方式真诚对话,有相互言说且互为悦怿之象。《序卦传》"入而后说之,故受之以'兑';兑者,说也",巽☴如风柔顺进入,一旦融会贯通,便成兑☱一家之言。如风深入而解决内在问题,问题解决则得悦怿,故兑卦次于巽卦之后。巽为深入潜伏,兑为显露宣说。两卦相反相成,所谓"成于中而形于言",闻其言而知其心,如《礼记·大学》所谓"人之视己,如见其肺肝然"。

兑,甲骨文作ⳃ,金文作ⳃ,《说文》"ⳃ,说也,从儿㕣声",林光义《文源》"㕣非声,兑即悦之本字……从人、口、八。八,分也,人笑故口分开"。高兴时人(儿)嘴巴向上(口)说或唱(ソ)。又《说文》"譺,说怿也",在悦怿义上"兑-说-悦"为古今字。兑卦之"兑"有悦乐、言说二义,卦爻辞或取悦乐义,或取言说义。蒙卦"用说桎梏",孔颖达疏"利用刑戮于人,又利用说去罪人桎梏",《左传·僖公十五年》"车说其輹",都用"脱"义。兑卦☱之于游说,有和兑与引兑二义,于谈判为掌握主导权,以诚为准,以和为贵。

《说卦传》"说万物者莫说乎泽",兑☱卦形为上下两泽☱相遇互润,心情十分愉悦。

卦 辞

䷹兑:亨,利贞。

【译文】 兑卦象征欣悦,亨通,利于守持正道。

【卦辞释义】　　筮遇此卦,于所贞之人有利,于所贞之事成功。兑䷹为少女,纯情润泽,真诚可爱,喜悦动人。上下二兑䷹都是一阴居二阳之上,有喜悦现于外之象。我悦于物,物必悦我,顺天应人,天人和悦,事利可成。

元亨利贞配春夏秋冬,震雷为春为元,离火为夏为亨,兑泽为秋为利,坎水为冬为贞。此处不提元,因兑为秋为泽,本身无春,又在夏秋冬之间。秋季收获,天高气爽,持贞守正,物我相与,足致亨通。

《彖》曰:兑,说也。刚中而柔外,说以利贞,是以顺乎天而应乎人。说以先民,民忘其劳。说以犯难,民忘其死。说之大,民劝矣哉。

【译文】　《彖传》说:兑,意为欣悦。阳刚居中诚实而阴柔处外逊接,导致物情欣悦且利于守持正道,因此欣悦既顺应自然天理又应合世间人情。君子欣悦于先民众而劳,民众就能不辞劳苦。君子欣悦于赴难犯险,民众就能舍生忘死。欣悦的意义如此宏大,可以勉励民众啊!

【彖辞释义】　　"兑"就是"说",后作"悦"。九二、九五阳爻刚健居卦中,六三、上六阴爻柔和居卦外。因为刚中,所以诚信,诚实于中而逊接于外,内外悦怿而利于持守正道。由此行事,顺乎自然规律而应合人事需求,与革卦《彖传》"汤武革命,顺乎天而应乎人"意同。

君子悦于先民而劳,民众自会忘记劳作之苦;君子悦于为大众克服困难,民众自会为邦国出生入死。劝,振作,使有定力,不受外力左右,《庄子·逍遥游》"举世而誉之而不加劝,举世而非之而不加沮",君子以乐观悦怿的精神面对艰难困苦,对民众克服困难具有巨大的劝勉和鼓励作用。

恪守正道,顺天应人,用好言号召说服民众,用实际行动引导民众,民众就会同心同德,赴汤蹈火,在所不辞。宗教上的教义传播,作用与此相同。人心与天道相合就是正道,宣说正道就能使人心悦诚服,顺乎天而应乎人,是所有当政者必须遵循的首要原则。

《象》曰:丽泽兑,君子以朋友讲习。

【译文】 《象传》说:两泽交并浸润,象征欣悦。君子由此体悟,欣悦地与良朋益友讲求道理、研习学业。

【解字释义】 丽,繁体作"麗、儷"。麗-𪋙,梅花鹿头顶一对美丽的角,有美丽、对等、伉俪、附丽等词义。丽泽,即"俪泽",兑卦☱两泽☱相互依附,相互浸润而现文采。君子由此体悟到,与志同道合的朋友一同讲求理论研习学业是非常悦怿的,正如《论语·学而》所谓"有朋自远方来,不亦乐乎"。以文会友,以友辅仁,讲习讨论,学业精进,不胜其乐。竞,本作"競",競-𥐤、𦧸,与"麗-儷"同,字形为二人二口对言,切磋琢磨,互有促进,共同成长,故谓"不可独学无友""学而不讲为忧"。"友-𠂇"是手牵手的友情,"朋-𦫵"是朋贝利益相关的伴当,"朋友"既有情谊互通又有利益相关。友情需要不断交流(讲),还要有经常性实践活动(习),才会有稳固而长久的丽泽与欢悦。

【卦变象征】 兑☱的覆卦是巽☴,巽为顺兑为悦,顺时行事得逸乐。兑☱的错卦为艮☶,兑为少女配艮少男。兑☱之互卦为家人☲,兑为和悦,和悦便是亲如家人。

爻 辞

初九:和兑,吉。

【译文】 初九:平和欣悦交流,吉祥。

《象》曰:和兑之吉,行未疑也。

【译文】 《象传》说:平和欣悦交流,初九行为端正而不为人疑忌。

【解字释义】 和,《说文》"𫗧,相应也,从口禾声","禾-盉-和-龢"音义同。"和"本指声音应和,转有和谐、附和、应答、中和、和悦、和美等义。

【义理取象】 初九当位,与九四无应,阳爻刚健初入兑卦,诸事和悦。因处悦体最下,故心无妄求;因阳刚正位,故一无邪谄;因无所系应,故随顺和悦。初九至九五为正反兑䷹,有上下对谈和悦之象。大壮卦䷡三爻与五爻互换变为兑卦䷹,原只初九与九四不应,现三组都不应,反而互不干扰,故初九行为端正自如,未可疑忌。和悦交流,无所疑忌,故占吉。

【社会人事】 和悦的言说,流畅自然,交流顺利。朋友交往、战争和谈、邦国交盟,如果言谈和美,相从而悦,则双方都有利。营造相互唱和的局面,行事不必疑忌,易于化解矛盾,祥和吉利。

九二:孚兑,吉,悔亡。

【译文】 九二:诚信欣悦交流,吉祥,悔恨消亡。

《象》曰:孚兑之吉,信志也。

【译文】 《象传》说:诚信欣悦交流,说明九二志存信实。

【义理取象】 九二刚居柔位,有非正位之悔,但居下兑䷹中,言说不失中正,有中和孚信之德,心志诚信,真诚对话,化解积怨,故吉而悔亡。九二在大壮卦䷡原与六五正应,现六五变为六三与它比邻,远亲近邻诚信相处,有和悦之吉。九二阳爻居下兑䷹中位,有中实之象,故谓"信志"。九二爻变为随卦䷐,随顺应变自然和悦吉祥。

【社会人事】 以中肯之言诚信相许,不行欺诈,可消悔憾而致吉利。譬如邦交和谈,能坦诚对话,尽管曾有嫌隙,亦随和谈进展而消解。心意诚恳,言说信实,能营造和谐局面。

六三:来兑,凶。

【译文】 六三:招徕言说强求欣悦,有凶险。

《象》曰:来兑之凶,位不当也。

【译文】 《象传》说:招徕言说有凶险,六三居位不正当。

【义理取象】 六三柔居刚位,乘九二之刚,献媚招徕下二阳爻,且居下兑䷹开口处,承接上兑䷹,逞口舌之快而来事,言多必失,故占凶。

兑主言说,六三在内卦下兑☱上,内卦为来,外卦为往,故有来兑之象。三为阳位,阴爻来居,也有进来求悦之象。妄语招来非议,失言引起争端,凶祸立至。六三非中不正,多言易招来凶祸,爻变为夬卦☱,不可躁言决断,应诚实行事,即"不利即戎,利有攸往"。六三位不当而言不正,大壮卦☰六五下来成兑卦☱六三,所来动机不纯,有讨好之嫌。用媚言讨好谋求和悦,凶险而难持久。

【社会人事】 本无可说之处,却妄言招至(来)非议,小者惹是生非,大者举国声讨。如殷纣暴虐狂言,招来民怨沸腾;武王兴兵伐纣,"革言三就"便赢得众心,以成大业。

九四:商兑未宁,介疾有喜。

【译文】 九四:商量谋求欣悦之言还未宁静,谈判界定的问题喜有转机。

《象》曰:九四之喜,有庆也。

【译文】 《象传》说:九四的喜兆,因有值得庆贺的转机。

【解字释义】 商,甲骨文作𠷢,金文作𠷢,以铜钟称商族,转指商业,再由经商讨价还价转指商量、商兑义。介-𠈌,人前后披甲胄形,有介胄、介划、介入、隔开等词义。

【义理取象】 九四以刚履柔,与初九无应。三四五爻互巽☴与下兑☱成正反兑,对言不止,有商兑未宁之象。九四居上兑☱下而在下兑☱之上,隔开上下二兑,有介入两方之象。九五向上承上六柔色,向下取三四五爻互巽☴之利,却与九二无应,贪色好利不应民事,为"寡人有疾"之象;九四以柔位近比九五,为事君之良臣,上下兑☱均为喜悦,无妄卦九五"无妄之疾,勿药有喜",可看作九四介入使得九五之疾转好而有喜。商量治病之事尚未定论,而其疾病已有好转,值得庆幸。九四爻变上坎☵为心病为加忧、三四五爻互艮☶为止,有止其病忧之象。九四之"疾"犹如初九之"疑",在大壮卦☰转兑卦☱之后,各爻皆无正应,九四介于上下卦无应之间,商兑和谈,使疑疾得以消解。

【社会人事】 邦交谈判在进行中,讨价还价很难达成协议与共识,这时需要有明智者介入,搁置碍难,寻求双方关心的话题,存异求同,兼顾折中,终得转机,就是介疾有喜。

九五:孚于剥,有厉。

【译文】 九五:施诚信于消剥阳刚的小人,有危险。

《象》曰:孚于剥,位正当也。

【译文】 《象传》说:施诚信于消剥阳刚的小人,可惜九五居位正当啊!

【义理取象】 "孚"为诚信,"剥"为剥取利益。兑卦主言说与争议,暗含剥夺、剥取之义。小为私人争讼剥取利益,大至邦国争端剥取疆土。九五刚居阳位,处上卦中为兑䷹之主,有中实孚信之德。然九五当三四五爻互巽䷸上,巽为木;又居上兑䷹中,兑为毁折,木受毁损,有剥取之象。"剥取"是指上六而言,上六处上兑䷹终位,下受两阳爻动力的进逼,有如被剥蚀的衰退者。九五阳刚中正,却因下无正应而比信于上六阴爻,受上六退位小人之柔色引领,下取三四五爻互巽䷸之利,又不应下卦之众,故占危厉,可惜其中正诚实之德消剥于柔色利益之中了。

【社会人事】 人事争议志在剥取对方利益,较难协调谅解。双方互相威胁,诚信被利益掩盖,谈判就会破裂而干戈相向,必生危厉。孚信剥去而和谈破裂,必诉诸武力。九五中正实诚君子,因在商兑中密比上六柔色小人,导致孚信被剥而正义失位。爻辞有告诫意义。

上六:引兑。

【译文】 上六:引领言论欣悦。

《象》曰:上六引兑,未光也。

【译文】 《象传》说:上六引领言论欣悦,其欣悦之道还未能光大。

【解字释义】 引,《说文》"引,开弓也,从弓、丨",拉弓(弓)开弦(丨),有开弓、引导、引延、引申等义。引兑,引导言说。

【义理取象】 上六当位,处兑卦☱上位为言说之极,也为兑卦欣悦之主。上爻为宗庙或退休领导人,爻变上乾☰为父为君,都可引领谈说的主导方向,有引兑之象。上六爻辞以象代占,不系占断。"引兑"用于谈判,为掌握谈判主导权:言语雄辩,富有人格魅力,伸张正义,捍卫主权。"引兑"用于政治,所引方向不同则结果不同,故不占吉凶。其主张往往自利,故难以广传,也未能光大。

【社会人事】 领导层之上往往有高人,影响力很大。主要作用是确定舆论导向,把握言论主动权。

引兑之利:周文王行仁义,"积善累德,诸侯皆向之",已三分天下有其二,仍率诸侯服事于殷,为的是谋求话语权,从道义上取得主导权,最终得人心而得天下。《论语》所谓"一言兴邦",是说言语导向要顺天应人,才可凝聚人心以振兴邦国。言语具有诚信品质和良善意图,方才吉无不利。须坚信公理胜于强权,不能行"话语霸权"。

引兑之害:《史记·殷本纪》谓"帝纣资辨捷疾,闻见甚敏;材力过人,手格猛兽",但当西伯戡黎,周与诸侯联盟势力威逼殷土,祖伊提醒纣王防范周邦时,纣王却说:"我生不有命在天乎?"认为天命归他便可以为所欲为。这样强词夺理的话语霸权,结果只会失德失众,最终失去天命而身死国亡。

兑卦小结

"兑"为悦怿又为言说,主"无心之悦,无言之说"。兑卦象征言语欣悦,论言说的利弊,阐述邦国会盟、交往谈判之道。强调刚中柔外、悦不失正,褒扬守正致悦,反对以媚取悦。邦交会谈当以和谐为贵,以诚信为准,存异求同,互惠双赢。抵制强言剥取与巧言欺诈,反对引起是非而挑起争端。谈判、治国要善于掌握主导权,顺天应人,伸张正义,而非强词夺理,仗势压人。

兑卦六爻阐述言说致悦的得与失,真诚为本,和兑为尚。初九和兑真纯,刚正得吉;九二孚兑诚信,中和得吉;六三来兑生事,不正有凶;九四商兑交流,喜庆转机;九五剥兑轻信,诚以危厉;上六引兑择善,无咎无誉。审美取向以中正为允,以和兑为优。兑卦六爻,四阳爻多吉,二阴爻或凶或无占,因为在言说与悦怿上,刚则有节而柔则无度。兑卦建立人与人之间的和悦关系,阳大阴小,阳刚君子阴柔小人,悦以贞正,当和悦君子,不取悦小人。

59. 涣 卦 ䷺

风水涣　巽上☴坎下☵

【解字释义】 涣卦象征涣散,风水涣,巽☴为风,坎☵为水,风在水上,风吹水散,有涣漫之象。《序卦传》"说而后散之,故受之以'涣';涣者,离也",人心忧愁便郁结,人心喜悦就会血气舒散,悦怿也有发散义。人喜悦之后,心情就会涣散;思想传播广远,也逐渐涣散。故兑卦䷹之后接涣卦䷺,风吹泽水四散远。事物涣散之时,形散而神须聚,散聚相依为用,必致亨通。管理者聚合散开的人力共度难关,必成大事。又巽☴为木,坎☵为水,木在水上,舟楫通流而涣散,利于行走天下。教化如风吹水,散行天下,影响广远。古君王神道设教以固国兴邦,故涣卦也是论述风行教化聚集人心的学问。

涣,《说文》"𤄷,流散也,从水奂声",描摹水盛大而哗哗流散的声貌,有流散、离散、水盛等义,《玉篇》"涣,水盛貌"。奂,小篆作𡙊,侯马盟书作𡗗,《说文》"𡙊,取奂也,一曰大也,从廾,敻省",双手(廾)持物变换之形,有换取、扩大、文彩鲜明(焕)、涣散、悠闲(涣)等词义,《诗·大雅·卷阿》"伴奂尔游矣,优游尔休矣",郑玄笺"伴奂,自纵弛之意也",朱熹注"伴奂,优游,闲暇之意";"奂"加手作"换"表示转换,加水作"涣"表示水散开。

涣卦用一次突遭洪水泛滥的事例,强化圣王与民同患的理念:避灾、减灾、救灾、抗灾、迁居防灾。用亲身经历的救灾经验来教育群众防灾,强调防患胜于救患。灾难突至,领导者当身先士卒,凝聚人心,积极防备,合理组织,正确指挥,忧患意识与理性判断相结合,全力保护民众生命财产安全,将灾害的损失降到最低程度。

卦　辞

☰☷涣:亨,王假(gé)有庙。利涉大川,利贞。

【译文】　涣卦象征涣散,聚散则亨通,君王至宗庙举行祭祀凝聚人心。利于涉越大河巨流,利于守持正道。

【卦辞释义】　灾难降临而人心涣散之时,用心治理涣散局面,治理得当,可至亨通。王者亲至宗庙主行享祀,凝聚人心不使涣散。上下同心同德,利于救灾、远征等大事,也利于所贞之一般事务。

涣,涣散、涣漫。假,同"各",至、到。萃卦"王假有庙",家人卦九五"王假有家",都是王至庙至家。君王到宗庙举行祭祀仪式,唤起民众认同,具有核心凝聚力。宗庙将众多子孙在祖先亡灵前连接起来,有宗庙祭祀就有宗族意识,有宗族意识就有国家意识。灾难来临容易导致人心涣散,最需要靠宗族力量来凝聚民心,才不至于分崩离析或反目成仇。

《彖》曰:涣,亨。刚来而不穷,柔得位乎外而上同。王假有庙,王乃在中也。利涉大川,乘木有功也。

【译文】　《彖传》说:涣散得聚而亨通,阳刚者前来居阴柔之中而不困穷,阴柔者得正位于外与上面阳刚协同不散。君王至宗庙举行祭祀,是君王居中位以聚合人心。利于涉越大河巨流,乘木舟协力涉险必能成功。

【义理取象】 涣散得以凝聚,可至亨通,遇水患离散为涣,聚人心济涣为亨。否卦䷋二爻与四爻互换成涣卦䷺,原下坤☷得乾卦一刚爻下来成为下坎☵,居下卦中位而非穷极的初位,刚爻下来使原坤卦众阴复现生机,所以说"刚来而不穷"。否卦六二从内卦上升至涣外卦成为六四,即原外乾☰得坤一阴爻来比同于九五,形成涣卦上巽☴,六四当位协同九五,所以说"柔得位乎外而上同"。九二刚来居内卦中而不穷于坎险☵,六四柔上得位于外卦而巽☴同于九五,内坎健而外巽顺,有济涣之象,故占亨通。孔颖达疏:"内刚无险困之难,外柔无违逆之乖,所以得散释险难而亨通。"九五刚健中正居君位,为王者至宗庙主祭聚集民心,领导者深入基层鼓舞民众士气,坚强信心,团结奋斗,努力战胜困难。

《系辞传下》:"刳木为舟,剡木为楫,舟楫之利,以济不通,致远以利天下,盖取诸'涣'。"上巽☴为木,下坎☵为水,木在水上,有行舟济渡之功,喻聚合人力以济涣险,利于涉渡大河巨流,成就邦国大业。

《象》曰:风行水上,涣。先王以亨(xiǎng)于帝,立庙。

【译文】 《象传》说:风行水面,象征涣散。先代君王因此祭享天帝、建立宗庙以凝聚人心。

【象辞释义】 涣卦巽☴上坎☵下,有风行水上之象,孔颖达疏谓"风行水上,激动波涛,散释之象"。观卦"风行地上",观民风民情;涣卦"风行水上",民众在坎陷灾害中涣散,当普渡而救之。君王建立并享祭宗庙,使人心有所依归,逢灾涣散时也不忘根本。有如犹太人流散天下,却坚信"圣经就是祖国"。

教化要有民心的支持,宗庙祭祀是华夏氏族凝聚民心最根本的办法,百姓若是有祖宗家国的信仰,涣散之心将得汇止而凝聚。

【卦变象征】 涣䷺的覆卦是节䷻,涣散的反面是节制。涣䷺的错卦为丰䷶,大水漫涣开来有丰大之势。涣䷺之互卦为颐䷚,君主处危急涣漫之时,必须心怀颐养百姓的信念。

爻　辞

初六:用拯马壮,吉。

【译文】　初六:借助强壮的良马勉力济难,可获吉祥。

《象》曰:初六之吉,顺也。

【译文】　《象传》说:初六的吉祥,因顺承九二。

【解字释义】　拯,从手丞声,帛书本作"抍"。拯(抍),甲骨文作 🈁,石鼓文作 🈁,人落入陷阱,伸双手救之,有上举、引拔、救助等词义,《广韵》"拯,救也,助也"。

【义理取象】　初六柔处刚位,与六四无应,然顺承阳刚九二。才入涣卦,处下坎☵之初,涣散之难还未至甚,可借助强壮之力得拯救,转为吉祥。九二居坎☵中,下坎为美脊马,背脊一段似圆形,有马壮之象。涣卦六爻唯初六爻辞不言"涣",可见只是开始,尚易于拯救。初六爻变下兑☱为悦,有脱离险境而吉祥悦乐之象。

【社会人事】　涣之初,即洪水始发之时,人心涣散之初,基层民众易陷于惶恐混乱。此时用强壮的兵马来抢救,或乘或举,易于脱离险境,顺势施救,可转吉祥。

九二:涣奔其机,悔亡。

【译文】　九二:洪水涣散之时,引领民众奔向几案般可供凭依的高丘,悔憾消亡。

《象》曰:涣奔其机,得愿也。

【译文】　《象传》说:涣散时奔向几案般可供凭依的高丘,九二得遂阴阳聚合的愿望。

【解字释义】　奔,金文作 🈁、🈁,人屈身摆臂而下有三止,表示飞腿奔跑。"机"同"几-🈁",几案形。李镜池谓"机即房基",这里指高出洪水之土丘、山丘。

【义理取象】　九二刚居柔位,处下坎中,有刚中济难之力。九二在二三四爻互震䷲下,震为足为履,有房基之象。九二当坎䷜中为水,爻变下坤䷁为平地,平地易被大水涣漫,必须奔上几丘才可得救。九二居下卦中为基层领导,及时选定救涣台丘,民众虽涣散而有组织依靠,得以及时转移,悔憾消失。九二爻变为观卦䷓,观我众生,及时救援,以阳济阴心愿得以实现,故占悔亡。

【社会人事】　洪水渐高,基层领导发指挥中坚力量,组织强壮人马将众人转移到高丘处。回头看,果然平地房屋被冲毁,幸好人畜得先行转移,悔憾消去,民众得偿生存之愿。

六三:涣其躬,无悔。

【译文】　六三:涣散自身而救众人,无所悔憾。

《象》曰:涣其躬,志在外也。

【译文】　《象传》说:涣散自身而救众人,六三的心志在于向外发展。

【义理取象】　躬,从身弓声,此处指自身。六三柔处刚位,非中不正,仍与上九正应。六三爻变三四五爻互离䷝为大腹为躬,下坎䷜为水,有水涣其躬之象。柔居刚位的强壮会水者拯救遇涣民众脱险,其自身入坎陷水涣之中,无私无畏,奋力向外救助他人。否卦䷋本有下坤䷁,变成涣卦则无坤,六三正应上九,心志向往外卦,奋力救人,忘自身而徇于上,身危而济众,并无悔憾。

【社会人事】　强壮者会水者,虽水涣淹身,仍奋力救他人。这种精神,鼓舞民众发奋上迁,向外卦上九靠近,众人终得救而无悔憾。

六四:涣其群,元吉。涣有丘,匪夷所思。

【译文】　六四:洪水涣至山丘而人群无损,至为吉祥。洪水涣至如此高丘,不是平常思虑所能达到的。

《象》曰:涣其群,元吉,光大也。

【译文】 《象传》说：洪水涣至山丘而人群无损，至为吉祥，仁德政治发扬光大。

【解字释义】 群，《说文》"羣，辈也，从羊君声"，徐铉注："羊喜好群。"《国语·周语》："兽三为群，人三为众。"这里通指族众与畜群。夷，平、平常。

【义理取象】 六四当位，上承九五刚健中正之君，乃堪当济涣大任的良臣，为涣卦主爻。六四居三四五爻互艮☶中及上巽☴下，艮为山巽为木，山丘在林木之下，有相当的高度，洪水上涨至此，有涣群丘之象。洪水涣漫到如此高丘，超过历史记录，不是平常思维所能想象的。洪水如此浩大，然民众及时转移无损失，六四当位承刚，指挥管理得当，故占元吉。六四为辅国重臣，有施仁救众之德，又有超越常人之思虑，广施博传，力救灾厄，如坤卦《象传》所谓"含弘光大，品物咸亨"。二爻与四爻"同功而异位"，共同配合九五贤君，聚众济涣，其功至大。六四元吉极少，这是六十四卦最后一个元吉。

【社会人事】 此前人畜转移到山丘之上，现在洪水又涨到山丘欲涣其人群。好在已有防洪的经验与积极准备，民众生命财产不致伤亡，为万幸之大吉。再进一步，洪水又涨到山丘上，不是平常思维能够想到的。这种非同寻常的大灾难，不是人力可以避免的，所幸应对正确，没有死伤。此事足以引起群众的警惕，利于消除侥幸心理，促使大家积极主动防灾。

《孟子·尽心下》"得乎丘民而为天子"，"群、丘"都可喻指民众。六四尽职良臣，助君王聚集民心民力，扶危救困，致使仁德政治发扬光大。

九五：涣汗，其大号，涣王居，无咎。

【译文】 九五：洪水浩荡汗漫上涨，众人惊恐呼号。水涨到高丘上的王宫而无损，无咎害。

《象》曰:王居无咎,正位也。

【译文】 《象传》说:水漫王宫无咎害,因九五居君主中正之尊位。

【解字释义】 "涣汗"即"浩瀚",水势涣漫浩大。汗,《说文》"𣽾,人液也",由人身沁出的汗液转指汗漫,孔颖达疏"人遇险阨惊怖而劳,则汗从体出,故以汗喻险阨也"。号,繁体作"號",《说文》"號,呼也,从号从虎",段玉裁注"唬號声高,故从号,虎啸声厉,故从虎"。

【义理取象】 九五阳刚正位居中,为刚健中正君王。居三四五爻互艮☶上,下体为坎☵,艮为山坎为水,水势不断沿山上涨,漫汗不已。九五居涣卦君位,面对洪水有准备有对策,聚众济涣,故无咎害。又九五之君居三四五爻互艮☶上,艮为门阙,如尧居平阳高土,有王居之象。互艮☶为黔喙为猛虎,上巽☴为风,有风呼虎啸众人大号之象。

【社会人事】 洪水浩瀚上涨至山上王宫,引起众人惊恐呼号。但古人山居,王居常建在高台之上,夯实坚固,不至于水浸坍塌,有惊无险,故占无咎。《孟子·滕文公下》谓大丈夫:"居天下之广居,立天下之正位,行天下之大道。得志,与民由之;不得志,独行其道。富贵不能淫,贫贱不能移,威武不能屈,此之谓大丈夫。"大水涣汗至山上王居,君王具有大丈夫气概,与民同患,奔走呼号,共同济涣而无损失,占验无咎。

本爻辞绘声绘色地描写"涣汗,其大号,涣王居"的惊险场面,终因君王正位尽职,准备充分,指挥民众有序脱险。告诫众人,对洪水灾咎不能有丝毫侥幸心理,充分准备应对最坏局面,才可无过咎。

上九:涣其血去,逖(tì)出,无咎。

【译文】 上九:洪水退而忧恤脱去,众人远离其地而避灾祸,无咎害。

《象》曰:涣其血,远害也。

【译文】 《象传》说:洪水退而忧恤脱去,上九已远离灾祸咎害。

【解字释义】 "血"同"恤",忧恤、忧虑。去-𠫓,人(大)从家门口

（口）离去。上博简作"㰦"，从去从欠，表示大出气。逷tì，《说文》"㦮，远也，从辵狄声。逷，古文逷"，戎狄离中土尚远，《尚书·牧誓》"逷矣，西土之人"，孔传"逷，远也"。上博简作"易"，即"逷"，"逷-逷"同训"远"，这里指远离水患区。

【义理取象】 上九刚居柔位，与六三正应，处涣卦之极，仍刚健有为。上九居涣卦之极，洪水退去，似坎陷之洪灾忧恤也逐渐消退。上九在上巽 ☴ 上，巽为木为风，下坎 ☵ 为水，有乘木舟扬风帆长行致远之象，离洪灾远去，以避咎害。

【社会人事】 大洪水消退，众人的忧恤减去，大出一口长气。此后，人们当远离洪水之地以避咎害。卦辞"利涉大川"，是说经过灾难磨砺之后，人们更为勇敢坚强而利于远行干大事。

涣卦小结

涣卦以一次洪水成灾的史事来筮占，述洪水灾祸的处置之道。从国君的德能修为切入，展现不同阶段洪灾的处置方式。卦辞描述洪水到来，周王至祖庙祭祀祖宗，用以凝聚人心，以便共同应对灾害，体现周初圣王与民同患的良好品质。应对灾害的主要手段及经验：一是避灾减灾，二是抗灾救灾，三是积极防灾。以此警醒后人，充分吸取洪灾的经验教训，提高防洪防灾的自觉性和有备无患的忧患意识。

涣卦六爻，表现不同阶段处置洪灾的不同特点。初六水患未甚，借助强壮兵马载众升高避难；九二洪水冲至大地，组织人畜集体奔往高丘脱险；六三勇者奋力救人，无怨无悔；六四贤臣上同明君，救治有方获吉祥；九五之君德配正位，遇大灾而邦国无咎害；上九逷出避害，吸取尧居高土的理性经验，洪灾过后迁往更远的高处。在洪灾涣散民众心力之时，各级人士意志坚定而准备充分，凝聚涣散的人心，共同战胜灾祸。灾患突至，大人君子深入民众之中，成为中流砥柱，树立信心，身体力行，普救灾民，与民同心同德而共渡难关的力量是超越平常的。领导者德行中正,应急措施果决得当,是任何灾患都撼不动的凝聚力。灾后总结经验教训,远行避灾,处置适当,于民众有利。

涣卦的处涣之道,是涣散而不乱,形散而神聚。马振彪《周易学说》谓"涣者其形迹,不涣者其精神",正是涣卦的内涵所在。风行水上,如能涣而无咎,便涣而有文,去恤而存美。临危显君子,遇难见人心,涣卦体现散聚关系的对立统一,具有深刻的哲理性。

60. 节 卦 ䷻

水泽节　坎上☵兑下☱

【解字释义】　水泽节,坎☵为水兑☱为泽,水在泽上,满则溢出,亏则涨起,本身就有节制、调节之义。又河边有泽,河水盛则入于泽,河水少则泽水注入,泽水起到调节河流水量的作用。孔颖达疏"水在泽中,乃得其节"。《序卦传》"涣者离也,物不可以终离,故受之以'节'",《杂卦传》"'节',止也",艮卦训"止"是当止则止的静止,节卦是限制性的节止,是节制度量,如朱熹所言"有限而止也",转指节制言行恰到好处。事物不可能一直涣散,到一定程度就会节止,故节卦次于涣卦之后。

节,繁体作"節",金文作![金文]、![金文],《说文》"節,竹约也,从竹即声"。即-![金文],人屈膝坐饭盒前就食,竹子有节如人腿,故"即"加竹作"節",有骨节、交节、季节、时节、礼节、准则、法度、节操、控制等词义。

礼节是节制行为仪态,重在行事适可而止,节制到适度为佳,故节制应持中守正,过犹不及,不予节制或过苦节制都有伤事理。具体的节制之道,有可节制与不可节制之分,当节则节,不当节则不节。节卦九二、九五居中,上下调节适度使系统稳定。节卦为《周易》第六十卦,正是天干地支六十花甲循环之数,是个自我调节的完整系统。人事的调节和谐有四个层面:跟自己和谐,跟人群和谐,跟大自然和谐,跟天神祖灵和谐。节卦强调适中合度，提倡美节而反对苦节，《礼记·中庸》："喜怒哀乐之未发谓之中，发而皆中节谓之和……致中和，天地位焉，万物育焉。""中和、中庸"是用节之道的最佳状态。

卦　辞

䷻节：亨。苦节不可贞。

【译文】　节卦象征节制，亨通。但节制不可过分，应持中守正。

【卦辞释义】　亨，筮遇节卦，诸事亨通顺畅。泰卦䷊三五爻互换为节卦䷻，节制合度，通泰和谐。用节之道以理财最为典型，邦国理财应为礼仪制度和行政管理服务，节制损益不失其度，收支出纳不失其宜，适时用中乃成节道。言行合礼则上下顺畅，理财节俭则用度不匮，宽严有度则国民协和，节制合宜，自然诸事通达顺畅。

苦节，是严酷过度的节制。无论是理财、为政或处事，节制适度是优化标准，过甚节制都不合适。当家治国，若过于悭吝，繁文缛节之仪，苛酷严察之制，都是苦节，都会适得其反，众人不能认同，自然不可贞。就个人欲求而言，节制欲望而言行中节，行事自然通达；过度压抑自性，禁欲苦行，并非大多数人可行。节制也是过犹不及，过度节制不可长久，故占不可贞。卦辞特别强调节制不可严酷过度，足见节制适度的重要性。

《彖》曰：节，亨。刚柔分而刚得中。苦节不可贞，其道穷也。说以行险，当位以节，中正以通。天地节而四时成。节以制度，不伤财，不害民。

【译文】　《彖传》说：节制，亨通。刚柔上下区分而阳刚得中主节。但节制过度难以长久，严苛节制必至困穷。情势悦怿就勇于蹈险赴难，居位妥当就自行节制，处中守正行事必然畅通。天地自然节制，才能形成一年四季分明；君主用典章制度节制管理，才能不浪费资财、不伤害百姓。

【彖辞释义】 节制适度,自然通达。节卦六爻三阴三阳而刚柔对分有度,三五爻互换泰卦䷊变节卦䷻,使刚爻九五得以居中主持适度节制。严苛的苦节不可持久,上六穷极于节卦最上,使用节之道走到尽头。下兑☱悦而上坎☵险,以悦怿精神行险难之事,六四当位辅佐、九五刚健当位持中,调节合度得当,中正行事可以久远。自然界调节适度,天地节制运行,就形成四季二十四节气以利生成万物,如革卦《象传》"天地革而四时成",豫卦《象传》"天地以顺动,故日月不过而四时不忒"。邦国政治也要调节适度,建立财政赋税制度以约束节制度用,可保国家财政收支不至失控,不会乱征赋税而祸害民众。《论语·学而》"敬事而信,节用而爱人,使民以时",是孔子对节卦用节之道的申述。

《象》曰:泽上有水,节。君子以制数度,议德行。

【译文】 《象传》说:泽上有水涨溢,象征节制。君子因此体悟,制定礼数法度以为准则,详议道德行为而任用得宜。

【彖辞释义】 下兑泽☱上坎水☵,水在泽中,水消则涨上,水满则溢出,得以自然节制。君子由此得到启发,制定礼数法度,议定德行标准,用以节制言行,评议道德,保证用人得宜。物有大小、轻重、高下、文质等数度,社会需要一定的量化管理,也需要一定的道德约束。管理者须主观与客观相结合,制定规则并适时变通,才能节制合度。《孟子·离娄上》"徒善不足以为政,徒法不能以自行",定制度,量德行,知人善任,节制适度,才会使人快乐遵行。九五"甘节吉",上六"苦节凶",两相对比,强调适度乃佳。

就个人的德能调节而言,人的心智含三方面的能力:一是知,指人的求知能力;二是情,指人的情感互动;三是意,指人的意志选择。三者须适量调节,合理使用,才会运用得当,行事有成。

【卦变象征】 节䷻的覆卦是涣䷺,节制的反面就是涣散。节䷻的错卦为旅䷷,旅行在外,行为必须有所节制。节䷻之互卦为颐䷚,邦国节制度用不奢靡,才有资财颐养一国民众。

爻 辞

初九:不出户庭,无咎。

【译文】 初九:不跨出户庭而节制自守,无咎害。

《象》曰:不出户庭,知通塞也。

【译文】 《象传》说:不跨出户庭,初九深知路畅则行、阻塞则止的道理。

【解字释义】 户-戶,《说文》"户,护也,半门曰户,象形",半边"門"形,指普通人家。"庭"即"廷",《说文》"廷,朝中也,从廴壬声",段玉裁注"朝中者,中于朝也。古外朝、治朝、燕朝,皆不屋,在廷,故雨霑服失容则废"。金文"廷"作,象人或王居所有阶步之形,本为无遮盖的庭院,为避雨霑日晒,后加广(广)作"庭"。《系辞传上》:"不出户庭,无咎。子曰:乱之所生也,则言语以为阶。君不密则失臣,臣不密则失身,几事不密则害成。是以君子慎密而不出也。"谓机密、重大事情一定要慎密,不要走出自己家门户。通,放出、通达;塞,阻塞、收敛。

【义理取象】 初九当位,才入节卦,虽上应六四,但有九二阻隔,宜于节制自守,不宜出门。下兑☱为少女,少女长成,居闺房而不离其家大院,方可无灾咎。初九处内卦兑☱初,上正应六四,六四在三四五爻互艮☶中,艮为门阙为止,兑为少女,二三四爻互震☳为足为动,上坎☵为坎陷,少女虽好动,但出动则险,以止户庭不出为好。不当出时则不出,节制有度,才合用节之道。初九与六四正应,是可通;六四在互艮☶门阙中,是止塞。初九当位居节卦之初,该知道可通才通、该止必止的道理,泽水初至,当塞不当通,蓄水不出,节制合度,才无咎害。

【社会人事】 殷末周初还有掠奴掠婚习俗,少女初长成最易受害,不出户庭才安全无害。

九二：不出门庭，凶。

【译文】 九二：当行却不跨出门庭，有凶险。

《象》曰：不出门庭凶，失时极也。

【译文】 《象传》说：当行却不跨出门庭而有凶险，九二丧失行动的最佳时机。

【解字释义】 门，繁体为"門-門"，院落、城邑、宗庙等的双扇大门。小户人家只有半边之"户"，大户人家才有双扇"門"，豪门对应小户。失时极，过度地失去时机。

【义理取象】 九二刚履柔位，居下卦中，当二三四爻互震䷗初，震为长男为足为动，上三四五爻互艮䷳为门阙为止，动而受止于门阙，有不出门庭之象。互震䷗交上坎䷜，入险陷不能出。九二刚爻居中，为互震动力源而当行动，三、四两阴爻在其上而道路畅通，是行动的最佳时机。但九二与九五不应，受互艮、上坎阻止，又处节卦中，节制不当而难行动，失去最佳时机。九二居下兑泽䷹正中，泽水既满，满则当出。九二爻变为屯卦䷂，动而难，但必须动，不动反受其灾，故占凶。

【社会人事】 高门大族的长男，无论从事何种职业，都必须出其门庭。不能出家族宗庙之门庭者，必为病人、残废或家奴，其境遇必然凶劣。国有外敌侵扰，长男不出家国门庭去作战，必然带来凶祸。好男儿必须为国担当，受社会环境的节制，当行必行，若贪图家庭安逸，失去最佳行动时机，就是调节不当，必有凶险。

六三：不节若，则嗟若，无咎。

【译文】 六三：不能节制，加以嗟斥伤悔，可免咎害。

《象》曰：不节之嗟，又谁咎也？

【译文】 《象传》说：不能节制被嗟斥而伤悔，又能归咎谁呢？

【解字释义】 嗟，感叹词，《小尔雅·广言》"嗟，发声也"，《释名·释言语》"嗟，佐也，言之不足以尽义，故发此声以自佐也"，此处嗟叹有申斥意味。若,词尾,同"然",此处含使令语气。

【义理取象】 在下位者如言行不节制,居上位者宜申斥之。六三柔居刚位,与上六敌应,非中不正无应,乘凌九二之刚,处二三四爻互震 ☳ 中,为下兑 ☱ 之口,有言语不慎、躁动不节之象。又下兑 ☱ 为口舌,三四五爻互艮 ☶ 为止,九五为艮止之主,有嗟令斥止之象。就六三自己身而言,言行失去节制而遭人斥责,咎由自取,不当归咎他人,当自叹自嗟,改过调节,可无咎害。六三爻变为需卦 ䷄,宜耐心等待,不宜躁动妄言。

【社会人事】 处下体的小当权者有不节制行为,如贪污浪费、违法乱纪、处事不公等,受到上级批评制止,就不会犯大事。正如《系辞传下》云:"小惩而大诫,此小人之福也。"至于处上位之大当权者,若行事躁进不自我节制,就是"亢龙有悔",不是"嗟若"就可止咎的。"不节嗟若"才合用节之道,在未造成既成事实之前加以节制,可保无咎害。

六四:安节,亨。

【译文】 六四:安然奉行节制,亨通。

《象》曰:安节之亨,承上道也。

【译文】 《象传》说:安然奉行节制获亨通,六四谨守顺承上尊之道。

【义理取象】 六四以柔居阴当位,下与初九正应,上承九五刚健中正之君,处三四五爻互艮 ☶ 正中,艮为止为门阙,有安然接受九五节制而止于门阙之象。知止而安静,尊上而安守节道,通达无碍,故占亨通。六四爻变为兑卦 ䷹,安节和兑而悦怿。

【社会人事】 辅臣承理君王政事,循成法依礼仪而行事,安守君上之道,和顺上下关系,节用而财物不匮,平政而人和政通,调节适当,成就平安政治气象。

九五:甘节,吉,往有尚。

【译文】　九五:适度节制可感到甘美适中,吉祥,往前进发必受尊尚。

《象》曰:甘节之吉,居位中也。

【译文】　《象传》说:适当节制可感到甘美适中而获吉祥,九五居正中之尊位。

【解字释义】　甘,《说文》"𠙬,美也。从口含一。一,道也",段玉裁注"五味之可口皆曰甘",可口美味(一)含在口中(廿)不舍下咽,用表甘美。甘节,美好的节制。

【义理取象】　甘节是自觉行为,九五既中且正处君位,居上坎水䷜正中为节制之主,也为节卦主爻。又上坎䷜为水,在三四五爻互艮䷳之上,山水为泉,亦含甘美之味。九五调节中正合度,得山泉甘美,故占吉祥。九五下有二三四爻互震䷲之动,动往上坎甘美之节,九五中正美德受到尊尚。九五爻变为临卦䷒,有德之君节制合度,收君临天下实效。

【社会人事】　九五之君中正平和,品德甘美节俭,甘行节道于国于民,蔚成和谐风气。"好之者不如乐之者",君主甘节,到达"从心所欲不逾矩"的境界,节制适度,必得民心而化及天下,万民尊尚之。甘节行事,恰到好处,中正和悦,必有大成。

上六:苦节,贞凶,悔亡。

【译文】　上六:节制过度令人苦涩不堪,所贞凶险。须调节适度才能悔憾消亡。

《象》曰:苦节贞凶,其道穷也。

【译文】　《象传》说:节制过度令人苦涩不堪而贞凶险,节制之道至此困穷。

【义理取象】　苦-𦬊,从艸古声,由苦菜转指苦味、痛苦、艰苦,此处指严苛过度。上六柔居阴位,与六三敌应,乘九五之刚,处节卦之极,有节制过甚严苛之象。上六在上坎陷䷜上,陷险入苦难,有苦节之象。卦辞"苦节不可贞",故占贞凶。行事苦节必然行不通而有悔,必须改为节制合度,方得悔憾消亡,"贞凶,悔亡"是占诫连辞。

【社会人事】 节制严苛的管理者,理财上过度悭吝,礼仪上过于繁缛,行政上过于苛酷,都是苦节,会引起反感或反抗,结果必然凶险。只有改苦节为节制合度,才可消弭悔憾。

节卦小结

节卦讲节制之道,是对事物的发展变化进行适度的节制。礼制用来节制人的行为,《礼记·曲礼上》"礼不逾节",《论语·学而》"知和而和,不以礼节之,亦不可行也",都阐明礼仪的节制作用。"节用爱民"是古代重要的政治经济思想,欧阳修《易童子问》:"君子之所以节于己者,为其爱于物也。故其《象》曰'节以制度,不伤财,不害民'者,是也。"

节制之道重在持正适中,不可失节也不可苦节。六爻各有法度:初九少女当居深闺不出,九二长男当出走天下,六三下层官吏失节当申斥制止,六四辅臣当安和而俭约,九五君王当刚健中正而甘节适度,上六苦节过度反招凶咎,须改过适中才可悔亡。可见进取有节方免亢龙有悔,顺承安守可免烦乱之忧,节制有度则咎去悔亡。乾卦用九、坤卦用六与节卦用节,为行事适度的三而一与一而三。节卦六爻三阴三阳调节有序,清李光地《周易折中》引邱国富:"初与二比,初'不出户庭'则'无咎',二'不出门庭'则'凶',二反乎初者也。三与四比,四柔得正则为'安节',三柔不正则为'不节',三反乎四者也。五与上比,五得中则为节之'甘',上过中则为节之'苦',上反乎五者也。"六爻三组正反对比,说明"居中守正"是节制之道的要点。

增减损益以臻于适度,有利于事物正常发展,为节道之大用。行止之道合于礼仪,财费之道合于俭约,为政之道合于中正,都是用节道来规范人的社会行为,以免亢、巽之失。行止进退有度,无过无不及,不失偏颇,节道既有很好的社会价值,也含很高的审美意蕴。

61. 中孚卦 ䷼

风泽中孚　巽上☴兑下☱

【解字释义】　风泽中孚,上巽☴风下兑☱泽,信风如期吹至泽中,诚实守信。《序卦传》"节而信之,故受之以'中孚'",节卦讲节制合度,能自我节制,才能真诚待人,《杂卦传》"'中孚',信也",如符节之合可为凭信,故中孚卦次于节卦之后,水泽节䷵变为风泽中孚䷼,喻意相承。前后三卦比较,节卦建立典章制度,中孚卦外诚信内和美,小过卦修偏补过求中正。中孚䷼象鸟卵孵雏,外硬壳包内柔;小过䷽象幼鸟习飞,张翼前行。程颐《易传》:"内外皆实而中虚,为中孚之象。又二五皆阳,中实,亦为孚义。在二体则中实,在全体则中虚。中虚信之本,中实信之质。"中孚卦象征诚实守信,外信实而内孚美。

中,甲骨文作 ，金文作 、 ,徐中舒谓 象旗之斿,垂线之中加方形、圆形点画以表旗之中。古居民村落也是军事单位,村口中央竖旗集众成兵,转指中央、中间。《说文》" ,内也。从口、丨,上下通",表示内里、中间、中央、正中。孚,甲骨文作 ,《说文》"孚,卵孚也,从爪从子。一曰信也",徐锴系传"孚,信也,鸟之孚卵皆如其期,不失信也",母鸡爪(爪)下有蛋(子),孵化二十一天必出小鸡,"孚"即"孵"。"孚"有诚信之义,《尔雅·释诂上》"孚,信也",故有萌发、诚信、信服、符合等词义。"孚"又同"俘",手(爪)抓人头(子),有俘获之义。"孚–孵""孚–俘"为两对古今字。

中孚,持中守信,诚于中而信于外。中孚合中庸之德,大中至诚而美利天下。中孚为大离卦☲>☲,有至诚大明之象。九二、九五刚中信实,六三、六四虚中援人,中虚为孚信之本,中实为孚信之质,至诚君子吸收他人长处,又回应他人实用需求。中孚卦上巽☴下兑☱,上下交孚,惠泽天下。风吹泽面或大或小,泽波随风大小,真实不虚,至诚至信。

卦　辞

䷼中孚:豚鱼,吉。利涉大川,利贞。

【译文】 中孚卦象征中正诚信,诚信之德能惠及猪鱼之类的微物,故可获吉祥。利于涉越大河巨川,利于守持正道。

【卦辞释义】 孔颖达疏:"中孚,卦名也,信发于中谓之中孚。"筮遇此卦,不仅依时节猎豚捕鱼为吉祥,涉大川亦为利,行诸事皆吉利。卦形䷼正反二巽相对,若合符节,中正制事,诚信立教,协和成治,圣贤治天下达至善、至美、至治之境。中孚卦中正协和,象征内心至诚至信,为天下通行的贞正法则。

小猪和鱼儿在畜禽中最为微贱幽隐,君子中正诚信的品德,连愚钝的豚鱼也能感知并信服,必能泽及万物,吉祥利贞。中正诚信之德化为中和适度的取予,不仅有勤政爱民的吉利,而且对于鱼鸟禽兽亦为吉利。王弼注:"鱼者,虫之隐者也。豚者,兽之微贱者也。争竞之道不兴,中信之德淳著,则虽微隐之物,信皆及之。"《逸周书·文传》:"川泽非时不入网罟,以成鱼鳖之长;不麛不卵,以成鸟兽之长。"恩泽施及禽兽,即所谓"民吾同胞,物吾与也"。斧斤以时入山林,网罟以时入川泽,歇猎休渔,长养万物以时以信,对自然界各类生物持诚信态度,才合乎中正协和的自然法则。程颐《易传》:"豚躁鱼冥,物之难感者也。孚信能感于豚鱼,则无不至矣,所以吉也。"德及豚鱼,与比卦九五"王用三驱,失前禽"喻意正相同。

中孚卦上巽☴为竹木,下兑☱为反巽,古符节以竹木一剖为二,其中部之节文完全吻合,以取信证,有中孚卦正反二巽中合之象。"中"又指内心,"中孚"亦指内心诚信。平民祭祀,用不起太牢大牲而用鱼豚,即"禴"或用"二簋",其诚可通神。《礼记·王制》:"庶人春荐韭,夏荐麦,秋荐黍,冬荐稻。韭以卵,麦以鱼,黍以豚,稻以雁。"庶民诚信,以豚鱼韭麦薄祭,不用太牢牛羊享献,祖宗神灵仍然佑以福祉,精诚所至,金石为开。

《彖》曰:中孚,柔在内而刚得中,说而巽,孚乃化邦也。豚鱼吉,信及豚鱼也。利涉大川,乘木舟虚也,中孚以利贞,乃应乎天也。

【译文】 《彖传》说:中正诚信,柔顺处内能至诚谦虚而刚健处外能中实有信,下者欣悦而上者和顺,诚信之德就能感化邦国百姓。德惠猪鱼而获吉祥,诚信已施及猪鱼之类的微物。利于涉越大河巨流,如乘驾木船般畅行无阻。内心诚信又坚守中正,就是应合天道本诚美德。

【彖辞释义】 中孚卦䷼中正诚信,六三、六四柔顺处内虚中,九二、九五强健信实刚中,是谦虚于内而信实于外。下兑☱悦从其上而上巽☴至诚顺下,中正诚信能教化邦国百姓,感化天下。用低等动物"豚鱼"暗喻社会底层,诚信能感化豚鱼,则无所不可感化,诚信美利天下。巽☴为木,中孚卦中二阴象木舟中虚,君子以诚为舟,可载万民通行天下,涉越大川,成就大业。诚者天之道,以诚信行事无所不利,应合上天自然之道。

《象》曰:泽上有风,中孚。君子以议狱缓死。

【译文】 《象传》说:信风如期吹至泽中,象征中正诚信。君子由此感悟,以诚信之德审议狱讼,宽缓死刑。

【象辞释义】 诸卦《大象》论法教者较多,如噬嗑卦"明罚敕法",丰卦"折狱致刑"等。审判可能有冤案,人死不能生还,判处死刑一定要至信至慎。君子从信风吹泽水领悟到,邦国政治的中正诚信,以法律公平为首要,判处死刑尤其重要。案件判决前一定要充分议论,不可有疑问而形成冤案;判决死刑后,要宽限缓期执行,或许会出现不该处死的证据。如此中正行事,治狱者忠诚职守,犯罪者无所憾惜。

【卦变象征】 中孚䷼的覆卦还是中孚䷼,中正诚信转诚信中正。中孚䷼的错卦为小过䷽,偏离中正马上就有小过失。中孚䷼之互卦为颐☲,坚持中正诚信必能颐养自心与他人。

爻　辞

初九:虞,吉。有它不燕。

【译文】　初九:林官诚信管理渔猎,吉祥。驱赶巢中毒蛇免得燕子不得安居。

《象》曰:初九虞吉,志未变也。

【译文】　《象传》说:初九虞官守信吉祥,是诚信尽职的心志未曾改变。

【解字释义】　虞,金文作✦,《说文》"✦,驺虞也,白虎黑文,尾长于身,仁兽,食自死之肉,从虍吴声",叫声如虎的野兽。《尚书》孔传"虞,掌山泽之官",转指管山林狩猎的林官。上古洪水,君王居山林,以"虞"为护林之官,保护山泽生态,控制以时渔猎,协调引导行猎。它-✦,眼镜蛇,同"虫、也"。燕,燕居巢有安适之感,同宴,取安宁义。燕巢若有蛇则不宁,大过卦九四"栋隆吉,有它吝",高大屋栋本好,但易生蛇虫,含忧吝不安因素。

【义理取象】　初九当位,正应六四,诚有所为。初九才进入中孚卦,需要引导,《礼记·中庸》"无征不信,不信民弗从",山深林密,行猎须林官"虞"引导,初九之虞就是正应的六四。初九居下兑泽☱初,三四五爻互艮☶为山,二三四爻互震☳为动为足,有随林官行山管理山泽之象。中孚卦以中正诚信治事,初九诚信正应六四的征引,积极配合,以时渔猎,尽职尽责,故占吉。屯卦六三"即鹿无虞,惟入于林中",若不信从林官的正确引导,容易迷途深林而遇险。初九顺从并协助林官行事,将蛇从鸟巢燕窝旁赶出,以防伤了雏鸟,为九二鹤鸣作准备。管理适宜,才会有山林禽兽的和谐安定,合乎初九诚信尽职的志向,也合乎中孚之道。

【社会人事】　初入山林川泽,诚得林官的正确引导,或狩猎或协助管理,行事适中合度,方为吉利。卦辞以信及豚鱼为吉,初爻又言及蛇燕管理,有教诫意味:山泽管理,适度猎渔为吉利,若多生蛇虬则不安宁,应保持戒惕,驱蛇护雏,保持山林禽兽宴安和生态平衡。

九二:鹤鸣在阴,其子和之。我有好爵,吾与尔靡之。

【译文】 九二:老鹤在树阴处鸣叫,它的小鹤同声应和。我有上等美酒,愿与你共饮同乐。

《象》曰:其子和之,中心愿也。

【译文】 《象传》说:它的小鹤同声应和,这是发自内心的真诚意愿。

【解字释义】 阴,繁体作"陰",《说文》"陰,暗也,水之南山之北也,从自侌声",山阜有云遮之处为阴,树叶遮阳处也为阴。爵—𤰳,青铜酒器,此处指爵中美酒。《说文》"靡,披靡也,从非麻声",麻丝(麻)向两边分披(非)之象,有靡散、靡费、靡侈、靡醉等词义,此处指消靡共享。

【义理取象】 九二以刚履柔,居下兑☱中,刚中有柔,虚怀诚信,和悦下众,乃最佳中孚状态。上巽☴为鸡有鹤象,又中孚▤▤大离卦为雉亦有鹤象,二爻柔位在互艮山之下即"在阴",下兑☱为口舌而二三四爻互震☳为善鸣,三四五爻互艮☶为少男为子,合有鹤鸣在阴其子应和之象。互震☳仰盂为爵,互艮☶覆碗亦为爵,二爵相对盛美酒;下兑为口,上巽反兑亦为口,二口相对而饮;下兑反兑均为泽为水为酒,合有好酒对饮之象。九二以阳爻处柔位,处下兑☱为悦,虚中又实中,诚信之至。自然界中,母鹤在林阴栖息鸣叫,亲子以鸣呼应,自然本能亲和,真诚信赖。在人世间,朋友志同道合,真诚分享一切,由鹤鸣子和起兴,邀约好友共饮美酒至一醉方休。这是《周易》最美爻辞,富有诗意和美感。

【社会人事】 鹤鸣子应和,饮酒共友人,同声相应,同气相求,真诚善美,正合中孚之道。《系辞传上》引孔子曰:"君子居其室,出其言善,则千里之外应之,况其迩者乎。居其室,出其言不善,则千里之外违之,况其迩者乎。言出乎身,加乎民,行发乎迩,见乎远。言行,君子之枢机,枢机之发,荣辱之主也。言行,君子之所以动天地也,可不慎乎。"正所谓一言可以兴邦丧邦,当慎言慎行。人言为信,诚应千里,为中孚之要义。

六三:得敌,或鼓或罢,或泣或歌。

【译文】 六三:遇敌战胜,有人鼓舞有人疲怠,有人哭泣有人高歌。

《象》曰:或鼓或罢,位不当也。

【译文】 《象传》说:有人鼓舞有人疲怠,六三居位不妥当。

【解字释义】 得,甲骨文作 ,金文作 ,《说文》", 行有所得也",手(寸)拾贝(贝)于途中(彳),有得、获、取、遇合等词义。得敌,遇到势均力敌的对手。罢,繁体作"罷",同"疲",帛书本作"皮",即"疲",此处指疲怠。

【义理取象】 六三柔居刚位,与上九正应。中孚卦☱多中轴对称,下兑☱与上巽☴反兑对称,下二阳与上二阳对称,九二与九五刚中同德对称,六三与六四阴爻柔中对称,二三四爻互震☳与三四五互艮☶反震对称,都有棋逢对手得敌之象。正反震动为交兵,下兑为悦而反兑为疲,下兑☱为口为唱歌而上巽☴为风为哭泣,交兵得胜者擂鼓欢歌,失败者疲怠哭泣,合有或鼓或罢或泣或歌之象。处中孚卦内却失中孚之德,六三非中不正,与六四敌对交战,六四当位承刚,所应初九活力胜过六三所应上九,六三必然是失败疲泣的一方,非中不正位是其失败的主要原因。

【社会人事】 失去诚信邦交就是失去中孚,邦国易于敌对交战。交战必有胜败,胜者鼓舞高歌,败者疲伤哭涕。便是得敌取胜一方,有人得功欢喜,有人伤亡哀泣,喜亦有忧。兵者凶器,战争残酷,胜而不美,有失中孚之道,在位者当慎之。此爻不占吉凶,有教诫意味。

六四：月几望，马匹亡，无咎。

【译文】 六四：月亮接近十五的圆满，良马失去匹配，不致咎害。

《象》曰：马匹亡，绝类上也。

【译文】 《象传》说：良马失去匹配，说明六四断绝其配偶而上承九五。

【解字释义】 几，几乎、接近。望-𦣞，人踮脚挺身（壬）张目（亡）仰望月亮（月），指十五月圆。王弼本作"月几望"，帛书本作"月既望"。匹，匹配。

【义理取象】 六四以柔居阴当位，与初九正应，上承九五中正之君，具中孚内美之德。六四处上巽☴下，巽为夏历十六日圆月，有靠近月望之象。六四本配初九阳刚而后失去，爻变上乾☰为马，返回六四失乾马复为巽☴，有马失阳配"匹亡"之象。六四本正应初九同类，又上承九五刚中之君，中孚卦注重诚信专一，六四只好断绝初九同类而专承上卦九五，《小象》谓"绝类上"。六四本有亡配之咎，然柔居阴当位，有柔中之德而不自盈满，尚可取信于人，故占无咎。孔颖达疏："六四居中孚之时，处巽应说，得位履顺，上承于五，内毗元首，外宣德化，充乎阴德之盛，如月之近望。"如此合中孚之道，虽有缺失，不至咎害。

【社会人事】 "月几望，马匹亡"，应是当时谚语，富于哲理。古人多选择月近望之日用事，吉与否依事而定。如小畜卦上九"月几望，君子征，凶"，归妹卦六五"帝乙归妹……月几望，吉"。牝马失配、亡失牛马并非一定凶咎，如大壮卦六五"丧羊于易，无悔"，睽卦初九"悔亡，丧马，勿逐，自复"。古人养牲畜成群放牧，由于牝牡相诱等因素，互有逃亡，月夜亡失牲畜，是常见现象。亡失牛马离开群类，结果有得有失，或数日自然回归，或带回更多同类，故不必视为灾咎。

喻意：不要太看重得失，随顺时势，自然处之，才合乎中孚之道。

九五：有孚挛如，无咎。

【译文】 九五:像用诚信感化成串俘虏那样感化天下人心,无所咎害。

《象》曰:有孚挛如,位正当也。

【译文】 《象传》说:像用诚信感化成串俘虏那样感化天下人心,九五居位中正适当。

【解字释义】 挛 luán,繁体作"攣",《说文》",系也。从手緣声",段玉裁注"系者,絜束也",以手用绳拘系,此处指用长绳将俘虏串系起来。小畜卦九五"有孚挛如"与此处相同。

【义理取象】 九五正位居中,为中孚卦主爻,乃用孚信教导感化天下人心的君王。九五处上巽☴与三四五爻互艮☶中,巽为绳,艮为止守,合有以手牵绳连接众多之象。九五中正健行当位之君,适宜用中孚之道牵挂感通人心,从而一统天下。如此至诚行事,必无咎害。

【社会人事】 古时战争,杀戮较少,俘虏甚多。将俘虏串连拘系归来,以德感化,为我所用,是常行之法。益卦九五"有孚惠心,勿问,元吉,有孚惠我德",谓对俘虏诚信施恩以服其心,终为我用而得益。"孚"指俘虏同"俘","孚"也指诚信。以孚信感化大量俘虏为喻,谓仁君当用中孚诚信之德广服天下大众之心。

上九:翰音登于天,贞凶。

【译文】 上九:锦鸡飞鸣响声彻天,占之必有凶险。

《象》曰:翰音登于天,何可长也?

【译文】 《象传》说:锦鸡飞鸣响声彻天,如此张扬怎能长久?

【解字释义】 翰音,《礼记·曲礼下》:"凡祭宗庙之礼,牛曰一元大武……羊曰柔毛,鸡曰翰音。"《说文》",天鸡赤羽也",指锦鸡及其彩色羽毛。登,《说文》",上车也,从癶、豆,象登车形",奉祭器(豆)登台阶(癶)而上献祭,扩展有登上、攀登义,此处指飞升。

【义理取象】 上九刚履柔位,与六三有应,比乘九五之君,处中孚卦之极,有亢龙之象。中孚䷼为放大离卦䷝为大雉,三四五爻互艮䷳为翼,下兑䷹为口舌为鸣音,上九处卦极在天,合有锦鸡飞鸣升往高天之象。锦鸡肉鲜羽毛美,最易遭猎杀,鸣则不当飞,飞则不当鸣。长鸣而高飞,目标显著,必遭弋射之灾。上九非中不正又虚而无位,自炫过甚,失中孚太过,必是亢龙有悔,故贞凶。九二"鹤鸣在阴,其子和之",谦和务实,中孚合度,其乐融融。相反,上九"翰音登天,人弋射之",声闻过情,非无应和,灾祸立至。如此高亢虚荣,违背中孚之道,怎能长久!

【社会人事】 木秀于林风必摧之,枪打出头鸟,凡过于张扬者必遭凶灾。鹤鸣柔丽,众声应和;翰音响天,人或厌之。亢龙昂首天极,必然有悔;锦鸡飞鸣升天,其命不长;强人扬名显能,结局凶险。中孚之道,显现于禽兽,实用于人生。

中孚卦小结

《论语·颜渊》"主忠信,徙义崇德也"。中孚卦论中正诚信之道,以中正、协和二者为善美,有一可无咎,失一为不吉,二者皆失则凶危。中孚之道用于社会治理,追求礼乐的有序化,人格的大中至诚,社会政治行为的中正协和。中孚即中庸之德,中正适度是《周易》基本的价值取向。中孚卦以中正适度与诚信相结合,拓展而及天地万物,提升为社会普遍通用法则。中孚卦以"信及豚鱼"可获吉祥为喻,强调诚信之德当广被微物、感化众心。

六爻行中孚之道各有其度:初九居下位而守信实,尽职尽责;九二居中而诚德和众,众皆和之,如贾谊《新书·春秋》谓"爱出者爱反,福往者福来";六三求得而失信实,失位而无可称誉;六四正位而不自满,可保无咎害;九五中正诚信,广获天下人心;上九张扬失诚,虚荣而致凶祸。六爻从正反多方论述中孚诚信之道的重要性,给人以告诫及警醒。

刘向《新序·杂事篇》:"人君苟能至诚动于内,万民必应而感移。尧舜之诚感于万国,动于天地,故荒外从风,凤麟翔舞,下及微物,咸得其所。《易》曰‘中孚，豚鱼吉’，此之谓也。”周灭殷商之后，以诚信协和上下内外，平治天下。治国平天下需要领导者中正至诚，信及微物，协和众生，美利天下，才能“与天地合其德”，实现“大同”的社会理想。

62. 小过卦 ䷽

雷山小过 震上☳艮下☶

【解字释义】 雷声滚过山野，声响略超过平常，小过卦象征小有越过而不甚失宜，包括小事过度和过度尚小。飞，繁体作“飛”，“飛-”为鸟展翅高飞形，小过䷽卦形旋转作，有鸟展翅飞过之象。阴为小而阳为大，小过卦四阴二阳，阴小超过阳大，为小有所过之义，朱熹注“小谓阴也，为卦四阴在外，二阳在内，阴多于阳，小者过也”。《序卦传》“有其信者必行之，故受之以‘小过’”，中孚卦讲诚信，内诚信显示于外行动，行动易于过度，故小过卦次于中孚卦之后，中孚䷼与小过䷽六爻均交错相反。

雷声响过山头，不会太大，象征小有超过而仍有原则，坚守中正之道，不越过底线。上震动☳下艮止☶，外动而内止，具有行为学上的意义。外动为大处着眼，考虑长远；内止为敬慎行事，不犯大过。故雷山小过的原则是“通过”，外动内止，既要秉义勇为，又须敬慎不败，遇事方可顺利通过。

卦　辞

䷽小过：亨，利贞。可小事，不可大事。飞鸟遗之音，不宜上，宜下。大吉。

【译文】 小过卦象征小有越过，亨通，利于守持正道。可行寻常小事，不可成就大事业。犹如飞鸟留下鸣声，不宜向上飞得太高，宜于向下便利安栖,大为吉祥。

【释义】 行事小过有利而亨通,颇具辩证观念。小过于大,行小事有利,行大事不会有利。办小事可以过头一些,如材料备多有余而不够节俭,关照小孩多过照顾大人等。但祭祀、盟会、战争、治国等大事,就不能小有过失,否则会酿成大患。又如房屋建筑之栋桡,最终会导致房屋垮塌,看似小过而实为大过。再如鸟边飞边鸣叫,可能引起猎人弋射之祸。此小过可以弥补,只要不再飞升太高,而改低飞或隐入林中,就能保住不被射杀。鸟鸣声有美感,隐身得当则可获吉,如喜鹊隐树枝之中而报喜即是。小过卦"飞鸟遗音",承中孚卦上九"翰音登于天"而来,以禽鸟之象喻人生行为准则。

可小事不可大事,筮遇此卦,常人所贞之事会有利。六二、六五以柔质居中,小事有得;九三、九四过刚不中,大事难成。飞鸟遗音,宜下不宜上,遗音为小过,知鸟刚飞过不久,从时间上解说"小过"之义。鸟终是地上生物,可飞上天,但最后还是要下来安栖的,顺势随时,小过则改,可以大吉。此大吉是"岁终计占"的验证,为"可小事不可大事"的实际结果。声高飞远,易被射杀;鸣荫栖隅,同类相和。由此警示:敬慎从事,才有所得;高飞张扬,恐招凶祸。

【社会人事】 历史人事也多如此:在下位者,小过无大碍;在上位者,小过可能引起大危难。如季历因饮酒被文丁拘死于塞库,教训惨重,以至周初颁行史上最为严酷的禁酒令。实际上,处大过易,处小过难,平常处事当以不失时宜为要务,不可动之太过,也不可把安居不动误当作持久的正道。人非圣贤,孰能无过,世人行事常有小失,及时修正达到平衡,才是大智慧,终能渡过难关而成大事。低调用柔,务实补过,适时调整,为小过亨通之道。

《彖》曰:小过,小者过而亨也。过以利贞,与时行也。柔得中,是以小事吉也。刚失位而不中,是以不可大事也。有飞鸟之象焉,飞鸟遗之音,不宜上,宜下,大吉,上逆而下顺也。

【译文】《彖传》说:小有越过为小过,寻常小事有所越过可以亨通。小有越过可能利于守持正道,应当顺时势而奉行此道。阴柔者居中不偏,由此处置寻常小事可获吉祥;阳刚者若失正位且不能持中,由此难成天下大事。小过卦形有飞鸟之象,飞鸟留下鸣声,不宜向上飞得太高,宜于向下便利安栖,大为吉祥,这是因为向上展大志违逆小过之道,而向下行小事则顺应小过之道。

【彖辞释义】小过卦☷☳,四柔小超过二刚大。矫枉过正,过反于中,矫正偏差时,将偏于左的往右边扳过一些,反回就适中了,故谓小有过而得亨通。《周易》贵得中,也重适时,处事当随顺时势,当过而过实为不过,适时之小过是为了持守中正,所以说"过以利贞,与时行也"。六二、六五以柔质居中位,柔顺之人行小事容易通达顺畅,故谓"小事吉"。九三、九四以刚德而失中位,刚健有为者失去主导地位,就难成大事,故谓"不可大事"。

以具象表示小过之道的抽象道理,小过☷☳有鸟展翅飞翔之象,飞鸟边飞边鸣叫,听到鸟飞过时啼叫的声音,就知道它刚飞过不久,是时间上的"小过"。程颐《易传》由此展开:"鸟飞迅疾,声出而身已过,然岂能相远也。事之当过者亦如是,身不能甚远于声,事不可远过其常,在得宜耳。"鸟飞过留其鸣叫声,鸣声与飞行相去不远,喻行事之度以适宜为佳,不可太过。由此推论,鸟鸣高飞当有限度,不宜太高,过度高飞违背自然法则就有凶祸,顺下低飞便于栖息而大为吉利。鸟本为地上禽而非天上物,往下低飞过度是顺法则的小过,往上高飞过度是逆规则的大过,去逆取顺,宜下不宜上,才大为吉祥,人们行事也当如此。

"亨"与"利贞",依程颐所说,是因为"过所以就正也",事有"待过而后能亨者",因而"时当过而过,乃非过也"。就是说,小过是矫枉过正,过返于中,依时行事,当过则小过,才可得亨通,所贞才会有利。

《象》曰:山上有雷,小过。君子以行过乎恭,丧过乎哀,用过乎俭。

【译文】《象传》说：山顶滚动雷声，象征小有越过。君子由此体悟，行止可稍过恭敬，丧事可稍过悲哀，费用可稍过节俭。

【象辞释义】 雷声滚过山，威而不猛，去常不远，有小过之象。君子由此得启示，行为过乎谦恭不失为礼，礼多人不怪；丧悼过乎哀恸不失为哀，过哀胜不哀；用度过乎节俭不失为用，俭德最能长远。孔子谓"躬自厚而薄责于人，则远怨矣"，提倡"内止外动"，对自己过严一些，对他人过宽一些，有些事情适当的过度是有利无害的。

【卦变象征】 小过䷽的覆卦还是小过䷽，小的过失不受重视而难改正。小过䷽的错卦为中孚䷼，不断改正小的过失才能达到中和。小过䷽之互卦为大过䷛，积小过便成大过。

爻　辞

初六：飞鸟以凶。

【译文】 初六：鸟向上飞太高将有凶险。

《象》曰：飞鸟以凶，不可如何也。

【译文】《象传》说：鸟向上飞太高将有凶险，初六自取凶咎，无可奈何。

【义理取象】 初六柔居刚位，与九四有应。初六才入小过飞鸟之卦䷽，为小鸟初练飞行，翅膀柔嫩不可振翅高飞。鸟高飞遗音，招来射杀之凶祸。初六处艮止☶下，本该止而不动，但它居刚位而有上动之力，又有高飞心意，爻变为丰卦䷶而羽翼未丰，上应九四而九四非中不正，如此强行高飞，必招凶险。初六爻变下离☲为网，高飞必遭网罗之灾，自招凶祸，无可如何。

【社会人事】 羽毛还未丰满就想高飞冲天，志大才疏，必折翼而亡。用于人事为告诫，行事之初，当以谨慎低调为佳，志大才疏，张扬大意，必然自招凶祸。过失超越小过范围，无人能救，飞鸟遗音可以为鉴。

六二：过其祖，遇其妣；不及其君，遇其臣，无咎。

【译文】 六二：超过祖父，得遇祖母。不能高及君主，只与臣僚相通，当无咎害。

《象》曰：不及其君，臣不可过也。

【译文】 《象传》说：不能高及君主，六二作为臣子不可超过君上。

【义理取象】 "过"为越过，"遇"为对当，"及"为攀及。"祖"指祖父，"妣 bǐ"指祖母。六二以柔处阴当位，居下艮☷中，与六五无应。六二在卦中处置小过方式灵动而适当，当过则过，当不及则不及，或过或遇，均求适中。初六为卦之始之祖，六二超过初六，谓"过其祖"；二位为阴而六二以柔质当其位，谓"遇其妣"。王弼注："祖，始也，谓初也。妣者，居内履中而正者也。过初而履二位，故曰过其祖而遇其妣。"六二爻变二三四爻互乾☰为父代祖父，九四爻变上坤☷为母代祖母，也有过祖父而遇祖母之象。六二不应六五，守六二臣位而不觊觎六五君位，谓"不及其君，遇其臣"。六二居下艮止☷中，爻变为恒卦☳，内止而守恒，即"君子以立不易方"。应小过则过而当其位，应不及则不高攀而低调自守，六二处小过而适中，故无咎害。

【社会人事】 古人行路，妻前夫后，孙媳妇走过祖父上前与祖母并行，越祖父而陪祖母，虽为小过而合家道礼数。朝廷行路，君前臣后，近臣走在君王后面，与臣僚并行，不越过同僚而后于君王，也为小过而合君臣礼数。二事小过适宜，处置得中，故无咎害。

九三：弗过，防之，从或戕之，凶。

【译文】 九三：狩猎不超过猎物，派人在前面防堵，再从后面追杀殆尽，有凶险。

《象》曰：从或戕之，凶如何也。

【译文】 《象传》说：从后面追杀殆尽，九三凶险何其严重啊！

【解字释义】 防，防堵。从，跟在后面追赶。戕，《说文》"抢也。

他国臣来弑君曰戕";帛书本"戕"作"臧",臧,甲骨文作𢦏,杨树达《释臧》:"盖臧本从臣戈会意,后乃加爿声……甲文臧字皆象以戈刺臣之形,据形求义,初盖不得为善,以愚考之,臧当以臧获为本义也。"以戈刺臣(目)为"臧",指俘虏的奴隶。作动词,"戕、臧"均表示戕害,《左传·宣公十八年》"凡自内虐其君曰弑,自外曰戕"。

【义理取象】 九三以刚履刚,与上六正应。九三当下艮☶上,艮为山为止,有弗过而防堵之象。又九三在二三四爻互巽☴中,巽为绳为系,下艮☶为黔喙之属为猎物,有捕杀猎物之象。狩猎,于前防堵,围而不过,然后追上戕杀,一网打尽。这样的围猎,与比卦九五"王用三驱,失前禽"网开一面思想相违背,看似小过而有收获,实际何其凶险! 九三过刚不中,与上六无位小人呼应,处下艮止☶上震动☳之间,当止不止而躁动,残害生灵,非为小过,故占凶。

【社会人事】 先设陷阱,再耍手段诱迫上当,置他人于绝境,最终赶尽杀绝,是最为凶险的不善之举。周武王首次兴兵伐纣,止于盟津,待纣改过。纣不改反更残暴,武王方作《泰誓》三篇,宣明其罪而后伐之,吊民伐罪,谓之"大明"。春秋郑庄公诱其弟"多行不义必自毙",速人之过而成人之恶,不教而诛,大过不善。《老子》三十六章:"将欲歙之,必固张之;将欲弱之,必固强之;将欲废之,必固兴之;将欲夺之,必固与之。是谓微明。"微明就是小聪明、小手段,就是小过。老子反对"欲夺固与",后人却用以为智,实乃小过之凶。《论语·尧曰》子张问如何可以从政,孔子对以"尊五美,屏四恶",四恶为"不教而杀谓之虐,不戒视成谓之暴,慢令致期谓之贼"加上"出纳之吝谓之有司(小家子气)"。诱人陷过而戕之,不合处小过求中之道,故贞凶。

九四:无咎,弗过遇之,往厉必戒。勿用,永贞。

【译文】 九四:无所咎害,不过分刚强就可遇阴柔,躁动前往将有危险,务必自戒。不可施展大才,要永久守持正道。

《象》曰:弗过遇之,位不当也。往厉必戒,终不可长也。

【译文】 《象传》说:不过分刚强就可遇阴柔,九四以刚居柔不当位而应自我约束。躁动强往将有危险,务必自戒,若躁动强往,终将不能长久无害。

【义理取象】 九四刚居柔位,下与初六有应,上承辅六五柔君,有处小过而自保的能力。九四以刚履柔,不会过于刚强,故谓"弗过";上遇六五柔中之君,故谓"遇之"。九四不当位,又处上震动☳与下艮止☶之间,受"位不当"的限制,动止不得自如,上动必受下阻,躁进必有危厉,当怀戒惧之心以自守,若强行往应君王,终不能长久任事而无咎害。卦辞"可小事不可大事,不宜上宜下",正谓九四不宜上承六五大有作为,宜下应初六而自守得吉。若上往承六五,上震☳为动,三四五爻互兑☱为毁折,有往厉弗过之象。向下正应初六,下艮☶为止,互兑☱为动而悦,有动止适度悦怿之象。九四爻变为谦卦☷,谦以自牧,戒慎调节,可保无咎。占辞"无咎"在句首,便于后出教诫之辞。

【社会人事】 周君季历被殷王文丁执诸塞库而死,西伯姬昌继位。此时周族的力量还未超过殷商,西伯只能率诸侯以遇合服事殷王,若兴兵往战殷商,形势必然危厉。此时周邦未正主位,必须以戒惧之心自守,不可大肆使用武力,从长远利益来看,此时对殷商只能遇之弗过,戒慎自保。

由此告诫后人,当处群小围陷之时,自身危厉而无所告救,切不可躁动用强,当戒惧柔遇,向下行小事而自保无咎,以待来日更行大事。

六五:密云不雨,自我西郊。公弋,取彼在穴。

【译文】 六五:浓云密布而不降雨,因浓云是从城邑西郊升起的。王公设法射取隐藏在洞穴里的猎物。

《象》曰:密云不雨,已上也。

【译文】 《象传》说:浓云密布而不降雨,六五阴气旺盛已高居在上。

【义理取象】　六五以柔履刚，居上卦中尊位，为小过卦主爻。然六五与六二无应，下乘九四之刚，上承上六柔爻，承、乘、应皆不佳，柔居高位，在小过卦不宜成大事。三四五爻互兑☱为泽水，六五爻变三四五爻互乾☰为天，泽水在天，有密云不雨之象；又兑位在正西，东边海云来雨快，西边密云来雨迟，有西郊密云不下雨之象。小畜卦有"密云不雨，自我西郊"卦辞，小畜转入小过之时，喻六五阴气盛聚于上而难下施，君王恩泽无法施及百姓，难以成就大事。六五与六二敌而不应，六二隐居下艮☶山洞之中不出，使六五君泽无能臣施及下众，当设法补过而取六二出应，方可济众。"弋"是用长绳系箭射取猎物，下艮☶为门阙指公侯，二三四爻互巽☴为木为绳为弓矢，猎物在六二穴中，合有王公射取猎物于穴中之象。王公为君王解忧而获取良臣，方式略有偏颇，不系吉凶，为小过利贞实例。

【社会人事】　某公筮遇此爻，密云不雨本不利行猎，然此公掌握规律，知此时禽兽必趋穴归巢，故往取之于穴。《论语·述而》"弋不射宿"，仁者不射归巢之鸟，射之为小过。

上六：弗遇过之，飞鸟离之，凶，是谓灾眚。

【译文】　上六：不能遇合阳刚却超过尊上，就像鸟飞过高而遭射杀，凶险，也就是遭灾遇祸。

《象》曰：弗遇过之，已亢也。

【译文】　《象传》说：不能遇合阳刚却超过尊上，上六已高居亢极之末。

【义理取象】　上六柔居阴位，与九三有应，居震☳上，有躁动不已之象。小过卦䷽为飞鸟之象，不宜高飞至上，然上六处小过卦之极，超越"小过"限度而升入高亢状态，违逆小过"宜下不宜上"的法则，不肯遇应九三阳刚，而是超过六五往上飞升，如同飞鸟高飞失度，终被网罗捕杀而罹难,故占凶险,是真正的自寻灾祸。上六爻变上离☲为罗网,上位为鸟飞高极之位,合有鸟飞高极被罗捕之象。孔颖达疏:"过而不知限……以小人之身,过而弗遇,必遭罗网。"上六位处高极,又不知收敛,两害并至,故有灾眚之凶,实为"亢龙有悔"。未能遇下就强行超上,鸟高飞后又遭罗网捕擒,是祸躲不脱。小过或可避免,灾祸却防不胜防。

【社会人事】 社会生活异常复杂,处小过之时,即使无过失,也难免遇险难,若一心登峰造极而不知收敛,更会遭受灾祸,亢龙必然有悔。季历献捷被囚而死,文王行仁被囚六年,虽然自身无大过失,情势所迫,难免于灾患。遇此类无妄之灾,难求得免。此时当尽己之力,依事理而行事,渡过灾眚,终或有成。

小过卦小结

小过卦阐述处小过之道,探讨社会行为合理性问题。社会生活非常复杂,有些小过或无咎害,有些小过却暗藏杀机,终成大祸,必须加以重视。人非圣贤,孰能无过,小过失是允许的,只要处置得当,可以无咎。但非人力可抗的灾难是防不胜防的,使人有难于把握自身命运的感觉,应当正确对待。

处理小过之道,在持柔守正,宜下不宜上,利小事不利大事。六爻遇到并处理小过各不相同:初六强行上飞,自招凶咎;六二处理小过得当,可保无咎;九三戕害过度,凶无可救;九四以柔遇合,自戒无咎;六五柔行小过,无可称誉;上六亢极强过,必致灾祸。六爻两"凶"一"灾"、两"无咎"一不系占,竟然无一为吉,足见处小过之大不易。

《周易》用"寓教于筮"之法来指导人们的社会行为,主张行为光明正大,不可耍小手段而成人之恶。遇事当戒慎,宜下行柔遇,不可张扬以招灾,应当恭俭以得吉。

大过、小过二卦具有社会行为学意义:动机、方式、规范、效果,行事的进程都得以论述。大过之栋桡、栋隆、枯杨生稊(华)、过涉灭顶,属非常态行为,合道义及功利者为吉,不合者为凶,一合一违则可并存,取舍明显。小过多凶,在于难识其过之伪装,或者条件复杂而不胜防备,因此处理小过当以道义为准则,以适宜为参照,处小过实为求中和。《周易》尤其重视小过之凶:不怕明过之大,明大易于防范;更惧暗过之小,暗小最难提防。六爻对小过复杂性的分析,充满睿智之思辨。

63. 既济卦 ䷾

水火既济　坎上☵离下☲

【解字释义】　既济,已渡过大河,既济卦象征事已成就,是关于成功之道的学问。成功之后要坚守正道,具有忧患意识,以防成功向失败转化。水火既济,水流☵下行而火焰☲上行,相互交流而得调剂适度,渡河成功、战争胜利、大事完成,都有既济之象。水火既济已大成,就须随时更新,进入发展的下一循环阶段。

既,《说文》"𩚁,小食也,从皀旡声",甲骨文作𩜿,金文作𩚁,李孝定《甲骨文集释》"契文象人食已,顾左右而将去之也,引申之义为尽",人在食盒(皀)旁吃饱了扭头向后(旡),表示不吃了,即食既。有食尽、完成、至、及、完全、既然、已经等词义。济,繁体作"濟-𤅢",《广韵》子礼切,读jǐ,古为王屋山洛阳济源流至山东济南的水名,水大与岸平齐,故从水齐声。又用作动词指渡过大河,《广韵》子计切,读jì。由渡过济水,扩展有渡过、渡口、越过、贯通、畅通、成就、成功、拯救、增加、补益、齐备、调剂等词义。从未济卦可知,"济"指小狐狸渡河,"既济"指狐狸渡过大河,喻事已完成。

《周易》六十四卦,乾☰、坤☷二卦居首,为《易》之门,为天地之始,为龙首,为开端,为父母,由乾坤生出屯至小过六十卦阐述万物万事。既济☲、未济☵二卦居末,为《易》之内室,为龙尾,为结局,为终始,既济卦表示旧一轮发展过程的结束,未济卦表示新一轮发展的开始。六十四卦如此安排,表现"终始交替,物无可穷"的辩证观念,富于哲理性和系统性。六十四卦的排序,由结构最单纯的乾、坤二卦发展为最复杂的既济、未济卦,六十四个时空场,依次安排天地自然与万物万事的生成发展程序,以人事述天道,以天道明人事,述事穷理,天人合一,形成一个结构完美、开放有序的大系统。

《序卦传》"有过物者必济,故受之以'既济';物不可穷也,故受之以'未济'",有过人之处,就可以办成事情,所以小过卦接着是既济卦。既济本为渡河成功之意,在此泛指已成之事。小过的成功会带来亨通,但时间与规模都较小,初吉会转为终乱,既济失序就成为未济,既济卦☲☵含上互离☲下互坎☵,两互卦又成为未济卦☲,新一轮发展又重新开始。既济全卦六爻都当位,三个阴爻都在阳爻之上,形成三对阴阳相配的正应。水火既济☲与火水未济☲为一对错卦,六爻都相反,上下卦易位,卦内相错相综且相交。就互卦来看,既济变未济,未济成既济,既济卦中含未济卦,未济卦中含既济卦。既济☲中,二三四爻为互坎☵,三四五爻为互离☲;初至五爻互成离卦☲,二至上爻互成坎卦☵;二至五爻互成未济卦☲,初至四与三至上爻互成既济卦☲。如此,多重刚柔相济,水火互成,定动交变,穷通转换,关系最为复杂也最为密切,内涵最为深邃也最为广远。

卦　辞

☲☵ **既济:**亨,小利贞。初吉,终乱。

【译文】　既济卦象征事已成就,亨通,连小事都贞正顺利。若不慎守则起初吉祥,最终将致危乱。

【卦辞释义】　既济,渡河已达彼岸,自然亨通。小利贞,连小事也利贞,不但大道大事顺利通济,天下事物大小无不通济。既济即事已成就,初时局势稳定,事无不吉。然盛极必衰,若不慎守,终必变为危乱。事物是变化不停的,无序渐趋有序,有序终会变为无序。成功是相对的暂时的,必须长期保有忧患意识,"亢龙有悔"就是终乱。殷高宗武丁中兴百年,到纣王最终灭亡。兴盛中含衰亡因素,既济终将转未济。初吉终乱,泰极否来,强调守成之难,周初圣贤以殷商灭亡为鉴,告诫后人居安必思危。

既济卦由泰卦变来,泰卦䷊二爻与五爻换位成为既济卦䷾。既济卦与未济卦是覆卦又是错卦还是互卦关系,翻来覆去,每一爻都变,既济终变为未济,显示初吉终乱的必然性。既济卦六爻皆正位,达到六十四卦唯一最佳有序状态,故占"亨"。"初吉"是指既济之后的最初稳定,但变化由此开始,有序逐渐变为无序之乱,故谓"终乱"。

《彖》曰:既济亨,小者亨也。利贞,刚柔正而位当也。初吉,柔得中也。终止则乱,其道穷也。

【译文】 《彖传》说:事已成就,亨通,此时连柔小者也都获得亨通。利于守持正道,阳刚阴柔都端正而居位适当。起初吉祥,连柔小者都能持中不偏。最终停止不前而导致危乱,既济事成之道已至困穷。

【彖辞释义】 在既济局面下,诸事都通达顺利。阴爻为小,三阴爻既乘刚也承刚,是小者都亨通畅达。举小以知大,三刚爻自然更是通达。六爻刚柔皆当位,三组正应,人才各适其位,各得其用,极为有序,利于各自持守正道而行事顺利。既济之初吉祥,六二柔居离明☲中,上进顺应九五之君,尤为吉祥。然而,终止于最佳有序状态而不前进更新,最后必至危乱,如逆水行舟,不进则退。上六乘九五之刚,居坎险☵之上、全卦䷾之极,无力上进而止于坎,阻止进入新的发展系统,最终必乱及本卦严整秩序,使既济之道走到尽头。

《象》曰:水在火上,既济。君子以思患而豫防之。

【译文】 《象传》说:水在火上,事成既济,有煮熟食物济养民生之象。君子由此思虑,事成后最容易出现祸患,必须预先防备。

【象辞释义】 水在火上,或许浇灭火焰。但有九三隔开上下卦如锅,下离火☲可烧开此锅之坎水☵煮熟食物。水火既可相成,亦可相反为患。君子由此领悟，行事当小心预防。君子既知水火既济的优点，也应知水与火稍有疏失就会酿祸，更应明白长治久安之不易，所以要未雨绸缪。《老子》谓"祸兮福之所倚，福兮祸之所伏"，水火同于祸福，相反相成。强调居安思危的忧患意识，正是《周易》的主旨所在。

【卦变象征】 既济☵☲的覆卦、错卦、互卦均为未济☲☵，既济与未济互为终始，相互转化，生生不息。

爻 辞

初九：曳其轮，濡其尾，无咎。

【译文】 初九：向后拖曳车轮不使猛进，小狐渡河沾湿尾巴不便速行，当无咎害。

《象》曰：曳其轮，义无咎也。

【译文】 《象传》说：向后拖曳车轮不使猛进，初九谨慎行事的意义在于不致咎害。

【义理取象】 初九当位，处既济卦之初，与六四正应。初渡河不可躁进，然初九刚进之志强盛，躁进得咎，须用大力气阻止减缓，可保无咎害。初九上有二坎，一是二三四爻互坎☵，二是上坎☵，坎为弓轮为曳，有拖曳其车轮使不能速进之象。又初九上二坎为河流为水，初九在卦末尾，爻变下艮☶为止，有濡湿狐尾止其速进之象。小狐狸湿了尾巴只能慢慢过河，有些遗憾，但避免躁进淹死的咎害，既济中含未济，谨慎行事为宜。

【社会人事】 拖曳车轮，使车慢慢过河不至陷没；濡湿小狐狸大尾巴，使它减速慢游不至淹死，都是防躁进保无咎的手段。初入社会的年轻人，初生牛犊不怕虎，未能正确估计自己能力和行事难度，容易冒险躁进，导致灾咎。师长应适时遏止年轻人的冒险躁进，审度时势，谨慎行事，避免不必要的损失。《孟子·尽心上》教诫"知命者不立乎岩墙之下"，谓君子不作无谓牺牲，正是此爻喻意的拓展。

六二:妇丧其茀(fú),勿逐,七日得。

【译文】 六二:妇人丢了头饰,不用追找,过七天可以失而复得。

《象》曰:七日得,以中道也。

【译文】 《象传》说:过七日可以失而复得,因六二能守持中正不偏之道。

【解字释义】 茀 fú,本为除草,从艸弗声。用作车上遮蔽物,《诗·卫风·硕人》"翟茀以朝",孔颖达疏"茀,车蔽也",又指首饰,陆德明《经典释文》"茀,首饰也,子夏作髴"。髴 fú,妇人首饰,发簪之类,故从髟弗声。

【义理取象】 六二柔处阴位,承九三之刚,居下离明☲中,与九五正应,时位极佳。既济卦以中正守成为美,六二正好以柔德守中行正,合中正不偏之道。既济卦由泰卦䷊变来,泰卦下乾☰上坤☷,坤为母为妇,乾为首为金玉首饰,泰卦变既济卦后,乾坤二象皆失,有妇人丧其金玉首饰之象。六二失首饰不急于追寻,柔中持正静守,七日或可失而复得。卦中一爻经六位返回自身为七,如复卦䷗一阳爻"七日来复",七日为生命周期,今为一星期。六二正应九五,柔德守正以智济险,不必躁进,爻变为需卦䷄,待时机成熟,事便可成而有得。喻中正贤能之才,不必追逐名利,待时得用,可成大事。程颐《易传》评六二:"虽不为上所用,中正之道,无终废之理,不得行于今,必行于异时也。"

【社会人事】 殷高宗武丁有妃名妇好,非正室而不逐宠,贤能有德,多次代高宗领兵出征而取胜,为著名的女将军。妇好先武丁而亡,安阳殷墟有其墓穴遗址,随葬金玉珍宝以千数记,弗逐有得,足见高宗之看重。六二承刚九三,与九五正应,暗含高宗配妇好为美眷。

九三:高宗伐鬼方,三年克之。小人勿用。

【译文】 九三:殷高宗讨伐鬼方,坚持三年终于取胜,可见焦躁激进的小人不可任用。

《象》曰:三年克之,惫也。

【译文】 《象传》说:持续三年终于获胜,可见九三持久努力的疲惫程度。

【爻辞释义】 鬼方,西北方国,赤狄一支,隗姓。小人勿用,不能用德才欠缺的小人任要职,是守护成功的要点。王师克敌国,树国威,扶新君,须谨防小人乘机窃取胜利成果。

【义理取象】 九三以刚履刚,与上六正应,有健行克敌之志。九三处二三四爻互坎☵中,受上下两阴包围,又邻上坎☵外方之敌,爻变三四五爻互乾☰为强健为战马,下离☲为甲胄戈兵,离数为三,合有征伐三年攻克外敌之象。九三力克重坎,征伐成功,然多年苦战,疲惫不堪,国力耗损,留下后患,隐含衰败之几,故孔子《小象》谓"惫也"。九三处上下卦转折处,容易出问题,故谓"三多凶",尤须严密防范。九三爻变为屯卦☵,动于艰难之中,尤当审慎行事,勿用小人。

【社会人事】 《竹书纪年》载武丁"三十二年伐鬼方……三十四年,王师克鬼方,氐、羌来宾";《后汉书·西羌传》"及殷室中衰,诸夷皆叛。至于武丁,征西戎鬼方,三年乃克"。武丁中兴成功来之不易,邦国君民都很疲惫,国家容易由盛转衰,此时切不可用小人主事,须坚守正道,消除隐患,才能保守其成。

殷高宗伐鬼方及诸戎,汉武帝开边不已,清高宗乾隆十全武功,虽然有中兴之功,然均为"惫也",留下后患,不久就导致国力衰亡。可见用好既济之道,守护成功,何其不易。

六四:繻(rú)有衣袽(rú),终日戒。

【译文】 六四:华美衣服将变成蔽衣破絮,成功后当整天戒备祸患。

《象》曰:终日戒,有所疑也。

【译文】 《象传》说:整天戒备祸患,六四有所疑惧。

【解字释义】 繻 rú,《说文》"繻,缯彩也",彩色纺织品,作动词同

"濡",浸渍、淹没。衵 rú,《玉篇》"衵,所以塞舟漏也",破衣败絮,冬衣中的填充物,可用来堵漏。疑,担心国力如败絮破衣般衰败。

【义理取象】 六四以柔履阴当位,正应初九,上承九五之君,为任事守成之臣。"繻"为彩色缯帛可制华服,"衵"为败絮可用堵漏。泰卦䷊变为既济卦䷾,下乾上坤之象均消失,乾☰为金玉华服,坤☷为文采布帛,两者皆失,有华彩衣繻变为破衣烂絮之象,也就是既济向未济转化。六四阴柔当位,近君守成,正当居安思危,担忧疑惧国力衰弱,终日戒备防患,如乾卦九三"君子终日乾乾"。六四已离开下离明☲,进入上坎险☵,盛极必衰,成功容易转向失败,华服彩帛终究会变为烂布破絮,若浸湿衣中的破絮,渡河就会沉没,后果极其严重。

【社会人事】 既济中含未济,强极转弱是必然趋势,任事者必当疑虑戒惧,有长期的忧患意识。如清康乾强盛之后国力日衰,嘉庆内乱四起而更衰。道光又逢鸦片战争之败,深以为耻,戒慎节俭,复仇未成之前,皇陵素色不上漆,皇袍破败不换新。高官竞相仿效,破衣烂衫,竟成"乞丐内阁"。由乾隆至道光,正是"繻有衣衵"的典型转变。长年征战,军民疲惫,国库空虚,当国者应有戒惧之心,俭省国力民力,谨守其成,或不致快速衰亡。

九五:东邻杀牛,不如西邻之禴祭,实受其福。

【译文】 九五:东边邻国杀牛盛祭,不如西边邻国微薄禴祭,西邻切实受到神灵降福。

《象》曰:东邻杀牛,不如西邻之时也。实受其福,吉大来也。

【译文】 《象传》说:东边邻国杀牛盛祭,不如西边邻国微薄禴祭的适时合道。西邻切实受到神灵降福,喻示吉祥将源源不断来临。

【解字释义】 东邻,指周东边朝歌的殷商,杀牛,祭祀太牢用牛。西邻,指殷商西边丰镐的周邦。禴 yuè,同"瀹",《说文》"瀹,渍也",《玉篇》"瀹,煮也,内菜汤中而出也",颜师古注《汉书》"瀹祭,谓瀹煮新菜以祭"。

【义理取象】 九五当位居中,与六二正应,为既济卦主爻。天下既济太平,九五君王行中守正,最重要的是主持祭祀。"祭时为大",祭祀以诚意为主,以合时为好,有丰用丰,无丰用俭,不在乎场面盛大与祭品丰厚,而在乎按时及真诚。九五中正行事,正应六二下民,是周王仁德惠民的务实形象。泰卦变既济卦时,九二升到上坤中位成为既济卦九五,坤☷象消失,坤为牛,有杀牛献祭之象。既济卦上坎☵为水为多心草木,有用白水舂菜禴祭之象。天道爱民,东邻之君为残暴害民的殷纣王,西邻之君为仁政惠民的西伯姬昌,故东邻杀牛献祭不如西邻舂菜禴祭合乎天道人心。既济卦六爻皆正位,有如周人崇德行仁,实诚惠民必得天道福佑,故天佑吉祥不断来临。

【社会人事】 《史记·殷本纪》载:殷武丁祭成汤,其兆不吉。祖乙曰"王勿忧,先修政事",又曰"王嗣敬民,罔非天继,常祀毋礼于弃道"。司马贞索隐:"祭祀有常,无为丰杀之礼于是以弃常道。"是说天人合德,天心自我民心,敬神非求丰杀,敬民即是敬天。祭祀重在合时守诚,诚信敬神,可收到神灵的真正福佑。

克勤克俭的周邦小国,比奢侈浮华的殷商大国更懂得祭祀的适宜与实惠,适时诚表心意,神明自然福佑。周人明白时局转化的趋势,心诚薄祭求天佑,韬光养晦,终成大业。

上六:濡其首,厉。

【译文】 上六:小狐渡河沾湿头部,有危险。

《象》曰:濡其首厉,何可久也!

【译文】 《象传》说:沾湿头部有危险,喻事成之后若不审慎怎能长久守成!

【义理取象】 濡,水沾湿透。上六柔居阴当位,与九三正应,处上坎☵上,居既济䷾之极。就成卦整体看,初爻为卦之尾,上爻为卦之首,上六柔质居卦首,在坎水䷜外侧,有小狐狸渡河湿透头部之象。上六以柔质乘九五之刚,亢居既济卦终极,盛极转衰,撑持不久,将遭灭顶之祸,故占危厉。上六乘刚居极,亢首受濡,不知谦退慎守,欲守既济之成,怎么可能长久呢!此爻"何可久",与小过卦九四"终不可长"相同,有警示之意。

【社会人事】 此爻"濡其首",与大过卦上六"过涉灭顶"之象相同,谓将有灭顶之灾。上六当为其时过气君王殷纣之象,过去的成功已转化为失败,既济即将转为未济。

既济卦小结

既济卦象征事已成就,是《周易》六十三卦发展进程的结末。既济卦是六十四卦中独有三刚三柔六爻皆当位的卦,但无一吉占,敬慎无咎就很好了。《系辞传下》谓"惧以终始,其要无咎,此之谓《易》之道也",既济是前事已成之终,终则有始,由此盛极转衰,旧质的结束是新质的开始,故既济转未济,开始新一轮的生长发展。如此终而复始,生生不息。

就历史事实而言,既济卦表述殷商由盛而衰、由既济转未济的必然趋势。《史记·殷本纪》述高宗武丁之前商有四次衰落,至高宗做梦求得傅说为相,大行德治,得以中兴。武丁三十二年伐鬼方,三年乃克,成功不易。虽建武功,但"濡其尾",且"濡有衣袽",深含隐患。高宗在位五十九年而死,经祖庚传至帝甲,"帝甲淫乱,殷复衰"。又经廪辛、康丁,传至无道武乙更为衰落。文丁继位,国力大减,鬼方反叛。文丁启用周人抵御戎狄,周季历"震用伐鬼方,三年有赏于大国",周邦由此崛起。

季历抵御戎狄,七战六胜,亲至殷都献俘庆功。文丁听小人之言,"执诸塞库,季历困而死",殷与周由此结仇。文丁死,帝乙和亲,归妹于文王,暂缓矛盾。帝乙死,帝辛纣王立,残暴失德,众叛亲离。西伯姬昌行仁政,"大国畏其力,小国怀其德",三分天下有其二,民心背向,画然而明。纣王后期残暴至极,终"濡其首",天下大乱,身死国亡。形成自武丁至纣王的"初吉终乱",既济又转未济。

既济卦六爻将上述史事抽绎为经验和教训,指导后人如何守成。初九教诫不可躁进强行,六二教诫静守有得,九三教诫勿用小人,六四教诫终日戒慎,九五教诫献祭贵时尚诚,上六教诫濡首必遭灾。生于忧患死于安乐,盛极必衰,既济卦的守成之道就是强调忧患意识。欧阳修《易童子问》:"人情处危则虑深,居安则意怠,而患常生于怠忽也。是以君子既济则思患而豫防之也。"

由此可知,周文王是将殷商由盛到衰的史事,系辞于既济卦,用以警示后人。强调成功是相对的,守成更为艰难,充满对盛极而衰的忧患。《贞观政要·君道》中,魏征回答唐太宗创业与守成哪个更难:"帝王之起,必承衰乱,覆彼昏狡,百姓乐推,四海归命,天授人与,乃不为难。然既得之后,志趣骄逸,百姓欲静而徭役不休,百姓凋残而侈务不息。国之衰敝,恒由此起。以斯而言,守成则难。"既济大成之后,务须防初吉终乱,当终日预防警戒。

64. 未济卦 ䷿

火水未济　离上☲坎下☵

【解字释义】　火水未济,未能渡河,未济卦象征事未成。离火☲在坎水☵上,水势下流而火势上燃,各行其是,不能合作,六爻皆不当位,故未能成事。未济卦讲对待未成功局面的方法,事未成可促使其成,尚未成功则是在转向成功的路上。《序卦传》"物不可穷也,故受之以'未济',终焉",上既济卦事已达成则至穷尽,然事物不可穷尽,旧过程的终结包含着新过程的开始,既济包含未济,故既济卦后紧接未济卦。既济☲与未济☵是一对六爻三组阴阳正应的特殊卦。未济涉水未竟,尚未完成也尚未结束,新一轮发展进程正在进行,生机无穷。六十四卦以乾坤二卦开门,以既济未济二卦终结,将既济未济当一卦来看,旧质完成就是新质开始,前过程紧接新过程,终则有始,死而复生,凤凰涅槃,生生不已,易理变化无穷,充分体现辩证法思想。乾坤不息,事物无穷,既济后紧接未济,必须以未济卦作为六十四卦的压轴之终。

火水未济䷿,上离火☲下坎水☵,二三四爻互离☲为火,三四五爻互坎☵为水,上坎下离互为水火既济大互卦䷾,上下未济包含中间既济,仍然是未济在外,喻意事物总是向外发展,变化无止境。从发展的持续性看,没有通过就要设法通过,不断重启生机向前进,直至通达。未济卦动力三阳均不当位,有重新开启的发展空间,"未济"就是一个不断向未来发展的开放系统,动力无限。回头看,《周易》六十四卦本身也是一个开放系统,对未来充满创造不止的期望。六十四卦终于未济,为《周易》最高睿智,易道无穷,宇宙人生的变化无穷,前进的步伐永远在路上,未济居终而实未终。

卦 辞

䷿未济:亨。小狐汔(qì)济,濡其尾。无攸利。

【译文】　未济卦象征事业未成,勉力可获亨通。就像小狐渡河接近成功,却被水沾湿尾巴,无所得利。

【卦辞释义】　汔 qì,《广雅·释诂一》"汔,尽也",有竭尽、接近义;"汔"又同"迄",有至、止、终义。"汔、迄"所从乞与气同,"气(乞)—氣—餼"为求吃饱饭,饱则迄止。汔济,几近完成而未完成。老狐狸渡河有经验,高揭其尾,不至濡湿加重下沉,易于成功。小狐狸初次尝试渡河缺少经验,濡湿大尾巴,或沉没罹难,或汔济而功亏一篑,前行无所利。人重其首,狐重其尾,狐狸渡河濡尾则沉于水,含有沉没身亡之象,故占无所利。

《老子》第六十四章:"民之从事,常于几成而败之。慎终如始,则无败事。"谓始终谨慎行事,才可防几成而败。未济卦六爻都不当位,但三组全部正应。虽未成就,但失败为成功之母,有可通达的无限希望。

《象》曰:未济亨,柔得中也。小狐汔济,未出中也。濡其尾,无攸利,不续终也。虽不当位,刚柔应也。

【译文】 《象传》说:事未成而勉力可至亨通,基于柔顺而守持中道。小狐渡河接近成功,喻尚未脱出险阨之中。被水沾湿尾巴,无所得利,成事的努力未能持续至终。尽管卦中六爻均不当位,但三刚三柔都相应而有可为。

【彖辞释义】 既济事已成,是已得亨通;未济事未成,是努力将得亨通。既济卦以内卦为主,于内守成,六二柔居内卦中而亨通;未济卦以外卦为主,向外努力,六五柔居外卦中而努力至亨通。小狐狸浸湿尾巴未渡过大河,但没有离开九二中位,虽然不利,仍有继续前进至终点的可能。未济卦六爻均不当位,但都刚柔相应,有共同努力前行的希望。

否卦☷二爻与五爻互换成为未济卦☲,由否塞而转机向未来进发。小狐狸渡河,犹如从六二到六五,虽未渡过,但也未脱离中位,仍在河中努力,怀有希望,未济仍然可济。

《象》曰:火在水上,未济。君子以慎辨物居方。

【译文】 《象传》说:火在水上难以煮物,象征事未成。君子由此领悟,当审慎分辨诸物,使各得其所而事或可成。

【象辞释义】 火向上烧而水向下流,分道扬镳,二者相反不相交,则火难烧水熟物。《系辞传上》谓"方以类聚,物以群分,吉凶生矣",未济卦资源配备不得其序(方)类,故未成事。君子吸取其教训,审慎辨明事物的种类特性,如同人卦《大象》"君子以类族辨物",合理安排调配,使各居其所各尽其用,促进未济向既济发展。

【卦变象征】 未济☲的覆卦、错卦为既济☵,既济与未济是终而复始的转化关系。未济☲之互卦也是既济☵,未济中含既济,既济中含未济。

爻　辞

初六：濡其尾，吝。

【译文】 初六：小狐狸渡河沾湿了尾巴，有所憾惜。

《象》曰：濡其尾，亦不知极也。

【译文】 《象传》说：小狐渡河被水沾湿尾巴，说明初六不知谨慎持中到达终点。

【义理取象】 极，繁体作"極"，以屋顶中梁表示最高点或终点。初六柔处刚位，与九四正应，为未济卦之初，处下坎水☵底层，有水濡湿狐狸尾巴之象。既济卦初九刚健而"濡其尾"，是外力使其慎于济。未济卦初六"濡其尾"，是柔爻不自量力急于济渡而未成，故占吝惜。初六处两坎下而困难极大，一是下坎☵，二是三四五爻互坎☵。初六柔居刚位，初入济渡，缺乏经验和力量，未能正确估计自己实力，以为能够渡过，实际无力渡过两条大河，急于上应九四，沾湿尾巴而不能成济。

【社会人事】 《系辞传下》："小惩而大诫，此小人之福也。《易》曰'屦校灭趾，无咎'，此之谓也。"小狐狸渡河湿重尾，如人浸湿下裳尾部，虽有憾惜，但还未湿上衣，教诫它吸取经验教训，有利于以后的进展。发端时如能正确估量自己的能力，行事适度，不冒险急于求成，就不会大错。

九二：曳其轮，贞吉。

【译文】 九二：向后拖曳车轮不使猛行，守持正道可获吉祥。

《象》曰：九二贞吉，中以行正也。

【译文】 《象传》说：九二守持正道可获吉祥，强调守中而行事端正。

【义理取象】 九二以刚履柔，居下坎☵中，与六五正应，可以持中守正行事。九二居下坎☵,坎为弓轮为曳,有拖曳其车轮使不能速进之象。既济卦初九"曳其轮",是外力遏止其冒进;未济卦九二"曳其轮",是阳刚居中者自止冒进,谨慎守中而行正,不犯濡尾汔济的错误,守正道而获吉祥。九二爻变为晋卦䷢,稳住阵脚,等待晋升机会。

【社会人事】 处事适度之人,象掣止车轮滑奔一样,遏制自己躁进妄行,不使陷入濡首灭顶的灾祸。镇定自制,不轻举妄动,持中行正,虽未济而终可济,必成大事。

六三:未济,征凶,[不]利涉大川。

【译文】 六三:事未成,急于进取必有凶险,不利于涉越大河巨流以脱出险难。

《象》曰:未济,征凶,位不当也。

【译文】 《象传》说:事未成急于进取必有凶险,六三居位不适当。

【爻辞释义】 今本爻辞作"未济,征凶,利涉大川",难以解释。朱熹《周易本义》谓"疑利字上当有不字",即"不利涉大川"。讼卦卦辞已有"不利涉大川"语,古人抄写脱字很常见,朱熹之说可从。

【义理取象】 六三柔居刚位,乘九二之刚,与不当位的上九相应,居下坎☵上与三四五爻互坎☵下,夹在二坎之间,时位不佳,情势恶劣。以柔质渡河为成,若强行征渡二河(☵),必有凶险。条件不利于涉越大河巨流以脱出双重险难,是因六三柔居刚不当位。

【社会人事】 季历伐戎狄,曾有未济征凶的经历,《竹书纪年》"(文丁)二年,周公季历伐燕京之戎,败绩"。此前季历三伐西戎均得胜,此次所伐燕京之戎,在今山西吕梁东北部的岚县、静乐一带。进军行程千里,途中泾水、洛水、黄河,都很难渡涉,周师试用匏瓜泅渡,未济,不可强渡大河而止。又《竹书纪年》"(文丁)三年,洹水一日三绝。四年,周公季历伐余无之戎,克之",季历吸取上次未济的教训,选择洹水断流时徒涉过河,取得胜利。可见失位失时,强行征渡必然凶险失利;持中守正顺时,才能获取成功。

九四:贞吉,悔亡。震用伐鬼方,三年,有赏于大国。

【译文】 九四:守持正道可获吉祥,悔憾消亡。以雷霆之势讨伐鬼方,经过三年奋战而功成,被封赏为大国诸侯。

《象》曰:贞吉,悔亡,志行也。

【译文】 《象传》说:守持正道可获吉祥,悔憾消亡,九四求济的志向正在践行。

【爻辞释义】 震,以雷霆万钧之力震动,《说卦传》"帝出乎震""万物出乎震"。"震用伐鬼方",用震卦☳雷霆之势征伐戎狄鬼方,是殷周时期最为艰苦卓绝的帝王事业,是无人不知的艰难而伟大的功业,是为国家兴衰而奋斗的象征。其时凡言及竭尽全力、坚持不懈去奋争的正义事业,就会自然想到"伐鬼方",用以为勉励艰苦奋斗的榜样。

【义理取象】 九四以刚履柔,下与初六正应,上承六五柔中之君,为刚健有为之干臣。未济与既济为覆卦,未济九四本为既济九三,原有九三"高宗伐鬼方三年克之"爻辞,九四爻变二三四爻成互震☳,合有"震用伐鬼方三年克之"之象。九四爻变三四五爻互坤☷为舆地邦国,原二三四爻互离☲为光明华彩,有受嘉奖得大封国土地之象。九四刚居柔位为近君干臣,挺立三四五爻互坎☵中及下坎☵之上,持中守正,犹如"伐鬼方"般艰苦奋斗多年,消除不当位的憾惜,得到大国土地的封赏,践行济世成功的志向。

【社会人事】 从殷商武丁至武乙,经历五代君王,西方戎狄不断进犯,尤其是鬼方,即西落鬼戎,战败数年又复来。故"伐鬼方"不只是殷高宗武丁的功业,先周季历与戎狄七战六胜,其中三年伐鬼方大胜,受殷王厚重封赏。《后汉书·西羌传》:"及武乙暴虐,犬戎寇边,周古公逾梁山而避于岐下。及子季历,遂伐西落鬼戎。"《竹书纪年》:"(武乙)三十五年,周公季历伐西落鬼戎,俘二十翟王。"《太平御览》卷八三引《竹书纪年》：“(武乙)三十四年，周王季历来朝，武乙赐地三十里，玉十毂，马八匹。”周季历伐鬼方屡建功勋，殷王武乙赏大封国的土地给周邦，后封为西伯。季历在武乙三十三年始伐鬼方，三十四年初步取胜，三十五年成功，受武乙封赏，正是“三年克之”。至此，岐山周邦此前事业未济的憾惜消失，建功立业的心意得以实现。

六五：贞吉，无悔。君子之光，有孚，吉。

【译文】 六五：守持正道可获吉祥，无所悔恨。焕发君子光辉，战胜俘获甚多，必得吉祥。

《象》曰：君子之光，其晖吉也。

【译文】 《象传》说：君子的光辉，喻示六五光耀焕发体现吉祥。

【义理取象】 光，事业成功的光荣、光辉。孚，同“俘”，俘获。晖，同“辉”，光辉。六五柔居刚位，正应下九二之刚，居上离明☲正中，既文明又谦虚用贤，柔德无悔，焕发君子光辉，正如《彖传》所言“未济亨，柔得中”，有明主辉光吉祥之象。六五下与九二正应，固守中正，讲信用贤，德光普照，柔德无所悔憾。六五爻变九五，则上乾☰为天为君，前占“吉”是君王柔德之吉。三四五爻互坎☵为弓轮为舆，六五爻变三四五爻互巽☴为绳索，有战胜捆缚俘虏甚多之象。九四“悔亡”则六五“无悔”，六五用贤才征战得胜俘获众多，君子建功立业，光辉大显，后占“吉”是功业大成之吉，未济渐趋可济。

【社会人事】 殷王武乙至文丁之间，季历七伐戎狄而六胜，俘获甚多，其中有戎狄之君一人、大夫三人。如此功业，辉光普照。

上九：有孚于饮酒，无咎。濡其首，有孚，失是。

【译文】 上九：战胜俘敌众多而饮酒庆功，本不致咎害。但逸乐过度如小狐渡河淹没头顶，有再多俘获功劳，也失去实际意义。

《象》曰：饮酒濡首，亦不知节也。

【译文】 《象传》说：饮酒逸乐致淹没头顶之祸，上九这样做也太不知节制了。

【爻辞释义】 孚,同"俘",俘获众多,功劳巨大。是,即"实",指被肯定。失是,即失去肯定。乾卦初九"潜龙勿用"文言谓"不见是而无闷",未济卦上九谓"有孚,失是",《周易》三百八十四爻起于"是"而终于"是",当非偶然。

【义理取象】 上九刚居柔位,下应六三,乘六五柔君,亢居未济卦之极,有亢龙有悔之象。上九下有三四五爻互坎䷜与下坎䷜,合成互卦大坎䷜,坎为水为酒,坎又为坎陷。上九居离明☲上,建功受赏,饮酒庆功,本无咎害。但上九过刚亢扬,耽溺于饮酒以至濡其首,与既济卦上六狐狸渡河"濡其首,厉"相应,必然招致灾祸。饮酒濡首,是未济而不知节制的表现。庆功饮酒,酒醉失态,可能胡言狂语,居功乘凌柔君,如此刚亢,再多的俘获战功,也失去实际作用,必然导致丢失性命之类的灾祸。未济卦䷿由否卦䷋变来,至此又可能否塞未通。困卦九二有"困于酒食"之语,可与此处上九爻辞参照。

【社会人事】 殷王武乙去世,文丁继位。周季历在文丁二年"伐燕京之戎",四年"伐余无之戎",七年"伐始呼之戎",十一年"伐翳徒之戎"。战功显赫,周邦得以开拓疆土,日益强盛。文丁感到威胁,可能起诛杀季历之心。季历居功自傲,如小狐渡河不知戒惕,终招祸患。季历最后伐翳徒之戎,俘其三大夫,自伐功高,亲赴殷都朝歌献俘祝捷。《竹书纪年》:"王(文丁)嘉季历之功,锡(赐)之圭瓒秬鬯,九命为伯。既而执诸塞库,季历困而死。"据载,"饮酒"指季历丧失警惕,在庆功宴上喝得酩酊大醉,不知节制而妄言失礼,中了圈套。于是被拘禁至死,上演史上首曲兔死狗烹的悲剧。周人对季历饮酒过度受死之事,铭心刻骨,严厉告诫后人不可饮酒。《尚书·酒诰》:"祀兹酒,惟天降命,肇我民,惟元祀。天降威,我民用大乱丧德,亦罔非酒惟行;越小大邦用丧,亦罔非酒惟辜。"极言饮酒之害,文王、武王、周公严禁酗酒,颁行史上最严苛禁酒令,与季历饮酒丧命的沉痛教训紧密相关。上九爻辞当为文王的沉痛检讨:父亲季历居功失据,醉饮失节,乐极生悲,事业未济,当为后人永久之鉴。程颐《易传》评上九:"居未济之极,非得济之位,无可济之理,则当乐天顺命而已。"叹其不知守位顺时,失于节制而受祸。

喻意:人生如醉酒,成败转头空,未济求既济,既济转未济,一切从头来过。若转生为男为乾,又当"潜龙勿用";转生为女为坤,更须"履霜坚冰至"。《周易》六十四卦以未济卦居末,用以提醒人们"知节为终",而"终则又始",意味深远。

未济卦小结

未济卦象征行事未成,未济内含可济,由无序逐步向有序发展。汔济不是既济,是近于济而未济,此时不可轻易放弃,也不可自以为是,要蓄势守正,等待时机顺势前行以成事。既济、汔济转化为未济,是《周易》"由易走向不易"辩证思想的体现。阶段性的目标可以达成,终极目标无可达到,终极无可追问。福祸倚伏,随时变换,事物的对立转化是无休止的。终即成始,旧质的终结都是新质的起点。止于至善,没有至善只有更善,成功永远在路上。易在变易,终始相依,否定之否定,生生不息,以至无穷。

周文王之父季历,伐戎狄而捍殷商,七战六胜,功盖天下。他献俘庆功,饮酒大醉至"濡其首",死于殷王文丁之手。行百里者半九十,季历居功自傲而放松警惕,酒后失言给文丁拘禁理由,不知节制而中圈套,如"小狐"之不警惕,于"汔济"时未济身死,使周人的事业功亏一篑,殊为可惜。成与败,安与危,友与敌,既济与未济,在旦夕之间相互转化,功败垂成,教训惨痛,充分体现"变易"之理。

文王困羑里六年多,反思总结,朝乾夕惕,吸取父亲季历血的惨痛教训,一获释即迅速离殷返周,走上兴周灭纣之路,使殷纣为此抱恨终生,《淮南子·氾论》谓纣王"悔不诛文王于羑里"。

未济卦强调"惕",当保有从零开始、不断进取的精神,永怀慎惧戒惕之心,正确评估自己,持中守正,顺时势而行事,才可成事得善终,未济之中含可济之理。

　　未济卦六爻分上下两部分,下三爻尚在"未济",强调戒慎;上三爻向"可济"转化,注重实行。李光地《周易折中》引邱国富曰:"内三爻,坎险也,初言'濡尾'之吝,二言'曳轮'之贞,三有'征凶位不当'之戒,皆未济之事也。外三爻,离明也,四言'伐鬼方有赏',五言'君子之光有孚',上言'饮酒无咎',则未济为既济矣。"但上九喻意更深,看似有孚饮酒转既济,但若逸乐无度,耽酒濡首,就会重新转化为失实的未济。

　　未济虽事未成,然反终为始,多有余力,发展前景广远。处未济之时,任重忧深,须守正用中,选贤任能,经纶屯蹇,克难济险,趋于有成。朝乾与夕惕,刚进与柔怀,进取与戒备,一体两面,相辅相成,是成功者必备的完全品格。一阴一阳之谓道,既济与未济互相转换,以未济为无限发展前景,是易道的基本精神。所以《周易》以未济卦设诫引导,为六十四卦最后归结,未济中又含可济希望,喻意绵长,哲理深刻,余味无穷。

系辞传

　　《系辞传》是孔子及其弟子所作《周易》十翼之一。通行版本将《系辞传》置于卷首，视其为《周易》总论、通论。

　　《系辞传》分上下两篇，上篇多讲原理，下篇多举例分析。其内容丰富而深邃：探讨"易"的起源，讲解占筮方法，揭示易学的基本原理。通过对《周易》卦爻辞的系统阐述，汇释贯通其条例，全面辨析其义理、性质和作用，从而阐发其中深含的哲理；把"阴阳"观念发展成通用的理论范畴，且将儒家思想融入其中，从而形成一套世界观和宇宙观。《系辞传》体现了先秦儒家的认识论和方法论，因而它既是指导阅读《周易》的通论，又是中华文化史上最为重要的哲学著作。

　　易道的宇宙衍生观认为，易有太极，太极生两仪，两仪生四象，四象生八卦，八卦定吉凶，吉凶生大业。《系辞传》指出，衍生的动力是变易，穷则变，变则通，通则久，从而归纳出"物极必反"的天道自然规律。用于社会人生的世界观，就形成"顺天应人"的变革精神，强调"居安思危"的忧患意识，重视"崇德广业"的功业理想。

　　易道以"一阴一阳之谓道"立论，奇偶二数配阴阳二爻，以由对立统一的"阴阳"二仪构成的乾坤两卦、八经卦、六十四复卦象征天地万物，无阴阳就无《周易》。《系辞传》用阴阳的对立统一来解释宇宙万物和人类社会的一切关系及其变化，认为事物具有两面性及双重性，自然界存在阴阳、刚柔、动静等相反相成属性的万事万物，且"刚柔相推而生变化"，运动变化是宇宙、社会、人生的根本动力，阴阳相反相成、相互作用是事物发展的普遍规律，是万物化生的源泉。有变化才能生生不息，故"生生之谓易"。

　　易道变易重"时"，不易重"位"，故有天地、尊卑、贵贱等在位上的恒久性。天道自然变化使万物各得其性命,万物各有天性禀赋,需要协调互济,方能和谐相处而保全各自性命。天地万物各正其位,阴阳和谐,才能达到"保合太和"理想目标。"太和"是最高层次的和谐,就是至善,就是"仁",就是"中(中庸)",故易道"中胜于正"。

《系辞传》提出"太极、两仪、道、器、神、意、象"等概念,成为后世广泛运用的哲学范畴;阐释八卦来源,论及象数与义理、德性与功用、道义与责任等命题,对中国古代哲学具有重大影响;记述蓍草求卦方法,成为后世象数之学的重要依据。

《系辞传》还指出圣人作《周易》的四大功用:"以言者尚其辞,以动者尚其变,以制器者尚其象,以卜筮者尚其占。"后世称为"圣人四道",是从"察言、观变、制度、占卜"四个方面对宇宙自然和社会人生进行全面深入的认知,从而正确指导人们的社会实践。

察言,察言尚辞。圣人设卦观象,用六十四卦象征天地万物。但象本身具有多重象征含义,难以确定,圣人就用文字来描述卦爻指向的现象,即"系辞焉而明吉凶",就是用言辞来阐述其吉凶寓意。因此"察言"就是要观察卦爻特定的时位关系,重视卦爻辞的言语指向。

观变,观动尚变。郑玄认为《周易》有"三易":万事万物都处在不断变动之中,没有绝对静止的东西,此谓"变易";万变不离其宗,变化的总规律是不变的,此谓"不易";掌握了变化规律,再去认知世界指导行动就会简单容易,此谓"易简"。观察事物运动变化的自然规律,明"天道"而善利用,就会"自天祐之,吉无不利"。

制度,制器尚象。"器"与"道"相对,器有形而道无体。制造一个有形的器物,先有一个思想上的构思,构思是无形的,制造出器物来就能够显现构思样式的精妙用途了。道指天道,也就是自然规律。规律看不见摸不着说不明,需要一个具体有形的方式来表述它。如交通规则多种多样,零散而不可见,需要总结为一个系统,用文字写成(制)规范文本(度),就可按度执行了。又如,天阳刚而健行不断,地阴柔而载生有间,这些性质和规律是道是象征,无形可见,就画--表示阴爻之象,画一表示阳爻之象,画☰表示乾卦之象,画☷表示坤卦之象。六十四卦、河图、洛书等都是制作具体符号或图画(器)来显示事物变化规律(象)。《周易》画卦爻及用蓍草卜筮是"制器",用以显示事物的变化规律是"尚象",目的是为了正确指导行事,趋利避害而有所成就。

占卜,观卜尚占。《系辞传》解释《周易》卦象、爻位及卦爻辞的意义,分析圣人如何取象释义及表述爻位关系。又详细描述揲蓍求卦的卜筮过程,用具体数目来解析《周易》卦画和筮法的构成及其作用,并说明卦爻的数理变化与天地万物的变化规律是相合的,占卜的过程就是"天人合德"的过程,"人谋鬼谋"是说人的理性思维与天的神性思维相结合。因此,吉凶祸福的转化与个人的道德修养紧密相关,有是德故有是占,德不配位必有灾殃。演卦占筮时要综合考虑天时、地象、人事的"三才",崇德才能广业。"占"是以"口"解"卜",求出数码符号的卦爻(卜)容易,解说吉凶变化的象征(占)很难。解卦时要把每卦当作特定"时空场"来看,小可以看作眼前事务,大要看到时代趋势;近可涉及身体毫发,远则包含宇宙万物。"不义不占,不诚不占,不疑不占,善易者不占",占卜尚诚崇智,不可轻为。

《系辞传》阐发《周易》蕴含的天地造化之道,阐释万事万物的变化规律,制定君子人格的道德规范,构建经天纬地的功业理想,指导趋吉避凶的行为趋向。人们可从《系辞传》中体悟易道智慧,于忧患意识中提升道德修养,在行事为人上趋利避害而逢凶化吉。故前人言"欲学《周易》,先明《系辞》"。

系辞传 上

(一)天尊地卑,乾坤定矣。卑高以陈,贵贱位矣。动静有常,刚柔断矣。方以类聚,物以群分,吉凶生矣。在天成象,在地成形,变化见矣。

【讲解】 孔颖达疏分《系辞传》上篇为十二章。第一章（三节）讲《周易》时位及其变化的普遍性原理。以卦序、爻位的排列确定尊卑、贵贱、群类、德业的秩序，以动静、知行、刚柔、男女、寒暑、吉凶等对立统一范畴阐述易道变化之理。易道简括而易行，贤能之人可顺易道天理去崇德广业而成就名位。

"天尊地卑，乾坤定矣"。尊－_◎，双手（奴寸）高举酒坛（酉）祭酒（八），表示尊崇、高贵；卑－_◎，手（又）持器具侍奉主人，地位卑微低下。人（大）头顶空间（一）为"天"，天刚健高悬而显尊贵；土（土）四面展开（也）为"地"，地柔顺低下而显卑微。早晨日出升旗的"乾"与阳刚强健的"天"相同，土壤无限申展的"坤"与阴柔广厚的"地"相同，开天辟地，由此确定乾坤二卦为《周易》六十四卦的起始本源。天地化生万物，乾坤二卦衍生其余六十二卦。

"卑高以陈，贵贱位矣"。在自然界，是由地低至天高的上升排列。在人类社会，是由卑贱向高贵的地位层次排列，形成君尊臣卑、父尊子卑的等级观念，从而建立"尊尊、亲亲"的社会秩序，确立礼教的等级制度。《周易》一卦有六爻，是从初至上的向高性陈列，初、二爻为地，三、四爻为人，五、上爻为天。具体等级，初爻为士位，二爻大夫位，三爻公卿位，四爻诸侯位，五爻天子位，上爻为宗庙位。高低等级不同，贵贱地位也就难以移易。

"动静有常，刚柔断矣"。天阳为动，地阴为静，动静有其恒常规律。万物阳气多则动，阴气多则静，也有其动静常规。《周易》阳主动而阴主静，爻主动而卦主静。奇数阳爻为"九"，偶数阴爻为"六"，六爻之变化本于动静之常态，阳爻刚而阴爻柔，观察阳动阴静的常见态势，其刚柔性质就可以断定了。

"方以类聚，物以群分，吉凶生矣"。方，以处事方法代万事；物，指人及万物；"聚"与"分"互文见义。万事万物都是同则聚而异则分，相聚的同类事物有共同特性与他类事物区别开来，自然形成各种类群。

人事的吉祥与凶险、事业的成功与失败,不在于宿命的好与坏,而是行事是否得当的结果。事物的发展有其客观规律,行事或处理问题当顺应事物同异聚散的规律,当同聚则聚,当异散则分。顺其所同(规律)则生吉祥,乖违所同则生凶险。

"在天成象,在地成形,变化见矣"。象-🐘,长鼻子大象本活跃在中原,后因农业发达而被驱赶至东南沿海一带,中原人忽然看不到象的实体,说起来只能是反映在脑中象的形态,也就是"印象、想象、象征"了。形-形,画成其物,从彡开声,"开"是两干对构而上平,两根杆子顶部磨平并立着(开),用笔把实体描画(彡)下来,指物的实体、形貌。天上的日月星辰非眼前事物而是"悬象",地上的山川草木是由实在可见的形体。天上的日月星辰运动变化形成有形的雷电风雨,地上的山川草木火烧蒸发形成悬象的烟气云雾。天为乾卦而刚健,地为坤卦而柔顺,卦内之爻分刚(九)柔(六),柔进而变刚,刚退而变柔,刚柔爻的变化体现天象与地形的变化。

是故刚柔相摩,八卦相荡,鼓之以雷霆,润之以风雨;日月运行,一寒一暑。乾道成男,坤道成女。乾知大始,坤作成物。

【讲解】 "是故刚柔相摩,八卦相荡;鼓之以雷霆,润之以风雨"。摩,以手搓麻线表示摩擦、抚摸、砥砺;荡,以水的摇动表示震荡、碰撞。天地交感,雷电鼓动,风雨滋润,万物得以生成。阴阳二爻刚柔交互生成八卦,象征"天、地、雷、风、水、火、山、泽"八种自然现象,八卦相互推荡,便产生了八八六十四卦所象征的各种复杂的时空景象。可见,《易》卦的生成与天地万物的变化生成原理是相同的。

"日月运行,一寒一暑"。天上的日月星辰运行不息,循环往复,就形成地上寒暑易节的四时节候变化,春种、夏苗、秋收、冬藏,庄稼得以生长及收成。

"乾道成男,坤道成女。乾知大始,坤作成物"。天地分阴阳,卦爻分刚柔,万物分雄雌,人类分男女。天地生万物,"乾坤其《易》之门",

八卦乾坤生六子:乾刚为父,派生震、坎、艮三男;坤柔为母,派生巽、离、兑三女。乾坤阴阳交互、刚柔相济乃得生成,乾因阴得成男,坤因阳得成女。知,知晓、主导;作,生成、兴起。"乾"的本质是健行,能自然达成创始的使命;"坤"的功能是顺应,体现乾的创始而作成万物。《象传》谓乾为"万物资始",坤为"万物资生"。天的阳光雨露在地上润生万物,男的精种在女体内孕育后代,乾卦之健动结合坤卦之柔静就生成其余六十二卦。

乾以易知,坤以简能。易则易知,简则易从;易知则有亲,易从则有功;有亲则可久,有功则可大;可久则贤人之德,可大则贤人之业。易简而天下之理得矣。天下之理得,而成位乎其中矣。

【讲解】 "乾以易知,坤以简能"。天道无为,韩康伯注:"天地之道,不为而善始,不劳而善成,故曰易简。"乾道日出日落、风起云涌的健行是客观自然的,容易知晓。坤道承应天时而生长万物的柔顺是简明晓畅的,便利操作。

"易则易知,简则易从;易知则有亲,易从则有功;有亲则可久,有功则可大;可久则贤人之德,可大则贤人之业"。天道平易自然就使人容易了解和掌握,地道简易不繁就使人容易遵从与实行。易了解的东西更容易亲近,易遵行的方法更容易成功。人效法乾坤"易简"之道,对待他人的亲和力就能持久,事业的成功就会越来越大,这就是贤能之人所追求的德行与事业。

"易简而天下之理得矣。天下之理得,而成位乎其中矣"。大道至简,若能把握乾坤易道的易简之理,并能把它应用到道德与事业修为上,就等于获得天下的至理,由贤人上升为圣人,就能确立在天地之间的地位,也就与天地并立为"天地人"三才了。

(二)圣人设卦观象,系辞焉而明吉凶,刚柔相推而生变化。是故吉凶者,失得之象也;悔吝者,忧虞之象也;变化者,进退之象也;

刚柔者,昼夜之象也。六爻之动,三极之道也。

【讲解】 第二章两节,言设卦观象、系辞明吉凶之事。卦爻符号的设立象征天地万物的运动变化,配上卦爻辞就可显示其吉凶。人们学《易》观卦占卜,就能指导行事的进退得失。

"圣人设卦观象,系辞焉而明吉凶,刚柔相推而生变化"。作《易》画卦的圣人,先详尽观察各种物象,再综括其特征设计画出卦爻,如乾卦☰连属象天,坤卦☷宽容象地,鼎卦☲象立鼎之形等,正如《正义》所谓"法其物象,然后设之"。虽设卦象而其理难明,便系属言辞于相应卦爻之下,以显示所含的吉祥或凶险。卦由阴阳两种爻组成,阳爻━为九,阴爻╍为六,数的角度为九(奇数)为六(偶数),质的角度为刚为柔,气的角度为阳为阴。六爻阴阳交互组成各卦形,推刚爻变柔爻,推柔爻变刚爻,犹如世事万物变化万千。

"是故吉凶者,失得之象也;悔吝者,忧虞之象也;变化者,进退之象也;刚柔者,昼夜之象也"。悔,每思有憾的悔过,事过而有追悔意;吝,放不下的责咎,对当下事有耻责感;忧(憂),由心事重而难行转指担心、忧愁;虞,由山兽转指猜度、忧患。卦爻之象用于人事,吉凶是得失的体现,指事业成功或失败。后悔与责咎由优柔寡断与踌躇不进所致,忧患改过便可趋吉避凶。变是量变而化是质变,卦中六爻由初至上为进是量变,由上返初为退是质变,阳爻本性刚而进,阴爻本性柔而退,六进为七是柔进刚,九退为八是刚退柔。刚柔的进退变化显现在一天十二时辰中,子时夜半最阴柔,午时日中最阳刚,卯辰巳午未申是阳刚白昼,酉戌亥子丑寅是阴柔黑夜,昼夜交替正是刚柔进退的变化过程。

"六爻之动,三极之道也"。总结上文,卦中六爻进退或刚柔变化,都显示《易》之"动",运动变易是宇宙万事万物的总体规律。就爻位而言,初、二爻在下是地,三、四爻在中是人,五、上爻在上是天,三极之道就是天地人三才的变化规律。《周易》强调"天人合一",重视人的社会性与主观能动性,人顶天立地,与天地为三,人德合于天道,重点在于人的主动性修为。人为主导的思想,具有深刻的哲学道理和社会意义。

是故君子所居而安者,《易》之序也;所乐而玩者,爻之辞也。是故君子居则观其象而玩其辞,动则观其变而玩其占,是以自天祐之,吉无不利。

【讲解】 "是故君子所居而安者,《易》之序也;所乐而玩者,爻之辞也"。居,由居家转指常处、素常;安,女子(女)居家(宀)为安,《周易》注重安其位,既来之则安之。《序卦传》揭示六十四卦时空场排列的逻辑顺序,排列社会人生六十四个不同场景类别,各具特点又紧密相连。智者学《周易》当正确理解各卦"时义"和"序位",安位顺时地做好此时此位的事,才能避凶趋吉而得安好。学《周易》深入才有乐趣,乐于玩索探究爻辞深含的奥义,王弼谓"言者,明象者也""象者,出意者也",爻辞极为简略,其含义深奥幽隐,反复玩索,往往有出其不意的收获。

"是故君子居则观其象而玩其辞,动则观其变而玩其占"。居与动、象与变、辞与占对应,素常静居时观象玩辞以明奥义,增长并储备知识,有事占卜时玩占观变就能指导行动。"卜"是弄出纹路,"占"是用口解释纹路,"爻"是纹路交互变化。学习《周易》,平时探究其言辞的奥义蕴含,用时观察其爻变的指向趋势,为自己的行动指明正确适宜的方向。

"是以自天祐之,吉无不利"。学《周易》占卜目的是趋吉避凶,天道就是自然规律,合规律就合天道而吉祥。观象玩辞以辨明规律所在,玩占观变以把握规律趋向,如此则合乎天道,会得到上天佑助,自然趋吉而无不利。自助者天助,得占卜指导而按规律行事,努力趋吉避凶,就是"天祐"。

(三)象者,言乎象者也;爻者,言乎变者也。吉凶者,言乎其失得也;悔吝者,言乎其小疵也;无咎者,善补过也。是故列贵贱者存

乎位,齐小大者存乎卦,辩吉凶者存乎辞,忧悔吝者存乎介,震无咎
者存乎悔。是故卦有小大,辞有险易;辞也者,各指其所之。

【讲解】 第三章解释卦爻辞的通例及术语含义,阐述吉凶悔吝对
人事的指导意义。

"彖者,言乎象者也;爻者,言乎变者也"。彖–,猪(豕)挣脱抓手
(又)表示决断,《周易》六十四卦均有"总一卦之义"的《彖传》,断定一
卦的整体象征意义。爻,交叉变化,一卦六爻表示该时空场内的不同发
展阶段。王弼注"卦者,时也;爻者,适时之变也",卦静爻动,《彖传》总
说一卦之义而强调其象,卦内各爻辞则重在言其变通。

"吉凶者,言乎其失得也;悔吝者,言乎其小疵也;无咎者,善补过
也"。《周易》卦爻的占辞从"元吉"至"凶"共分十二级,此处举三组说
明玩辞的要领,三占辞都关乎行事得失而程度不同:"吉凶"是大得大
失,"悔吝"的憾责向善则是小失小疵,"无咎"是知过善改也就不必归
咎其过失了。

"是故列贵贱者存乎位,齐小大者存乎卦,辩吉凶者存乎辞,忧悔吝
者存乎介,震无咎者存乎悔"。《周易》最重时与位,卦内六爻表述人事
的不同时段,由低向高排列序位,下位者贱而上位者贵,且阴爻阳爻须
各当其位,作用大小取决于地位高低。《周易》崇德,有德者为大人,无
德者为小人,取象上阳为大阴为小,"君子之道"为阳而"小人之道"为
阴,卦辞齐一小大贵贱而适当安排阴阳关系。爻主卦内变化,爻辞辨明
发展趋向以利趋吉避凶。"介"即纤介、几微,行事过程要有忧患意识,
发现不好苗头须生悔吝之心。"震"即震惧、惧怕,行事过失本该责咎,
有惧怕之心就会积极悔改过错,也就无所归咎了。

"是故卦有小大,辞有险易;辞也者,各指其所之"。卦的大小,可以
从君子小人及阴阳角度来区分。卦辞爻辞的理解有难易,深奥难懂的
为"险",明白浅显的为"易",不管是难是易,卦爻辞都能指导人行事方
向,或告诉人趋吉或告诉人避凶,都是有所指向的。

（四）《易》与天地准，故能弥纶天地之道。仰以观于天文，俯以察于地理，是故知幽明之故；原始反终，故知死生之说；精气为物，游魂为变，是故知鬼神之情状。

【讲解】 第四章三节，阐明《周易》的思想深度与广度，易道包含天地万物之理，贯通死生幽明之变。《周易》贯通天地，并通鬼神，可用于汇通万物而广济天下。

"《易》与天地准，故能弥纶天地之道"。准，繁体作"準"，从水隼声，鹰隼飞行极平稳，加水作"準"表示水平、标准。《周易》是以天地自然变化为准则的，卦爻之象是天地法则的摹本，故《周易》可与天地齐一，可弥合统摄天地万物一切规律与法则。

"仰以观于天文，俯以察于地理，是故知幽明之故"。"幽"是幽微，"明"是显见。圣人仰视天空，观察日月星辰运行变换的规律；俯视大地，观察山川物种生存发展的原理。由此能够知晓万物或隐含或显现的种种生成与变化原因。

"原始反终，故知死生之说。精气为物，游魂为变，是故知鬼神之情状"。万事万物有开始就有终了，人有生必有死，道理相同。探求事物初生的来由，就能反观其终了的必然归宿。由此知晓有生必有死的定论，做到乐生而不畏死。神-𥘏，《说文》"神，天神，引出万物者也，从示申"，"示"为祭祀通天，"申-𓍀"是闪电之形，雷电从天上通触地下而催生万物，神圣而又神秘。《说文》"鬼，人所归为鬼"，"鬼-𠇓"为人上加可怕骷髅头，是灵魂的归宿。《说文》"魂，阳气也，从鬼云声"，人死归去为鬼后，阳气像云一样在空间飘游。人的精气（阳）聚拢就形成可见物体的人，精气散去就变化为飘游的魂灵。人死变鬼神，不过是精气聚散存亡的变化过程，由对人的认知就可以推知鬼神存在的状况了。

与天地相似，故不违；知周乎万物，而道济天下，故不过；旁行而不流，乐天知命，故不忧；安土敦乎仁，故能爱。

【讲解】 "与天地相似,故不违"。《周易》是天地之道的摹本,自然与天地相似,易道与天地合其德、合其明、合其吉凶,当然不会违反自然之道的运行规则。"知周乎万物,而道济天下,故不过"。知,智慧;道,规律。天地是有智慧的,其智慧普遍体现在万物完美生存之中;天地运行是有规律的,其规律贯彻于天下万事万物之内,自然、完美、适中,无过也无不及。"旁行而不流,乐天知命,故不忧"。旁,旁及、普遍;流,流失、违背。易道如同天地自然之道,也是周遍不偏且自然适中的。《周易》教人乐于顺应天道,知晓天赋使命,顺应天命就是依照自然规律行事。乐天知命,就会天人合德,依照趋势前行而避凶趋吉,自然少有忧患。

"安土敦乎仁,故能爱"。土,本土、本位;敦,敦厚、注重。易道教化人安居于本土本位,注重施行仁德仁政。"仁者,爱人",学《易》者懂得安土敦仁,就能博爱人及万物而无加害之心。

范围天地之化而不过,曲成万物而不遗,通乎昼夜之道而知,故神无方而易无体。

【讲解】 "范"是模范、准则,"围"是保卫、总括。生生之谓易,一阴一阳之谓道,阴阳不测之谓神。《周易》的根本就是阴阳变易相生,阴阳之道总括天地之化(气)而适中不过,气聚屈曲成就千姿百态的万物而无一遗漏。阴阳互生之道与昼夜交替之道是相通的,充满无限的智慧,所以神妙无固定方向,易道无固定形体,阴阳互易而变化无穷。

(五)一阴一阳之谓道,继之者善也,成之者性也。仁者见之谓之仁,知者见之谓之知,百姓日用而不知,故君子之道鲜矣。显诸仁,藏诸用,鼓万物而不与圣人同忧,盛德大业至矣哉!富有之谓大业,日新之谓盛德。

【讲解】 第五章两节,阐述"道"的含义及其作用,道本乎阴阳之变,见仁见智,用于德业,变化神妙而生生不息。

　　"一阴一阳之谓道,继之者善也,成之者性也"。形而上者谓之道,形而下者谓之器,道是超乎实体(形)存在的,是从万事万物现象(器)中抽绎出来的规则和道理。道生一,一是整体,一阴一阳是整体对立统一的两个方面,事物阴阳相生的相互转化规则就是"道",如四季转换、昼夜交替、终始轮流等连续变化发展就是"道"。阴阳变化连续不断、生生不已就是完美理想的"善",将完美的善道用于成就功业就是上天赋予人的本性。

　　"仁者见之谓之仁,知者见之谓之知,百姓日用而不知,故君子之道鲜矣"。鲜,即"尟",就是少。道无定体,善道具备众多的内涵,不同的人可用其不同方面。比如道有阴阳两面,阳主仁德而阴主智慧,重仁德者看到阳面就会称道为仁,重智慧者看到阴面就会称道为智。道无处不在,寻常百姓天天使用普遍通用的规则和道理,却不知那是《周易》的阴阳之道。其实道是仁德与智慧合一的阴阳之道,君子之道既非日用不知也非见仁见智,而应该是全面合一的自然之道,仁智合见而阴阳合体,全面正确地理解道的涵义很难,这样的君子很少。

　　"显诸仁,藏诸用,鼓万物而不与圣人同忧,盛德大业至矣哉! 富有之谓大业,日新之谓盛德"。《周易》的阴阳之道体大用广,用龟蓍占卜时,《周易》就显示出指导人们趋吉避凶的仁来;不用占筮手段时,易道之用是隐藏的,行之不著而习之不觉,百姓日用而不知。无论显或藏,易道都能够鼓动万物化育而生生不息,其用遍物而不为物所知,无心无为,自然畅达,并不像圣人常有经营天下的忧心。所以说,易道的盛大德行与伟大功业达到至善至美境界,空间上长养万物而无所不包就是大业,时间上变通发展而进取无穷就是盛德。

　　生生之谓易,成象之谓乾,效法之谓坤,极数知来之谓占,通变之谓事,阴阳不测之谓神。

　　【讲解】　易重在变化,"太极生两仪,两仪生四象,四象生八卦",阴生阳而阳生阴,阴阳相生无穷,万物生生不息,这就是"易"。《系辞传》"在天成象,在地成形","乾坤其《易》之门",余六十二卦为乾坤二卦所生。阴阳二气在天运行混一而形成宇宙万象,画卦象征天的是乾卦;阴阳聚集承法天象在地上资生万物,画卦象征地的是坤卦。用卦爻大衍之数推算未来趋势就是占卜,用卦中六爻交变探求应变策略就是行事,六十四卦三百八十四爻阴阳变化难测就是神妙。

(六)夫《易》广矣大矣,以言乎远则不御,以言乎迩则静而正,以言乎天地之间则备矣。夫乾,其静也专,其动也直,是以大生焉。夫坤,其静也翕,其动也辟,是以广生焉。广大配天地,变通配四时,阴阳之义配日月,易简之善配至德。

【讲解】 第六章讲《周易》的功用,易理的内涵至广至大,天地之间无所不备。

"夫《易》广矣大矣,以言乎远则不御,以言乎迩则静而正,以言乎天地之间则备矣"。御,驾驭、控制;迩,近。乾象天成其高大,坤象地括其广远,乾坤易道弥纶天地,无边无限。往远处说,没有什么能够驾驭控制它;往近处说,它伴随左右而安净纯正。整体而言,宇宙空间,天地万物,社会人事,易道易理在天地之间无所不包容无处不具备。

"夫乾,其静也专,其动也直,是以大生焉。夫坤,其静也翕,其动也辟,是以广生焉"。翕 xī,合拢;辟,开辟、展开。易道即乾坤阴阳之道,乾道主阳,主动亦有静,其静淳实专一,其动勇往直前,故能成就其高大;坤道主阴,主静亦有动,静时闭合收敛,动时开放延展,故能成就其广远。

"广大配天地,变通配四时,阴阳之义配日月,易简之善配至德"。易道乾坤的高大广远与天地相似,易理阴阳变化与四季更替相似,易道的简要易行达到自然适宜高度则与圣人的至高德行相媲美。

(七)子曰:"《易》,其至矣乎! 夫《易》,圣人所以崇德而广业也。知崇礼卑，崇效天，卑法地。天地设位，而《易》行乎其中矣。成性存存，道义之门。"

【讲解】 第七章讲圣人如何用易道解决实际问题，尤其是道德与事业问题，应是弟子追记孔子的言论。

《中庸》引孔子言"中庸其至矣乎"，这里说"《易》其至矣乎"，认为易理达到中庸的至善高度，无过无不及，适宜用于行事而恰到好处。圣人学《周易》用易理，可以增崇其德而广大其业，也就是提高自身品德修养并成就功绩事业。易理教人以智慧，爻位授人以礼法，智慧关乎修德，是"知"的层面，越高妙宏远越好；礼法关乎行事，是"行"的层面，越谦让踏实越好。智慧高远效法天为乾，行事谦卑效法地为坤，"天尊地卑，乾坤定矣"，天地乾坤设定卦爻之位，社会礼法设定人群之位，然后按天理地位来行动，各卦各爻依位变化，物类人群依位处事。效天法地，智高而礼谦，崇德广业，人德合天道，天人合一，就形成人善的本性，即"天命之谓性"。性禀其本始，存其既有，良善本性得以存在，当存之又存，唯恐其失。这就是学习并用好易理的道义门径。

（八）圣人有以见天下之赜(zé)，而拟诸其形容，象其物宜，是故谓之象。圣人有以见天下之动，而观其会通，以行其典礼，系辞焉以断其吉凶，是故谓之爻。言天下之至赜而不可恶(wù)也，言天下之至动而不可乱也。拟之而后言，议之而后动，拟议以成其变化。

【讲解】 第八章八节，阐述作《周易》者如何设立卦爻之象，如何系属卦爻辞以断吉凶，如何探求奥义以成变化。然后列举七例加以分析，说明卦爻易象在慎言语、同心性、正举止、守谦退、戒骄盈、保静密及不贪非位等人生要义上的教化作用。

"圣人有以见天下之赜，而拟诸其形容，象其物宜，是故谓之象"。赜 zé，从臣责声，探求（责）颜面（臣 yí）之下的深意与玄妙。作《周易》的圣人观察到天下万物万事中深含的道理，就用阴阳二爻交变组成八八六十四卦来模拟事物的形态和容貌,以象征与事物相适宜的内容,如乾卦为天行健之象、坤卦为地厚载之象等,所以称为"象"。

"圣人有以见天下之动,而观其会通,以行其典礼,系辞焉以断其吉凶,是故谓之爻"。会通,会聚通达、融会贯通;典礼,典范的礼仪制度、规范准则;"爻"即"交",阴阳爻交互以成运动变化。作《周易》之圣人看到天下万事万物都在运动变化之中,观察其运动的会聚与贯通,归纳形成典范的礼制规则,然后根据爻的交互变化,用爻辞来推断吉凶祸福的发展趋向,所以称为"爻"。

"言天下之至赜而不可恶也,言天下之至动而不可乱也。拟之而后言,议之而后动,拟议以成其变化"。恶,轻恶、鄙视;乱,纷乱、错乱。《周易》的卦辞说明天下事物深刻奥妙的道理,不可轻视它。《周易》的爻辞表述天下事物最为繁复的运动规则,不可看成纷乱的交互。圣人作《周易》当拟议易象而把握事物变化,先模拟事物的形态然后系以言辞述说,先议定发展趋向然后形成变动规则。凡事预则立,言则先拟,动则先议,拟议充分才能准确把握变化规则而不至混乱。

"鸣鹤在阴,其子和之。我有好爵,吾与尔靡之。"子曰:"君子居其室,出其言善,则千里之外应之,况其迩者乎? 居其室,出其言不善,则千里之外违之,况其迩者乎? 言出乎身,加乎民;行发乎迩,见乎远。言行,君子之枢机。枢机之发,荣辱之主也。言行,君子之所以动天地也,可不慎乎!"

【讲解】 爵,以酒杯代酒;靡,以麻散乱表示靡费、享用。此为中孚卦九二爻辞,鹤鸣子和,好爵与靡。意谓同声相应,人与物都以善相应,不善则相违背。孔子由此体悟到君子当谨言慎行,善言千里有应,不善之言远近皆违。君子的言语象门轴和弩机,一发不可收,善或不善会招致荣誉或耻辱。君子言行影响大众,可以感天动地,不可不慎重。

"同人,先号咷而后笑。"子曰:"君子之道,或出或处,或默或语。二人同心,其利断金。同心之言,其臭如兰。"

　　【讲解】　号咷,大声喊叫;臭,嗅觉、气息。此为同人卦九五爻辞,初未知是同类而大呼小叫,后知是同类则会心一笑。孔子由此悟出道同心应的道理,君子相交,不管出世还是隐居,沉默还是对语,心气相同才能交往愉快。二人心志相同就充满力量,其锋利足以切断金属;心志相同的言语,气味如兰花一般馨香沁脾。

　　"初六:藉用白茅,无咎。"子曰:"苟错诸地而可矣,藉之用茅,何咎之有?慎之至也。夫茅之为物薄,而用可重也。慎斯术也以往,其无所失矣。"

　　【讲解】　藉,用茅草铺地垫物;白茅,白色的嫩包茅,祭祀时用于过滤酒或垫礼器。此为大过卦初六爻辞,祭祀用洁净的白嫩包茅铺垫,无可咎责。孔子谓:祭器放在地上是可以的,铺上洁净茅草,哪会有过错呢?这是谨慎到极点了。茅草虽不贵重,铺垫祭器就显得重要了。行祭祀类大事,一贯慎重对待就不会有过失。

　　"劳谦,君子有终,吉。"子曰:"劳而不伐,有功而不德,厚之至也,语以其功下人者也。德言盛,礼言恭;谦也者,致恭以存其位者也。"

　　【讲解】　劳,繁体作"勞-𤇾",从力焭省,"焭"为大火(焱)烧门(冖),表剧劳、烦劳、勤劳;伐,由以戈击杀敌人转指功劳、夸耀。此为谦卦九三爻辞,勤劳谦逊君子必有吉祥的结果。孔子申说:君子厚道,勤劳而不自夸,功高而不自得,会把功劳归于大家。德贵盛,礼贵恭,谦谦君子应以恭敬态度保有所在地位,言君子当居高位而守谦退。

　　"亢龙有悔。"子曰:"贵而无位,高而无民,贤人在下位而无辅,是以动而有悔也。"

　　【讲解】　此为乾卦上九爻辞,至极顶还高昂颈脖的龙一定会后悔。孔子说,看似高贵却失去实在地位,虽在高位却失去民心,虽有贤能下属而得不到辅助。如此处境,一行动就会招至懊悔的后果,喻无谦德者居高位必生悔憾。

"不出户庭,无咎。"子曰:"乱之所生也,则言语以为阶。君不密则失臣,臣不密则失身,几事不密则害成。是以君子慎密而不出也。"

【讲解】 此为节卦初九爻辞,不出家门就无过失。孔子申述,导致国家祸乱的最初因素是言语:君臣谋大事,君王泄露所言机密,谋臣会遭嫉恨或被诛杀;臣子言语不慎,容易引起杀身之祸;机密大事不慎密,就会酿成大祸。所以君子当慎密而不轻易出言。

子曰:"作《易》者,其知盗乎?《易》曰:'负且乘,致寇至。'负也者,小人之事也。乘也者,君子之器也。小人而乘君子之器,盗思夺之矣。上慢下暴,盗思伐之矣。慢藏诲盗,冶容诲淫。《易》曰:'负且乘,致寇至。'盗之招也。"

【讲解】 孔子感叹作《周易》者懂得盗贼的心思。解卦六三爻辞说,有人背负重物乘豪华车,结果招来强盗抢劫。背负财物者为下人却乘坐高贵者的华车,极不相称,盗贼就会来抢劫。如果在上位者傲慢而下面的人横暴,强盗就会趁机来攻杀。不藏好财物而招摇,就是教唆贼人来盗窃;容貌打扮妖娆艳丽,就是教唆他人来淫乱。喻不可以小处大、以卑处尊,德不配位,必有灾殃。

(九)天一,地二;天三,地四;天五,地六;天七,地八;天九,地十。天数五,地数五。五位相得而各有合,天数二十有五,地数三十,凡天地之数五十有五。此所以成变化而行鬼神也。

【讲解】 第九章四节,讲用蓍草占筮的方法(此章前三节文字,宋古本有两小节错序,今据通行本调整:先讲天地之数,后讲蓍草策数的具体运用)。筮法多种多样,《周礼·筮人》载有"九筮",为卜筮之官掌管,惜多失传。有赖《系辞传》存此一种,实为幸事。《系辞传》认为,筮法的每一步用数都与天地万物之象准确对应,这一观点成为后来《周易》象数说的基础。

天阳地阴,阳为奇数以一、三、五、七、九象征天,阴为偶数以二、四、六、八、十象征地,天地阴阳相配为五对数字。数字构形"近取诸身",人一手五指,双手为十,十以内为个位数,十为整数进位。天数一、三、五、七、九相加为二十五,地数二、四、六、八、十相加为三十,天地数相加为五十五。用这些数字的构成就可以象征天地万物的各种变化,这些数字变化也就可以展示《周易》神秘莫测的功用。

大衍之数五十,其用四十有九。分而为二以象两,挂一以象三,揲之以四以象四时,归奇于扐以象闰。五岁再闰,故再扐而后挂。

【讲解】 衍,从水从行,水流行、衍生、展开;揲 shé,用于分蓍草读 dié,手持木片(棻)、等分点数;扐 lè,从手力声,将奇零蓍草用力夹在两指间。筮法由天地之数推演开去,天地为大,其总数称"大衍之数"。天地总数五十五,除掉操作用的一手五指,实有五十,合于单手乘以双手5×10=50的实际操作算数。太极为一,生阴阳再生万物,故留一不用象征太极(太一),实用四十九。筮法分四步:第一步将四十九根蓍草信手分为两部分,多少不计,一生二,象征分天地阴阳两仪,称"分二"。第二步从右手取出一根夹在左手小指与无名指之间,与左右两部分成三,天地二生三,象征天、地、人三才,称"挂一"。第三步将左右两部分四根四根点数,象征四季轮回,称"揲四";揲四后两部分蓍草余数规律为:左1右3、左2右2、左3右1、左4右4,相加非4即8。第四步将两部分的余数蓍草合置于左手中指与无名指间,余数即奇数,象历法之闰,称"归奇"或"象闰"。加上左手指缝间象征"人"的一根蓍草,非5即9。至此完成第一步,古称第一变。之后,除左手指缝间的余数外,将两边余下蓍草合起来,再"分二、挂一、揲四、归奇",进行第二变、第三变,即再扐再挂,象征五年再闰。三变的结果,两边蓍草总数是36、32、28、24四种,除以4(四揲),便是9、8、7、6四个商数:9是老阳,7是少阳,6是老阴,8是少阴。至此,"三易"产生第一爻。重复操作,得六爻便成一卦。

蓍草成卦六爻中,9是老阳、6是老阴为变爻,加记号(×)。总共可能出现七种变爻情况,依次按如下规则选《周易》卦爻辞占断:[1]六爻不变:依据本卦卦辞来解卦。[2]一个变爻:用这个变爻的本卦爻辞来解卦。[3]两个变爻:用这两个变爻的本卦爻辞解卦,以上爻为主,下爻作参考。[4]三个变爻:用本卦的卦辞结合变卦的卦辞综合考虑,但以本卦卦辞为主,变卦卦辞为辅。[5]四个变爻:用变卦中两个不变爻的爻辞解卦,以下爻为主,上爻作参考。[6]五个变爻:用变卦中一个不变爻的爻辞解卦。[7]六爻都是变爻:变乾坤两卦就以其"用九、用六"解卦,余六十二卦用变卦的卦辞解卦。

乾之策二百一十有六,坤之策百四十有四,凡三百六十,当期之日。二篇之策,万有一千五百二十,当万物之数也。

【讲解】 期 jī,周年。一根蓍草为一策,老阳为9,过揲之策为36;老阴为6,过揲之策为24。乾卦6阳爻,36×6=216;坤卦6阴爻,24×6=144。216+144=360策,略当于其时一年360日之数。《周易》上经30卦、下经34卦,共64卦384爻,阴阳各192爻。阳爻192×36=6912策,阴爻192×24=4608策,6912+4608=11520策,总策数过万,相当于"万物"之数。

是故四营而成《易》,十有八变而成卦,八卦而小成。引而伸之,触类而长之,天下之能事毕矣。显道神德行,是故可与酬酢,可与祐神矣。子曰:"知变化之道者,其知神之所为乎。"

【讲解】 营,繁体为"營-宮",从宫荧省声,由宫室营盘转指营造、经营;酬酢,由敬酒回酒转指交流、应对。筮法经过"分二、挂一、揲四、归奇"四步营算为一易,即一变,三变为一爻,三六一十八变成六爻卦。而八卦只是三爻卦,只是象征"天地雷风水火山泽"少部分事物,故谓"小成"。三爻八卦两两重叠,八八六十四,伸展成长为六十四个六爻卦,触类旁通,形成六十四个时空场,数象俱备,天下万事万物及一切变化就都包括在其中了。

六十四卦产生,易道得以完备。卦爻易数显现出隐含的天道规律,如神灵般指导人们的修德与行事。六十四卦犹如六十四个大数据库，将历史经验及人事规则分门别类聚合于六十四个时空场中，人事个案可从分类大数据中找到相关对应，占筮就是找寻对应的路径。因而人可与易道商量应对各种事件，甚至可以辅佐大自然化育万物起到神妙作用。孔子感叹：懂得易道的自然变化规则，就懂得神灵自然的运行规则啊！

（十）《易》有圣人之道四焉：以言者尚其辞，以动者尚其变，以制器者尚其象，以卜筮者尚其占。是以君子将有为也，将有行也，问焉而以言，其受命也如响。无有远近幽深，遂知来物。非天下之至精，其孰能与于此？

【讲解】 第十章三节，讲易道的具体功用。谓《周易》本身有"三至"：至精、至变、至神。圣人作《周易》有"四尚"：尚其辞、尚其变、尚其象、尚其占。

《周易》的用处很多，圣人用易道来丰富言语，崇尚并取法其言简意赅的卦爻辞；用易道来指导行动，参照卦爻变化规则来调整趋吉避凶的取向；卦爻之象从实际器物来，反过来又可指导更多器物的制造思路，如制造弓矢效法睽卦之象，制造鼎鼐效法鼎卦之象等；用卦爻来卜筮，就要重视蓍草卜纹所兆示的吉凶占断。

因而君子将有所行动或作为，就以言语问筮于卦爻以决疑，其受命于天的回答如同回声响应般迅捷。无论所提的问题是远是近，是幽隐还是深邃，都能获知要来的是什么。如果不是最精深的数理规律，怎么能达到如此高度呢？

参伍以变，错综其数。通其变，遂成天下之文；极其数，遂定天下之象。非天下之至变，其孰能与于此？《易》无思也，无为也，寂然不动，感而遂通天下之故。非天下之至神，其孰能与于此？

【讲解】 参伍，即"三五"，三与五；错综，"错"指相互交错，"综"指综合总聚;文,花纹、符号。《周易》之卦或三爻或五爻交叉变化,天地之数交错综合。贯通各爻的变化,就形成表述天下事物的卦爻符号;穷究筮法的数理,就能设定天下事物的象征。如果不是把握了天下最为主要的变化规律,谁能达到这样的高度呢?《周易》的卦爻蓍草放在那里,没有思考也没有行为,自然而然,保持静态而不动。一旦问筮而与它交感,就能会通并获知天下万事之理。如果不是参悟天下最为神妙的道理,谁能达到这样的高度呢?

夫《易》,圣人之所以极深而研几也。唯深也,故能通天下之志;唯几也,故能成天下之务;唯神也,故不疾而速,不行而至。子曰:"《易》有圣人之道四焉者,此之谓也。"

【讲解】 深,事理幽深难明;几,趋势几微未显。《周易》是圣人用以探究幽深事理以及研究几微趋势的。因为深刻,所以能贯通天下的道理;因为几微,所以能成就天下人的功业;因为神妙,无思无为,感而遂通,所以不必疾急而行事速成,不必寻求而奥理自至。孔子认为圣人运用《周易》之道,主要是指前面提到的"尚辞、尚变、尚象、尚占"四种。

(十一)子曰:"夫《易》何为者也?夫《易》开物成务,冒天下之道,如斯而已者也。"是故圣人以通天下之志,以定天下之业,以断天下之疑。是故蓍之德圆而神,卦之德方以知,六爻之义易以贡。圣人以此洗心,退藏于密,吉凶与民同患。神以知来,知以藏往,其孰能与于此哉?古之聪明睿知,神武而不杀者夫。

【讲解】 第十一章四节,概述《周易》的内容、性质、特点和作用,述六十四卦的产生及易学基本概念的定义。《周易》作用于人,主要是启智、明德、决疑、成业,制其法以利其民。孔子认为《周易》不只是一部卜筮之书,还是一部指导治国行事的政治著作。

开物,探究事物的开端,是行事之始;成务,成就功业事务,是行事之终;冒-冐,目上戴帽,表覆盖;贡,贡献,由上贡转指上告,韩康伯注

"贡,告也";神武,神功而勇武。孔子认为:《周易》囊括万事万物开端、发展和完成的全过程,覆盖天下万物发展变化的规律和道理。因而圣人用易道来通达天下人的心志,指导成就天下人的事业,预测并决断天下人的疑虑。天圆地方,占筮用蓍草内空外圆而通神灵,画出的卦形端方周正而智惠八方,六爻的意义简易通达而预示吉凶变化。圣人进则用易理洗荡万众的恶意与疑心,退则将教化功用隐藏于精密易道之中,吉凶都与天下百姓同忧患共担当。卜筮神妙而预知未来趋向,卦爻智慧而包藏过往规律,还有谁能达到这样的高度呢? 只有古代聪明睿智勇武而又不嗜杀人者才能如此吧! 喻用易道智慧而不用杀人刑法治理天下,只有深通易理的圣人才能做到。

是以明于天之道,而察于民之故,是兴神物以前民用。圣人以此斋戒,以神明其德夫。是故阖户谓之坤,辟户谓之乾,一阖一辟谓之变,往来不穷谓之通。见乃谓之象,形乃谓之器,制而用之谓之法,利用出入,民咸用之谓之神。

【讲解】 斋戒,洗心为斋,自警为戒;阖,门扇,关门;辟,繁体作"闢",开门、开辟。通过易道可明了天道自然规则,体察民情民意,方法是用神物占筮吉凶于前而民在后仿效用之。圣人用易道修养斋戒,提升自我的德行至神明境界。事物先收藏后生发,因此关门收敛就是坤,开门发动就是乾,开闭动静循环就成变化,阴阳交互无穷就会通达。显现事物的特征就成为"象",依象构形就成为"器",仿效裁制以致用就是"法"。法象制器并用于国计民生,百姓或出或入随意使用而不知是《周易》,则可谓神妙。

是故《易》有大极,是生两仪,两仪生四象,四象生八卦,八卦定吉凶,吉凶生大业。是故法象莫大乎天地;变通莫大乎四时;悬象著明莫大乎日月;崇高莫大乎富贵;备物致用,立成器以为天下利,莫大乎圣人;探赜索隐,钩深致远,以定天下之吉凶,成天下之亹亹者,莫大乎蓍龟。

【讲解】 衅 xìn，同"釁 wěi"，器皿的裂缝、朕兆；亹亹，相连相对、勉力不绝。《周易》的生成与变化，先有混一的太极，太极产生对立统一的阴--阳—两仪，两仪生太阴☷、少阴☵、太阳☰、少阳☳四象，四象生乾☰、坤☷、震☳、巽☴、坎☵、离☲、艮☶、兑☱八卦，高度抽象的八卦扩展为六十四卦，象征天地万物及其各种变化。这些卦指导人们趋吉避凶，从而成就天下人的丰功伟业。能够取法八卦象征的很多，但最大的是天地；能通达变化之道的很多，而变更最大的是四季。能高悬其象而显明无比的，没有比日月更大的了；人类崇高的事业，没有比富有天下贵为天子的君王更大的了；备好财物而致用于民众，发明器具而利用于天下，没有超过圣人的了；探求事物的奥秘，求索隐秘的玄机，钻研深邃而涉及广远，从而判定天下万事万物吉凶悔吝，指导人们勉力成就连续的功业，没有什么能超过蓍草与龟策的占卜功用了。

是故天生神物，圣人则之；天地变化，圣人效之；天垂象，见吉凶，圣人象之；河出图，洛出书，圣人则之。《易》有四象，所以示也。系辞焉，所以告也；定之以吉凶，所以断也。

【讲解】 上天生出神奇的龟策与蓍草，圣人用以建立占断事理的法则；天地有其变化规律，圣人仿效建立易道原理；上天以日月星辰垂示各种天象，呈现吉凶预兆，圣人用卦象模拟出来；相传黄河出现背上有图象的龙马，洛水出现背上有图形的神龟，圣人依此建立数理推算的方法。《周易》有老阳、少阳、老阴、少阴四象，圣人据此占卦显示自然变化的法则。圣人又在卦爻符号下系属相关文辞，用来告知人们卦爻变化的义理。卦爻辞中吉凶悔吝的判定，是圣人根据卦爻变化对事物发展作出的推断。

(十二)《易》曰："自天祐之，吉无不利。"子曰："祐者，助也。天之所助者，顺也；人之所助者，信也。履信思乎顺，又以尚贤也。是以'自天祐之，吉无不利'也。"子曰："书不尽言，言不尽意。"然则圣

人之意,其不可见乎?子曰:"圣人立象以尽意,设卦以尽情伪,系辞
焉以尽其言。变而通之以尽利,鼓之舞之以尽神。"

【讲解】 第十二章三节,定义"道、器、变、通、象、爻、辞"等易学概
念,强调立象、设卦、系辞的必要性和重要性。《周易》打破书写和言说
的局限性,用卦爻象与辞结合的方式,立象以尽意,系辞以尽言,使人观
卦知意、观辞知行,起到预测并指导人们趋吉避凶成就事业的神妙
作用。

情,自心真情;伪,人为虚假;鼓、舞,由敲鼓跳舞转指揲扐蓍草占筮
以激发情感。大有卦上九爻辞谓:上天保佑,吉祥而无不利。孔子申
述:上天保佑的是顺应天道自然规律的人,人愿意帮助的是诚实守信
者。履行诚信,既要想到顺应天道,又要做到礼遇贤才,上天才会保佑
你吉祥如意。孔子说:文字不能完全书写出想说的话语,说出的话语也
不能完全表达出心中的意思。既然文字、言语都有其局限性,那么圣人
的思想就不能表达出来了吗?孔子接着说:突破文字语言的局限,圣人
建立事物象征来详尽表达深意,设制卦爻来详尽表达人的真情与虚伪,
系属文辞来详尽表达想说的言语。通达卦爻变化以便百姓更好利用,
运用占筮以激发对其神妙功用的热情。

乾坤,其《易》之蕴邪?乾坤成列,而《易》立乎其中矣。乾坤毁,
则无以见《易》。《易》不可见,则乾坤或几乎息矣。是故形而上者谓
之道,形而下者谓之器。化而裁之谓之变,推而行之谓之通,举而错
之天下之民谓之事业。

【讲解】 裁,节制、管理;举,提起、把握;错,措置、使用。《易纬·
乾凿度》:"乾坤者阴阳之根本,万物之祖宗也。"乾坤两卦是易道蕴含的
根本,乾坤生六子为八卦,变生六十四卦。乾坤居首统领六十四卦而有
序排列,《周易》阴阳变化之道就体现在其中了。易道无体而依托乾坤
承载,若乾坤两卦毁坏,易道就无法显现了。反之,如果易道不得显现,
则乾坤阴阳变化就差不多止息了。道无体而形有质,从事物形体中抽

象出来的道理规律在形体之上，称为"道"；事物具体有形就是在形体之下，称为"器"。自然变化加以人为裁节就称为"变"（由量变到质变），依规律推行顺畅就称为"通"，将变化通达的规则和道理用于管理天下民众就是"事业"。

是故夫象，圣人有以见天下之赜，而拟诸其形容，象其物宜，是故谓之象。圣人有以见天下之动，而观其会通，以行其典礼，系辞焉以断其吉凶，是故谓之爻。

＊此段与第八章首段重出，可能是引而强调。

极天下之赜者存乎卦，鼓天下之动者存乎辞。化而裁之存乎变，推而行之存乎通，神而明之存乎其人；默而成之，不言而信，存乎德行。

【讲解】　极尽天下万物奥秘的是存于卦中之象；鼓动激发万物生发的是系于卦爻之辞。如何顺应自然变化并加以裁节，当根据变化情形而定；能否依规律顺利推行，要看通达的程度；应用易道达到神明境界，在于人的主观能动性。依易道默默去做而成就事业，深解易道不多言而至诚信，要靠用易者的崇高德行修养。《荀子·大略》谓"善为易者不占"，就是指"得意忘象，得象忘言"。

系辞传　下

（一）八卦成列，象在其中矣；因而重之，爻在其中矣；刚柔相推，变在其中焉；系辞焉而命之，动在其中矣。吉凶悔吝者，生乎动者也；刚柔者，立本者也；变通者，趣时者也。吉凶者，贞胜者也；天地之道，贞观者也；日月之道，贞明者也；天下之动，贞夫一者也。

【讲解】　《系辞传》下篇第一章两节，是上篇第二章的展开，具体阐述乾坤刚柔的动静变化与世事人生的仁义德行之间的关系。

趣，从走取声，向选取的目标快速走去，表示兴趣、倾向；贞，繁体作"貞-𪔀"，列鼎（貝）灼龟（卜）占卜，占筮必诚，表忠贞、中正。"乾坤震巽坎离艮兑"八个三爻卦画成就绪后,天地万物的象征和性质就包含在其中了。由八卦重叠为六十四个六爻卦,各卦六爻交互变化的动态发展规律就包含在其中了。阴阳二爻的刚柔相互推变,众多变化就包含在其中了。圣人用言辞系属相应的义理于卦爻之后,事物变动的趋向就包含在其中了。

卦爻辞占断中的吉凶悔吝,是观察事物运动变化产生的结果。天地万物分为阳刚阴柔两类,本身就是刚柔两面的对立统一,阴阳二爻交互成卦,表明刚柔交互为立身成事之根本。刚柔变通,须顺时应势而动。吉凶祸福相互转化,心正意诚则吉胜凶,否则凶胜吉。天地自然之道,中正恒常地显现给人观看;日月运行之道,正大光明地照耀人间。天地万物的运动变化,有其端正纯一的总体规律。

夫乾,确然示人易矣;夫坤,隤然示人简矣。爻也者,效此者也。象也者,像此者也;爻象动乎内,吉凶见乎外,功业见乎变,圣人之情见乎辞。天地之大德曰生,圣人之大宝曰位。何以守位? 曰仁。何以聚人? 曰财。理财正辞、禁民为非曰义。

【讲解】 确,也作"碻 què",如石般坚固、明确;隤 tuí,土阜崩溃散落,表颓下、柔顺。乾卦象征天,刚健不息地有常运行,明确昭示平易的道理;坤卦象征地,柔顺厚载地生长万物,明白昭示简易的规律。爻即交,交则效,爻动于卦内,"爻"就是仿效乾坤卦内刚柔交互的变化法则;吉凶见乎外,"象"就是模拟卦形之外天地事物的形态。爻象的变化在卦之内,所含吉凶祸福却显现于外在人事行为上面,能建功立业是顺应变化趋势的结果,圣人"吉凶与民同患"之情体现在卦爻辞上面。

天地无心而生养万物,其大德便是好生。圣人最可宝贵的是他们尊贵的地位,有其位才能治国平天下。圣人如何守住高位? 必须仁德爱民;如何聚集民心? 必须积聚财物以养民。发展生产理财养民,教化民众言行端正、立法禁止民众为非作歹,这就是道义。总之,圣人仿效天地好生之德,以仁义为根本,才是治国理民的正确途径。

（二）古者包牺氏之王天下也，仰则观象于天，俯则观法于地，观鸟兽之文与地之宜。近取诸身，远取诸物，于是始作八卦，以通神明之德，以类万物之情。作结绳而为网罟，以佃以渔，盖取诸"离"。

【讲解】 第二章四节，讲述古圣人效法自然之道而创作《易》卦，然后依卦象制器以利天下之用。举十三卦为例，具体描述观象取物、依卦制器的关系，说明《易》的重要作用。

包牺氏，即伏羲氏。在狩猎为主的远古时代，伏羲氏君临天下，效法大自然而创制八卦。仰面向上观察天象的运行，俯身向下观察地上万物生长的法则，细致观察鸟兽皮毛的纹理以及各地适宜的物产。近处取法人体自身器官的形状，远处取法万事万物的形体，由此制作八卦，用以沟通神明的德行，比类天下万物的变化情状。伏羲氏用绳索编织捕兽的网和捕鱼的罟，教人用以捕兽捉鱼，大约取法离卦之象。离-☲，举网捕鸟形，鸟落网为罹难，鸟挣脱为离开；离卦☲，正象捕鸟网形。

包牺氏没，神农氏作，斫木为耜，揉木为耒，耒耨之利，以教天下，盖取诸"益"。日中为市，致天下之民，聚天下之货，交易而退，各得其所，盖取诸"噬嗑"。

【讲解】 伏羲氏去世，神农氏为天下共主，农耕开始兴起。神农氏砍木头削制成犁头，揉弯木棒做成犁柄，把翻土耕地的便利教会天下农人，大约取法于益卦之象。益-☳，水溢出器皿，表丰富、利益；益卦☴☳，风☴雷☳激荡水增益，农耕春种秋收谷物丰益。

物产丰富便可交换，于是设立市场约定正午交易，招来天下民众，聚集天下货物，相互交换后满意地散去，各自得到所需要的东西，当取法噬嗑之象。噬嗑，张口咬合；噬嗑卦☲，上下唇开合咬中间一物。韩康伯注"市人之所聚，异方之所合，设法以合物，噬嗑之义也"。

神农氏没，黄帝、尧、舜氏作，通其变，使民不倦，神而化之，使民宜之。《易》穷则变,变则通,通则久。是以"自天祐之,吉无不利"。黄帝、尧、舜垂衣裳而天下治,盖取诸"乾坤"。刳木为舟,剡木为楫,舟楫之利,以济不通,致远以利天下,盖取诸"涣"。服牛乘马,引重致远,以利天下,盖取诸"随"。重门击柝,以待暴客,盖取诸"豫"。断木为杵,掘地为臼,杵臼之利,万民以济,盖取诸"小过"。弦木为弧,剡木为矢,弧矢之利,以威天下,盖取诸"睽"。

【讲解】 神农氏过世后,黄帝、尧帝、舜帝相继为天下共主。他们通达事物变化,不断创制新器皿,使民众乐用而不劳倦;用高明神妙的方法施行教化,使民众理解并得到更多便利。易道原理是:事物发展到极点就要发生变化,变化就能通达,通达就能持久。

远古人以兽皮裹体,形制短小而无区别。黄帝、尧帝、舜帝时代相继发明制作麻丝布帛类衣裳,宽大下垂且形制多样。上衣下裳,衣裳的等级可区分尊卑贵贱,使华夏"有华服之美,礼仪之隆"。有礼仪制度才使天下得以治理,这大约取法乾☰坤☷两卦分尊卑贵贱之理,韩康伯注"垂衣裳以辨贵贱,乾尊坤卑之义也"。

刳 kū,用刀挖空;剡 yǎn,削得长而尖;楫 jí,船桨。古人将独木挖空做成舟,削木制成桨,用船桨便利渡过难行的河流而到达远方,使天下互通而得利,当是取法涣卦之象。涣,水盛大而哗哗流散声貌,表涣散;涣卦☴☵,风☴吹水☵荡散,舟楫载物运散远方各地。

穿鼻绳驯服牛马驾车,就能牵引运载重物到远方交易,使天下人得到便利,当取法随卦之象。随-𦨶,手持肉下垂状,表随顺。随卦☱☳,雷☳震动而泽☱起波随应。韩康伯注"服牛乘马,随物所之"。

柝 tuò,敲击巡夜木梆,同"𣔌";暴客,暴力入侵者。城邑设置多重门阙,派人敲击木铎巡夜以防盗贼侵入,当取法于豫卦之象。豫,大象过冰河时预先用一只脚敲击冰面试承受度,有预备义;豫卦☳☷,雷☳击地☷先有闪电预告。

裁断木棒制成短杵,在地面挖洞做成臼,小小杵臼便利舂谷成米,天下万民都得到便利,当取法小过卦之象。小过卦☳,雷☳声滚过山☶,小有超过而回响很大,如小臼杵利万民。

用弦索绷弯木条制成弓,把细长木条削尖制成箭,以弓箭锐利来威慑天下恶人,当取法睽卦之象。睽-👀,象二目二器交互乖离形;睽卦☲,火焰☲上行而泽水☱下行相乖违。弓弦越拉后而箭矢越前行,反向相行乖违,象征正义与邪恶相乖违。

上古穴居而野处,后世圣人易之以宫室,上栋下宇,以待风雨,盖取诸"大壮"。古之葬者,厚衣之以薪,葬之中野,不封不树,丧期无数。后世圣人易之以棺椁,盖取诸"大过"。上古结绳而治,后世圣人易之以书契,百官以治,万民以察,盖取诸"夬"。

【讲解】 上古人们冬天住在洞穴中,夏天露宿在野外,后代圣人引导大众建筑房屋居住,所建宫室上有栋梁下有椽檐,用以遮烈日避风雨,当取法大壮卦之象。壮,士如半木(丬),人体高大强壮;大壮卦☳,雷☳声震满天☰,宏大壮盛。韩康伯注"宫室壮大于穴居",宫室居住安全舒适,使民众身体强壮而部族繁衍壮大。

上古时代埋葬亡人,用柴草厚厚覆盖,葬在荒野中,不堆土为坟墓,也不植树作标志,服丧期也无规定日数。后代圣人用内外双重棺椁来代替,当取法于大过卦之象。大过卦☴,风☴吹泽水☱起大波澜,四阳爻(大)超过二阴爻(小)。周礼重视丧服与祭祀,慎终追远,事死如生,葬礼棺椁大大超过前人,以示重视。

上古没有文字,先民系绳结以记事。后代圣人发明文字,在布帛简牍上书写契刻文字替代绳,官吏用文书来治理政务,民众用文字来查察凭据,当取法于夬卦。夬-𡗓,以手(又)缺物使断破,表示决断;夬卦☱,泽水☱高涨于天☰而决口下泄之象。"夬"即"决",韩康伯注"书契所以决断万事也",文字用于决断事务及判决狱讼。

(三)是故《易》者,象也;象也者,像也;彖者,材也;爻也者,效天下之动者也。是故吉凶生而悔吝著也。

【讲解】 第三章讲《周易》的象、彖、爻是用来显示吉凶悔吝的。

彖,断,总言,统指重三爻八卦为六十四卦及其三百八十四爻。基于上述卦例的分析,可知《周易》根本在于取象表达思想。所谓"象",指模拟像似天地万物的形象。"彖"即"断",是在卦辞下积累材料,用以断定一卦的整体意义。"爻"即"效",六爻交互变化是效法天下万物不同时段的变动情形。有象、爻的象征,事物变化所产生的吉凶悔吝就会显著地表现出来。

(四)阳卦多阴,阴卦多阳,其故何也?阳卦奇,阴卦耦。其德行何也?阳一君而二民,君子之道也。阴二君而一民,小人之道也。

【讲解】 第四章讲阴阳两种卦的构成原理与象征意义。

《周易》八卦中,阳卦多阴爻,如震☳、坎☵、艮☶;阴卦多阳爻,如巽☴、离☲、兑☱。这是什么原因?阳为单数奇数,阴为偶数多数,人事团体总是由少数支配多数。阳刚健为君,阴柔顺为臣民,天无二日国无二君,阳卦一个阳爻为君而两个阴爻代表臣民,一君而万民归心,行的是君子之道,如复䷗、师䷆、谦䷎、豫䷏、比䷇、剥䷖,都是一阳爻为主的六爻卦,体现君主治国之道。阴卦两个阳爻为君主而一个阴爻为子民,二君争夺一民,一民事二君,行的是小人之道,如夬䷪、大有䷍、小畜䷈、履䷉、同人䷌、姤䷫,都是一阴爻为主的六爻卦,体现小民生活之道。阳刚健为君主而阴柔顺为臣民则国治事顺,反之则国乱事烦。凡是阳卦居内为主的六爻卦偏顺治,如泰卦䷊乾居下、益卦䷩震居下等;凡是阴卦居内为主的六爻卦偏烦乱,如否卦䷋坤居下、损卦䷨兑居下等。

(五)《易》曰:"憧憧往来,朋从尔思。"子曰:"天下何思何虑?天下同归而殊途,一致而百虑。天下何思何虑?日往则月来,月往则日来,日月相推而明生焉。寒往则暑来,暑往则寒来,寒暑相推而岁成焉。往者屈也，来者信也，屈信相感而利生焉。尺蠖之屈，以求信也；龙蛇之蛰，以存身也。精义入神，以致用也；利用安身，以崇德也。过此以往，未之或知也；穷神知化，德之盛也。"

【讲解】 第五章十节，列举十一例说明爻的变化是效法天地万物变化规律的，强调殊途同归，"天下之动贞夫一"，归于一即归于"一德"。先讲安身才可以崇德，然后讲安身之道：藏器于身便于时用可以安身，小人受惩戒才可以安身，忧患谨慎可以安身，智小谋大难以安身，见微知著可以安身，纯一归德可以安身。

憧 chōng，同"憧"，心事重重、心神不定。朋－丮，对等的两串贝，转指利益相关的朋友。咸卦九四爻辞：互相迷恋频频往来，亲朋们最终顺从你们的意思。孔子申述：天下人在思考忧虑什么？天下人最终都回归同一地方，只是所走的路各不相同；天下的道理本一致，只是人们的想法有百种不同。

屈，蜷曲身体退缩；信，同"伸"，伸展身体前进；尺蠖 huò，屈体前行的爬虫。太阳落山而月亮出来，月亮落下太阳又出来，日月相互推移生出天下的光明。冬寒过去夏暑到来，夏暑过去冬寒到来，寒暑推移就形成四季交替的年岁。"往"只是暂时地屈身退缩，"来"只是暂时地伸展前进，退缩与伸展交互感应就生出整体前进的便利。尺蠖弯曲收缩身体，是为了下一步的伸展前行；龙蛇冬天蛰伏冬眠，是为了保全生命。屈伸、动静是相互依存的。

精研义理达到神妙境界，是为了更好用于实际生活；利用相应条件来保证自身安全，是为了提升并完善自己的德行。超过这些再往前，就不是一般人所能知道的了。穷究易道神妙而洞知天地变化，是圣人才具备的最高德行。

《易》曰："困于石，据于蒺藜，入于其宫，不见其妻，凶。"子曰："非所困而困焉，名必辱。非所据而据焉，身必危。既辱且危，死期将至，妻其可得见耶！"

【讲解】 困卦六三爻辞:困在坚硬难破的石垒中,四周以蒺藜荆棘据守。艰难地回到家中,不见妻子亲人,是凶险征兆。孔子申述:不该被困却陷于困境,名誉定会被辱;不该据靠却去凭靠,性命必有危险。既受侮辱又遇危险,死期就要到了,妻子怎么还见得到呢? 困卦䷜六三自身不当位,前进有九四阻挡,后退乘刚九二,应不了九五又见不到初六,处于进退两难的困境。安身才可以崇德,陷险身危又何以崇德呢。《孟子·尽心上》"知命者不立乎岩墙之下",正谓君子无故不居险地。

《易》曰:"公用射隼于高墉之上,获之,无不利。"子曰:"隼者,禽也;弓矢者,器也;射之者,人也。君子藏器于身,待时而动,何不利之有? 动而不括,是以出而有获,语成器而动者也。"

【讲解】 括,总括、纠结。解卦上六爻辞:王公射居于高城墙之上的鹰隼,得到猎物,没有不利。孔子申述:鹰隼是飞禽,弓箭是利器,射猎者是正人君子。君子身藏利器,待时机行动,哪有不利呢? 若行动不迟疑不纠结,出手就有收获。这是告诉人们要有充分准备才能采取行动。君子藏器而待时,动不迟疑必有获,正是"利用安身"的功夫。

子曰:"小人不耻不仁,不畏不义,不见利不劝,不威不惩。小惩而大诫,此小人之福也。《易》曰'屦校灭趾,无咎',此之谓也。

"善不积不足以成名,恶不积不足以灭身。小人以小善为无益而弗为也,以小恶为无伤而弗去也,故恶积而不可掩,罪大而不可解。《易》曰:'何校灭耳,凶。'"

【讲解】 孔子说:小人不让他蒙羞便不会生仁爱之心,不让他心生畏惧就不懂得道义,不看到利益就不会努力进取,不受威慑就不知惩戒。小人初犯小错受到惩戒就可避免以后闯下大祸,这正是小人的福气啊! 噬嗑卦初九爻辞说:足戴刑具遮没脚趾,以后就不会有灾祸了,说的就是这个道理。

不积累善行自然不足以成就善名,不积累罪恶也就不会毁灭自身。小人认为小善行无益就不会去做,认为小恶行伤害不大就不肯去掉。

因此恶行就会逐渐积累达到无法掩盖的地步,罪恶就会逐步增大达到无法消解的程度。噬嗑卦上九爻辞说:肩上戴枷锁大到遮没耳朵,是罪不可赦的凶祸,强调小人受惩戒不积恶才可安身的道理。

子曰:"危者,安其位者也;亡者,保其存者也;乱者,有其治者也。是故君子安而不忘危,存而不忘亡,治而不忘乱,是以身安而国家可保也。《易》曰:'其亡其亡,系于苞桑。'"

【讲解】 孔子说:危机,是由安于自己地位而发生的;灭亡,是自认可长久保持自己地位而发生的;动乱,是自以为天下大治而发生的。因此君子在安定时不会忘记危机,在高位时不会忘记有灭亡的可能,天下大治时不会忘记可能发生动乱。故君主保证自身安稳无事才能保证国家安全。否卦九五爻辞说:快要跑掉了就要跑掉了,那头系在发苞的桑枝条上的大牛啊!强调君子居安思危才能安身。

子曰:"德薄而位尊,知小而谋大,力少而任重,鲜不及矣。《易》曰'鼎折足,覆公餗,其形渥,凶',言不胜其任也。"

【讲解】 餗 sù,鼎中混煮八珍之类的美味食物;渥 wò,沾濡满处。孔子说:德行浅薄却地位高贵,智慧低下却图谋大事,力量微小却担负重担,很少有人不招致祸患的。鼎卦九四爻辞:折断鼎脚,打翻君王赐给公侯的美食,鼎身沾满腥臊,凶险。这是说其人才智不足以胜任祭祀大事,必出乱子,强调"德、位、谋、任"四者各当其实,才能安身。

子曰:"知几其神乎!君子上交不谄,下交不渎,其知几乎?几者,动之微,吉之先见者也。君子见几而作,不俟终日。《易》曰'介于石,不终日,贞吉',介如石焉,宁用终日?断可识矣。君子知微知彰,知柔知刚,万夫之望。"

【讲解】 几jǐ,同"幾",用兵器(戍)尖端上的细丝(丝)表示萌芽、细微迹象。介-,由人(人)前后披铠甲(川)表示介入、中间、中正。孔子说:能从事物萌生时的细微迹象预知未来发展,就是与神明相合的大智慧。君子向上交往不献媚讨好,向下交往不亵渎轻慢,就算得上知晓事物神妙玄机。所谓玄机，就是事物初生时的细微变化，是最先显现事物发展趋向的征兆。君子察见事物变化的微妙玄机，就要迅速采取应对措施而不可整天消极等待。豫卦六二爻辞：耿介安定如磐石就会明智善断，不必终日盘算，持守中正就吉祥。既然心坚如磐石，何必终日盘算？前景吉凶会很快认识并判断出来。君子观察细微征兆，可预知事物发展的显著结果，知道处事应刚柔结合而适中，如此才能成为万众仰望的明君。

子曰："颜氏之子，其殆庶几乎？有不善未尝不知，知之未尝复行也。《易》曰：'不远复，无祗悔，元吉。'"

【讲解】 祗 zhǐ，《广雅·释言》"祗，适也"，同"至"，到。孔子评价学生颜回说：颜家的这个年轻人，差不多达到"知几"的程度吧！有过失自己不会不自知，知道自己的过失就不会再犯同样的错误。复卦初九爻辞说：起步不远能果断回复正道，不至于后悔，大吉祥。知过善改就利于安身，"不贰过"尤为可贵。

天地絪缊，万物化醇。男女构精，万物化生。《易》曰"三人行则损一人，一人行则得其友"，言致一也。

【讲解】 絪缊 yīnyūn，孔颖达疏"相附著之义"。天地间阴阳二气交互作用，万物变化精醇。男女雌雄交合，万物得以化生。损卦六三爻辞：三人同行必将损其一人，一人独行则易得到朋友。即是说天地之道是自然合一的。损卦䷨，山☶泽☱损，三四五☳三爻共同上行配上九，要省一阴爻才成上艮☶；而六三单独正应上九是得其友。天地阴阳交合是"二而一"的相辅相成，是一体二面的。"天下之动贞夫一者也"，无论世事如何千变万化，专一守常才利于安身。

子曰："君子安其身而后动，易其心而后语，定其交而后求。君子修此三者，故全也。危以动，则民不与也；惧以语，则民不应也；无交而求，则民不与也；莫之与，则伤之者至矣。《易》曰：'莫益之，或击之，立心勿恒，凶。'"

【讲解】 易其心,指换位思考、将心比心。孔子说:君子先要正位自身才能有所行动,与人相交要将心比心地进行言语沟通,确定真正的知交才能向对方有所希求。君子有这三方面的修养,才算得上全面完美的人。局势危险不安就采取大行动,民众不会支持并参与;用强势话语使人畏惧,民众不会顺应并服从;平时没有交情却对人有所要求,民众根本不会支持。没有人支持拥护,就会招来攻击与伤害。益卦上九爻辞:不可再增益异心,那样就有人来打击你们。如果你的居心不常,有凶险。

此节总结本章"精义入神以致用,利用安身以崇德"的普遍道理,强调虚己存诚则众心相向,躁动强求则无人支持。静心安身是行动之基,崇德专一是安身之本。

(六)子曰:"乾坤,其《易》之门耶?"乾,阳物也;坤,阴物也。阴阳合德,而刚柔有体,以体天地之撰,以通神明之德。其称名也,杂而不越。于稽其类,其衰世之意邪?

【讲解】 第六章二节,论乾坤为《周易》门户,六十四卦要义蕴藏于二卦中,是其变化发展的结果。乾坤二卦总括易道精髓及其功用,彰往察来,辨物正言,济民便用,以明得失。

撰,制作、造化。孔子说:乾坤二卦,应当是进入《周易》的门户吧!"乾"代表阳性事物,"坤"代表阴性事物。阴与阳对立统一相互配合,就产生刚柔交互一体两面的万事万物,体现天地间一切造化,与自然神明之道相贯通。乾坤所生卦象的名称虽然繁杂,却不会超越天地自然之道。具体稽考《周易》卦爻辞论及的事类,所说大体是殷末周初衰败时代的现象吧! 也就是先周圣人忧患衰世以警诫后人之作。

夫《易》,彰往而察来,而微显阐幽,开而当名辨物,正言断辞,则备矣。其称名也小,其取类也大。其旨远,其辞文,其言曲而中,其事肆而隐。因贰以济民行,以明失得之报。

【讲解】 《周易》的功用,在于彰显现过去的经验以推察未来的趋势,使细微征兆得以显著,使幽隐的道理得以阐明。开释卦爻义理,使卦名与辩明类别的事物恰当对应,并用正确的言辞对变化趋向作出准确的判断,显得十分完备。所用名称虽然微小,象征的事物类别却极为广大。近言眼前而远明通理,意旨极其深远;不直述其事而比拟修饰,言辞十分文雅。所言虽委婉曲折却无不中肯恰当,叙事虽率直却隐藏深意。辨明吉凶两属的疑虑来指导民众行动,证明失道则凶得道则吉的相互依存关系。强调德须配位,吉凶祸福各有报应。

(七)《易》之兴也,其于中古乎?作《易》者,其有忧患乎?是故履,德之基也;谦,德之柄也;复,德之本也;恒,德之固也;损,德之修也;益,德之裕也;困,德之辨也;井,德之地也;巽,德之制也。履,和而至;谦,尊而光;复,小而辨于物;恒,杂而不厌;损,先难而后易;益,长裕而不设;困,穷而通;井,居其所而迁;巽,称而隐。履以和行,谦以制礼,复以自知,恒以一德,损以远害,益以兴利,困以寡怨,井以辨义,巽以行权。

【讲解】 第七章明确指出《周易》兴盛的时代在"中古",即殷末周初。《周易》卦爻辞具有明显的忧患意识,周初圣贤用殷商衰败的教训告诫后代子孙"殷鉴不远",必须守常抱一,修德仁民。并举九卦的性质和作用为例,加以说明。

《周易》的兴盛流行,大约是在中古殷代末期吧!撰写《周易》卦爻辞的周初圣贤,一定具有忧虑患难的意识吧,因为《周易》卦爻具有相应的象征。

先说九卦的品德教化:履卦尊礼行事,是德政的行为基础;谦卦勤劳谦逊,是德行的关键把柄;复卦返归自然天性,是德行的良善根本;恒卦教导守常不变,是德行的稳固基石;损卦教导制欲远害,是德行的修养过程;益卦教导益人方益己,使德行增进有余裕;困卦守节而不怨尤,德行深浅自可明辨;井卦教导养民利物,是德义流布的方向;巽卦教导顺时制变,是德行修习时的调控。

再分析九卦的性质特征:"履"是依礼行事,祥和适中至善;"谦"是谦逊而自卑,反使人尊敬其光辉品格;"复"是行不远而速复改过,从微小迹象辨明发展趋势;"恒"是在杂乱环境中坚守,专心致志而不生烦厌;"损"是先自损忿欲而后提升德行,先难后易;"益"是长远地益人益己益天下,真诚而不人为造设;"困"是处于困境而不怨尤,终能通达胜境;"井"是自得其所,然后无私地广施济众;"巽"是顺势应变,处事适宜而不张扬。

后指明九卦的具体用法:"履"以协和适中与人共同行动,"谦"以克制私欲而行合礼制,"复"以复归善性而自知进退,"恒"以坚守中道而恒有一德,"损"以降损自身而远离祸害,"益"以增修德行而益己利人,"困"以磨砺修心而乐不怨尤,"井"以明辨道义而存己济人,"巽"以因地制宜而随事权变。

(八)《易》之为书也,不可远。为道也屡迁,变动不居,周流六虚,上下无常,刚柔相易,不可为典要,唯变所适。其出入以度外内,使知惧。又明于忧患与故,无有师保,如临父母。初率其辞而揆其方,既有典常。苟非其人,道不虚行。

【讲解】 第八章论《周易》一书的主体作用,用爻位变动体现易道的变化多方。

虚-𡙇,同"墟",以虎居丘表示大丘、废墟、空虚;典要,要点、定准;揆 kuí,伸开手指度量、揣测、管理。《周易》是与社会生活密切相关的书,谁都无法远离它。易道屡屡变化而不会停止,在卦中表现为六爻之位周流变动,或上或下没有常规,刚爻与柔爻相互交变。卦中爻的象征意义没有标准模式,韩康伯注谓"不可立定准也",因此一切都要适应不同的变化才可通天道,如程颐《易传》所说"《易》,变易也,随时变易以从道也"。

深谙易道之人,出行入居必然进退有度,对内对外行事都有谨慎戒惧之心而不妄为。具有忧患意识,明察事情发生的缘故,虽然没有师长、父母的教导与保护,也会像他们亲临现场一样,因为有《周易》可供请教。学易者,先依据卦爻辞来推断事物的发展方向,然后就会发现事物的变化是有一定规律可循的。易道如此神妙,如果没有真正懂的人不断去学它用它,易道也不会凭空通行于世的。

(九)《易》之为书也,原始要终,以为质也。六爻相杂,唯其时物也。其初难知,其上易知,本末也。初辞拟之,卒成之终。若夫杂物撰德,辩是与非,则非其中爻不备。噫!亦要存亡吉凶,则居可知矣。知者观其彖辞,则思过半矣。

二与四同功而异位,其善不同;二多誉四多惧,近也。柔之为道,不利远者;其要无咎,其用柔中也。三与五同功而异位,三多凶五多功,贵贱之等也。其柔危,其刚胜耶。

【讲解】 第九章具体讲爻的位置关系、特性和作用,归纳六十四卦爻位特性的通例。

《周易》这本书的主要特点,是重视事物的发展变化过程,推求原始并总论终结,从而揭示事物发展的本质。六爻变动错综复杂,须放到特定的时空和物类中才能准确把握。

占卦时,初爻象征事物起始而较难把握,到六爻全出的上爻就是事情结尾而容易知晓,这是因为事物发展的初始至结果全都显现出来了。初爻之辞拟定事物的开始,发展到上爻便能成就终极结果。至于根据事物交互错杂的情况,撰辞表现不同事物的品德和性质,分辨其中的是非祸福,若无中间二、三、四、五爻就不可能具备这样的功能。就是这样啊!择要把握存亡吉凶的趋势,使人们平常也能认识并运用它呀!孔颖达疏"凡《彖》者统论一卦之体者也",真有智慧的人,看《彖传》说些什么,全卦的意思也就理解得差不多了。

二爻与四爻都是偶数阴位,功能相同但位置不同,其境遇也就各不相同,二爻居下卦中而多受赞美,四爻处上卦下而多怀恐惧,原因是"二"离君位"五"远而"四"离君位"五"太近,伴君如伴虎而多受牵制。阴柔的本性,不利于攻击远处事物,主要在于避免灾咎,所用原则是柔顺中庸。三爻与五爻都是奇数阳位,功能相同但位置不同,三爻夹在上下卦之间而多凶险,五爻居上卦中而多功绩;"三"处下卦末臣子之位,而"五"居上卦中君主之位,两者所处地位有贵贱等级的不同。"三、五"是阳刚之位,如果柔弱的阴爻居之就危险而不当位,刚强的阳爻居之就可胜任而当位。

(十)《易》之为书也,广大悉备。有天道焉,有人道焉,有地道焉。兼三材而两之,故六。六者非它也,三材之道也。道有变动,故曰爻;爻有等,故曰物;物相杂,故曰文;文不当,故吉凶生焉。

【讲解】 第十章论《周易》一书的内容广大完备,弥纶天地自然之道。

《周易》这部书,内容广大,天地万物之道无不悉备,含有天道、人道、地道在里面。经卦三画象征天、地、人三才,重叠两个三画卦成为六爻复卦,六爻卦并非另有含义,仍然象征天、地、人三才的变动之道。

三才之道交互变动,就称为"爻"。六爻有上下等级的不同,用来象征不同类的东西,就称为"物"。万物相互杂处于天地间,用错综复杂的纹路符号来表达,就称为"文"。纹路符号之爻在卦中有阴阳之当位与不当位,这就产生了吉祥与凶险的象征。

(十一)《易》之兴也,其当殷之末世,周之盛德耶,当文王与纣之事耶! 是故其辞危。危者使平,易者使倾。其道甚大,百物不废。惧以终始,其要无咎,此之谓《易》之道也。

【讲解】 第十一章推测《周易》兴盛于殷末周初,强调其忧患鉴诫与改过无咎的道理。

《周易》的兴盛,应当在殷代末期与周文王德业兴盛时期,卦爻辞所述应是周文王与殷纣王之间发生的事端。因此《周易》卦爻辞深含危机忧患意识。深具危机感的人才能使自己得到平安,太容易获得的人会使自己倾颓失败。其中的道理广大深远,万事万物无不包含其中。立身处世自始至终都应戒惧谨慎,要点在及时改正过失以避免灾咎,这就是《周易》告诉后人的大道理。"无咎"是指"善补过",故清代焦循称《周易》为"寡过之书"。

(十二)夫乾,天下之至健也,德行恒易以知险。夫坤,天下之至顺也,德行恒简以知阻。能说诸心,能研诸侯之虑,定天下之吉凶,成天下之亹亹者。是故变化云为,吉事有祥。象事知器,占事知来。天地设位,圣人成能。人谋鬼谋,百姓与能。八卦以象告,爻彖以情言,刚柔杂居,而吉凶可见矣。

【讲解】 第十二章两节总结全篇,《周易》立卦爻象辞,教人忧危知变,改过迁善,趋吉避凶,使人德合于天道。因爱恶情伪相感而致吉凶悔吝相生,《周易》依世事人情变化设制相应之辞,用以指导不同的人事行为,易道可谓大美。

说 yuè,后作"悦";研,从石开 qiān 声,用砺石(石)磨平顶端(开),转指研磨、研究;为,行动、作为。所谓乾,象征天的功能最为刚健,其德行恒常平易却知艰险所在而不为所陷。所谓坤,象征地的功能最为柔顺,其德行恒常简易却知阻碍所在而不为所阻。《周易》的大道理,能使天下人心悦诚服,能明晰指导人们的思虑取向,能断定天下人事发展的吉凶,能成就天下伟大功业。

古圣贤将天地事物一切变化显示在言行举止之中,吉利之事会有吉祥征兆。察视卦爻象征之事,就知道制作具体器物的方法;行占卜之事,就可推知事物未来的发展趋势。卦爻设定天地万物的不同地位及其变化,圣人据此成就天下能事与功业。《周易》设卦是"人谋鬼谋",即人类智谋的理性思维与天道自然的神性思维合一,就是神道设教的"天人合一",平常百姓不知是易道却已参与其中,能成就所行之事。八卦用画卦象征方式来告知事物变化,爻辞象辞以实情言明真相,阳刚阴柔杂居于各卦六爻位之中,吉凶悔吝就显现出来了。

变动以利言,吉凶以情迁。是故爱恶相攻而吉凶生,远近相取而悔吝生,情伪相感而利害生。凡《易》之情,近而不相得则凶,或害之,悔且吝。将叛者其辞惭,中心疑者其辞枝,吉人之辞寡,躁人之辞多,诬善之人其辞游,失其守者其辞屈。

【讲解】 卦内六爻顺时位变动,有利于事物的发展,吉凶祸福的象征随善恶之情而变迁。因此贪爱与憎恶相互攻讦就产生吉凶,爻位远近比应取舍不同就产生后悔与憾吝,真情与伪饰相互感应就产生利益与祸害。

大体说来,《周易》爻位显示的人情真相是:相比相应相靠近却又不能和睦相处,那就会有凶险,甚至相互伤害,其结果必然是后悔与憾吝。爻辞的含义依爻位所拟意象而得以显现:将背叛者所说的话有惭愧的含意,心怀疑虑者所说的话杂乱枝蔓;有吉德修养者所说的话很少,性情急躁者所说的话就很多;诬陷好人者所说的话游移不定,失去操守者说话屈曲含混而不清晰。

说卦传①

昔者圣人之作《易》也，幽赞于神明而生蓍，参天两地而倚数，观变于阴阳而立卦，发挥于刚柔而生爻，和顺于道德而理于义，穷理尽性以至于命。

昔者圣人之作《易》也，将以顺性命之理。是以立天之道曰阴与阳，立地之道曰柔与刚，立人之道曰仁与义。兼三才而两之，故《易》六画而成卦。分阴分阳，迭用柔刚，故《易》六位而成章。

天地定位，山泽通气，雷风相薄，水火不相射，八卦相错。数往者顺，知来者逆，是故《易》逆数也。

雷以动之，风以散之，雨以润之，日以烜之，艮以止之，兑以说之，乾以君之，坤以藏之。帝出乎震，齐乎巽，相见乎离，致役乎坤，说言乎兑，战乎乾，劳乎坎，成言乎艮。万物出乎震，震，东方也。齐乎巽，巽，东南也；齐也者，言万物之絜齐也。离也者，明也，万物皆相见，南方之卦也，圣人南面而听天下，向明而治，盖取诸此也。坤也者，地也，万物皆致养焉，故曰：致役乎坤。兑，正秋也，万物之所说也，故曰：说言乎兑。战乎乾，乾，西北之卦也，言阴阳相薄也。坎者，水也，正北方之卦也，劳卦也，万物之所归也，故曰：劳乎坎。艮，东北之卦也，万物之所成终而所成始也，故曰：成言乎艮。

神也者，妙万物而为言者也。动万物者，莫疾乎雷，桡万物者，莫疾乎风。躁万物者，莫熯乎火。说万物者，莫说乎泽，润万物者，莫润乎水，终万物始万物者，莫盛乎艮。故水火相逮，雷风不相悖，山泽通气，然后能变化，既成万物也。

---

① 《说卦传》内容散在导言及相应卦中讲解，此处保留文本，以便翻阅。

乾,健也。坤,顺也。震,动也。巽,入也。坎,陷也。离,丽也。艮,止也。兑,说也。

乾为马,坤为牛,震为龙,巽为鸡,坎为豕,离为雉,艮为狗,兑为羊。

乾为首,坤为腹,震为足,巽为股,坎为耳,离为目,艮为手,兑为口。

乾,天也,故称乎父。坤,地也,故称乎母。震一索而得男,故谓之长男。巽一索而得女,故谓之长女。坎再索而得男,故谓之中男。离再索而得女,故谓之中女。艮三索而得男,故谓之少男。兑三索而得女,故谓之少女。

乾为天,为圆,为君,为父,为玉,为金,为寒,为冰,为大赤,为良马,为老马,为瘠马,为驳马,为木果。

坤为地,为母,为布,为釜,为吝啬,为均,为子母牛,为大舆,为文,为众,为柄,其于地也,为黑。

震为雷,为龙,为玄黄,为旉,为大涂,为长子,为决躁,为苍筤竹,为萑苇。其于马也,为善鸣,为馵足,为作足,为的颡。其于稼也,为反生。其究为健,为蕃鲜。

巽为木,为风,为长女,为绳直,为工,为白,为长,为高,为进退,为不果,为臭。其于人也,为寡发,为广颡,为多白眼,为近利市三倍,其究为躁卦。

坎为水,为沟渎,为隐伏,为矫輮,为弓轮。其于人也,为加忧,为心病,为耳痛,为血卦,为赤。其于马也,为美脊,为亟心,为下首,为薄蹄,为曳。其于舆也,为多眚,为通,为月,为盗。其于木也,为坚多心。

离为火,为日,为电,为中女,为甲胄,为戈兵。其于人也,为大腹。为乾卦,为鳖,为蟹,为蠃,为蚌,为龟。其于木也,为科上槁。

艮为山,为径路,为小石,为门阙,为果蓏,为阍寺,为指,为狗,为鼠,为黔喙之属。其于木也,为坚多节。

兑为泽,为少女,为巫,为口舌,为毁折,为附决。其于地也,为刚卤。为妾,为羊。

序卦传^①

有天地，然后万物生焉。盈天地之间者唯万物，故受之以"屯"。屯者，盈也。屯者，物之始生也。物生必蒙，故受之以"蒙"。蒙者，蒙也，物之稚也。物稚不可不养也，故受之以"需"。需者，饮食之道也。饮食必有讼，故受之以"讼"。讼必有众起，故受之以"师"。师者，众也。众必有所比，故受之以"比"。比者，比也。比必有所畜，故受之以"小畜"。物畜然后有礼，故受之以"履"。履而泰然后安，故受之以"泰"，泰者，通也。物不可以终通，故受之以"否"。物不可以终否，故受之以"同人"。与人同者，物必归焉，故受之以"大有"。有大者，不可以盈，故受之以"谦"。有大而能谦必豫，故受之以"豫"。豫必有随，故受之以"随"。以喜随人者必有事，故受之以"蛊"。蛊者，事也。有事而后可大，故受之以"临"。临者，大也。物大然后可观，故受之以"观"。可观而后有所合，故受之以"噬嗑"。嗑者，合也。物不可以苟合而已，故受之以"贲"。贲者，饰也。致饰然后亨则尽矣，故受之以"剥"。剥者，剥也。物不可以终尽剥，穷上反下，故受之以"复"。复则不妄矣，故受之以"无妄"。有无妄，然后可畜，故受之以"大畜"。物畜然后可养，故受之以"颐"。颐者，养也。不养则不可动，故受之以"大过"。物不可以终过，故受之以"坎"。坎者，陷也。陷必有所丽，故受之以"离"。离者，丽也。

有天地然后有万物，有万物然后有男女，有男女然后有夫妇，有夫妇然后有父子，有父子然后有君臣，有君臣然后有上下，有上下然后礼义有所错。夫妇之道不可以不久也，故受之以"恒"。恒者，久也。物不

---

① 《序卦传》内容散在相应卦中讲解，此处保留文本，以便翻阅。

可以久居其所,故受之以"遁"。遁者,退也。物不可以终遁,故受之以"大壮"。物不可以终壮,故受之以"晋"。晋者,进也。进必有所伤,故受之以"明夷"。夷者,伤也。伤于外者必反于家,故受之以"家人"。家道穷必乖,故受之以"睽"。睽者,乖也。乖必有难,故受之以"蹇"。蹇者,难也。物不可以终难,故受之以"解"。解者,缓也。缓必有所失,故受之以"损"。损而不已必益,故受之以"益"。益而不已必决,故受之以"夬"。夬者,决也。决必有遇,故受之以"姤"。姤者,遇也。物相遇而后聚,故受之以"萃"。萃者,聚也。聚而上者谓之升,故受之以"升"。升而不已必困,故受之以"困"。困乎上者必反下,故受之以"井"。井道不可不革,故受之以"革"。革物者莫若鼎,故受之以"鼎"。主器者莫若长子,故受之以"震"。震者,动也。物不可以终动,止之,故受之以"艮"。艮者,止也。物不可以终止,故受之以"渐"。渐者,进也。进必有所归,故受之以"归妹"。得其所归者必大,故受之以"丰"。丰者,大也。穷大者必失其居,故受之以"旅"。旅而无所容,故受之以"巽"。巽者,入也。入而后说之,故受之以"兑"。兑者,说也。说而后散之,故受之以"涣"。涣者,离也。物不可以终离,故受之以"节"。节而信之,故受之以"中孚"。有其信者必行之,故受之以"小过"。有过物者必济,故受之以"既济"。物不可穷也,故受之以"未济",终焉。

杂卦传^①

"乾"刚"坤"柔,"比"乐"师"忧;"临""观"之义,或与或求。

"屯"见而不失其居。"蒙"杂而著。"震",起也。"艮",止也。

"损""益",盛衰之始也。"大畜",时也。"无妄",灾也。"萃"聚而"升"不来也。

"谦"轻而"豫"怠也。"噬嗑",食也。"贲",无色也。"兑"见而"巽"伏也。

"随",无故也。"蛊"则饬也。"剥",烂也。"复",反也。"晋",昼也。"明夷",诛也。

"井"通而"困"相遇也。"咸",速也。"恒",久也。"涣",离也。"节",止也。

"解",缓也。"蹇",难也。"睽",外也。"家人",内也。"否""泰",反其类也。

"大壮"则止,"遁"则退也。"大有",众也。"同人",亲也。

"革",去故也。"鼎",取新也。"小过",过也。"中孚",信也。

"丰",多故也。亲寡,"旅"也。"离"上而"坎"下也。"小畜",寡也。"履",不处也。

"需",不进也。"讼",不亲也。"大过",颠也。"姤",遇也,柔遇刚也。

"渐",女归待男行也。"颐",养正也。"既济",定也。"归妹",女之终也。

"未济",男之穷也。"夬",决也,刚决柔也。君子道长,小人道忧也。

---

① 《杂卦传》内容散在相应卦中讲解,此处保留文本,以便翻阅。

附　录

壹　《周易》历史背景简述

　　《周易》经文由卦爻符号和卦爻辞组成,卦爻符号系统承用伏羲画卦,卦爻辞部分以夏《连山》和殷《归藏》占筮记录及历史事件为基础改写,更多卦爻辞取材于周人的历史事件和实践经验智慧而写成。人们讲述道理或介绍经验,最容易"近取诸身",从自己亲身经历或熟悉的现实和历史事件入手,能感动自己的东西才可能打动他人。周文王等周初圣贤撰写《周易》卦爻辞,文辞简奥,哲理深邃,都是社会生活和历史经验的概括总结,与特定时代的历史事件和社会实践密切相关。因此,有必要简述从伏羲画卦至周初系辞时期的历史背景,重点叙述殷末周初重要的历史事件,以备讲解《周易》卦爻辞"社会人事"取材引证之用。

　　上古"三皇"时代多为古史传说,伏羲画卦是重点。"五帝"时代以《史记·五帝本纪》为主线,参考《尚书》及出土文献,作简要描述。"三王"时代是指夏、商、周三个王朝,已进入"有史"时代,有经书《尚书》《诗经》及子史诸书大量的史事记载,有《史记》中《夏本纪》《殷本纪》和《周本纪》的记叙,有《逸周书》《竹书纪年》的专门史,有大量相关的考古出土遗址、器物和文献资料,还有今人以不同视角撰写的各类历史著述。此处抽绎及引用上述材料作概括性史事简述,书末列参考书目,文中就不再一一标注出处。

一、上古"三皇"时代

旧石器时代,距今约二百万至一万年前;新石器时代,距今约一万至四千年前。华夏氏族传说始祖,最早的"有巢氏"当为新石器时代的部落首领称号,其部族居住在黄河下游一带,在树上搭建简易房屋(巢)居住,用以避野兽和洪水,故称"有巢氏"或"大巢氏"。考古发现距今七千年的浙江河姆渡文化,初民居住在高架木构小屋上,近似于"有巢氏"。

有巢氏之后有"三皇",说法多种:或指伏羲氏、神农氏、女娲氏,或指伏羲氏、神农氏、黄帝。一般认为燧人氏、伏羲氏、神农氏为古三皇,称"燧皇、羲皇、农皇"。

燧人氏,三皇之首,有"燧明国",在今河南商丘一带。开始结绳记事,给禽兽命名。最大贡献是钻木取火(燧)而教人熟食,结束远古茹毛饮血时代,开创华夏文明。

伏羲氏,又作"宓牺、包牺、庖牺"(古音同),又称"太昊(皞)",相传为风姓始祖,距今六千年左右。伏羲部族原出泗水(泰山),渔猎于雷泽(济宁、菏泽),由济水溯黄河入渭水,自东往西过陕西陈仓(宝鸡),至甘肃成纪(天水),在渭水上游三阳川画八卦,以其圣德感化并融合多氏族部落,然后沿渭水出黄河逐步向东扩展,形成强大的部落联盟,都于陈地宛丘(河南淮阳),奠定华夏民族主体文化根基。

《周易·系辞下》:"包牺氏……作结绳而为网罟,以佃以渔。"《史记》附司马贞补《三皇本纪》:"太昊庖牺氏,风姓,代燧人氏继天而王。母曰华胥,履大人迹于雷泽生庖牺……造书契以代结绳之政。于是始制嫁娶,以俪皮为礼。结网罟以教佃渔,故曰宓牺氏;养牺牲以庖厨,故曰庖牺。"王献唐考证,自山东泗水(泰山)一带而西,经河南陕县,过陕西陈仓(宝鸡),至甘肃成纪(天水),后南下至川巴,到处都有伏羲氏遗迹。因伏羲起于泰岱,称"泰皇",故后世帝王均封禅泰山。伏羲族后代,春秋有任、宿、须句、颛臾四国,均在山东之西南部。其一支迁陕西陈仓清姜水得姜姓,率先进入农业耕作,自西而东推广农耕,遂代伏羲氏有天下,是为神农氏(炎帝)。

伏羲氏制定嫁娶制度并以鹿皮为聘礼(庆),结绳为网而捕鸟狩猎,教民以渔猎方法,发明瑟并创作乐曲,创立龙文化,画八卦而为易学创始人。庖牺之"庖"即庖厨,《说文》"庖,厨也,从广包声",房子(广)下炮(炰)野兽肉,代指烹调。古烹饪均作"庖",《孟子》始用厨字。牺,繁体作"犠",《说文》"犠,宗庙之牲也。从牛義声",宗庙祭祀的纯色牛为"犠",初当为野牛。伏羲已用烹熟(庖)的猎物(犠)祭祀天神,处在以渔猎生活为主的时代。

神农氏,以火德王,称"炎帝",别名烈山氏。一般认为炎帝生于古随国(湖北随州),成于姜水(宝鸡市),初国伊,又称"伊耆氏"。炎帝始作耒耜,教民耕作,遍尝百草,发明医药;治麻为布,制作衣裳;首辟市场,互通有无;削桐为琴,结丝为弦,作五弦之琴;削木为弧,剡木为矢,以威天下。炎帝大力发展华夏文明,被尊为"药王、五谷先帝、地皇"等。炎黄二族曾战于阪泉而炎帝败,融合而称"炎黄"。黄帝曾联合炎帝战败蚩尤于涿鹿之野,之后炎帝部族向长江南部发展,炎帝死后葬于湖南茶陵(株洲炎陵县)。

二、"五帝"时代

"五帝"说法不一,有指伏羲、神农、黄帝、尧、舜,也有指太皞(昊)、炎帝、黄帝、少皞(昊)、共工,还有指太皞、黄帝、少皞、颛顼、帝喾等。其实"五帝"并非实指,可能是由公有制氏族社会走向私有制阶级社会转换的时代符号。其时很多氏族首领自称"帝",年代久远,难以具记。《史记·五帝本纪》列黄帝、颛顼、帝喾、尧、舜为"五帝"。《竹书纪年》谓:黄帝在位一百年,颛顼七十八年,帝喾六十三年,帝尧一百年,帝舜五十年。这些帝号可能是氏族部落的称谓,也用为氏族首领的称号,以至几代首领沿用同一称号,所以才有在位百年的传说。《尚书》以《虞夏书·尧典》开篇,可见是五帝后期的"尧舜"传下具体的史实,此后便进入有史时代,故后代文献多言及尧、舜、禹故事。

"五帝时代"应是青铜、文字、礼仪和城市中心的生成时期,是战争造就英雄并产生"天下共主"的伟大时代,是华夏五千年文明史的第一个千年。主要考古发现为:黄河流域的龙山文化,长江流域的良渚文化及石家河文化,四川的三星堆文化等。大量考古发现,证明《尚书》《竹书纪年》及《史记》等文献所载史事是基本可信的。五帝时代约一千年,分三个阶段,各占三百年左右。

1. 黄帝阶段

古有"黄帝三百年"之说,可能指多个沿用"黄帝"称号的首领主导的强大部落联盟。而《史记·五帝本纪》载,黄帝为少典之子,姓公孙;曾居嵩山轩辕之丘,号轩辕氏;又以姬水成就功业,故姓姬;后都于有熊,称有熊氏。

黄帝聪颖神武,心怀天下,曾与姜姓炎帝集团联合,打败东夷蚩尤集团,又征服九黎等众多部族,统一华夏成为部族联盟共主。于是"诸侯咸尊轩辕为天子",又"天下有不顺者,黄帝从而征之"。中原黄土利于农耕,黄帝"艺五种"推广农业生产,以土德之瑞而称"黄帝"。黄帝播百谷、制衣冠、建舟车、习音律、行医药等,贡献甚多。《史记·五帝本纪》推崇黄帝两项政治建设,一是"举风后、力牧、常先、大鸿以治民",二是"置左右大监,监于万国"。设立中央机构选拔能人治国政而理民事,并建立地方监察机构施行监督管理,已具有国家管理的最初形制。黄帝共生二十五子,得姓者十四人。黄帝死后葬于桥山,在今陕西黄陵县。

2. 颛顼、帝喾阶段

颛顼 zhuānxū,姬姓,昌意之子,黄帝之孙。辅佐少昊金天氏(黄帝长子玄嚣)有功,封于高阳(开封高阳镇)。其时进入大洪灾时期,共工氏以治水闻名,在少昊死后"与颛顼争为帝",颛顼打败共工成为天下共主,号高阳氏,始都穷桑,迁都于商丘,后居帝丘。《史记·五帝本纪》谓颛顼"静渊以有谋,疏通而知事",以句芒为木正、祝融为火正、句龙为土正,循轩辕黄帝既定国策行事,保持社会安定太平。

颛顼去世,帝喾继位。帝喾 kù,姬姓,名俊,蟜极之子,少昊玄嚣之孙,黄帝曾孙。姬俊生于高辛(商丘高辛镇),十五岁成为堂叔颛顼助手,因功封于辛。三十岁颛顼死,帝喾继位,迁都于亳(商丘),号高辛氏,改元为帝喾元年。《史记·五帝本纪》谓帝喾"仁而威,惠而信,修身而天下服"。帝喾前承炎黄,后启尧舜,政治清明,百姓悦服,为华夏文明打下坚实基础。史称帝喾为帝挚(禅位于尧)、帝尧、契(商始祖)、弃(周始祖)之父,故被尊为商、周两朝先祖。死后葬于故地高辛,至今存有帝喾陵。

3. 尧、舜阶段

尧,姓伊祁,名放勋,帝喾之子,母为陈锋氏。十三岁封于陶(山西襄汾),十五岁辅佐兄长帝挚,改封于唐地(山西翼城),为陶唐氏,称"唐尧"。尧二十岁代挚为天子,定都平阳(临汾尧都区)。《史记·五帝本纪》谓帝尧"其仁如天,其知如神"。《尚书·尧典》谓尧德绥天下,亲睦家族,遍访贤能,善任百官,协和万邦,民众和从。尧时"洪水滔天",派鲧治理洪水无功,又由舜启用其子禹治水建奇功。尧命羲和等观测天象,测定春分、夏至、秋分、冬至四时节候,颁授节令以指导农耕生产,今陶寺遗址出土"观象台"及天地祭坛可证其事。尧设立谏言鼓与诽谤木,让百姓进言批评君王过错。尧在位七十年,选舜为接班人。在舜为尧主政二十多年后,尧传舜"允执厥中"四字治国心诀,禅让帝位于舜。二十八年后,尧去世。

舜 shùn,姚姓,名重华,字都君,谥号"舜"。虽为颛顼六世孙,然自五世祖穷蝉以后都是平民。舜自小丧母,不断受父亲瞽叟、后母及弟象的迫害,虽然屡经磨难,仍孝敬父母并爱护异母弟,深受父老赞誉。舜生于姚墟（濮阳，一说潍坊诸城），耕于历山（鄄城），渔猎于雷泽（菏泽），在黄河之滨烧制陶器，在寿丘（曲阜）制作日用杂品，在顿丘（河南浚县）、负夏（山东兖州）一带经商营生。因德行高尚，民间威望很高，声名远扬。

尧年迈寻求接班人，四岳推荐舜。《尚书·尧典》谓"尧厘降二女于妫汭，嫔于虞"。《汉书》载"尧都平阳，舜都蒲阪"。尧把二女娥皇、女英嫁给舜，使居妫水边，建立虞国，治都蒲阪（山西永济），因有妫氏、有虞氏，后称"虞舜"。舜勤政亲民，百姓乐从，仍似当年"一年而所居成聚，二年成邑，三年成都"。于是尧让舜职掌五典、管理百官及迎宾礼仪，以观其能。见所治皆和美，尧乃命舜摄行政务，多年后尧将帝位禅让给舜。

舜继承帝位，行仁德政治，选贤任能，举用"八元、八恺"分任要职处理政务，放逐"四凶"而除恶安民。他巡狩四方，整顿礼制，减轻刑罚，统一度量衡。教化人民"行厚德，远佞人"，提倡孝敬父母，和睦邻里。舜处事审慎适度，《中庸》谓："舜其大知也与！舜好问而好察迩言，隐恶而扬善，执其两端，用其中于民。"在其精心治理下，政教布行，八方宾服，内平外成，四海咸颂舜功。舜任命禹治水，全力支持禹建功立业，然后禅让帝位于禹。《史记·五帝本纪》谓舜"践帝位三十九年，南巡狩，崩于苍梧之野，葬于江南九疑，是为零陵"。今湖南永州有舜帝陵。

舜帝最善用贤能人才，《史记·五帝本纪》载，除八元八恺外："皋陶为大理，平，民各伏得其实；伯夷主礼，上下咸让；垂主工师，百工致功；益主虞，山泽辟；弃主稷，百谷时茂；契主司徒，百姓亲和；龙主宾客，远人至；十二牧行而九州莫敢辟违；唯禹之功为大，披九山，通九泽，决九河，定九州，各以其职来贡，不失厥宜，方五千里，至于荒服。"舜置十二州牧分管地方行政。任用皋陶掌管刑法，伯夷主持礼仪，垂主管百工，龙接待宾客，各司其职，各得其宜。特别值得注意的是：益任虞官主管狩猎牧养，是后来秦国的先祖；弃任稷官主管农业耕作，是后来周朝的先祖;契任司徒主管教化,是后来殷商的先祖;而禹治理洪水界定九州,功劳最高而继承帝位,是随后夏朝的先祖。夏、商、周、秦四朝先祖,都在舜帝治下同任要职,受到最好的德能锻炼,其后人相继主宰华夏一统天下两千多年,这是何等重大的贡献。

从历史文献和考古发现看,尧、舜、禹时期(约前 3000—前 2000),统一了"方五千里"的九州疆域,逐步建立起行政、法律和礼仪制度,畜牧和农业生产得以发展,日影星象观测用于确定节候农时,城邑村落居住和墓葬已形成规模,陶器、玉器制作精美,有的契刻有图形文字,已出现含锌铅的铜基合金,能制作黄铜器和青铜器。这些公认的"文明"标志,证明五千年前华夏文明已经形成,并由黄河中游的中原地区不断向四边发展。

在五帝后期众多部族中,有三个最有文化实力:一是夏部族,主要活动在晋南和豫西地区,发展为夏朝;二是商部族,据有今豫东及海岱部分地区,后来取代夏而建立商朝;三是周部族,活动在陕西邰地、豳地、岐山一带,后来取代商而建立周朝。

三、夏王朝

"三王"又称"三代",夏代为首,是华夏第一个大统一王朝。《说文》"夓,中国之人也","百"为正面人头,"臼"为两手,"夊"为足,为着正装两手掐腰行走之人,用于称中原人,与四方"夷、蛮、闽、蜀、羌、狄"相区别。夏朝居中原而一统天下九州,故以"夏"为部族和朝代名。

先夏地处中岳之中州,海岱大汶口龙山文化西进,江汉平原屈家岭文化北进,与中原文化汇聚,先夏族促成文化交流融合,得益最多,形成夏的"大、华、雅"特点。"东陶南铜"工艺融入中原文化,"南稻北粟"农作物又在中原交汇,促进夏文化飞速发展,使之率先进入阶级社会。

《国语·鲁语下》:"夏后氏禘黄帝而祖颛顼,郊鲧而宗禹。"夏为颛顼部族分支,最初"在河汾之东,方百里"。距今一万至四千多年前,华夏区域内共发生五次特大洪水,第五次距今四千七百至四千年,正当尧舜禹时代。《史记·夏本纪》:"当帝尧之时,鸿水滔天,浩浩怀山襄陵,下民其忧。"共工早期治水失多于得,鲧堵治洪水失败后被流放。舜举鲧子禹治水,禹凿通黄河龙门,遍疏水道,周遂公盨铭文谓"天命禹敷土,随(堕)山浚川"。禹治水十三年,"尽力乎沟洫"以至"三过家门而不入",最终"平治水土"。《史记·五帝本纪》谓"唯禹之功为大"。于是舜将帝位禅让给禹,成为天下共主。

《左传·襄公四年》:"芒芒禹迹,画为九州,经启九道。"禹治水成功,划分天下为"冀、兖、青、徐、扬、荆、豫、雍、梁"九州,由中央派九牧至各地实施管理。《尚书·禹贡》详列九州区划、土壤、物产和贡赋,选能者"监治天下"而"贡赋备矣"。以王都为中心,四面往外五百里为一服,共设五服,置"夏后氏官百"以行教化,以至"声教讫于四海"。最主要的有十官:农官、四时之官、水利官、膳食庖正、蓄养牧正、办公车正、礼仪官、宣政官、卜筮官、刑狱官等。舜留下重臣皋陶、伯夷、后稷、伯益等,继续辅佐禹治理国家。此时刑法、历法均已成型,祭祀、礼制得到重视,至今农历仍用"夏历",礼制多承"夏礼"。《尚书·大禹谟》载禹以"水、火、金、木、土、谷,正德、利用、厚生"六府三事为"养民九功",发展生产,厚养民生,使"九州攸同"且"四奥既居",形成"执玉帛者万国"的兴盛局面。《史记·封禅书》载"禹收九牧之金,铸九鼎",《左传·宣公三年》谓"用能协于上下,以承天休",大禹收集九州铜兵器铸九鼎存于中央,象征王权至上的天下一统,并起到防范战乱复起的效用。禹自此"五岁一巡狩",晚年"封泰山,禅会稽",在东巡会稽(浙江绍兴)时逝世,葬于会稽山。

禹具有坚忍不拔、大公无私和兴国利民的强健进取精神,成为民众心目中的大圣,故号"大禹"。大禹一生刚强有力的作为,使君王的权威得以提升,社会生产得以发展,国民财富快速增长,从而导致人的地位不平等,加速阶级社会的形成,促进王权体制的建立,因而成就了"三王"之首的夏王朝。

《史记·夏本纪》载大禹本"以天下授益",但"诸侯皆去益而朝启",于是禹之子启即天子位,成为"夏后帝启"。《尚书·甘誓》载有扈氏不服,启兴师讨伐,在甘地誓师,剿灭有扈氏。于是天下诸侯来朝,夏王朝得以稳固发展。从此,尧舜禹禅让制的部族联盟"公天下"转型为父子相传的王权体制"家天下"。

夏朝(前2070—前1600)为姒姓王朝,《竹书纪年》:"自禹至桀十七世,有王与无王,用岁四百七十一年。"夏朝从大禹王至履癸桀,共历十七王471年:禹—启(禹子)—太康(启子,其后四十年间后羿代夏、寒浞主政)—中康(仲康,太康弟)—相(仲康子)—少康(相子)—予(杼、纾、伫,少康子)—槐(芬,予子)—芒(荒,槐子)—泄(世,洩,芒子)—不降(泄子)—扃(局、禺,不降弟)—廑(胤架、顼,扃子)—孔甲(不降子)—皋(吴、皋苟,孔甲子)—发(敬、发惠,皋子)—履癸(桀,发子,前1600年亡)。夏朝历史主线可简述为:禹定九州,夏启开国,太康失政,少康中兴,孔甲乱政,夏桀亡国。

夏部族早期的生存活动区域,西起河南西部(豫西)与山西南部(晋南),东至河南与山东交界处,北至幽燕,南接荆楚。主体是以中岳嵩山为中心的伊洛水流域、济水流域、颍水流域及汝水上游地区。夏发源地嵩山(崇)地区,是伏牛山余脉到豫东平原的要冲,中州腹地乃天下之中,故称"中夏"。禹初都安邑,山西运城夏县安邑镇有"禹王城"遗址。《左传·哀公六年》:"《夏书》曰:唯彼陶唐,帅彼天常,有此冀方。"杜预注:"唐、虞及夏同都冀州。"孔颖达疏:"尧治平阳,舜治蒲阪,禹治安邑。三都相去各二百余里,俱在冀州,统天下四方,故云'有此冀方'也。"启登大位时亦都安邑,后迁往河洛腹地。《史记·周本纪》:"自洛汭延于伊汭,居易毋固,其有夏之居。"裴骃集解引徐广:"夏居河南,初在阳城,后居阳翟。"《通志·氏族略三》:"鲧为尧崇伯,赐姓姒氏,其子禹受舜禅为夏家,至桀而绝。"尧帝封鲧于嵩山(崇)之地,称崇伯,赐姓姒,故禹也称"崇禹"。舜帝封禹为夏伯,建阳城,一度居阳翟。阳城在今登封,阳翟在今禹州，其境称"夏邑"或"夏国"，河南阳翟县有夏亭城，《水经注》谓"夏禹始封于此，为夏国"。启登位后荣归故土，大飨诸侯于阳城钧台（夏台），《竹书纪年》载启"即位于夏邑，大飨诸侯于钧台，诸侯从帝归于冀都"，今禹州尚存"钧台"遗迹。

启在位四十年后去世，子太康继位，建都于洛水入黄河口之斟鄩zhēnxún，《括地志》谓"故鄩城在洛州巩县西南五十八里"。今洛阳偃师二里头考古发掘斟鄩遗址，显示夏都之规模宏大与繁荣。《竹书纪年》"太康居斟鄩，羿亦居之"，又仲康"帝即位，居斟鄩"。太康继位后，由阳翟迁都斟鄩，沉湎于酒色游猎，其兄弟五人作歌劝谏，即《尚书·五子之歌》，强调"民唯邦本，本固邦宁"，但太康并不改悔。太康晚年，东夷人后羿进入夏都，夺取皇家权力，致使太康游猎后无家可归。《帝王世纪》："太康无道，在位二十九年，失政而崩。"太康死，其弟仲康立，后羿已操纵全部权力，仲康成傀儡。仲康死后，后羿立仲康子相为君，但不久就赶跑相，在斟鄩建立自己的政权，自称"夏王"，史称"后羿代夏"。后羿自封夏王，腐败堕落，被其下属寒浞杀死。寒浞成为"夏王"后，得知原夏王相流落于同姓斟灌氏（山东寿光），就派人杀死夏王相。相妃后缗已有身孕，由斟灌逃至娘家有仍氏（济宁）避难，生下相之遗腹子少康。

少康艰难长成，在有仍氏为放牛娃"牧正"，又流亡至有虞氏（商丘虞城）任厨子"庖正"。历经磨难，多年准备，将散失在外的"夏众"集结起来，由"有众一旅"开始建立强大军队，联合有鬲氏（德州）等部族兴师向中原进发，杀死寒浞及其二子，终得"复禹之绩"，建都少康城（禹州康城村）。少康巩固政权，和睦邦交，兴修水利，发展经济，保障民生，国家欣欣向荣，史称"少康中兴"。自此夏代六世七王保有一百二十年相对繁荣，形成夏朝"天下共主，九夷来宾"的强盛局面。少康后继者复归都斟鄩，至末代桀（癸）一直都于此。《竹书纪年》"帝（癸）即位，居斟鄩"。

　　帝位传至十三代帝廑时，夏朝出现种种危象，廑死后立不降之子孔甲为君。孔甲"好方鬼神，事淫乱"，是个胡作非为的残暴昏君，相传有"屠龙、食龙"之类的荒唐事，扰乱与相邻部族的百年和好关系，致使各部落首领纷纷叛离，夏朝国势衰落，迅速走向崩溃衰亡，史称"孔甲乱夏"。其后夏王朝急转直下，历孔甲、皋、发、癸（桀）四世而亡。《史记·夏本纪》："自孔甲以来而诸侯多畔夏，桀不务德而武伤百姓，百姓弗堪。"于是"伊洛竭而夏亡"，天灾与人祸交并，夏王朝终被东方新兴的商部落取代而建立商王朝。

四、商王朝

　　商，甲骨文作𠭯、𠭯、𠭯，金文作𠭯、𠭯，青铜酒器形，《说文》"商，从外知内也"，由饮酒斟酌转有估量、商量义。商人初封于商（陕西商洛）而后居亳（河南商丘），多制青铜酒器，以"商"为部族和朝代名。商人重视商旅，"商"由商量、议价转指经商、商业，曾加贝作"賮"，但以"商"为通用字。从商族初祖契至汤王建立商朝，再到殷纣王亡国，"商"可分为三个阶段。

1. 先商时期

　　先商有商君十四代：契—昭明—相土—昌若—曹圉—冥—振—微—报丁—报乙—报丙—主（示）壬—主（示）癸—天乙（成汤）。

　　《诗·商颂·玄鸟》载简狄浴于河川，见飞燕衔卵坠落，简狄取来吞下，怀孕生契 xiè。契曾辅佐禹治水有功，《史记·殷本纪》载"帝舜乃命契曰：百姓不亲，五品不训，汝为司徒而敬敷五教，五教在宽。封于商，赐姓子氏"。契初都商（陕西商洛），因玄鸟所生而被称为"玄王"。契传位子昭明，居砥石。昭明传子相土，《诗·商颂·长发》谓商族此时活动范围一度达到"海外"（山东滨海），相土迁商于亳（商丘）建立东都，靠东海更近。此时夏王太康荒于政事，被东夷后羿夺取政权，疏于对商族的控制。相土趁机独立发展经济，"作乘马"改进交通工具，使商族得以快速壮大。

相土传位昌若,昌若传曹圉,逢夏少康复国,商族恢复对夏族的臣属关系。曹圉传冥,冥治国有成,后担任夏朝治理水利的官员,老死在治水任上,其勤政敬业精神受到景仰,后代商人将冥与契、汤并列享受郊祭。冥传位子振(亥),即王亥,"王"乃后人对他的追封。甲骨文中有关王亥的祭祀卜辞很多。王亥长于经商,已驯服牛拉车运货物,《世本·作篇》称"作服牛"。王亥时商族扩展至今河南北部及河北中部,北与有易氏(定州)相邻而多有商业往来。有易氏首领绵臣杀死王亥,夺取商人的牛羊,王亥之弟王恒率族人夺回牛羊。后来王亥之子上甲微联合河伯攻打有易氏,消灭绵臣为父报仇。商人或称王亥为"高祖亥",用隆重祭礼来祭祀他。王亥之子上甲微打败有易氏后,又平定诸弟间的权力争斗,使商族得以大发展,且进入文字记载阶段。商族后代对祖先轮番祭祀称"周祭",微常居于首位,正是后人对他所作贡献的肯定。

报丁、报乙、报丙称为"三报",示壬、示癸称为"二示",此五先君合称"三报二示",在"周祭"中占有显明序位,说明后人肯定其贡献,他们开启殷商帝王以十天干称名的习例。

至此,商族势力大发展,为成汤灭夏做好准备。示癸传位成汤(天乙),成汤伐夏桀建立商朝。《竹书纪年》载,商朝从成汤代夏到殷纣被周武王所灭,计二十九王496年,实为550余年,共历三十王。王国维《殷卜辞中所见殷商先公先王考》与《史记·殷本纪》所载世系基本相合,可分为早商、晚商两个阶段。

2. 早商时期(前1600—前1300)

早商时期商王世系为:

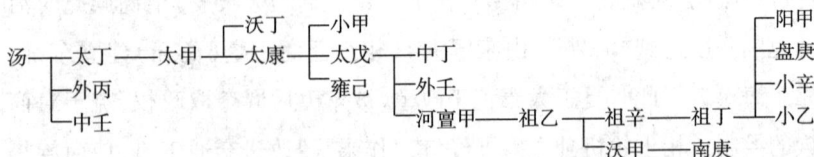

汤 —— 太丁 —— 太甲 ┬ 沃丁
  ├ 外丙   └ 太康 ┬ 小甲
  └ 中壬   ├ 太戊 ┬ 中丁
          └ 雍己 ├ 外壬
        └ 河亶甲 —— 祖乙 ┬ 祖辛 —— 祖丁 ┬ 阳甲
                    └ 沃甲 —— 南庚 ├ 盘庚
                                ├ 小辛
                                └ 小乙

汤，号成汤，又称天乙，甲骨卜辞称大乙，商部族第十四代传人。其时商族居于亳（商丘），进入"早商"历史时期。成汤见夏桀无道，着力发展自己的势力。首先吸纳贤才，任有莘氏奴隶伊尹（阿衡）为相，重用投奔商族的夏朝官员仲虺，施行仁政，注重民生，围猎时"网开三面"，恩济禽兽，深得民心。《国语·鲁语上》谓汤"以宽治民，而除其邪"，减轻赋役，以宽厚仁爱治民，与夏桀暴虐对比鲜明，故民众均来归附。商汤以联姻方式取得夏有莘氏（开封陈留）支持，还将仲虺所在的薛国争取过来，共有四十个方国归附于商。夏桀深感受威胁，招汤入朝而囚于夏台。仲虺不断送珍宝美女贿赂桀，申说汤无野心。桀自傲轻信，释放成汤归商。

汤归亳后，积蓄实力，趁桀自大无防，攻灭夏之羽翼葛国，又灭夏王朝的"三蘖"（三枝）：位于今滑县东的韦国（豕韦彭姓）、今南阳的顾国（有扈氏）和以冶铜闻名的昆吾国（己姓）。《孟子·滕文公下》谓其"十一征而无敌于天下"。按伊尹计谋，商汤突然停止对夏的进贡。桀号令"九夷"发兵攻商，有几个夷族听令发兵。汤感到灭夏时机还未成熟，又恢复纳贡而迷惑桀。第二年又突然停止纳贡，桀暴跳如雷，又命九夷出兵。但人心丧尽，九夷均按兵不动。汤见时机成熟，发动对夏桀的总攻。此时夏桀正在与山东有缗氏作战，无暇回顾。于是商汤寻机在河南山东之交的原野上与夏桀展开决战。汤发布讨伐夏桀的誓师词，即《尚书·汤誓》。誓词谓"有夏多罪，天命殛之"，申讨夏桀罪恶，证明"商革夏命"的合理性，激励将士用命行"致天之罚"。最终，在今封丘"鸣条之战"中打败夏军，桀带败兵逃到南巢（安徽巢湖），对部下说后悔当初没有杀汤，但无人回应其言。之后夏桀死于南巢，夏代结束，商王朝兴起。

灭夏后，商汤在亳筑"汤王台"昭告天下，三千多诸侯参加会盟，《尚书·汤诰》载其诰命，成为商朝建立（前1600）的标志。汤建王都于亳，史称"西亳"。王朝建立后，汤王对夏都伊洛地区加强控制，震慑新归附的诸侯国。改进政治制度,发展生产,富国安民,建成大一统的强盛商王朝,成为一代圣君。

汤长子太丁协助汤王主持军国大事,在殷墟甲骨文中多有贞卜祭祀记载,但太丁未继位就先汤而死。汤在位十三年亡故,次子胜继位,称外丙,卜辞称卜丙,在位三年。其弟庸继位,称中壬,在位四年。太丁之子至继位,称太甲。太甲初时残暴乱德,伊尹将他流放桐宫,三年悔过自新,伊尹迎归还政。太甲力修德政,四方诸侯归附,百姓安宁,在位十二年卒,褒称"太宗"。太甲之子绚继位,为沃丁,殷墟卜辞称羌丁。沃丁弟辩继位,为太康,卜辞称大庚。其子高继位,为小甲。小甲弟伷继位,为雍己。雍己之兄密继位,为太戊,《尚书·君奭》载伊陟、臣扈、巫咸等贤人辅佐太戊,使商王朝国力强盛,与西方诸侯方国的关系也得以加强。太戊传位其子庄,为中丁(仲丁),卜辞称"中宗",考古发掘"郑州商城"应是仲丁所建隞都。中丁弟发继位,为外壬。其弟整继位,为河亶甲,卜辞称戋甲。河亶甲传位其子滕,为祖乙,重用巫贤,使商朝一度复兴,卜辞一般称祖乙,有时也称下乙、高祖乙,尊崇程度直追汤王。祖乙子旦继位,为祖辛。传位其弟踰,为沃甲。沃甲子继位,为南庚。传位祖辛子新,卜辞称祖丁或小丁,有四子:阳甲、盘庚、小辛、小乙,相继为王,祭祀时同被列入祭谱。阳甲名和,卜辞也称兔甲。

史载殷商"不常其邑",屡次迁都,先商八次早商五次,共迁都十三次。主要是商地处黄河中游低地(黄泛区),易遭水灾,且内乱外患不断,较难稳定。商朝至阳甲时期国力再次衰落,阳甲之弟旬继位,为盘庚,欲以迁都摆脱旧势力束缚而获振兴。《尚书·盘庚》记载,盘庚威逼利诱,说服族人支持迁都,最终将都城迁到今河南安阳的殷地。盘庚迁殷(前1300)后,殷商王都从此固定不再迁徙,为殷商政治、经济和社会生产提供稳定的基础。《史记·殷本纪》谓盘庚迁殷后"行汤之政,然后百姓由宁,殷道复兴"。此后,商朝的王位继承制度渐趋成熟。先商十四世全是"父死子继"制,早商前期又转向"兄终弟及"制,到早商后期又恢复以"父死子继"制为主。商朝数百年间,在王位继承制度上走了个大"之"字形,然后才稳定下来,为社会转型提供了契机。盘庚迁殷,标志晚商时期的开始,都城稳定,王位继承有序,具备复兴的条件。

3. 晚商时期(前1300—前1046)

晚商时期商王世系为:

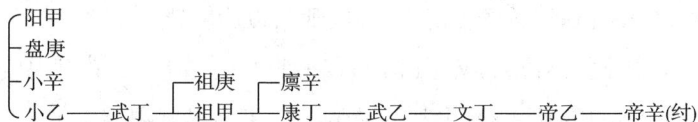

```
┌阳甲
├盘庚
├小辛                ┌祖庚    ┌廩辛
└小乙——武丁          └祖甲    └康丁——武乙——文丁——帝乙——帝辛(纣)
```

盘庚去世,其弟颂继位,为小辛,卜辞称"王颂"或"颂王"。小辛治国失误,出现国力复衰趋势。小辛弟敛继位,为小乙,《尚书·无逸》载小乙精心培养其子昭(武丁)的执政能力,曾让他到民间去艰苦锻炼,待儿子成熟,小乙就将王位让给武丁。

武丁青少年时生活在乡里,懂得民间疾苦。《尚书·无逸》载他继位之初三年不言,细心观察政事和大臣,招揽贤才,得到甘盘、傅说等能人辅佐。甘盘曾任其师,傅说则是他从版筑刑徒中选拔出来委以国相重任的。经过武丁君臣的同力治理,殷商国力日渐强盛。在此基础上,武丁征伐不服统治的方国,妃子妇好率大军攻打土方,大获全胜。此后,相继征伐西北的舌方、羌方和南边的虎方、归方、荆楚等地,使众多诸侯方国都臣服于殷商。《史记·殷本纪》谓"武丁修政行德,天下咸欢,殷道复兴",殷商达到鼎盛时期,今见殷墟甲骨卜辞和铜器铭文,大多出自武丁时期。武丁在位期间政绩卓著,后继者尊为"高宗",颂辞存于《尚书·高宗肜日》,《诗·商颂·殷武》也专门赞颂武丁的伟大功绩。

武丁逝世,其子跃继位,为祖庚。传位其弟载,为祖甲,殷商名王之一,殷商周祭制度由他创立。《竹书纪年》载祖甲"重作汤刑",征伐西戎而获胜。但《史记·殷本纪》谓"帝甲淫乱,殷复衰"。祖甲子先继位,为廩辛。传位弟器,为康丁。康丁之子瞿继位,为武乙。武乙(前

1147—前1113在位)酷爱田猎,荒于政事,蔑视神权,《史记·殷本纪》:"武乙无道,为偶人,谓之天神。与之博,令人为行。天神不胜,乃僇辱之。为革囊,盛血,印而射之,命曰'射天'。"殷商崇尚神灵,"辱神射天"是极端叛逆的行为,天道民情皆不允。后来武乙至河渭间田猎,"暴雷,武乙震死"。此时,西部渭水岐山的周族势力迅猛扩张,殷商无法遏制其发展,只得任命周首领季历为"殷牧师",以为羁绊。

武乙之子托继位,为文丁(前1112—前1102在位)。其时周族势力强大,季历抵御西北戎狄,七战而六胜。文丁为遏制周族发展,将前来殷都献俘的季历"执诸塞库"而致死,与周人结下怨仇。文丁卒,子羡继位,为帝乙(前1101—前1076在位)。甲骨卜辞显示,帝乙多次征伐人方,但殷商国力日益衰落,抵挡不住戎狄进攻。于是有《周易》"帝乙归妹"卦,乃帝乙以联姻方式与西伯姬昌和解而共御戎狄。帝乙卒,长子微子启因母位卑而不能继承帝位,由少子辛继位,为帝辛,即殷纣王。公元前1046年,周武王伐纣,殷商灭亡。

4. 殷纣贪婪残暴致殷商灭亡

帝辛(前1075—前1046在位),名辛,死后谥号"纣"(受),有"残义损善"之意。《史记·殷本纪》:"帝纣资辨捷疾,闻见甚敏;材力过人,手格猛兽;知足以距谏,言足以饰非;矜人臣以能,高天下以声,以为皆出己之下。"帝辛个人能力突出,早期治国有力,平定叛乱而维护统一,扶持商贸而增强国力,促进生产而有利民生。

帝辛后期过于自傲,骄奢淫逸。"益广沙丘苑台,多取野兽蜚鸟置其中",大兴土木"作为顷宫、灵台",由此加重民众负担,激化阶级矛盾。帝辛"好酒淫乐",有"酒池肉林"之设,败坏先祖美德。宠爱美色而"嬖于妇人",听从宠妃妲己之言来决定政事,以致残暴杀戮。他还加重赋税,轻慢祭祀,激起民愤。帝辛上层政策也多有失误,削弱贵族权势,扩大商旅势力,打击传统巫史集团,形成内部尖锐对立。以至剖比干、囚箕子、去微子,王室重臣遭到毁灭性打击。如此倒行逆施,重用费仲、恶来等诏媚小人,使精英贤能纷纷叛逃,以至王宫掌管典籍和礼乐的大师、少师都投奔周族。为转移内部矛盾,帝辛对周边盟国用兵,引起各方国部落纷纷叛离。殷商长期积弊,众叛亲离,已到无法挽回的地步。最终周武王率师一举灭亡殷商,帝辛于鹿台自焚身亡。

从帝辛继位的政治背景来看,此时殷商正处在由复兴走向衰亡的末世。其曾祖武乙在位三十五年,处理周边部族关系较好。周族的古公亶父不堪戎狄侵扰,自豳地南迁于岐山,武乙顺势赐周以岐邑,以屏藩戎狄。古公亶父继承人季历伐义渠等戎狄,武乙赐地、玉和宝马,以保证西北边境安定。帝辛之父帝乙建陪都于朝歌优渥之地,又确定嫡长继承制,王室政权得以稳定。其实武乙"辱神射天",旨在削弱巫权而强化王权。《尚书·酒诰》:"在昔殷先哲王,迪畏天,显小民,经德秉哲,自成汤咸至于帝乙,成王畏相。"殷王一向畏天命、畏小民难保、畏辅国大臣(贵族集团)。武乙攻射天神,削弱巫权迷信,本有利于国家稳固发展。只是其曾孙帝辛行之太过,彻底否定巫史贵族权力,施行暴政,以"炮烙、剜心、醢煮"等酷刑镇压贵族,极度强化王权,致使宗室贵族上层分崩离析。帝辛又在生活上极度腐化,毁坏道德纲纪,使社会风气堕落腐败,大失民心,于是殷商政权转向衰亡。

与此同时,西伯姬昌广行德政,国力日见强盛。但纣王却狂呼"我生不有命在天",自命不凡,暴虐日盛。他要彻底扫除"天命",使殷商巫卜抛弃礼仪法度的合理内容,也就完全抛弃卜筮的理性原则和祛恶导善的教化意义,沦为愚弄民众争权夺利的手段。权力的失控使社会矛盾激化,绝对王权导致严重的腐败,专制暴政导致国家的衰亡。这些,并非后人污名纣王失败,实则有殷商末世衰亡的必然性。下列材料可见其荒淫残暴的严重程度:

《史记·殷本纪》载纣王:"好酒淫乐,嬖于妇人。……使师涓作新淫声、北里之舞、靡靡之乐。厚赋税以实鹿台之钱,而盈钜桥之粟。益收狗马奇物,充仞宫室。益广沙丘苑台,多取野兽蜚鸟置其中。慢于鬼神,大聚乐戏于沙丘,以酒为池,悬肉为林,使男女倮相逐其间,为长夜之饮。百姓怨望而诸侯有畔者,于是纣乃重刑辟,有炮格(烙)之法……醢九侯……脯鄂侯……囚西伯羑里。"《战国策·赵策》亦载纣王醢鬼侯、脯鄂侯而拘文王。

《逸周书·酆保》引周公曰:"商为无道,弃德刑范,欺侮群臣,辛苦百姓,忍辱诸侯。"纣王向诸侯与百姓索求无度,《逸周书·世俘》:"时甲子夕,商王纣取天智玉琰,瑴身厚以自焚,凡厥有庶告焚玉四千……凡武王俘商旧玉亿有百万。"纣王临终还以美玉环身自焚,武王灭殷后得到纣王横征暴敛来的美玉竟达"亿又百万"之多。

《竹书纪年·帝辛》记纣王:"四年,大蒐于黎",激起戎狄反叛;同年"作炮烙之刑",用以燔生人,辜谏者;五年夏,"筑南单之台",其大三里高千尺;九年,"王师伐有苏,获妲己以归",有宠,惟妲己言是用;同年,作琼室立玉门;十年夏六月,"王畋于西郊",聚众百万,右饮洹水不流;十七年冬,"王游于淇",见老人骨髓不实而朝涉畏寒,乃斫其胫以视髓。建豪华台观,聚众畋猎,宠幸妲己,燔辜臣民,斫胫视髓,可谓骄奢残暴到极致。

《史记·周本纪》:"帝纣乃囚西伯于羑里,闳夭之徒患之,乃求有莘氏美女,骊戎之文马,有熊九驷,他奇怪物,因殷嬖臣费仲而献之纣。纣大说,曰'此一物足以释西伯,况其多乎',乃赦西伯,赐之弓矢斧钺,使西伯得征伐。……西伯乃献洛西之地,以请纣去炮格(烙)之刑,纣许之。"纣王贪得无厌,收受贿赂便释放政敌,并赋予其征伐大权,可谓愚顽至极,自取灭亡。如此种种,正所谓"天命不常"而"殷鉴不远"。

五、周族发展与西周初期的历史简述

周,甲骨文作𝍮、𝍯,从田,四点象庄稼稠密均匀,有周密义。西周甲骨文作𝍰,金文作𝍱,加上口,《说文》"周,密也,从用口",表示言语周密、谨严。周族始祖后稷善种庄稼,周人行事严谨周密,故用"周"作部族和朝代名称。

　　周族从始祖弃(后稷,约前2300)至周武王建立周朝(前1046),经历1200多年的艰苦磨砺。西周(前1046—前771),武王姬发至幽王宫涅共历十三王276年。东周515年分两段:春秋(前770—前476),平王宜臼至敬王匄共历十四王295年;战国(前475—前256),元王仁至赧王延共历十王220年。西周加东周合计791年,加文王受命主政10年共约800年,是史上历时最长的朝代。从始祖弃到秦灭赧王延,周人经历近二千年发展兴衰历史。而《周易》形成的古公亶父至成王百年,正是周族蓬勃兴盛的高光时段。

　　1. 先周的发展(约前2300—前1102)

　　先周世系:弃(后稷)—不窋—鞠(陶)—公刘—庆节—皇仆—差弗—毁隃—公非—高圉—亚圉—公叔祖类—古公亶父(太王)—季历(王季)—昌(文王)

　　《诗·大雅·生民》载周族始祖弃的故事。有邰氏女姜嫄,在野外踏巨人足迹,有感怀孕生子,认为不祥,将他抛弃:"诞置之隘巷,牛羊腓字之;诞置之平林,会伐平林;诞置之寒冰,鸟覆翼之。"弃于小巷,母牛母羊给他喂奶。丢到树林里,碰巧有人来伐木救了他。再丢到寒冷的冰面上,鸟用翅膀上遮下垫为他御寒。鸟去弃儿大声啼哭,声传大路,姜嫄以为奇异,抱回来抚养,取名为"弃"。

　　姜姓是炎帝部落,由姜水(宝鸡清江河)顺渭水向东发展,其分支有邰氏居今咸阳市武功、杨陵一带。"高处为原,低地为隰",关中西府渭水岸边有很多"原",如"五丈原、周原、贾村原、西平原"等。周族后人追忆女祖为居住原上的姜姓女子,称为"姜原",加女旁为"姜嫄"。女祖感神生子的神话较多,如同商族女祖简狄吞燕卵生契。其时正由母系氏族向父系氏族转化,有丢弃首婴以保证血统纯正的习俗。传说姜嫄乃黄帝曾孙帝喾妃,则弃是姬、姜两大部落联姻的后裔,故周人姬姓。

　　《生民》说弃能爬行时就充满智慧,长大很会种植禾麦、菽稷、瓜瓞等农作物,方法好而收成高。宝鸡至咸阳的渭水、漆水平原,水土气候最适宜农耕,神农氏炎帝部落曾制作耒耜,在此播种五谷。弃在邰地建立家室,教民稼穑,至今武功漆水边还有"教稼台"记其事,显示当时周族在该地区农业耕作的先进性。

居于汾水南岸高地平阳(临汾)的尧帝,听到周弃长于农耕,就举弃为农师主管农业生产,周族一支迁到晋南,该地至今还有"稷山"。《尚书·舜典》:"帝曰:弃,黎民阻饥,汝后稷,播时百谷。"舜封弃于邰地,号"后稷",管理农业。禹治水,"命后稷予众庶难得之食",即任命后稷负责供应治水军民的粮食。《国语·鲁语上》:"昔烈山氏之有天下也,其子曰柱,能殖百谷百蔬。夏之兴也,周弃继之,故祀以为稷。"稷字从禾,本为庄稼名称,《白虎通·社稷》:"故封土立社,示有土也;稷,五谷之长,故立稷而祭之也。"华夏以农业为本,用土神加谷神的"社稷"指称国家政权。自神农以来,一直有农官"后稷"存在,"后"为皇天后土之后代表人神,"稷"为百谷之长代表谷神,"后稷"即稷神,神农(烈山氏)子柱"能殖百谷百蔬"曾被尊为稷神。周姬弃教民稼穑,尧举为农官,舜封为后稷。"后稷"扩展为农官名,姬弃的后人在历代继任"后稷"农官职务。《国语·周语》载周举行籍田礼当由"后稷监之,膳夫农正陈籍礼"。总之,弃称后稷,为周始祖,而"后稷"农官则多代相传,《山海经·大荒西经》载,姬弃后代有台玺"始耕作"、叔均"播百谷"。《尚书·吕刑》列大禹、皋陶、后稷为三后,谓"三后成功,惟殷于民"。《史记·周本纪》谓"后稷之兴,在陶唐、虞、夏之际,皆有令德",指的是多代后稷。

夏王朝自启之后十二代传至孔甲,周人继任后稷农官也有多代。《史记·夏本纪》谓孔甲"好方鬼神,事淫乱,夏后氏德衰,诸侯畔之"。《史记·周本纪》载"夏后氏政衰,去稷不务,不窋以失其官,而奔戎狄之间"。不窋为周族首领,又是夏朝继任农官(后稷),夏王孔甲去稷不务,不窋率族人返回封地邰。史载他"奔戎狄之间",是率领周族北迁至今甘肃庆阳(北豳),《括地志》载"不窋故城在庆州弘化县南三里,即不窋在戎狄所居之城也"，今庆阳古城有不窋城、不窋墓等遗址，建有"周祖陵"。不，即"丕"，伟大之意；窋 zhú，同"窟"，黄土高原多居窑洞（窑洞），周族大首领率族人迁徙至庆阳挖窑洞居住，故称"不窋"。或认为孔甲乱政导致诸侯叛乱，返邰地的后稷可能参与反孔甲的斗争，失败后只能率族人逃亡（奔），庆阳周围有猃狁等戎狄部族居住，故史称"奔戎狄之间"。

周祖不窋来到庆阳，与戎狄部族修好，开垦荒地，种植黍稷，修建不窋城，带领周族稳定发展，死后葬于庆城东山上。不窋生鞠陶，庆阳至今仍有很多"周老王"民间传说，当与鞠陶有关。古庆城先周文化遗址考古出土的红陶、灰陶器物，属齐家文化和仰韶文化混合类型，仰韶文化以关中为中心，则庆城先周文化当由关中传入，应是不窋、鞠陶带来的制作技术所致，鞠善作陶器，故称鞠陶。周族被迫远离渭水邰地故土，不得不融入戎狄生活风俗，这锻炼周人"道随时变"的适应能力，也考验周人持守文明正道的信念。《国语·周语》称赞周族奔戎狄："不敢怠业，时序其德，纂修其绪，修其训典，朝夕恪勤，守以敦笃，奉以忠信，奕世戴德，不忝前人。"

鞠陶卒，其子公刘继位。《史记·周本纪》谓公刘："复修后稷之业，务耕种，行地宜，自漆、沮度渭，取材用，行者有资，居者有畜积，民赖其庆。百姓怀之，多徙而保归焉。周道之兴自此始，故诗人歌乐思其德。"《诗·大雅·公刘》是歌颂公刘兴周的史诗，分六章：第一章，公刘在庆城治理田地，粮食丰收堆满仓，但不满足安居享福，要谋求更大发展，带上干粮和武器举族迁移。第二章，周族迁徙到董志原，这里宽阔无比，公刘登原上峁，渡河勘察，慨叹生活在这里将无遗憾。第三章，发现董志原有很多泉水，适宜居住，南部高岗适宜建京城。于是开始建设，大家边干边谈笑风生。第四章，京城建成很气派，公刘以牲祭祖求吉祥，族众宴饮犒赏，尊公刘为君长。第五章，公刘走遍董志原，测日影度山岗，查水源辨阴阳，地分高下定赋收税粮。军队轮番作战、耕种、守边疆。第六章,豳地多处营建宫室住房,越过泥沟河流,取石运土筑墙。周族在此定居,人口繁衍稠密,山边水曲都住满。

公刘率周族从庆城迁徙到广阔肥沃的董志原,这是黄土高原最大一片原面。公刘带领周族人先在北豳定居耕种,古豳国遗址位于今甘肃宁县县城庙咀坪。后逐步南迁至陕西彬州一带,后人称"南豳"。"豳"从山从二豕,为猪出没之地,猪多吃粮食,说明此地适宜广种粮食。豳地主体在今甘肃宁县(北豳),扩展至麟游山北面泾水流域的长武、彬州、旬邑等广大地区(南豳)。公刘居豳时,广建居室,制造金属工具,建立大型"共耕"制度,大力发展生产以提高民众生活水平,以至"来归附者十有八国"。去世后葬于彬州,泾水边的公刘墓至今维护完好。

公刘之后有"豳地八公":庆节、皇仆、差弗、毁隃、公非、高圉、亚圉、公叔祖类,在豳地安居经营近五百年。八公相继发展农业生产,完善国家政权,《诗·豳风·七月》以农夫一年耕作、劳役、祭祖过年等生产生活实录,描述豳地真实的社会面貌。此时期周族属于商朝的方国,商王相继给公非、高圉、公叔祖类封过"公、侯"等爵位。直到殷武丁时期,殷周关系恶化,甲骨卜辞有殷命犬侯"璞周"(伐周)的记载,"周-甹"象田中庄稼稠密形,显示周人农耕特色,正式用"周"称后稷之族当不晚于殷高宗武丁。八公时期周人农业发达而定居安宁,实力强大且内部团结,与周边戎狄及土著关系较好,无后顾之忧。周族对殷王朝采用或礼或兵的应对策略,没有受到大的损伤。

公刘九传至古公亶父,约当殷武乙时期(前1147—前1113),殷渐衰落而周渐兴起。《史记·周本纪》:"古公亶父复修后稷、公刘之业,积德行义,国人皆戴之。薰育戎狄攻之,欲得财物,予之。已复攻,欲得地与民。"薰育即猃狁,西北地区半游牧半农耕的猃狁等戎狄部族遇到持久的冰雪灾害,牛羊多冻死,庄稼少收成,于是南下就食,对周族发起劫掠战争,开启华夏西北"牧攻农守"的长久态势。古公亶父初时以财物议和,但戎狄进而索要土地和人口,决意南进改变生存环境。周族人皆欲死战,古公深思熟虑,不愿以周族灭亡来保全自己名声。痛下决心,舍弃祖辈经营五百年的豳地,向西南迁徙。《史记·周本纪》载古公:"乃与私属遂去豳,度漆沮,踰梁山,止于岐下。豳人举国扶老携弱,尽复归古公于岐下。及他旁国闻古公仁,亦多归之。"举族由豳地迁回渭水岐山。

古公率周族南迁,从今旬邑、长武、彬州聚众出发,翻过六盘山东部余脉的麟游山区,要渡过泾水、漆水及其众多支流,最终到达岐山之南渭水之北的周原。如《诗·大雅·绵》所载"古公亶父,来朝走马,率西水浒,至于岐下"。可以推想,古公亶父带领全族约四万多人,老弱妇幼,锅碗瓢盆,犬豕牛羊,一应物件,实施直线距离二百多公里的全面大迁徙。翻山无大路,过水无桥舟,迁徙途中吃穿住行,无一不难。到达岐山,也是"无有家室",只能挖地穴暂住。幸好有姬姓族人接纳,后由武王封之于芮国(韩城)为芮桓侯,地位与召公奭比肩,今韩城古芮国博物馆内有其墓葬,配以七鼎六簋享祀,目前出土如此高地位的,全国独此一家,可见周人极其感激他的接纳之恩。

《诗·大雅·绵》三至七章,叙述古公亶父率全族迁徙到周原之后的活动。占卜选址营建宫室,用版筑法建筑宗庙,分排民众建房居住而不再住地穴。于是形成村邑,以田地有序隔开,又有道路相连。用"彻田为粮"法按村社分配土地建立采邑,国家向采邑主征收什一之税,周代的采邑制与井田制由此兴起。邦邑组织完善,管理得当。当时周原还存在羌人势力,古公娶羌族女为妻,是为"太姜",赢得羌人的支持。周原东南今咸阳兴平一带,还有商王册封的犬侯部,是用以监视周人的势力。古公让少子季历娶殷王畿内大族之女"挚仲氏任"为妻,即生下文王姬昌的"太任"。如此缓和与殷商及犬侯的关系,才能在渭水岐山站稳脚跟。

据周原博物馆的考古资料显示,古公亶父开发的周原,包括今岐山、凤翔、扶风、武功的大部,宝鸡、眉县、乾县、永寿的小部。范围在岐山以南,渭水以北,西至千水东岸,东至漆水两岸,南北约 25 公里,东西 150 公里,共有 3700 多平方公里的渭北台塬。实际上周人的发祥地,包括渭水台塬四周的秦岭山地、渭水河原、陇山及岐山等地,"周原"覆盖今宝鸡地区及咸阳地区西部,后来称"关中西府"的广大地域。这里是温带与亚热带的分界线,也是古农耕区与游牧区的分界线。肥美的台塬与谷地,适宜黍、稷、菽、麦及桑、麻、葛的种植。此地灌溉便利,水产丰富,果品与药材众多,适宜农耕文化的发展,加上周人的淳厚勤劳,周君的仁政德化,周族迁入周原后迅速崛起,当为势所必然。

《史记·周本纪》:"古公乃贬戎狄之俗,而营筑城郭室屋,而邑别居之,作五官有司。"谓古公亶父经营周原,不但规划田地发展农耕,分置村邑营建居室,还设置官吏和礼制,实施行政管理与民俗教化,开启文王以《周易》行教化和周公制礼作乐的先河。

古公亶父有长子太伯和次子仲雍(虞仲),太姜生少子季历,季历娶太任生姬昌。《史记·周本纪》载古公喜爱孙子姬昌曰:"我世当有兴者,其在昌乎!"知父欲传位季历及姬昌,太伯、仲雍避至长江下游(今江苏宜兴),建立吴国。

起初,太伯、仲雍助古公建设周邦有功。其时东夷一支迁至长江三峡,称"武夷弰人",又分一支顺汉水上迁至汉中为"巴人",自称弰为"勾吴",以商文化为主吸收蜀文化。殷末,勾吴势力发展至渭水陈仓(宝鸡)南部和西部,与殷商交恶。古公亶父派太伯、仲雍联络勾吴,史称"奔(勾)吴"。至武王伐纣时军中还有巴人"前歌后舞",即勾吴人后代,战后武王封勾吴于陈仓南为"弰国"。太伯、仲雍联络勾吴成功后,返回千山建立姬姓虞国,以地名"矢氏",依山扼守千陇大道遮挡西部戎狄,仲雍因此称"虞仲","虞"字从虍,本为管山林官。《诗·大雅·皇矣》谓"帝作邦作对,自太伯王季",肯定太伯、虞仲辅助古公建立周邦的功劳。今宝鸡宝山文化出土有弰国墓地和矢氏器,散氏盘铭文记"矢人"之事,均可证太伯、仲雍早期功劳。因曾联合勾吴有功,太伯称"吴太伯",后退至长江下游建国也就称"吴"。

　　古公亶父卒,季历继位袭公爵,称"公季",武王建国尊称为"王季",尊称古公亶父为"太王"。今岐山县祝家庄镇岐阳村有"太王陵",古公亶父安寝其艰苦创业之地,右前方有配祀王季、文王塑像的"三王庙",后世子孙祭拜享祀。

　　《史记·周本纪》谓季历"修古公遗道,笃于仁义,诸侯顺之"。季历既行仁义之道,又孔武善战,屡伐戎狄有功。黄帝姬姓势力以山西、河北为活动中心,后稷(弃)及其后人世为农官而造福乡民,殷后期山西境内遗存的虞、虢、焦、滑、霍、杨、韩、魏、耿、芮、燕等姬姓部族,都欢迎周师伐戎狄。季历先伐义渠收回豳地,势力扩展到陇东与陕北。其后伐山西的西落鬼戎、燕京之戎、余无之戎和始呼之戎,进军迅捷,战果辉煌。最后将伐翳徒之戎。季历扫平陕西、山西众多戎狄,但始终不伐代表殷商势力的近邻犬侯之戎,以此麻痹殷王室。殷武乙卒而文丁继位,以伐戎狄有功封季历为"牧师"。季历于武乙二十四年(前1124)率师伐程,占领程地(咸阳)。后于文丁五年(前1108)营造程邑,位于今咸阳市韩家湾乡白庙村,创建咸阳境内渭水北岸第一座城邑。此地居渭北平原要冲,北距泾水、南控渭水、东为泾渭之会,进可顺流而下直捣河东,退以三面临水为屏障固守难攻,战略地位十分重要。建造程邑,暴露季历东进的意图,对殷王朝构成巨大威胁。文丁十一年(前1102),季历伐翳徒之戎获胜,俘获其三大夫,亲往殷都朝歌献俘,文丁以酒后失言囚禁季历,"执诸塞库而死",后葬于户县南山。一代雄主终陨落,史称"王杀季历"。

　　2. 文王兴周

　　周族姬昌继承季历之位,殷文丁亡而帝乙继位(前1101—前1076)。为消弭杀季历之仇,联合周人抗击西北戎狄以保卫殷王室,殷王册命姬昌为"西伯",帝乙收认夏贵族有莘氏女为殷王室之妹嫁给西伯,即生武王、周公的太姒,这就是著名的"帝乙归妹"。西伯姬昌继位时有凤鸣于岐山,于是有《诗·大雅·卷阿》"凤皇鸣矣,于彼高岗;梧桐生矣,于彼朝阳"诗句,赞美姬昌继位的祥瑞。

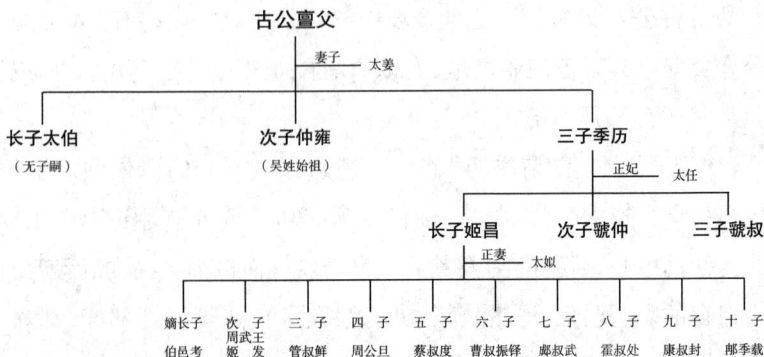

古公亶父
　　　　妻子　——　太姜

长子太伯（无子嗣）　　　次子仲雍（吴姓始祖）　　　三子季历
　　　　　　　　　　　　　　　　　　　　　　　正妃　——　太任

长子姬昌　　次子虢仲　　三子虢叔
　正妻　——　太姒

嫡长子伯邑考　　次子周武王姬发　　三子管叔鲜　　四子周公旦　　五子蔡叔度　　六子曹叔振铎　　七子郕叔武　　八子霍叔处　　九子康叔封　　十子郇季载

季历死后,其子孙仍居程邑,《逸周书·大匡》谓"维周王宅程三年,遭天之大荒,作《大匡》,以诏牧其方"。姬昌在程地受封西伯,不断光大父业,多年后从程地发兵,伐灭渭河南部沣河流域的侯爵大国崇国,于沣河西岸营建丰京为国都,保留宗庙于岐山。后周武王又在沣河东岸营造镐京,夹沣河为一体,合称"丰镐"。然具有战略地位的程邑仍是周人东进的军事根据地,《吕氏春秋·审应》谓"汤尝约于郼薄(亳)矣,武王尝穷于毕裎(程)矣",武王伐纣的准备工作多是在程邑进行的。

姬昌(?—前1049),在祖父古公自豳迁岐后出生,古公治邑建国,勤政爱民,善亲外族,吸收殷商先进文明等,陶育了姬昌,使他具备开国圣王的资质和见识。其父季历继承古公事业,内服于商殷,外抗击戎狄,七征而六胜,有功于西北边境开发,成为姬昌学习的榜样。殷王文丁因杀父亲季历之事对姬昌震动极大,在他主周之初可能曾兴兵击商,因计划不周,惨遭失败,教训极为深刻。《逸周书·程典》谓:"政失患作,作而无备,死亡不诚,诚在往事……于安思危,于始思终,于迩思备,于远思近。"西伯姬昌由此痛定思痛,正确估价自己力量,决定重新臣服于殷,"潜龙勿用"而隐忍待时。

西伯全心治理关中周邦,广行仁德政治,民众乐从。《史记·周本纪》："西伯曰文王，遵后稷、公刘之业，则古公、公季之法，笃仁、敬老、慈少。礼下贤者，日中不暇食以待士，士以此多归之。"西伯为政，不贪游乐而恭于政务，重视农耕，保护民众，使男耕女织得安居，鳏寡孤独有所依，老者有所养，以至有"西伯善养老"的美誉。西伯最重视求贤育才，聚集天下英才而用之。除本族贤才二虢、八虞等贤能得以重用外，伯夷、叔齐从辽西孤竹国来归，"文王四友"的闳夭、太颠由狩猎者得以重用，散宜生是尧时散宜氏贵族后裔，南宫括是应文王招募的贤士。还有辛甲、尹佚、楚人鬻子等也相继被重用。至于磻溪访求文韬武略的太公姜尚，更是千古佳话。《韩诗外传》载"太公望少为人婿，老而见去，屠牛朝歌，赁於棘津，钓於磻溪"，西伯亲往磻溪恭迎姜尚，拜为太师主持国政，尊为"太公望"，后助武王伐纣，受封于齐国。贤才得用，周邦日益壮大。

　　殷帝乙亡，帝辛继位，是为纣王。纣王初颇有为，征东南夷取胜，传播中原文明。以九（鬼）侯、鄂（邘）侯、西伯为三公，一度政治颇为开明。后来日渐专制暴虐，《逸周书》《竹书纪年》等载纣王四年之后，作炮烙之刑，宠信苏妲己，作琼室玉门，斫老者胫髓，剖妊妇之腹，残忍无道。于是诸侯反叛，多归行仁政之西伯，《论语·泰伯》谓西伯"三分天下有其二"。崇侯虎密告："西伯积善累德，诸侯皆向之，将不利于帝。"纣王闻其势大，于二十二年冬"大蒐于渭"，以威慑西伯。西伯闻纣王"醢九侯、脯鄂侯"，喟然而叹。二十三年纣王拘西伯于羑里（河南汤阴），二十九年"释西伯，诸侯逆西伯归于程"。拘于羑里的六年多时间里，"文王拘而演《周易》"，全面而系统地演绎《周易》，后来写成六十四卦的卦爻辞，深入探讨天道与人事规律，分析总结殷商衰亡、周族崛起的历史经验，指导后人正确决断与行事，为灭殷兴周作思想准备。闳夭、散宜生等为营救文王，求美女、名马等珍奇之物献纣王，遂赦免西伯，并赐弓矢斧钺以示有专征之权。

　　西伯归程后，献洛西之地，请纣王去炮烙之刑。西伯由此大行仁政,诸侯归心,有事都来请求决断。居河曲(潼关)的虞国、芮国之人发生边界争议,前往请西伯裁断,走到周人地界,见耕者和路人都互相谦让,二人羞惭返回而互让不争。此事传遍各地,诸侯敬重西伯仁义,后共尊之为王,是为"周文王"。

文王重文治亦重武功,向西北伐犬戎,征密须,战昆夷,败耆国,巩固周邦后方。然后向东征伐,《尚书·西伯戡黎》言及文王伐殷附属黎国(长治)事。继而向南攻克沁水边的邘(于、盂),再克莒、丰并建采邑。进而攻灭进谗言于纣王的崇侯虎,《诗·大雅·皇矣》描述"以伐崇墉"的艰难与勇壮。灭崇后,"四方以无拂",各地侯国看到周军勇猛善战,不敢再有抵抗。这样,继父亲季历开拓山西和豫西之后,文王攻战东南转向南部,占领河洛一带。从此,由山西上党至河南嵩山连成一线,成为周人与殷商对垒的前线。文王完成扫除外围障碍的艰巨任务,为武王伐纣灭殷做好全面准备。

文王经年征战获胜,返回丰京,已年老多病,向武王、周公交代后事,《逸周书》有《酆保》《大开武》《小开武》《文儆》《文传》五篇涉及此事。文王主要交代:巩固基业的方法为"祀德纯礼,明允无二"。强调厚德广惠,忠信爱人,守中毋懈,两而不争,富贵无骄,穷而不匮。强调保护环境,发展生产,积聚财富,利用民生等。文王仁德高与天齐,《尚书·无逸》谓:"文王卑服,即康功田功。徽柔懿恭,怀保小民,惠鲜鳏寡。自朝至于日中昃,不遑暇食,用咸和万民。"《诗·大雅·文王》赞美文王功德齐天盖世,告诫后代子孙,殷鉴不远,秉承文王厚德,方保国运久长。周文王九年,文王姬昌崩,葬于毕,子姬发即位,是为武王,未改文王年号,表示继业受命。

3. 武王建国与周公辅政成王

周武王(?—前1043),姬姓,名发,文王姬昌嫡次子。武王继位,谨承父志,倚重太公姜尚、周公旦和召公奭等治理国家,周邦日益强盛。武王继续文王兴周灭殷的事业,全力加速伐纣进程。《逸周书》有《柔武》《大开武》《小开武》《宝典》《酆谋》《寤敬》《武顺》《武穆》八篇,是武王为伐纣大业所作的舆论准备。强调治国"必以德为本,以义为术,以信为动,以成为心,以决为计,以节为胜"。强调君王要注重修身、择人、善谋,要任用贤才,大力发展生产,完备军政制度,团结内外民众,致使"近者亲之,远者怀之"。《尚书·泰誓》载武王谓"余有乱臣十人,同心同德",十位治乱贤臣是:周公旦、召公奭、太公望、毕公高、荣公、太颠、闳夭、散宜生、南宫括和文王妃太姒。武王宣称军队的任务为"倡德、和乱、终齐",当怀"刚、柔、正直"三德,行"攻王祷、赦有罪、怀庶有、兹封福"之事。由此统一君臣及军民思想,同仇敌忾,待时进军。

文王九年(前 1049),武王于文王墓前祭告天地,率师出洛水入河处,观兵于盟津(洛阳孟津),宣称奉文王命伐殷。《史记·周本纪》:"是时,诸侯不期而会盟津者八百诸侯。诸侯皆曰:纣可伐矣。武王曰:女未知天命,未可也。乃还师归。"武王以观兵方式检验了诸侯伐纣的决心和实力,认为纣还有贤臣辅佐,未到颠覆之时,遂班师回镐京。

文王十一年(前 1047),殷纣王暴虐至极,剖王子比干,囚叔父箕子,众叛亲离,连殷大师疵、少师彊也持祭器和乐器奔周,且纣王大军陷入东南夷战争中。武王见时机成熟,遍告诸侯伐殷纣。十二月,武王率戎车三百乘,虎贲三千人,甲士四万五千人,车载文王木主,大会庸、蜀、羌、髳、微、纑、彭、濮等部族及诸侯之师于盟津,作《泰誓》宣布殷纣四大罪,与诸侯盟誓"共行天罚",决心"不可再,不可三",一定要彻底消灭殷纣。盟军渡过黄河,兵车四千乘列阵牧野(新乡)。纣王主力军尚在东南,急忙凑合七十万众距武王所统诸侯师。武王作《牧誓》宣布奖惩纪律,士气大振。

文王十二年(前 1046)二月甲子日,盟军与殷师战于牧野,殷师杂乱无斗志,"心欲武王亟入",或溃散,或倒戈为武王开道。《逸周书·克殷》:"武王使尚父与伯夫致师。王既以虎贲、戎车驰商师,商师大败,商辛奔内,登于廪台之上,屏遮而自燔于火。"仅一天,武王就帅师攻入殷都朝歌,百姓列于城郊欢迎,纣王退入平日享乐的鹿台,以美玉裹身自焚而亡。武王命修整朝歌的道路、王宫和神社,举行隆重的社祭仪式,正式"受天明命",宣告殷王朝灭亡而周王朝建立,并昭告天下以安抚百姓。《史记·周本纪》载武王:"命召公释箕子之囚。命毕公释百姓之囚,表商容之闾。命南宫括散鹿台之财,发钜桥之粟,以振贫弱萌隶。命南宫括、史佚展九鼎保玉,命闳夭封比干之墓,命宗祝享祠于军。"武王宣布只杀殷纣首恶,服降者可以继任。将殷王畿分而治之,封殷纣子武庚禄父治邶,以三弟管叔鲜治鄘,五弟蔡叔度治卫,八弟霍叔处治霍,管、蔡、霍布于邶周围起监督作用,史称"三监"。随后大军征伐诸侯方国,降服六百多邑国,俘虏三十多万众,天下平定。六月,武王返回镐京,举行盛大祝捷礼,周王朝正式建立(前1046),定都镐京。

武王克殷后,以箕子为师,受传《洪范》九畴治国大法,后封箕子于朝鲜(辽东)。政治制度上,实行采邑分封制,封宗室、功臣、古帝王后裔、旧诸侯及殷商贵族,各至封地就食采邑,如封尧帝之后于蓟、舜帝之后于陈、大禹之后于杞等。武王与周公拟议营建成周(洛邑),以利于管理东南方诸国及殷商遗民,稳固新生政权。然后才"纵马于华山之阳,放牛于桃林之虚。偃干戈,振兵释旅,示天下不复用也"。周人终于一统天下。

《汉书·郊祀志》载汉宣帝时美阳(扶风)得鼎,张敞认为是周王褒赐大臣而其子孙铭刻先祖功勋之作,铭文:"臣闻周祖始乎后稷,后稷封于斄,公刘发迹于豳,太王建国于邠梁,文、武兴于丰镐。"将周初祖至武王建立周朝,概括得准确而简明。

克殷二年之后(前1043),武王病重,《逸周书·度邑》述武王叮嘱周公旦营建洛邑,并言传王位予他。周公惶恐推拒,筑坛祷天求代武王死,史官录其祷辞封存于金縢。不久武王薨,葬于周陵,周公拥立太子诵,是为成王。

周成王在位二十二年(前1042—前1021)。《礼记·明堂位》:"武王崩,成王幼弱,周公践天子之位以治天下,六年朝诸侯于明堂,制礼作乐,颁度量而天下大服。"文王嫡子十人为太姒所生:伯邑考、武王发、管叔鲜、周公旦、蔡叔度、曹叔振铎、郕叔武、霍叔处、康叔封、郮季载。至少有一女名太姬,还有庶子多人。成王十二岁即位,年幼而周公姬旦摄政,管叔、蔡叔不满而散布谣言谓"公将不利于孺子",言周公将篡夺王位。流言传至镐京,引起成王及召公等担心,周公只得避居镐京东南山中(奔楚)。管叔、蔡叔乘机扩大势力,两年后诱导武庚禄父联合奄、徐及淮夷一起叛乱,东夷诸国相继反叛,史称"三监之乱"。时逢秋天突发狂风暴雨,成王恐惧,打开金縢见周公祷辞,知无篡位之心,立即亲迎周公还朝主政。成王、周公、太公、召公团结一心,周公发《大诰》兴师平叛,诛武庚和管叔,流放蔡叔。召公北战至燕,周公东征至江淮。苦战三年,平定东夷、淮夷叛乱,致使"四国是皇,京畿千里",再次形成多民族统一的华夏大国。

天下统一后,成王、周公大规模分封诸侯,不再封采邑。《左传·僖公二十四年》谓"昔周公吊二叔之不咸,故封建亲戚以蕃屏周"。周宗室多封于王畿,封康侯于卫统管原邶、鄘、卫之地,封召公子姬克于燕,封叔虞于唐而后其子燮改为晋,封姜太公吕尚于齐,封周公子伯禽于鲁,封纣王庶兄微子于宋以续殷商后嗣,封熊鬻之后熊绎于楚等,后来春秋时期诸侯封国的大格局就此形成。

天下既定,周王朝区域广大:东北到达辽河,西面远超陇山,南越过长江,东达到大海。丰镐京城偏西而受局限,周公遵武王遗愿,于成王七年(前1036)还政成王,亲至伊洛地区大规模营建东都洛邑,称"成周",称丰镐为"宗周"。成周处于黄河洛水之间,南面洛水,北靠邙山。洛邑东为华北平原,北过太行山进入汾河谷地,西过潼关进入关中平原,南过熊耳与伏牛山达南阳盆地直通江汉平原,东南顺汝水达江淮大地,故称"天下之大凑"。《尚书·洛诰》、《逸周书·度邑》《作雒》等文献载周公"乃作大邑成周于土中",强调此地"居易毋固",告诫后人"有德易以兴，无德易以亡"。武王克殷，已将大批殷民迁往洛邑；周公营建成周，又将邶、鄘、卫大批殷贵族和遗民迁至洛邑郊区居住，称为"国人"；还将殷遗民分迁鲁、唐、燕等诸侯国，目的是教育感化殷民，使之融入华夏大族之中，成为国家建设的重要力量。后来的事实证明，周公确实做到了。

周公还政成王后，"周召分陕而治"，以河南陕县为界，召公主治陕以西，周公主治陕以东。周公治理成周，"一沐三握发，一饭三吐哺"，励精图治，政绩卓著，稳定周初政治与经济，为"成康之治"打下坚实基础。政治经济得以稳定，文化建设就显得更为重要，周公命次子君陈留守成周，自己返回丰镐，制礼作乐。

"礼"分两大部分，一是为国家政治、经济和文化建立规范准则；二是为民众风尚习俗建立行为准则。"乐"是举行礼仪时优雅的颂词、舞蹈和音乐。《史记·鲁周公世家》："于是周公作《周官》，官别其宜。作《立政》，以便百姓，百姓说。"周公建立的周代官制基本框架见于《周官》，即《周礼》。又建立周朝宗法制度、分封制度、井田与国野制度、参觐聘问制度、策命制度等。今存《仪礼》十七篇，虽非西周礼仪全部，也包括了"吉、凶、军、宾、嘉"五大类西周礼仪的主要内容。周公作"乐"多已失传，今存《乐记》篇，论音乐舞蹈的产生、性质与作用。据《礼记·乐记》载：黄帝乐名《咸池》，尧乐名《大章》，舜乐名《九招》，禹乐名《夏》，殷乐名《大濩》，周乐名《大武》。周公作《大武乐章》十篇，又作"南"音曲谱以唱诗篇，还设立乐府采风，征集整理民歌，起讽政与教化作用，部分存于《诗经》中。周公建立的周代礼乐典章制度历代沿用，备受推崇，《论语·八佾》引孔子曰："周监于二代，郁郁乎文哉，吾从周。"

周公制定国家政治制度，《尚书》的《梓材》《洛诰》《无逸》及《逸周书》的《宝典》《酆保》等篇是其政治论文。周公继承并完善文王的仁政德治与礼乐教化思想，或主持南宫括等撰理《周易》卦爻辞的工作，或主撰赞颂周人祖宗的史诗、诔辞与颂歌存《诗经》之中。周公的主要功绩，

《尚书大传》概括为:"一年救乱,二年克殷,三年践奄,四年建侯卫,五年营成周,六年制礼作乐,七年致政成王。"周公是大智大贤的人杰,对中华历史与文化的影响极为深远。周公病亡前嘱咐"必葬我成周,以明吾不敢离成王",足见其忠诚与尽职。成王葬周公于毕以伴文王,以示不敢以周公为臣。

成王按周公既定方针治国,依重周公次子君陈居成周治理东方,用周公旧部"六卿"主事,并提拔重用新人,贯彻以德治国的宗旨。《国语·周语》谓成王"始于德让,中于信宽,终于固和",开启"成康之治"。因姬诵治国保民大有成,生前已称成王,卒后亦谥成王。成王作《顾命》,临终嘱召公、毕公辅佐太子。成王崩,太子钊立,是为康王。康王在位二十五年(前 1020—前 996),承文武之德以申成王之业,国事康宁,成就著名的"成康之治"。

周族两千年发展历史,立国前竟有一千二百年砥砺前行的艰难历程。大磨难有四次:第一次是不窋被迫由关中出奔戎狄,锻炼周人抗打击的承受力和对不同文化的容受力;第二次是古公亶父受戎狄攻击,被迫弃豳迁岐定居发展农耕,提升弱小部族对强大王朝的快速适应力及与周围部族普遍联合的文化亲和力;第三次是季历为殷商王朝抵御戎狄而七战六胜,却被殷王囚禁而死,锤炼周人不畏强暴而自我奋发的独立进取精神;第四次是西伯姬昌广行仁政,却被纣王囚禁羑里六年多,促使西伯深刻反思,总结出《周易》智慧以指导后人。

长期的艰苦磨砺,千年的农耕经验,赋予周人居安思危的忧患意识和敬天保民的仁政传统。总结殷商衰亡和周族兴起的经验教训,深切体会到天道即是民心。农耕经验表明,人不能违背天道行事,而天道自然规律需要人去认识和运用,追求"天人合德"才能"崇德广业"。

这些,就是形成《周易》智慧的思想基础,也是理解《周易》的史事依据。

贰 《周易》学术传承简述

由于早期易学文献严重缺失,《周易》的传承实际上就是易学的传承。从汉代至明清,以《周易》文本为基础,学术上宗派迭出,继承与创新,绵延不绝。

历代研究《周易》者主要有两派六宗。象数派三宗:一为《左传》等书载先秦太卜、太史行占筮的"占卜宗";二为汉代焦延寿、京房用以推算吉凶灾异的"禨祥宗";三为宋代陈抟、邵雍用图书推究宇宙自然化运的"造化宗"。义理派三宗:一为魏晋王弼为代表废除象数的"老庄宗";二为宋代胡瑗、程颐阐明儒家思想的"儒理宗";三为南宋李光、杨万里用历史事件解释《周易》的"史事宗"。无论各派各宗如何应用,都须先读懂《周易》卦爻辞,理解其中包含的象数和义理。实际上,各宗派虽有偏向,但都须据象数来阐释义理,象数分析以史事为基础、以义理为旨归,这才是《周易》经文的基本精神。因此,各宗派对卦爻辞的基本含义和作用的认识,是大体一致的。

一、先秦易学

《周易》成书于西周初,此后不断被研究和应用。先秦易学家未能传下完整的易学著作,只是《左传》《国语》与诸子之书记录周王室及诸侯国的一些占卜用例。《史记》等书载孔子晚年精研《周易》,课授弟子并撰"十翼"为《易传》。孔子弟子中,子夏(卜商)传《周易》之学,汉刘向《七略》录《子夏易传》一书,后亡佚。今传《子夏易传》十一卷,为唐张弧之伪托并有后人改篡。

二、两汉易学

孙钦善《中国古文献学史》(中华书局1994)列表,两汉古今文《周

《易》文献传承为:

今文《易》传承:

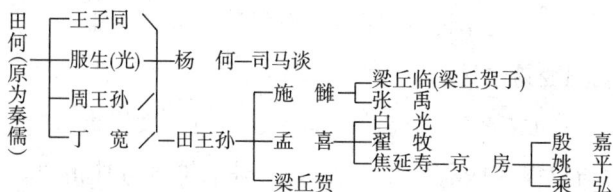

古文《易》传承:

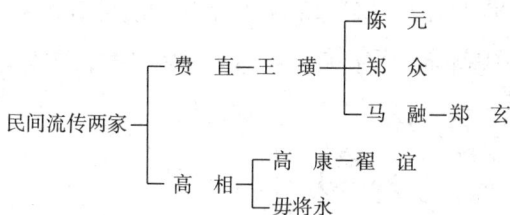

汉代易学皆出自田何,一般认为孔子授《易》六传至汉代田何。田何为齐国后裔,口授传经,弟子用汉隶录写,成"今文《易》",文景之时立为五经博士。之后出秘府藏"中古文《易经》",形成汉代古今文《易》两学派之争。

汉代今文《易》由田何传王子同、丁宽等,丁宽传田王孙再传施雠、孟喜、梁丘贺,称"施、孟、梁丘之学"。孟喜传焦延寿(赣)再传京房,显达而称"京房易",施、孟、梁丘、京房四家皆曾被立为博士,为官方易学。其中孟氏与京房易学最胜,以数字和物象解说《周易》,形成"卦气说",又宣扬阴阳灾变,创立汉代"象数之学"。此后谶纬神学流行,吸收象数学并不断神秘化,形成《易纬》,长期占据两汉易学主导地位。

古文《易》由高相、费直于民间流传,费直学显而称"费氏学",主用《易传》来解释卦爻辞且重视象数。费直传王璜再传郑众、马融,马融传郑玄。东汉末古文经学大兴,郑玄为费氏易学传承人,但他转益多师且兼容并包,吸收"京房易"和《易纬》之长,创立"爻辰说",以各卦六爻配十二地支,用五行学说加以解释,使儒家易学系统应用面更大且影响更广，逐渐取代"四家易"而占主导地位。与郑玄同时同门的荀爽，提出卦爻"阳升阴降"产生新卦的变卦方式，创"乾坤升降说"。除儒家易学之外，汉代已开始用黄老之学说解《周易》，严君平、扬雄和《淮南子》可作为代表，形成阴阳变易之学。

东汉魏伯阳集黄老易学大成，撰《周易参同契》，发展京房"六十纳音"，把卦气说与道家炼丹术结合起来，又将卦象符号与月相圆缺及天干（甲乙）方位相对应，创"月相纳甲"学说而形成"纳甲易学"，至宋代由道学家陈抟、邵雍拓展成为宋明易学的象数学派。汉代黄老易学对魏晋以后的《周易》研究影响很大，王弼传承郑玄儒家易学，又"以《老》说《易》"，形成"玄学易"，大大提升黄老易学的地位。

三、魏晋易学

易学循汉代轨迹发展下来，孟氏、京房易学的主要传承人，应数三国吴地虞翻和东晋郭璞。虞翻自称家传孟氏易学，推崇并发挥荀爽的升降学说，将前人"纳甲、旁通、之正、升降"诸说融会贯通，形成自己的"卦变说"。虞翻集汉代易学之大成，注重卦爻变化，得到马融的赞誉。虞翻《周易注》亡佚，唐李鼎祚《周易集解》收录虞氏注解甚多，尤其在卦变分析上留给后人很多启示。郭璞主要研习京房易学，为东晋象数易学的代表，将自己众多占卜实例汇编为《周易洞林》，后亡佚。郭璞占卜水平很高，广受推崇，后世流传风水术第一书的《葬书》就托名郭璞所撰。

三国魏王弼（226—249），字辅嗣，山阳（今焦作）人，二十四岁染病辞世，撰著有《老子注》《周易注》《周易略例》《周易大衍论》《老子指略》和《论语释疑》等，前三种至今流传。王弼以费直古文《易》为底本，继承古文《易》简明学风及以《易传》解经方法，尽扫繁琐的象数之学，创立"义理学派"。王弼用老庄思想说解《周易》，强调《周易》蕴含"自然无为"思想，用无形德性来解释乾坤二元，提出"有生于无""动息则静""得意忘象""得象亡言"等哲学观点,加深易学理性思维及其逻辑性与抽象性,形成"黜象申义"与"以《老》说《易》"的显著特色,致使玄理易学胜过汉代象数易学。王弼注《周易》经文与"十翼"中的五传,晋韩康伯阐明卦爻含有天下之理,以"理"为象之根本,注《系辞》上下及《说卦》《序卦》《杂卦》五传,合入王弼《周易注》,成为今存《周易》唯一古注本。

四、唐代易学

唐孔颖达(574—648)奉太宗之命主编《周易正义》,用作科举考试教材。孔疏以王弼、韩康伯注为依据,将"十翼"中的《彖传》和《象传》列入经中,参引多家论说,将汉易阴阳元气说与玄学易结合起来,力图调和义理与象数两派,主张以物象为义理基础,以象为体而以理为用,书成广为流传而定于一尊。宋代将《周易正义》列入《十三经注疏》第一,尊为"群经之首",成为两汉易学到宋明易学过渡的津梁。唐李鼎祚撰《周易集解》,采汉至唐初三十五家易学说解,保留大量象数易学资料,存汉易余绪,有崇象数而黜玄言倾向。此外有唐初李淳风《周易玄义》,惜早失传,其占星著作《乙巳占》中还留存一些易学观点。

五、宋元易学

北宋初陈抟、刘牧、邵雍辈出,遂有"先天八卦图""后天八卦图"及"河图""洛书"诸种图说的阐释与应用,称"图书象数学"或"图书派",都与道家和隐士关系密切。

陈抟撰《易龙图》,谓"龙图三变"初为龙马负图之形,再变出五行生成图和九宫图,统称"龙图"。其后刘牧区别二图,前者称《河图》而后者称《洛书》,由此创"河洛之学"。陈抟易学传种放再传穆修,转李之才传给邵雍,宋代易学由此壮大。之后胡瑗、程颐偏重阐释义理,李光、杨万里参证史事,易学派别日渐繁多。南宋朱熹、蔡元定等引申图说并参之以义理,汇通象数派和义理派,形成"宋易"与"汉易"相抗衡。

邵雍(1011—1077),字尧夫,谥康节,河南共城(今辉县)人。邵雍从李之才习《河图》《洛书》及伏羲八卦六十四卦图象之学,慧悟玄机,推导出"伏羲先天易学"。他用易学原理解释历史变迁,据六十四卦制定历史年表以演示历史进程,推论宇宙存在众多周期,现存世界只是宇宙大周期中的一个小阶段,旧世界毁灭会诞生下一个新世界,整个宇宙就是世界生灭轮回的无限过程。邵雍"先天易学"以乾坤坎离为四正卦,用一分为二方法推演八卦起源和六十四卦的形成,发展汉易卦气说,用八卦次序与方位来推导世界形成的过程,从而解释天地自然现象的产生,将易学提升到宇宙论的高度,成为宋代象数易学的主要代表,对朱熹等人的易学影响很大。邵雍学术地位很高,受到司马光、张载、二程等人的敬重。邵雍易学思想主要保存在《皇极经世》中,而他被后人奉为神奇的推算物理之书没能留存下来,传说民间流传占卜书《梅花易数》源头就出自邵雍。

程颐(1033—1107),字正叔,洛阳人。与兄程颢师从周敦颐,合称"二程",为宋代理学奠基人。程颐撰《周易程氏传》,侧重从义理上阐述《周易》的内涵,提出"随时取义""随时变易以从道"等观点,认为《周易》主变易,对其卦爻的解释当因时变化,但须遵循一定的准则。于是二程提出"理"概念,用于解释《周易》变易之道,人事是否合乎天理,决定卦爻的吉凶悔吝,从而实现由"陈抟撰《易龙图》"到"德义决定论"的转换,完成易学理性思维的飞跃。程颐继承王弼易学重义理的传统,在象数与义理的关系上,主张义理通过象显示出来,理无形而精微,象有形而显著,理为体而象为用,但"体用一源,显微无间",二者不可分离。程颐改变前人将阴阳等同于道的观念,将阴阳归于气而属器的层面,器为道的载体,道为阴阳之理,不能离阴阳而存在,所谓"离了阴阳更无道"。程颐易学的理气之辨与儒家伦理论述,提升了《周易》义理学派的地位,也为宋明理学奠定坚实的基础,对朱熹及明清易学发展具有指导性意义。与程颐同时的张载，著《横渠易说》，其易学实在而致用，谓"易即天道而归于人事"。张载主张以气为本，认为"凡象皆气""气之生即是道是易"，将阴阳二气的推移转化视为卦爻之象和天地万物变易的根源，对宋明理学的哲理阐发具有一定的影响。

朱熹（1130—1200），字元晦，号晦庵，徽州婺源人。朱熹早年拜理学家李侗为师，成为二程的四传弟子，此后广泛涉猎各家学问，终成一代宗师。朱熹少年便喜爱易学，精研汉代以来诸家学说，著《周易本义》《易学启蒙》，其《朱子语类》也多涉及易学问题。朱熹既推崇衍进邵雍的图书象数之学，又继承发展程颐的义理之学，努力汇聚象数、义理两派成果而融会贯通。朱熹认为《周易》本为卜筮书，要从占筮角度理解卦爻辞的象征意义。他指出"《易》只是个空底物事"，认为《周易》卦爻辞只是"借事象言理"而非实有其事，因而可代入一切事物，由此将《周易》内容抽象化了。朱熹注解《周易》言简意赅而义理深刻，是"宋易"的重要代表。

元代易学家主要有吴澄和俞琰。吴澄著《易纂言》，主要继承胡瑗、程颐和朱熹之学，但受象数派影响较深，多取前人象数之说以为己用。俞琰潜心研究易学三十多年，所撰《周易经传考证》《古占法》等六种易学著作都已失传，今存《周易集说》和《读易举要》，先遵程朱之说，后受邵雍影响，多发新义而颇具独到见解。

六、明清易学

明代易学著述不少，仍以继承宋易为主流。阐述儒家义理者多循《周易本义》而创建无多，象数派也多穿凿附会而少有发明。比较而言，来知德、黄道周在象数之学上有所创建。来知德勤学冥思二十九年，撰《周易集注》，其易学概念、范畴和命题虽多承朱熹，但强调阴阳消长之理，提出六十四卦"错、综"关系和"半象、大象"等理论，在解卦体例上颇有创新，多为后人采用。黄道周为明代图书象数学主将，撰《易象正》

《三易洞玑》,结合象数、义理和天文推步之学,用《周易》推导国家兴亡规律和社会伦理秩序,有所得也有所失,但因流于驳杂而颇受诟病。

明清之际的易学家,反思理学空疏误国之痛,批判宋易图书象数之学,逐渐由宋易向汉易转变。黄宗羲撰《易学象数论》,谓象数学"于《易》了无干系",批评朱熹《周易本义》列"河图""洛书"于卷首,且糅合象数于义理之中;推崇王弼"得意忘象"与程颐"理到语精"。王夫之易学著作有《周易内传》《周易外传》《周易大象解》和《周易稗疏》等,在《周易》义理、象数和训诂上都有精见,既批评汉易、玄学易和图书象数易,也批评理学思想,取各家之长而兼收并蓄,建立以气为本的哲学体系。

清代易学,以朴学务实精神贯穿始终。李光地(1642—1718)奉敕修撰《周易折中》,自撰《周易通论》《周易观象大指》等,以程颐、朱熹易学为主,兼采秦汉以来众家之说,阐释义理折中公允而落实。胡煦协助李光地修《周易折中》,又自撰《周易函书约存》等,折中象数与义理,在占筮方面有精湛的学术水平。

焦循(1763—1820)出身易学世家,精通经史、历算和音韵训诂之学,撰《易章句》《易通释》《易图略》为"易学三书",还有《周易补疏》《易话》《易广记》等。焦循易学不拘执前论,以数之比例求易之比例,提出"时义、旁通、相错"等解卦体例,以"例"贯通《周易》经文,使其内容全然抽象化和形式化,消弭《周易》卦爻辞的哲学意义,具有全新的研究视角。

李道平(1788—1818)撰《周易集解纂疏》十卷,纂集疏理此前诸家《周易》说解,先详列并疏解"凡例、卦气、消息、爻辰、升降、纳甲、纳十二支、六亲、八宫卦、纳甲应情、世月、二十四方位"等条例与方法,然后依六十四卦次序逐爻汇列诸家说解。可谓搜罗广博,遴选精审,编排有序,是学习和研究《周易》上好的资料汇编。

叁　主要参考书目

《十三经注疏》，影印阮元刻本，中华书局 1980 年版。

《二十四史》点校本，中华书局 1959—1979 年版。

《国语集解》，徐元诰集解，中华书局 2002 年版。

《新编诸子集成》，中华书局 1982—2010 年版。

《逸周书汇校集注》，黄怀信等撰，上海古籍出版社 2007 年版。

《古本竹书纪年辑证》，方诗铭等撰，上海古籍出版社 2005 年版。

《中国考古学大辞典》，王巍主编，上海辞书出版社 2014 年版。

《西周史》，杨宽著，上海人民出版社，2003 年版。

《西周的历史与文化》，何志虎等编著，陕西人民出版社 2013 年版。

《西周史》，黄爱梅著，上海人民出版社，2015 年版。

《夏史》，郭泳著，上海人民出版社，2015 年版。

《殷商史》，王进锋著，上海人民出版社，2015 年版。

《周易章句》，西汉孟喜撰，清王谟辑，《汉魏遗书钞》本。

《京房易》，西汉京房撰，清王保训辑，《木犀轩丛书》本。

《古本周易参同契集注》，东汉魏伯阳撰，清仇兆鳌集注，上海古籍出版社 1989 年。

《宋本周易注疏》，魏王弼、晋韩康伯注，唐孔颖达疏，于天宝点校，中华书局 2018 年。

《周易正义》（简体本），魏王弼、晋韩康伯注，唐孔颖达正义，中国致公出版社 2009 年。

《周易略例》，魏王弼撰，《四部丛刊》本。

《周易集解》，唐李鼎祚著，陈德述整理，巴蜀书社 1991 年。

《邵雍集》，北宋邵雍著，中华书局 2010 年。

《东坡易传》,北宋苏轼撰,上海古籍出版社 1989 年。

《横渠易说》,北宋张载撰,《通志堂经解》本。

《周易程氏传》,北宋程颐撰,中华书局 2011 年。

《周易本义》,南宋朱熹撰,中华书局 2009 年。

《朱子全书》,南宋朱熹撰,上海古籍出版社 2010 年。

《诚斋易传》,南宋杨万里撰,影印文渊阁《四库全书》本。

《易纂言》,元吴澄撰,上海古籍出版社 1990 年。

《周易集注》,明来知德撰,九州出版社 2012 年。

《易象正》,明黄道周著,中华书局 2011 年。

《易学象数论》,明黄宗羲撰,中华书局 2010 年。

《周易集解纂疏》,清李道平撰,中华书局 1994 年。

《周易折中》,清李光地纂,刘大均整理,巴蜀书社 2008 年。

《易学三书》,清焦循撰,九州出版社 2003 年。

《纬书集成》,(日)安居香山、中村璋八辑,河北人民出版社 1994 年。

《马王堆帛书〈周易〉经传校读》,张政烺著,中华书局 2008 年。

《楚竹书与汉帛书〈周易〉校注》,丁四新撰,上海古籍出版社 2011 年。

《杭氏易学七种》,杭辛斋著,九州出版社 2005 年。

《周易尚氏学》,尚秉和著,中华书局 1980 年。

《周易古经今注》,高亨著,中华书局 1984 年。

《周易大传今注》,高亨著,齐鲁书社 1998 年。

《周易古义》,杨树达著,上海古籍出版社 1991 年。

《周易探源》,李镜池著,中华书局 1978 年。

《周易通义》,李镜池著,中华书局 1981 年。

《周易译注》,周振甫译注,中华书局 1991 年。

《周易概论》,刘大钧著,齐鲁书社 1988 年。

《周易评注》,唐明邦主编,中华书局 1995 年。

《周易学说》,马振彪遗著,花城出版社2002年。

《周易现代解读》,余敦康著,华夏出版社2006年。

《周易译注》,黄寿祺、张善文撰,上海古籍出版社2012年。

《周易见龙》,谢祥荣著,巴蜀书社2012年。

《傅佩荣译解易经》,傅佩荣著,东方出版社2012年。

《周易全解》,金景芳、吕绍纲著,吉林大学出版社2013年。

《易断全书》,刘君祖著,九州出版社2013年。

《周易实证》,张吉良著,齐鲁书社2013年。

《周易入门》,曹胜高、刘银昌著,中华书局2020年。

易学人名、书名、术语索引

说明：本索引收入本书导言和附录贰中所列举并阐释的人名、书名和术语。所有条目按音序排列，条目后列出所在页码，D 表示导言中的页码。条目于书中多处出现的，选列主要阐释之处所在页码；个别重要条目酌情罗列多个页码，以供读者参考。